사례로 보는

이상심리학

Robert G. Meyer · Christopher M. Weaver 공저
이봉건 역

CASE STUDIES IN ABNORMAL BEHAVIOR(9TH ED.)

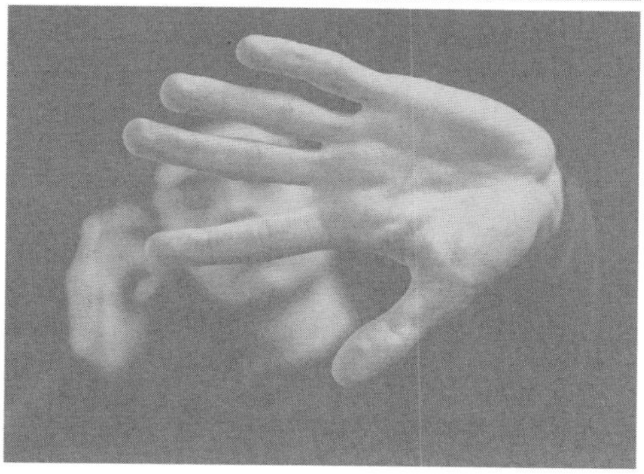

학지사

Case Studies in Abnormal Behavior, 9th Edition
by Robert G. Meyer and Christopher M. Weaver

Authorized translation from the English language edition,
entitled CASE STUDIES IN ABNORMAL BEHAVIOR, 9th Edition,
ISBN: 9780205036998 by MEYER, ROBERT G.; WEAVER, CHRISTOPHER M.,
published by Pearson Education, Inc, publishing as Pearson,

KOREAN language edition published by HAKJISA PUBLISHER, INC. by
arrangement with Pearson Education, Inc.

역자 서문

이 책은 이상심리학 사례집으로서, 심리학과 학부의 이상심리학 과목에서 보조 교재로 사용하기 위해 역자가 미국에서 이상심리학 사례집으로 30년 넘게 진화되어 온 Robert G. Meyer와 Christopher M. Weaver (2013)의 『사례로 보는 이상심리학』(Case Studies in Abnormal Behavior) (9th edition. Pearson Education, Inc.)을 번역하였다. 역자는 충북대학교 심리학과에서 재직한 30여 년간 학부 이상심리학 과목의 주 교재로 Davison과 Neale의 이상심리학 교재의 번역판을 사용하면서, 보조 교재로서 이 책의 이전 판을 원서 그대로 함께 사용해 왔다. 그러다가 Davison과 Neale의 최신판 교재인 Davison과 Neale, Kring의 『Abnormal Psychology』(2016)에 대한 증보번역본을 『이상심리학』(시그마프레스, 2018)으로 펴냈고, 이번에는 이상심리학 사례집의 최신판 원서를 처음으로 번역하여 펴내게 된 것이다. 또한 작년에는 대학원 고급이상심리학(정신병리학) 교재로서 역자가 30년간 사용해 오던 『Goodwin and Guze's Psychiatric Diagnosis』의 최신판(이봉건 역, 2018, Goodwin and Guze의 이상 행동의 이해와 분류, 글로벌 출판사)도 번역하여 출간하였다(2018년도 학술원 우수학술도서로 선정됨). 이로써 이상심리학/정신병리학 분야의 학부 및 대학원 교재와 임상사례집이 모두 갖추어지게 되었다.

이상심리학은 임상심리학 분야의 입문에 해당되는 과목으로서, 비정상 행동의 원인과 치료에 초점을 둔다. 그런데 이상심리학 교재만 읽어서는 이상행동이 어떤 것인지 구체적으로 감을 잡기가 어렵다. 그래서 초심자는 이상행동의 기준을 공부하고 나면, 자신 및 지인들이 특정한 심리장애에 해당되는 것처럼 여길 수도 있다(비정상의 기준은 현실검증력, 사고의 경직성, 정서의 극단성이라는 연속선상에서의 정도의 차이임을 이해해야 한다). 이상심리학 교재의 내용을 잘 이해하려면 이상행동에 대한 체험이 뒷받침되어야 한다. 이를 위해서는 임상현장에서 실습경험을 쌓으면서 지도감독을 받아야 된다. 그 전 단계에서 이상심리학 사례집은 심리학과에서 이상심리학(Abnormal Psychology) 과목을 이수할 때 이상행동 분야의 연구결과를 소개하는 이상심리학 교재에 필수적으로 동반된다. 이상행동에 대한 사례연구의 중요성은 그 누구보다도 Freud에 의해서 전파되었다. Freud는 소수의 환자 사례에 대한 철저한 분석(예, Studies in Hysteria)을 기반으로 정신분석을 정립하였다.

원서는『DSM-IV-TR』체제로 되어 있지만, 이 책의 장점이자 주요 근간인 정신병리의 서술은 그대로 유용하다. 이 책에서는 원서의 총 13개 장 중에서 앞에 소개된 학부용 이상심리학 교재인 Davison과 Neale, Kring (2016)의『Abnormal Psychology』(이봉건 역, 2018,『이상심리학』, 시그마프레스)의 10개 장(한 학기용) 체제에 맞추어 사용할 수 있도록 임상실무용으로 필수적이라 판단되는 10개의 장을 번역, 소개하였다.『DSM-5』체제는『이상심리학』(시그마프레스)을 참조하면 된다. 원서에서 발췌, 번역된 이 책의 목차는 다음과 같다. 괄호 속 내용은 원서에서 해당되는 장을 뜻한다.

1장 불안장애(원서 3장)
2장 해리장애와 수면장애(원서 4장)
3장 신체형 장애(원서 5장)
4장 정신분열장애와 편집장애(원서 6장)
5장 정동(기분)장애와 자살(원서 7장)
6장 물질사용장애(원서 9장)
7장 성격장애(원서 11장)
8장 폭력장애(원서 13장)
9장 아동기와 청년기 장애(원서 14장)
10장 기질적 정신장애와 정신지체(원서 15장)

원서를 번역함에 있어서 독자가 읽기 쉽고 이해하기 쉽도록 노력하였다. 보다 우리말답고 읽어서 쉽게 이해할 수 있게끔, 의역하고 문장을 다듬었다. 또한 그간의 각종 자료의 번역 및 저술의 오랜 경험뿐만 아니라 오랜 임상경험(개인 및 집단 심리치료 사례) 및 연구경험을 기반으로 쉽게 서술하고자 하였다. 또 가급적 한글을 사용하였지만, 보면 뜻이 정확하게 이해되지 않을 수 있으므로 독자의 이해를 돕기 위하여 과거 이정균 교수팀의 정신과교과서(정신의학, 일조각) 방식에 따라서 한글과 영어를 병기하였다. 이는 국내의 전문 용어가 통일되어 있지 못하여 의사소통이 원활

하지 못할 수 있는 점을 보완하고, 전공 원서를 읽을 때와 자료검색을 할 때 도움이 될 것이다.

이 방면의 보다 효율적인 학습을 위해서는 우선 학부 수준의 이상심리학 교재를 읽고, 객관식 문제를 풀어서 전반적으로 고르게 숙지하는 것이 좋다. 더 깊은 공부와 실무능력 증진을 위해서는 임상실무에 초점을 둔 책을 읽는다. 그다음에는 임상실무에 관한 주관식 문제를 풀어 본다(예, Kaplan & Sadock의 Synopsis of Psychiatry and Study Guide and Self-Examination Review). 다음에는 사례집을 읽는다(예, Meyer의 사례집『Case Studies in Abnormal Behavior』에 대한 번역서가 이 책임). 또한 외국에서 제작된 사례 증상을 충실히 소개하는 비디오테이프를 시청하는 것도 도움이 될 것이다. 끝으로 관련 전문가로부터 지도감독(supervision)과 피드백을 받는 것이 도움이 될 것이다.

이 책의 임상 관련 내용을 임상 실무에 잘 적용하려면 다음의 요령이 도움이 될 것이다. 이는 임상심리전문가로서 심리장애가 있는 사람들을 대상으로 심리서비스를 잘 제공하는 요령과도 상통한다. 전문적인 서비스를 잘 제공하기 위해서는 다음의 세 가지가 순환적으로 반복하면서 발전할 수 있다. ① 자기분석: 심리장애자를 만나면 내 마음을 비우고 공감하려고 해야 하며, 상대방에 휘둘려도 안 된다. 소위 역전이를 감소시켜야 하는데, 이는 이를테면 요새 심리치료의 제4세력으로 등장한 마음챙김에 기반한 심리개입(Mindfulness-Based Interventions)의 맥락에 맞게 마음챙김 정신수양을 통해서 이루어질 수 있다. 정신분석을 창립한 프로이트도 평생 자기분석을 했다고 한다. ② 교재를 통해 이론 및 기법을 공부한다. ③ 사례발표 공부: 우선 전문가의 사례발표에 참여해서 배운 후 자기 사례를 발표해서 지도감독을 받도록 한다. 이런 과정이 순환적으로 반복되어야 임상심리전문가로서 역량을 증진하고 의미 있는 심리서비스를 제공할 수 있게 될 것이다.

이 책은 심리학 관련 학과에서 이상심리학, 적응, 부적응 심리학 강좌용 교재로 개발되었지만, 그 밖에도 인근 분야에서 주 교재나 보조 교재로 사용할 수 있을 것이다. 또 일반인에게는 정신건강 관련 독본으로 널리 읽힐 수 있으리라 기대된다.

역자가 이 책을 번역하는 데 있어서 가급적 원래의 뜻을 충실하게 우리말로 옮기려고 하였으나, 잘 이해되지 않는 부분이나 오역이 있을지도 모르겠다. 이런 부분은 독자들께서 주저 없이 지적해 주실 것을 부탁드린다(leebk@chungbuk.ac.kr). 독자의 합당한 지적 사항은 후속판에 반영될 것이다. 또한 의미 있는 정도의 지적이나 조언 등의 도움을 주신 독자에게는 가능한 한 수정판이나 수정된 파일을 제공해 드리도록 노력하겠다.

마지막으로, 이 책의 출판에 수고를 아끼지 않은 학지사 김진환 사장님 이하 한승희 영업부 부장님과 편집부 안정민 대리님께 감사드린다.

2020년 3월

부천에서

역자 이봉건 씀

저자 서문

30년을 기리며

『사례로 보는 이상심리학(Case Studies in Abnormal Behavior)』의 9판을 펴내면서, 저자들은 정신병리학 교육과정에 상세한 개인 사례를 소개하게 된 지 어언 30년이 된 것을 기리고자 한다. 1982년에 초판이 발간된 이후, 정신건강상의 장애에 대해 이해하는 것이 점차 복잡하고 미묘해졌다. 학생들이 특정 장애에 대한 초석이 되는 교재(seminal book)를 읽고서 자신이 상당히 최신 지식을 갖추었다고 여기던 시절로부터 많은 세월이 지났다. 1982년도 당시에도 이런 생각이 도전을 받기 시작하였다. 그 당시에도, 예를 들면 정신분열증(조현병, schizophrenia)에 대한 신간이 1,100권이 넘었으며, 우울증(depression)에 대한 신간은 거의 3,500권이나 되었다. 2011년도 한 해만 봐도, 정신분열증에 관련된 새로운 발간물이 거의 5,000권이 되었으며, 우울증에 관련된 발간물은 15,000권이 넘었다!

원래 이와 같은 신간들은 일반적인 주제(예, 불안장애)에서 관심을 점차 많이 받는 특정 요소[예, 외상 후 스트레스 장애(PTSD)에 대한 자조적인 인지요법(self-study assisted cognitive therapy)]를 소개하는 것들이었다. 정신병리학에 관한 기본 교재는 이와 같이 급증하는 새로운 내용을 따라가야만 하는 불가능한 과제를 부여받고 있는 것이다. 이와 같이 폭이 넓어지는 것을 골고루 다루기 위해서는, 이런 류의 정신병리 관련 교재에서는 인생살이에서 이런 장애의 영향을 받는 실제 사람들을 심층적으로 소개하는 것을 계속 줄여 나갈 수밖에 없었다. 이제는 심층적인 사례연구 내용의 필요성이 과거 어느 때보다도 더욱 커지게 되었는데, 이 책『사례로 보는 이상심리학

(Case Studies in Abnormal Behavior)』은 거의 30년간 이런 틈새를 메워 오고 있다.

이와 같이 교육용 교재로서의 높은 수준을 계속 유지하기 위해서, 저자들은 본 9판에서는 새로운 저작물 153개의 내용을 추가로 소개하였다. 이 분야에서의 향후 10년간의 발전을 전망해 보건대, 저자들은 정신건강 문제를 개념화하고 측정하는 활동이 향후 좀 더 활발하게 이루어지리라 예상한다. 이런 추세를 감안하여, 저자들은 본 9판 교재에서는 현재까지 교육적으로 가장 의미 있는 진전이라고 여겨지는 것을 도입하였다. 즉, 진단 특성(diagnostic traits)을 병리적(pathological)으로 표현하는 것과 정상적(normal)으로 표현하는 것을 대비시켜서 예시해 주는 표를 넣은 것이다. 이런 표는 교실에서의 토론과 각 학생의 학습에 도움을 줄 것이다(정신병리학을 처음 배우는 학생들이 주변의 거의 모든 이에게서 장애가 있다고 여기게 되는 불안감을 불식시켜 주는 것은 두말할 것도 없다).

이 책을 처음 펴내고 발전시키는 동안 내내, 저자들은 다양한 출처에서 사례를 발굴해서 포함해 왔다. 어떤 사례들은 공공 기록과 출처(예, John Gacy, Clinton 미국 대통령)에서 따온 잘 알려져 있는 내용이다. 다른 사례들은 저자들 자신의 임상경험이나 동료들의 경험에서 따온 것인데, 사례의 익명성을 보호하기 위해 누구인지 알아볼 수 없게 신상정보를 적절히 편집하였다. 전반적으로 볼 때, 독자들은 이 책에서 소개된 사례연구의 수효가 상당히 많은 것에 주목하게 될 것이다. 수십 년간, 학생 및 동료들로부터의 반응을 보면, 저자들은 이 책에서 광범위한 내용을 효율적으로 전달하기 위해 사례를 요점정리식으로 제시하는 것을 좋아하였다. 독자들이 선호하도록, 이 책에 소개된 사례에서는 원인(etiological), 진단(diagnostic) 그리고 치료(therapeutic considerations)와 관련된 배경 정보를 충분히 자세하게 소개하였다. 이렇게 하는 가운데, 저자들은 미국정신의학회(American Psychiatric Association)의 DSM-IV-TR 에 수록된 모든 항목에 관련된 사례뿐만 아니라 이 방면에서 많은 관심을 불러일으켰던 다른 문제(예, 정신병질)도 소개할 수 있게 되었다. 저자들의 희망은 이 책에서 주제의 상세한 정도와 폭 사이에서 저자들이 선택한 균형이 학생과 교수 모두를 만족시켜 주기를 바란다.

발간된 지 30년 정도가 된 어떤 교재라도 많은 동료에게 의미 있는 도움을 받았기 때문에 가능했던 것이다. 이 책도 예외는 아니다. 저자들은 그간 도움을 주어 왔고, 심지어는 이 책의 이전 판의 장을 공동 저술하는 데 참여했던 많은 대학원생에게 감사를 표한다. 이 책 9판에 대해서는, 저자들이 새로운 표를 구상하고 만들어 내는 데 사려 깊은 조언을 주고 이 책 전반에 걸쳐서 여러 곳을 보기 좋게 해 준 것에 대해 편집장인 Jeff marshall에게 감사를 드린다. 또한 저자들은 팔로알토 대학교의 Kimberly K. Yano에게도, 이 책의 전반에 걸쳐서 도움을 준 것과 '불안장애' 장을 공동 저술한 것에 대해서 감사드린다. 또 저자들은 선임 저자인 Meyer의 딸인 Monika Meyer Hubbard과 저자들의 부인인 Peggy Meyer와 Annie Weaver에게도 전반적인 지원을 해 준 것에 감사함을 표하고 싶으며, 끝으로 저자들의 가장 중요한 부분인 사례 대상자들에게 고마움을 표한다.

차례

제1장

불안장애

모든 사람은 살다 보면 한두 번쯤은 불안을 경험한다. 다른 어떤 정신건강 관련 진단범주도 불안장애만큼 증상이 끈덕지게 지속되는 복잡성을 더 잘 보여 주는 것은 없을 것이다. 불안장애에서는, 불안은 지속해서 경험되거나, 또는 최소한 당사자가 불안증상을 극복하려고 시도할 때 발생한다. 이전에는 상황에 의한 일시적인 장애로 여겨지던 일부 장애들이 이제는 외상성 스트레스장애와 급성 스트레스장애(DSM-IV-TR에서 추가됨)에 들어 있는 불안장애로 들어가게 되었다. 불안장애에 들어 있는 것들은 광장공포증, 사회공포증, 특정 공포증, 공황장애, 범(일반화된)불안장애, 강박장애 그리고 외상 후 스트레스장애(PTSD)가 있다.

이 장의 두 번째 사례인 Agnes의 사례에서 볼 수 있듯이, 광장공포증은 홀로 남겨지거나, 공공장소에서 갑작스럽게 무력하게 되었을 때 당황하거나 도움을 받을 수 없다고 여길 수 있을 때 일어나는 두려움이다. 사회공포증은 타인의 주목을 받을 수도 있는 상황을 두려워하거나 회피하는 것이다. 이들은 당황하게 되거나 창피함을 느끼게 되는 것을 두려워해서 남들 앞에서 말하는 것이나 교실에서 호명되는 것 같은 상황을 회피한다. 단순 공포증은 종종 특정 공포증으로도 불리는데, 이 장에서 처음으로 소개하는 '세 명의 꼬마'의 사례의 초점이다. 공황장애에서는 반복적이고, 예측할 수 없는 공황발작을 겪는다. 범(일반화된)불안장애에서는 공포증, 공황발작, 강박관념 또는 강박행동 등의 주요 증후군이 없이, 생리적으로 경험되는 불안이 지속되는 것이 특징이다. 진단 시 특기사항은 근육긴장, 염려(apprehension), 자율신경계의 과잉활동에 초점을 둔다. 강박장애는 곧 제시될 Bess의 사례에서 자세히 살펴보겠는데, 비교적 흔하고 기력을 쇠퇴시키지만 치료하기는 어려운 경우가 종종 있다.

그 밖의 다른 불안장애의 진단은 대부분의 사람의 경우에 증상을 일으킬 정도로 심하고 극단적인 외상적 사건(즉, 강간이나 폭행, 납치, 군대 전투, 및 재난)에 노출된 후에만 적용된다. 특징적 반응은 외상적 사건의 재경험, 우울 및/또는 철수 반응(withdrawal response) 그리고 다양한 자율신경계 증상이 있는데, 이는 이 장의 말미에 있는 2001년 9월 11일의 테러공격과 관련된 Paul의 사례에 기술되어 있다.

세 명의 꼬마: Hans, Albert 그리고 Peter

불안에 대한 연구

Hans, Albert 그리고 Peter는 모두 어린 꼬마들인데, 1920년대 중반에 각각 Sigmund Freud, John Watson 그리고 Mary Cover Jones의 실험-임상(experimental-clinical) 연구의 피험자가 되어 유명해졌다. Freud가 꼬마 Hans를 통해 얻은 정보를 바탕으로 불안의 원인과 치유에 대한 이론을 발표한 반면, 꼬마 Albert와 꼬마 Peter는 학습이론에 따라서 불안의 원인과 치유를 실증하는 데 이용되었다.

1903년에 태어난 5세의 꼬마인 Hans에 대한 Freud의 연구(Fernald, 1984)는 아동에 대해 처음으로 출간된 사례분석이었다. Freud는 1909년에 출간된 Hans의 사례를 이용하여 아동기 성욕, 오이디푸스 콤플렉스 그리고 신경증의 원인에 대한 그의 이론을 설명하였다. Freud는 나중에야 공격적 추동을 가정하였을 뿐으로(Larson, Graham, & Baker, 2007), Freud는 Hans의 사례를 이용하여 아동기 이후의 인생에서 나타나는 모든 신경증상의 원동력이 성적 추동과 관련된 갈등에 그 뿌리가 있음을 입증하려고 하였다. 또한 Freud의 이론은 Hans 이전에는 성인에게만 적용되었다.

아동을 연구함으로써, Freud는 사람들이 신경증의 토대가 되는 보편적이고 갈등을 일으키는 충동을 갖고 태어났다는 그의 신념을 더욱 굳건히 하였다. Freud의 이론이 Hans의 공포증의 원인을 설명하는 방식과 똑같이, Freud는 Hans가 자신이 두려워하는 이유를 전해 듣고 이를 이해하면 자신의 공포증이 치유된다고 믿었다. 따라서 Freud의 이론은 Hans의 공포증의 원인을 설명해 주는 것과 동시에 치유하는 역할을(이론상으로) 모두 발휘하였다.

사례 연구

꼬마 Hans의 사례

Freud에게 꼬마 Hans는 가장 중요한 사례 연구 중의 하나였음에도 불구하고, Freud는 생전에 이 꼬마를 한 번밖에 보지 못했다고 한다. 신경증이 있는 사람에 대해 정보를 제공해 달라는 Freud의 요청에 대한 반응으로, Hans의 아버지는 아들의 행동과 발언에 대해 자세히 적은 수많은 편지를 Freud에게 썼다. 여기에서는 좀 더 두드러지는 사실만을 다시 소개한다.

Hans가 3세가 되어 자신의 고추(성기)에 대해 관심을 보이자, 그의 어머니는 Hans가 성기를 만지면 잘라 버리겠다고 주의를 주었다. 나중에 어머니가 자신의 벗은 몸을 뚫어져라 바라보는 아들에게 그 이유를 묻자, Hans는 어머니의 것이 말의 성기만큼 클 것이라 생각되어 보고 싶다고 대답하였다. 어머니는 물론 자신도 성기가 있다고 말했다. 3세 때 Hans는 여동생이 태어나는 장면을 목격하게 되었다. 어머니의 신음과 함께 요강이 피로 가득한 것을 보았다. Hans는 '하지만 내 고추에서는 피가 나오지 않는 걸'이라고 말했다.

Hans의 성기에 대한 지나친 집착에 대해 쓴 편지도 여러 번 오고 갔다. Hans가 여동생 애기의 성기는 아주 작다고 말했는데, 이를 Freud는 여동생의 성기가 잘려졌을 가능성이 있다는 것을 의미한다고 해석했다. 4세가 되어, Hans는 어머니에게 왜 파우더를 발라줄 때 성기 부분을 만져 주지 않느냐고 물었고, 이에 대해 어머니는 그렇게 하는 것이 아니라고 대답하였다. Hans는 "그래도 재미있잖아요."라고 반박했다.

마침내 Hans가 5세가 되자 '신경증적인 장애'가 발생했다. 말한테 물릴까 봐 거리로 나가지 않으려는 것이었다. 이와 같은 Hans의 행동 보고에 대해, Freud는 Hans가 정말 원하는 것은 지금도 가끔씩 그렇듯이 엄마와 같이 자고 싶어 하는 것이라고 반응했다. Hans의 아버지가 아들에게 말은 물지 않는 것이라고 얘기해 주자, Hans는 자기의 꼬마 친구의 아버지가 그 꼬마 친구에게 흰 말을 만지지 말거라, 그렇지 않으면 물 것이라는 말을 들었다고 응답했다. 결국 Hans는 큰 동물을 모두 무서워하게 되었다. Hans가 아버지에게 너무 무서워서 밤마다 성기를 만진다고 말하였다. 아버지는 성기를 만지는 것을 멈추면 두려움도 사라질 것이라고 일러 주었다. Hans가 성기를 만지는 것을 멈추었다고 말하자, 아버지는 '그래도 너는 아직도 하고 싶겠지?' 하고 응수하였다. Hans는 그렇다고 대답하였다.

Freud는 Hans의 아버지가 아들의 성기에 대해 아들과 함께 나눈 대화와 아들이 어머니와 함께 자기를 소망하는 것을 '깨달음'으로 지칭했는데, 이는 Hans가 회복되려면 수용해야 할 필요가 있는 것이었다. Hans의 사례에서의 실제 사실이 드러나면서, Hans의 아버지가 Freud의 견해를 Hans의 마음속에 심어 놓았으며 Freud의 이론과 맞아떨어지는 사실만 아들이 보고할 때 강화해 주었다는 것이 분명해졌다. Hans가 말의 검은 고삐가 무섭다고 하자, Freud는 이를 아버지의 검은 콧수염을 두려워하는 것으로 해석했다. 아버지와 아들의 대화는 다음과 같이 계속되었다. "넌 아빠가 되어 엄마랑 결혼하고 싶은 거지? 너는 아빠처럼 커져서 콧수염을 갖고 싶지? 너 아이를 낳기 위해 엄마를 좋아하지?" Hans는 "네, 그래요."하고 대답하였다

Freud와 그의 열렬한 지지자 중의 하나였던 Hans의 아버지는 Hans에 대한 정보 중에서 정신분석 이론을 뒷받침해 주는 것에 주목했다. 이에 대한 극단적인 예로서 Hans가 아버지에게 여동생이 하얗고 예쁘다고 말했을 때, 이 발언을 Freud의 형제자매 간의 경쟁이론에 꿰맞추기 위해, Hans의 아버지는 Hans의 발언을 위선적이고 불성실한 것으로 해석했다.

Freud는 정보가 다소 만들어진 부분이 있는 것을 알았지만, Hans의 공포증을 Hans가 자신의 성기를 만지지 않아서 발생한 오이디푸스 갈등으로 해석했다. 뒤이어서 나타난 보다 강렬한 성적 흥분이 Hans의 공포증의 원인이라는 것이다. 리비도의 욕망이 불안으로 변환된 것이라는 것이다.

요약하면, Freud의 해석에 따르면, Hans의 사례는 엄마를 향한 성적 욕망에서 비롯된 것이며, 아버지가 이 욕망을 제지했을 때 Hans는 이런 아버지를 미워하고, 두려워하며, 죽이고 싶게 되었다는 것이다. 이러한 마음을 표출할 길이 없어서 엄마에 대한 성적 욕망이 불안으로 변하게 된 것이었다. 또한 이런 불안은 Hans가 엄마 옆에 있을 수 있는 구실을 마련해 주었다. 그러나 Hans의 이런 욕망을 아버지한테 들키면 거세당할까 봐 두려워서, Hans가 아버지에 대한 두려움을 말에 대한 두려움으로 옮긴 것이다. 마지막으로 또한 놀랍게도, Hans가 자신의 오이디푸스 콤플렉스를 인식하고 이해하게 되자 Hans의 불안은 종국에는 없어졌다.

사례 연구

꼬마 Albert의 사례

Freud에게 지지 않기 위해서, 훗날 '행동주의의 아버지'라고 일컬어진 1920년대의 미국의 심리학자 John Watson은 1917년 유아의 반사활동과 본능을 연구하여 100달러를 수상한 후에, 불안을 유도하는 실험을 수행하였다. Watson은 꼬마 Hans와 비교될 수 있도록 실험대상이 되었던 유아를 '꼬마 Albert'라고 불렀는데, 이 꼬마 Albert에 대한 논문은 학습이론에 바탕을 둔 불안에 대한 해설 중 가장 오래된 것이다.

실험에 들어가기 전에 Watson은 생후 9개월 된 Albert의 반응을 보기 위하여 Albert를 다양한 자극에 노출시켰다. Albert는 쥐와 토끼에 대해서는 아무런 거부감을 표하지 않았지만 그의 등 뒤에서 망치로 쇠를 두드리는 소리에는 괴로운 반응을 보였다. Watson은 두 달간을 기다렸다가 Albert가 11개월이 되자, Albert가 작은 실험용 쥐를 가지고 놀 때마다 이전과 똑같은 괴롭게 하는 큰 소음을 들려주어서 놀라게 했다. 그 후 수없이 많이 쥐를 보여 주면서 소음을 들려주자, Albert는 소음이 전혀 없을 때조차(엄지손가락을 빨지 못하게 했을 때) 쥐를 보기만 하면 괴로워했다.

더욱이 Albert가 물개가죽 코트를 보고도 이와 같은 불안을 나타내자, Watson은 두려움이 털 있는 다른 동물과 물건들에게 까지 확산되었다고 결론을 내렸다. Watson 연구에 대한 많은 해설에서는 토끼에 대한 Albert의 두려움이 소멸되었다고 언급한다. Albert의 엄마가 아들을 병원 밖으로 데리고 나왔기 때문에, 사실상 공포증을 제거할 기회는 없어진 셈이다. 따라서 당대에 Al이라 불리는 90대의 남성 노인이 작고 털 있는 동물을 무서워한다면, 당신은 그에게 Watson이라는 사람에 대해 아느냐고 물어볼 수도 있을 것이다.

Watson은 조건형성만을 이용해서 아이에게서 공포증을 만들어 냈기 때문에 실험이 성공이었다고 주장하였다. 그러나 Watson은 Albert가 엄지손가락만 빨고 있으면 아무런 공포를 보이지 않는다는 점을 일부러 지나쳐 버렸다. Watson의 이론을 비판하는 사람들은 Albert가 단지 물개가죽 코트에 대해서 안절부절못하는 것을 보고, Albert의 공포증을 털이 있는 모든 대상으로까지 일반화시키는 것은 지나친 결론이라고 지적하였다. Watson은 반응을 비교해 보기 위해 Albert에게 면화 코트에 노출시킨 적이 전혀 없었다. Watson의 특정 결과를 반복해서 재현해 보려는 다른 학자들도 대체로 실패하였다. 그럼에도 불구하고 꼬마 Albert가 심리학 분야에 기여한 공헌은 불안이 고전적 조건형성의 개념으로 이해될 수 있다는 것을 입증한 것이다.

사례 연구

꼬마 Peter의 사례

행동치료는 Mary Cover Johns의 출간물(1924)과 더불어 발전하였는데, Mary Cover Johns는 Watson의 지도를 받으면서 공포증을 치료하기 위해 고전적 조건형성 방식으로 실험을 실시하였다. 두 달 동안 매일매일 Johns는 그녀가 맡은 가장 심각한 사례 중 하나인 Peter를 치료했다. 그녀는 Freud와 Watson의 연구 흐름에 따라서 Peter를 '꼬마 Peter'라고 불렀으며 조건형성 과정을 통해 공포증을 없앨 수 있다는 점을 보여 주려고 노력했다. Peter는 세 살짜리 꼬마로서, 흰쥐, 토끼, 털, 솜, 모직, 그 외 비슷한 것들을 무서워했다. 첫 회기에는 Peter에게 높은 의자에 앉아서 사탕을 먹게 하면서 그로부터 4피트 떨어진 곳에다가 토끼장 속에 토끼를 넣어 둔 채 놓았다. Peter는 순식간에 울음을 터뜨리고 토끼를 치워 달라고 빌었다. 3분 후에 또 토끼 때문에 울자 그제야 토끼를 치웠다.

Peter가 토끼의 모습에 감내하는 것이 늘어나자 점차적으로 토끼와 함께 있는 시간도 늘렸고 둘 사이의 거리도 좁혀 갔다. 두 달 후 마지막 회기 때 Peter의 행동은 눈에 띄게 달라졌다. 높은 의자 위에 서서 창문 밖을 바라보며 "토끼는 어디 있어요?"하고 찾는 것이었다(Jones, 1924, p. 389). 실험자가 토끼를 Peter의 발밑에 놓자 Peter는 토끼를 쓰다듬었고 또 안으려 했지만 너무 무거웠다. 실험자의 도움을 받아서, Peter는 토끼를 안은 채 데리고 놀 수 있게 되었다. 치료가 끝난 뒤에도, 여전히 Peter는 토끼와 비슷한 작은 동물들을 보아도 두려워하는 모습을 전혀 보이지 않고 있다.

Johns는 이 방법이 매우 세심함을 요하는 것이라고 주의를 주었는데, 왜냐하면 긍정적인 자극인 음식과 부정적 자극인 토끼를 같이 짝지었기 때문에, 정반대의 결과가 나와서, 토끼와 연관된 불안이 음식으로까지 이어질 수도 있기 때문이었다.

요약

종합해 보면, Hans는 Freud에게 불안의 원인과 치유를 설명할 정신분석적인 토대를 마련해 주었고, Albert는 Watson이 고전적 조건형성을 통해 불안을 설명할 수 있게 해 주었으며, Peter는 고전적 조건형성을 통해 불안을 치유할 수 있는 방법을 보여 주었다. 오늘날 불안의 원인에 대한 온갖 다양한 이론이 있으며 이에 따라 치유법도 다양하게 제시되고 있다. 지금까지 정신분석 이론과 행동 이론이 불안에 적용된 것을 보았다. 그 밖에도, 인지요법이 있는데, 이는 도식(schemata)과 사고 왜곡(thought distortion)의 개념을 변화의 기본요건으로 삼는다.

Albert의 공포증은 Watson이 실시한 고전적 조건형성에 의해 직접 유발되었다고 말할 수 있다. 일반적으로, 환경 자극이 불안의 발생과 지속에 큰 영향을 끼치는 것 같다. 일부 최근의 이론에서는 Hans와 Peter의 공포증이 환경 자극에 대한 부정적 반응으로 인해 발생했을 가능성이 높다고 주장하는 반면, 다른 학자들은 좀 더 유전적이고 생물학적인 원인을 찾으려 한다.

체계적 둔감화요법(Systematic Desensitization Therapy: SDT)과 같은 '노출' 치료는 여러 종류의 공포증 치료에 흔히 쓰이며, 효과적이다(Head & Gross, 2009). 이런 유형의 치료법은 집단치료 방식에도 적용할 수 있는데 치료 회기를 많이 가질 필요가 없다. SDT가 집단으로 실시되면, 집단 내의 다른 구성원들로부터의 실생활에서의 모델링을 제공해 주므로 부차적인 이득을 가져다준다. 인지행동 수정(cognitive-behavior modification), 사회기술훈련(social skills training), 불안관리기법(anxiety management techniques), 노출치료(exposure treatments)는, 향정신성 약물치료(psychotropic medication)와 더불어 가장 널리 사용된다(Whybrow, 1997).

의뢰받은 특정 증상에 대해 행동치료가 이루어진 후에 이따금씩 다른 증상이 표면에 떠오르는 경우가 있다(Olatunji, Cisler, & Deacon, 2010). 그렇다고 해서 이것이 앞서 나타난 증상을 새로운 증상이 대체했다고 볼 수는 없다. 대부분의 경우 다른 병리가 원래부터 있었기 때문이다. 가장 극심하게 무력화시키는 증상이 해결되고 나면, 당사자는 또 다른 문제로 주의를 돌릴 수 있다. 또한 부차적인 이득의 패턴도 공포증의 경우에 종종 함께 발생한다. 예를 들면, Hans는 자신의 성적 충동과 그 밖의 공포증상을 아버지에게 보고한 것에 대해 아버지로부터 관심과 보상을 많이 받았다.

광장공포증

광장공포증(agoraphobia, 문자 그대로 '시장에 대한 두려움'을 뜻함)은 집이나 그 주변 환경을 떠나는 것을 비합리적으로 두려워하는 것이 그 특징이다. 이에 앞서서 다양한 공황발작이 있었던 경우가 종종 있으며 현재에도 이런 발작이 동반되는 경우가 종종 있다. DSM-IV-TR에서의 구체적인 진단명은 공황발작의 전력이 없는 광장공포증, 공황장애 그리고 광장공포증이 수반된 공황장애이다. 광장공포증은, 당황하거나, 공황발작이나 공황과 비슷한 증상들이 있을 때 당황하는 것 및/또는 도움을 받지 못하거나 도움의 손길이 닿지 못할 것 같은 모든 상황, 특히 혼자 있는 상황을 회피하는 것(또는 괴로워하면서 견디어 내는 것)이다(Pollard & Zuercher-White, 2003). 이러한 두려움이 당사자의 정신세계를 지배하게 되면, 그 결과 개방된 공간에 혼자 있는 것이나 공공장소에 있는 것을 회피하게 된다. 따라서 이들의 정상적 행동패턴과 경험은 심한 지장을 받게 된다. Freud는 경미한 유형의 광장공포증으로 고생했다고 한다(Larson et al., 2007).

사례 연구

Agnes의 사례

Agnes는 날씬하고 상당히 매력적인 43세의 백인 여성인데, 그녀가 살고 있는 미국 동부 해안도시의 지역 정신건강센터로 의뢰되었다. 그녀의 22세 된 딸이 엄마를 데리고 왔는데, 엄마인 Agnes가 가는 곳마다 반드시 자기가 동행하기를 원하기 때문에 미칠 지경이라고 호소하였다. Agnes는 자신이 항상 '긴장을 느끼고 있는(tense)' 사람이며, 지난 7년 동안 이따금씩 광장공포 증상을 겪곤 했는데, 지난 6개월 동안 그 증상이 상당히 심해졌다고 말했다.

지난 4년 동안 Agnes는 자신이 심장병에 걸렸다고 생각한 것 때문에 심장병 전문의에게 가서 불규칙적이고 빠른 심장박동에 대해 호소하곤 하였다. 그러나 의사는 그녀의 증상이 심장병이라 할 만한 병리가 없어서 아마도 불안과 긴장의 결과로 나타나는 것일 것으로 믿는다면서 Agnes를 안심시켰다. 의사는 그녀에게 규칙적으로 운동을 해 보라고 권하면서 불안이 심하게 나타나면 복용해 보라고 진정제를 처방해 주었다. 이에 따라 Agnes는 가끔씩 진정제를 복용했지만 그다지 많은 양은 아니었다. 그녀가 다소 힘든 집안일을 아무런 도움도 받지 않고 혼자 해내면서도, 집에서는 아무런 증상도 겪은 적이 없다는 것은 흥미로운 일이다.

Agnes가 딸을 방문해서 함께 있는 동안에, Agnes의 광장공포증 패턴이 겨울 중반의 증상이 심했던 6개월 전처럼 극심해졌다. 딸은 자기 집에 엄마인 Agnes를 남겨 두고 자신의 아이를 데리고 영화를 보러 갔다. 그 전날에는 심한 폭설이 있었다. 차가 다니기에도 너무 어려웠고, Agnes는 자신이 혼자 남았다는 것에 두려움을 느끼게 되었다. 그녀는 인근 도시에 살고 있는 그녀의 자매에게 전화하려고 했는데 이 전화기가 먹통이었다. 이 시점에서, Agnes는 공황 상태에 빠지기 시작했고 심장박동이 빠르게 뛰는걸 알아챘으며 심장마비가 오는 것이라고 생각했다. 결국 딸이 영화 구경과 쇼핑 후 집에 돌아왔을 때, Agnes는 완전히 제정신이 아니었다. 그녀는 울고 신음소리를 내며 소파에 앉아 있었는데, 의식을 잃어버리려고 술을 마시기 시작했다. 그녀의 딸이 돌아오고 난 뒤에도, Agnes는 계속 술을 마셨고, 딸의 안심시키는 말을 듣고서, 겨우 잠들었다. 그녀는 깨어나자, 기분이 나아진 것 같아서 자신의 공포증에 대해 도움을 받는 것을 거부했다. 지난 6개월 동안 그녀는 혼자 있다는 생각으로 인해 공황에 가까운 상태를 또 한 번 겪었다.

Agnes의 남편은 국가적인 제조업 계통 회사의 영업부장인데, 길 위에서 많은 시간을 보낸다. 그가 집에 있어도, 그는 아내의 호소를 쉽사리 들어 주려는 마음이 없다. 그러나 이 시기에는 문제가 그렇게 드러나 보이지 않았는데, 왜냐하면 그녀가 외출 시 남편이 동행하면 Agnes는 상당히 긴장이 풀려 있었기 때문이다. 그녀가 자신의 행동이 터무니없고 주변 환경의 탓이 아니라는 것을 알고 있지만, 그럼에도 불구하고 Agnes는 이러한 패턴을 나타내지 않을 수 없었다. 광장공포증의 사례에서 종종 나타나듯이, Agnes는 우울증이 동반되는 것을 보여 주었는데, 자신에게 일어나는 사건을 통제하는 것에 대한 무력감을 느꼈기 때문이다. 이런 면에서 볼 때, 그녀는 '학습된 무기력'으로 지칭되는 현상을 보여 주고 있는 것이다.

Agnes의 어린 시절이 힘겹고 불행했던 것은 아니었다. 아버지는 대단히 권위주의적이어서 자녀가 반항하는 것을 허용하지 않았지만, 그 외에는 자녀들에게 따뜻하고 자애로웠다. 아버지는 중간 정도의 음주문제가 있었는데, 술에 취하면 그녀의 오빠를 채찍으로 때리기도 했다. 이 오빠는 가족 중 유일하게 반항적이고 독자적인 사람이 되었다. 어머니는 수동적이고 순종적이었고 경미한 수준의 광장공포증을 나타냈으나, 전문적인 치료를 받게 해 주지 않았다.

학창시절 동안 Agnes는 모범적인 학생이었고 교사들에게 귀여움을 받았다. 그러나 걱정거리를 털어놓을 수 있는 친구는 한두 명 정도로 그다지 사교적이지 못했다. 그녀는 학교의 특별활동에 참가하지 않았고 다른 학생들에게도 친근하게 굴지 못했다. 그녀는 외모가 다소 평범했기 때문에, 그녀에게 관심을 있을 만한 어떤 남자에 의해서 그녀가 혼자 있는 것에서 빠져나오지도 못했다. 그래서 방과 후에 숙제가 끝나면, 어머니의 집안일을 도왔다.

고등학교 졸업 후, Agnes는 대학 등록금을 벌기 위해 비서로 취직했다. 그러나 수입이 충분히 많지 않아서 진학할 수 없었다. 20세가 되자, Agnes는 지금의 남편을 교회 모임에서 만났고 그해에 결혼했다. 당시 그녀는 남편이 대학의 졸업 학년이었기 때문에 학업을 마치는 것을 돕기 위해서 비서 일을 계속했다. 남편은 안정된 성격에 내색을 하지 않는 사람으로서, 아버지처럼 다소 권위적인 사람이었다. 따라서 Agnes는 남편과의 관계에서도 수동적이고 의존적인 것이 더 편하다는 것을 깨달았다. Agnes는 항상 대학에 진학하기 원했지만 구체적인 노력을 하지 않았다. 첫딸이 태어난 후 다시 임신을 하게 되었지만, 유산되고 말았다. 결혼 초기의 수년간 그녀는 안정되게 기능을 발휘해 왔으며 이따금씩만 신경질이나 불안을 보이곤 했다. 그렇지만 앞에서 언급했듯이, 최근에야 문제가 심각해진 것을 보여 주었다.

DSM-IV-TR에서는 광장공포증이 있는 공황장애 또는 광장공포증이 없는 공황장애를 구분해서 제시하고 있다. 어느 유형의 공황장애이든 진단을 내리려면, DSM-IV-TR에서는 ① 반복적으로 예기치 못하게 공황발작이 나타나야 하고, ② 이런 발작 중 최소한 하나에는 최소한 한 달 이상 다음 중 한 가지 이상이 수반되어야 한다. ⓐ 발작이 나타나지 않을까 하고 지속적으로 염려하는 것, ⓑ 발작을 일으킨 후 그 의미 또는 후속결과에 대한 걱정, 또는 ⓒ 그로 인한 행동상의 의미 있는 변화.

공황 '발작'에 대한 진단을 내리려면, DSM-IV-TR에서는 두려움 및/또는 고통이 명확하게 일화적으로 나타나야 하며 대부분의 발작 도중에 다음의 증상 중 적어도 4개가 나타나야 할 것이 요구된다. ① 심계항진, 심장의 두근거림, 또는 심박수가 빨라진 것, ② 흉부의 불편함, ③ 숨이 막히는 느낌, ④ 기절할 것 같은 느낌이나 현기증, ⑤ 비현실감 또는 이인증, ⑥ 감각이상(마비 또는 저림), ⑦ 뜨겁거나 차가운 반점, ⑧ 발한, ⑨ 흔들림이나 떨림, ⑩ 메스꺼움이나 복부의 불편감, ⑪ 죽을 것 같은 두려움, ⑫ 미치거나 통제력을 잃을까 봐 두려워하는 것.

이따금씩 공황발작이 수 시간 지속될 수도 있지만, 통상 공황발작은 당사자가 문자 그대로 끔찍한 일을 겪는 동안인 약 15분간 지속된다. 이들은 자살 위험이 아주 높다(Bongar, 2002). 이런 사람들 중 약 1/3에서 1/2까지는 광장공포증의 패턴으로 발전된다. 이 장애는 45세 이후 또는 14세 이전에 처음으로 나타나는 경우는 거의 없으며, 발생 나이의 최빈치 modal는 청소년기 후반이나 30대 중반이다. 공황장애의 발생 나이가 20세 전이라면, 당사자에게 공황장애를 앓은 적이 있는 1급 친척이 있을 확률이 20배나 높다. 이런 점과 들어맞게도, 유전 요인도 어떤 역할을 발휘한다. 이 장애는 재발성이고 일화적이며, 이러한 사례의 약 절반은 만성화된다(Busch, Oquendo, Sullivan, & Sandberg, 2010).

원인론

Agnes의 배경에 있는 많은 요인이 그녀에게서 광장공포증이라는 반응을 일으킬 수밖에 없었음을 이해하게 해 준다. 우선 Agnes는 항상 겁이 많고 수줍어했다. 이것이 아마 그녀에게 광장공포증을 일으키는 데 최소한 부분적으로 영향을 주었을 유전적 소질 요인일 가능성이 있다. 그러나 그녀의 이와 같은 반응 패턴은 또한 부모의 영향을 크게 받았다. 그녀의 아버지는 자녀들에게 기대하는 행동의 유형이 명확하였다. 아버지는 어떤 반항 행동도 용납하려 하지 않아서 그런 행동이 조금이라도 보이면 신속하게 억눌렀다. 반면에, Agnes의 아버지는 자녀들이 아버지의 권위에 복종하는 것이 명백할 때에만 애정을 보여 주었다. 그녀의 어머니는 광장공포증 행동을 보여 주는 전형적인 모델이었다. 어머니는 예의 바르고 수동적이었으며, 또한 동시에 가족들에게 광장공포증에서의 대처방식과 비슷한 불안 대처 패턴을 보여 주었다. 또한 어머니는 Agnes가 사춘기 후반에 이르기까지 가사를 돕게 했기 때문에, Agnes가 새로운 독자적인 역할을 해 보는 것을 시도해 하도록 도와주지 않았다.

Agnes는 신체적인 매력이 부족했으므로 남자로부터 주의를 끌어서 혼자 있는 패턴에서 벗어날 수가 없었으며, 사교나 운동 분야에 대한 관심이 적어서 또래들로부터 주목을 받지 못하게 되었다. 또 권위적인 아버지와 비슷한 권위적인 남편과 결혼하였기 때문에 그녀의 수동적이고 의존적인 행동이 더 강화되었다. Agnes는 언젠가 대학으로 복학해서 자신의 인생길을 개발하기를 원했지만, 이를 위해 아무런 노력을 하지 않았다. 이는 아마도 남편의 반대 때문이었을 것이다.

유산을 한 이후 처음으로 공황과 비슷한 반응을 나타내게 되었지만, 이는 병원에 입원하여 진정제를 복용하여 조절하였다. 유산은 Agnes에게 엄청난 두려움을 갖게 하였는데, 그녀에게는 아이를 낳고 키우는 것이 가장 소중한 일 중의 하나였기 때문이다. Agnes는 이런 공황을 다시 겪게 될지도 모른다는 두려움을 느꼈기 때문에 그러한 두려움을 잊고자 가사일과 딸을 키우는 일에 집중하는 동시에 임신을 하지 않으려고 했다.

흥미로운 것은, 남편이 아내에게는 수동적 태도를 요구하였지만, 자신의 딸에게는 독자적이고 심지어는 남성적인 용감한 행동을 허용하고 조장하였다. 딸의 이런 행동 덕분에 딸은 아버지의 낚시나 골프를 칠 때 동반자가 되었으며, 이는 Agnes에게는 꿈도 꿔 보지 못한 일이었다. 이러한 남편의 태도는 딸로 하여금 Agnes의 어머니가 Agnes에게로 또한 아마도 그 앞의 선조에서 어떤 여성이 넘겨주어 온 순종적인 여성의 악순환 고리에서 벗어나게 해 주었다. 그렇지만 딸의 독자적 행동은 Agnes에게 스트레스를 주었는데, 이런 것이 딸이 엄마를 필요로 한다는 것을 뒤흔들어 놓았다.

딸이 더욱더 독자적으로 되어 갈수록, Agnes는 불안을 점점 더 느끼게 되었고, 이는 결국 광장공포증적인 반응으로 이어졌다. 많은 사람의 경우 불안에 자연스레 수반되는 심계항진과 경미한 부정맥은 Agnes에게 또 다른 불안의 대상이 되었다. 그렇지만 Agnes는 전형적인 건강염려증의 소유자는 아니었는데(Meister, 1980), 왜냐하면 그녀는 이 의사 저 의사를 찾아가서 자신의 증상을 살펴보게 하지도 않았고, 다양한 증상을 나타내지도 않았으며, 보편적으로 의사의 말과 조언에도 잘 따랐기 때문이다.

Agnes는 공황 반응을 진짜 겪고 난 뒤에는, 그때 느꼈던 무력감에 대한 두려움—대단히 무서운 감정—이 나타나지 않을까 예측하는 데 예민해졌다. 결과적으로, 그녀는 다시는 그러한 공황을 다시 겪지 않게 해 줄 다양한 행동을 생각해 냈다. 그녀가 개발해 낸 행동 패턴은 처음에는 성공적이었는데, 왜냐하면 집에 머물러 있으면 마음의 평온을 유지할 수 있었기 때문이다. 그러나 이러한 방법은 이 세상에서 많은 것을 포기하지 않으면 안 되게 만들었으며, 여기에는 남편과 딸의 뒷받침도 포함되는데, 남편과 딸은 Agnes의 행동이 점점 더 지겹고 짜증이 나게 되었기 때문이다. 이런 사태가 일어나자, 그녀는 더 고립되어 갔으며, 결국 자신이 정서적으로는 혼자라는 느낌에 점점 빠지게 되고 종국에는 그녀가 그토록 두려워하던 공황이 뒤따르게 되었다.

Agnes가 받은 특정 진단은 공황발작이 수반된 광장공포증이었다. 또한 동시에, 그녀의 행동 중 일부는 회피성 성격장애의 진단에도 해당될 수 있다는 점을 주목해야만 한다. 그러나 회피성 성격에 관련된 증상에 대해서는 우려할 바가 거의 없다. 당사자가 사회적으로 고립되고 수동적일 수도 있지만, 이런 행동에 대해 걱정도 없어 보이고 이를 바꾸기 위한 소망도 거의 없어 보이는 경우가 있다.

치료법의 유형

광장공포증을 해결하는 데 유용할 수 있는 치료법은 아주 많다. 인지행동요법과 행동요법이 모든 불안장애를 치료하는 데에서 가장 많이 연구되었고, 연구결과에 따른 지지도 받아 왔다(Dattillo & Kendall, 2008; Roth, Eng, & Heimberg, 2002; Stirman, Toder, & Crits-Christoph, 2009). 이는 특히 '노출 치료'로 지칭되는 요법에 해당된다. 즉, 내담자를 공포를 일으키는 자극에 노출시켜서 부적응적인 불안을 없애는 것을 공통 목표로 하고 있다(Chambless, Sanderson, Shoham, & Johnson, 1996; Gude & Hoffart, 2008). 예를 들어, 광장공포증에 대한 한 노출 프로그램에서는 이런 내담자들이 통상적으로 가장 많이 회피하는 상황(예: 폐쇄된 특정 공간, 쇼핑몰, 다리 또는 터널)에 점진적으로 들어갈 수 있도록 도와주는 것이다.

응용 이완법(applied relaxation)은 공황 부분에 대해 유용할 수 있다(Dozois & Dobson, 2004). 특정한 이완 기법—이를테면, 점진적 근육이완요법—과 같은 것을 습득한 후에, 어떤 단어(예: 숟가락)가 이완을 실시할 단서가 되도록 조건형성 되면, 결국에는 기존에 잘 습득된 이완 패턴의 영향이 불안에 대한 역조건형성 절차로서 작용한다. 또한 광장공포증에서 흔한 수동적이고 겁이 많은 것에 대해서는 자기주장 훈련이 보조적으로 실시되면 도움이 된다.

약물이 도움이 될 수 있는데, 특히 공황 부분에 대해서 그렇다(〈표 1-1〉 참조). 벤조디아제핀, 삼환계 항우울제(특히 이미프라민과 클로미프라닌), 모노아민 산화 효소 억제제(MAOs)는 효과가 있는 것으로 입증되었으며, 종래 처방된 약물이었는데, MAOs은 부작용이 문제가 되어서 덜 쓰인다(Bezchlibnyk-Butler & Jeffries, 1999). 보다 최근에는, 선택적 세로토닌 재흡수 억제제(SSRIs), 여기에는 Prozac과 Paxil 같은 약물과 Effexor 같은 연관 약물이 있는데, 미연방식품의약청(FDA)으로부터 공황 부분에 대한 치료를 위해 사용이 승인되었다(Marchand et al., 2008). 불행히도 다른 개입법이 없는 경우, 이러한 약물복용을 끊으면 6~12개월 내에 공황 부분의 재발율이 상당히 높다.

부차적인 이득 패턴이 특히 광장공포증에 대해서 나타난다. 예를 들어, Agnes가 딸을 통제하려는 반응이 이런 종류의 부작용이다. 통찰 지향적인 심리치료는 광장공포증 소유자가 새로운 반응을 발달시키는 데 종종 방해가 되는 의존적 역할을 깨뜨리는 데 도움이 될 수 있다.

표 1-1. 항불안제

이름(총칭/상품명)	
벤조디아제핀계 약물	비벤조디아제핀계 약물
다이아제팜	부스피론
클로르디아제폭사이드	프로프라놀올
클로르제파트	히드록시진
할라제팜	미트라제핀
로라제팜	트리플루오페라진
알프라졸람	독세핀
옥사제팜	둘로섹틴 HCL
클로나제팜	
쿠아제팜	

광장공포증은 치료하기 어렵다. 광장공포증에 대한 효과가 있는 전통적인 기법 두 가지는 내부로 향한 폭파(또는 상상 노출) 치료이거나 홍수요법(이제는 현실 노출치료로 명명됨)이다. 또한 현재는 등급에 따른 노출치료도 흔히 사용된다. 이 기법에서는 목표가 당사자로 하여금 두려워하는 자극에 노출된 상태에 머물게 하여, 당사자가 견디어 낼 수 있는 만큼 최대한의 불안을 겪게 해 주어서(Marcks, Weisberg, & Keller, 2009), 당사자가 접근 반응과 숙달 반응(mastery)을 모두 생성해 낼 수 있기 시작할 때까지 하는 것이다. 치료과정이 장기간일 수 있으므로 집단치료에 독서요법(상세한 자조, 서적을 읽는 것)을 곁들이는 것이 도움이 될 수 있다(Pollard & Zuercher-White, 2003). 광장공포증 내담자의 배우자는 광장공포증을 보이는 내담자에게서 내담자의 장애로 인해 어떤 이득을 얻고 있을 수도 있기 때문에(이는 통상 의식적으로나 무의식적으로는 부인하는 것이 보통임) 부부치료나 가족치료가 필요할 수 있다.

내부로 향한 폭파 또는 상상 노출 치료의 목표는 불안을 최대화하는 것인 반면,

체계적 둔감법에서는 불안을 최소한의 상태로 유지하면서 당사자가 두려운 자극에 점차 직면하게 하는 것이다. G. Gordon Liddy는 이전에는 워터게이트 관련 인사였으며 현재는 작가이자 라디오 시사해설자인데, 『플레이보이』 잡지의 1980년 10월판에 소개된 인터뷰에서, 자신의 젊은 시절에 홍수법을 스스로 시행한 것을 생생하게 기술했다.

> 예를 들어, 번개에 대한 두려움을 극복하기 위해서 나는 큰 폭풍우를 기다렸다가는 집 밖으로 살그머니 빠져나가서 75피트나 되는 떡갈나무에 올라가 혁대로 내 몸을 나무 동체에 묶었다. 내 주변에서 폭풍우가 내리치고 어수선함이 솟구쳐 오르면서 하늘이 벼락과 번개로 갈라지면, 나는 내 주먹을 잔뜩 찌푸린 먹장구름을 향해 흔들면서 고함을 질렀다. "날 죽여 봐! 계속해 보라고, 나는 아무런 문제 없어, 문제없다고!" …… 나는 이런 식으로 직면하기를 수년간 반복한 나머지, 두려움을 하나씩 하나씩 극복하게 되었다. 나는 전기가 무서웠기 때문에, 전깃줄의 껍질을 벗겨 내어 10볼트의 전기가 내 몸을 관통하도록 하였다.

Agnes의 치료

내부로의 폭파(상상 노출) 또는 홍수법(실제 노출 치료) 같은 '노출' 치료는 Agnes처럼 이미 중간 수준의 불안이 진행되고 있는, 광장공포증의 소유자에겐 이상적이다. 내부로의 폭파 치료자들은 불안을 극대화시키고서는 당사자로 하여금 두려워하는 자극에 계속해서 직면하는 가운데, 불안이 최고조에 치솟도록, 또는 행동주의자의 표현으로는 '소거되도록' 하려고 한다. 소거 현상에 대한 인지적 설명에서는 당사자가 최대의 자극 조건에서조차 예상했던 재앙적 사건이 일어나지 않는다는 것을 깨닫게 된 것 뿐이라고 한다(Roth et al., 2002). 결과적으로, 당사자가 자신의 극도의 두려움을 뒷받침하는 것이 아무것도 없다는 것을 알아차려서 당사자가 통제감을 더 많이 느끼게 된다.

Agnes는 시간의 제한이 없는 개방형 내부로의 폭파 치료를 받도록 일정이 잡혔다. 이런 유형의 회기 진행방식은 표준인데, 왜냐하면 불안이 정점에까지 이르는 데 소요되는 시간을 예측하기가 어렵기 때문이다. 치료자는 그녀에게 가장 두려운 상황을 다양하게 상상해 보도록 요구했다. 즉, 혼자 남겨져 있는 것, 무기력한 상태에 있는 것 그리고 공황상태로 들어가는 것을 상상하도록 요구했다. 그 다음에 치료자는 치료회기 동안 그녀의 상상 속의 이미지를 극대화하기 위해 그래프와 생생한 언어를 구사했다. 치료를 시작하기 전에 미리 Agnes에게는 이런 기법이 불안을 가져오겠지만, 그 상태에 그대로 머물러 있어야만 한다고 주지시키면서, 치료자가 곁에 있다고 안심시켰다. Agnes는 지시에 따랐으며, 상상 속의 장면이 극심한 불안을 일으킬 때조차 그 장면을 상상 속에서 계속 붙잡고 있었다. 그녀가 이렇게 하지 않았더라면, 그 결과는 단순히 아무 효과가 없는 것이 아니라(안 하니만 못한) 역효과가 나타났을 것이다. 다음의 발췌문은 첫 번째 치료회기에 치료자와 Agnes가 나눈 대화에서 따온 것이다.

치료자: Agnes, 당신이 지금껏 하고 있는 바로 그 장면을 계속 상상하고 계세요. 당신은 아주 잘하고 있습니다. 당신은 지금 딸의 집에 있다고 상상해 보세요. 날씨는 춥고 살이 에는 듯합니다. 바람이 울부짖듯이 많이 불고 있는데 갑자기 전기가 나가 버렸어요. 이 장면을 뚜렷이 떠올려 보세요. 전화기로 달려가서 전화기를 들어 보니 나가서 불통이에요. 전기는 나갔으니까, 난로는 켜지지 않을 것이라는 점과 조금씩 점점 더 추워지고 있는 것을 알아차렸어요.

Agnes: 너무 무서워요. 그 장면을 생각하고 싶지 않아요. 그만하면 안 될까요?

치료자: 안 됩니다. 당신은 계속해야 되고 이런 이미지를 마음속에 계속 간직하세요. 당신은 점점 추워집니다. 날은 어두워지고 심장이 점점 빨리 뛰기 시작합니다. 심장이 제대로 뛰고 있는 것이 아닙니다. 무언가 잘못되어 간다는 것을 느낄 수 있습니다. 이제 당신은 정말 두렵지만 아무도 집에 돌아오지 않을 것이라는 것을 알고 있습니다.

이러한 유형의 암시는—노인으로서 버려진 것, 외로운 죽음을 맞이하는 것 그리고 또다시 유산을 하는 것 같은 시나리오와 함께—세 번의 치료 회기에 걸쳐 실시되었는데 이는 Agnes로 하여금 자신의 공포와 직면하여 새로운 긍정적인 단계를 밟는 것을 시작할 수 있게 하는데 소요되는 것이었다. 세 번의 치료회기 동안 그녀의 불안은 수차례 극도에 올랐다가는 약화되곤 하였다. 이는 통상 한 번 이상의 최고봉과 누그러지는 단계가 요구되는 과정에 소요되는 회기이다. 일단 자신이 생기자 Agnes는 집단치료에 들어갔고 남편과 함께 부부치료도 몇 회기 받았다. 그녀는 5개월간에 걸쳐서 현저히 회복되었다. 향후 세월이 지나면서 최소한 가벼운 수준 이상의 광장공포증을 보일 가능성이 이따금씩 있지만, 그녀가 보여 준 고양된 자신감과 긍정적인 행동은 그런 상황을 이겨 낼 수 있으리라는 것을 예측해 준다.

논평

Agnes의 사례에서는 다음과 같은 요인들이 그녀를 무력하게 만든 광장공포증을 유발하는 데 기여하였다. ① 스트레스에 대해 신체적으로 과도하게 흥분되는 아마도 기질적인 소질, ② 어머니가 경미한 광장공포 증상을 모델링으로 보여 준 것, ③ 아버지가 딸의 의존행동에 대해 애정을 보여 준 것. 이러한 성장배경에다가, Agnes는 두 번째 임신에서의 유산으로 인해 극도의 불안을 처음으로 겪었다. 그녀는 자신이 겪은 극심한 고통에 놀라서 다시 임신하는 것을 즉각 거부함으로써 압도적인 무기력감을 또다시 겪는 것을 회피하기로 결심했다. 광장공포증의 소유자가 공황 일화와 일화 사이에 겪는 통상적으로 경미한 수준의 불안은 Agnes의 사례에서는 딸의 독립적인 행동에 의해 악화되었는데, 이런 행동은 Agnes에게 딸이 엄마를 필요로 한다는 느낌을 뒤흔들어 놓았다. 이러한 변인들은, Agnes의 사회발달이 제한되어 있는 것과 합쳐져서, 자신의 외로움과 불안에 대처할 때 철회와 두려움이 한층 높아지는 것 이외에는 달리 대처할 수 없게 만들었다. Agnes의 증상에 대해 가족들의 참을성이 부족한 것도 그녀의 고립감을 높여 주었으며 그녀의 딸이 보이는 애정을 그녀가 조절하도록 조장했다.

치료의 초점은 Agnes의 과다한 불안이었는데 이는 내파요법으로 성공적으로 치료되었다. 그녀는 불안을 견딜 수 있는 인내력을 가지고 있었기 때문에 불안감을 감소시킬 수 있었고 자신의 불안이 불합리하다는 것을 인정하게 되었다. 또한 삼환제(Tricyclics)라는 항우울제도 치료에 도움을 주었다. 그 후 Agnes의 대인관계 기술과 의존성은 집단 치료와 부부상담을 통해 치료되었다. 아직도 예상 밖의 정신적 스트레스를 받으면 가벼운 광장공포를 일으키지만 예후는 만족스러운 편이다. 불안을 감소시키고 스트레스에 대해 더욱 잘 적응할 수 있는 능력을 얻었다는 점에서 앞으로 사회의 일원으로서 적절한 역할과 독립성을 키우리라 기대된다. 그러나 단순공포증이나 사회공포증을 가진 사람들이 그렇듯이 Agnes가 자신의 역할을 충분히 잘 해낼 것인지는 알 수 없다.

강박장애

강박장애(Obsessive-Compulsive Disorder: OCD)로 진단을 내리려면, DSM-IV에서는 다음의 둘 중의 하나에 대한 증거가 요구되고 있다. 즉, 강박관념(반복되고 지속적인 생각, 이미지, 또는 충동으로서 어느 시점에서부터인가 부적절하고 침투적인 것으로 경험되며, 최소한 하루 중 한 시간은 거기에 빠져 있으며, 고통을 주고, 실생활의 문제에 대해 단지 과도하게 반응으로 나타났을 뿐만 아니라 그에 저항하려고 시도하며 그리고 그런 생각이 자신의 것임을 알고 있는 것) 또는 강박행동(강박관념의 산물로 나타난 반복적인 행동으로서, 해당 상황을 바꾸려는 의도의 행동이 동반되며 그리고 이런 행동이 그러한 의도에 비해서 비현실적인 것)에 대한 증거가 요구되고 있다. 따라서 강박관념이나 강박행동은 당사자가 지나치거나 불합리한 것으로 인식하고 있어야 한다.

강박관념의 소유자는 보통 자신의 강박관념을 무시하거나 억압하려고 시도하는데, 이는 종종 고통과 불안을 가중시키는 결과를 초래한다. 일부 사례에서는, OCD가 있는 환자들이 자신의 생각이 이 세상사에 영향을 미칠 수 있다고 믿는다. 따라서 재앙화 과정이 일어날 수 있는데, 이는 재앙화의 결과로 겪는 상당한 정신적 혼란을 설명해 준다(Dastgiri, Nateghian, & Goodarzi, 2010), 그에 따라서 이런 불안은 그에 상응하는 강박행동에 의해 중립화된다. 다른 이들은 자신의 이런 상황을 받아들이고 자신의 강박행동을 일상적인 의례적 행위로 포함시키는 것을 학습한다.

불행하게도, 이들의 독특한 생활방식은 결국 자신의 전반적인 기능수준을 저하시키는 결과를 초래한다. 종종 OCD는 만성적으로 되어서 개인의 기능에서 일부분 붕괴된 것이 동반하게 된다. 예후는 조심스러운데, 왜냐하면 50%에 가까운 이들에서 증상의 일부가 치료를 받아도 지속되기 때문이다. 흔히 동반되는 것은 우울증이다.

1660년에 영국의 주교인 Jeremy Taylor는 William of Osery이라는 사람에 대해 다음과 같이 소개하면서 강박 패턴의 발달에 대해 훌륭하게 기술하였다. "종교와 헌신에 대한 두 세 권의 책을 아주 자주 읽었으며 …… [그분은] 매일 3시간씩 이런 책을 자주자주 읽었다. …… 짧은 시간 동안에, 그분은 그 책들을 3번 이상씩 읽고 또 읽었다. …… [그분은] 다음과 같이 생각하기 시작했다. …… 즉, 이제는 그런 책들을 읽는데 매일 6시간씩은 들여야겠다. 왜냐하면 자신이 이제는 그 책들을 6번 이상씩 읽었기 때문이다. 현재 그분은 다음과 같은 것을 생각하고 있다. …… 즉, 자신은 매일 12시간은 독서에 매달려야만 한다고."(Pitman & Orr, 1993, p. 4).

Freud가 자신의 논평(1906~1908)에서 "이 장애로 고통받는 사람들은 자신의 고통을 자기 개인적인 일로 묶어 둘 수 있다."라고 강조했듯이, OCD는 종종 숨겨져 있다. 결과적으로, OCD는 상대적으로 드물다고 종래 생각되어 왔지만, 보다 최근의 추정치에 따르면 일반인 중에서의 평생 유병률(lifetime prevalence rate)이 약 2.5%인 것으로 시사되고 있다. 공포증 양상의 불안을 기꺼이 드러내려는 사람들 중 상당수는 자신이 조절할 수 없는 방식으로 자신이 생각하고 행동한다는 것을 드러내는 데 더 고통스러워할 수 있다. OCD의 약 25%는 명백히 강박관념이 문제이다. DSM-IV-TR에 따르면, 남성에서의 발생 연령은 통상 6세와 15세 사이에 있으며, 여성은 20세에서 29세 사이에 있다. 가장 흔히 보이는 증상에는 ① 지나치게 씻는 것, ② 도덕적인 죄를 지었다고 생각하거나 의심이 드는 것, ③ 계속 확인하는 것, ④ 끊임없이 수를 세거나 무언가를 짜는 것 그리고 ⑤ 물건을 저장하는 것이 있다. 일부 OCD에게서 발견되는 극심한 완벽주의 성향은 자살에 대한 위험 요인이 될 수 있는데, 이는 특히 위기 상황 시에 그렇다(Alonso et al., 2010).

임상가들이 가장 자주 보게 되는 강박관념에는 오염되는 것 또는 폭력에 대한 반복적인 생각, 종교 및 자신의 임무에 대한 머뭇거림 및/또는 의심 그리고 자신에 대한 의심이 있다. 가장 흔한 강박행동에는 확인하는 행동, 같은 행위를 반복하는 것 그리고 손 씻는 것이 있다. 강박장애에는 술을 탐닉하거나 과식하는 행동처럼 본질적으로 유쾌한 행동을 수행하는 것은 포함되지 않는다.

강박장애는 이따금씩 뚜렛 증후군과 혼동되는데, 뚜렛 증후군은 여러 가지 단어(종종 음탕한 것)나 투덜거림을 외견상 강박적으로 말하는 것이 특징이다(Lewin, Chang, McCracken, McQueen, & Piacentini, 2010). 위대한 작곡가인 모차르트도 뚜렛 증후군을 앓았다고 주장되었는데, 왜냐하면 그가 쓴 편지에는 엉덩이와 배변에 초점을 둔 욕설이 종종 들어 있었기 때문이다. 다른 이들은 이런 행동이 뚜렛 증후군의 진단을 받으려면 "통제 불능"이었다는 것이 입증되었어야만 한다고 언급하였다.

강박증의 소유자들은 다른 신경증 소유자에 비해서 지능이 더 높고 사회경제적 지위가 더 높은 경향이 있다. 이런 특징은 의미가 있는데, 왜냐하며 섬세하고 고집스러운 것과 같은 이 장애와 관련된 조그만 부분이 특히 외적 성취라는 개념에 깊이 빠져 있는 사회에서는 효율적이고 생산적이기 때문이다(van Oppen, Hoekstra, & Emmelkamp, 1995), 이들은 "찾는 사람만이 발견해 낼 수 있지만, 찾기만 해서는 아무것도 이루지 못한다."라는 견해에 동조하지는 않는다.

사례 연구

Bess의 사례

Bess는 27세의 매력적인 중상위권 여성이다. 그녀는 도시의 가장 좋은 지역 중 하나에서 잘 관리되고 있는 아파트에서 혼자 살고 있다. 그러나 Bess는 친구가 거의 없으며, 사회활동이 그녀의 생활에서는 조그만 부분밖에 안 된다. 대부분 저녁 시간에 그녀는 다소 늦게까지 일하고는 귀가해서는 저녁을 준비해서 먹고는 잠에 빠지기 쉬운 상태가 될 때까지 책을 읽거나 TV를 본다. 아주 자주, 그녀는 잠들기 위해 알코올과 수면제가 필요할 때가 있다. 그녀는 외동딸인데, 10세 때 부모가 이혼을 하였다. 그녀는 요구를 많이 하는 어머니에 의해서 주로 양육되어서, 아버지와는 단지 간헐적으로만 만났을 뿐이었다. 그녀는 큰 제조업 회사의 유능한 경리 사원으로 일하면서 많은 시간을 일하는 데 보냈다. 그녀는 대단히 완벽주의였는데, 당연하게도 회계 분야에서는 이런 측면이 일반적으로는 잘하는 것으로 간주되고 있었다.

Bess의 어머니는 딸을 사랑한다는 표현을 자주 하였고 대부분의 시간을 딸과 함께 보냈다. 어머니의 마음속에서는 그녀에게 의미를 느끼게 해 줄 수 있는 그 밖의 다른 일이 없는 듯이 보였다. 하지만 Bess는 어머니와 함께 보낸 시간이 온정이나 재미로 가득 차 있는 것으로 기억하고 있지 않았다. 오히려 어머니는 딸을 똑똑한 사람으로 만들기 위한 활동에 집중했다. 어머니는 딸에게 여러 가지 과외를 계속해서 시켰으며, 모녀는 Bess가 이런 과외에서 진짜로 열심히 하고 있는지의 여부를 놓고 항상 다투었다. 집에 있을 때에는, 어머니는 딸에게 일관되게 청결과 단정함의 덕목을 강조했다. 이런 일들로 모녀간에는 분쟁이 잦았다. 어머니는 딸에게 쓰는 방을 가지런히 정리해 놓지 않는다고 끊임없이 잔소리했다, Bess는 엄마가 하라고 하면 정리를 했지만 어머니가 주의를 딴 곳으로 돌리기만 하면, Bess는 자기 방의 물건들을 무질서하게 널어놓았다. 그녀의 어머니는 딸의 이런 태도가 나이가 들면 문제가 된다고 끊임없이 강조했지만, 그럼에도 불구하고 딸은 정리정돈을 잘한 적이 결코 없었다.

Bess의 어머니는 청결에 대한 결벽증이 심해서 Bess가 화장실을 다녀오거나 어떤 이유에서든지 성기 부위를 만졌을 때마다 매번 손을 깨끗이 씻게끔 했다. 어머니는 화장실에서 나는 냄새를 싫어해서 이를 없애기 위해 여러 종류의 방향제를 뿌리고 향촉을 피웠다. 상했거나 더러운 것은 무엇이든지 여기에 해당하는 것으로 간주해서 그 즉시 치우고 냄새를 제거했다. 여느 아이들처럼 Bess도 아동기에 불행했다고 여기는 시기가 있었다. Bess가 이런 감정을 어머니에게 표현하면, 어머니는 즉각적으로 Bess가 이런 감정에서 벗어나도록 말하곤 하였다(즉, "엄마는 너를 아주 많이 사랑하고, 그래서 너와 많은 시간을 함께 보낸단다. 그런데 네가 어떻게 불행할 수가 있겠니?"). Bess가 그녀의 불행에 대해 더 이야기하면, 어머니는 아주 속상해했다.

Bess는 가까운 도시에 사는 아버지 집에 놀러 가는 것을 좋아했다. 아버지는 태평스러운 사람이었는데, 크게 성공한 적도 없었으며 직업을 여러 군데 전전하였다. 그는 대체로 낙관적이고 딸이 오면 같이 놀아 주긴 했지만, 떨어져 있을 때는 거의 연락을 하지 않았다. 딸이 아버지를 보러 가면, 어머니는 불쾌해하고 가능한 한 못 가게 했다. 기회가 있을 때마다 어머니는 딸에게 아버지가 천하태평으로 게을러서 이 세상에서 아무것도 얻은 것이 없게 된 것을 지적했으며, 아버지가 의무적으로 해야 되는 가족 부양을 제대로 못했다고 넌지시 말하곤 했다.

다양한 방식으로, Bess는 집에서 어머니에게 반항하기도 했지만, Bess는 어머니의 가치관대로 학교생활을 했다. 그녀는 아주 열심히 공부했으며 숙제 준비에 지나치게 세심하게 신경을 썼다. 그녀는 머리도 평균 이상으로 좋아서 항상 좋은 성적을 얻었다. 동시에 그녀는 모범생으로 보였기 때문에 같은 또래 사이에서는 인기가 없었다. 그녀는 학급활동에 참여하지 않았고 대부분의 시간을 수업준비에 다 보내고 나서는 집에 와서는 집 안팎의 허드렛일을 하며 보냈다.

Bess의 어머니는 감리교 신자로서 Bess를 이런 교회 정신으로 키웠고, 이에 따라 Bess는 교회활동을 열심히 했다. 이는 Bess에게 전반적으로 긍정적인 경험이 되었지만, 가끔가다 Bess는 자신이 구원을 받았는지 또는 죄인인지의 여부에 대해서 크게 고민하는 때가 있었다. 이런 고민은 Bess가 학교 공부 속에 빠지거나 이러 고민을 다루기 위해 교회에서 권고하는 활동을 하면 통상 금방 사라졌다. Bess가 사춘기 후반에 접어들면서, Bess에게는 성적인 환상이 점점 더 떠올랐다. 그녀는 이것이 교회의 가르침에 위배된다는 것에 전적으로 확신을 갖지는 않았지만, 그렇지 않은가 하고 생각했다. Bess는 주의를 분산시켜서 그런 생각을 떨쳐 버리기 위해 반복적인 일을 하거나 그 밖의 주의전환에 도움이 되는 다른 활동에 빠져서 조절하려고 노력하였다. 그녀는 특히 십자말풀이와 조각 맞추기 퍼즐 애호가가 되었다. 여기에는 수 시간이 소요되지만, 그녀의 어머니도 최대한 복잡한 퍼즐을 그녀에게 기꺼이 사다 주었다. 그러나 Bess에게 방어수단이 별로 없을 때에는 이따금 성적 환상이 올라왔고, 이런 경우에는 그녀는 미친 듯이 자위행위를 한바탕 하곤 했다.

Bess는 남자들을 친구로 사귀는 데에는 놀랍게도 어려움이 거의 없었다. 그러나 그녀는 사랑과 섹스 문제를 어떻게 다룰지는 전혀 모르는 것 같았다. 그래서 그녀는 누구와도 일정 기간 데이트를 해 본 적이 거의 없었다. 그러다가 그녀는 고등학교 3학년 때 근처 대학에 다니는 남학생에게 반하게 되었다. 그 남학생은 Bess에게 성관계를 맺자고 계속 졸랐지만, 그녀는 거절했다. 그러나 어느 날 밤에 파티에서 둘이 술을 너무 많이 마시고서는 그녀가 응했다. 그 후 2주간 사실상 매일 성관계를 가졌고, 2주 뒤에는 Bess는 임신을 두려워하기 시작하였다. 그녀의 두려움이 현실로 나타나게 되자, 이 사실을 알게 된 어머니는 크게 놀랐다. 어머니는 즉각 낙태 수술 일정을 잡았으며, Bess에게는 낙태를 원하는지의 여부를 생각할 여유도 주지 않았다. 낙태 후에, 어머니는 Bess를 데리고 함께 유럽 여행을 떠났으며, 여행 중에 어머니는 항상 그녀 옆에 붙어 있었다. 모녀가 돌아왔을 때에는, 어머니가 바라던 대로 그 남학생은 새로운 애인을 사귀고 있었다.

그 후 Bess는 어느덧 다시 '모범생'의 모습으로 다시 돌아가, 많은 상을 타고 졸업하였으며, 그다음에는 '떠오르는 젊은 직업여성'의 역할을 쉽게 맡게 되었다. 그녀의 직업은 그녀의 거의 모든 시간이 들었으며, 그녀가 일하는 회사에서도 떠오르는 스타인 것은 분명했다. Bess는 데이트하는 것, 결혼, 가족을 갖는 것 그리고 이와 관련된 그 밖의 문제에 대해서는 막연한 불안을 계속 갖고 있었다. 그녀는 이러한 불안감을 해소하기 위하여 하는 일에 더욱 몸을 바쳤다. 하지만 동시에 그녀는 어머니가 보인 성향과 다르지 않게 청결에 관련된 증상을 나타내기 시작했다.

이러한 걱정은 어느새 청결에 대한 철저한 의식(ritual)으로 점차 발전되었으며, 이는 통상 Bess가 자신의 성기나 항문을 만지면서 시작되었다. 이런 의식 절차를 밟아 갈 때에는, 먼저 미리 정해진 순서대로 모든 옷을 벗는다. 그다음에는 각각의 옷을 하나하나 침대위의 특정한 위치에 펴 놓고, 오염되지 않았는지 일일이 검사를 하였다. 그런 후에 샤워를 하면서 발부터 시작해서 머리꼭대기까지 온몸을 지나치게 꼼꼼히 문질러 씻고, 특별한 신체부위는 특정한 수건으로 씻었다. 오염된 것으로 보이는 각각의 옷은 세탁기로 던져졌다. 깨끗한 옷은 아무것도 올려놓지 않았던 침대 자리 위에 놓아두었다. 옷을 입을 때는 옷 벗은 것과 반대 순서로 하였다. 옷 입는 순서가 조금이라도 바뀌었거나, 오염된 것을 놓친 것이 아닌가 하고 의심이 들기 시작하면, 이와 같은 전 과정을 다시 거쳤다. 그녀가 특정한 날의 저녁에 이런 짓을 4~5번이나 하는 것은 드문 일이 아니었다.

시간이 지남에 따라 Bess는 다른 다양한 의식절차와 강박적 사고를 발전시키게 되었는데, 이들은 통상 화장실 사용하기, 성 관련 문제, 또는 공공장소에서 오염 가능성이 있는 대상에 부닥치는 것에 관한 것이었다. 그녀의 의식절차가 커버하는 범위가 넓어짐에 따라, 많은 시간과 정신적 에너지의 소모로 인해 그녀의 일상적 기능에 점점 더 큰 지장을 초래하게 되었다. 그녀는 이러한 행동들이 불합리함을 알면서도 이를 하지 않을 수 없었으며, 이러한 행동에 대한 의구심도 가지지 않았다. 마침내 이러한 행동으로 인해 그녀가 이 세상에서 의미를 느끼고 만족해하는 유일하게 남은 것인 직장 일을 정상적으로 수행하지 못하게 되었다. 이렇게 되자 그녀는 스스로 도움을 받고자 나섰다.

원인론

생물학적 관점에서 보면, 두뇌 주사(scan)로서, 통상 PET 주사법을 이용한 연구 결과에서는 OCD의 경우에 뇌의 4개 구조가 '함께 작동하여' 과잉활성화 되는 것으로 밝혀졌다. 이 중 하나의 구조는 안와 바로 뒤쪽에 위치한 안와전두피질(orbital frontal cortex)로서, 이는 뇌의 오류-탐지 회로처럼 작동한다. 안와전두피질은 무언가가 잘못되어 조정이 필요한 경우에 뇌의 나머지 부분에 경보 신호를 보낸다. 강박장애에서는 안와전두피질이 과잉 활성화되어 있어서, 당사자는 자신이 생각한 것이 잘못되지는 않았는지를 교정하는 일을 계속하는데, 이는 마치 난로가 꺼졌는지를 반복해서 확인하는 것과 같다.

뇌 속의 가운데 깊숙한 곳에 위치한 미상핵과 대상회에 연결되면 당사자에게 무엇인가 심각하게 잘못되었다는 느낌을 가져다준다. 이렇게 연결되면 당사자의 심장은 뛰고 위장은 불안감으로 울렁거리게 된다. 시상은 뇌에서 감각정보에 대한 중개소 역할을 하는데 이도 역시 함께 작용하는 경향이 있다. 어느 하나의 신진대사가 활발해지면, 나머지 세 부위도 같이 활발해지는데, 이는 건강한 사람들에게서는 일어나지 않는 일이다. 미상핵은 강박장애가 있는 사람들에게서는 통상적으로 활동적인 상태에 있다. 팍실과 같은 SSRI(선택적 세로토닌 재흡수 억제) 약물의 치료에 반응하는 사람들은 미상핵의 활동이 감소되어 있다. 또한 중요한 것은, 미상핵도 심리치료를 받고 효과를 본 강박장애 내담자들에서는 활동수준이 감소된다는 것인데 (Schwartz, Stoessel, Baxter, Martin, & Phelps, 1996), 이는 뒤에서 이 사례에 대한 치료에 대해 살펴볼 때 소개할 것이다.

강박장애의 소유자에 대한 Freud의 관점은 이들이 발달 단계 중에서 항문-가학적 단계(anal-sadistic stage)에 머물러 있고 배변훈련에 대한 갈등이 이와 같은 발달에 결정적이었다는 것이다. 이 이론은 Bess의 사례를 위시한 많은 사례에서 어느 정도 액면 타당성(face validity)이 있다(외견상 진실처럼 보이는 것). 하지만 더러움과 관련된 배변훈련에서 보이는 갈등은 단순히 이 시기가 부모와 자녀 간에 주도권을 잡으려고 싸우는 첫 시기이기 때문에 나타나는 것일지도 모른다. 이때는 자녀가 부모의 모든 행동을 통합해서 받아들이고 모델링하는 시기이기 때문이다. 그래서 이러한 유형의 염려가 강박증 특성의 내용이 되기 쉽다. 또한 이러한 쟁점이 많은 강박장애 소유자들과 관련이 없다는 것도 명백하다.

강박장애가 있는 사람들은 통상 자신의 행동의 많은 부분을 부모의 행동에서 모방한 것이다. 강박장애자가 불안에 대항하기 위해 흔히 학습한 방어는 주지화(갈등의 근본원인에 직면하는 것이 두렵기 때문에 주변적인 것에 대해 이야기하는 것)이다. 이런 패턴은 공부나 일하는 것 같은 많은 영역에서 효과가 있다. 그러나 이런 패턴으로 불안에 대처하는 것은 궁극적으로는 효과가 없는데, 왜냐하면 이런 패턴이 올바른 정보를 획득하는 데 실제로 도움이 되기 못하기 때문이며, 또한 이런 의식적 절차를 수행하려면 많은 시간이 걸리고 에너지가 소요되기 때문이다.

Bess의 발달과정은 이런 요인들의 대부분을 보여 주고 있다. Bess의 어머니는 강박행동을 보여 준 완벽한 모델이었으며, Bess는 어머니 이외의 다른 모델을 접한 적이 없었다. 또한 그녀의 어머니는 능숙하게 죄의식을 심어 주었고, 더욱이 Bess가 자신의 염려사항과 걱정을 말하고 나누어 자신의 갈등을 해소하려는 그 어떤 시도도 하지 못하게 하였다. Bess가 종교 활동에 열중한 것은 이런 죄책감을 부추기는 역할을 하였으며, 대부분의 청소년에서 흔히 나타나는 성적 관심은 그녀에게 갈등거리가 되었다.

강박장애의 소유자가 발달시키는 의식적 절차는 불안의 경험에 최고도로 맞닥뜨리지 않도록 또는 통제력 상실감을 느끼지 않도록 주의를 분산시켜 준다(van Oppen et al., 1995). Bess는 오래전에 학교공부에 열심히 하는 것이 본질적인 보상을 가져다줄 뿐만 아니라 또한 동시에 그녀의 갈등과 충동에서부터 주의를 돌리도록 해 준다는 것을 배웠다. 그녀는 도저히 받아들일 수 없는 충동에 굴복해 버리면 자신의 행동을 통제할 수 없게 될까 봐 두려웠다. 결과적으로, 그녀는 충동 조절과 지속적인 방종 사이에서 종종 갈등을 겪게 되었는데, 이는 그녀의 자위행동에서 명백하게 드러났다.

많은 강박장애자와 마찬가지로, Bess는 자신이 경계를 늦추고 자신의 충동에 따라가면, 자신이 통제력을 다시 회복하지 못하게 될까 봐 두려웠는데, "통제"는 강박장애자에게는 중요한 것이다. 따라서 Bess에게는 주의를 다른 데로 돌리는 데 도움이 되는 활동이라면 무엇이든지 환영하였다. 단어교차 및 조각그림 맞추기 퍼즐에 대한 그녀의 강박적 열의는 충만한 인생에서 종종 즐거운 수반활동이기도 한 행위에 빠지려고 하는 개인의 모습을 보여 주는 예가 된다. 그녀의 청결 관련 의식적 절차는 그녀의 생활 속의 공허감과 그녀의 의식의 맨 끝자락에 항상 있던 불안으로부터 주의를 돌려 주는 또 다른 방식이었다. 그러나 그녀가 대단히 두려워했듯이, 그녀는 이런 패턴에 대한 통제력을 점차 상실하게 되어서, 그녀가 항상 의미를 찾고 만족을 느꼈던 영역—그녀의 일—까지 지장을 받는 지경에 이르렀다.

처치 방향

종래 다양한 치료방법이 강박 성격에 대해 적용되어 왔다. 사실상 어떤 방법도 특별히 성공하지 못해서 강박장애가 치료하기 어렵다고 하는데, 그 이유는 아마도 강박적인 행동패턴을 통하여 갈등과 불안이 잘 드러나지 않기 때문일 것이다. 또한 이러한 사람들은 "환자 역할" 속에 내포된 수동성(즉, 통제력의 상실)을 두려워하는 것으로 보인다.

정신분석가들은 강박 성격에 대해서 어느 정도 성공을 거두었다. 그러나 이와 같은 정신분석 기법에서의 위험은 이들이 오랫동안 주지화를 방어기제로 사용해 왔기 때문에, 정신분석을 할 때 쓰는 자유연상 기법이 주지화의 남용으로 쉽게 이끌 수도 있다는 점이다. 치료자가 내담자로 하여금 이와 같은 유형의 방어기제를 사용하지 못하도록 능숙하게 진행하면, 정신분석은 도움이 될 수 있다(Wachtel, 1997).

그러나 대부분의 학자(Chambless et al., 1996; McKay, Taylor, & Abramowitz, 2010; van Oppen et al., 1995)는 반응제지(예를 들면, 계속해서 손을 씻는 사람으로부터 비누와 수건을 모두 빼앗는 것)와 확고하고 일관된 지지 분위기 속에서 소거를 촉진하기 위해 (강박행위를) 유발 자극에 대한 실제 상황 속의 노출을 꾸준히 하는 프로그램을 추천했다. 치료에 도움이 되는 행동을 하도록 요구하지만 긍정적인 치료 관계가 강박 증상에 대한 효과적인 처치 프로그램의 핵심이다. 도움이 되는 부가적인 행동 기법으로 '사고 중지법'이 있다.

인지행동 수정도 효과가 있을 수 있다(Bevan, Oldfield, & Salkovskis, 2010). Schwartz 등(1996)은 인지행동 수정이 OCD에서의 두뇌 구조를 생리적으로 '잠근 것'—특히 미상회가 안와전두피질로 연결된 부위에서—을 뒤집을(역전) 수 있음을 확인해 주었다. 이런 비정상은 앞의 원인론의 절에서 기술된 바 있다. 내담자는 강박적 충동에 대해 단순히 굴복하기보다는, 명칭을 다시 붙이는 것을 배우게 된다. 이를테면, '나는 손을 다시 씻어야만 해.'라고 말하는 대신에, 내담자들에게는 '지금 나에게는 강박적 충동이나 강박적 행동이 있어.'라고 말하도록 훈련을 받는다. 내담자는 충동과 두려운 느낌이 왜 지속되는지에 대해서 스스로에게 설명하도록 지시를 받는다. 이를 통해 자신에게는 그런 감정과 생각을 일으키는 장애가 있다는 것을 다시 떠올리게 한다. 그다음에는, 충동에 굴복하기보다는 그 대신에 몰입할 수 있고 즐겁거나 생산적인 것으로 경험한 적이 있는 활동을 의도적으로 15분간 한다. 내담자들은 악기를 연주하거나, 걷거나, 뜨개질을 할 수도 있다. 이러한 행동은 내담자의 주의를 강박 행동으로부터 멀어지게 해 주는데, 이는 뇌의 회로를 변화시키는 데 결정적인 단계가 된다. 치료는 일주일에 1~2회기씩 10주간 지속되는데, 내담자가 충동을 느끼게 되자 증상으로 간주해서 처리해 버리는 능력은 최고조에 달하게 한다. 이를 자발적으로 시도해 보려는 사람들 중에서는 최소한 80%에서 그 효과가 지속되었다.

또한 이 연구(Schwartz et al., 1996)는 심리학적 기법이 뇌 속에서 생리적 변화를 가져올 수 있음을 보여 주는 특히 주목할 만한 것이다. 이 연구에서는 PET를 사용하였는데, 그 결과는 모든 사람에게 언젠가는 한번 마음이 끌리게 하는 마음-신체에 관한 이원론적인 사고방식에 대한 해독제가 된다.

어떤 사례에서는, '역설 기법'이 사용되어 왔다. 예를 들면, 내담자는 원치 않는 생각과 행동에 대해 의도적으로 앞장서서 가면서 이런 생각이나 행동을 더욱 키우도록 요구된다. 이런 행동을 의도적으로 다양한 패턴으로 실천해 보게 되면, 내담자는 그런 행동에 대한 통제감을 더 크게 느끼게 되는 것으로 보이며, 치료는 이와 같이 통제감이 발달되는 것을 기반으로 발전될 수 있다.

정신과적 수술은 강박장애의 일부 사례에서는 성공적이라는 평판이 있었지만, 실제로는 거의 효과가 없다.

약물요법도 종종 유용한데, 특히 우울증이 공존할 때 그렇다(Ravindran et al., 2009). 클로미프라닌(Clomipranine)은 강박장애의 치료를 위해 FDA에서 사용이 승인된 최초의 약물로서, 다른 약물에 비해 부작용이 많지만 아직도 특효약으로 사용된다(Bezchlibnyk-Butler & Jeffries, 1999). 최근에는 프로작(Prozac), 졸로프트(Zoloft), 프락실(Paxil) 및 루복스(Luvox)와 같은 SSRI 계통의 약물이 강박장애의 치료 시 사용되도록 FDA의 승인을 받았다.

Bess에 대한 치료

강박증에 대한 고전적 치료전략이 반응제지 및 노출이었지만, Bess의 치료자는 앞 절에서 기술된 인지행동 수정법 그리고 사고중지법(이는 반응제지의 한 유형으로 볼 수 있음)으로 치료를 시작하기로 선택했다. 치료자는 Bess에게 강박적인 생각이 자유롭게 흘러나오게 한 다음 그런 생각을 현재 하고 있으면 손을 들어 알리게 하였다. 그녀가 손을 들면 조금 지나서 치료자는 '멈춰.'라고 소리 지르고 현재 자신의 의식을 검토해 보라고 하였다. 자연히 강박사고가 흘러나오던 것은 멈추게 되었다. 이런 과정을 여러 번 반복한 다음 치료자는 Bess로 하여금 강박사고를 하게 되면 스스로 '멈춰.'라고 소리 지르도록 훈련시켰다. 그 후 치료자는 그녀가 실생활에서 연습해 보도록 하고 효과를 극대화하기 위해 작은 휴대용 충격장치를 주었다. 그녀는 이 장치를 통해 스스로 '멈춰.'라고 소리 지를 때 마다 옷 속에 숨겨 놓은 장치로부터 적당히 아픈 충격을 자신에게 가하였다. 이 사고중지법은 Bess에게 강박장애가 통제될 수 있다는 것을 실제로 증명해 주었고 치료자가 새로운 기법을 훈련시킬 수 있는 기초가 되었다.

종합하면, 이와 같은 기법들은 4개월 안에 전반적으로 Bess가 강박행동들을 줄여나가는 데 상당한 도움이 되었다. 이 후에는 긍정적 활동을 더 많이 포함시키는 데 주력하였으며, 치료가 끝나기까지 대략 2년이 걸렸다. 그럼에도 불구하고 그 후에도 이따금씩 간헐적으로 문제가 다시 생기기도 했다. Bess가 처음에 배운 기법들 외에도 이러한 충동들에 대처하는 새로운 기술에 대한 훈련도 받아서 잔여 증상을 통상 다룰 수 있게 되었지만, 한번은 이전의 증상이 재발하여 여러 회기의 치료를 받으러 다시 참석하여야 했다.

논평

강박장애는 적어도 처음에는 자신의 생각과 행위에 대한 통제감의 상실로 고통을 겪으며 대개는 다소 능력이 떨어지게 된다. 그러나 어느 정도의 강박관념적 성향은 건설적이어서, 이와 같은 건설적인 부분과 삶의 다른 영역에서의 상실 사이의 균형을 맞추는 것은 비용 대비 수익에 따른 결정 사항이다. 예를 들면, Dom Capers는 내셔널 풋볼리그의 수석감독이었는데 건설적인 강박증의 소유자였다. 1990년대 초중반에 Pittsburgh Steelers에서 수비조정자로 있었는데, 당시의 그의 기록을 보면 풋볼 시즌에는 주당 100시간, 매일 20시간까지 일했다. 그는 매일 아침 사무실에 오전 6시 30분에 도착했다. 밤 10시 전에 퇴근한 날은 그의 아내 Karen과 야간 데이트를 하는 금요일뿐이었다. Steelers 팀의 선수들은 그를 일중독자, 정확한 완벽주의자로 불렀다. 그의 어머니는 Capers가 세상에 태어난 때부터 그랬다고 했다. 그와 형제인 Julitus는 회상하기를, 그가 그들의 고향인 오하이오에서 옆집의 잔디를 깎아 주고 포크로 인도를 다듬어 주었다고 한다. 그는 운에 맡기지 말자는 것을 강조했는데, 이는 불확실한 세상에서 확실함을 얻으려고 노력하는 강박증 소유자의 신조였다.

외상 후 스트레스장애

전통적인 외상 후 스트레스장애에 대한 진단의 핵심은 베트남 전쟁 중에 개념화된 바와 같이, 대부분 사람에게서 대단히 부정적이고 동요된 반응을 일으킬 만한, 아주 비전형적이고(atypical) 심각한 외상적 사건에 대해서 지연된 고통 반응 패턴을 보이는 것이다. 그러나 DSM-IV-TR에 반영된 것처럼, 최근의 관점에서는 '지연된' 그리고 '대단히 비전형적'이라는 요소를 덜 중요시한다(Friedman, Keane, & Resick, 2008).

외상 후 스트레스장애라고 진단을 내리기 위해서 DSM-IV-TR에서 요구하는 조건은 아주 까다로운데, 이는 이 진단에 대한 논란이 많고 이러한 진단이 법률 영역에서 흔히 사용되는 것을 반영하는 것일 것이다. DSM-IV-TR에서의 요구조건은 다음과 같다.

① 외상적 사건에 노출된 것으로서, 이 외상적 사건은 자신이나 타인에 대해 심각한 외상이나 위협을 실제로 또는 위협으로 준 것으로서, 강렬한 두려움, 무기력, 또는 전율(또는 아동의 경우 혼란되거나 동요된 행동)을 보인다.

② 다음의 반응 중 적어도 한 개 이상을 보여서 입증되는 해당 사건의 지속성

- 고통스러운 회상이 재발성으로 침투해 오는 것
- 재발성 악몽
- 사건이 다시 일어나고 있는 것처럼 행동하거나 느끼는 것
- 사건을 상징하거나 그와 비슷한 단서(내면 또는 외부)에 대해 강렬한 심리적 고통을 느끼는 것
- 그러한 단서에 대해 심리적 고통뿐만 아니라 생리적 반응을 보이는 것

③ 사건과 관련된 자극을 지속적으로 회피하는 것과 반응의 마비가 다음 중 최소한 3개 이상 나타나서 입증되는 것

- 관련된 느낌이나 생각을 회피하려고 노력함
- 관련된 활동, 장소, 또는 사람을 피하려고 노력함
- 이 중요한 사건의 내용을 회상해 내지 못함
- 의미 있는 활동에 참여하는 것이 감소함
- 남들과 멀어지거나 소원해지는 느낌
- 정동의 범위가 한정되는 것
- 미래가 바로 앞에 와 있거나 구체적으로 느껴지는 것

④ 외상 후 각성증상으로 다음의 반응 중 2개 이상이 지속될 때

- 쉽게 잠들지 못하거나 수면유지가 안 되는 것
- 자극과민성 또는 분노의 폭발
- 집중하기 어려움
- 과잉경계심
- 지나치게 놀라는 반응(경악반응)

②, ③ 그리고 ④에 수록된 증상들은 최소한 1개월 이상 지속되어야 하고, 이로 인해서 일상적인, 매일의 기능에 상당한 고통이나 지장이 있어야만 한다.

PTSD에 대한 현재 연구의 상당수는 현재의 진단기준의 정확성을 파악하는 데 초점을 두어 왔다. 연구들에서는 여러 개의 증상군에 초점을 두었으며 증상군이 DSM-V에서는 어떻게 개선될 수 있을지에 대해 여러 가지의 권고안을 제시하였다(Kilpatrick, Resnick, & Acierno, 2009; McNally, 2009). 진단과정에 결정적으로 중요한 연구결과는 PTSD 증상에 대한 주관적이고 자기보고적 특성으로 인해서 거짓으로 꾸미거나 또는 적어도 과장하는 것의 영향을 얼마나 받게 되는 지를 보여 주는 결과이다(Friedman & Marsella, 1996; Koch, O'Neill, & Douglas, 2005).

인터넷이 대중화되며 정보획득이 용이해 지면서, 진단 정보는 어떤 질환의 전형적 증상 또는 의사나 심리학자가 어떤 진단을 내리는 데 사용할 수도 있는 (진단) 기준조차도 이를 알기 원하는 사람들이 쉽게 접근할 수 있게 되었다. 사법 관련 상황에서, 일반인들도 자신의 증상—진짜든 아니든 간에—을 가장 잘 전달 또는 의사소통할 수 있는 방법에 대해서 변호사 및 관련 자문가의 지원을 받을 수 있다. Wetter와 Corrigan(1995)이 변호사 및 법대생을 대상으로 한 조사에서는, 심리검사에 대한 정보를 의뢰인에게 제공하는 데 47%만이 도덕적 의무감을 느꼈다고 응답하였다. 다양한 척도의 문항내용에 대한 논의 이외에도 타당도 척도에 대한 논의 및 응답왜곡을 파악해 내기 위한 그 밖의 시도에 대해서 적절한 정보가 제공되어야 한다. 심리학자에게 이런 논의는 그런 검사가 가져다주는 신뢰되고 타당한 진단을 내리는 역량을 심각하게 저해할 수 있는 '코칭'으로 여겨질 것이다.

사례 연구

Paul의 사례

9 · 11 테러

2001년 9월 11일 아침에, 전례가 없는 규모의 끔찍한 테러 공격으로 세계무역센터(World Trade Centre)의 쌍둥이 빌딩과 뉴욕시의 여러 인접 건물이 격렬하게 파괴되었다. 워싱턴 DC에서는 미 국방부 또한 공격을 당했고 피해를 입었다. 전체 사망자는 3천 명에 달했다. Paul은 그 비극이 일어나기 불과 한 달 전에 막 5세가 되었다. 그의 부모님은 그를 위해 큰 생일축하 파티를 열었는데, 5세 때의 이런 기억이 이전에 비해서 더 명확하게 삶의 사건으로서 새겨지기 시작하리라고 예상했었다. 그들은 마술 쇼, 광대, 풍선, 케이크 그리고 아이스크림을 가지고 있었고, Paul의 모든 유치원 친구와 그들의 주변에 있는 이웃 친구들을 초대했다. Paul은 그의 친구들과 즐거운 하루를 보냈지만, 그는 특히 그의 형인 Tom과 함께 지내는 것을 즐겼다. 그는 그 당시에 2학년이 되기 시작한 Tom을 우러러보았다. Paul의 어머니인 Sandra는 맨해튼 남쪽에 위치한 세계무역센터 사우스트레이드센터에서 일했다. 그녀는 77층에 위치한 세계무역센터 협회의 일원이었다. 15년간 미 공군에서 복무했던 Paul의 아버지 Dave는 당시 뉴욕 소방서의 부소장이었다.

이처럼 악명 높은 아침은, Paul의 다섯 번째 생일이 지나고 1개월 뒤였는데, Paul과 그의 가족은 처음에는 평범한 날로 보이는 이날에 일어났다. Dave는 언제나 일찍 출근하여 뉴욕 소방서로 나갔다. Paul은 Captain Crunch라는 시리얼을 한 접시 먹고 난 뒤 양치질을 끝낸 후에 7시 30분쯤에는 항상 소방차로 출근 준비가 되어 있었다. 그리고서 Paul은 Tom을 학교에 데려다주기 위해 엄마와 함께 차에 탔다. 일주일에 두 번, 이런 식으로 Paul은 조부모님의 집에 다녀오곤 했다. 불행히도 그 9월 11일은 Paul이 세계무역센터에서 북쪽으로 한 블록 이상 떨어진 유치원에 일주일에 세 번 가는 날 중의 한 날이었다. 오전 8시 15분에 Sandra는 Paul이 교실에서 안전하게 있는 것을 확인했다. Paul 과 엄마는 작별의 키스를 하고는 엄마가 단지 한 블록 떨어져 있는 세계무역센터에 있는, 9시부터 5시까지 근무하는 직장에 여유 있게 가기 위해 길을 따로 했다.

화요일 아침 8시 45분에 보스턴에서 납치된 아메리칸 항공 11편은 맨해튼에 있는 세계무역센터의 북쪽 타워를 강타했다. 18분 후에, 보스턴에서 공중 납치된 또 다른 보잉 767편이 세계무역센터의 남쪽 타워에 충돌했다. 몇 명의 필사적인 사람들이 그들의 상반신이 탑의 창문 밖에 매달려 있는 것을 볼 수 있었다. 많은 센터 근무자가 뛰어내렸는데, 이는 더 나쁜 상황에서 벗어나려는 시도로 보였다. 오전 10시 5분에는, 약해진 남쪽 타워가 주저앉기 시작했고, 이는 즉각 대혼란을 야기했는데, 수백 명의 응급 구조원들이 도시 밖으로 사람들을 대피시키려고 하였기 때문이다.

약 25분 후에, 북쪽 타워는 수 초 만에 안으로 무너지면서, 엄청난 양의 잔해와 연기를 내뿜었다. 그 충격은 수 마일 반경 내에서 감지되었고, 주변 건물들 중 여러 곳을 심하게 손상시켰다. 멀리 떨어진 곳에서, 충격을 받은 구경꾼은 공포에 사로잡힌 채 지켜볼 수밖에 없었다. 건물 옆에 있던 구경꾼들은 자신들을 쫓아오는 연기와 잔해의 물결을 휩쓸리지 않으려고 필사적으로 뛰었다. 맨해튼의 거리는, 1960년대 초 세인트헬렌스산의 폭발의 여파로 인한 것과 비슷하게, 순식간에 잿더미와 검댕이 두텁게 뒤덮이게 되었다. 무자비한 테러분자의 공격을 상징하는 표식처럼, 길게 뻗은 연기가 자유의 여신상을 향해 돌진했다.

세계무역센터에 대한 공격은 미국에 대항하는 해외 테러 분자들의 음모의 일부이었으며, 이는 거의 확실히 이슬람 근본주의자 Osama bin Laden의 소행이었다. 세계무역센터 빌딩을 초토화시킨 공중 납치된 두 대의 비행기 이외에도, 또 다른 두 대의 비행기가 같은 날 아침에 공중 납치되었다. 하나는 워싱턴에 있는 펜타곤의 서쪽 벽을 향해 돌진했고 그리고 두 번째는 펜실베니아주(州), 피츠버그 동남쪽으로 약 85마일 떨어진 곳에서 떨어졌는데, 아마도 워싱턴 DC로 향하려고 했던 것이었을 것이다. 이 두 개의 충돌로 인해 약 250명의 사람들이 목숨을 잃었다.

뉴욕시 중심부에 수 톤의 돌무더기와 파편 부스러기가 산더미처럼 쌓였다. 소방서, 구조 및 위기 대응팀, 간호사, 의사 그리고 준(準)의료 활동 종사자들은 살아 있는 사람의 흔적을 거의 찾아내지 못했다. 요행으로 살아남은 소수의 생존자들은 대부분 화상, 사지의 골절 그리고 치명상을 입었다. 절망에 빠진 가족과 친구들 수백 명이 사고 현장에 나타나 사랑하는 이들을 찾기 위한 길고 종국에는 헛수고로 드러난 수색작업을 시작했다.

무슨 일이 일어났었는지를 깨닫자마자, Paul의 조부모는 Tom을 학교에서 데리고 나와 맨해튼으로 차를 몰고 가려고 안간힘을 썼다. 그들은 교통이 막힌 것을 뚫고 갈 수도 없었고, 누군가에게도 연락이 닿지가 않아서 Paul, Sandra, Dave가 생존해 있는지의 여부도 모른 채 롱아일랜드의 집으로 돌아갔다. 이들에 대해 아무것도 모르는 채 몇 시간이 지난 뒤에야, 병원에서 전화가 와서 조부모에게 Paul이 집중 치료를 받고 있다고 알려 주었다. 어떤 이유에서인지, Paul의 유치원이 있는 건물은 비행기가 충돌한 직후 대피시키지 않았다. 아마도 당국에서는 아동들이 임시로 건물 안에 머물러 있으면서 이미 아수라장이 된 거리에서 벗어나 있으면, 덜 위험할 것이라고 생각했을 것이다. 그러나 일단 건물이 붕괴되자, 때가 너무 늦어져서, 그 충격으로 인해 유치원 건물이 황폐화되어서 어느 누구도 안전하게 그 빌딩을 나갈 수가 없었다. 두 명의 소방관이 Paul을 금속 파일 캐비닛 밑에서 끌어냈다. 그 아이는 충격에 빠져 있었는데 갈비뼈가 네 대 부러졌고 다리 양쪽에 1급 화상을 입었다. 나중에 의사들이 말하기를 아마도 파일 캐비닛 덕분에 떨어지는 잔해로부터 Paul이 보호를 받아서 목숨을 건졌을 가능성이 있다고 했다. Paul의 부모님은 그렇게 운이 좋은 사람이 되지 못했다. Dave는 북쪽 타워가 붕괴되면서 삼켜 버린 소방관 200명 중 한 명이었고, Sandra의 시신은 찾을 수가 없었다.

Paul의 배경

Paul의 배경은 할리우드 영화에서 종종 묘사되는 아메리칸 드림을 다소 닮은 정상적이고 건강한 것이었다. 그의 가족은 롱아일랜드의 중산층 교외 지역에 살고 있었다. Paul의 부모님은 지난 10년간 행복한 결혼 생활을 영위해 왔고, 훌륭하고 안정된 직업을 가지고 있었다. Paul과 그의 형 Tom은 어떠한 건강상의 문제도 겪지 않았다. 그들은 명랑하고 순종적인 소년이었고, 정직, 존경, 관대함과 같은 건강한 가치관으로 양육되었다.

Paul은 문제아와는 거리가 멀었다. 그의 친구들은 대부분 이웃이었고 유치원 학급친구들이었다. Paul은 리더였고, 그는 많은 재미있는 아이디어를 가지고 있었다. 그리고 그는 종종 게임의 규칙을 만들었고, 그의 또래들에게 인기가 있었다.

Paul은 아버지에게 헌신적이었고, 그가 가장 좋아하는 게임은 아버지와 전쟁 놀이를 하는 것이었다. 그는 공군에 대해 무엇이든지 알고 싶었다. 그들은 USAF 유니폼을 입고, 뒷마당에 있는 나무 집으로 올라가서 "엔진 시동을 건다."라고 말했다. 그는 아버지와 함께 적기를 격추시키지 않을 때에는, 엄마와 함께 요리하고 형과 함께 노는 것을 즐겼다. Tom은 동생을 보호하고 Paul이 동화책을 처음으로 읽는 것을 참을성 있게 듣곤 했다. 어느 날 밤, 엄마와 아빠가 허락하면, 그들은 나무 집에서 밤을 보내곤 했다.

외상 후(Post Trauma)

9 · 11 테러의 비극 이후에 Paul에게는 모든 것이 바뀌었다. 그의 가족, 인생관 그리고 그의 성격도 확실히 바뀌었다. 이 재앙에서 Paul이 목숨을 건졌을지는 모르지만, 그는 어린 시절의 순수함과 자신감을 잃었다. 잠시 동안 Paul은 이런 전반적인 상황으로부터 영향을 받는 것보다 더 혼란스러워 하는 것으로 보였다. Kronenberger와 Meyer(2001)는 언급하기를, 아주 어린 아이들이 가까운 사람의 죽음에 무관심한 반응을 나타내는 수도 있는데, 이는 아마도 어린 아동이 죽음의 영속성에 대해 이해력이 부족하기 때문일 수 있다고 했다. 그러나 시간이 흐르면서 Paul과 Tom은 조부모와 함께 새로운 삶을 살고 있었

다. Tom은 Paul을 더욱 보호하는 태도를 갖게 되었다. Tom은 그날 아침 동생의 곁에 있지 않은 것에 대해 죄책감을 느꼈을 수도 있다. Tom은 Paul이 얼굴에 미소를 짓도록 애를 많이 썼으나, 그의 노력은 거의 성공을 거두지 못했다.

Paul은 한 번에 몇 마디 이상을 말하지 않고 몇 주간을 보내는 경우가 종종 있었다. 그는 무기력하고 실망에 가득 찬 표정을 지었다. 또래의 아이들이 재미있어 하는 활동에 Paul이 흥미를 느끼게 하기는 어려웠다. 그는 옛날의 나무 집으로 결코 돌아가지 않았고, 한때 그토록 좋아하던 USAF 유니폼을 절대 입지 않았다. 그는 심지어 그의 어머니가 요리해 주던 '일반적인' 저녁 요리도 먹기를 거부했다.

Paul은 비극의 날에 대해 어떠한 질문도 하지 않았다. 그는 왜 모든 유치원 친구가 또 놀자고 하지 않는지에 대해 물으려고 하지도 않았다. 그는 새로운 집, 다른 학교 그리고 일반적으로 달라진 삶에 적응하기가 어려웠다. 그는 신체적으로는 점차 회복되었지만 정서적으로는 시간이 지남에 따라 점점 더 동떨어지는 것으로 보였으며, 우울한 상태로 더 깊이 빠져 들어갔다. 주기적으로, 그는 한밤중에 비명을 지르고 떨면서 깨어났지만, 자신의 감정을 전혀 말로 표현할 수 없었다.

전반적으로 Paul은 대부분의 시간을 혼자서 레고 블록을 하고 놀면서 보냈다. 하지만 그는 레고 만들기가 끝나면, 손바닥을 펴서 내리쳐 부숴 버렸고, 그것이 들어오는 진입해 들어오는 비행기인 양 했다. 그는 이것을 마치 빌딩이 주저앉고, 가족들이 죽고, 누구에게도 애착을 느끼는 것이 소용없게 된 자신의 인생 모습으로 여기는 것으로 보였다.

Paul의 조부모는 Paul에게 주변의 누군가가 자신의 부모와 비극적인 그날 아침의 기억에 대해 언급하는 드문 경우에 대해 Paul이 어떻게 '멍해지는지'를 Paul의 주치의에게 나중에 설명했다. 나중에 해리로 확인된 이 반응은 마치 두 소방관이 그를 테러공격의 날에 발견했을 당시처럼 '쇼크 상태'와 아주 비슷해 보였다.

Paul이 나타내게 된 또 다른 특징은 분노가 갑작스럽게 분출되는 경향성이었는데, 이는 불행하게도 친척이 그를 돌봐 주려고 접근하려고 하면 종종 발생했다. 무의식적인 수준에서는, 그는 사랑하는 사람을 잃어버린 고통을 다시 느끼기를 원하지 않았기 때문에, 정서적으로 소원하고 억제하는 상태에 머물러 있게 되었다. 아마도 Paul의 성격 변화 중 가장 슬픈 것은, 애정, 특히 Tom에 대한 애정의 상실이었다. Paul은 마치 형이 중요하지 않은 이방인인 것처럼, 형을 정서적으로 차단하였다.

진단

Paul은 외상 후 스트레스장애(Post Traumatic Stress Disorder: PTSD)로 진단받았는데, PTSD는 아동기를 비롯하여 모든 연령대에서 나타날 수 있다(American Psychiatric Association, 1994, p. 466). 분명한 것은, Paul의 사례는 외상적일 가능성이 있는 경험으로 가득 차 있다는 것이다. 폭력적인 테러 행위에서 생존한 것, 부상 및 화상을 입은 것, 죽은 모습 및 피투성이의 시각적 자극 그리고 가장 중요한 것으로서 가까운 사랑하는 사람들의 갑작스러운 죽음 등이다. 악의적인 폭력에 의해 발생한 외상이 자연재해 및 사고로 인한 외상보다 정신건강에 더 오래 영향을 미칠 가능성이 높다는 것이 일반적으로 받아들여지고 있다.

8세 이상 아동에서 PTSD를 평가하기 위한 여러 가지 도구는 심리 측정학상으로 만족스럽고 연구 및 임상 상황에서 유용하다는 것이 입증되어야만 한다(Ruggiero, Morris, & Scotti, 2001). Paul의 나이가 5세여서 이와 같은 평가 척도의 적용 범위에 속하지는 않지만, 외상적인 사건과 그로 인해 후속된 증상의 속성으로 미루어 보면 만성적 PTSD의 진단은 틀림없는 것으로 보인다. 그럼에도 불구하고, Paul에 대해 이미 직관적으로 내려진 진단을 확인하기 위해서 몇 가지 평가 척도가 실시되었다. 아동 행동 검사 목록(Children Behavior Check List: CBCL) 및 교사 보고서(Teacher Report Form: TRF)의 결과는 불안/우울, 주의력 문제 그리고 철회(withdrawal) 척도에서의 상승을 보여 주었다. 더욱이 임상가가 평정한 아동의 PTSD 문항목록(clinician-rated children's PTSD inventory)이 Paul을 평가하는 데 사용되었는데, 그 결과는 PTSD 증상을 나타내고 있다는 것을 명백하게 밝혀 주었다. 끝으로, 아동의 자기보고식 설문지인, 아동 행동평가체계(Basis for Behavior Assessment System for Children: BASC)에서의 Paul의 반응은 불안, 비전형성 그리고 통제 소재 척도의 점수가 상승된 것을 보여 주었는데, 이는 두려움, 침투 사고와 행동 그리고 통제력의 상실과 각각 관련된 증상을 보여 주는 것이다(Kronenberger & Meyer, 2001).

증상론

통상 PTSD가 있는 아동은 침투적인 증상과 회피 증상을 혼합해서 겪는데(Friedman et al., 2008), 여기에는 악몽, 과도한 놀라움, 동요(agitation) 그리고 혼란된(disorganized) 행동이 있다. PTSD 아동에게서 이따금 보이는 그 밖의 특징으로는 해리와 분노가 있다(Dell & O'Neil, 2008). (정서적으로) 밋밋함(평탄함), 회피 그리고 철회 증상 이 모두가 이 장애가 있는 아동이 보여 주는 핵심 증상이라고 시사된 바 있다(Kronenberger & Meyer, 2001).

Paul의 외상 후 외부성격(persona)은 PTSD 증상을 자세히 보여 주고 있다. 공격적인 분노폭발과 성질부리기(tantrums)가 나타났는데, 이는 아마도 소원해지고(detachment) 동떨어지기 위한(isolation) 수단이었을 것이다. 애정의 결핍(loss of affect)도 두드러졌는데, 이는 특히 그의 형인 Tom에 대한 것이었다. Paul은 놀이를 통해 외상적인 사건을 지속적으로 재연했다. 그는 해리의 일화(episodes of dissociation)를 겪었는데, 특히 그가 비극에 대한 기억과 비슷한 기억이 떠오를 때에 그러하였다. 또한 Paul은 잠자는 데에도 문제가 있었고 불안과 우울로 고통받았다. 거의 반사회적인 유형의 회피와 무관심이 나타났지만, Paul은 고조된 흥분과 두려움을 겪었는데, 이는 Pfefferbaum과 동료들(1995)이 1995년 미국의 오클라호마시의 폭탄 테러에 노출된 아동에게서 PTSD의 중요한 예측 요인으로 기술한 것이다. 불안이 높아지고 경악 반응이 커진 것도 또한 나타났는데, 이는 감정을 말로 표현하는 것이 줄어든 것과도 관련이 있어 보였다.

처치 방향

PTSD 치료의 첫 번째 단계는 위기 상담(crisis counseling)이다(Rainer & Brown, 2008). 최면요법(hypnotherapy)을 사용해서 일부 성인들에게서 어느 정도의 PTSD 증상이 감소했지만, 최선의 치료법으로 최면을 사용하는 것에 대한 확실한 경험적 뒷받침은 아직 없다. 마찬가지로 약물요법은 베타 차단제(beta-blocking agents) 및 알파 작용제(alpha agonists)에 대해 다소 긍정적인 결과가 나왔음에도 불구하고, 명확한 그 효능이 명확하게 입증되지 못했다. 삼환성 항우울제와 항히스타민제는 우울증과 수면 증상을 줄이는 데 유용할 수 있으며, 벤조디아제핀계 약물은 과잉흥분(hyperarousal)과 불안을 치료하는 데 도움이 될 수 있으며, 플루옥세틴[fluoxetine (Prozac)]은 부정/회피(denial/avoidance) 및 우울증과 같은 다른 PTSD 증상을 최소화시켜 준다. 또한 아동을 대상으로 향정신성 약물을 사용할 때에는 항상 보수적인 입장을 취해야만 한다.

PTSD가 있는 아동에 대한 정신역동적 개입이 방법론적인 제한 때문에 결론을 못 내리는 것으로 밝혀지기는 했지만, 놀이치료는 자연스럽게 상징적인 표현을 허용해 주며 외상과 관련된 정서적인 갈등에 접근할 수 있게 해 준다.

성인의 경우, 불안 관리 훈련(AMT)과 교육적인 기법(educational techniques)을 함께 실시하는 것이 외상에 노출된 당사자에 대해서 가장 큰 경험적 지지를 받았다. 불안 관리 훈련에는 이완 및 사회기술 훈련, 인지재구조화, 주의분산 기법 그리고 바이오피드백이 들어있다. 노출에 기반을 둔 기법(EBT)과 AMT는 PTSD에 대해서 가장 효과적인 두 가지 개입법으로 인정받고 있다(Henslee & Coffey, 2010).

노출은 외상과 관련된 자극을 회피함으로써 얻었던 보상을 멈추게 한다. 아동의 치료를 위해서는, 극도로 높은 수준의 고통을 통상 유발하는 내파 및 홍수법과 대조적으로, 체계적 둔감법과 단계적인 노출이 권고된다(Ruggiero et al., 2001). 노출에 기반을 둔 기법은 나이가 어린 아동을 치료하는 데 일반적으로 널리 사용되는데 그 이유는 이런 아동이 부딪치는 사건이 통상 통제된 환경(예: 성 학대/신체적 학대)에서 발생하기 때문이다. 그러나 Paul의 경우에는 그러한 개입을 할 수 없었는데, 왜냐하면 스트레스 자극이 통제된 환경에서 반복될 수 없을 정도의 크기였고, 너무나 복잡한 측면이 많았기 때문이다(Everly & Lating, 2004).

Paul의 처치

PTSD 환자의 정신병리의 수준은 종종 사건의 심각도, 빈도 그리고 지속 시간과 같은 측면에 비례하는 경우가 종종 있다. 분명한 것은, 스트레스 자극의 심각도로 인해서, Paul의 정신병리의 수준은 지극히 높을 것으로 예상된다는 것이다. 그러므로 Paul의 처치는 광범위하고 섬세해야 하며, 평생 동안의 과정이 되기 쉬울 것이다.

우선, Paul의 남아 있는 가족과 친구들로부터의 지지 분위기가 치료 전반에 걸쳐 밑에 깔려 있었다. 이런 지지는 Paul의 삶에서 중요한 다른 사람들에게 제공된 바 PTSD에 대한 철저한 위기상담과 교육에 대한 반응으로서 지속되었다(Rainer & Brown, 2008). 또한 가족 구성원들이 Paul에게 구조(structure)를 제공하는 것이 중요했다. 명확히 정의된 활동 스케줄은 그러한 구조를 제공해 주는 한 가지 유형이다. Paul에게 제대로 된 지시와 함께 돕는 역할을 부여하는 것은 그에게 자신이 안전하고 중요하다는 것을 느끼게 하는 데 도움이 된다. 또한 이것은 그에게 외상과 관련된 기억으로부터 주의를 분산시키는 데 도움이 된다. 처음에는 해내기가 어려웠지만, 사건과 관련된 어떤 유형의 미디어에 대해 Paul의 노출이 최소화되도록 권고되었다. 또한 정동 모델링(affective modeling)도 특히 Tom과 조부모에게 권고되었다. 이들이 따뜻하고 차분한 방식으로 상호작용하면, Paul은 정상적인 느낌(normalcy), 편안함 그리고 안전감을 다시 느끼기 쉬울 것이다.

경험적으로 가장 효과적인 두 가지 접근 방법인 AMT와 EBT을 조합해서 Paul을 치료하기로 결정되었다. 더욱이 놀이치료법도 Paul이 자신의 정서를 방출하고 말로 하지 못한 자신의 생각을 간접적이고 비침투적인 방식으로 표현할 수 있는 하나의 방법으로 사용되고 있다.

Paul은 공격적인 분노표출이 우러나오고 있다는 것을 느끼면 이완하도록 끈기 있게 훈련을 받고 있다. 인지재구조화를 통해 그는 비극과 그로 인한 후속결과를 받아들이기 시작했다. 경험을 통합하는 것과 외상 경험을 처리하는 것과 같은 점진적인 전략은 Paul의 인지 재활에서 핵심 요소이다. 그는 해리 또는 불안발작을 일으킬 가능성이 있는 혼란스러운 단서에 직면했을 때 주의를 분산시키는 기법을 배우고 있다. 사회기술은 Paul이 사회 환경에 서서히 다시 들어가는 데 도움이 되고 있다. 정동을 말로 표현하는 심리치료적 기법(즉, 감정을 표현하기, 공감하는 것을 배우기, 또는 칭찬을 주고받는 것)은 Paul이 자기 주변에 구축했던 정서적인 벽을 점차적으로 무너뜨리는 데 도움이 되며, 종국에는 Paul이 자신을 사랑하는 사람들에게 마음을 열도록 할 것이다.

노출에 기반을 둔 치료에서는, 둔감법을 써서 빌딩, 폭발 그리고 그 밖의 죽은 자의 이미지에 대한 두려움을 극복하도록 하였다. Paul은 자신의 외상적 경험과 비슷한 상황에 처해 있는 자신의 모습을 상상하도록 요청받았다. 천천히, Paul은 그러한 상황에 더 잘 적응하기 위해 호흡과 이완 기법을 사용하는 법을 배웠다. 그의 인지재조명 기술과 외상 통합 훈련은 관찰자의 관점에서 이러한 상황을 볼 수 있게 해 주었다. 그가 안전하다고 느꼈을 때, Paul은 당시 상황이 어떻게 느껴졌는지를 자세히 기술하도록 요청받았다. 그로 하여금 원래의 두려움을 말로 표현할 수 있도록 도와줌으로써, 분노의 분출이나 불안 상태로 드러났던 부정적인 감정과 정서는 결국 사라져 버렸다. 체계적 둔감법이 시각적 자극(예: 부모님의 사진 영상, 뉴욕시의 스카이라인, 부상당하고 화상을 입은 사람들, 화재 그리고 폭발 동영상) 그리고 청각적 자극(예: 폭격, 비행기 그리고 폭발)에 대해서 진행되었다. 또한 그가 처한 당시 상황의 심각도로 인해, Paul은 일정한 기간 동안에 그의 수면문제를 해결하는 데 도움이 되도록 항히스타민제뿐만 아니라, 부정 및 회피 증상의 처치를 위해서 플루옥세틴을 처방받았다.

Paul은 일어난 일이 예외적인 것이라는 것을 이해하기 시작했으며, 그가 치료적으로 발전한 것은 그의 놀이 패턴이 점차로 수정된 것에서 명확히 드러났다. 놀이치료를 통해, Paul은 레고로 만든 것을 파괴하려는 충동이 없이도 레고 빌딩을 쌓는 법을 배웠다. 치료자는 다양한 크기의 여러 건물과 건물 안팎에 수십 개의 '사람' 인형을 갖고 장난감 도시를 만들어 냈다. 치료자는 건물에서 일하며 매일 건물 주변을 돌아다니는 안전하고 해롭지 않은 모든 사람을 표현하였다. Paul은 테러리즘이 비정상적인 대표적인 '사회'에서 놀면서 안전감을 느끼는 것을 배웠다. 그는 정서적으로 먼 길을 왔지만, 아직도 심리치료와 상담 회기를 통해 도움을 받고 있으며 가까운 장래에도 이것들이 필요할 것이다. 2004년에 미해군 연구청(Office of Naval Research)에서는 PTSD를 치료하는 데 가상현실 기술을 사용하는 것에 관한 연구에 400만 달러를 지원했다. 현재 이 기술은 인지행동수정법과 결합시켜서 어느 정도의 PTSD를 앓고 있는 이라크 전쟁 참전 용사들 중 추정컨대 15~30%를 치료하는 데 사용된다.

섬광기억(flashbacks)은 몇 초에서 며칠까지 지속될 수 있는 해리 상태로 나타난다(Friedman et al., 2008). 이런 일화 동안에, 당사자는 외상적인 사건이 되풀이되고 있다는 듯이 행동한다. 성인과 아동 모두에서, 섬광기억은 PTSD의 사례에서만 흔히 보고되지만, PTSD에 걸렸다는 주장을 사법 영역으로 가져오기 위해 꾸며 낼 수도 있다. 섬광기억 증상의 극적인(dramatic) 속성은 확실히 인상적이다. 어려움은 그러한 보고서의 진실성을 해독하는 데 있다.

다음의 기준은 통상 진짜 섬광기억의 특징을 나타낸다.

- 섬광기억이 갑작스러운 것으로서 미리 계획된 것이 아니다.
- 섬광기억이 당사자가 나타내는 특징이 아니다.
- 섬광기억 속에는 과거의 한 개 이상의 대단히 심한 외상적 사건의 전력이 들어 있다.
- 일화의 모두 또는 일부에 대해서 기억이 상실되어 있을 수 있다.
- 섬광기억에는 현재의 동기와 특정한 동기가 없어 보인다.
- 현재의 촉발 자극은 원래의 경험과 상당히 유사하다.
- 당사자는 자신이 이전에 있었던 외상의 일부를 특정 방식으로 재현해 냈다는 것을 최소한 어느 정도는 알아차리지 못하고 있다.
- 당사자는 외상 후 스트레스장애의 다른 증상을 갖고 있거나 갖고 있던 적이 있었다.

야전에서의 전투 소진의 사례에서 적용되어 온 위기개입의 원칙은 또한 외상 후 스트레스 증후군에 대한 응급 처치를 제공하는 데 훌륭한 종합적인 뼈대를 제공해 준다. 즉시성이란 장애를 조기에 탐지하고 처치하는 것을 말하는데, 당사자를 가능한 한 신속하게 통상적인 생활환경으로 되돌아가게 하는 데 중점을 두고 있다. 근접성(proximity)에서는 입원을 피함으로써 당사자를 현재의 삶 속에서 치료해야 할 필요성을 강조한다.

기대(expectancy)는 환자의 반응이 아주 정상적이라고 하더라도, 적절하게 기능하지 못하고 있다고 비난하지 않는다는 것을 치료자가 의사소통하는 것을 말한다. '환자 역할'은 강화해 주지 않는다(Meyer & Weaver, 2007).

표 1-2. 불안장애와 관련된 증상

증상(장애)	연속선상으로 본 증상	
	상당한 정도임	병리적일 가능성이 있음
두려움과 스트레스 징후 (공황장애)	Steve는 요즘 하찮은 일에 대해 걱정하고 스트레스를 꽤 받는다. 그는 왜 이런 일이 일어나고 있는지를 모른다. 그러나 생각은 그리 오래 지속되지 못하고 아무런 문제 없이 하루를 보낼 수 있다.	Jeff는 갑자기 두려움과 고통을 겪고 있다. 그를 신경과민으로 만들고 두려워하게 만드는 특별한 것은 없지만, 이러한 경험은 그가 죽게 될지도 모른다고 걱정해서는 일을 못 할 정도로 나쁜 수준일 수 있다.
두려움과 스트레스 징후 (사회공포증)	Sarah는 때때로 사람들이 주위에 있으면 수줍음을 몹시 탄다. 새로운 사람들과 파티에서 어울려 놀거나, 직장에서 다른 사람들 앞에서 발표해야 할 때에는, 그녀는 정말로 신경과민이 된다. 일단 그녀가 사람들과 어울리거나 몇 분간이라도 말을 하고 나면, 그녀는 항상 기분이 좋아지고 심지어는 즐겁기도 하다.	Jill은 다른 사람들과 상호작용해야 하는 것을 두려워한다. 남들과 사회 장면에서 만나는 것에 대한 생각만 해도 강렬한 불안과 신체적 불편함을 촉발하기에 충분할 수 있으며, 이에 대처하려면 상당한 노력이 필요하다. 결과적으로, 그녀는 대인 관계적인 상황을 통상 회피하려고 하는데, 왜냐하면 그녀의 삶이 불편해지는 것이 그녀가 다른 사람들 주변에 있을 때 겪는 증상보다 참아 내기가 쉽기 때문이다.
불안과 걱정 (일반화된 불안장애)	Megan은 최근에 많은 일을 겪었고, 게다가 지난 한 달 정도는 정말로 긴장되고 신경과민이었다. 그녀는 자신의 증상을 알고 있지만, 이런 증상 때문에 그녀의 학업이나 사회생활에 지장을 초래하지는 않는다.	Samantha는 항상 걱정꾼이었다. 지난 몇 달간, 별다른 문제가 없었는데도, 그녀는 자신이 다음에 일어날 일이 무엇인지를 점점 더 많이 걱정하고 있는 것을 알게 되었다. 그녀는 아프다고 직장으로 전화를 하고는 병가를 여러 번 냈으며, 이제는 친구도 많지 않다.

침투적 생각과 강박적 행동 (강박장애)	Craig는 본인 말에 따르면 '깔끔쟁이'이다. 그는 자기가 사는 아파트의 청결에 대해 특히 관심이 많다. 그는 매일매일 자기 집의 여러 곳을 정리하고 청소하는 일을 일상으로 한다. 때때로 그는 '내가 접시를 치웠나?' 또는 '내가 카운터를 닦았나?' 같은 생각에 신경이 쓰이지만, 기다렸다가 집에 돌아와서 보는 것만으로도 기쁘다(그리고 어쨌든 간에 통상적으로 정리되어 있는 것이다).	Desmond는 집안의 청결을 유지하는 것과 관련된 불안을 상당히 많이 갖고 있다. 그는 매일 자신이 아침에 청결하게 하는 의식 절차를 정확히 순서대로 수행하지 않았나 하는 것을 걱정하느라 상당히 많은 시간을 소비한다. 즉, 부엌 싱크대, 스토브, 욕실 세면대, 화장실, 식탁 그리고 마지막으로 텔레비전 청소의 순이다.
회피 행동 (외상 후 스트레스장애)	Jennifer는 최근에 자동차 사고에 연루되었다. 그 사고 이후, 그녀는 자신이 운전에 대해 더 크게 불안을 느끼는 것을 알아차렸다. 자동차 사고에 대한 생각은 그녀가 차 안에 있을 때에도 때때로 떠오르지만, 그녀는 보통 많은 노력을 들이지 않고도 이런 생각을 무시할 수 있다. 이제 그녀가 운전하고 있는데, Jennifer는 자신이 좀 더 조심스러워진 것을 알게 되었으며 교통량이 많은 교차로에 접근할 때에는 때때로 자신이 '긴장되는 것'을 느낄 수 있다.	Cassie는 최근 그녀의 자동차에 광범위한 손상을 끼친 자동차 사고에 연루되었다. 사고가 난 후 몇 달 동안, 그녀는 절대로 운전을 하지 않았다. 그 결과, 그녀는 여러 번 직장에 지각했으며, 그녀의 친구들은 그녀가 항상 자기를 태워 달라고 요청하기 때문에 그녀의 전화를 받지 않는다.
악몽 (외상 후 스트레스장애)	Chris는 다음 주 대학에 입학한다. 그는 친구가 없으리라는 악몽을 꾸어왔으며 책을 교정에서 떨어뜨리면 다른 학생들이 그를 보고 웃는 악몽을 꾸었다. 이런 꿈 때문에 그가 잠에서 깨어나지는 않지만, 그는 이런 꿈이 없어지기를 바라고 있다.	William은 최근에 다른 학생이 캠퍼스에서 자동차와 부딪치는 것을 목격했다. 그는 그 학생이 얼마나 다쳤는지를 실제로는 모르지만, 그의 꿈에는 그 학생이 죽어 가는 모습으로 나타났다. 이러한 꿈 때문에 그는 종종 한밤중에 잠을 깨고는 다시 잠으로 들어갈 수 없었다. 그는 항상 피곤했으며, 그의 학교 공부는 지장을 받기 시작하였다.

제2장

해리장애와 수면장애

해리성 장애는 정상적으로 통합된 의식 기능이 갑작스럽게 분열하거나(disruption) 또는 변화하는(alteration) 것이 특징이다(Espirito-Santo & Pio-Abreu, 2009). 이런 장해는 거의 항상 일시적인 것이지만, 특히 건망증(amnesia)과 둔주(fugue)에서는 그 증상이 강했다 약해졌다 하기도 한다. 이인화 장애를 제외하고는, 해리성 장애는 드물게 일어나므로, 어떤 사회적 또는 도덕적 책임을 회피하기 위하여 이런 유형의 장애를 꾸며 내는(faking) 경우도 있기 때문에 매우 조심스럽게 살펴보아야 한다(Boyd, McLearen, Meyer, & Denney, 2007).

다양한 하위 범주들을 살펴보면, 심인성 건망증(psychogenic amnesia)은 기억 작용이 급성으로 장해를 보이는 것이고, 심인성 둔주(psychogenic fugue)는 자기 정체성(sense of identity)이 갑자기 붕괴되는 것인데, 보통 집으로부터 멀리 떠돌아다니는 것이 수반되며, 해리성 정체감 장애[다중성격, dissociative identity disorder (multiple personality)]는 두 개 또는 그 이상의 별개 성격이 당사자의 의식을 지배하는 것이며(고전적이며 여러 측면에서 가장 심각한 해리장애로서, 이는 Anna O.의 사례에서 입증된 바와 같음), 이인화 장애(depersonalization disorder)는 현실감(sense of reality)이 일시적으로 왜곡된 자기(self) 경험의 장해가 있다.

또한 '그 밖의 해리성 장애(other dissociative disorders)'라고 불리는 항목도 있지만, 이 항목은 단순히 잔여(residual) 증상에 대한 항목일 뿐이다. 이 진단에 가장 흔히 들어가는 패턴은 비현실감(sense of unreality)을 겪지만 이인화(depersonalization)가 수반되지는 않는 사람들 그리고 다소 몽환적인(trance-like) 상태를 보여 주는 사람들의 패턴이다.

이인화 장애는 이인화 신경증(depersonalization neurosis)으로 불리기도 하는데, 실제로 기억 장해가 있는 것이 아니기 때문에 이와 같은 보편적인 항목에 포함시키는 것이 부적절하다는 논란이 있다. 그러나 현실감에 대해서는, 일시적이더라도 상당한 장해가 있으며, 이로 인해 정체성(identity)이 확실히 영향을 받기 때문에 이 항목에 포함시키고 있다.

수면장애가 이 장에 포함되어 있는데, 그 이유는 수면장애에 의식의 변화된 상태(altered state of consciousness)도 들어 있다는 점에서 해리성 장애와 유사하기 때문이다. 그러나 수면은 의식의 변화된 상태이기는 하지만, 물론 정상적인 과정이며, 또한 그 붕괴 양상도 통상 해리성 장애에서만큼 심각하지는 않다. 수면장애의 장해 패턴은 아주 다양하며, 여기에서 다루는 사례는 가장 보편적이고 중요한 패턴—몽유병(sleepwalking; Sam의 사례)과 불면증(insomnia; Ilse의 사례)—이다.

다중 성격장애

DSM-IV-TR에서는 해리성 정체장애(Dissociative Identity Disorder: DID)라는 용어를 사용하지만, 저자들은 다중성격장애(Multiple Personality Disorder: MPD)라는 보다 널리 인정된 용어를 사용하겠다. DSM-IV-TR에서는 MPD(전문적으로는 DID)에 대한 정의를 한 사람 안에 두 개 또는 그 이상의 뚜렷한 성격이 존재하는 것으로서, 이런 성격의 각각은 비교적 완전하고 통합되어(integrated) 있으며 각각 고유의 패턴의 행동, 생각 및 사회적 관계를 유지하고 있는 것이라고 하고 있다. 이런 각각의 성격 같은 존재는 각기 다른 시간 또는 다른 상황에서 행동을 지배하고 통제할 수 있다. 통상적으로 핵심이 되는 성격은 수동적이고, 의존적이며, 죄책감과 우울함을 느끼지만, 교체해서 나타나는 다른 성격(alternates)은 적대적이고, 통제적이고(controlling), 그리고 자기 파괴적(self-destructive)일 수도 있다. 때로는 더 권위적인 교체 성격이 다른 교체 성격들에게 시간을 배정할 수 있다. 마찬가지로, 공격적이거나 적대적인 성격은 다른 교체 성격들을 불편한 상황에 빠뜨릴 수 있다. MPD는 해리성 장애의 가장 극단적인 형태이다. 심인성 둔주(psychogenic fugue)를 나타내는 사람들은 보통 다른 성격으로 '바뀌는(switch)' 것을 단지 한 번만 겪지만, 다중성격자들은 오랜 기간에 걸쳐 여러 가지의 성격으로 바뀌는 것을 겪는다. 교체된 성격들은 통상적으로는 핵심 성격이 스스로 해내지 못했던 중요한 기능을 수행한다. 불행하게도 많은 사람이 다중성격장애가 정신분열증과 밀접하게 관련되어 있다고 믿는데, 그 이유는 아마도 정신분열증(schizophrenia)이라는 용어가 문자 그대로 '분열된 마음(split mind)'을 뜻하기 때문일 것이다.

MPD만큼 일반대중에게 이끌렸던 장애도 달리 없었다. 예를 들면, Robert Louis Stevenson의 고전적인 소설인 『지킬 박사와 하이드 씨의 이상한 사례(The Strange Case of Dr. Jekyll and Mr. Hyde)』를 살펴보자. 이 소설은 그가 6일 밤낮으로 코카인을 복용하면서 완성한 것이다(Durrant & Thakker, 2003). 최근의 두 권의 책도 이런 주제를 다룬다. 즉, 『이브의 세 얼굴(Three Faces of Eve)』과 『싸이빌(Sybil)』은 베스트셀러가 되었고 나중에는 영화로도 제작되었다. 그러나 대중의 주의를 끌긴 했어도, MPD는 가장 이해가 안 된 심리장애인데, 그 이유는 부분적으로는 전문학술 문헌으로 보고된 믿을 만한 연구보고서가 아주 드물기 때문이다.

MPD의 발생 여부를 판단하는 것은 어려운 일이다. 1817년에 S. L. Mitchell가 기술한 Mary Reynolds의 기념할 만한 사례 이후로, 127년 동안에 단지 76건의 사례만이 보고되었을 뿐이다(Taylor & Martin, 1944). 1944년 이후로, 보고된 사례 수는 다소 증가하여, Winer(1978)는 200건 이상의 사례들을 찾아냈다. 소수의 현대 이론가들은 모든 정신과 환자 중 상당한 수효가 다중성격이라고 시사했지만, 대부분의 연구자나 임상가는 이러한 견해를 믿을 수 없다고 여긴다(Dell & O'Neil, 2008). Thigpen과 Cleckley(1984)뿐만 아니라 Weissberg(l993)는 이 증상이 외견상 증가한 이유의 상당 부분은 다중성격장애가 있다고 주장하는 환자 및 치료자 모두에게 이 장애가 매력적으로 여겨지기 때문일 수 있다고 시사했다. 즉, 이는 치료로 인해 발생하는(iatrogenic), 처치 그 자체로 인한 결과인 것이다. 가끔씩 사람들은 범죄 행동의 책임에서 빠져나오기 위해 자신을 '분열된 성격(split personality)'의 소유자로 보이려고 시도할 수 있다. 현재까지 보고된 사례의 대부분은 여성이다.

그 밖에도 헷갈리게 하는 또다른 요인은 MPD의 속성 그 자체에서 비롯된다. 대부분의 사례에서, 핵심 성격은 교체되는 성격을 완전히 인식하지 못하고 있지만, 그 반대는 이와 다를 수도 있다(Kluft & Fine, 1993; Ross & Ness, 2010; Spanos, 1996). 교체되는 성격이 통상 특별한 역할을 발휘하기 때문에, 이 교체 성격은 스스로는 치료를 받으려고 하지 않기 쉽다. 핵심 성격은 때로 "기억의 공백(blackouts)" 또는 잃어버린 시간을 종종 인식하고 있지만, 이 문제를 다른 사람에게 잘 털어놓지 않는다(Kong, Allen, & Glisky, 2008). 다중성격자들이 치료를 받으러 올 때는, 자살기도나 범죄행위와 같은 주된 장애보다는 다른 원인 때문인 경우가 종종 있다(Reinecke, Washburn, & Becker-Weidman, 2008). 처음에 이들에게 가장 흔히 내려지는 진단은 주요 우울증과 정신분열증이다. 대부분의 다중성격자는 정신보건 전문가들이 이들과 다소 오랫동안 접촉하여 마침내는 하나 또는 그 이상의 교체되는 성격이 있는 것을 관찰하고 난 뒤에야 다중성격장애가 있는 것으로 확인된다(Meyer, 1992; Bliss & Jeppsen, 1985).

과거에 기억상실증이나 그 밖의 해리 경험이나 경계선 성격장애 패턴을 나타낸 적이 있으면 장차 다중성격 장애를 나타낼 가능성을 경미한 수준으로 예측해 주는데(Chu, Frey, Ganzel, & Matthews, 1999), 신체적 학대 또는 성적 학대의 과거력이 있는 것(특히 반복적인 외상적 근친상간)도 이와 마찬가지의 역할을 한다. 2010년의 연구에서, Ross와 Ness는 해리성 정체장애의 증상 패턴이 극심한 만성적인 아동기 외상에 대해서 인간이 보편적으로 나타내는 반응이라고 시사했다. 스트레스 및/또는 중요한 개인적 손실도, 발달적으로나 또는 사회적으로 적응하기 어려운 전환점의 경우와 마찬가지로, 중요한 촉발 요인이다. 새로운 성격은 대개 원래 성격과는 정반대의 면모를 갖춘 성격으로 나타난다.

Anna O.는 정신분석 이론과 나중의 정신역동 치료의 발전에 결정적인 역할을 하였다. 사실상 그녀는 최초의 정신분석 환자로 간주된다. 세부적으로 그녀는 감정정화(카타르시스, cathartic) 방법을 적용한 첫 번째 환자이다. 진단에 관한 현대의 개념에 비추어 보았을 때, Anna O.가 "히스테리(hysteric)"라는 전통적 진단 이외에도 또는 그 대신에 다중성격장애를 겪었다는 것이 점차 명백해지고 있다(Weissberg, 1993).

또한 많은 전문가가 Anna O.가 Freud의 환자였다고 믿고 있지만, Freud는 그녀를 결코 본 적이 없다. 오히려 그녀는 1880년 11월에서 1882년 6월 사이에 약 18개월 동안 Freud의 초기 조언자이자 동료인 Josef Breuer의 환자였다. Breuer와 Freud는 모두 Anna O.를 히스테리의 전형적인 사례로 보았다. 그러나 Weissberg(1993)는 설득력 있게 주장하기를, 히스테리 요소가 있지만, Anna O.는 다중성격의 소유자로 보는 것이 가장 정확하며, MPD가 적어도 부분적으로 Breuer의 치료에 의해 유도되었을 가능성이 있다고 하였다. 이 사례를 평가하는 데 있어서의 어려움은 Breuer가 그녀에 대한 치료를 끝낸 후 10년 동안 이 사례에 대해 기록하지 않았다는 사실에서 비롯된다.

사례 연구

Anna O. 의 사례

Anna(실명은 Bertha Pappenheim)는 21세의 미혼 여성인데 비엔나 출신의 저명한 유태인 가정 출신으로서, 1880년 11월 말에 지속적인 천식 때문에 도움을 받으려고 Breuer와 처음으로 만났다. Breuer는 그녀가 의뢰하게 된 사건을 재구성하기 위한 기억을 이끌어 내기 위해 최면술을 사용했다. 회상된 내용에는 어린 시절에 대한 Anna의 반응도 들어가고, 좀 더 최근에는 그녀의 아버지가 건강이 점차 나빠지면서 아버지를 돌보는 것에 관한 심리적 고통에까지 다다른다. 1880년 7월에, 아버지는 아마도 Anna의 증상(천식)의 원인이 되었을 수도 있는 늑막염에 종양(pleuritic abscess)이 나타났다.

중병에 걸린 사람에게서 종종 볼 수 있듯이, 초기 증상호소가 어떤 성공 및/또는 수용을 받게 되면 사례연구감이 될 만한 수많은 관련 증상을 정교하게 도출시키게 된다. Anna의 사례에서는, 시력 및 청력 문제, 목이 약한 것, 두통, 그리고 오른쪽 팔과 다리의 무감각(anesthesia) 등의 증상이 드러났다. 다음에 그녀는 2주 동안 말을 못 하게(mute)

되었고, 이로부터 얼마 지나지 않아 두 가지의 독특한 성격이 나타났는데 이들은 아무런 예고도 없이 서로 교대해서 나타났다. Anna의 첫 번째, 즉 원래의 성격은 다소 우울(melancholy) 했는데, 그 이유는 부분적으로는, MPD의 경우에 흔히 나타나듯이, 일반적으로 의식상의 빈틈(gaps), 기분의 변동(mood swings), 그리고 심지어는 환각도 겪었을 수 있기 때문이다. 두 번째 성격은, MPD의 사례에서와 마찬가지로, 좀 더 반사회적인 특성을 띠고 있어서, 이를 Anna는 '장난꾸러기'라는 이름을 붙였다. 또한 이 두 번째 성격은 종종 다른 사람들에게 욕설을 퍼붓고, 간혹 가다가는 침구의 단추를 잡아 뜯는 것과 같은 괴이하고 반항적인 행동을 저질렀다.

Anna의 아버지가 1881년 4월 5일에 사망한 후, 그녀는 ① Breuer 이외의 누구도 알아보지 못하였으며, ② 영어(그녀가 두 번째로 구사하는 언어)로만 의사소통을 하려고 했으며, 그리고 ③ Breuer가 먹여 줄 때만 식사를 하려고 하였다. 분명한 것은, 이 최초의 프로이트 학파에 속하는 치료자는 그의 치료 기법에서 정통성이 부족했다. 매일매일, Anna는 오후에는 졸렸고[아마도 자기최면(autohypnotically)에 의해서], 그리고 해가 진 후에는 Breuer가 그녀에게 정식으로 최면술을 걸었거나 또는 그녀 스스로가 자기최면 상태에 빠졌을 것이며, 그리고서는 그녀가 떠올린 그날의 환각/꿈을 자세히 말하고 난 다음에는 "조용하고 밝게" 깨어났을 것이다.

그러나 Anna의 상태는 악화되었고, 그녀는 자살을 기도했다. 1881년 6월 7일에, 그녀는 비엔나 외곽에 있는 집으로 이사했는데, 여기에서는 그녀를 좀 더 가깝게 관찰할 수 있었다. 이제 Breuer는 거의 매일 그녀를 방문했고, 간혹가다가 그녀가 대화하도록 설득하는 데 노력을 기울였다. 그녀는 Breuer의 손을 골고루 만져서 Breuer가 틀림없는 것을 확인하고 난 뒤에나 가끔씩 대화를 하곤 했는데, 자신이 눈으로는 Breuer를 알아볼 수 없다고 했다. 그녀의 증상이 처음에는 악화되기는 했지만, 이제는 어느 정도 진정되었고—Anna는 이런 진정 효과를 최면 상태에서 자신의 기억을 되살리는 "대화 치료(talking cure)" 덕분이라고 했음—그리고는 Anna는 비엔나로 다시 되돌아왔다.

그러나 Anna의 성격은 또다시 한층 더 극적으로(dramatically) 바뀌었으며, 이제 Breuer는 이제 그녀에게 오렌지(그녀의 병의 초기 단계에서 먹었던 유일한 음식)를 보여 줌으로써 성격의 변화를 이끌어 낼 수 있었다. Anna가 6주 동안 물을 마시는 것을 회피하고 나서, 최면에 빠져 있는 상태에서 개가 물잔에 있는 물을 마시는 것을 보았을 때 그녀가 역겨

워했던 것을 회상해 낸 것은 이 기간 동안이었다. 그녀가 최면에서 깨어나자, 그녀의 물 공포증(hydrophobia)은 사라졌다. 이제 Breuer는 이런 과정이 정신분석 기법의 기본 원리인 감정정화(카타르시스, catharsis)인 것을 알아차리게 되었으며, 이 방법을 그녀의 많은 그 밖의 증상에 체계적으로 적용하였다. 증상의 대부분은 사라졌으며, 그 과정에서 Breuer는 그녀의 아버지가 병에 걸린 그해 여름에 이 모든 증상이 시작되었다는 것을 발견하였다. 나중에 Breuer와 Freud는 이 일에 대한 Anna의 감정이 '가로막혀서(strangulated)'[나중에는 '억압된(repressed)'이라고 명명함], 나중에 그녀의 다양한 증상 속에서 드러나게 되었을 뿐이며, 그다음에는 '통찰(insight)'에 의해서 완화되고 이뿐만 아니라 꿈을 분석하고 털어놓는 것을 통해서 '정화(abreaction)'되는 과정에 의해 '훈습(working through)'이 이루어지고, 궁극적으로는 감정정화가 되어, 치유가 되었다는 이론을 수립하였다.

이 증상들 중 상당수가 없어지기는 했지만, Anna의 또 다른 성격이 1881년 봄에 다시 나타났는데, 이 일을 Breuer는 '수긍이 안 되는 사건'이라고 불렀다. Breuer는 1882년 6월에 그녀를 마지막으로 보았으며 그녀가 이제 "완전한 건강"을 향유하고 있다고 말했다. 그러나 Breuer는 자신의 빅토리아 시대의 윤리관, 또는 그의 자존심, 또는 보고하는 것에 대한 공황, 또는 세 가지 모두 때문에, Breuer는 마지막 회기에서 Anna 그녀가 Breuer의 아이를 임신했다고 그에게 말한 것을 언급하지 않았다. Breuer는 최면을 통해 깊은 몽환(trance) 상태로 유도하여 그녀를 진정시킨 후에, Breuer는 두 번째 신혼여행을 위해 아내와 함께 베니스로 즉각 떠날 준비를 했다. Anna는 임신한 것이 아니었다. 나중에 Freud는 Anna가 Breuer에게 성적으로 이끌린 것을 Breuer가 오해했다고 믿었고 이를 토대로 전이(transference)와 역전이(countertransference)에 대한 Freud의 개념을 발전시켰다.

그녀는 "Breuer로부터 치료를 받은 후 1년간 입원하였다"(Larson, Graham, & Baker, 2007). 나중에 Anna가 모르핀 중독으로 인해 1882년 7월에 입원했던, 독일 Kreutizlingen 지역의 Bellevue Sanatorium 병원에 있는 Anna의 파일에서 얻은 문서에 따르면, 그녀가 독일어(모국어)를 이따금씩 구사하지를 못하고, 멍청한 상태(absences of consciousness)에 있으며, 그리고 '시간을 잃어버린 듯한(time missing)' 느낌을 호소했다고 한다. 또한 Anna는 치료종료 후 적어도 5년간은 두 개의 별개적인 성격 상태를 보여 주었다.

나중에 MPD를 나타내는 사람들의 과거력에서 학대를 받은 경험이 종종(항상은 아니고) 발견된다는 견해와 일치하게도, Anna도 성적으로 학대를 받은 적이 있었으며, 어머니로부터 정서적 학대를 확실히 받았다는 것을 시사하는 징후가 드러났다. 어른이 되어, Anna는 여성을 학대한 유태인 남성들에 대항해서 사회사업가로서의 생애에 전념하고 적극적인 활동을 보여 주었다.

어떤 이들은 Anna 또한 정서적 학대를 전반적으로 받았다고 믿는데, 즉 그녀의 독립하려는 욕구가 아버지, 가족의 정통적인 유태계 관습, 그녀의 죽어 가는 아버지를 보살피는 데에서 그녀의 어머니와 남자형제가 그녀를 결국에는 배제해 버린 것, 그리고 당시에 밝고 지적인 호기심이 많은 여성에 대한 사회에서의 억압적인 반응으로 인해서 짓눌려졌다는 점에서 그렇게 보았다. 역설적이게도, Anna는 정신분석을 평생 동안 경멸했으며, 독일의 나치는 Anna가 부유한 유태인 노예상에 대해 신문에 폭로한 것을 나중에 반유태인 선전 도구로 이용하였다.

그러나 Anna는 마침내 회복되었고 그녀의 중독 증세를 극복해 냈다. 1895년에 그녀는 독일의 프랑크푸르트에 있는 유태인 고아원의 책임자가 되었다. 그녀는 "독일 최초의 사회복지사, 단편 소설의 작가, 극작가, 그리고 여성 인권의 승리자"로서 성공적인 생애를 이어 나갔다(Larson et al., 2007, p. 274). 1904년에, 그녀는 유태인여성연맹(United League of Jewish Women)을 설립했는데, 이는 그 방면의 최초의 조직이었다. 그리고 1907년에는, 그녀는 미혼모를 위한 집을 운영하기 시작했다. 여성 및 아동 운동에 헌신하였으므로, 그녀는 초기의 여성주의자(feminist)로 간주될 수 있다. 그녀는 쓰기를, "다음의 삶에 정의가 살아 있다면, 여성이 법률을 제정하고 남성들이 아이들을 맡게 될 것입니다!"라고 했다. 1954년에, 서독 정부는 그녀를 기리기 위하여 기념 우표를 발행했다.

다중성격에 대한 논쟁

대부분의 전문가는 다음의 단서 조항과 함께, 다중성격이 실제로 존재한다고 믿는다(Dell & O'Neil, 2008; Spanos, 1996; Thigpen & Cleckley, 1984; Weissberg, 1993).

- 일부의 치료자들은 임상 실제에서 많은 '다중성격자들(multiples)'을 만나게 되는 것으로 보이지만, 대부분의 치료자는 이런 사례를 거의 보지 못하고 있다.
- MPD 사례에 대한 보고가 의미있게 많아졌을 뿐만 아니라, 최근 수십 년간에는 MPD의 소유자들이 상당히 많은 수효의 2차적 성격, 즉 '또 다른 자아(alters)'를 보고하고 있다.
- 다중성격의 진단은 어느 정도는 문화와 관련이 있으며, 대부분의 사례는 미국에서 관찰된 것이다.
- 다중성격의 진단은 대부분의 사례가 여성이라는 점에서 또 다른 문화적 편향(culture-bound bias)을 그 속성으로 지니고 있다.
- 대부분의 사례 연구에서, 다중성격의 진단은 일정 기간의 치료 후에나 나타나는데, 이런 치료는 통상 최면(그리고 종종 자기최면)을 사용하며 치료자가 다중성격이라는 개념에 동조적인(적극적인 지지자는 아니더라도) 경우이다.
- 다중성격에 대한 상당수의 지지자는 별개의 '다른 자아(alters)'(또는 성격)는 실제로 나타나거나 다른 사람들에게 관찰되지 않고서도 MPD의 전반적인 행동에 영향을 미칠 수 있어서, 어떤 종류이든 독자적인 협력을 불가능하게 만든다고 주장한다. 그렇다고 하면, 다중성격장애의 개념은 과학이라기보다는 철학이나 종교의 영역에 넣어야 할 것이다.
- Anna O.의 사례처럼, 알려진 내용의 대부분은 일화적 증언과 사례보고에서 나온 것으로서, 과학적 방법에 의해 입증되지 못한 채로 남아 있다. 그럼에도 불구하고, 이와 같은 내용의 대부분이 너무나 자주 반복해서 언급되는 나머지 진실인 것처럼 보이는 모습을 보이고 있다.
- 신봉자들이 흔히 반복해서 내세우는 다중성격에 대한 소위 과학적 발견의 일부는 그럴 듯한 가짜(spurious)이다. 예를 들면, 옹호자들은 다중성격장애에서 나타나는 개별적인 성격은(이를테면, EEG 패턴 및 심리검사 반응 패턴에서) 서로 다른 생리적 패턴을 나타낸다고 일관되게 주장한다.

그러나 일반인들도 각기 다른 정서 상태에 놓이게 될 경우에는 이와 유사한 차이를 나타낼 수 있으며, 각기 다른 성격을 흉내 내려는 사람도 각기 다른 MPD 성격에서 발견된 것과 비슷하게 EEG상의 차이를 보여 준다. 또한 어떤 과학적 발견—예를 들면, 많은 다중성격장애의 소유자들이 아동기 학대를 받은 과거를 보고한다는 것—은 지나치게 일반화되어 부정확한 것이 된 지경에까지 이르게 되었다[예를 들면, '많은(many)'이 '대부분(most)'으로 되거나 심지어는 '사실상 모든(virtually all)'이라고 거론되고 있으며, 또는 아동기 학대의 과거력이 성적 학대의 과거력으로 명세화되고 있다].

원인론

해리 과정은 개인에 따라 이를 사용하는 정도에서 차이는 있지만, 정상적인 기능의 일부분이다. 그러나 자연재해와 전투 시의 피로 같은 많은 종류의 스트레스 사건은 극단적인 해리 현상을 일으킬 수 있다. 일부 다중성격의 사례들에서 보이는 극단적인 증세는 장기간의 스트레스에서 비롯되는 것으로서, 이는 극심한 외상 및/또는 학대와 종종 관련이 있다.

또한 다중성격은 가족 내에서 학습된 반응으로 볼 수도 있다(Horowitz, 2004). 연구에 의하면 Anna O.의 사례에서처럼, 대부분의 경우에 이 장애가 있는 사람의 부모 중 어느 한쪽은 심각한 장해가 있다고 한다. 많은 다중성격장애자가 보고하기를, 어린 시절 종종 6세 이전에 첫 번째 교체 성격이 해리되어 나타났다고 하였다. 이와 같이 첫번째 해리가 나타나게 되면, 갑작스런 스트레스 상황에 처하게 되었을 때 이런 새로운 도전에 대처하기 위해 추가적인 교체 성격이 떠오르게 되는 패턴이 수립된다. 교체 성격이 100개가 넘는 '초-다중성격(super-multiples)'의 사례가 보고된 바 있었지만 전문가들 내에서는 납득할 만한 신뢰를 거의 얻지 못했다.

다음의 조건을 갖고 있는 사람은 다중성격이 나타나기가 더 쉽다. ① 아동기에 학대를 받은 적이 있다. ② 상당한 스트레스를 받고 있다. ③ 다소 상반되는 성격요인을 갖고 있다. ④ 어머니로부터 거부당한 적이 있다. ⑤ 감수성이 예민하고(impressionable), 피암시성이 높으며(suggestible), 그리고/또는 의존적이다. ⑥ 지나치게 연극적인(overdramatic) 행동을 하는 경향이 있다. 그리고 ⑦ 성취 기준이 비현실적으로 높다.

많은 사람은 해리의 저변에 깔려 있는 기제를 상상하는 것조차 힘들어한다. 진짜 서로 별개인 성격들이 동일한 신경 패턴을 공유할 수 있다는 것은 받아들이기 어렵기 때문이다. 이런 현상에 대한 가장 유망한 설명은 상태 의존적 학습(State-Dependent Learning: SDL) 모형으로 보인다. 어떤 시간대의 유기체의 상태는 환경 조건뿐만 아니라 신체적 및 심리적 조건의 영향을 받는다. 특정한 조건에서 학습된 정보는 똑같은 조건에서야 가장 회상이 잘되며 다른 상태에서는 접근이 불가능할 수 있다. 따라서 Anna O.의 사례에서 오렌지와 같이 특이한(idiosyncratic) 단서는 교체되는 성격을 불러내는 것일 수 있다. 즉, 해리는 상태 의존적 학습의 극단적인 유형이 되는 것이다. 다중성격자는 극단적인 스트레스 상태에서 기억 및 행동을 습득하여서 나중에 보다 정상적인 상태에 있는 동안에는 이렇게 획득된 정보를 기억하지 못하는 것이다(Chu et al., 1999). 따라서 일단 스트레스 상태가 다시 구축되고난 뒤에야, 과거에 습득된 기억과 행동이 되돌아오게 되고, 이는 다른 사람의 것으로 보일 수 있다. 이 모형은 교체되는 성격이 왜 그렇게 정서적인 반응을 많이 나타내는 경향이 있는지, 반면에 핵심 성격은 감정적으로 둔하거나 고갈된 것처럼 보이는지 그 이유를 설명해 줄 수 있다. 또한 이 모형은 교체되는 성격이 특정한 기능을 갖고 있는 것으로 보이는지 그리고 그 기능이 요구되는 상황에서만 나타나는 경향이 있는지 그 이유도 설명해 줄 것이다.

치료법의 종류

다중성격에 대한 전통적인 치료법(사실상 Anna O.에서 시작된 것이라는 의미에서)에서는 최면 기법을 폭넓게 사용한다(Colletti, Lynn, & Lawrence, 2010; Weissberg, 1993). 그 이유는 최면이 구조화된 또는 의도적으로 유도된 해리의 한 형태로 종종 간주되기 때문에, 최면은 어떤 교체 성격 또는 자아 상태(ego state)에서 또 다른 예측가능하고 관리가능한 상태로 옮겨 가는 것을 도와주기 때문이다. 또 다른 해석으로는 최면이 단지 위약(placebo)효과만을 가져다줄 뿐인데, 이것이 내담자들에게 해리 증상을 그만둘 명분을 제공해 준다는 것이다.

통상적인 전략은 각각의 교체 성격을 이끌어 내어, 녹음이나 녹화를 하고는, 그 특이한 기억과 특징을 찾아내서 내담자로부터 정교하게 분리된 자기-체계(selfsystem)에 대해 실질적으로 파악하는 것이다. 그다음에는, 치료자는 각각의 교체 성격과 어떤 종류의 치료적 계약을 협상한다. 이 과정에서 치료자는 종종 상당한 저항에 맞부딪치게 되는데, 왜냐하면 어떤 교체 성격들은 매우 적대적이고, 파괴적이거나, 매우 부정적인 반면에, 또 다른 교체 성격들은 미성숙하고, 자기중심적이거나, 또는 치료자에게 유혹적이기 때문이다.

결국 각 교체 성격들은 각각이 전체로 통합되는 것이 유리하다는 것을 확신하도록 해 주어야 한다. 보다 최근에는, 최면술이 안구운동 둔감화 및 재처리(Eye Movement Desensitization and Reprocessing: EMDR) 같은 매뉴얼화된 처치법과도 결합되었다(Fine, 2010). 이와 같이 결합된 접근방식에 대한 예비 연구는 해리성 정체장애의 사례에서 나타나는 복잡한 외상 관련 문제를 다루는 데 다소 임상적 유용성이 있음을 보여 주었다(Paulsen, 2010).

융합의 과정, 즉 두 개 또는 그 이상의 교체 성격이 합쳐지는 것은 다중성격장애의 대중적인 작품에서 종종 극화되어 소개된다. 이 과정은 내담자가 자기 내면의 갈등 상태에 있는 동기 및 생각과 화해하도록 도와주기 위한 보다 정교한 노력으로 보일 수 있는데, 많은 유형의 치료법에서 흔히 보이는 것이다(Dell & O'Neil, 2008). 어떤 임상가들은 교체 성격의 모습을 비디오테이프에 담아서 이를 다른 교체 성격이 활동적인 상태에 있을 때 보여 주기도 한다. 융합의 순서는 일반적으로 다음의 두 가지 패턴을 따른다. 우선, 현시점에서 해리되어 떨어져 나갔거나 또는 비슷한 비슷한 역할을 하는 교체 성격을 합치게 한다. 그리고 나서 치료자는 남아 있는 성격 조각과 핵심 성격을 갈라졌던 순서대로 대략적으로 다시 화해하도록 시도한다. 이 과정에서 핵심 성격을 최면을 통해 해당되는 연령으로 퇴행시키기도 한다.

어떤 치료자들은 다중성격을 치료할 때 항정신증(antipsychotic) 약물을 사용하기도 했는데, 이런 노력은 제한적인 성공만을 거두었을 뿐이다. 항불안제는 융합 과정이 진행되면서 극심한 스트레스가 발생하는 경우에 유용할 수 있다.

논평

많은 임상가는 다중성격장애가 치료자에 의해서 생성된(iatrogenic) 장애로서, 다양한 특징 없는(amorphous) 증상 호소에 대하여 다중성격이 이런 내담자의 상태를 설명해 줄 수 있을 것이라는 치료자의 암시에 의해 덧씌워진 것이라는 점에 주목하였다(Spanos, 1996; Weissberg, 1993). 이런 사람들 중 상당수가 자신의 이와 같은 경험에 놀라고 있기 때문에, 이들은 치료자의 그런 암시에 특히 영향을 받기 쉬울 수 있다.

다중성격장애라는 개념에 대해 회의적인 태도를 갖는 두 번째 이유는 거짓을 꾸미는 자(malingerers)들이 자신이 '분열된 성격(split personalities)'이 있는 것처럼 보여주는 식으로 해서 범죄에 대한 책임을 회피하려는 시도를 간혹 보여 준 데에도 기인한다. 대부분의 임상가는 다중성격장애라는 개념에 대해서 그 원칙은 받아들이지만, 대부분은 이 장애가 매우 드물며 진단을 내리기가 어렵다고 주장하고 있다(Reinders, 2008; Spanos, 1996; Thigpen & Cleckley, 1984; Weissberg, 1993).

불행하게도, 보고서의 수효가 증가한 것은 자신들의 전문성의 상당 부분을 이 개념에 투자한 비교적 적은 수효의 임상가 및 연구자의 업적에 주로 기인하는 것이다. 이와 같이 헷갈리는 장애에 대한 지식은 이 문제에 대해 좀 더 다양한 시각으로 볼 주류의 심리학자 및 정신과의사의 참여가 높아지면 크게 증가될 것이다.

수면장애

수면은 삶의 중요한 부분이다. 사람들은 나이에 따라 잠자는 시간이 다르다. 신생아는 하루에 13시간 내지는 16시간의 수면을 필요로 한다. 대체적으로 이후에는 수면의 필요량이 점차 감소하여 50세에 이르러서는 약 7시간 정도를 필요로 하게 된다. 또한 우리는 몸이 아프거나, 스트레스를 받았거나, 또는 고된 활동을 한 후에는 수면을 더 오래 취할 필요성을 느끼며, 여성의 경우에 있어서는 생리 중일 때와 임신 중에 더 많은 수면을 필요로 한다(Harsh & Ogilvie, 1995).

정상적인 수면 패턴이 다양한 것과 똑같이, 수면장애도 역시 다양하다. 상당수의 성인이 생애의 어느 시점에서 만성적인 불면증으로 고생하는 시기가 있다. DSM-IV-TR에서 수면장애의 분류는 ① 다른 정신장애와 관련되어 나타나는 수면장애

(예: 기분장애나 불안장애), ② 일반적인 의학적 상태에 기인한 수면장애, ③ 약물에 의해 유도된(substance-induced) 수면장애, 그리고 ④ 이 장의 초점인 주요 수면장애(primary sleep disorder)로 나뉜다. 주요 수면장애는 수면부전(dysomnias; 수면 주기의 양, 질, 또는 시기에서의 비정상)과 사건 수면(parasomnias; 악몽과 같이 수면과 관련된 비정상적인 사건)으로 세분된다.

수면부전에는 ① 주요 불면증(primary insomnia; 307.42; 적어도 1개월간 잠에 들거나 잠을 계속 자는 데 어려움을 겪는 것으로, 생활에 지장이 동반되며, 다른 수면장애 또는 다른 장애로 더 잘 설명이 되지 않는 것), ② 주요 과면증(primary hypersomnia; 307.44; 적어도 1개월간 과다하게 졸리운 것으로서, 재발성이면 그 강도가 덜하며, 생활에 지장이 있는 것 등), ③ 기면 발작[narcolepsy; 적어도 3개월간 매일 심신이 상쾌해지는 잠(refreshing sleep)에 저항할 수 없게 갑작스럽게 빠지는 것으로서, 이 수면 상태에서는 적어도 강직증(强直症, catalepsy) 또는 REM 수면이 수면-각성 전이 단계(sleep-wakefulness transition)에서 자주 침투해 들어감], ④ 호흡과 관련된 수면장애(breathing-related sleep disorder; 780.59; 수면을 방해하는 호흡 상태에 대한 증거가 있는 경우), ⑤ 24시간 주기의 수면장애[circadian rhythm sleep disorder; 307.45; 잠자고 일어나는 주기(수면각성 주기, sleep-wake cycle)가 당사자의 24시간 주기 리듬(일일 리듬) 및/또는 환경의 요구조건과 맞지 않아서 발생하는, (생활에) 지장을 초래하고 지속적이거나 재발성인 과도한 졸림 또는 불면증을 말함. 이것은 수면단계의 지연형(delayed sleep phase type), 시차 적응형(jet lag type), 교대 근무형(shift work type), 또는 미정형(unspecified type)으로 세분될 수 있음], 그리고 ⑥ 달리 분류되지 않는 이상 수면(dysomnia NOS; 307.47)이 있다.

사건 수면에는 ① 악몽장애[nightmare disorder; 307.47; 잠에서 깨어나는 것(sleep awakenings)이 지장을 초래하고 반복되는 것으로서, 장시간의 매우 무서운 꿈이 회상되고, 깨어났을 때 악몽의 상태로 급속히 되돌아가는 것], ② 수면테러 장애[sleep terror disorder; 307.46; 잠에서 깨어나는 것이 지장을 초래하는 것으로서, 통상 공포에 질린 비명(panicky scream)을 지르며, 강렬한 두려움과 함께 연관된 자율신경계의 증세를 보이며, 위로해 주어도 비교적 반응을 보이지 않고, 꿈이 거의 회상되지 않는 것], ③ 몽유병(sleepwalking disorder; 307.46; 몽유 일화를 반복해서 보이고 지장을 받으며, 몽유 일화 중에는 반응을 보이지 않고, 비교적 빠르게 정신을 차리며, 그리고 몽유 일화를 기억하지 못하는 것), 그리고 ④ 달리 분류되지 않는 사건 수면(parasomnia NOS; 307.47)이 있다.

결정적인 진단 관련 권고사항은 외견상 심각해 보이는 수면장애는 모두 수면장애 센터에서 평가해야 한다는 것이다. 철저한 평가에는 수면에 대한 관찰과 생리적 측정이 포함되어야 하는데, 이상적으로는 최소한 이틀간 야간 수면을 평가해야 한다.

여기에서 제시된 사례 두 개는 가장 중요하고 보편적인 패턴 중 세 가지를 상세히 보여 준다. 첫 사례에서는 몽유 장애를, 그리고 두 번째 사례에서는 만성 불면증 및 수면-각성 주기의 붕괴를 보여 준다. 첫 번째 사례(Sam)는 몽유 증상에 초점을 둔다.

일찍이 1968년에 Silverman과 Geer가 체계적 둔감법을 사용해서 한 환자의 악몽을 제거시켜 주기는 했지만, 몽유 증상의 조절에 관한 연구는 거의 또는 전혀 수행된 바가 없었다. 대부분의 사람은 몽유 증상을 회피할 수 없는 짜증거리 그 이상으로는 보지 않고 있다. 제시되는 사례에서도, 문제는 몽유 증상 그 자체가 아니었는데, 왜냐하면 환자가 9년간이나 주기적으로 또한 빠른 속도로 수면 중에 걸어 다녔기 때문이다.

연관된 양상

몽유 증상이 있는 사람은 그 배경에 심리 장애가 있다는 증거는 없다(Pressman & Orr, 1997). 그러나 Sam의 사례에서 볼 수 있듯이, 몽유 일화는 당사자가 스트레스를 받고 있거나 또는 피곤할 때 나타나는 경우가 많다. 권총을 겨눈 사건으로 Sam은 치료를 받게 되었지만, 그 이전에는 이처럼 공격적이거나 파괴적인 사건을 일으킨 적이 전혀 없었다. 이런 사건은 몽유병 환자에게는 거의 일어나지 않는다.

사례 연구

Sam의 사례

Sam은 24세의 백인 남성인데, 아내의 권유로 치료를 받으러 오게 되었다. 최근의 몽유 행위 중에, Sam은 잠결에 권총을 내려놓고, 장전하고는, (꿈속에서의) 가공의 밤도둑을 겨냥하였다. 아내가 깨어 보니 총구가 자신을 향하고 있는 것을 발견하였다.

다행히도 그녀의 비명소리는 남편이 총을 쏘도록 자극하지 않았으며 그 대신 남편을 깨우게 되었다. 아내는 남편에게 그다음 날에는 누군가를 꼭 만나야 된다고 우겼다. 그는 15세 이후로는 매주 4~5번은 수면 중에 걸어다녔지만 특별한 사고는 없었다. 아내는 이런 행위를 참아 왔으며, 단지 가끔 남편이 자면서 손으로 이리저리 더듬는 바람에 자신이 잠을 깨는 것에 대해서만 호소했다.

Sam 및 아내와의 대화를 통해서, 밝혀진 것은 Sam이 아동기에는 아주 정상적이고 행복했다는 것이다. 그는 통상적인 아동기 질병 이외에는 앓은 적이 없었고, 부모의 애정과 보살핌을 잘 받았으며, 아동기 부적응을 전혀 보인 적이 없었다.

Sam이 불쑥 말한 내용은 대학에 입학한 이후 시험을 보기 전에 항상 불안을 겪었고 진정제를 복용했지만 거의 도움이 되지 못했다는 것이다. 그는 현재 사법시험이 다가오면서 점점 더 불안해지고 있다고 말했다.

Sam의 사례와 비슷하게, 대부분의 몽유 일화는 대개 2~3분에서부터 30~40분까지 지속된다. 일화는 보통 비급속안구운동(Non Rapid Eye Movement: NREM) 단계에서 일어나는데, 이는 전형적으로 EEG 델타파의 활동(delta activity)이 나타나는 수면 단계이다(수면의 3, 4단계).

몽유 증상이 있는 사람은 종종 일어나 앉고서 조금 움직이다가 다시 잠에 들곤 한다. 가끔은 이런 일화가 실제로 걷는 것으로 진전되기도 한다. 이들이 진짜로 걸을 때는, 이들은 허공을 응시하며(이런 모습은 섬뜩하거나 무섭게 보일 수 있음), 움직임이 잘 협응되지 않고(poorly coordinated), 주위의 물건을 보거나 만지는 수도 있다. 통상 이런 경험을 기억하지 못하는데, 이는 해리 상태의 경험인 것이다.

대체로 몽유병은 아동기에 시작되고 이 시기에 가장 많이 나타나며, 인구의 대략 15~20%가 적어도 한 번은 몽유 행위를 나타낸 적이 있다. 이 장애는 가족에게 물려지는 경향이 실제로 있기 때문에, 몽유병에는 유전적인 요소가 있을 수 있다고 보이며, 특히 남성에게서 더 많다(Bruni et al., 2010; Harsh & Ogilvie, 1995; Pressman & Orr, 1997).

Sam의 치료

다음의 치료적 권고사항은 Gilmore(1991)에서 부분적으로 따서 번안한 것인데, Sam에게는 우선 유인물의 형태로 제공하여 집으로 가져가게 하였다.

1. 어떤 약물, 알코올, 또는 카페인도 복용하지 말 것이며, 몽유 증상을 악화시킬 가능성이 있다는 것을 아는 의사가 처방하기 전에는 어떤 향정신성(psychotropic) 약물도 복용하지 말 것. 자극제가 함유된, 처방전 없이 구입할 수 있는 감기약이나 다이어트 알약도 피할 것
2. 몽유자가 만질 수 있는 치명적 무기는 어떤 것이든 모두 치워 놓거나 그리고/또는 분해해 놓을 것
3. 문이나 창문에 자물쇠를 채운다든지, 당사자의 발목을 침대 기둥에 묶어 둔다든지, 침실 문에 "낮은 담(어린애가 넘기 힘든; kiddie fence)"을 설치한다든지와 같은 특별한 예방조치를 취할 것
4. 방바닥에서 자도록 할 것
5. 우울증 그리고/또는 그 밖의 다른 현존하는 정서적 문제에 대해 치료를 받을 것
6. 스트레스 관리(조절) 기법을 배우고 불안을 줄여 주는 기술 및 위안을 얻도록 하며, 관련된 스트레스를 해결하기 위해 부부상담을 받는 것을 고려해 볼 것
7. 규칙적인 수면-각성 주기를 유지하고, 규칙적인 시간 간격을 두고 적절한 수면을 취할 것
8. 생리적 측정치를 지속적으로 관찰하고(monitor) 분석할 수 있는 수면장애의 전문가로부터 철저한 평가를 받을 것

Sam에게 이완 기법이 적용되었는데, 권총 사건과 시험 불안이 관련이 있을 가능성이 있는 것으로 보였기 때문이다. 불안을 일으키는 상황에 대한 7개 항목의 위계(hierarchy)에 대해서 Sam이 동의하였는데, 이 항목에는 "시험이 있는 친구의 말을 청취하는 것"에서부터 "시험 전 며칠간을 공부하려고 애쓰는 것" 뿐만 아니라, 가장 큰 불안을 유발하는 항목으로서 "시험지를 받아서 자세히 들여다보는 것"에까지 걸쳐있다.

Sam은 말하기를, 아내가 깊이 잠들지 못하는 편으로서 아내의 침대가 자기 침대와 가까이 있고, 그가 침대에서 나가는 유일한 통로가 두 침대 사이의 좁은 간격밖에 없기 때문에 그가 몽유 상태에서 걷는 동안에 그녀가 자주 깨곤 한다고 했다. Sam은 아내의 침대를 그의 침대에 더 가깝게 옮기는 데 동의하였는데, 왜냐하면 그가 기어서 아내의 위를 넘어갈 때 아내를 깨우지 않으면 안 되게끔 하기 위해서였다. 그의 아내는 큰 소리가 나는 호루라기를 샀는데, 이를 그녀가 침대 옆에 비치해 놓고 있다가 남편의 몽유 보행으로 그녀가 깨게 되면 즉각 불도록 지침을 받았다. 아내는 Sam의 몽유 행위 각각을 기록하고 남편이 호루라기 소리에 반응하는 데 걸리는 시간도 적도록 했다.

Sam의 사법시험이 한 달 정도 남았기 때문에, Sam은 체계적 둔감화 훈련을 받으러 일주일에 두 번씩 와서, 총 10회기(5주 동안)를 참석하였다. 그동안에 Sam은 안전을 위해 권총의 격발 공이를 떼어 놓았다. Sam은 첫 주에는 네 번 몽유 보행을 보였다. 그의 아내는 즉시 호루라기를 불어서 그를 깨웠다. 둘째 주에는 다섯 번 몽유 보행을 나타냈고, 셋째 주에는 두 번, 그리고 넷째 주에는 더 이상 나타내지 않았다. 또한 그는 호루라기 소리에 대해서도 부정적인 반응을 전혀 나타내지 않았다.

Sam은 첫 주 동안에는 종전처럼 효과적으로 시험공부를 하지 못했다. 그러나 둘째 주에는 필요하다고 여기는 양만큼의 공부를 해냈다. 이런 변화는 지속되어서, 불안은 극소량만 느껴졌다. 그는 사법시험을 그가 기대했던 것보다 다소 높은 점수로 합격하였는데, 이는 최적의 조건에서 기대된 점수보다도 더 높은 점수였다.

3개월 뒤의 추적조사에서, Sam은 보고하기를, 두 번 이상 수면 중에 걸은 적이 있다고 했지만, 매번 아내가 호루라기를 불었고, 그는 즉각 잠에서 깨어났다고 했다. 1년 뒤의 추적조사에서는, 그는 그런 일이 딱 두 번 있었다고 말하였다. 그는 변호사 업무 관련 공부를 하거나 집중하는 데 아무런 어려움이 없다고 하였다.

이제 우리는 더 흔한 문제인 불면증과 수면 주기의 붕괴로 넘어가겠다.

치료법의 종류

Ilse는 가끔씩 악몽을 꾸기는 했지만, 근본적인 문제는 수면 단계가 지연되거나 또는 진전된 수면주기 장애(delayed or advanced phase sleep cycle disorder; 즉, 잠이 잘 들었다가 서너 시간 후 깨어나서는 다시 잠들지 못하는 것)와 불면증(애초에 잠들지 못하는 것)이었다. 이러한 수면장애들은 다른 정신병리에 부수되는 증상이거나 또는 알레르기, 노화, 섭식한 음식의 유형(즉, 카페인 과다섭취 등), 또는 처방제의 부작용으로 나타날 수 있는데(Harsh & Ogilvie, 1995), Ilse의 경우는 이런 요인들과는 무관한 것으로 보였다.

사례 연구

Ilse 사례

Ilse는 42세 여성으로서, 21세와 19세의 안정된 성격의 두 자녀가 있다. 큰 아이는 결혼을 해서 엄마가 살고 있는 시내의 건너편에 살고 있으며, 작은 아이는 Ilse가 살고 있는 동부 해변가의 중소도시에서 90마일가량 떨어진 주립대학의 2학년 학생으로 재학 중이다.

Ilse는 대학 재학 중에 결혼했으며 결혼과 거의 동시에 첫 아이를 임신하게 되었지만, 이학사 학위와 간호사 학위를 취득해 냈다. 결혼생활에 문제가 없는 것은 아니었지만, 그녀는 대체로 만족했고 이는 34세까지 지속되었다. 이때에 그녀의 남편이 다소 갑작스럽게 선언하기를, 자신이 다른 여성과 사귀게 되었으며 결혼생활을 더 이상 지속하고 싶지 않다고 했다.

Ilse는 정서적으로 큰 상처를 받았지만, 1년이 안 되어 회복되었다. 그녀는 파트타임으로 간호사 일을 해 왔지만, 곧 전일제 직장을 얻었다. 아이들이 자라면서, 그녀는 가끔 가다 파트타임 일도 추가로 더 했으며, 아이들의 지원과 현명한 투자를 한 덕분에, 경제적으로 안정되었다. Ilse는 바깥에서의 취미 활동을 다양하게 개발하였고, 가까운 좋은 친구들도 많이 사귀었으며 그녀 자신과 친구들이 볼 때 행복한 것으로 여겨졌다.

그러나 Ilse는 사춘기 이후로 이따금씩 잠을 제대로 못 자곤 했는데 지난 수년간 이런 수면 문제가 점점 더 심해졌다. 대부분의 경우, 그녀는 별 어려움이 없이 잠이 들지만, 90분 정도 지나면 깨어나곤 했다. 이렇게 깨어난 후에는 그녀는 다시 쉽게 잠들지 못했으며, 때로는 한숨도 자지 못한 채 밤을 꼬박 지새우기도 했다. 다른 때에는, 한곳에서 잠에 들지 못해서, 여기저기 옮겨 누우면서 그날 밤을 보내면서, 잠깐 동안만 눈을 붙이곤 했다. 특히 스트레스가 많은 시기에는, 예를 들면, 근무시간이 바뀌거나 또는 남자친구나 애들 중의 한 명과 문제가 있을 때에는 악몽을 꾸었는데, 생생하고 끔직한 꿈에서 비명을 지르며 종종 깨어날 때 그녀는 통상 몸을 떨고 식은땀을 흘렸다.

Ilse는 내과 의사인 주치의에게 도움을 구했는데, 이 의사는 일련의 신체검사를 해 보더니, 그녀에게 정상이라고 말하고는, 약간의 수면제 알약을 처방해 주면서 필요할 때에만 복용하라고 권했다. 수면제는 특별히 스트레스를 받는 밤(이를테면, 장기간 여행을 떠나기 전날)에 단지 한 알만 복용했더니 진짜로 도움이 되었다. 그러나 Ilse는 이따금씩 여러 밤을 연속해서 수면제를 복용하곤 했다. 수면제는 처음 하루나 이틀 밤은 곯아떨어지게 해 주었으나, 그다음에는 서너 시간만 깊은 잠에 빠지게 해 줄 뿐으로서, 이 시간 이후로는 알약을 복용하기 전보다 다시 잠들기가 더 어려워진 것이 지속되었다.

그래서 Ilse는 다시 내과 전문의에게 갔는데, 의사는 자기가 더 이상 해 줄 수 있는 것이 진짜로 없다고 말하고는 Ilse를 신경과 전문의에게 의뢰하였다. 신경과 의사는 그녀에게 여러 가지의 다른 검사를 실시해 보더니, 그녀가 정상이라고 말하며, 다른 종류의 수면제 알약을 처방해 주었는데, 이 처방도 이전과 거의 같은 결과밖에 가져다주지 못했다. Ilse는 실망하고 충격을 받았다. 그녀는 간호학술지에서 읽은 적이 있는 여러 가지 기법을 시도해 보았다. 불행하게도 그러다가 자신이 관리하는 일반병동 환자로부터 수면제를 몇 알 빼내어 한 번에 복용하기도 하였고, 가끔씩 이 알약을 며칠 밤을 계속해서 복용해 보기도 했다. 그러나 거의 아무런 효과도 없었는데, 그 이유는 아마도 알약과 치료기법을 아무렇게나 섞어서 혼용했기 때문일 것이다.

추적조사에서 얻은 약간의 자료에 의하면 Ilse의 문제는 지속되었던 것으로 보인다. 그녀의 안목에서 보면, 그녀는 자신의 문제가 악화되고 있는 것으로 보았을 것인데, 왜냐하면 수년이 지나면서 그녀는 잠이 덜 필요하게 되었기 때문이다. 수면장애를 전문으로 치료하도록 설계된 진료소가 많이 설치되기 전에 Ilse의 사례가 발생했다는 것은 안타까운 일이다. 그녀를 의뢰할 곳이 하나라도 있었더라면, 결과는 더 긍정적이었을 것으로 보인다.

코미디언이자 예전에는 인기 영화배우인 W. C. Fields는 잠을 잘 자기 위한 가장 좋은 방법은 침대로 가는 것이라고 말한 적이 있다. 이 말에는 "매일 밤 정해진 시간에, 규칙적으로"라는 말이 덧붙여져야 한다. 또한 당신이 15분에서 30분 안에 잠이 오지 않으면, 일어나야 하며, 정말 졸립다고 느낄 때에만 다시 침대로 가서 누워야 된다는 말도 추가되어야 한다. 중요한 점은 침대는 잠자는 것하고만 일관되게 연관시켜야 한다는 것이다. 당신이 한밤중에 깨어났다면, 눈을 감은 채로 잠시 동안 침대 속에 머물러 있는 것이 통상 더 낫다는 점에 유의하라. 왜냐하면 당신은 다시 잠드는 것이 쉽기 때문이다. Ilse와 같은 문제가 있는 사람들은 침대에 있으면서 오랜 시간 일을 하거나 책을 읽거나 또는 TV를 시청해서는 안 된다. 그런 사람들은 일련의 일상적인 일과를 할 계획을 세우고는 그에 따라야 한다.

그다음에 수면 클리닉에서는 Ilse에게 그 밖의 문제는 없는지를 찾아보려고 했을 것이다. 접수 면접과 의료 기록을 살펴보고 난 뒤에는, 신체검사와 일단의 설문지 및 심리검사를 실시하고, 수면다원검사(polysomnogram)도 실시할 것이다. 수면다원검사는 실제 잠을 자는 동안에 얼굴과 머리에 전극을 부착해서 뇌파, 근육의 움직임, 그리고 안구운동을 기록하는 것이다. 이러한 모든 자료는 비정상의 유무를 가려낼 것이다. 뚜렷한 이상이 어떤 부위에서도 발견되지 않는다면, 섭식, 운동, 그리고 낮잠을 자는 패턴을 살펴보고는, 그 밖의 다른 유용성이 있는 기법도 권고된다.

앞에서 기술한 대로 첫 번째 목표는 Ilse와 같은 사람들로 하여금 규칙적으로 잠자러 가는 습관을 들이도록 돕는 것일 것이다. 섭식 패턴에 관해서는, Ilse는 밤늦게 과식하는 습관이 종종 수면에 부정적인 효과를 가져올 것이라는 조언을 받게 되겠지만, 자기 전에 음식을 조금 먹는 것은 대부분의 사람에게서 효과가 있는데, 특히 특정 유형의 음식이 그렇다. 세부적으로 말하면, 아미노산 L-트립토판(amino acid L-tryptophan; 즉, 우유제품, 닭고기류, 두부, 및 계란 등)이 많이 함유된 음식이 수면에 도움이 되는 것으로 밝혀졌다. 또한 녹말이 주성분인 단 음식(즉, 빵, 바나나, 및 무화과)은 L-트립토판을 활성화 하는 데 도움이 된다. 이런 과정은 지방과 탄수화물이 모두 많이 함유된 음식(즉, 땅콩, 호두 및 아보카도)을 소량 섭취하면 더욱 촉진된다.

낮잠과 운동패턴도 또한 평가할 필요가 있다. 낮잠은 잠옷을 입지 않고 25분가량 무의식 상태로 휴식을 취하는 것으로 정의되어 왔으며, 신체의 자연스러운 생체리듬의 한 부분으로 보인다. 낮잠은 잠이 필요한 사람들에게 도움이 되기는 하지만, 오후 늦게 낮잠을 자면 불면증을 악화시킬 수 있다. 저녁 늦게 또는 밤에 깨어났을 때 밝은 빛에 노출되면 수면을 조절하는 생체리듬을 훼방 놓을 수 있다. 생체리듬의 붕괴는 수면장애를 일으키는데, 통상 아침 일찍이 강한 불빛에 노출되는 것을 조절하는 것, 또는 멜라토닌(melatonin)의 복용으로 균형을 되찾을 수 있는 경우가 종종 있다. 또한 매일 밤 같은 시간에 잠자리에 드는 것뿐만 아니라 매일 아침 같은 시간에 일어나는 습관을 들이는 것도 도움이 된다.

활발한 운동을 거의 또는 전혀 하지 않는 사람들은 불면증과 수면주기 장애에 걸리기 쉽다. 몸에 좋은 활발한 운동을 최소한 잠자기 전에 3~5시간 정도씩 매주 3, 4번 하는 것은 훨씬 편안한 휴식이 되는 수면 패턴을 발전시키는 데 도움이 되며, 아침이나 이른 오후에 운동을 하면 더욱 좋다.

그 밖의 기법도 특정한 사람들에게 유용한 것으로 밝혀졌다. 이를테면, ① 요가나 느린 동작의 스트레칭 체조 및/또는 잠자기 2시간 전에 따뜻한 물에 목욕하는 것 (당신의 체온이 정상 수준으로 되돌아감에 따라, 당신은 좀 더 졸리게 될 것이다), ② 잠자리에 들기 전에 '조용한 시간(quiet time)'을 잠시 동안 갖는 것, ③ 느리고, 반복되는 멜로디 음악을 듣는 것, ④ 반복되는 소리를 듣는 것, 이를테면 백색 소음 기기(white-noise machine)를 틀어 놓는다거나 또는 마음을 가라앉히는 음악을 듣는 것(이는 새로운 기법이 아님, Johann Sebastian Bach의 가장 유명한 피아노 곡 중 하나인 「Goldberg Variation」은 Count Kaiserling의 불면증을 조절하기 위해 특별히 작곡한 것임), ⑤ 코 붕대(nose bandage)를 사용해서 당사자가 숨 쉬는 것을 좀 더 편하게 해 주는 것(이는 특히 알레르기로 인한 경우에 좋음), ⑥ 생각을 딴 데로 돌려 주는 반복적인 내면의 대화[즉, (이야기 속의) 양의 숫자를 세는 것], ⑦ 특정 약초로 만든 차(예: chamomile, valerian, periwinkle 등)를 마시는 것, ⑧ 특정 비타민—특히 비타민B와 칼슘, 마그네

슘, 그리고 칼륨—을 복용하는 것, 약물처방(〈표 2-1〉 참조)도 단기간 동안에는 도움이 될 수 있다. 이완 훈련 및/또는 바이오피드백 훈련(biofeedback training), 그리고 심리치료도 또한 Ilse가 겪었던 것과 비슷하게 수면을 방해하는 스트레스와 갈등을 줄여줄 수 있다.

표 2-1. 진정제-최면제

약품명(일반명/상품명)		
약제(진정 · 수면제)	바비튜레이트	그 밖의 진정제-최면제
벤조디아제핀 (Benzodiazepines)	세코바비탈(secobarbital) (Seconal)	클로랄 수화물(chloral hydrate) (Noctec)
플루라제팜(flurazepam) (Dalmane)	메쏘바비탈(methobarbital) (Mebaral)	졸피뎀 타르타르산염(zolpidem tartrate) (Ambien)
테마제팜(temazepam) (Restoril)		잘레플론(zaleplon) (Sonata)
트리아졸람(triazolam) (Halcion)		에트클로르비놀(ethchlorvynol) (Placidyl)
에스타졸람(estazolam) (ProSom)		라멜티온(ramelteon) (Rozerem)
쿠아제팜(quazepam) (Doral)		에스조피클론(eszopiclone) (Lunesta)
미다졸람(midazolam) (Versed IV)		

표 2-2. 해리장애와 수면장애

증상(장애)	연속선상으로 본 증상	
	상당한 정도임	병리적일 가능성이 있음
개인 정보를 회상해 내지 못함 (해리성 기억상실증)	Tyson은 산발적으로 방향감각이 상실된 적이 있다. 그는 관련 일화를 짧은 기간의 의식의 혼탁과 '설단 현상' 스타일의 망각으로 기술한다. 그는 때로는 물을 마시러 주방에 가지만 주방에 가서는, 자기가 무엇을 하려고 했는지가 기억이 안 난다.	Eric은 '(기억에서) 잃어버린' 기간이 있으며 이런 일화 중에 무슨 일이 일어났는지에 대한 기억이 전혀 없다. 그의 친구들 중 일부는 그가 '낯설은' 행위를 하고 '그 같지 않은(딴 사람 같은)' 시기가 있는 것에 주목했다. 최근에 그는 자신이 쓴 신용카드 결재금액이 청구됐는데, 그는 결재한 것이 기억나지가 않았지만 청구서 위에는 그가 서명한 것이 있었다.
수면 장해 및 기능 장해 (불면증)	Jenn은 직장에서 주요 프로젝트 업무로 연장 근무를 했다. 그녀는 자신이 더 불안해졌고 스트레스도 많이 받았다는 것을 깨닫게 되었으며, 결과적으로 평상시만큼 충분히 잠을 자지 못했다. 프로젝트가 완료되고 나야, 그녀는 밤에 약 7시간 정도 자는 평상시의 수면 패턴으로 돌아갈 수 있다.	Tina는 항상 피곤함을 느끼며 잠을 잘 잤는지도 기억이 나지 않는다. 그녀는 의사를 찾아갔지만, 이 문제와 관련된 의학적 원인은 전혀 없다는 말을 들었다. 그녀의 직장 일은 괴로웠으며, 그녀는 친구들과도 더 이상 어울리지 않는데 왜냐하면 그녀가 '기운이 없기' 때문이다.
수면 장해 및 기능 장해 (과다수면증)	Bill은 항상 낮잠을 통해서 잠드는 것을 좋아했다. 그는 보통 하룻밤에 적어도 8시간을 자며, 이따금 낮잠을 1시간 내지 2시간 정도 자곤 한다. 특히 주말에는 잠을 오래 자서 오후 3시까지 안 일어나는 수도 있다. 그의 어머니는 그에게 잠을 너무 잔다고 소리를 지르지만, 그는 직장 일과 축구 연습을 꾸준히 계속하고 있다.	Steve는 잠을 많이 잔다. 그의 친구와 가족은 사교 모임에 그가 종종 얼굴을 내밀지 않더라도 이를 용납해 주었는데, 그가 잠을 자고 있기 때문이다. 그는 누군가가 아침에 그를 깨워 주지 않으면, 등교를 못했으며 그리고 주말에는 그의 가족이 그가 식사할 때에만 잠깐 동안 그를 볼 수 있을 뿐이다. 하던 일을 마치자마자, 그는 잠을 자러 되돌아간다.

제3장

신체형 장애

작위성 장애(factitious disorder)가 있는 사람들과 마찬가지로, 신체형 장애가 있는 사람들은 신체 진단을 뒷받침해 주는 신체적 이상이 입증되지 않았는데도 불구하고 외견상 신체 질환의 증상을 호소한다. 따라서 이런 장애집단에 속하는 사람들에 대한 정확한 진단은 어려울 수 있는데, 이는 특히 꾀병(malingering)에 대해 무언가 보상이 있을 경우에는 더욱 그렇다(Katon, 1993; Phillips, Fallon, & King, 2008). 그러나 신체형 장애의 증상들은 작위성 장애의 경우와는 달리 수의적으로 조절할 수 있는 것이 아니다. 따라서 당사자가 자신의 증상을 일으키는 데 전혀 또는 거의 통제력이 없다고 믿을 만한 상당한 이유가 있을 때 신체형 장애의 진단이 내려진다. 작위성 장애가 남성에게서 더 흔한 반면, 신체형 장애(somatoform disorders)는 여성에게서 더 자주 발생한다(Parish & Yutzy, 2011).

신체형 장애의 하위 범주

신체형 장애에는 다섯 가지의 하위범주, 즉 신체화 장애(somatization disorder),

미정형(undifferentiated) 신체형 장애, 전환장애, 심인성 동통장애(psychogenic pain disorder), 그리고 건강염려증(hypochondriasis)이 있다. 또한 포괄적(catch-all) 범주로서 비전형성 신체형 장애가 있는데, 이는 신체형 장애의 일반적인 기준에는 해당되지만 다섯 가지의 주요 범주의 세부 기준에는 부합되지 않을 때 이 장애로 진단이 내려진다.

신체화 장애

신체형 장애의 하위 범주의 특징인 만성적이고 순환적인(cyclic) 다양한 신체증상을 호소하는 것은 어떤 신체 질환에 주로 기인하는 것이 아니다. 그러나 실제로 있는 질환에서 파생된 다른 증상들과 뒤섞였을지도 모르기 때문에, 이 장애에 대한 진단을 내리기가 처음에는 어렵다(Johnson, 2008; Morrison, 2002). 이 장애는 미정형 신체형 장애와 함께 이 장의 첫 번째 사례에서 논의된다.

이 두 장애의 증상들은 종종 애매하지만 과장해서(vague but exaggerated) 표출된다(Axelrod, 2009). 덧붙여 말하면, 이와 같이 극적인(dramatic) 요소는 전통적 진단 용어인 히스테리성 신경증과 히스테리적 성격을 연결시켜 주는 중간 다리의 역할을 하였다. 다행히도 DSM-IV-TR에 도입된 용어들은 이러한 명칭 속에 내포되어 있던 혼란을 정리해 주었다. 히스테리적 성격(Hysterical personalities)은 이제는 히스테리성 성격장애(histrionic personality disorder)를 갖고 있는 것으로 지칭된다. 히스테리아(Hysteria)는 통상 신체형 장애 중의 하나로 들어가는데, 아직도 히스테리성 신경증, 전환형(Hysterical Neurosis, Conversion Type)으로 꼬리표가 붙는(sublabeled) 전환장애로서 들어 있다.

전환 장애

DSM에서는 전환증상을 '가짜 신경과적(pseudoneurological)'이라고 기술하는데, 이 증상이 운동 및 감각 기능과 관련이 있기 때문이다. 그러므로 진짜 신경과적 조건이거나 일반적인 의학적 조건이 배제된 후에만 진단이 내려져야 한다. 전환장애의 패턴은 많은 면에서 신체화 장애와 유사하다. 그 차이는 전환장애에서는 특정한 증상 또는 일단의 상호관련된 증상이 있으며, 이런 증상이 어떤 부차적인 이득(secondary gain)을 얻기 위해 사용되거나 또는 심리적 갈등을 표현하는 데 사용된다는 것이다(Dattillo, Davis, & Goisman, 2008; Espirito-Santo & Pio-Abreu, 2009). 전환증상은 수의적 통제하에 있는 것은 아니다(Voon et al., 2010). 곧 제시되는 Pam의 사례에서 자세히 논의되겠지만, 심인성 동통장애(Psychogenic pain disorder)는 특정 증상이 단순히 동통만 있는 전환장애의 하위범주의 하나로 간주될 수 있다.

일부의 심리성욕 기능부전(psychosexual dysfunctions)의 경우에는, 호소하는 증상이 심리적 문제를 직접 표현하는 것인지(그래서 전문적으로 볼 때 technically 전환장애인지) 또는 그 증상이 불안에 대한 생리적 반응인지를 결정하는 것은 어려울 수 있다. 사실상 전환장애란 이 두 가지가 혼합된 것일 수도 있다. 편의상의 이유에서뿐만 아니라, 이런 이유에서도 이와 같은 모든 사례는 심리성욕 장애에 포함된다.

전환장애는 아직도 히스테리 신경증, 전환형(hysterical neurosis, conversion type)으로 지칭되는데, 당사자들은 정서적으로 무관심한(la belle indifference), 즉 장애로 인해 외견상 심각한 문제가 있어 보이는데도 불구하고 장애에 대해서 거의 신경을 쓰지 않는다고 한다. 전환장애가 있는 사람들은 자신들이 호소하는 증상에 대해 다른 사람들도 추측할 수도 있는 그렇게 심각한 결과를 가져오지 않으리라는 것을 어느 정도는 스스로 알고 있는 것으로 보인다. 자신이 나타내는 증상에 대해서는 무관심하더라도, 다른 자극에 대한 반응으로는 정서적 "기복[오르락내리락, 변덕스러움(ability)]"의 패턴을 흔히 보여 주었다. 정서적으로 무관심한 태도는 모든 전환장애에서 발견되진 않는다. 일부 사람들은 극심한 스트레스하에서 이런 증상을 발달시키며 그 스트레스를 아주 직접적으로 드러낸다. 그러나 심지어 이러한 사람들에게서도, 불안은 이 장애의 지속 기간을 거치면서 줄어 없어지고 신체적 증상만 강조되는 것으로 보인다.

건강염려증

DSM에서는 이 장애의 본질이 의학적 질환을 갖고 있다는 근거없는 생각에 빠져 있는 것임을 일관되게 시사해 왔다. 이런 집착은 별로 중요하지 않은 신체 변화가 커진 것에 근거를 둔다(Longley et al., 2010). 건강염려증 소유자들은 정상이거나 비교적 덜 중요한 신체적 및 생리적 변화가 심각한 신체 장애를 시사한다고 비합리적으로 해석한다. 그들은 어떤 새로운 증상이 나타날 것인가에 대해 항상 신경을 쓰는데, 신체는 쉬지 않고 생리적인 변동 과정에 있기 때문에, 이들은 장애를 시사한다고 해석할 수 있는 증세를 찾으려고 하기 마련이다.

어떤 의미에서는, 건강염려증의 소유자들은 아프게 되는 것을 두려워하지 않는다. 그들은 이미 자신이 아프다는 것을 확신하기 때문이다. 건강염려증은 청소년에서 노인들에 이르기까지 비교적 흔히 나타난다. 남성의 경우 30~40대의 연령대에서 가장 흔히 보이며, 여성의 경우에는 40~50대의 연령대에서 그렇다(Meister, 1980). 또한 Meister는 “드러나지 않는 건강염려증 환자들(closet hypochondriacs)”이 있다고 믿었는데 이런 유형의 사람들은 의사에게 자주 가지는 않지만 심각할 정도로 건강에 관련된 유행에 빠져들고 신체검사를 해보거나 [준치료자(quasi-therapist) 역할을 해 주는] 가까운 친구들에게 자신들의 건강 관련 염려사항에 대해 의논을 한다. 이런 가상의 건강염려증 소유자들은 공식적인 DSM 진단을 받지 못하는데, 왜냐하면 이들은 일부의 특정 요구조건에 드러맞지 않기 때문이다. 이를테면, 의학적인 치료를 받으려고 하거나 신체검사를 받는 모습을 나타내지 않기 때문이다. 그럼에도 불구하고 이들은 이 장애를 나타내 보이고 있다.

건강염려증의 발달에는 많은 공통 요인이 있는 것으로 관찰되었다.

- 대부분의 건강염려증 소유자들은 질환이 있는 분위기 속에서 실제로 지낸 배경이 있다. 여기에는 건강염려증을 갖고 있던 중요한 인물과 동일시하거나 또는 병약했던 가족 구성원과 어릴 적부터 함께 지낸 것도 포함될 수 있다.
- 건강염려증 소유자들은 자신이 아픈 동안에만 사랑과 애정을 통상적으로 또는 강렬하게 표현했던 가족 구성원에게 강력하게 의존하는 관계를 가졌던 적

이 종종 있다. 이런 가족은 당사자가 아프지 않을 때에는 거리를 두고 있거나 아무것도 표현하지 않는 경우가 많았다.

- 건강염려증 소유자들은 자신의 심리적 갈등과 자신의 존재에 대해 안도를 받으려는 요구를 이런 패턴으로 나타내는 경우가 종종 있다. 결과적으로, 이와 같은 건강염려증 소유자의 행동 패턴은 생활에서 효과적으로 대처하지 못하고 있는 중년기 삶의 위기 또는 다른 도전거리를 숨기게 해줄 수 있다.
- 건강염려증 소유자 중 특정 하위 집단은 통증과 신체감각에 대해 기질적으로 예민한 것으로 주장되고 있다. 이런 민감성은 건강염려증 패턴이 현재 드러나고 있는 신체 계통에 이전에 있던 신체장애 때문에 일깨워질 수도 있을 것이다.

이런 모든 요인은 당사자의 주변에서 건강염려증을 강화시켜 주는 것 때문에 자연스럽게 활성화된다. 아프다는 이유로 과제나 요구사항을 회피하는 것이 종종 주목을 받는다. 이 장애를 가장 재미있게 보여 주는 것은 우디 앨런(Woody Allen)의 1986년 제작 영화 한나와 자매들(Hannah and Her Sisters)에 잘 나타나 있다.

이제 우리는 신체화 장애, 그다음에는 신체형 장애 속에서 흔한 패턴인 심인성 동통장애의 사례를 살펴볼 것이다.

사례 연구

"Alix": 여제(女帝) Alexandra Fedorovna의 사례

Hesse Daemastadt 지역의 공주인 Alix Victoria Helena Louise Beatrice는 라인강 근처에 있는 중세 독일의 Darmstadt 도시에서 1872년 6월 6일에 태어났다. Victoria 여왕의 9명의 자녀 중 셋째인 영국의 Alice 공주가 어머니로서 어머니의 이름을 따서 독일어로 "Alice"와 소리가 가장 가까운 "Alix"를 그녀의 이름으로 지었다.

여왕에게 보내는 편지에서, Alix의 어머니는 "항상 웃는 귀여운 꼬마 아이"로 Alix를 묘사했으며, 모두가 그녀의 별명을 "Sunny"라고 불렀다. 그녀의 대부(godparents)는 나중에 영국왕 King Edward VII세가 될 분뿐만 아니라 러시아의 Tsar Alexander III세이었으므로, 러시아 황실뿐만 아니라 유럽 전역의 왕족과도 일찍이 왕래를 했다는 것은 놀랄 만한 일이 아니다.

적어도 6세가 될 때까지는 Alix는 사람들이 귀족의 특성이라고 공상하는 한가로운(idyllic) 아동기를 보냈다. 6세 때, 디프테리아가 발생하여 그녀가 살던 왕궁 전역을 휩쓸고가서, 결국에는 그녀의 네 살 짜리 여동생이 사망했다. 따라서 Alix의 어머니였던 Alice 공주도 아픈 자녀들을 돌보느라고 스트레스를 받았던 탓인지, 아파서 쓰러졌고 35세에 사망하였다. 어머니의 비극적인 죽음 이후, Alix의 밝은 성향은 어두워졌고, 그 이후 냉담한 마음(aloofness)이 그녀의 정서를 지배한 경우가 종종 있었다.

그녀가 장차 그녀의 남편이 될 러시아의 Nicholas, 즉 러시아(Romanov 가문)의 장차 Tsar Nicholas II세가 될 남자를 처음 만난 것은, 12세 때 러시아의 상트페테르부르크로 여행갔을 때인데 그녀의 언니가 Tsar Alexander III세의 남동생과 결혼을 할 때이었다. 5년 후인 1889년에, 그녀가 상트페테르부르크에 있는 언니를 방문했을 때, Alix와 Nicholas는 다시 만났고 사랑에 빠진 것으로 보였다.

Alix는 아직도 사람들과는 다소 거리를 두고 냉담했지만, Alix는 정상이고 잘난 체하지 않는 공주로서 전반적으로 행복한 사람이었다. 1889년에, 그녀는 영국 왕위 계승자이자 나중에 28세에 비극적으로 죽게 된 Albert Victor 왕자의 청혼을 거절했다. 그 후 1894년에, 그녀는 Nicholas II세의 청혼을 승낙했다.

1894년 10월, Tsar Alexander III세는 두통, 불면증, 다리의 약화로 고통받았다. 처음에는 거의 걱정하지 않았으나, 점점 상황이 나빠졌고 10일 이후인 1894년 11월 1일에 그는 49세 나이로 사망하였다. 당시 26세가 된 Nicholas는 장례식 일주일 후인 11월 26일에 Alix와 결혼을 했다. 애도와 준비 기간을 오래동안 거친 후, Nicholas는 1896년 5월 26일(사실상 "모든 러시아인의 황제이자 군주"인) 왕좌 차르(tsar)에 올랐다. 그는 세계에서 가장 부유한 자가 되었고 러시아의 모든 영토의 약 1/6을 통치하였다. Alix는 Alexandra Fedorovna 여제가 되었다.

오직 아들만이 왕위 계승자가 되므로 Alexandra에게 아들을 낳으라는 심한 압박과 기대가 있었다. 1895년 11월 중반에 Alexandra는 산기가 있었는데 대포가 발사되었고 300개의 대포가 사내아이의 탄생을 알리는 포탄을 쏘아 올렸다. 101번째에서 탄환이 멈추면서, 여공작 Olga의 탄생을 알렸다. 2년 간격을 두고, 뒤이어 세 명의 딸 Tatiana, Mariae, 그리고 Anastasia가 1901년에 탄생했고, 1901년 같은 해에 영국 여왕 Victoria가 사망했다.

1904년 8월 12일, Tsar Nicholas II세는 그의 일기장에 "신의 자비가 우리에게 오신 날은 결코 잊을 수 없는 날이다. Alix가 1시에 아들을 낳았다. 이 아이를 Alexis라 부르겠다."라 남겼다. 왕실의 기쁨은 끝이 없었으나 6주 후 그는 "우리의 작은 Alexis의 배꼽에는 조그만 흠집도 없었는데 그곳에서 오늘 아침 출혈이 시작되었다."라고 일기에 썼다. 수 개월이 못 돼서 부부는 두려운 의심으로 가득 찼다. Alexis는 혈우병이었다. 일부 역사가들은 조그만 유아에게 있던 이와 같은 결함이 러시아 제국을 넘어뜨린 가장 결정적인 원인이라고 주장하기도 하였다.

혈우병은 성별과 연결되어 열성 멘델 패턴으로 전염되는 유전성의 혈액이 응고하는 결손이다. 따라서 여성이 결함이 있는 유전 인자를 갖고 있더라도, 여성은 이 질병으로 인해 고통을 받는 경우가 거의 없다. 이는 고대부터 인식된 질병이다(예, 파라오의 이집트 시대에서, 여성이 첫 번째로 출산한 아들이 조그만 부상 때문에 출혈로 사망하게 되면 더 이상의 출산이 금지되었다). 이는 '왕실의 병(the royal disease)'으로 명명되었고, Victoria 여왕의 할머니, 이모, 그리고 그밖의 친족인 유럽 왕족의 대부분은 혈우병 보균자로 판명되었다.

Alexis는 매력적이고 토실토실하고 금발의 파란 눈을 가진 사내아이였다. 그는 항상 경호원이 수행하였고, 많은 활동이 제한되었으며, 특히 그의 질환을 '만들어 준' 것에 대해 엄청난 죄책감을 느꼈던 어머니가 계속 애지중지하며 컸다. 위기는 연이어 발생했고, 아주 사소하게 부딪치거나 넘어져도 Alexis는 종종 큰 통증 및/또는 죽을 고비를 견뎌 냈다. 1912년에는 덜컥거리는 마차의 요동으로 외상 때문에 상처가 악화되어 다시 한 번 죽을 뻔하였다. 그는 전해진 바에 의하면 (러시아 말로 '방탕한 사람'을 뜻하는 말에서 나온 Rasputin으로 알려진) 대부(Gregory Efimovich)의 개입을 통해 구조되었다. 결국 Rasputin은 왕실, 특히 Alexandra로부터 큰 세력을 얻었다. 전해진 바에 의하면 Rasputin은 최면을 통해 Alexis의 출혈을 조절했다고 하는데, Alexandra에 대한 그의 영향력에 대한 비난은 혁명에 대한 함성이었다. Nicholas는 일부 사람들이 믿어 온 것처럼 Rasputin을 신뢰하지는 않았지만 기꺼이 그를 받아들였고, 한번은 말하기를, "하루에 히스테리 소유자가 10번 발작하는 것보다는 1명의 Rasputin이 더 낫다."라고 하였는데, 이는 Alexandra의 정서장애가 심해지는 것을 반영하는 것이다.

Alexandra의 정서적 고통에는 많은 요인이 관련되어 있었다. 그녀는 어린 시절부터 쭉 주기적으로 겪었던 등과 다리의 극심한 고통인 좌골 신경통으로 여전히 고생하고 있었다. 임신이란 것은 아주 힘든 일이었다. 그러나 이 모든 것은 아들의 혈우병에 대한 정서적 싸움에 비하면 사소한 것이었다. 이러한 위기 동안에 그녀는 Alexis와 밤낮으로 함께 있었으며, 종종 고통으로 힘들어하는 아들을 지켜보곤 했다. 위기가 지난 후, 그녀는 휠체어를 타고서만 이동하며, 몇 주 동안 침대나 카우치에 앉아 움직이지 않았다. 1908년에 그녀는 과잉호흡, 불안 및/또는 피로가 연이었다. 두통과 메스꺼움을 포함한 다른 다양한 신체적 증상도 나타났는데, 몇 차례 기절하기도 했다. 그녀는 이러한 모든 증상을 "심장의 확대"와 "혈관이 약한 가족력" 탓으로 돌렸다. 나쁜 일화는 흔히 발생했다. 1911년에 그녀는 "난 거의 모든 시간 아프다."라고 글을 썼고, 이러한 패턴의 증거는 그녀가 사망에 이르기까지 계속되었다.

정치적 혁명이 Alexander Kerensky와 같은 혁명가에 의해 조성되었고, 그다음에는 (Lenin으로 알려진) Vladimir Ilyich Ulyanov에 의해 이어졌으며, 점차 세력을 확보하게 되었다. 1917년 3월 중반에, Tsar Nicholas II세는 그의 형제에게 양위하였는데, 이도 거의 즉시 왕위에서 물러났다. Tsar Nicholas II와 그의 가족은 시베리아로 추방되었다.

1918년 7월 17일, Romanov 왕조 또는 여타의 왕족의 복위에 대한 미련과 희망을 없앨 목적으로, 수감된 차르와 그의 가족은 함께 수감되었던 4명의 신하인 요리사, 하인, 하녀, 가족의 개, 그리고 Romanov의 주치의와 함께 처형당하였다. Romanov가를 감금하고 있던 책임자로서 볼쉐비키 장교인 Yakov Yurovsky의 본업은 사진작가였다. 그는 가족 초상화를 찍는 것처럼 11명의 수인을 벽을 등지고 두 줄로 서게 했다. 이렇게 정렬시킨 것이 마음에 들자, 사형집행진—6명의 라트비아인과 5명의 러시아인—을 불렀고, 이들은 즉각 수인들이 마주 보고 있던 좁은 문으로 밀려들어 왔다. Yurovsky가 "지역의 집행위원회가 당신들을 처형하기로 결정하였다."라는 말로 끝나는 짧은 선언문을 읽고나자, 사격이 시작되었다. 뒤이은 대학살의 만행은 왕가의 처형에 대한 최근의 연대기의 기록내용보다 심하다.

차르 황제는 현장에서 살해당했고, 여제와 여공작(Olga)도 마찬가지였으며, 어느 누구도 성호 긋기를 끝마치지 못했다. 왕가의 다른 구성원들도 불운했다. Czarevitch와 나머지 세 자매들은 약 17파운드의 보석이 두껍게 입혀진 코르셋을 입고 있었기 때문에, 이들의 가슴을 향해 쏜 총알들이 계속해서 우박처럼 조그만 방 주변에서 튀어나와서, 이들을 죽이지를 못했다. 사형 집행인들은 처음에는 어안이 벙벙해 하더니, 그다음에는 격분하여, 총검과 개머리판으로 이들을 끝장 내었다. 이것이 너무 끔찍해서, 황제 일가의 두개골의 일부는, 한 법의학 전문가의 말에 의하면, "트럭이 머리 위를 넘어간 것처럼 부서졌다."라고 했다.

그다음에 시신들은 갱도에 버려졌고 수류탄이 던져졌다. 그러나 시신에 대한 루머가 여전히 떠돌아다녔기 때문에, 다음 날 시체가 옮겨졌다. 그러나 트럭은 사형집행이 이루어진 Ural의 도시인 예카테린부르크 Yekaterinburg 인근에서 고장이 나서, 사형 집행인들은 작은 시신 중 2구를 불태우려 했다. 이 일이 꽤 시간이 걸려서 그들은 다른 시신들을 구덩이에 파묻고 그곳에 황산을 부었다. 공교롭게도 1977년에 당시 공산당 당수였고 나중에는 러시아의 대통령이 되는 Boris Yeltsin은 대량학살 장소를 파괴할 준비를 하였는데, 이는 러시아인의 마음에서 군주제의 기억을 깨끗이 지워 버리려고 한 시도였다. 현재 검은색 대리석이 그 곳을 알려주고 있다.

1922년에 유골이 발굴되었다. 영국과 미국에서의 최종 DNA 검사결과는 Nicholas, Alexandra, 그리고 세 딸의 유골임을 확인해 주었다. 2007년에 Alexis와 Marie 두 사람의 뼈는 잠정적으로 확인되었다. 또한 왕궁 밖으로 몰래 반출되었던 38파운드의 왕관 보석이 담긴 상자는 발견되지 않았다. 왕가의 유골은 러시아의 상트페테르부르크에 있는 성 베드로 및 성 바울 대성당의 왕실 전용의 지하 납골소에 다시 묻혔다.

진단

Victoria 여왕이 이 사례와 연관되어 있다는 것은 놀랄 만한 일이 아니다. 신체형 장애는 Victoria 시대에 흔한 것이었고, 당대에 프로이트 이론의 상당부분에서 원천이 되었다.

우선 신체형 장애 중 어느 유형이 여기에 적용될지에 대해 생각해보자. 신체화 장애의 진단을 내리려면, DSM-IV-TR에서는 신체 질환이 수년에 걸쳐 발생한 전력에 대한 증거가 있어야 하며, 이런 신체 질환으로 인해서 치료를 받았거나 생활상의 상당한 손상이 초래되었으며, 신체 증상이 30세 이전에 시작되었다는 증거가 있어야 한다. 또한 당사자는 장애의 경과 동안에 4개의 동통 증상, 2개의 위내장계 증상,

1개의 성적 증상, 그리고 1개의 유사 신경과적(pseudoneurological) 증상을 보고해야 하며, ① 이러한 증상들은 의학적 조건이나 물질의 직접적인 영향에 의한 것이라고 설명될 수 없거나 또는 ② 의학적 조건이 관련되어 있더라도, 그 반응이 과도하며, 그리고 작위성 장애(Factitious Disorder)가 아니어야 한다. 신체화 장애는 남성의 경우에는 진단이 드물게 내려진다고 생각되지만, 여성의 약 1%는 살아가는 도중에 어느 시점에서인가는 이 장애를 나타낸다고 한다.

반면에 미정형 신체형 장애의 진단을 내리려면, DSM-IV-TR에서는 신체적 호소가 단지 한 개만 있으며 되며, 앞과 마찬가지로 물질이나 일반적인 의학적 조건에 의해 직접적으로 영향을 받은 것이라고 설명되지 않거나, 또는 의학적 조건이 있을 경우에는 그 반응이 과도한 경우이어야 하고, 생활에 손상을 야기하며, 적어도 6개월간 지속되고, 다른 정신장애의 진단으로 더 잘 설명되지 않아야 된다.

Alix의 조건에 대해서는 적어도 미정형 신체형 장애의 진단이 타당한 것으로 보인다. 그녀는 진짜 의학적 조건에 의한 것이 아닌 신체 증상을 아주 많이 나타냈으며, 이러한 증상들은 수년에 걸쳐 지속되었다. 또한 그녀는 신체화 장애라는 좀 더 세부적인 진단을 받았을 가능성이 있다. Alix가 이러한 패턴 속에서 성적 증상을 보인 적이 있다는 증거는 없지만, 이런 측면이 알려지지 않은 것은 당시의 시대적 추세와 일치하는 것일 것이다. 어쨌든 Alix는 고전적인 신체형 장애의 한 가지 유형을 겪은 것이 매우 분명하다.

원인

Alix가 나타낸 이런 장애의 원인으로서 가능한 것에 살펴보면, 여러 가지의 요인들이 각기 부분적으로 역할을 맡았던 것 같다. 어머니의 죽음으로 인한 심리적 외상과 이런 사건의 배경이 되는 질병의 분위기는 의심할 바 없이 그녀를 이러한 방향으로 가게끔 영향을 미쳤을 것이다. 또한 그녀의 주기적 병치레인 좌골신경통도 한몫 하였다(Morgillo-Freeman, 2008).

약혼과 결혼 이후의 중요한 스트레스 자극은 러시아인들이 그녀를 이따금 거부한 것이었는데, 그 이유는 그녀가 “독일인”이었고 그녀가 아들을 낳으리라는 기대감이 강했기 때문이었다. 이런 선행요인 다음에는 Alexis의 후천적 혈우병을 알게 된 엄청난 실망감이 뒤따랐다. 따라서, 그녀의 여생 동안에, Alexis의 건강에 대한 위기가 계속 나타났고, 그때마다 신체적 및 정서적 에너지가 모두 크게 소모되게 되었다.

게다가, Victoria 시대의 사람들은 신체장애를 기술하는 것을 통해서 자신의 고통을 알렸는데, 이는 오늘날에도 많은 노인 환자에게서 관찰되는 패턴이기도 하다. 당시에는 오늘날과 같은 정신과의사나 상담가가 없었다. 사람들은 자신의 정서적 느낌이나 문제에 대해 말해보도록 격려받지 못했는데, 실제로는 그렇게 말하지 않도록 압박을 받는 경우가 더 많았다.

이상의 모든 것은 신체형 장애를 나타내는 데 풍부한 토양이 되었을 것이 확실하다(Morrison, 2002). 다음과 같은 요인은 아직도 흔히 발견되는 촉발요인이다. ① 질병 분위기 속에서의 아동기 또는 청소년기의 외상, ② 진짜 신체 질병을 겪은 경험, ③ 우울증, ④ 주된 신체적 및 정서적 스트레스 자극, 그리고 ⑤ 자신의 고통을 심리적인 용어를 써서 표현하거나 의사소통하는 능력이 부족한 것.

치료 방향

오늘날 신체형 장애의 모든 유형, 그리고 특히 신체화 장애에 대한 치료 전략에는 다양한 구성 요소(예, 심리치료, 바이오피드백, 집단치료 또는 지지적 집단치료)가 들어갈 수 있다. 그러나 어떤 기법이 적용되든지 간에, 다음의 핵심 원칙(Katon, 1993; Morrison, 2002)이 치료 계획에 들어가야 한다.

① 괴로움은 진짜(real) 있는 것으로(여기에서 '진짜'라는 말 뜻은 꼭 신체적 원인을 의미하는 것은 아님) 받아들여져야 하지만, 이러한 태도를 갖춘 진료 의사를 만나기가 종종 어렵다. ② '치료'를 받으러 오기 위해 방문일정을 정기적으로 잡아야 하며, 이로 인해 새로운 장애를 보이는 것이 '입장권'처럼 필요하지 않도록 해야 한다. ③ 철저한 신체검사를 하고 나서, 더 모호한 실험실 검사를 하지 않도록 해야 한다. ④ 항불안제나 수면제는 중독성이 있을 수 있기 때문에 거의 처방되지 않도록 해야 된다.

⑤ 진통제를 "필요하다고 해서" 처방해서는 안 되고, 진통제는 오직 단기간의 한정된 기간에만 사용하도록 처방하라. ⑥ 무엇보다도 내담자가 심리적이나 신체적으로 계속 움직이도록 하라. 왜냐하면 휴식 및 움직이지 않는 것은 이들에게 항상 역효과를 가져오기 때문이다. 그리고 ⑦ 가족들도 치료에 관여하게 해야 하는데, 환자가 운동하고 움직이지 않는 것을 피하도록 도와주는 요령을 가르쳐 줄 수 있으며, '동통'이나 '질병'에 관하 이야기를 하지 않으면서도 당사자를 지지해 주는 반응을 보이는 요령을 배울 수 있다. 또한 이러한 원칙들은 다음에 소개되는 동통장애를 치료할 때 효과를 나타낼 수 있다.

동통장애

심인성 동통장애(Psychogenic pain disorders)는 납득할 만한 생리적 기반이 없음에도 불구하고 동통의 경험을 핵심으로 하는 전환증상과 비슷하다. 종종 동통은 사고와 같은 실제의 외상적 사건에 의해 시작되는 수도 있다(Asmundson & Katz, 2009). 다른 경우에는, 동통이 단지 느껴지기만 하다가 나중에는 당사자의 생활 방식에 깊숙이 스며들기도 한다(Katon, 1993).

전환장애가 작위성 장애와 다른 점은 전환장애를 호소하는 사람이 겪는 증상이 진짜가 아니라는 것(즉, 신체적 근거가 없지만, 동통이 흔히 이 두 가지 패턴 모두에서 느껴진다고 보고됨)을 의식적으로 알아차리고 있지 못하다는 데 있다. 때때로 심각하며 건강을 악화시키는 동통이 모두 당사자의 머리 속에 있다는 견해는 때때로 받아들이기가 어렵다(Dell & O'Neil, 2008). 동통의 경험은 불편하다고 지각된 부위에서 발생하는 것이 아니라 뇌속에서 일어나는 것이며, 그리고 다양한 중추신경계의 작용이 동통의 경험에 영향을 미칠 수 있다는 것에 주목해야 한다.(출산을 위한) 라마즈(Lamaze)와 같은 기법은 적절한 태도와 정서가 동통을 최소화할 수 있다는 가정에 기반을 두고 있다. 심인성 동통은 종종 이와 같은 과정의 반대쪽 측면으로 보이는 것으로서, 전환증상을 나타내기 쉬운 사람들은 최소한의 자극을 받아도 강렬한 증상을 겪는 것이다.

1800년대까지는 다양한 최고조의(florid) 전환 장애가 비교적 보편적이었다. 어떤 환자들은 불가사의하게도 모든 사지에서 감각을 상실하거나 갑작스러운 경련발작(seizures)을 겪었다. 최근의 의학 발전으로 이러한 극단적인 양태의 정체를 쉽게 밝혀낼 수 있었으며 그래서 이런 양태는 거의 사라졌다. 이런 유형의 전환장애와 대조적으로, 심인성 동통의 발생률은 극적으로 증가했는데, 아마도 그 이유는 애매하고 확산된 통증 증상을 잘못된 것이라고 판별해 내기가 훨씬 어렵기 때문일 것이다. 따라서 심인성 동통장애는 심인성 동통 증상을 처음 맞닥뜨리기 쉬운 의료 전문가에게 대해 심리학자의 협력이 필요한 특별한 진단적 도전거리이다.

사례 연구

Pam의 사례

38세의 Pam은 동통 클리닉에서 처음 보았는데, 그녀는 17세 때 당한 교통사고로 인해 10대 초반부터 재발성 둔부 동통(recurrent hip pain)으로 고생해 왔다. Pam의 주치의는 산부인과 의사로, 얼마 전 그녀를 한 정형외과 의사에게 의뢰했는데, 여기에서의 검사결과도 Pam의 계속되는 동통에 대해 확실한 설명을 해 주지 못하였다. Pam의 둔부 통증은 산발적인 것으로 어떤 때는 이 통증으로 하루나 이틀 동안을 누워 있어야만 할 때도 있었다. 반면에, 최근에 그녀는 남편과 함께 아무 불편 없이 스키장으로 휴가를 다녀오기도 했다.

또 Pam은 두통도 자주 일어난다고 하면서 그것이 편두통이 틀림없다고 말했다. 둔부의 통증과 마찬가지로, 두통도 간헐적으로 일어났는데 어떤 때는 꽤 심하다가 다시 몇 주 동안 사라지기도 했다. 두통은 Pam의 가족이 이 지역으로 이사 온 직후인 2년 전쯤에 시작됐다. 다시 Pam은 두통 때문에 진찰을 받도록 신경과 전문의에게 의뢰되었다. 신경과 전문의는 그녀의 두통에 대한 기술이 전형적 편두통의 패턴에 맞지 않으며 자신은 이런 양상에 대해 납득할 만한 설명을 찾지 못하겠다고 말했다. 그는 Pam의 산부인과 의사와 연계되어 있는 동통 클리닉으로 가볼 것을 제안했다.

마지막으로, Pam은 최근에 월경 전 스트레스에 대한 낮 시간 TV쇼를 보았더니, 월경

전 스트레스가 자신의 기존의 문제뿐만 아니라 몇 가지의 새로 생긴 질병 모두에 대해서 원인이 되는 것으로 보인다고 산부인과 의사에게 이야기했다. 이 산부인과 의사는 그런 가능성도 이미 살펴보았지만 Pam의 문제를 설명해 주지 못한다고 했다. 따라서 '기능적(functional)' 또는 심인성 요인들에 대해서 확인해볼 필요성이 생겼다.

원인론

동통 클리닉에서 Pam은 여러 명의 건강관리 전문가를 만나 보았다. 의학적, 심리적, 그리고 사회적 개인력이 철저하게 조사되었으며, 많은 심리검사와 의학적 검사가 실시되었다. 마지막으로, 여러 분야의 전문가들로 이루어진 팀에서는 모든 가용한 자료를 검토하고 나서는 마침내 다양한 심리적 요인이 Pam의 두통과 둔부 통증 모두의 근본 원인으로 작용하였을 것이라는 점을 발견하였다.

Pam은 네 아이들 중 세 번째로서 이런 위치 때문에 부모로부터 따로 개인적인 관심을 거의 받지 못했다. 그녀의 여동생은 가족의 막내로 귀여움을 받았고 오빠는 운동을 뛰어나게 잘했었다. 오빠의 나이가 몇 년씩이나 많았기 때문에, 오빠의 성취도는 어린 동생들의 성취도를 압도하는 것으로 보였다. 이러한 영향은 Pam의 부모의 태도에 의해 더 강화되었다. Pam의 부모는 남자란 경쟁적이고 외향적이어야 한다고 생각했고, 따라서 이러한 행동들에 여러가지 방식으로 보상했다. 또한 부모는 딸들도 노력해서 성공하길 기대했으나, 그 성공은 음악과 학문 같은 전통적인 여성적 역할 안에서의 성공을 뜻했다. Pam은 자연스럽게 전통적인 여성상을 자기 것으로 받아들이게 되었고, 자기자신을 이러한 방향으로만 국한시켰다.

Pam은 부모가 냉정하고 무관심했다고 서술했다. 부모는 서로뿐만 아니라 자녀들에 대해서도 애정 표현을 거의 하지 않았다. 전반적으로, 이 가족은 교회와 학교 활동을 중심으로 하는 공식적인 일을 제외하고는 이웃과 접촉을 거의 하지 않았다. Pam과 형제자매들은 어떠한 종류의 정서 표현이든 부모가 불편해하는 것을 알고서는, 자신의 감정을 감추는 것을 배우게 되었다. Pam은 홍역 같은 아동기 질환을 앓을 때에만 부모가 자신을 잘 보살펴 주고 부드럽게 대해 주었다고 회상했다.

그녀의 아버지는 자신의 일에만 몰두하면서 가족과는 거의 시간을 보내지 않았다. 아이들은 아버지가 집에 없어서 싫어했지만 Pam의 어머니는 자신의 불만을 억압하면서 아버지가 훌륭한 가장이 되기 위해 열심히 일하고 계시다고 아이들에게 설명하며 아버지께 불평해서는 안 된다고 말하곤 하였다. 아이들은 어머니도 아버지가 집을 비우는 것에 대해 화가 날 것이라고 의심했으나 어머니는 결코 자신의 부정적 감정을 직접 표현하지 않았다. 대신에 어머니는 아버지에게 매력있어 보이려고 신경을 많이 썼다. 그러나 아버지가 어머니와 가까이 지내려 하면, 어머지는 갑자기 피곤해지거나 아프게 되어버려, 아버지와 어머니가 친밀해지기 위한 많지 않은 기회는 사라지곤 하였다. Pam도 남들에 대한 좌절감을 억압하는 어머니의 방식을 자기 것으로 받아들여서, 좌절감을 간접적인 방식으로만 표현할 뿐이었다. 이런 패턴은 Pam이 자신의 불만을 내놓고 말하면 죄책감을 느끼게 될 것이라는 기대감을 갖고 있는 것도 부분적이 원인이 되었다.

Pam은 어머니도 여러 가지 부인병으로 고생하면서 병원에 치료를 받으러 다니곤 했다. 어머니는 때로는 분명한 이유가 없는데도 심리적으로 불편하면 며칠씩 앓아눕곤 했다. 이런 때 아버지는 어머니의 병이 스트레스 때문이라고 여기고 아이들에게 엄마를 화나게 하지 않도록 조심하라고 주의시키곤 했다. 그는 아내가 좋아질 때까지 열성을 다해 간호하다가 어머니가 좀 나아지면 흥분되어 다시 자신의 일로 돌아갔다. 짐작할 수 있듯이 어머니는 앓아눕는 것으로 가족들에게 자신의 억눌린 감정을 우회적으로 표현하였던 것이다. 이렇게 해서 예측가능한 순환고리가 수립되었는데, 어머니가 아프고 가족을 잠깐동안 지배하였다가는, 어머니가 다시 좋아지자마자 모든 것이 정상으로 되돌아가는 악순환이 지속되었다. Pam은 아프지 않으면 무관심한 가족들에게서 관심과 통제력을 얻으려면 아픈 것이 효과적이라는 점을 깨닫게 되었다.

Pam은 꽤 일찍 사춘기가 찾아온 매력적인 소녀였다. 그녀는 인기가 많았으며 학교의 다양한 활동에 참여하며 즐겁게 생활했다. 고등학교에 들어가자마자 사회 활동을 활발히 하는 것을 당연시하며 남학생과의 데이트도 바랐다. 그러나 사람들과 사귀는 것을 별로 탐탁지 않게 여기는 부모는 딸에게 성에 관한 얘기는 거의 하지 않았기 때문에 Pam은 이성 교제를 하면서도 성의 영향에 대해서는 꽤 순진했다. 부모는 딸의 남자친구를 선별하려고 노력했으나 Pam은 성적으로 적극적으로 밀어붙이는 남자와 교제했다. 그러나 남자친구의 적극성에 놀라서 처음엔 가볍게 애무하는 정도 이상은 거부했지만 점차 그 관계가 장기적으로 되어 가면서 그녀는 덜 억제하게 되었다. 이런 관계로부터 받는 따뜻함과 관심은 가족의 감정적 차가움과 달랐기 때문에 좋아했다. Pam은 성적인 시도(more sexual experimentation)를 즐기게 되기 시작하면서, 이러한 행위에 대해 도덕적으로 마음에 걸리게 되었고 결과적으로 상당한 정서적 갈등을 겪게 되었다. 결국 Pam과 남자친구는 그의 차 뒷좌석에서 성관계를 가질 정도로 진전되었다. 성관계를 가진 지 얼마 안 된 어느 날 두 사람은 집으로 돌아가는 길에 자동차 사고가 났고 이때 Pam의 나이는 17세였다. 두 사람은 여러 군데에 경미한 상처를 입었으며, Pam은 오른쪽 엉덩이가 뻣뻣하고 쓰라리다고 호소했다. 그러나 두 사람을 진찰한 의사들은 전혀 외상이 없고 며칠 후면 동통이 사라질 거라고 말했다.

그러나 둔부의 통증은 계속되었기 때문에 데이트를 포함한 Pam의 활동들에 지장을 초래했다. 몇 달 후 남자친구는 다른 사람과 교제를 시작했고, Pam의 동통은 점차 사그라졌다. 남자친구와의 관계는 Pam에게 상당한 갈등을 주었으나, 그녀는 교통사고로 인한 부상 때문에 간접적인 도피 수단을 얻었다. 즉, 이 사고로 생긴 통증 때문에 Pam은 스스로 관계를 깰 필요도, 남자친구에게 성관계를 갖자고 압박하지 말라고 주장할 필요도 없게 되었다. 이 사례에서 보듯이 심인성 동통을 포함한 전환증상이 그 가면 밑에 깔려 있는 불안을 상징적으로 반영한다는 것은 드문 일이 아니다. 이 경우에 Pam의 동통은 생식기 근처에 국한되어 있었다.

고등학교를 졸업한 후 Pam은 계속 집에서 그 지역의 대학을 다녔다. 다른 지역의 좀 더 좋은 대학에 다닐 실력이 있었음에도 불구하고 Pam의 부모들은 딸을 그들의 통제하에 두기 원했다. Pam은 부모의 욕구 때문에 좋은 대학에 가고 싶은 소망이 좌절되었기 때문에 화가 났지만 저항하지 않았다. 그 후 대학 시절에 남편을 만났고 짧은 연애 후에 결혼했다. 여러 면에서 지금의 남편과의 만남은 부모의 지배로부터 벗어날 수 있게 하였고 특별한 효과가 있었는데, 왜냐하면 부모가 당시의 예비 남편을 사위로 허락하지 않았기 때문이었다.

Pam은 남편 John이 대단히 관습적이고, 열심히 일하는 사람이라고 말했다. 그는 경영학 석사 학위를 가지고 있었으며 지방 은행에서 관리자로 일하고 있었다. Pam의 아버지처럼 John은 상당한 시간을 초과해서 일했고 가족과는 거의 관계를 맺지 못하는 듯하였다. 남편은 가족을 '먹여 살리려고' 일하는 동안 아내가 집안을 잘 돌보기를 기대하였다. 이 부부는 9세에서 15세 사이의 세 아이들이 있었으며, 아이들은 사립학교 다니는 것 외에도 운동과 예술 활동을 활발히 하였다. 이 가족은 중상위 계층으로 잘 살고 있었다. Pam은 가족으로부터 오는 부담감에서 벗어나고 싶어 하였는데 바로 통증을 느끼게 되면 이런 상황에서 벗어날 수 있었다.

결혼생활의 장단점에 대해 물었을 때, Pam은 남편이 든든하다는 것 외에는 장점을 찾는 것을 어려워했다. 두 사람 사이에는 진실된 정서적 교류가 거의 없었다고 말하면서 Pam은 결혼생활에서 오는 갈등 하나를 지적하였다. 가족은 John이 자신의 경력을 넓혀야 한다는 이유로 2~3년마다 한 번씩 이사했다. Pam은 현재 자기의 집과 어울리는 사람들에게서 편안함을 느끼고 있었고, 현재 살고 있는 곳에서 몇몇 사람들과 친해졌기 때문에 다른 곳으로 이사하길 싫어했다.

Pam은 남편이 약 2년 전에 이사를 가야 할 것 같다고 말했을 때 분명한 이유도 없이 남편의 의견에 단호히 반대한 적이 있었다. 그녀는 이러한 감정 표출에 죄의식을 느끼고는 다시는 그렇게 흥분하여 행동하지 않기로 결심했다. 재발성 두통은 그 직후에 시작되었다. Pam은 이제는 남편이 언제 이사하기를 원하는지를 쉽게 알 수 있게 되었는데, 바로 두통이 그 시기를 알려 주었기 때문이다. 또한 두통은 Pam에게 아이들의 많은 요구를 다 감당하지 않아도 될 변명거리를 제공해 주었다.

치료 방향

신체화 장애가 있는 Alix의 사례에서 살펴본 치료 원칙은 여기에서도 똑같이 적용될 수 있다. 광범위한 요인들이 심인성 통증에 기여할 수 있기 때문에, 많은 유형의 개입법이 적용되어 어느 정도의 성공을 거두어 왔다(Katon, 1993). 첫 번째 접근 방식은 환자의 동통을 설명할 만한 적절한 신체적 결함이 없다면, 이렇게 아픈 것이 심리적 보상을 얻고자 하는 것이 아닌가 하는 점을 신중히 직면시키는 것이다. 현실요법 그리고 직면을 통한 통찰요법과 연관된 기법들이 유용할 수 있다. 그러나 이렇게 직면은 조심스럽게 시행해야 되는데, 치료받기를 회피할 수 있기 때문이다. 이러한 사람들은 밀도있는 대인관계를 갖게 되면 종종 불안이 유발될 수 있기 때문에, 이들은 치료자가 피상적인 방어를 뚫고 들어가려는 시도를 할 때 본능적으로 치료자로부터 떠나려고 한다.

인지행동적 기법은 두 번째 주요 치료적 접근방법을 제공한다(Morgillo-Freeman, 2008). 내담자의 주변환경을 변화시켜서 부차적 이득을 제거하는 것만으로도 심인성 통증 경험의 횟수 또는 강도가 줄어드는 수가 있다. 최면도 효과가 있음이 입증되었다(Meyer & Salmon, coming). 또한 바이오피드백은 생리적인 병리가 뚜렷이 존재하지 않더라도, 많은 유형의 동통 완화에 도움이 되는 것으로 밝혀졌다. 내담자와 계약을 체결해서 내담자의 활동의 수효를 늘려 주는 것도 동통 경험으로부터 주의를 돌리고 에너지를 절약할 수 있다. 이러한 노력은 심인성 동통을 겪는 많은 사람들이 임상적으로 우울할 수 있다는 발견과도 맥락을 같이한다. 우울한 사람들은 또한 광범위한 활동을 시도함으로써 효과를 보기 쉽다.

세 번째의 일반적인 접근은 내담자가 남들과 보다 긍정적이고 명료하게 관계를 맺도록 훈련시키는 것이다. 종종 동통과 병은 다른 사람들로부터 주목받고 관심을 얻도록 해 주거나 혹은 그들을 압도하고 있는 책임을 회피하게 해 주는 기능을 발휘한다. 자기주장훈련이나 사회성 기술 훈련은 당사자들이 자신의 욕구를 명료하게 표현하도록 도와줄 수 있어서, 남을 조종하는 행동을 할 필요성을 감소시킨다. 문제해결이나 관련된 고민거리에 대해 집중적인 작업을 하는 것은 내담자가 자신에게 부과되는 요구사항을 적절하게 처리하는 데 도움을 줄 수 있다.

여기에서 새롭게 개발된 약물이 도움이 될 수 있다. 만성 통증과 관련된 신경학적 부위는 척수 용량의 2% 미만인 소규모의 척수 세포 속에 있다. 만성 통증 세포를 활성화시키는 화합물과 독소의 생화학적 결합체인 SP-SAP라고 불리는 물질이 쥐에 주입되었을 때, 부작용이나 다른 기능의 손상 없이 모든 만성적인 통증 증상이 없어졌다. 인간에 적용해보는 것은 곧 임박한 것으로 보인다. 또한 심인성 동통이 어느 정도는 진짜 통증을 덮을 수도 있으며 그리고/또는 심인성 동통이 우울증과 관련이 있을 수도 있다는 것은 보편적인 일이다. 비교적 새로운 약물인 둘록세틴(duloxetine)은 우울증과 관련된 동통에 특히 효과적임이 입증되었다. 둘록세틴이

플루옥세틴[프로작(Prozac)]과 화학적으로 유사하지만, 둘록세틴은 세로토닌과 노에피네프린 모두에 영향을 주는 반면, 프로작은 주로 세로토닌에만 영향을 끼친다.

Pam의 치료

동통 클리닉에서의 Pam의 증상에 대한 평가는 4주가 걸려 완료되었다. 이 기간에 치료팀은 Pam에게 자신의 동통 경험과 다양한 다른 사건들에 대해 일기를 쓰도록 요구하였다. 일단 전문팀이 Pam의 동통을 대부분 심인성으로 판단하였기 때문에 그 일기는 많은 요소를 찾아내는 데 도움이 되었다. 치료자들은 조심스러우면서도 확실하게 Pam의 둔부 통증과 두통이 Pam이 깨닫지 못한 어떤 목적들을 위한 것이라는 가능성에 Pam을 직면시켰다. 동통의 일부는 실제의 외상과 관련이 있었고, 다소간의 우울증이 관찰되었기 때문에, 둘록세틴이 처방되었고 그녀에게 도움을 준 것으로 보였다.

치료의 초기 단계에서는, Pam은 동통장애의 배경 원인이 되었을 만한 어릴 적의 몇 가지 특성을 찾아보도록 촉구를 받았다. 그녀는 자신의 수동성과 의존성, 부정적 정서에 직면하지 못하는 것, 그리고 죄책감이 강한 경향성이 자신이 자라 온 가정환경으로부터 유래한다는 것을 깨닫게 되었다. 그다음에는, 그녀는 자신의 결혼생활에서 그녀의 어머니가 썼던 행동 패턴을 재현하고 있는 것은 아닌지를 찾아보도록 촉구를 받았다.

Pam에게 부과된 가정숙제(Homework assignments)는 처음에는 그녀의 일상적인 가사활동 이외에도 긍정적 활동을 늘리는 데 초점을 두었다. 특별히 강조된 것은 운동과 다이어트 같은 건강에 관련된 행동이었다. 그 후 그녀는 더욱 건강하고 에너지가 강해진 것을 느끼게 되었는데, 이는 자신이 동통을 느끼거나 병에 걸릴 것이라는 우려를 크게 줄여 주었다. 바이오피드백은 그녀에게 신체 감각 및 증상에 대해 더욱 실제적인 느낌을 갖게 해 주는 데 도움이 되었다. 또한 그녀는 친구들과 만나는 것을 늘리는 데 합의하였다. 점심약속이나 다른 즐거운 활동이 있는 경우에 두통이나 둔부 통증을 겪는다는 것은 있기 어려운 일이다.

치료 과정 중에 Pam의 대인관계 기술도 검토를 받았다. 사회성 기술 및 자기주장

훈련 방법은 남에게 적절하게 요청하고, 자신의 의견을 솔직하게 표현하며, 그리고 남의 요청을 정중하게 거절하는 능력을 높이기 위해 적용되었다.

남편 John 또한 치료에 참여시켰다. 그 역시도 아내가 지닌 특징을 많이 공유하고 있었는데, 여기에는 정서를 표현하기를 어려워하는 것과 문제를 직면하는 데 수동적인 것이 들어 있다. 남편의 치료를 통해 자주 이사를 하는 것이 직업상 필요하다기보다는 오히려 직장에서의 정상적인 어려움에 직면하지 못하는 데에 그 이유가 있었다는 것이 분명해졌다. 따라서 갑작스런 이사로 인한, 표면화되지 않은 부부간의 갈등은 감소되었다. 단기간이지만 집중적인 부부치료(couples therapy)의 과정은 Pam과 John 모두가 해결능력 부족으로 인해 지속적으로 불안을 겪기보다는 잠재된 문제를 신속히 해결할 수 있도록 도와주었다. 두 사람의 관계는 좀 더 가까워졌고 John은 자신이 아내와 더 많은 시간을 보내기를 원한다는 사실을 깨닫게 되었다. 따라서 무능력하게 보여 남편의 관심을 끌려는 Pam의 욕구는 사라지게 되었다.

이렇게 해서 결국 Pam은 자신이 반복해 오던 비효과적이며 비생산적인 두 가지의 행동 양식에서 성공적으로 벗어나게 되었다. 이런 좋은 결과는 통증 클리닉에 있는 여러 전문 분야의 치료자들이 협력하여 치료에 힘을 쏟았기 때문이다. 심인성 동통을 겪는 많은 사람은 친지나 가족으로부터 "그 동통은 모두 네 마음에서 나온 것이다"라는 말들을 들어 왔기 때문에 자신의 동통을 의학적으로 확인하려고 다양한 전문의의 자문을 받는다. 그러나 이런 과정에서 이런 사람들은 기본적으로 효과가 없는 진통제같이 필요하지 않은 처치를 받는 경우가 종종 있다. 이들은 쉽게 약물에 습관화되거나 심지어는 중독될 수 있으므로, 이들에게는 "요구되는 만큼" 약물을 투여해서는 안 되며, 단지 단기간의 제한된 기간에만 투여해야 한다. 부작용과 허위성(iatrogenic) 건강 문제가 그 결과로 나타나는 수도 있다. 작위성 장애와 마찬가지로, 이러한 사람들은 전통적인 의료체제 속에서 허우적거리게 내버려 두지 말고 가려내는 것이 중요하다.

논평

심인성 동통장애를 겪는 사람들은 그 동통이 일종의 심리적 갈등을 반영하는 것이 주된 경우에서부터 부차적 이득을 얻기 위해 그 증상을 나타내는 경우에 이르기까지의 연속선 상의 어느 위치에 떨어지는 것으로 보인다. 대부분의 전환장애의 소유자들은 Pam의 경우에서처럼 각기 다른 동기를 가지고 있다. Pam의 둔부 통증은 원래 강렬한 내면의 갈등에서 시작되었다. 동통이 부차적 이득을 얻어 내는 데 아주 효과적이었기 때문에, 지속된 것으로 보인다. 일단 질병 행동 패턴이 생기고 환경에서 용인되게 되면, 이런 사람들이 부수적인 증상을 발달시키는 것은 흔한 일이 된다. 새로운 요구들에 직면할 때나 또는 옛 증상들이 더 이상 받아들여지지 않을 경우에는 새로운 증상 호소가 종종 부상하게 된다. 또한 경험적으로 확인하기 어려운 증상 호소는 전환 증상의 촉매제 역할을 할 수 있다.

위독약 효과

위독약 효과(nocebo effect)가 신체화 장애(동통장애도 포함)의 일부 사례에서 보이는 증상 양상 중에서 적어도 일부에 내포되어 있을 수 있다. 전문가들은 오랫동안 위약 효과(placebo effect, 환자들은 호전될 것이라고 스스로 믿기 때문에 호전된다는 것)를 인정해 왔는데, 그 반대인 위독약 효과(nocebo effect)도 마찬가지로 강력한 효과를 나타낼 수 있다. 즉, 환자는 자신이 병들 것이라고 믿기 때문에 병들게 된다.

또한 위독약 현상은 "전염성 히스테리아(epidemic hysteria)"라고 불리는 드물게 나타나는 소동에도 원인이 될 수 있다. 전염성 히스테리아는 어떤 집단 속의 많은 사람(예, 학교에 다니는 학생들)이 신체적 원인은 발견되지 않지만 갑자기 어떤 질병으로 인한 유사한 증상을 나타내기 시작하는 것이다. 1872년과 1972년 사이에 퀘벡주에서는 이와 같은 질병 소동이 78건이나 발생한 것으로 기록되었다. 증상이 환자의 믿음에 의해 촉발된다고 해서 증상이 덜한 것도 아니고 비용이 덜 드는 것도 아니기 때문에, 기대감이 질병의 주요 요인이 될 수 있다는 가능성을 진지하게 받아들여야 한다.

위약 효과와 위독약 효과의 뇌 속에서의 작용 기제는 현재 밝혀지고 있는 중이다(Scott et al., 2008). 뇌의 섬피 피질(insular cortex)을 자극하면 심실 세동이나 통제되지 않은 떨림(uncontrolled fluttering) 등을 위시해서 심장에 심각한 영향을 줄 수 있으며, 이런 영향은 극심한 증상과 심지어는 죽음을 초래할 수 있는 것으로 보인다. 따라서 뇌속의 화학 성분이 섬피 피질을 자극하여 그러한 반응을 일으킬 수도 있을 것이다.

표 3-1. 신체형 장애

증상(장애)	연속선상으로 본 증상	
	상당한 정도임	병리적일 가능성이 있음
신체적 증상 (전환장애)	수업시간에 발표하기 전에 Patrick은 목구멍이 팽팽하게(tight) 느껴지기 시작했다. 그의 입이 마르고 해서, 그는 매우 걱정하기 시작했다. 한 친구가 그에게 와서 말했다. "걱정하지 마라, 너는 잘할 거야!" Patrick은 기분이 좋고 웃었다. 이번의 발표는 실제로는 그렇게 힘든 것이 아니었다.	Melissa는 최근에 첫 직장에 다니기 시작했다. 그녀는 말더듬기를 시작해서 상사와 동료들과의 상호작용에 어려움을 겪고 있다. 그녀는 이전에 이런 문제가 없었지만 말하기 문제가 점점 악화되어 직장을 잃을까 봐 걱정하고 있다. 의사들은 새롭게 나타난 말더듬이에 대한 이유를 찾지 못했다.
신체적 증상 (신체화 장애)	Patricia는 대부분의 사람보다도 더 아프다(예: 알레르기, 관절통, 복통)는 것을 알게 되었다. 이런 문제가 있어도, 그녀는 이런 것이 항상 사소한 것처럼 보이기 때문에 의사를 찾아가는 경우가 드물다.	Adam은 항상 직장에 아프다고 전화하거나 의사에게 진찰을 받으러 간다. 의사들은 그가 호소하는 것에 대해서 신체적 원인을 찾아내지 못한다. 그의 직장 일은 위험에 처해 있는데, 왜냐하면 그의 상사가 사람이 이처럼 많은 증상(예: 흉부 통증, 편두통, 실신, 다리 경련, 위경련 및 시야의 흐린 것)을 나타낼 수 있는지를 받아들이지 못하고 있기 때문이다.
심리적으로 관련된 신체 증상 (동통장애)	Nathan은 스트레스를 받으면, 두통을 느끼는 경향이 있다. 그가 이완하는 데 도움이 되는 무언가를 찾아내면, 두통은 통상 저절로 사라진다.	Mark는 심한 허리 통증을 호소했으며 그 이유를 알 수 없다. 그의 의사는 원인을 찾아낼 수 없지만 그로 인한 불편함 때문에 스트레스가 많이 발생한다. 그는 더 불안해하고 계속 일할 수 있을지 걱정하고 있기 때문에 아내와 싸우고 있다.

심리적 증상 (건강염려증)	침대 벌레에 관한 뉴스를 보는 동안 Steve는 피부가 근지러움을 느끼기 시작한다. 그는 팔과 목을 긁기 시작하지만, TV채널을 변경한 후에는 이런 감각이 사라진다.	Serena는 돼지 독감에 걸렸다고 확신한다. 여러 명의 의사가 그녀에게 감기에 걸렸다고 말하고 있음에도 불구하고 더 심각한 문제가 있다고 확신한다. 그녀는 제대로 진단받지 못하면 그녀가 치료를 받기에는 너무 늦을지도 모른다는 걱정 때문에 점점 더 화가 나고 불안해하고 있다. 의사들은 그녀에게 무언가 잘못된 것을 찾지 못하겠다고 말하면, 그녀가 의사들이 무능하다고 고함을 지르기 때문에 그녀를 보는 것을 거절하기 시작했다.

제4장

정신분열장애와 망상(또는 편집)장애

특히 극심한 형태의 정신병리—그 특징이 지각, 인지, 정동, 의사소통, 움직임(운동), 그리고 동기에서의 장해(disturbances)가 있으며 세부적으로는 현실과의 접촉이 상실된 것을 의미함—는 정신증(psychoses)이라고 명명된다(Cullberg, 2006). 어떤 정신증적 반응은 뇌의 붕괴(disruption)와 명백하게 관련이 있는데, 그 원인은 신체적인 것으로서 여기에는 신경계통의 질병, 뇌종양이나 뇌의 부상, 독성약물이나 화학적 반응, 또는 순환장애 등이 있다. 좀 더 흔히 나타나는 것은 기능적 정신증(functional psychoses)인데, 이는 알려진 물리적 외상이 뇌에 가해진 것으로부터 전적으로 그리고 직접적으로 비롯된 것은 아니지만, 생물학적(예, 유전적) 요인이 중요하거나 또는 심지어는 주된 원인일 수 있다.

기능적인 정신증은 크게 세 가지 기분(정동) 정신증, 정신분열증적 정신증, 편집성 정신증으로 분류된다. 기분(정동) 정신증적 장애는 다음 장에서 다루는데, 기분의 극단적인 기복(fluctuations)에다가 관련된 사고 및 행동상의 장해가 그 특징이다. 또한 DSM-IV-TR에는 분열정동장애(Schizoaffective Disorder)가 수록되어 있는데, 이는 정신분열증상과 정동증상이 모두 현저하며 거의 동시에 발전된 경우이다.

이 장에서의 주요 초점은 정신분열장애와 망상(또는 편집)장애에 대한 DSM-

IV 진단 항목에 있다. 정신분열증의 주요 증상에는 현실로부터의 철회(withdrawal from reality), 단조롭거나 부적절한(flat or inappropriate) 정서반응, 그리고 사고과정(thought processes)에서의 현저한 장해가 있다. 망상, 환각 및 상동적인 몸짓(stereotyped mannerisms)도 흔하다.

정신분열증은 Morel(1857)이 지적, 도덕적, 신체적 기능이 시간이 흐르면서 점차적으로 불가해하게 퇴보한(deteriorated) 13세 아동의 사례를 기술하면서부터 장애로 인식되게 되었다. Morel은 demence precoce(이른 나이에 일어나는 정신적 퇴보)라는 용어를 사용하였는데, 그는 이런 퇴보가 유전적인 요인에 의해 야기된 것으로서 사실상 되돌릴 수 없는 것이라고 생각하였다. 이 장애에 대한 현대적인 몇 가지의 이론들도 Morel의 견해와 크게 다르지 않다. Morel의 용어에 대한 라틴어 표기인 Dementia Praecox라는 용어를 Kraepelin(1899)이 사용하였는데, 이는 생애 초기에 시작되는 정신적 퇴보를 특징으로 하는 다소 큰 부류의 장애들을 지칭하기 위한 것이었다. Bleuler(1911)는 이 장애의 핵심 특징이 사고와 정서 간의 통합 결여와 현실과의 접촉상실이라는 자신의 믿음을 나타내기 위해서 정신분열증(schizoprenia)(split mind; 분열된 마음)이라는 용어를 도입하였다. Bleuler는 그 당시에 가장 유명한 발레 무용수 중 한 사람인 Vaslav Nijinsky를 정신분열증으로 진단하면서 다소 유명해졌다.

정신분열병이라는 진단을 내리기 위해서는, DSM-IV-TR (American Psychiatric Association, 1994)에서는 다음 중 적어도 2개에 대한 증거가 있어야 할 것을 요구한다. ① 망상, ② 환각, ③ 전반적으로 혼란되거나 또는 긴장증적 행동(grossly disorganized or catatonic behavior), ④ 혼란된 말(disorganized speech), 또는 ⑤ 단조로운 정동(affective flattening), 말 없는 것이나 표현불능(alogia), 또는 의욕결핍(avolition)과 같은 음성 증상. 그러나 환각의 내용이 누군가가 계속해서 논평하는(commenting) 말소리나 서로 대화하는 말소리가 들리는 것이거나, 혹은 망상이 기괴하면(bizarre), 이 중 단 한 개의 증상만이 요구된다.

증상은 적어도 1개월간 나타나야 하며, 이 장애의 일부 증세는 전조 단계 또는 잔여 단계의 유무와 관계없이 최소 6개월간 지속되어야 한다. 전조기 증상과 잔여기 증상의 각각은 활동 단계의 전과 후에 종종 나타난다. 최근 연구에서는 특히 전조기 증상들에 초점을 두어 왔는데, 왜냐하면 조기 진단 및 치료가 일부 사례의 경우에는 이 장애가 있는 사람들에 대한 장기적인 성과(long-term outcomes)를 호전시킬 수 있기 때문이다(Larson et al., 2010). 때로는 이러한 증상이 양성증상이 경미하게 나타난 것일 수 있겠으나, 음성증상이 심하게 나타난 경우가 더 많다. 정신분열병에서의 전형적인 망상에는 신체 망상, 통제받고 있다는 망상, 사고의 전파, 그리고 과대망상이 들어 있다. DSM-IV-TR에 수록된 정신분열증의 다섯 가지 하위유형에는 편집형, 혼란형, 긴장형, 미정형, 그리고 잔여형이 있다.

혼란형 정신분열병(Disorganized schizophrenia) [이전에는 파과형(Hebephrenia)으로 명명됨] 은 혼란된 말과 행동, 그리고 단조롭거나 부적절한 정동(종종 아무 때나 낄낄거리는 random giggling 형태를 띰)이 그 특징이다. 긴장형 정신분열증에서는 극심한 정신운동성 장해, 또는 철회(withdrawal)나 흥분(excitement)의 패턴이 명백하게 나타난다. 또 Sally의 사례에서처럼, 미정형 정신분열증(Undifferentiated schizophrenia)은 다양한 증상을 호소하며 만성적 사례에 적용되는 궁극적인 진단이 되는 경우가 종종 있다. 편집성 정신분열증(Paranoid schizophreni)은 Daniel Paul Schreber의 사례에서처럼, 정신분열증 중에서 장해의 수준이 외견상 가장 약한 유형이다. 편집형 정선분열병은 그밖의 다른 정신분열증 뿐만 아니라 다른 편집장애(paranoid disorder)와도 대조적이다(〈표 4-1〉을 보라).

망상(편집)장애는 정신증적 장애로서, 복잡하게 뒤얽히고 정교화된 망상 체계를 점차적으로 발전시킨 것이 특징인데, Schreber(망상형 정신분열형의 사례)가 호소하는 더 조각난(fragmented) 망상 또는 비정신증적인(nonpsychotic) 편집성 성격장애(paranoid personality disorder)와는 대조된다. 망상장애(delusional disorder)[편집증(paranoia)]에서의 망상체계는 보통 실제 사건을 잘못 해석하는 데 기반을 두고 있다. 이와 같은 (부정확한) 전제가 형성되면, 망상의 다른 측면도 논리적으로 뒤따르게 된다. 그러나, 편집증 환자와 오랜 시간을 면담을 해도 망상이 깃든 내용에 대해서 언급하지 않는다면, 비정상적이라고 두드러지게 보일 만한 것을 알아낼 수 없다. 따라서 망상장애로 진단을 받은 사람의 신념체계는 정신분열증으로 진단을 받은 사람과 비교할 때 겉으로 보기에는 더 믿음이 갈 수 있다.

(망상의 종류에 기반을 둔) 다섯 가지의 주요 하위유형이 DSM-IV-TR에서 인정되

어 있다. 즉, 애정(erotomanic) 망상, 과대(grandiose) 망상, 질투(jealous) 망상, 박해(persecutory) 망상, 그리고 신체(somatic) 망상이 있다. 예를 들면, 과대망상이 있는 사람은 자신이 예수 그리스도나 대통령처럼 특정의 고귀한 인물이라고 믿는다. 애정 망상형은 통상 높은 지위에 있는 누군가가 자기와 사랑에 빠졌다고 믿는다. 신체 망상형은 자신에게 어떤 신체적 결함이나 전반적인 의학적 조건(질환)이 있다는 대단히 비합리적인 믿음을 갖고 있다. 박해 망상이 있는 사람은 자신이 다양한 음모의 표적이라고 여긴다. 미정형 정신분열증은 특히 극심한 수준의 장애인데, 이 장의 첫 번째 사례인 Sally의 사례에서 볼 수 있다.

표 4-1. 편집성 정신분열증과 다른 편집장애의 비교

편집성 정신분열증	다른 편집장애
• 망상체계가 허술하게 조직되어 있으며 시간이 흐르면서 많은 망상이 변할 수 있다. 즉, 정신분열증과 신념체계의 장애 이 두 가지가 모두 있는 비정상성을 나타낸다. • 외모와 태도가 일반적으로 기괴하다. • 현실접촉에서 문제가 있다. • 망상은 광범위해서, 박해, 질투, 과대, 엉뚱한 생각에 관한 망상이 있다. • 생물학적 요인이 일반적으로 중요한 원인이다. • 우울증은 그리 흔히 나타나지 않는다. • 생애 후반부에 나타난다. • 남성에게서 더 자주 나타난다. • 지남력이 없어 보이거나 또는 외모가 위축되어 보인다. • 지능이 평균보다 낮은 경우가 종종 있다. • 여러 문화권에 걸쳐서 대략 비슷한 비율로 발생한다. • 장기간 입원하는 경향이 있다. • 관련된 특별한 체형은 없다.	• 비합리적인 신념이 망상을 이룰 만큼 극심하지는 않을 수 있으며, 또는 그 정도로 극심한 비합리적 신념이 있다고 하더라도 그 수효가 적고, 또한 자주 바뀌지는 않는다. 즉, 신념체계의 장애가 비정상의 저변에 깔려있는 것이다. • 외모가 정상적이다. • 현실접촉이 비교적 양호하다. • 망상이 통상 박해받는 것에 대한 것이거나 또는 비현실에 근거를 둔 질투에 대한 것이다. • 심리적 요인들이 보통 주된 원인이다. • 우울증 또는 그 밖의 기분장애가 더 자주 나타난다. • 최초의 증상발현은 사춘기 또는 사춘기 후반에 나타난다. • 남녀에서의 발생률이 대략 비슷하다. • 밖에서 볼 때 꽤 정상으로 보이는 행동을 종종 나타낸다. • 다른 정신분열증 소유자들에 비해서 지적 능력이 더 높다. • 비서구권의 농촌 문화권에서는 드물게 발생한다. • 입원 기간이 비교적 짧다. • 근육형 체형(강건한 운동선수의 신체)에 가깝다.

미정형 정신분열증

정신분열증은 그것을 앓고 있는 당사자와 사회 모두가 엄청난 대가를 치르게 한다. 그 발생은 남녀 간에 거의 비슷하지만, 흔히 여성은 보다 경미한 경과를 나타내며 평균 6년 정도 늦게 시작된다(Cornblatt et al., 2009). 발병은 전형적으로 10대 중반에서 20대 중반 사이에 나타나며, 아동이 가족과 더 오래 지내는 사회, 예를 들면 인도와 중국과 같은 경우에는 1~2년 정도 통상 늦는다. 미국에서는 100명당 약 1명꼴로 평생 적어도 한 번은 정신분열증으로 진단을 받는다. 이 1%의 비율은 모든 문화권에서 일관되었으며 미국 문화권 내에서 매년 일관성이 있었다(Amminger et al., 1999; Munich, 2002).

다음의 사례는 Sally에 대한 것인데, 미정형 정신분열증의 한 예이다. Sally는 종국에는 미정형 패턴을 보였던 사람인데, 초기에는 혼란형, 긴장형, 또는 심지어 편집형 패턴을 종종 보였다. DSM-IV-TR에서는 이 하위유형이 정신분열증의 양성 및 음성 증상의 기준에 부합되고, 편집형, 혼란형, 또는 긴장형의 기준에는 맞지 않는 것으로 구분한다. 대부분의 만성 정신분열증 환자들은 시기에 따라서 다양한 증상들을 보이며 보통 종국에는 혼합되거나 그리고/또는 다양한 유형의 증상을 보이게 되어, 미정형 정신분열증으로 진단을 받게 된다(American Psychiatric Association, 1994).

사례 연구

Sally의 사례

Sally의 인생은 불운하게 시작되었다. 그녀의 어머니는 의사의 경고에도 하루에 두 갑씩 담배를 습관적으로 계속 피웠으며, Sally를 임신했을 때에도 그랬다. 또한 그녀의 어머니는 임신 5개월째 심한 독감을 앓았다. 따라서 Sally가 정신분열증에 대한 취약성을 유전으로 물려받았을 수 있다고 믿을 만한 이유가 있다.

그녀의 외할아버지는 가족 내에서는 항상 “괴짜(eccentric)”로 알려진 인물이었지만, 그를 별로 좋아하지 않는 사람들은 그를 '미쳤'거나 '돌았'다고 부르는 것을 더 선호했다. 그는 독특한 종교적 신념을 많이 만들어 냈으며 또한 그 지역사회에서는 이상한 기계를 축사용 헛간 지붕 위에 설치해 놓은 것으로도 알려졌는데, 아마도 가축의 성장을 돕는 "전자기 에너지"를 끌어오기 위한 것이었을 것이다. 그 당시의 농사 일은 오늘날처럼 조직화되고 재정적인 관리 기술을 필요로 하지 않았고, 따라서 특이하고 그리고/또는 사람을 회피하는 행동을 할 여지가 많이 있었다. 그녀의 외할아버지는 정신보건전문가의 주의를 전혀 끌지 못했는데, 사실상 그는 전문가들을 "바보"라고 생각했다.

전반적으로 볼 때, Sally는 발육이 늦었다. 그녀는 걸음마도 말하기도 모두 늦었지만, 활발한 아이였다. 그녀는 "과잉활동적"이라고 공식적으로 진단을 받은 적은 전혀 없었지만 이 차원의 행동에서는 확실히 평균 이상이었다. Sally의 부모의 결혼생활은 갈등의 연속이었으며, 심지어는 Sally가 생후 2세가 되었을 때, 약 10개월간 별거를 하기도 하였다.

그러나 부모는 다시 합치기는 하였지만, 장기간의 갈등이 습관화된 결혼생활이라고 부르는 것이 가장 적절할 정도의 생활로 들어갔다. 부모는 모두 Sally에게 헌신적이었으며, 이는 특히 그녀의 어머니가 그녀를 낳고 난 뒤 두 번이나 유산을 해서, 더는 아이를 가지지 말라고 권유받았기 때문이기도 하였다. Sally의 아버지는 농기구 회사의 영업사원이었기 때문에 출장을 많이 다녔다.

아버지가 집에 있을 때에는 딸(Sally)과 많이 놀아 주곤 하였다. 그러나 딸이 아버지의 기대 수준에 못 미치게 행동하면(그리고 나중에라도 해내지 못하면) 아주 호되게 야단을 치곤하였다. 반면에, 어머니는 딸과 강력한, 거의 공생적인(symbiotic) 관계를 갖게 되었다. Sally의 지능은 평균 이상이었다. 그러나, 어머니가 딸을 열심히 지도했고 Sally도 공부(그리고 환상)에 빠졌지만, 그녀는 대부분의 과목에서 단지 평균 또는 그 이하에 머물렀을 뿐이었다. 그녀의 사고과정은, 한 교사가 지적했듯이, "핵심에서 살짝 벗어난" 것이었다.

Sally는 이따금 친구를 사귀기도 하였다. 그러나 어머니의 과잉보호와 가끔씩 나타나는 Sally의 이상한 행동과 사고과정 때문에 친교행위가 이어지지 못했으며 친구를 오랫 동안 깊게 사귄 적이 없었다. 사실상, Sally가 친구를 깊게 사귈 가능성이 보이면, 어머니는 두드러지게 끼어들어서 친구관계가 발전해나갈 가능성을 망쳐 버리곤 하였다. 본질적으로 Sally는 조용하고 약간 수줍음을 타는 아이였다. 또한 그녀가 친구관계 경험 및 적극적 사회생활 경험이 없었기 때문에, 심지어는 더욱 이상한 흥미와 매너리즘이 발달하였다.

이런 것 때문에 그녀는 사회와 더 멀어지게 되었다.

Sally는 고등학교를 졸업한 후, 근처에 있는 대학에서 기숙사에 있도록 허락을 받았다. 그러나 새로운 환경 속에 있는 것으로 인한 스트레스가 그녀에게는 너무나 컸다. 그녀는 혼잣말을 하기 시작했으며, 이에 놀란 그녀의 룸메이트는 즉각 다른 방으로 옮겨 가 버렸다. 어느 날 오후 기숙사 상담자는 Sally가 그녀의 방에서 의자에 앉아서 바닥을 응시하고 있는 것을 발견하였다. Sally는 반응이 없었고, 그녀의 팔다리는 마치 플라스틱 인형이듯이, 이리저리 움직여 놓으면 그 상태로 그대로 있었다. Sally는 철수(withdrawn)한 긴장증 상태(catatonic state)에 있었는데, 이는 '밀랍 유연성(waxy flexibility)'으로 지칭되는 조건이었다.

그녀는 입원하였고 상당히 빨리 호전되었다. 그 후 학교로 돌아가기 위해 노력하였으나 자꾸 고립된 생활을 하게 되어서, 이제는 수업을 종종 빼먹기도 하였다. Sally의 어머니는 Sally를 돌봐 주기 위해 집으로 다시 데리고 갔으나, Sally는 점점 더 퇴보해서, 어느 시점에 이르러서는 거의 전적으로 반응을 보이지 않는 행동 패턴을 보였고, 그러다가도 이따금 낄낄거리며 몸을 흔드는 행동을 일정 기간 나타냈는데, 이는 전통적으로는 해체형(hebephrenic) 패턴으로 불리던 것이다.

마침내, Sally의 아버지는 Sally에게 병원으로 다시 입원할 것을 요구하였다. Sally는 그렇게 하였지만, 그녀가 조금만 호전되었다 싶으면 어머니가 다시 집으로 데려가는 바람에 권고받은 외래환자를 위한 치료조차도 계속 다닐 수가 없었다. Sally는 일감이 그리 많지 않은 인근의 소규모 가게에서 시간제 점원의 일을 계속할 수 있었는데, 이 일은 그녀에게 큰 부담은 되지 않았다. 그녀는 대부분의 자유시간을 집에서 보냈는데, 집안일도 몇 가지 하였으며 그 나머지 시간은 자기 방에서 보냈다.

이 무렵 Sally의 아버지는 치명적인 심장마비를 일으켰고, 이 일로 인해 어머니는 딸에게 더욱 의존하게 되었다. 이제 Sally는 퇴근 후 집으로 돌아오는 도중에 이리저리 배회하곤 했는데, 아마도 그런 행동은 어머니의 강한 의존성에 대한 방어일 수도 있다. 그녀의 행동은 점점 더 기괴(bizarre)해지고 있었다. 어느 날 경찰이 그녀가 동네 공원의 연못의 얕은 곳을 걸으면서, 혼잣말로 중얼거리고 있는 것을 발견하였다. 경찰은 그녀를 인근의 동네병원으로 보냈고, 그다음에 그녀는 근처의 정신병원으로 옮겨졌다.

원인론

정신분열병의 증상이 다양한 것과 마찬가지로, 많은 원인이 정신분열증의 궁극적 발현에 관련되는 것으로 보인다. 어떤 사례에서는, 특정 요인들이 주된 것일 수 있는 반면, 다른 사례에서는 다른 요인들이 더 결정적일 수 있다. 사실상 정신분열증은 단일한 장애로 보기보다는 "일단의 장애군(a family of disorders)"으로 지칭하는 것이 더 정확할 수 있다(Cullberg, 2006).

또한 정신분열증의 원인에는 다양한 유형이 있다는 것을 유념하는 것이 중요하다. 정신분열증에 대한 여러 가지의 가능성이 있는 '애초(original)의' 원인은 일반적 변수들(generic variables)이라고 명명된다. 예를 들면, 유전요인 genetics 은 일반적 원인 중의 가능성이 있는 한 가지이다(Gejman et al., 2010). 장애에서 가장 즉각 나타나는 것은 정보처리 결손(information-processing deficit)으로서, 주의, 지각, 및 기억의 문제로 뚜렷이 드러난다(Munich, 2002). 이러한 증상들을 이끌어 내는 변인은 매개 변인(mediating variables)으로 명명된다. 또한 주목해야 할 중요사항은 유지 변인—즉, 장애나 증상(예, 대인관계의 어려움)을 일으키지는 않지만 뒤에 끼어들어서는 장애의 증상을 유지시키거나 심지어 증가시키기는 기여하는 변인—이 있다는 것이다(Horowitz, 2004).

정신분열증의 원인으로서 다양한 일반적, 또는 근원적(original), 원인들이 제기되어 왔다. 상당한 증거에 따르면, 정신분열증에 대한 유전적(genetic)(hereditary) 소질이 존재하며, 이것이 어떤 사례에서는 핵심 원인(compelling cause)으로서 작용하기도 하고 또 다른 사례에서는 단지 힘을 보태 준 요인(contributing factor)밖에 안 되기도 하는 것으로 보인다(Cullberg, 2006; Munich, 2002). Sally의 괴짜 성격의 외할아버지는, 공식적 진단은 받은 적이 전혀 없었지만, 실제로는 정신분열증을 겪었을 가능성이 매우 높다.

이 사례에서 결정적인 문제는 Sally의 어머니가 Sally를 임신한 지 5개월째에 심한 독감을 앓은 것일 수 있다. 연구결과에 따르면, 임신 2기(4~6개월째)(second trimester)에 바이러스로 인한 외상, 또는 심지어 영양결핍, 또는 그밖의 다른 계통적 기능혼란(systemic disruption)은 정신분열증의 위험을 두드러지게 높여 준다고 한다. 이론에 의하면, 이와 같은 일들이 임신 2기에 통상적으로 처음 생성되는 신경의 받침판(subplate)이 부서지는 것을 통해서 세포의 이전(migration)을 뒤흔들어 놓는다는 것이다.

이 받침판은 신경세포들을 대뇌피질 속의 제자리로 배치하는 역할을 완수하고 나면 생후 1개월 내에 거의 전부 소멸되는 것이 보통이다. 신경세포의 받침판을 통해 세포의 이전이 주로 일어나는 것이 임신 2기이므로, 이 시기의 어떤 혼란도 문제가 될 가능성이 있다. 이런 혼란은 대뇌 속의 "이정표(guidepost)" 세포가 이상하게 분포하게 하고, 이는 비전형적 및/또는 잘못된 신경연결을 초래한다. 즉, "종자가 나쁘다거나(bad seed)" 또는 "환경이 나쁘다는 가설(bad environment hypothesis)"이라기보다는 "배선이 잘못된(bad wiring)"이라 할 수 있다.

정신분열증상의 본질적 특성 때문에 뇌장애를 일으킬 가능성이 있는 어떤 원인(유전적 문제, 출산 시 장애, 외상, 바이러스나 감염에 의한 장애)도 힘을 보탤(contribute) 수 있다(Cannon et al., 2008). Sally의 어머니도 임신 중의 과도한 흡연 때문에 자궁 내의 질식상태(intrauterine asphyxiation)를 다소 경미한 수준으로 일으켰는데, 이는 무산소증(anoxia)(뇌조직에 산소를 공급하지 못하는 것) 그리고 혈액 및 조직 속의 이산화탄소의 압력이 높아진 것이 함께 나타나는 것으로서, 대사 상태가 산성화되어(acidic metabolic condition), 그 결과 일부 조직에서의 손상을 초래할 수 있다. 이와 같은 애초의 원인들 중 어떤 것이라도 신경과적 장애 또는 도파민, 세로토닌, 혹은 노에피네프린과 같은 뇌속의 화학물질의 불균형을 유발할 수 있다.

또한 심리장애, 예를 들면 어릴 적의 심리적 갈등이나 가족 장애(family disorder) 같은 것도 정신분열증의 발달에 결정적인 변수가 될 수 있다. 물론 대부분의 이론가가 이것 자체를 본질적이고 독자적으로 작동하는 애초의 원인으로 보지는 않지만, 이런 것은 이 장애의 발달, 세력확충 및 유지에서 대단히 중요할 수 있다. 예를 들면, 어떤 연구(Aquilera et al., 2010; Miklowitz et al., 1986)에 따르면, 두 가지의 환경 요인, 즉 가족내 표현된 정서(expressed emotion)와 의사소통의 이탈(communication deviance)이 특히 정신분열증에 기여하는 원인이 되며, 그리고 이 두 요인은 모두 Sally의 사례에서 작동한 것으로 보인다.

표현된 정서는 부모가 정서적으로(Sally의 어머니처럼) 과도하게 관여하고 과잉보호적이거나 또는(가끔이더라도 그녀의 아버지처럼) 과도하게 비판적인 가족상황을 지칭한다. 의사소통의 이탈은 당사자가 누군가와 대화를 하는 동안 관심의 초점이 상대방과 공유되는 것을 만들어 내고 유지하지 못하는 정도를 재는 측정치이다. 이는 물론 뇌 장애에서 비롯되기도 하지만, 또한 어릴 적 갈등이나 가족 장애로부터 올 수도 있다. 또한 이와 같은 의사소통의 이탈은 Sally의 과거력에서 뚜렷하게 드러났다.

정신분열증의 발달에 대한 보다 최근의 이론들 중 하나는 전조기 가지치기(전지(剪枝) 이론(prodromal pruning theory)이다. 이 이론은 잘 확립된 관찰결과에 기반을 두고 있는데, 이는 인간이 생물학적 사춘기에서 성인기로 옮겨 감에 따라서, 이 시시가 정신분열증이 가장 나타나기 쉬운 시기인데, 정상의 뇌에서는 거의 쓰이지 않는 많은 뇌 회로, 또는 접합부들을 춘계 대청소하기(spring cleaning), 연결을 끊고 폐기하는 작업을 생물학적으로 강력하게 시작한다는 것이다.

이와 같은 자연적인 뇌세포의 가지치기가 일어나는 이유는 초기 형성기의 수년간에 폭발적으로 증가하는 정보를 다루기 위한 회로가 상당히 많이 필요해지기 때문이다. 가지치기를 통해서 뇌가 성인기의 변동하는 정신적 욕구에 대해 보다 효율적으로 적응할 수 있게 된다. 이 이론에 따르면 정신분열증 환자의 뇌가 이 시점에서 더 취약하게 되는데, 그 이유는 유전 요인과 그리고 그밖의 다른 어릴 적의 붕괴적 요인이 작용하는 정도에 따라서, 그 뇌가 과도하게 적극적인 가치치기를 하게 되어, 당사자가 좀더 취약성이 높아지거나 그리고/또는 신경세포의 연결이 더 적은 상태에서 발달과정을 시작하기 때문이다.

이러한 가지치기 과정이 일어나는 시기와 거의 동시에 당사자에게는 신체적 및 정서적으로 독립하려는 욕구가 통상 더 커지는 시기이기 때문에, 취약성이 더 높아지게 된다. 이 이론의 함축하고 있는 한 가지는 최고조의(full-blown) 증상이 출현할 때까지 기다렸다가 반응할 것이 아니라, 보다 더 일찍 적극적 치료적 접근이 당연히 필요하다는 것이다. 정신분열증에는 다중적인 원인이 배경으로 깔려 있다고 하더라도, 정신분열증의 출현을 예측해 주는 발병 전(premorbid) 요인이 존재할 뿐만 아니라 정신분열증의 발달 과정에서 종종 일어나는 공통된 후속결과도 존재한다.

정신분열증에서의 발병 전 요인

또한 전조기 증상에서 때때로 언급된 발병 전 요인(Keshavan et al., 2009)은 꼭 정신분열증을 일으키는 원인이 되는 것은 아니지만, 나중에 정신분열병이 발달되는 것과 관련이 있는 요인이다. 어떤 사례에서는 다음에 열거된 요인들 중 단지 몇 개만이 해당될지도 모르지만, 다음 요인들은 정신분열증의 사례에서 공통적으로 나타나고 있다.

1. 부모 중 어느 한쪽이나 모두가 정신분열증이 있거나, 그 밖의 친척 중에서 정신분열증이 있는 경우(맨 후자는 변인으로서는 그 힘이 약함) [핵심 가족(혈연관계)이 정신분열증이 있는 경우 당사자가 정신분열증을 나타낼 확률은 약 15배나 증가한다. 흥미롭게도 친부가 나이가 많을 경우 정신분열증에 걸릴 위험이 약간 높아지기는 하지만, 출생 당시의 친모의 나이는 위험성과는 무관하다.]
2. 다음의 과거력이 있을 때, 즉 출생 전(임신 중) 문제(disruption), 출산 시의 문제, 산모의 바이러스성이나 세균성 감염, 산모의 영양실조, 임신 중 톡소플라스마(Toxoplasma gondi)(고양이의 배변으로부터 옮김) 또는 독소가 있는 환경에 노출된 것으로서, 특히 임신 4개월에서 6개월 사이에 일어날 경우
3. 사물을 지각(perception) 하는 데 반응시간이 느리거나(즉, 자극을 알아차리는 데 느림) 또는 어떤 스트레스 자극이나 새로운 자극을 받았을 때 자율신경계통의 회복속도(recovery rate)가 대단히 빠른 경우
4. 발달적 및/또는 중추신경계의 기능부전[예, 경련성 장애(convulsive disorder)]의 초기 증세, 과잉활동, 측두엽의 크기 감소, 또는 대뇌의 측부 뇌실(lateral cerebral ventricles)(뇌조직 사이의 빈 공간)이 커진 증거
5. 출생시 저체중 및/또는 형제자매에 비해서 지능이 낮은 경우
6. 어릴 적에 가족 사이에서 괴짜 또는 희생양 취급을 받은 적이 있음
7. 부모의 양육방식이 일관성 결여 및 극단적인 정서(긍정적 정서와 부정적 정서 모두) 반응이 특징이고 이중 메시지가 내포된 경우. 즉, 특히 한쪽 부모의 부정적인 영향이 다른 쪽 부모로부터 주목을 받아서 교정되고 올바른 보살핌의 제공을

통해서 상쇄되지 못하는 상황에서 부모 어느 한쪽으로부터 배척을 받는 경우

8. 또래로부터의 배척, 특히 특이한 사고 패턴, 양가감정 및 변덕스러운 정서 반응, 또는 보통 즐거울 만한 일에 대해 반응이 없는 것이 동반될 경우
9. 어릴 적의 행동문제, 특히 놀 때와 학교에서 주목받은 문제의 경우. 교사나 또래 모두로부터 다른 아동들에 비해서 짜증을 자주 내고(irritable) 더 불안정한 것으로 보인 경우
10. 특히 남성의 경우에, 안정되고, 친밀한(committed) 대인관계를 구축할 능력이 없는 경우(예, 결혼한 적이 없는 남성은 결혼한 적이 있는 남성에 비해서 정신분열증을 나타낼 위험성이 거의 50배나 높다. 여성의 경우에는, 결혼한 적이 없는 여성이 결혼한 적이 있는 여성에 비해서 약 15배나 높다.)

치료법의 종류

정신분열증이 본질적으로 다중적 증상을 나타낸다는 것을 감안해볼 때, 이 장애의 진행을 단지 멈추게 하거나 그리고/또는 거꾸로 되돌리는 데에는 다양한 치료법이 필요하다는 것은 놀랄 만한 일이 아니다(Tandon, Nasrallah, & Keshavan, 2010). 완치는 드물다. 그러나 많은 정신분열증 환자가 직업이나 지역사회에서 최소한의 적절한 기능을 발휘하는 정도로까지는 회복될 수 있다.

대부분의 사례에서는 향정신성 약물처방(psychotropic medication)이 필요하다(〈표 4-2〉를 보라). 전통적으로, 이는 페노티아진(phenothiazines) [예, 클로르프로마진/토라진(chlorpromazine/Thorazine)], 뷰티로페논(butyrophenones), 또는 치오잔틴(thioxanthenes)(Bezchlibnyk-Butler & Jeffries, 1999)의 투약으로 이루어졌다. 현재 아리피프라졸(aripiprazole)과 올란자핀(olanzapine)과 같은 약물은 부작용이 훨씬 적다는 것을 주된 이유로 선호되고 있다. 또한 Clozapine도 효과가 있어서 선호되고 있지만, 지속적인 혈액 측정이 필요한데, 왜냐하면 소수의 사례에서 발생하는 치명적인 부작용인 무과립구증(agranulocytosis)이 발생할 가능성이 있기 때문이다.

대부분의 사례에서 약물요법이 지극히 큰 도움을 가져다주기는 하지만, 약물처방에는 단점이 있다. ① 적지만 상당한 수효의 정신분열병 환자에게는 전혀 효과

가 없다. ② "양성" 또는 온화한(benign) 증상에는 가장 큰 효과가 있지만, "음성" 증상에는 그 효과가 적다(뒤의 음성 증상의 절을 보라). ③ 복용량을 맞추기가 어려워서, 과잉처방을 하게 될 수 있다. 그리고 ④ 상당한 부작용이 흔히 나타나는데, 특히 장기간의 복용시에 그러하며, 대부분의 사례에서는 장기복용이 요구되는 것이다 (Buckley & Meltzer, 1995).

표 4-2. 항정신증 약물

약품명(일반명/상품명)	
페노티아진 계	다른 종류의 항정신성 약물
클로르프로마진(chlorpromazine)	록사핀(loxapine)
(Thorazine)	(Loxitane)
티오리다진(thioridazine)	몰린돈(molindone)
(Mellaril)	(Moban)
플루페나진(fluphenazine)	클로자핀(clozapine)
(Polixin)	(Clizaril)
플루페나진 데칸산(fluphenazine decanoate)	리스페리돈(risperidone)
(Prolixin D)	(Risperidal)
페르페나진(perphenazine)	올란제핀(olanzepine)
(Trilafon)	(Zyprexa)
트리플루페라진(trifluoperazine)	쿠에티아핀(quetiapine)
(Stelazine)	(Seroquel)
	피모자이드(pimozide)
부티로페논 계	(Orap)
할로페리돌(haloperidol)	지프라시돈(ziprasidone)
(Haldol)	(Geodon)
클로르프로틱신(clorprothixene)	아리피프라졸(aripiprazole)
(Taractan)	(Abilify)
	팔리페리돈(paliperidone)
티옥산테닌 계	(Invega)
티오틱신(thiothixine)	
(Navane)	
프로프라놀롤(propranolol)	
(Inderal)	

그 밖의 다양한 신체 치료법이 정신분열증의 치료를 위해 가끔씩 사용된다. 전기경련요법(electroconvulsive treatment)(ECT; Chanpattana & Sackeim, 2010), 투석(dialysis), 정신과적 수술(psychosurgery), 그리고 비타민 대량 투여 요법(megavitamin therapy) 등이 여기에 해당된다. 그러나 이런 요법들이 정신분열증의 치료에 실질적으로 도움이 된다는 것을 보여 주는 자료가 거의 없으며, 그리고 이런 요법들도 모두 부정적인 부작용을 나타낼 가능성이 있다.

어떤 사례의 경우 가족치료 또는 부부치료 시에 권고될 수 있는 지지적인(Supportive) 개인심리치료와 집단심리치료(Guo et al., 2010; Saiger, Rubenfeld, & Dluhy, 2008)는 통상 정신분열증에 대한 종합적인 치료 프로그램의 일부로 들어간다.

이러한 심리요법들은 과도하게 표현되는 정서를 줄이는 데 도움을 주어, 이에 따라서 지속 복용량(maintenance medication)을 낮추게 해 주고, 또한 정신분열증 환자들이 약물 처방에 잘 따르도록 하는 데에도 도움이 된다. 또한 정신분열증에서 자살률이 정상인에 비해서 약 10배나 높다는 것은 아직 잘 이해되고 있지 않은데, 이는 많은 임상가조차 그렇다.

DSM-IV-TR (American Psychiatric Association, 2000)에 따르면, 정신분열증에 국한된 자살 위험 요인은, 남성이고, 최근에 퇴원했으며, 45세 미만이고, 취직 관련 어려움이 있으며, 그리고 우울한 절망감을 시사하는 증세가 있는 것이다. 정신분열증에 국한된 폭력 위험 요인은 젊은 남성으로서, 폭력을 휘두른 과거력이 있으며 처방된 약물은 따르지 않는 반면 불법 약물은 남용하는 경우이다.

정신분열증 환자가 전반적인 기능 수준이 낮은 정도에 따라서, 직면시키는 기법(confrontive techniques)도 이들로 하여금 최소한이라도 반응하게 하는 데 도움이 될 수 있다. 또한 심하게 퇴보된 정신분열증 환자에게는, 토큰활용법(token economies)이 다양한 범위의 행동을 수정하는 데 유용한데, 여기에는 남들을 멀리하게 만드는 기괴한 매너리즘의 일부도 해당된다.

또한 이런 기법은 보다 긍정적인 사회 기술(social skills)을 발전시키는 데 유용하다(Pinninti, Rissmiller, & Steer, 2010). 환경요법(Milieu therapy)(불행하게도 한때는 병원 환경을 좋게 표현한 것에 불과했음)도 정신분열증 환자에게 보다 적절한 사회 행동을 하도록 재교육하는 데 도움이 된다. 그 밖의 보조요법(adjunct therapies)—이를테면, 바이오피드백(biofeedback), 작업요법과 표현요법, 그리고 환경조절 및 영양섭취 계획짜기 등—도 유용할 수 있다. 보다 적절한 인지 전략을 훈련시키는 것과 정신분열증에서 나타나는 정보처리과정의 왜곡을 피하는 방법을 훈련시키는 것도 또한 필요하다.

가장 중요한 단계는 정신분열증 환자를 가족과 지역사회로 효과적으로 복귀시키는 것을 돕는 것이다. 사실상 정신분열증 환자가 발병하여 관련 기관이나 치료자에게 처음 눈에 띄었을 때는 상당한 시간과 노력을 기울이다가도, 환자가 퇴원하여 지역사회로 복귀한 뒤로는 단지 최소한의 관심만 기울이는 것은 이해가 거의 안 된다.

퇴원 후 "사례 관리자(case manager)"에 의한 전향적(Proactive) 노력[즉, 지속적인 접촉, 관찰(monitoring), 그리고 지원 등, 때로는 "적극 주장을 지원하는 지역사회 처치 Assertive Community Treatment(ACT)"로도 불리는 것]은 거의 적용되고 있지는 않지만, 그 효과가 대단히 클 수 있다. 이러한 프로그램은 환자가 위기 상황에 있을 때 안정되도록 도와주며, 이미 습득한 새로운 사회기술 및 대처기술을 적용하여, 보다 더 긍정적인 사회적 및 직업적 관계를 맺도록 도와준다.

음성 증상

음성 증상[정동의 둔마(affective flattening), 말이 안 되는 것(alogia), 의욕결핍/무감동(avolition/apathy), 즐거움을 못 느끼는 것/사회성 결여(anhedonia/asociality), 그리고 주의력 장해(attentional impairment)]은 정신분열증 환자에게서 재입원률이 높은 것, 발생 연령이 늦는 것, 그리고 영구적으로 무능력을 나타낼 가능성이 높은 것과 직접적으로 상관관계가 있는 것으로 밝혀졌다(Cullberg, 2006).

양성 증상(음성 증상에서처럼 있던 것이 없어져서라기보다는, 없던 것이 생긴 것이 두드러진다는 의미에서 양성이라고 함)—이를테면, 망상, 환각, 양성의 공식적인 사고장애, 그리고 기괴한 행동—은 항정신증 약물치료에 가장 잘 듣는다. 불행하게도 양성 증상은 다른 변인들에 대한 예측력에서는 비교적 약하고 불특정적이다.

두 가지 음성 증상, 쾌감불능증과 정동의 둔마는 부정적인 성과를 가장 강력하게 독자적으로 예측해 준다. 장기적인 성과가 가장 나쁜 환자들은 질환의 초기 몇 년 동안에 음성 증상이 점차 증가하는 경향을 보인다. 초기의 진행성의 음성 증상은 장기적인 무능력으로 이끌고 가는 과정을 알려 주는 것일 수 있다. 이러한 증상이 개인별 성과에 미칠 수 있는 함축성을 감안할 때, 다양한 치료 방법이 음성 증상을 호전시키는 데 얼마나 효과가 있을지가 연구되고 있다. 매뉴얼화된 CBT 기법(manualized CBT techniques)의 활용은 연구결과를 통해서 경험적 뒷받침을 얻고 있는 접근법 중 하나이다(Klingberg et al., 2009).

정신분열증에서 긍정적 예후를 시사하는 증세

어떤 효과적인 치료가 실시되고 있다고 가정할 때, 긍정적인 예후를 시사하는 다음의 증세가 있다면 정신분열증으로 진단된 후에 적절한 증상 완화가 나타날 것으로 예측된다(Knable, Kleinman, & Weinberger, 1995; Munich, 2002). 이 변인들은 처음에는 이와 같은 증상 완화의 원인으로 틀림없는 것이라고 보기보다는 상관관계가 있는 요인으로 간주되어야 한다.

- 성생활-결혼 여부(Sexual-marital status): 기혼, 또는 최소한 안정된 성적-사회적 적응(sexual-social adjustment)의 과거력이 있는 경우. 이는 이런 관계로부터 지원을 받는 것뿐만이 아니라 누군가와 동거하는 데 내포되어 있는 관심의 표시도 된다.
- 음성 증상(앞에서 살펴봄)이 없는 정도, 특히 증상을 나타내는 양상에서 초기 단계에 얼마나 없었나 하는 그 정도를 말함
- 정신분열장애보다는 정동장애의 가족력이 있는 경우
- 장애의 급성 단계에서 정동 반응[의기양양(elation) 또는 우울(depression)]이 있는 경우
- 장애가 갑작스럽게 발생한 경우: 발생 시 촉발 요인이 뚜렷함
- 아동기보다는 그 뒤에 발생한 경우
- 장애에서 편집증 경향이 근소하거나 없는 경우
- 사회경제적 지위가 높은 경우

- 발병 전에 학교 및/또는 직업에 적절히 적응하였던 경우
- 대인관계가 발병 전에는 괜찮았던 경우
- 병원에 단기간 입원한 경우
- ETC치료를 받은 적이 없는 경우
- 자극을 회피하기보다는 자극을 수용하는 경향이 있는 경우
- 퇴원시 적대감, 타인에 대한 비난, 그리고 정서적 과잉관여(emotional overinvolvement) [표현된 정서(expressed emotion)]의 수준이 낮은 경우

Sally의 치료

Sally의 어머니는 Sally가 처음으로 두 번이나 병원에 입원해있는 동안에 어떤 제대로 된 치료도 받지 못하게 했다. 따라서 Sally는 장애가 진전되어 후기 단계로 들어서서야 효과적인 치료를 받을 수 있었는데, 이는 정신분열증의 경우에 드문 일이 아니다. Sally는 세 번째로 입원했을 때, 즉각적으로 화학요법을 받았는데, 이 경우에는 토라진(Thorazine)이 처방되었다. 그녀는 입원환자를 위한 치료집단에 포함되어 매주 두 번씩 주치의와 약 30분간 면담을 하였다.

Sally의 보다 뚜렷한 증상, 이를테면 때때로 무슨 목소리를 듣고 그에 대한 반응으로 끊임없이 자기에게 말하는 것 같은 것에서 상당히 급속하게 호전이 나타났다. 그러나 "음성" 증상의 일부—구체적으로는, 주의력 및 사고 기능에서의 장해—는 여전히 남아 있었다. 결국 Sally는 퇴원하여 어머니의 보살핌을 다시 받게 되었는데, 이의 의미는 외래환자를 위한 치료 절차를 통해 그녀에게 덩치가 커진 사회 기능의 결손을 다루려는 시도에도 불구하고, Sally는 거의 진전이 없었다는 뜻이다.

재발이 몇 번 있었다. 사실상 재발이 점점 잦아지기 시작했다. 증상이 최초에 나타난 것처럼 현란하지는 않지만 더 많아지고 다양해져서, 이제는 미정형 정신분열증이라는 진단을 받게 되었다. 그녀의 치료자와 마지막으로 면담할 때, Sally는 병원에 있었다. 어떤 실질적인 치유가 있으리라는 예후는 나쁘지만, 그녀가 병원에 입원했다가 퇴원하며 진료 후 재활치료(aftercare)를 받는 패턴이 계속될 가능성이 높다.

편집형 정신분열증

편집형 정신분열증은 흥미롭지만 심각한 장애이다. 편집형 정신분열증의 진단을 적용하기 위해서는, 당사자는 우선 정신분열증에 대한 전반적인 기준에 부합되어야 한다. 이 장애가 편집형 정신분열증으로 세부적으로 명명되려면, 증상의 양상이 과대 또는 박해 망상, 질투[색정광(erotomania)] 망상, 혹은 내용에 망상이 들어 있는 환각(청각)에 빠져 있는 것이 우세해야 한다. 편집형 정신분열증과 다른 정신분열증 또한 그 밖의 편집장애와 비교하려면 이 장의 앞에 소개된 〈표 4-1〉을 보라.

Schreber에 대한 Freud의 분석

Freud는 Schreber의 망상을 Schreber가 부정하거나 거부한 동성애로 인해 유발된 편집증이 표현된 것으로 해석했다. Freud는 편집증에 대한 이론을 정립하기 위하여 Schreber의 저술을 사용했다.

이와 같은 편집증의 근거는 동성애를 억압한 것인데, Schreber가 자신의 동성애를 알아볼 수 없도록 다른 형태를 취했던 것이다. Freud는 Schreber가 남자형제와 아버지에 대한 그의 사랑을 Flechsig와 하느님에게로 옮겼다고 믿었다. Freud는 Schreber의 회고록을 편집증에 대한 그의 정신분석 이론을 발전시키는 데 사용했다. Freud는 Schreber의 여성이 되고자 하는 욕망을 남성성(masculinity)의 상실을 정당화하기 위한 것으로 해석하였으며, 이를 “아버지 콤플렉스(father-complex)”라고 명명했는데, 이는 Schreber의 동성애적 고착(homosexual fixation)을 해결되지 않은 오이디푸스 갈등의 결과로 본 것이다. Schreber의 아버지가 거세하겠다고 위협한 것은 그로 하여금 어머니의 사랑을 포기하게 만들었지만 동시에 그녀와 동일시하게 만든 것이다.

사례 연구

Daniel Paul Schreber의 사례

Diniel Paul Schreber는 Freud가 그에게 보인 관심 덕분에 유명한 정신과 환자로서 영구적인 위상을 얻었다. Schreber에 대한 Freud의 저명한 분석에서 Freud가 사용한 유일한 정보는 Schreber 가 자신의 생각과 믿음에 대하여 쓴 책이었다.

Freud는 Schreber의 저술을 발견하기 전에는, 정신분석에서 편집증의 고전적인 사례인 한 여성을 치료하면서, 그녀를 치료해도 아무런 소용이 없을 것이라고 믿으면서도, 그녀의 상태에 대해 잘 알기 위해서 계속 만났다. Freud가 Schreber의 저술을 발견하고 나서는, Freud는 편집증의 고전적인 예로서 Schreber의 사례사(case history)를 쓰는 데 전념하게 되었다.

Freud는 Schreber가 자신의 상태를 기술한 글솜씨에 매료되었다. Schreber가 자신의 상태를 묘사하기 위해서 사용했던 '영혼 살인(soul murder)'과 '신경의 접촉(nerve contacts)' 같은 구절은 Freud를 기쁘게 해 주었으며, Freud는 이런 구절을 자신의 서신왕래문에 도입하였다. Schreber가 자신의 정사(affairs)와 우주에 대해 과대하게 묘사한 모든 페이지는, Freud에게 그의 정신분석 이론의 성적 측면을 키우는 기회가 되었다. Freud는 Schreber가 편집증 때문에 우주를 하나의 생존 기제(survival mechanism)로 설명하게 된 것이라고 믿었다.

Daniel Paul Schreber는 1842년 7월 25일에 대대로 전문직에 종사한 집안의 5명의 아이 중 둘째 아들로 태어났다. Schreber의 아동기에 일어났던 일에 대한 직접적인 증거는 거의 없다. 단지 그가 재능이 뛰어난 학생이었다는 것만 알려져 있다. 그의 아버지인 Schreber 박사는 잘 알려진 성공한 의사이자 개혁가였다. Schreber 박사가 쓴 많은 책 중에서 한 권은 유아기와 사춘기 사이의 자녀들을 키우는 방법에 관한 것이 있다.

그 책에서 Schreber 박사의 첫 번째 조언은, 스스로 자신의 자녀들에게 적용했다고 자랑스럽게 말한 것인데, 아주 어릴 적부터 자녀들에게 될 수 있는 한 압력을 많이 가해서 나중에 말썽 피우는 것을 방지하라는 것이다. Schreber 박사는 유아를 강하게 키우기 위해서는 찬물에서 목욕을 시켜야 하고, 아이들이 절대 울지 않게 하려면, 부모들이 침대를 두드려 아이들을 놀라게 해야 하며, 또는 그 어떤 감정도 다시는 나타나지 않을 때까지,

몸을 때려서 처벌하면 된다고 썼다. 그는 언급하기를, 아이들이 강도 높은 육체적인 훈련을 이겨 내야 하며 감정을 억제하는 것을 배워야 한다고 했다.

Schreber 박사의 단골 주제 중 하나는 아이가 항상 자세를 완벽하게 취하고 있게 하는 것이었다. 특히 2세에서 8세 사이에 있을 때에는, 아이들이 지극히 곧은 자세를 갖추게 하도록 고안된 쇠로 만든 정형외과 기구를 착용해야 한다고 했다. 그는 강조하기를, 아이가 잠자는 동안에도 이 기구를 착용시켜야 한다고 했고, 그래서 그는 아이의 잠자는 자세가 흐트러지지 않게 하기 위해 쇠로 만든 고리와 사슬로 구성된 기구를 만들어 냈다.

극도로 엄격한 신체 구속과 운동 이외에도, Schreber 박사의 기본 생각은 아이의 하루 생활 중 깨어 있는 모든 순간을 통제하는 것이었다. 아이는 완벽하게 체계가 잡혀 있어야 하고 항상 잘 치장하고 있어야 한다. 아이가 정해진 시간 동안에 각각의 활동을 하는 것을 지키지 못하면, 아동에게는 그날 예정된 다음 식사를 먹이지 말아야 한다고 주장하였다. 아이가 일정에서 조금이라도 벗어나면, 가혹한 신체적 처벌을 가할 것이 권고되었다. 아이가 벌을 받을 때에는, 자기 손을 벌을 주고 있는 사람에게 내밀어서 자기가 고통스럽지 않을 것이라고 확신시켜 주어야 한다. Schreber 박사는 불복종의 모든 행위를 상세하게 적어 놓은 목록을 아이의 방 벽에 늘 붙여 놓고는, 매 주말마다 그 목록에 따라 벌을 주어야 한다고 했다. 또한 이는 아이가 자라서 자위행위를 하지 않도록 막기 위한 목적도 있었다.

아버지의 이런 훈육 철학의 결과로, Daniel Paul Schreber와 그의 형제들은 완전히 수동적으로 성장하였으며, Schreber는 아동기에 신경과민 상태였던 것으로 기술되었다. 1855년, Schreber가 16세가 되었을 때 Schreber 박사(아버지)는 사다리가 머리 위로 떨어져서 부상을 입었다. 그 후 아버지는 심각한 두통, 환각, 그리고 소위 살인 의도를 갖게 된 것으로 알려졌다. Schreber 박사는 결코 예전과 같지 않았다. 어떤 이들은 그 사건 이후의 그의 특이한 행동이 신경의 붕괴(nervous breakdown) 결과라고 믿었다. 3년 후, Schreber가 19세가 되었을 때, 그의 아버지는 사망하였다.

Schreber는 성공한 변호사가 되었으며 나중에는 존경받는 판사가 되었다. 그의 형 Gustav는 Schreber가 35세가 되었을 때 자살했다. Schreber는 42세에 정치적 지위를 얻기 위한 경쟁에서 졌다. 이 패배 이후에 그는 처음으로 정신적 붕괴(mental breakdown)를 겪었다. 그는 건강염려증적 망상을 나타내기 시작했는데, 이는 자신이 야위었다고 믿는 것이고 심장마비로 죽게 될 것이라고 믿는 것이었다. 처음으로 병원에 6개월간 입원해 있는 동안에, Schreber는 말하기 장애, 두 번의 자살 기도, 소음에 대한 과민성, 그리고 정서적 흥분이 높아지는 것(high emotionality)을 나타냈다. Schreber가 퇴원하고 난 뒤에도, 그는 체중이 30파운드 줄었다고 믿었다(사실 그는 2파운드가 더 늘었다).

퇴원 후, Schreber는 8년 동안 아내와 행복하게 지냈다. 그가 유일하게 실망하고 있는 것은 자녀가 없다는 것이었다. 그가 국가의 최고 법원의 상임 판사로 임명되었을 때가 그의 전문직종에서 최고의 지위에 도달한 것이었다. 이렇게 임명되기 바로 직전에, Schreber는 정신질환이 다시 도졌다는 꿈을 꾸었다. 불면증과 불안이 악화되자, Schreber는 이전에 자신을 치료해 준 정신과 의사인 Paul Emil Flechsig 박사와 접촉하였다. Schreber의 상태는 악화되어서 그는 또다시 입원하였는데, 이번에는 8년간이었다. Schreber는 이때 51세의 나이였는데, 그의 아버지가 머리에 입은 타격에서 완전히 회복하지 못하고 고생한 때와 같은 나이였다.

이 두 번째 입원 기간 중에 Schreber는 자신의 생각, 망상, 그리고 환각을 적은 책, 자신의 신경질환에 관한 회고록(Memoirs of My Nervous Illness)을 썼는데, 그 목적은 부인에게 자신의 개인적 경험과 종교적 신념을 충분히 알려 주어서 자신의 다양한 특이 행동을 이해하게 하기 위한 것이었다. 이 책에서 우리는 Schreber의 심리적 상태에 관한 정보를 얻을 수 있다. Schreber의 의학적 기록에는 그가 두 번째로 병원에 입원하면서부터 자신이 곧 죽을 것이라고 두려워했으며 박해망상도 갖고 있었다는 것이 나타나 있다. 그는 자신이 여성이고 자신의 음경이 신경 탐사기(nerve probe)를 써서 비틀어 떼어졌다고 믿었다. 그는 환청과 환시를 계속 나타냈다. 그는 자신이 고문을 당해 죽어 가고 있으며 하느님이 자기에게 솔직하게 말했다고 믿었다.

Schreber는 종종 창문 밖으로 몸을 내밀고는 "태양(또는 하느님)은 매춘부다."와 같은 말을 외쳤다. 자신의 신체에 대한 생각은 죽음과 파괴에서 여성의 신체로 피어나는 것으로 바뀌기 시작했으며, 이는 그로 하여금 의사에게 자신의 벗은 가슴을 보여 주는 것을 좋아하게 만들었다. 그는 성에 관한 생각에 사로잡히게 되었던 것이다. Schreber는 거울 앞에서 자신의 나체 위에 걸린 리본과 많은 시간을 보내면서도, 그는 아내와 가족에게 편지를 쓸 수 있었는데, 그 편지에서 그는 놀라운 통찰력으로 자신의 질환에 대해 서술했다.

그 밖에도, Schreber는 53세가 되었을 때, 자신을 영구적으로 병원에 입원시키라는 것에 대한 항소를 했고 종국에는 이겼는데, 이런 영구 입원 조치는 그가 알지 못한 채 이루어진 것이라는 것이다. Schreber는 자신이 신경 질환을 가지고 있으며, 이 질환은 객관적으로 타당한 문제에서 비롯된 것이라고 주장했다. 재판부에서는 Schreber가 정신 질환이 있다는 것은 발견하였지만, 정신 질환이 확정적인(determinative) 것이 아니라는 Schreber의 주장에는 동조했다. 왜냐하면 Schreber가 자신이 스스로를 돌볼 수 있다고 재판부를 설득할 수 있었기 때문이다. Schreber가 회고록을 출간하려는 의도가 자신의 판단력의 결여를 입증하는 것이라는 주장에 대한 반응으로, 재판부는 그 책의 출판이 Schreber에게 경제적으로 이익이 될 수 있고 그리고 그 책이 분명히 현실성은 떨어지지만 진실을 찾는 것에 대해 진짜로 관심이 있다는 것을 반영해 주고 있다고 판결하였다.

Schreber의 회고록의 내용은 세 가지 수준 사이에서 왔다 갔다 하고 있다. ① 자신의 질환의 진행과정 그리고 자신의 의사에 반하는 입원 명령에 대해 상소하려는 노력, ② 자신의 개인적 경험, 그리고 ③ 우주에 대한 Schreber의 분석. Schreber는 자기에게 말하는 영혼들로부터 우주에 관한 정보를 받았지만, 불행하게도 그들이 말한 내용이 완전한 문장으로 되어 있지 않아서, Schreber는 이를 완성해야만 했고, 이 때문에 자기가 강박적으로 생각하게 되었다고 그는 말했다.

> 나는 그 이름을 Schneider로 알고 있는 한 사람을 만난다. 그를 보면 "이 남자의 이름은 Schneider다." 혹은 "이 사람은 Schneider 씨다."라는 생각이 자동적으로 떠오른다. 이런 생각과 더불어 "그러나 왜" 혹은 "왜 무엇 때문에"라는 생각도 또한 나의 신경 속에서 울려퍼진다…… 사람이 죽으면 하느님이 나타나서 신경을 몸 밖으로 빨아내어서 원래로 되돌아가게 하며 정화시킨다. 하느님은 모든 인간을 시체로 보는데, 때때로 실수를 하여 당신 자신을 살아 있는 인간에게 갖다 붙인다. 이런 일이 일어나면, 위험한데 왜냐하면 일부 살아 있는 인간의 신경은 아주 강력한 흡인력을 지니고 있어서 하느님도 자기자신을 그런 인간으로부터 떼어 낼 수 없기 때문이다. 이런 일이 발생하면, 하느님은 더 이상 존재하지 않게 되어 우주 질서에는 터진 곳 또는 찢어진 틈이 생기게 될 것이다.

여성으로 변환되는 과정은 Schreber의 지속적인 관심사의 하나였다. 이러한 과정이 Flechsig라는 영혼 살인자가 Schreber를 매춘하는 사내로 만들려는 의도를 갖고 시작한 것이라고 믿었지만, Schreber는 일련의 기적 같은 일을 거쳐서, 생존하기 위해서 여성이 되는 것에 동의했다고 말했다. Schreber는 이러한 변환 과정을 자신의 신체에 가해진 많은 공격이라는 용어로 기술하였다. 예를 들면, 그의 내부 기관의 파괴와 교체, 그의 발 속에 있는 아주 조그만 남자들의 도움을 받아서 그의 몸에서 척수를 뽑아내기, 그리고 그의 몸을 여성의 신경으로 가득 채우기 등이 있다. 마침내 그가 이와 같은 압력에 굴복하게 되면, Schreber는 자기자신을 큰 고깃덩어리로 여겼으며, 자신의 궁극적 목표는 하느님에 의해 임신하는 것이라고 말했다.

Schreber의 두 번째 입원 기간은 영구 입원에 대해 항소해서 승소했을 때 끝났다. 병원에 입원한 지 8년 뒤, 나이가 60세가 되어서 Schreber는 귀가하였다. 그는 거기에서 5년간 살았다. 함께 살고 있던 어머니도 사망하였고, 그 뒤에 곧 아내도 뇌일혈을 일으켜 사망하였다. 아내가 사망한 후, Schreber는 65세의 나이에 다시 입원하였고 69세로 사망할 때까지 그 병원에서 있었다. 바로 그해에 Schreber의 회고록에 근거를 두고 편집증에 관한 Freud의 소론(小論)이 출간되었다. Schreber의 마지막 지위는 Dresden에 있는 상급지방법원(항소심 재판부)의 부장판사였다. 그의 전 생애를 통해서, Schreber는 아버지가 자신에게 사용했던 기구를 쓰는 그 누구에 대해서도 공공연한 저항을 계속했다.

원인론

Schreber의 생애 후반부에 정신분열증이 발생한 것은 그가 편집형 정신분열증의 증상을 나타낸 것과 부합된다. Schreber의 아버지가 자녀들을 통제하고 감정의 정상적인 기능발휘와 표현을 억제하기 위해 취한 극단적인 조치들이 아마도 이런 상태를 초래한 것으로 보인다.

Schreber의 가족사에서는 다른 정신분열증 환자가 없었기 때문에, Schreber를 생애 전반에 걸쳐서 해당 증후군을 획득했을 수도 있는 소수의 정신분열증 환자로 분류하는 것이 가능할 법도 하다. Schreber의 망상은 과대적이고 기괴한 것이었으며, 그의 환각은 정신분열증의 일화 동안에 지속되었다. 그가 여성으로 변하고자 하는 집착, 하느님 및 신경(nerves)에 대한 관여, 그리고 영혼이 보내온 메시지로 인한 강박적인 생각 등 이 모든 것이 편집형 정신분열증의 고전적인 증상 양상의 부분이 된다.

흥미로운 것은 그렇게 극심한 일화 속에 있을 때조차, Schreber는 자신의 욕구를 충족시키기 위한 기능발휘를 충분히 할 수 있었다는 사실이다. 한 예를 들면, 그는 지속적인 환각과 망상을 겪고 있으면서도, 아내에게 논리적이고 의미가 와닿는 편지를 쓰면서, 자신의 질환을 기술할 수 있었다.

또한 Schreber가 자신에 대한 영구 입원에 대해서 항소해서 이긴 것도 놀랄 만한 것으로 보인다. 그러나 이런 일은 특이한 것이 아닌데, 왜냐하면 편집형 정신분열증 환자들은 자신이 상당히 정상으로 보이도록 행동을 종종 나타낼 수 있기 때문이다. 또한 Schreber의 지능 수준이 높은 것도 편집형 유형의 정신분열증에서는 그다지 드문 일이 아니다.

편집 행동의 발달 과정에서 흔한 요인으로서 Schreber의 배경에 있는 것은 부모가 그를 훈육할 때 가혹하고 수치심을 주는 기법(shaming techniques)을 사용한 것이다. Colby(1977)가 오래전에 언급했듯이, 편집증적인 사람은 "상징-처리(symbol-processing) 절차를 사용하여 수치심의 신호로 탐지되는, 굴욕감이라는 위협적이고 불쾌한 정동의 경험을 예측하는 것"을 아주 어릴 적부터 학습한다. 굴욕감을 방지하기 위해서, 이런 절차에서는 자신에게 모욕감을 주는 사람들을 비난하는 전략을 사용한다(p. 56). 수치심을 느끼게 하는 기법(shaming techniques)은 특히 당사자로 하여금 굴욕감을 느끼게 될 가능성을 예측하는 것을 학습하게 해 주어서 굴욕감의 경험으로부터 자아(ego)를 보호하기 위한 다양한(정신) 기제를 사용하게끔 만든다.

편집증적인 사람들은 정보를 처리하는 방식, 즉 투사(projection)를 사용하는 정도에서 정상인들과 진짜로 다르다. 투사는 원래 Freud 학파의 이론가들이 가설로 제시한 것으로서, 부분적으로는 Schreber의 사례에 기반을 두고 있다. Freud 학파의 이론가들이 언급한 것은 동성애적 충동에 대한 내면의 갈등을 투사하는 것을 말한다.

좀 더 최근의(사례) 공식화(formulations)에서는 꼭 동성애적 갈등을 가정할 필요는 없다고 지적한 바 있다. 실제로 일부의 편집증적인 사람들은 외견상 동성애적이기 때문에, 이는 Freud의 이론과 직접 모순이 된다. 그러나 무의식의 투사를 하나의 이론적인 개념으로 보는 Freud의 가설은 수십 년간 확고하게 견지되어 왔으며 (Weston, 1998), 그리고 편집증적인 사람들의 망상의 상당수가 자기 내면의 반추와 염려를 투사한 것임이 명백하다.

치료법의 종류

어떤 종류의 편집장애가 있는 사람도 투옥, 병원에 입원조치, 또는 배우자의 압력과 같이 어떻게든 강제적이지 않으면 치료를 받지 않으려고 한다. 이는 놀랄 만한 일이 아니다. 편집증적인 사람들은 본래 대부분의 사람을 의심하여 신뢰하는 사람이 거의 없다. 또한 대부분의 치료에서는, 특히 대인관계의 문제를 다루기 위해서는 어느 정도의 자기개방과 자신의 약점을 인정하려는 용의가 있어야 한다. 그런데 이 후자의 특성은 어떤 사람을 편집증적이 되게끔 만드는 속성과는 정반대의 것이다.

편집증적인 사람들은 몹시 두려워하는 수치심의 경험 또는 심지어 공격(특히 박해망상에 사로 잡힌 경우)에 맞닥뜨리게 되면, 남들이 자신의 취약점 및 그밖의 결점을 보게 될까 봐 몹시 두려워한다. 따라서 가장 중요한 치료의 첫 단계는 내담자의 신뢰를 얻는 것이다(Cullberg, 2006).

증상의 강도가 높아서, 위험하거나 다소 혼란된(disorganized) 상태에 있는 편집증적인 사람들은 병원에 입원시켜야 한다. 일부 임상가들은 편집증적인 사람들에게 전기충격요법(ECT)을 실시해 왔는데, 아마도 편집증적인 사람들이 자신이 갖고 있는 망상의 내용을 잊어버리게 되지 않을까 하는 생각에서 그리했을 것이다. 이 치료법은 거의 성공을 거둔 적이 없었으며, 이는 놀랄 만한 일이 아닌데, 왜냐하면 편집증이 있는 사람들이 자신의 취약성이 증대된 것 같은 느낌 그리고/또는 자신(self)에 대한 통제력의 상실을 크게 두려워하는데, 이는 ECT가 가져올 수 있는 효과이기 때문이다. 또한 ECT가 치료 효과가 있다는 증거가 많지 않다. 단, 급성의 심각한 우울증은 제외한다.

이와 똑같은 문제가 있고 긍정적 성과가 부족한 것은 편집장애에 정신과 수술(psychosurgery)을 적용하는 경우에도 통상적으로 봉착된다. 그러나 화학요법을 쓰는 전략은 좀 더 기괴한(bizarre) 증상을 감소시키는 데 효과적이며, 특히 신체 망상이나 색정광(色情狂, erotomanic) 망상보다는 박해 망상에 대해 효과가 더 크다(Buckley & Meltzer, 1995). 장기적인 심리치료는 어려운데, 왜냐하면 대부분의 치료적 접근방법이 본질적으로는 [자기개방을 높이고 자기 내면(self)에 직면하는 것이어서] 편집증 소유자들이 가장 두려워하는 것이기 때문이다. 조금이라도 치료효과를 있게 하는 것은 치료자가 본질적으로 불신이 큰 사람에게서 신뢰를 구축하는 능력에 달려 있다.

논평

어떤 유형이든지 편집증이 있는 사람이 주위 사람들로부터 상당히 강요받지 않고 치료받으러 오는 것은 드문 일이다. 편집증이 있는 사람과 관계를 형성하거나, 또는 심지어 그를 치료하기 위해서는, 치료자들이 공감을 통하여 내담자의 신뢰를 얻는 것이 필수적이기는 하지만, 그들의 장애 상태로 들어가서 하려고 하지는 말아야 한다. 편집증이 있는 사람들을 공감해 주고는 그들에게 그런 행동이 가져오는 결과에 대해서, 이를테면 그들에게는 부당한 것으로 보이는 고립되어 있고 자기가 이해받지 못하고 있다는 느낌 또는 남들로부터 배척당하고 있다는 느낌 같은 것을 명확하게 전달해 주는 것이 특히 필요하다.

역설적이게도, 편집증이 있는 사람들은 다른 사람들이 자신에게 적대적이라고 가정하거나 또는 어떤 이가 말했듯이, "편집증이 있는 사람은 모든 사실을 알고 있는 사람이다."라고 가정하는데 이는 맞는 경우가 많다. 이민 온 자, 노인, 그리고 감각기능의 장애가 있는 사람 같은 집단은 다소 편집적인 사고를 하기 쉽기 때문에, "편집증이 있는 사람은 자신이 처한 상태에서 자신이 얻을 수 있는 모든 사실을 알고 있는 사람이다."라고 말하는 것이 더 정확할 수 있다.

Sally와 Daniel Paul Schreber의 사례에서 마찬가지로, 생애 모든 영역에서 장기적인 손상이 지속되는 경우가 종종 있다. 그러나 다음의 실제 사례에서 우리는 정신분열증이 있으면서도 궁극적으로 기념비적인 성공을 이룩한 사람을 보게 된다.

사례 연구

John Forbes Nash, Jr.의 사례

John Nash에 대한 주목할 만한 이야기는 Sylvia Nash가 쓰고 Simon & Schuster 출판사에서 1998년에 출간한 동일한 제목의 Nash에 대한 결정판에 기반을 두고 제작되어 대성공을 거둔 영화 〈A Beautiful Mind〉에 의해 인기를 얻었다. John Nash는 정신분열증을 앓았음에도 불구하고 우리 시대의 가장 위대한 수학 천재 중의 한 명이 되었다. 1949년에, John은 게임 이론의 원리를 정립했으나, 45년이 지나서야 그의 정신분열증이 완화되면서, 그는 경제 수학(mathematics of economics)에 대한 기념비적인 공로로 노벨상을 받았다.

John Forbes Nash, Jr.는 미국 웨스트 버지니아주의 Bluefield 지역에서 태어났다. 분명히, John은 아동기에는 불행했다. 그의 부모는 결혼생활이 행복하지 못했다. 그의 어머니는 자애롭고 잘 보살펴 주었지만, 그의 아버지는 정서적으로 소원한 성격이었다. 그러나 부모는 모두 열심히 공부하는 것과 교육을 중요시했다. John은 통상 이웃 아이들을 피했기 때문에, 집 안에서 혼자 노는 경우가 종종 있었다. 그는 4세가 되자 글자를 읽을 수 있어서 초등학교 교과과정의 절반 정도를 월반했다. 그러나 학교 교사는 그가 사회성 기술이 부족한 것에 주목하였고 그를 학력미달자로 보았으며, 그의 지능을 간과하였다. 그는 끊임없이 공상에 빠졌으며 가장 간단한 지시도 제대로 따라 하지 못했다.

John이 나이가 들어가면서, 부모는 John에게 (남들과 어울리는) 사회생활이 없는 것을 걱정하게 되었다. 부모는 John이 더 잘 "원만한 성격이 되도록(well rounded)" 압박을 가하기로 마음을 먹고, 그를 보이스카우트 캠프에 참여시키고, 성서 수업 및 댄스 교습도 받게 하며, 직장을 잡고 데이트도 하도록 강요했다. John은 그렇게 하기는 했지만, 이런 것들이 즐겁지는 않았다. 그 밖에도 특이한 행동 패턴이 나타났다. 어머니의 상황 설명에 의하면, 아들이 애팔래치아 전력회사(Appalachian Power Company)에서의 가족의 저녁식사에 동행하였는데, John이 저녁시간 내내 엘리베이터를 타고 오르내리며 고장날 때까지 그랬다는 것이다.

소프트볼 게임을 하는 동안에는, 그는 종종 외야에 서 있으면서 잔디를 먹곤 했다. 그 밖의 보고된 바에 따르면, 그는 심지어 어린 시절에는 동물을 괴롭히는 것을 즐겨했으며, 폭발물을 갖고 화학 실험을 종종 했다고 한다. 한번은 동료 학생의 사망을 가져올 뻔도

하였다. 놀랄 것도 없이, John은 어린 시절에는 극심한 괴롭힘을 받았다.

카네기 공과 대학으로 화학공학을 전공하러 간 John은 이상한 행동을 계속했다. 예를 들어, 그의 룸메이트는 말하기를, John이 피아노 앞에 앉아서는 몇 시간 동안이나 반복해서 단 한개의 건반을 두드리거나, 또는 자신의 옷 더미 맨위에 녹고 있는 아이스크림 콘을 남겨 두곤 한다고 했다. 그는 초연(aloof)했고, 어린애 같았으며, 동성애 실험을 한다면서, 때로는 잠자고 있는 소년의 침대 속으로 뛰어들곤 했다. 그러나 John은 카네기 대학을 3년 만에 졸업했다. 그런 후 1948년 가을에 John은 진짜 엘리트 수학 프로그램 중 한 곳에서 대학원 공부를 하기 위해 프린스턴 대학원으로 갔다.

프린스턴 대학원에 재학 중, John은 21세의 나이에 게임 이론에 대한 가장 유명한 논문을 썼는데, 이는 그의 핵심 업적으로서 이 덕분에 결국 노벨상을 수상하게 되었다. 그는 모든 게임마다 다른 플레이어가 어떤 전략을 선택하느냐에 따라서, 각 플레이어마다 최선의 전략이 다르게 된다는 것을 증명함으로써 전통적인 제로섬(zero sum) 게임 이론에 도전했다. 그의 게임 이론은 나중에 유명해졌으며 포커에서부터 경제학에 이르기까지 모든 것에 사용되어 왔다.

1950년 봄에, John은 균형점(The Equilibrium Point)에 대해 저술했는데, 이는 Nash 균형(the Nash Equilibrium)으로 알려지게 되었다. 이것은 경제학에 혁명을 일으켰는데, 이후 수십 년이 지나도록 아무도 이를 몰랐다. 프린스턴 대학원에서 박사학위를 받은 후, John은 RAND 연구소(싱크 탱크 기구)에서 일자리를 얻었다.

그러나 그 후 얼마 지나지 않아 1954년 여름에, 그는 캘리포니아주 산타 모니카(Santa Monica)에 있는 팔리세데스 공원(Palisades Park)의 남성 화장실에서 비밀 경찰에게 음란한 노출 행위로 기소되었다. 경찰에서는 직장인 RAND 연구소 앞으로 이를 알렸는데, RAND 연구소에서는 동성애가 비밀 취급 인가(security clearance)를 금지하는 이유에 해당되었다. 그는 즉시 해고되었으며, RAND 연구소의 관리들은 John에 대한 기소를 기각하면 John이 거주 중인 주를 떠나도록 하는 데 경찰과 합의하였다. RAND를 떠난 후, 그는 MIT의 교수직을 맡았다. 그는 동료들에게 엘리트주의자, 이기적이고 자기중심적이라고 비추어졌으며, 그는 이상한 말과 특이한 행동을 많이 나타냈다.

그러나 그의 부정할 수 없을 정도로 뛰어난 지능과 수학 분야에 대한 지속적인 공헌 때문에, 그들은 John을 존경했다. John은 MIT에서 일하면서 Eleanor를 만났다. 2개월간 데

이트를 한 후, Eleanor는 임신을 하게 되었다. John은 아이에 대한 책임을 지기를 거부했으며 심지어는 아이의 출생 증명서에 그의 이름을 기입하는 것조차 거부했다.

Eleanor는 아이를 위탁 양육시설에 맡기지 않을 수 없었다. John의 누이, 부모, 그리고 동료들은 이 아이에 대해서 전혀 몰랐다. 이런 일이 있고 나서 곧, John은 그의 제자 중 한 사람인 Alicia Larde를 만났다. 그는 3년간 Alicia와 데이트를 한 후 1957년에 Alicia와 결혼하였다. 1년 후 Alicia는 임신하여 아들 John Charles Martin Nash를 낳았다. 직장생활, 새로운 결혼, 그리고 아기에 대한 부담은 John에게 너무 과중했고, 그는 훨씬 더 명료한 정신증 증상을 보이기 시작했다.

1958년 새해 전야에, John과 그의 아내는 의상 파티에 참석했다. John은 아기처럼 굴면서 Alicia의 무릎 위에 웅크린 채 저녁시간을 보냈다. 그해 말, 그는 강의를 하다가 멈추더니, 자신이 『Life』 잡지의 표지에 교황 John 23세로 등장했는데, 왜냐하면 23이라는 숫자가 자신이 가장 좋아하는 숫자이기 때문이라고 말했다. 1959년에 그는 뉴욕 타임즈사의 사무실로 쳐들어갔는데, 기사 속에 오직 자신에게만 해당되는 것으로서 외계에게 보낸 암호화된 메시지가 들어 있다고 주장했다. MIT에서는 John을 내버려 둘 수 밖에 없었다. 그의 기능수준은 계속 퇴보되었다. 부인 Alicia가 어느 날 집으로 돌아왔더니 그가 집에 있는 벽이란 벽에 온통 검은 반점을 페인트로 칠해 놓은 것을 보게 되었다. 그녀는 결국 어쩔 수 없이 그를 정신병원에 입원시켰고, 병원에서 그는 망상형 정신분열증의 진단을 받았다. 그는 토라진(Thorazine)을 처방받았고 심리치료도 좀 받았다. John은 자신이 순응할 때까지 퇴원하지 못할 것이라는 점을 깨달았고, 그래서 그는 망상을 숨겼고 이에 따라 퇴원하게 되었다.

퇴원한 후, John은 그의 아이와 Alicia를 뒤에 남겨 둔 채 유럽으로 도망쳤다. 그의 목표는 자신의 미국 시민권을 버리기 위한 것이었지만 그는 룩셈부르크에서 마음이 바뀌었다. John은 추방될 때까지 9개월 동안 유럽을 방황했다. 1961년에 Alicia로 인해서 그는 Trenton 주립 병원에 마지못해 갔다. 그는 한 달 반 동안 매주 5일씩 인슐린 주사를 맞았으며, 혈당치가 떨어지면서 인슐린 쇼크를 받았다. 그러나 그의 증상은 없어졌고, 그는 6개월 후에 퇴원하였다. John은 인슐린 치료로 인해 자신의 기억 중 많은 부분이 소실되었다고 말했다.

1962년에 Alicia는 John과 이혼했다. 그는 항정신증 약물을 복용해 왔지만 처방된 약물이 자신의 사고활동에 지장을 초래하고 있다고 생각하여, 1970년대 중반에 약물복용을 중단했다. 곧 정신분열증의 증상, 특히 환청이 다시 나타났다. 그럼에도 1970년경에 Alicia는 John와 다시 합쳤고 그를 다시는 결코 입원시키지 않겠다고 약속했다. 아마도 John은 모르고 있었겠지만, 그의 주변 세계에서는 그의 초기 논문들이 지극히 중요하다는 것을 알아차리기 시작했다. 노벨상위원회는 John에게 상을 주는 것을 고려하기 시작했다. 위원회 위원들은 그가 받을 자격이 있다는 데 모두 동의했지만, 정서적 어려움이 너무나 큰 사람에게는 이 상을 줄 수 없다고 결정했다. 1980년대에 John은 스스로 변화를 나타내기 시작했다.

그는 이런 환청의 목소리를 의식적으로 거부하였는데, 이런 환청을 단순히 무시하기만 하기로 마음을 먹었다. 그는 의도적으로 좀 더 이성적으로 생각하기 시작했고 수학에 다시 집중하기 시작했다. 1990년대에는 그의 정신분열증이 치료 또는 약물의 도움 없이도 완전히 완화되었다. 1994년에 John은 노벨 경제학상을 수상했다. 2001년에는 그는 Alicia와 재혼했다. John은 사망하기 전까지는 프린스턴 대학교에 근무하였다. 그의 아들 Johnny는 럿거스 대학교에서 수학 박사학위를 받았는데, 이 아들도 또한 망상형 정신분열증을 앓고 있다.

표 4-3. 정신분열장애와 망상장애

증상(장애)	연속선상으로 본 증상	
	상당한 정도임	병리적일 가능성이 있음
사고장애 (망상 장애)의 증세	Jennifer는 그녀의 남자 친구와 헤어졌는데 그가 바람을 피우는 것을 포착했기 때문이다. 이제 그녀는 누군가 새로운 사람과 데이트를 하고 있을 때에는, 그녀는 이런 일이 또다시 일어나지 않을까 신경을 쓰고 있다. 그녀는 바람피우는 것의 '징조'(예: 자기가 걸은 전화를 받지 않거나 활동 계획에 대해 애매한 태도를 보이는 것)에 아주 민감하다. 그러나 이런 일이 일어나지 않으면, 그녀는 걱정하지 않는다.	Steve는 뉴스를 보는 것을 좋아하는데 왜냐하면 보도되는 이야기들이 종종 자신에 관한 것이기 때문이다. 뉴스 앵커들이 자신의 이름을 말하지는 않지만, 그들이 "성공적이고 영향력이 큰" 사람들에 대해 말할 때에는 자신을 지칭하고 있다는 것을 알고 있다. 그는 또한 그가 TV를 보고 있다는 것을 앵커들이 알고 있음을 알리기 위해 그에게 보내는 "신호"(예: 앵커가 얼굴을 만지거나 눈을 깜박거리는 것)를 찾는 것을 좋아한다.
사고장애 (정신분열증)의 증세	Sandra는 늘 마법에 관심이 있었다. 그녀는 판타지 소설을 읽고 상상으로 역할극 게임에 참여한다. 그녀가 공상에 빠져 있을 때에는, 그녀는 종종 자신이 게임에서 등장하는 인물이라고 생각한다.	Laura는 6개월 전에 외계인들이 자신을 납치했었다고 믿고 있다. 그녀는 외계인들이 그녀의 생각을 하루 24시간 추적하는 위성 장치를 그녀에게 이식했다고 생각한다. 그녀는 때로는 외계인들이 다른 사람들을 속이기 위해 자신의 몸을 빌려 쓰며 언젠가는 그녀를(외계인들의) 우주선으로 데려갈 것이라고 믿고 있다.
환각 (정신분열증)	Annie는 할머니가 돌아가신 날에는 항상 가족사진 앨범을 훑어보며 과거를 회상한다. 그녀가 이렇게 하는 동안에, 그녀는 그들과 함께 보낸 시간을 종종 회상해 낼 수 있고 때로는 할머니가 이야기를 해주시던 목소리가 들리기도 한다.	Dean은 뱀장어와 비슷한 것에 문제가 있었다. 그는 화장실에서 이것들이 계속 보여서 배관수리공을 부르면, 이들은 아무것도 발견되는 것이 없다고 하면서 뱀장어가 배관 계통에 들어갈 가능성이 거의 없으니 안심하라고 한다. 그러나 Dean은 그것들이 거기에 있다고 하는데, 왜냐하면 밤에는 그들이 내는 소리가 들리기 때문이다.

제5장

정동(기분)장애와 자살

제1장 '불안장애'에서 우리가 말한 바, "아마도 정신건강 진단의 그 어떤 항목도 불안장애만큼 그 증상이 지겹도록 지속되고 복잡한 것을 더 잘 보여 주는 것은 없을 것이다."를 회상해 보라. 이와 같이 미심쩍은 주장에 대한 도전자가 있다면, 그것은 정동장애일 것이다. 때때로 우울증을 겪거나 심지어는 자살 생각(실행 계획은 없는 것)이 이따금 떠오르는 것은 대부분 사람이 살아가는 도중에 일어난다. 언젠가 독일의 철학자 Friedrich Nietzsche는 이렇게 썼다. "자살을 생각하는 것은 언제나 위안이 되는데, 이런 식으로 해서 한 인간이 그렇게나 많은 잠 못이루는 밤을 지나가게 된다." 사실상 기분(또는 정동)장애는 현대 사회에서는 특히 만연되어 있는 것 같다(Dozois & Dobson, 2004; McCullough, 2002; Reinecke, Washburn, & Becker-Weidman, 2008; Whybrow, 1997).

정동(affect)이란 주관적으로 경험하는 정서를 말하며, 기분(mood)이란 이 세상과 우리 자신에 대한 관점에 영향을 끼치는 지속적으로 만연되어 있는 정서를 지칭한다. DSM 체계에서는 정동장애를 기분과 정동에 일차적으로 장해(disturbances)가 있는 것으로 광범위하게 정의하고 있으며, 심각한 사고장애를 특징으로 하는 앞에서 논의된 정신분열증이나 망상장애와 대비된다. DSM 체계의 정동장애 범주에 들어가는 것은 예전에는 공식적으로 우울신경증으로 불리웠던 것 뿐만 아니라 심지어는 기분순환성 성격장애(Cyclothymic Personality Disorder)라고도 명명된 증상 패턴이다. 이 범주에 속하는 증상 패턴은 경미한 수준에서 중간 수준에(moderate) 걸쳐 있는 우울증에서부터 정신증적인 정동반응에까지 망라되어 있다.

정동장애에 속하는 주요 범주는 양극성 장애(bipolar disorder)(I ,II), 주요 우울증(major depression), 그리고 특정 정동장애(specific affective disorder)가 있는데, 후자에는 순환성 장애(cyclothymic disorder), 기분부전장애(dysthymic disorder) 및 물질에 의해 유도된 기분장애(substance-induced mood disorder)가 있다. 양극성 장애는 전통적으로 사용하던 조울정신증(manic-depressive psychosis)을 대체하는 용어인데, 이 장의 Virginia Woolf의 사례에서 살펴본다. 주요 우울장애는 심각하고, 아마도 만성적인 우울증을 말한다. 이는 Joseph Westbecker의 사례에서 살펴본다.

정상적인 우울은 단기간 동안의 슬픔, 비통함, 또는 낙담 등을 특징으로 하는 것으로서 정상적인 기능의 붕괴가 근소한 수준인 것이 특징이다. 정서 및 사고상의 경미한 장해는 무감동(apathy), 집중력의 손상, 그리고 죄책감의 증가로 나타난다. 이러한 반응은 흔히 중요한[꼭 좋아하지는 않았더라도, 자극값(stimulus value)이 높았던] 무엇인가를 상실했거나 경력 또는 재산상의 실망과 같은 별개의 환경 사건에 대한 반응인 경우가 종종 있다. 이런 우울은 치료가 필요하지 않을 수도 있으며 종종 시간이 경과되면서 나아지기도 한다.

중간 수준의 일화(moderate episodes)는 정상적인 기능발휘에 보다 많은 지장을 주는 수준으로서, 다양한 심리 치료를 필요로 하는 인지 왜곡(distorted cognitions) 및/또는 기술부족(skill deficits) 을 동반하기도 한다. 이보다 더 심각한 수준[때로는 정신증적인(psychotic)]의 우울증상의 치료를 위해서는 일반적으로 화학요법, 심리요법 및 인지행동 수정법의 다중양상적(multimodal) 치료 접근이 필요하다. 이러한 치료기법 중 일부는 Joseph Westbecker를 치료할 때 그에게 적용되었다.

자살기도와 관련된 주요 우울장애

우울증은 기분과 정동의 장애로서, 다음의 증상이 주된 증상(primary symptoms)이다. ① 기분부전증(dysphoria) 및/또는 무감동한 기분(apathetic mood), ② 자극의 위력(potency of stimuli)의 상실이나 감소-예를 들면, 소중한 사람과의 사별[자극 결핍(stimulus void)으로 지칭되는 조건]을 통해 나타나는 것, ③ 쾌감불능증(Anhedonia), 또는 만성적으로 즐거움을 느끼지 못하는 것으로 나눌 수 있다. 이러한 증상들은 실존주의 철학자이며 신학자인 Sored Kierkegaard의 저서 『불안의 개념(The Concept of Anxiety)』(Prinston University Press, 1884)에 잘 묘사되어 있다.

> 나는 어떤 것도 좋아하지 않는다. 나는 승마도 좋아하지 않는다. 운동이 너무 격렬하기 때문에…… 나는 누워있는 것도 좋아하지 않는다. 왜냐하면 계속 누워있어야 한다면 그것을 싫어할 것이고 다시 일어나야 한다면 그것 또한 싫어할 것이기 때문이다…… 나는 모든 것이 싫다(p. 9).

이런 주된(일차적) 증상(primary symptoms)들은 ① 타인과의 접촉 기피, ② 절망감, ③ 자살 및/또는 죽음에 대한 깊은 반추(rumination), ④ 수면곤란, 특히 새벽에 깨는 것, ⑤ 정신운동성(psychomotor) 활동이 느려지거나 동요됨(agitation), ⑥ 섭식 행동의 감소 및/또는 중단, ⑦ 자기비난, 무가치감 그리고 이유 없는 죄책감, ⑧ 집중력 저하, ⑨ 결단력 저하, ⑩ 알콜 또는 약물의 사용증가, ⑪ 뚜렷한 이유 없이 우는 행동 등의 이차적 증상(secondary symptoms)들이 복잡하게 섞여 있는 것과 연관되어 있다.

사실상 모든 사람은 살면서 한 번 또는 그 이상 우울증을 경험하며, 이러한 증상은 상실이나 실망에 대한 정상적인 반응이라고 할 수 있다. 그러나 이러한 상태가 한 개인의 생활에 사당한 지장을 초래할 정도로 지속되거나 매우 심해지면 병리적이 된다. 적어도 매년 20만 명의 사람들이 우울장애로 입원치료를 받고 있지만 실제로 신체 장애를 치료하는 의사들이 치료하는 환자의 25%가 우울증과 관련된 증상을 치료하는 것까지 포함하면 그 숫자는 훨씬 커진다. 사실 우울증 치료에 사용되는 항정신성 약물의 약 85%는 정신과전문의가 아닌 주로 내과전문의나 산부인과전문의, 그리고 가정의학전문의에 의해 처방되고 있다는 점도 주목할 만하다(Natha et al., 1995; Michels and Marzuk, 1993). 2004년 FDA는 모든 항우울제 약물의 포장지에 "검은 상자(black box)" 경고문을 붙일 것을 요구하면서 약물이 아동에게서 자살 생각과 행동의 위험성을 높여 준다고 언급했다.

DSM에서는 주요 우울증 일화(Major Depressive Episode)가 경도(Mild), 중등도(Moderate), 정신증적 양상(Psychotic Features)이 없는 고도(Severe), 정신증적 양상이 있는 고도(Severe) 수준의 것으로 분류될 수 있다고 수록되어 있다. 주요 우울 장애가 있는 환자에게서 자살 기도에 대한 위험 요인을 조사한 종단적 연구에서 발견된 것은, 주요 우울 일화 중에 소비된 시간이 자살 생각 및/또는 행동에 대한 당사자의 전반적인 장기적 위험성을 결정하는 요인이 될 수 있다는 것이다(Holma et al., 2010). 조증 요소를 가진 우울증과 조증 장애는 보통 30세 이전에 나타나는 데에 비해, 우울장애는 어떤 나이에서도 시작될 수 있다. 가장 많이 발생하는 시기는 20대에서 45세까지이며, 나이가 많은 사람일수록 더욱 심한 증상을 보이거나 좀 더 갑작스럽게 발병하는 경향이 있다. DSM-IV-TR (2000)에 따르면, 주요 우울증의 첫 일화를 보인 사람들의 약 60%가 두 번째 일화를 보이게 될 것이다. 발병에 영향을 주는 요소들로는 우울증이 있는 가족의 내력, 어린 시절의 우울했던 사건(만약 어떤 아동이 8~13세 때에 처음으로 우울한 일화를 보인다면 나중에 재발할 가능성은 75%임), 알코올 중독, 심한 부정적 스트레스, 최근의 상실경험, 만성적으로 낮은 자존감, 그리고 만성적인 병력이 있다. 동반된 불안(co-morbid Anxiety) 혹은 공황장애가 있으면 멜랑콜리아(Melancholia,이른 아침 깨어난다거나, 아침에 아주 심한 불쾌감에 싸이는 것, 정신운동성 동요나 지체, 즐거움을 경험하는 능력의 상실, 그리고 이따금 신경성 식욕부진과 같은 증상들이 나타나는 증후군)와 마찬가지로 더욱 좋지 않은 징후를 예측해 준다. 멜랑콜리아의 특징은 집안의 우울증 내력, ECT와 삼환식 항우울제(tricyclic antidepressant)에 대한 민감한 반응과 관련이 있다. 주요 우울증을 겪는 사람은 7명 중 한 명 꼴로 자살을 시도하고 세 명 중 한 명은 어떤 형태이든 약물의존을 발전시킨다(Nathan et al., 1995; Michels & Marzuk, 1993).

미국이나, 대만, 레바논, 뉴질랜드 같은 국가들에서 볼 것 같으면 젊은 세대들이 우울증에 빠지는 숫자가 더욱 늘어나고 있는 것도 간과할 수 없는 사실이다. 1905년 이전에 태어난 미국인들은 75세가 되기까지 단 1%만이 주요 우울증을 겪은 데 반해, 1955년 이후에 태어난 사람들은 30세까지 6%가 심각한 우울증을 앓았다. 아마도 우울증에 대한 인식이 커지고 현대생활의 스트레스가 그 원인이라고 짐작할 수 있다. DSM-IV에서는 대략 남성의 3%와 여성의 6%가 입원을 요할 정도로 심한 우울증상을 경험한 적이 있다고 집계하지만, 이러한 성별차이는 특히 40대 미만에서 점점 좁혀지고 있다. 남성과 비교하여 여성에게 우울증이 많이 발생하는 요인은 사회가 남성들에 비해 여성들에게 더 많은 전통적인 성역할을 요구하고 있기 때문이라고 볼 수 있다. 또한 어릴 때 받았던 학대, 다른 형태의 희생, 불행한 결혼, 불임, 또는 자녀의 수가 많은 것(특히 이것이 낮은 경제 수준과 결부될 때) 등도 여성들을 우울증에 걸리기 쉽게 하는 요인들이다. 여성들이 우울증에 걸릴 가능성이 높아질 수 있는 요인들은 경제적 박탈감, 낮은 자존감, 실패에 대한 집착, 무력감, 세상에 대한 비관적 태도, 그리고 자기도취 성향(narcissistic vulnerability) 등이 있다.

우울증의 차원

우울증을 정의하거나 개념화하는 방법 중의 하나는 정상-병리의 연속선(normal-pathological continuum) 상에서 구분하는 것이다. 분류할 수 있는 또 다른 방법들은 급성-만성, 동요-느림(agitated-slow), 신경증적-정신증적, 일차적-이차적, 그리고 이 장의 사례에서 Joseph Westbecker의 대표적인 우울증 패턴(unipolar 단극성)과 Virgina Woolf의 우울증(양극성)을 구분해 주는 단극성-양극성 차원이 있다. 특히 중요한 또하나의 중요한 연속선은 내인성-외인성(endogenous-exogenous)이다. 잘 알려진 이 분류체계는 원인에 의해 우울장애를 구분하려는 것이다. 내인성 우울증은 내면의 정신적 및 신체적 원인(예, 유전적 특질 및/또는 호르몬 장애)에 의한 것으로 추정되고, 외인성 우울증은 외부(예, 개인적인 실패) 원인에 의해 발생하는 것으로 보는 것이다. 의미있는 내인성 우울장애를 시사하는 네 가지의 전통적인 행동 지표는 다음과 같다. ① 일반적으로 느린 반응패턴, ② 이른 아침의 수면곤란, ③ 보다 극심한 기분상의 어려움, 그리고 ④ 다이어트를 하지 않는데도 급격히 체중이 감소하는 것이다.

사례 연구

Joseph Westbecker의 사례

Joseph Westbecker는 고전적인 정동장애를 보여 줄 뿐만 아니라 직장에서 일어나는 폭력행위로 나타난 정동장애의 전형적인 초기 사례이다. 이 사례는 또한(형사재판이라기보다는) 프로작(Prozac)이라는 약과 관련된 최초의 민사재판의 사례였다. 그는 일생 동안 정동장애 때문에 처음으로 스스로 병원에 입원했던 것을 포함해서, 정동장애의 진단에 핵심적인 네 가지 주요 문제(우울증, 자살생각, 조증 및 분노)를 지속해서 보여 주었다. 또한 그는 조증–동요 mania–agitation 는 확실히 보여 주었지만, 조증–다행감(mania–euphoria)은 거의 보인 적이 없었다.

결국 그는 정동장애로 인하여 파멸하였다. 1989년 9월 14일, 그는 17년 동안 일했던 Kentucky주의 Louisville에 있던 Standard Gravere 인쇄 공장으로 남의 눈에 띄지 않게 걸어 들어가서 AK–47 반자동 소총에서 발사한 외피가 구리로 된 총알로 이전의 동료 8명을 사살하고 18명에게는 부상을 입혔다. 그다음에 그는 시그 사우어 9mm 권총으로 자살했다.

사건은 미친 사람의 행동처럼 보이지만 그가 자살하였기 때문에 정신상태(sanity)에 대해 자세히 살펴볼 수가 없었다. 그러나 증거에 의하면 그가 ① 그때 자신이 무엇을 하고 있는지를 알았다는 것, ② 발병 기간 적어도 자신의 행동 일부분은 통제할 수 있었다는 것, 그리고 ③ 일을 저지르기 전에 약 1년간 구체적인 계획을 세워 왔었다는 것을 알 수 있고, 이는 그의 정신이 멀쩡할 가능성을 보여 준다(Meyer & Weaver, 2006).

그의 긴 파멸은 아마도 출생 전부터 시작되었을 것이다. 그가 유전적으로 정신장애에 걸릴 수 있는 가능성이 있었다는 믿을 만한 증거들이 있다. 외할머니는 주립 정신병원에 두 번이나 입원했었으며 우울증, 자살생각 그리고 피해망상을 나타냈던 것으로 기록되었다. 그러나 다른 많은 요인이 Joseph의 조건에 영향을 끼쳤을 것이다. 그의 출생은 정상적이었고 생후 1년간은 안 좋은 일도 없었다. 그러나 Joseph의 첫돌 바로 전날, 그의 아버지는 교회 지붕을 수리하다 떨어져서 두개골이 파열되어 죽었다.

과부가 된 Joseph의 어머니는 17세였다. 어머니는 친정부모에게로 돌아갔으며 외할아버지가 Joseph의 보호자가 되었다. 그러나 1년도 채 지나지 않아 외할아버지는 자신의 일터인 철도에서 기차 엔진 바퀴 밑으로 미끄러져 죽었다. 그리고 8년 후 Joseph의 삶에서 유일한 성인 남자였던 친할아버지가 심장병으로 죽었다. Joseph이 매우 헌신적인 외할머니 밑에서 자랐지만 너무 가난하였으며 정서적 지지도 없이 12세에서 13세까지 1년간은 고아원에서 지내야 했다. 게다가 이사를 자주 다녔기 때문에 이 사람 저 사람이 부모역할을 대신하곤 했다. 따라서 학교생활은 거의 불가능 했으며 8학년까지만 학교를 다닐 수 있었다. 당시 그는 난독 증상이 있었고 비행(delinquency)을 일삼았지만, 겨우 검정고시를 거쳐 고등학교 졸업장을 받을 수 있었다.

1960년에 그는 인쇄소에 취직하게 되었으며 그해 7월에 결혼했다. 어느 누구도 Westbecker를 사교적이거나 유쾌한 사람으로 여기지 않았지만 그의 삶에서 가장 좋았던 시기는 첫 번째 결혼 전후의 해였다. 그는 일을 잘 해냈고 끊임없이 오랜 시간을 일에 매달렸다. 그러나 이것이 Westbecker의 성격과 더불어 결혼생활에 문제를 가져왔다.

그는 집 밖에서 아내가 직업을 갖는 것이 점차 못마땅해져서 1978년에는 아내가 직장을 그만두지 않는다고 불평하며 집을 나가 버렸다. 그러나 아내는 직장을 그만두지 않았다. 이러한 상황이 그의 정신과적 증상을 뚜렷이 일으키는 촉매 역할을 했을 것이다. 오른쪽 어깨의 낭염을 치료하던 의사에 의해 1980년 초에 Joseph가 정신장애를 가지고 있다는 것이 처음으로 발견되었다. 의사는 Joseph을 병원의 정신과로 넘겼고, 그는 여기에 일주일간 입원해서 동요와 우울증에 대해 치료를 받았다. 정신과의 요약 보고서에는 "그(Westbecker)는 하루에 16시간씩 일했고 밤에는 술집으로 뛰어갔고, 두세 시간 밖에 잠을 안 잤으며, 자신을 가차없이 몰아붙이고 있었다."라고 쓰여있었다.

이즈음에 Joseph은 또 다른 여성과 심각한 관계를 시작했다. 그는 결국에는 1981년 8월에 Brenda와 결혼하기에 이른다. 끊임없는 우울증 발작과 처와 전남편 사이의 자녀들 문제, 그리고 Brenda의 전남편에 대한 분노(Westbecker는 아내의 전남편이 돈을 너무 쉽게 번다고 봄) 때문에 결혼생활이 결코 행복하지는 못했다. Joseph의 Brenda의 전남편에 대한 분노는 너무 강해서 약 한 달 동안 전남편을 미행할 정도였으며 "그의 머리통을 날려버리고 싶은데, 그는 항상 다른 사람과 같이 있었다."고 고백할 정도였다.

그 뒤 몇 년 동안 Joseph은 사사로운 말다툼으로 인해 그의 장남뿐만 아니라 어머니와의 관계도 끊어 버리게 된다. 1984년에 그는 몇 차례의 자살기도 중 첫 번째 시도를 저질렀다. 그의 아내는 경찰에게 Joseph이 총을 들고 자살하겠다고 위협했던 일이 헤어지게 된 결정적인 계기였다고 진술했다. 그들은 그가 정신병원에서 퇴원한 한달 뒤인 1984년 5월에 헤어졌다. 하지만 그들의 관계는 Joseph이 죽을 때까지 계속되었으며 때로는 부부처럼 함께 살기도 했다.

Joseph이 직장에서 압박감을 느꼈던 시기도 바로 이때로, 지속적인 집중과 의사결정이 요구되는 기계인 "폴더(folder)" 작동 작업에서 자신을 빼 달라고 정신과 담당의사의 소견과 함께 요청했다. 그 이후로 상사가 그에게 그 일을 하라고 요구하지 않았다는 증거가 있음에도, 관리자가 그에게 "절대로" 그 일을 시키지 않으리라는 것을 확인해 주기를 거부하자, 회사 및 관리자의 일부에 대한 분노가 점차 높아졌다. 그의 우울증과 동요는 높아졌는데, 하루에 과자와 아이스크림(때로는 한 번에 한 갤런씩)을 먹거나 혹은 종종 열두 개 이상의 다이어트 펩시콜라를 마시곤 하였는데 이러한 음식이 더 자극이 되었을 가능성이 높다.

Joseph은 1987년 3월에 다시 입원하였고, 문장완성 검사(sentence completion test)에서 "당신 자신에 대해 어떻게 생각하나요?"라는 물음에 "나는 약해지기 싫다. 내 인생이 꼬인 느낌이다. 나는 화가 난다."라고 썼다. 폴더를 작동하는 작업에 대한 그의 걱정은 계속되었고 자신의 정신적 핸디캡 때문에 차별을 받아 왔다고 소송을 제기했다. 노사관계 위원회는 이 사건에 대해 무혐의 판결을 내렸고, 나중에 노조에서조차 Joseph이 제기한 소송을 지지하고 싶지 않다고 했다. Joseph은 여전히 폴더 작업을 요구받고 있다고 주장했고(물론 사실이 아니라고 여겨지지만) 동료들이 그를 별종, 병신이라고 하면서 계속 놀리고 있다고 호소했다. 이때쯤 Joseph은 총에 관한 잡지를 읽고 총을 구입하기 시작했으며, 가끔씩 직장으로 총을 갖고 들어오기도 하였다.

1987년 여름에, Joseph을 평생 치료해 줄 Lee Coleman 박사라는 정신과 의사를 만나기 시작했다. Coleman 박사는 처음에는 Joseph의 편집증적 증상을 보고서 비전형성(atypical type) 양극성 장애라고 진단하여, 다양한 약물을 처방하기 시작하였다. 그러나 아무런 효과도 거두지 못했다. Joseph의 상태는 계속 악화되었고, Coleman 박사는 그에게 요양을 하라고 제안했다. Joseph은 1988년 8월에 Standard Gravure에서 마지막으로 일했다. 그때는 Joseph이 그의 아내 Brenda에게 자기가 그곳으로 가서 "한 무리의 사람들 a bunch of people"을 죽이고 싶다고 말한 직후였다.

미국 정부의 사회연금청(Social Security Administration)에서는 Joseph을 무능력자라고 판정하고 매달 892달러를 지급해 주었다. 그 후 1년 동안은 이따금 회사 사람들에게(그의 정신과 주치의가 아닌, 아는 사람들에게) 복수를 하고 싶다고 이야기하였지만, 총을 산 것을 제외하고는 그다지 의심할 만한 행동은 없었다. 아무튼 그가 사랑하는 할머니가 1989년 7월 8일에 쓰러졌고 같은 해 8월 5일에 사망했다. Joseph은 한 달에 한 번꼴로 그의 주치의를 만났다. Coleman 박사는 그때쯤에는 Joseph의 상태가 분열정동장애(schizoaffective disorder)라고 진단을 내린 바 있다. 총을 쏘기 3일 전에 Joseph은 주치의인 정신과 의사를 방문했는데, 주치의는 Joseph이 더욱 극심한 동요와 인지적 붕괴를 겪고있는 것에 주목했다.

이 회기 동안에, Joseph은 내내 울었으며 그는 폴더 작업에서 면제되기 위해 여러 노동자 앞에서 구강 성교(oral sex)를 강요당했다고 말했다. 이 이야기에 대한 확증은 없었으며 의사는 이것이 아마도 망상에 의한 것이라고 믿었다. 의사는 Joseph에게 자발적으로 정신병원에 가서 검사를 받으라고 조언했지만, Joseph은 이를 거절했고 프로작을 끊으라는 것도 거부했다. 총기 사고 후의 부검 결과에서는, Joseph의 몸에서 다량의 프로작과 리튬이 혈액에서 검출되었을 뿐만 아니라, 그 밖의 세 종류의 항우울제와 수면제가 소량으로 발견되었다. 그의 정신과 주치의는 Joseph이 이러한 약물을 자기 멋대로 복용했다고 말하고 있다.

사건 당일 아침 Joseph은 책상 서랍속에 1,720달러의 현금(그에게는 상당한 액수의 돈)을 남겨 놓았고 "무장한 미국(Armed America)"을 특집으로 내놓은 1989년 1월 6일자 『Time』지를 Patrick Purdy(다음의 원인론의 절을 보라.)에 관한 이야기 부분이 펼쳐진 채로 식탁 위에 놓았다. 그는 총과 실탄을 가방에 가득 채워서는 공장 내의 층층마다 옮겨다니며 그가 아는 사람들(그가 약간은 좋아했을 법한 사람들까지도)과 모르는 사람들을 총으로 쏴 죽였다. 전하는 바에 의하면 Joseph이 알고 좋아했던 두 사람은 그냥 보내 주었다고 한다. 아이로니컬하게도, Joseph은 자신의 주된 적이라고 여겼던 사람들을 찾아내지도 못했고 죽이지도 못했다.

원인론

Joseph Westbecker가 저지른 비극이 어떤 한 가지 요인에 의한 것이 아님은 분명하다. 앞에서 언급되었듯이, Joseph Westbecker는 처음부터 유전적으로 좋지 않은 영향을 받고 출발하였다. 그의 초기 아동기의 극심한 붕괴와 상실은 대부분의 사람이 정서적 부담을 효과적으로 극복하는 데 사용하는 인지 능력 및 성격 특성을 발달시킬 기회를 그에게서 박탈하였을 뿐만 아니라, 그로 하여금 우울증에 걸리기 쉽게 만들었을 수 있다. 이러한 초기 스트레스 자극은 나중에 시상하부-뇌하수체-부신으로 이어지는 축(hypothalamic-pituitary-adrenal axis)의 과잉활동을 이끌었을 수 있으며, 이런 과잉활동은 호르몬 부신피질 자극 호르몬 방출 요인(hormone corticotropin releasing factor, CRF)의 과잉생성으로 오는 것인데, 이런 과잉생성은 스트레스를 받으면 자극성(stimulating) 호르몬을 과다분비케하여, 동요된 우울증(agitated depression)을 촉진하게 된다. 일생 동안 이어 간 어머니와의 관계도 양가감정적이고 종종 부정적이었기 때문에 더 나은 대처 패턴을 개발할 수 있는 기회가 없어졌으며 의심할 바 없이 그의 동통과 고통을 증가시켰다.

더구나 이후의 상황은 더욱 나빠져서 장남을 위시해서 그를 돌봐 주고 걱정해 주는 사람들과도 점점 멀어지게 되어, 삶을 반전시킬 만한 기회마저도 사실상 전무하게 되었다. 특히 그가 자신의 아픔을 겉으로 드러낼 수단들(다양한 무기류)을 모으고 대중매체가 제공하는 비정상적이며 파괴적인 행위들의 영향 아래 무방비로 놓이게 됨에 따라 좋아질 기회는 영영 사라지게 되었다. 예를 들어, 그날의 학살 후 경찰은 그의 집에서 표지 스토리로 1989년 캘리포니아 Sockton 지역의 한 학교에서 AK-47을 사용하여 5명의 아이들을 죽이고 30명에게 부상을 입인 Patrick Purdy에게 초점을 맞춘 『Time』지뿐만 아니라 『A Soldier of Fortune』지(용병, 호기심 있는 자, 그리고 총기 소지 폭력 집단을 위한 잡지)를 발견하였다. Phillips (1974) 그리고 다른 연구자들(Bartol & Bartol, 2008)의 자료에서는 타인에 대한 폭력(그리고 자살)이 그러한 행위를 대중매체에서 보여 주는 양과 그 강도에 부분적으로 기인한다는 것을 명백하게 보여 준다.

법률적 여파: 프로작(Prozac)에 대한 첫 번째 주요 민사재판

Joe의 사건에 대한 여파는 Joe에게 살해당한 희생자 가족들이 배상금을 민사 재판에 제소하게 되면서부터 더욱 커졌다. 그 외 몇몇 사람들도 자신들의 범죄해위의 책임을 프로작이라는 우울증 치료제에 떠넘기려 하였으나 성공을 거두지 못했다. 약의 발명자인 Colman 박사는 심리를 맡은 판사에 의해서 소송의 대상에서 일찌감치 제외되었기 때문에 프로작의 제조자인 Eli Lilly만 책임을 지게 되었다. 따라서 소송은 SSRI가 일부 환자에게서 폭력을 촉발한다는 혐의에 대한 민사 소송(손해에 대한 책임)에 대한 최초의 명백한 법률적 시험이 되었다.

두 달 반의 증언이 있은 후에, 배심원단은 몇 시간 동안 심의를 한 나머지 Westbecker가 그 행위에 대한 전적인 책임이 있음을 밝혀낸 9-3 판결을 갖고 돌아왔다. 따라서 Eli Lilly와 프로작은 명백히 무죄임이 밝혀졌다. 그러나 Eli Lilly가 공격시의 생존자들 모두와 그들의 변호사들에게 비밀리에 대규모의 땅을 제공했으며, 1997년에 판사는 배심원 평결 기록을 합의된 사건의 단순한 기각으로 공식적으로 변경했다. 그러나 이 사건은, 와이오밍 법원에서 정유 분야의 노동자가 아내, 딸, 9개월 된 손녀, 그리고는 자기자신을 쏜 사건에 대해 당사자의 재산에 8백만 달러의 손해배상액을 재정한 2001년까지는, 이런 유형의 소송에 대한 배경이 되었다(Tobin v. GlaxoSmith-Kline, CV00-025, June 6, 2001).

그는 팍실(프로작과 유사한 SSRI)을 처방받았다. 하지만 미국에 있는 의사에게 제공된 제품 정보에는 경고문이 포함되어 있지 않았던 반면, 독일에 있는 의사에게는 이 내용이 들어 있었다. 그 내용은 3~5%의 사례에서 자살 또는 살인을 촉발될 수 있다는 것과 자살 가능성이 있는 환자 또는 불면증이 있거나 초조해하는(restlessness) 환자에게는 팍실을 복용할 때 진정제도 투여 받고 면밀히 관찰해야 한다는 것이다(Reinecke et al., 2008). 배심원단은 제약회사에 80%의 책임을 인정했다. 이는 640만 달러에 달했다.

우울증의 원인론

현재의 Joseph Westbecker의 사례에는 생물학적 요인과 심리학적 요인이 모두 관여되어 있는데, 이는 대부분의 심각한 우울증의 사례에서도 마찬가지이다(DeBattista, 1998; Dilalla, 2004; Horowitz, 2004; McCullough, 2002). 이러한 외부 요인과 내부 요인은 통상 다양한 양상으로 결합하여 실제 우울증 사례를 생성해 내어 다음과 같이 스스로 지속되는 양태를 만들어 낸다.

> 부정적인 환경조건 + 생물학적 소질 → 사회적 철회 + 정보처리 능력의 저하 → 부적절한 사회적 행동 + 죄책감과 자기비난 → 더욱 더 자신에 대한 평가절하 + 사회적 철회 → 우울증에 빠지는 생물학적 변화가 커짐

치료 방향

대부분의 주요 우울장애 사례에서와 마찬가지로, 가장 기본적으로 사용된 처치법은 향정신성 약물요법(psychotropic medication therapy)(〈표 5-1〉 참고)과 "지지요법(supportive therapy)"이다. 후자는 어떠한 특정한 이론적 방향(theoretical orientation)에 기반을 두지 않고 비교적 단기간 동안 사무실에서 만나는 것을 말한다. 어떤 유형의 공식적인 심리요법이 우울한 사람들에게 사용되는데, 가장 효과가 있다고 널리 받아들여지는 것은 우선 대인관계 심리요법(Interpersonal Psychotherapy)(IPT; Ryder, Quilty, Vachon, & Bagby, 2010)으로, 이는 보다 효과적인 대인관계를 증진시켜서 자존심을 향상시키는 것을 목표로 한다. 또한 인지행동수정(Cognitive Behavior Modification: CBM)도 우울증 치료에 많이 사용된다(Beck, 1976; Horowitz, 2004; McCullough, 2002; Reinecke et al., 2008).

특히 CBM은 우울한 사람의 생활을 지배하는 규칙을 찾아내는 데 그 목적이 있다. 그것은 규칙이 "우리가 무엇을 하고 어떻게 생각하는지, 또 우리가 어떻게 느끼는 가를 결정한다."라는 가정에 근거한 것이다.

표 5-1. 항 우울제

약품명(일반명/상품명)		
삼환계 및 사환계 항우울제 (Tricyclic and tetracyclic Anti-depressants)	MAO 억제제 (MAO inhitors)	그 밖의 항우울제
아미트립틸린(amitriptyline) (Elavil)	트라니시프로민(Tranlcypromine) (Parmate)	플루옥세틴(fluoxetine) (Prozac)
이미프라민(imipramine) (Tofranil)	페넬진(phenelzine) (Nardil)	뷰프로피온(bupropion) (Weilbutri)
데시프라민(desipramine) (Norpramin)		트라조돈(trazodone) (Desyrel)
노티륩틸린(nortirptyline) (Pamelor)		세트랄린(sertraline) (Zoloft)
프로트립틸린(protriptyline) (Vivactil)		팝세틴(papxetin) (Paxil)
독세핀(doxepine) (Sinequan)		베니아팍신(veniafaxine) (Effexor)
마프로틸린(maprotiline) (Ludiomil)		네파조돈(nefazodone) (Serzone)
아목사핀(amoxapine) (Asendin)		플루복사민(fluvoxamine) (Luvox)
클로니프라민(clornipramine) (Anagranil)		시탈로프람(citalopram) (Celexa)
트리미프라민(trimipramine) (Surmontil)		미타자핀(mirtazapine) (Remeron) 에스시탈프람(escitalopram) (Lexapro) 둘로섹틴(duloxetine) (Cymbalta) 셀레길린(selegiline) (Emsam)

CBM(Cognitive-behavior modification: CBM)에서는 우울한 사람의 생활을 지배하는 규칙을 찾아내는 것을 목표로 한다. 그 규칙의 내용은 "우리가 무엇을 하고 어떻게 생각하는지가 우리의 감정을 결정한다."라는 가정이다. 또한 단기간의 역동요법(brief dynamic therapy)도 여기에 효과적일 수 있다(Chambless, Sanderson, Shoham, & Johnson, 1996). 내담자가 학대나 부모를 잃어버린 것과 같이 어릴 적에 명백한 외상을 받았다면, 특정한 형태의 심리적 치료법이 더 효과가 있는 것으로 보인다. 성인으로서 우울하고 어릴 적 외상의 증거가 없는 경우에는, 심리적 치료와 함께 약물치료를 병행하도록 권고된다. "마음챙김 훈련(mindfulness training)" 같은 것도 유용한 것으로 입증되었는데, 이는 특히 동기가 있고 덜 악화된(less deteriorated) 우울증 소유자에게 적합하다(Williams, Teasdale, Segal, & Kabat-Zin, 2008).

항우울제 투여와 함께, CBM 및/또는 IPT를 병행하면 우울증은 충분히 치료가 가능하다. 많은 양의 항우울제, 특히 SSRI 제재(선택적 세로토닌 재흡수 억제제)는 이제는 일반적으로 정신과 의사가 아닌 일반의사에 의해 처방된다. 이것은 진짜로 장애를 치료하기보다는 일상생활 속의 불안을 달랜다는 오웰 방식(Orwellian sense)(선전한다는 뜻)으로 남용되는 모든 약물의 과도한 처방을 둘러싼 우려를 불러일으킨다(6장의 처방제 남용에 관한 절을 보라).

마찬가지로 임상적 우울증은 아동에게서도 발생하는데, 아동에 대한 항우울제의 처방이 급격히 증가하는 있다는 것이 점차 인식되고 있다. 그러나 아동에게 항우울제를 투여하는 것은 자살 및/또는 폭력 행동을 증가시킬 수도 있다도 인식되고 있다(Novak & Pelaez, 2004). 프로작은 아동에 대해 사용 승인을 얻은 최초의 항우울제였다.

하지만 아무리 상태가 호전되었다 하더라도 우울증의 재발은 흔한 일이다. 우울증이 재발하기 쉬운 우울증 소유자는 ① 이전에 우울증 일화를 많이 겪었고, ② 치료에 들어갈 시점에 우울증의 수준이 아주 높았으며, ③ 우울증의 가족력, 특히 1급 친척(first-degree relatives)에서 우울증의 병력이 있고, ④ 신체적 건강이 나쁘고, ⑤ 그들의 주된 삶의 역할에 대한 불만족 수준이 높으며, 그리고 ⑥ 아동기 후기 또는 사춘기 초기에 임상적 우울증의 일화를 명백하게 나타낸 적이 있다. 또한, 항우울제를 복용하는 사람들은 특히 복용한 지 첫 3개월 동안에 약물의 효과를 꾸준히 살펴보는 것이 가장 좋다.

산후 우울증

산후 우울증(Postpartum Depression, PPD)은 주요 우울장애, I형 또는 II형의 양극성 장애, 또는 단기적 정신증 장애에 대한 기준이 충족되고 출산 후 4주 이내에 발병하는 경우에 대한 DSM−IV−TR의 "세부명시자(specifier)"이다.(American Psychiatric Association, 2000). 어떤 사람이 PPD를 겪을지의 여부에 영향을 미칠 수 있는 주요 요인은 우울증의 병력이다(Nylen et al., 2010). 과거에 겪은 일화의 만성 정도(chronicity)와 그 강도(severity)는 PPD 치료의 과정과 효과에 관련이 있을 수 있다. PPD는 출산 후 여성의 약 10~12%에 영향을 미친다(NMHA, 2006).

특정한 증상으로는 아기를 해치게 될까 봐 두려운 것, 아기에 대해 무관심하거나, 아기의 요구에 반응하지 못하거나, 모성애가 지체되어 나타나거나, 그리고/또는 지나치게 아기의 건강에 집착하는 것이 포함될 수 있다. 새로이 엄마가 된 여성 중 1% 미만이 PDD 중 훨씬 더 심각한 유형인, 정신증이 동반된 산후 우울증을 발달시킨다. DSM−IV−TR에 따르면, 정신증이 동반된 산후 우울증은 산모 1,000명당 1명에서 500명당 1명 꼴로 나타난다(American Psychiatric Association, 2000, p. 422). 정신증적 양상이 동반된 PPD의 증상은 다른 정신증 장애의 증상과 유사하며 여기에는 망상 및/또는 환각도 포함될 수 있다.

산후 기분 일화는 산후 10일 동안 여성의 70%까지 영향을 주는 "출산 우울(baby blues)"과는 다르다(American Psychiatric Association, 2000, p. 423). 이러한 감정은 일시적이며 일상적인 기능을 손상시키지 않는다. "출산 우울"은 출산 후 약 1~2주가 지나면 통상 사라진다. 물론 일부 여성들은 "출산 우울"을 나타내는 여성들과 정신증적 증상을 보이는 여성들 사이의 어느 위치엔가 있는 경우도 있다.

임신 중의 기분 및 불안 증상뿐만 아니라 "출산 우울"도 산후 우울증을 발달시킬 위험성을 높여 준다. PPD가 있는 여성이 종종 불안과 공황발작이 있는 경우도 종종 있다. 신생아에 대한 태도는 극적으로 바뀔 수 있는데, 아기의 휴식을 방해할 수 있을 정도로 아기에 대해 지나치게 관심을 갖다가도, 아기 혼자 있는 것에 대한 두려움과 무관심 그리고 심지어는 아이에 대한 적개심 사이를 왔다 갔다 할 수 있다(American Psychiatric Association, 2000).

사례 연구

Brooke Shields의 사례

Brooke Shields는 1965년 5월 31일 뉴욕에서 Revlon 경영자인 Frank Shields와 모델인 Terri Shields에서 태어났다. Brooke의 부모는 그녀가 아주 어렸을 때 헤어졌고, 그녀는 어머니가 키웠다. 아버지는 재혼해서 또 자식을 가졌지만, 계속해서 그녀의 삶에 관여했다. 그녀는 광고를 위해 포즈를 취한 11개월의 나이에 모델로서 활동을 시작했다.

그녀는 3세까지 모델 일을 계속했으며 8세의 나이에는 처음으로 연기를 시작했다. 그녀의 어머니는 생애 대부분의 기간에 그녀의 매니저를 맡았다. 그래서 Brooke은 그녀의 삶의 대부분이 대중의 눈 앞에 노출되었다. Brooke은 그와 같이 어린 나이에 유능한 연기 경력을 가지고 있음에도 불구하고, Brooke의 어머니는 그녀가 할 수 있는 한 평범하게 양육하려고 노력했다. Brooke은 학교에 다녔고 어쩌다 한 번씩 연기 때문에 수업에 빠졌을 뿐이었다.

Brooke은 프린스턴 대학교에서 프랑스 문학사 학위를 취득했다. 그녀는 테니스 스타 Andre Agassi를 만나서 결혼했다. 이들은 불과 2년 만에 이혼하고 1999년에 그녀의 현재 남편인 코미디 TV 작가인 Chris Henchy를 만났다. 약 2년 동안 데이트한 후 이들은 2001년 5월에 결혼했다. 그들은 간절히 아이를 갖고 싶었다.

그러나 일이 계획대로 이루어지지 않았다. 부부는 스스로 아이를 임신하는 데 어려움을 겪었다. Brooke이 암이 되기 전 단계의 세포를 제거하기 위해 몇 년 전에 수술했던 것이 자궁 경부에 상처가 생겨서 자연 임신이 어렵게 되었다는 것이 발견되었다. 36세에 그녀는 인공수정을 시작했지만 이러한 노력도 실패했다.

한편, Brooke은 브로드웨이 연극 캬바레(Cabaret)에서 역할을 제의받았고 이것이 권위 있는 역할을 수행할 수 있는 마지막 기회 중 하나가 될 것이라 여기고 결정했다. 신혼여행에서 돌아온 직후, Brooke은 브로드웨이의 〈카바레〉에서 6개월을 보냈고 남편은 로스앤젤레스에서 일했다.

브로드웨이 쇼가 끝날 무렵 Brooke과 Chris 부부는 다시 아이를 갖는 것을 시도했다. 그들의 인공수정 시도가 실패하자, 그들은 약물 주입, 에스트로겐 패치 및 수술로 구성된 체외 수정(IVF)을 거쳤다. 두 사람 모두 스트레스를 많이 받았지만, 첫 번째 처치는 성공적이었고 Brooke은 임신했지만 곧 유산되었다. 또한 Brooke은 자궁 경부의 문제 때문에 통상적으로 수행되는 D & C 절차를 밟지 못하고 태아를 자연적으로 유산시켜야 했다.

이것은 Brooke의 고통스러운 경험으로서, 약 12시간 지속되었다. 다음 7개월 동안 불임 치료가 계속되었지만 실패했다. 이 시기에 Brooke은 외로움을 느끼기 시작했고 비탄에 빠졌다. 그녀는 간절히 엄마가 되고 싶었다. 2002년에 그들은 마지막 처치를 받으러 갔고 이번의 처치가 실패하면 처치를 쉬기로 합의하였다.

2002년 8월, Brooke은 그녀가 다시 임신했다는 것을 알게 되었다. Brooke의 아버지는 전립선암의 진단을 받았으며, (곧 태어날) 손녀를 볼 수 있을 만큼 오래 살기를 바랐다. 불행하게도 2003년 4월, 아버지는 아기가 태어나기 불과 3주 전에 사망했다. Brooke의 임신은 "평탄치 않은" 것으로 서술되었다. 그러나 그녀가 24시간 동안 진통을 겪자 의사는 응급 제왕절개 수술을 요청하기로 결정하였다.

2003년 5월 15일, Rowan Francis는 탯줄이 목에 감겨져 태어났다. 아기는 회복되어 건강했지만 Brooke의 자궁은 처음에는 탈장되어(herniate), 근육이 수축되어 정상으로 되돌아가는 것을 막아서 상당한 출혈을 야기시켰다. 그녀의 자궁은 결국 정상으로 되돌아왔다.

그러나 그녀는 5일간 병원에서 고통스럽게 보냈다. 그녀는 모유 수유에 어려움을 겪었고, 병실 안팎으로는 사람들의 출입이 끊임없이 이어졌다. 결국, 가족들은 새 아파트로 돌아왔다. 도착하자마자 Brooke은 "공황으로 인한 중압감"을 느꼈다. 그녀는 남편이 아기를 자신에게 다시 데려다주자 두려움을 느꼈다.

그녀는 신체적으로 기운이 고갈되고 아픈 것을 느꼈으며, 종종 흉부 통증을 겪었다. 그녀는 아기를 안고 싶지 않았으며, 이런 느낌에 대해 지독한 죄책감을 느꼈다. 자연스럽게 Brooke은 그녀와 Rowan 사이에 즉각적인 유대감이 생길 것으로 기대했지만, 그녀는 아무것도 느끼지 못했다. 그대신 그녀는 어쩌면 엄마가 되고 싶지 않았나 보다고 믿게 되었다.

그녀의 책 『Down Came the Rain』(2005)에서 발췌한 내용은 그녀가 어떻게 느끼고 있었는지를 잘 보여준다. "내가 현재 처한 현실은 내가 기대했던 모든 것의 정반대였으며, 나는 내가 엄마로서 겪으리라고 생각했던 연결감과 순수한 기쁨을 간절히 바랐다."(p. 80).

Brooke은 종종 크게 낙심해서 울었지만, 무엇이 잘못된 것인지를 분명히 알 수가 없었다. 그녀는 마치 그녀 자신의 인생이 그녀 자신의 것이 아닌 것처럼, 이 아이에게 자기가 죄수처럼 느껴졌다. 그녀는 Rowan과 아무런 연결감을 못 느꼈으며 이런 느낌 때문에 죽고 싶었다. Brooke은 아파트 창문 밖으로 뛰어내리고 아기가 공중을 날아다니다가 벽에 꽝 부딪히는 장면이 상상되고는 하였다. 그녀는 아기를 해칠까 봐 두려워서가 아니라, 아기를 돌볼 수 없다는 두려움 때문에 혼자 있는 것이 두려웠다. 그녀는 자신이 이런 느낌을 갖는 것을 싫어했으며 "정상적인" 상태로 돌아가서 그녀의 딸과 연결감을 갖기를 바랬다. 마침내 가족과 친구들의 촉구를 받고 나서야, 그녀는 의사에게 자신의 감정에 대해 말을 꺼냈다.

의사는 팍실을 처방했지만 즉각적으로 효과가 나타나지 않았다. Chris는 일하기 위해 로스앤젤레스로 돌아가야 했고, Brooke은 아기와 함께 남겨지는 것을 끔찍하게 두려워했다. Brooke은 남편이 없는 한 주 동안 내내 유아 간호사를 고용하여 도움을 받았다. 이것은 긍정적인 경험이 되었다. 간호사는 Brooke가 아기와 일과를 만들고 좀 더 많은 휴식을 취할 수 있도록 도와주었다.

잠시 더 기분이 나아졌고 로스앤젤레스로 돌아온 후에, Brooke은 팍실 복용을 중단하기로 결정했으나 이것이 실수임을 곧 깨달았다. 그녀는 공황을 경험하였으며 한번은 집으로 가려고 차를 탔다가 차를 벽에 충돌시키고 싶은 충동에 압도 당한 적이 있었다. Brooke이 처음으로 집에 돌아왔을 때 비로소, 그녀는 자신이 산후 우울증을 겪고 있을 가능성이 있다는 것을 분명히 깨달았다.그녀는 약물처치가 필요할 뿐만 아니라 아마도 (심리)치료가 필요할 수 있음을 깨달았다. Brooke은 정기적으로 치료자를 만나기 시작했고 항우울제도 계속 복용했다. 이와 같이 병행된 치료를 통해 그녀는 천천히 기분이 나아지고 어머니가 된 것을 처음으로 즐겼다.

Brooke의 원인론

Brooke의 개인력을 보면, 그녀가 산후 기분장애를 겪기 쉬운 위험 요인을 많이 구비하고 있음을 알 수 있다. IVF 처치를 받는 사람은 처치 중 호르몬의 조작으로 인해 PPD가 발생하기 쉽다. 더욱이 Brooke은 출산하기 전 지난 5년간 이혼, 재혼, 유산, 여러 차례의 IVF 처치, 가장 친한 친구 중 한 명의 자살, 아버지의 죽음, 새 아파트, 외상성 분만, 그리고 아이를 낳자마자 나라를 가로질러 직장으로 떠난 남편을 겪었다. 또한 그녀의 가족도 알코올 중독의 병력이 있었으며, 그녀는 과거에 주요 우울장애에 걸린 적이 한 번도 없었지만, PMS 일화 중에 심각한 기분의 변화(mood swings)뿐만 아니라 주기적인 슬픔도 겪었다.

원인론

PPD의 원인의 정확한 속성은 명확하지 않지만, 조사에 따르면 몇 가지 요인이 PPD를 유발할 가능성을 높여 줄 수 있다고 한다. Brooke이 겪은 요인 외에도, 출산 후 발생하는 호르몬의 변화, 이를테면 출산 직후 나타나는 에스트로겐의 감소 또는 세로토닌의 변동과 같은 것이 영향을 끼쳤을 수 있다. 상황적 스트레스 자극, 이를테면 신생아의 존재로 인한 수면부족, 직장의 변동, 사랑하는 사람을 최근에 잃은 것, 또는 결혼 불화 같은 모든 것이 모두 PPD의 발생에 기여할 수 있다. 출산과 무관한 우울 또는 불안의 개인력, 기분장애의 가족력, 그리고 부적절한 사회적 지지와 이전의 PMS 일화도 PPD 발생의 위험을 높여 줄 가능성이 있다(American Psychiatric Association, 2000; NMHA, 2006).

치료 방향

이 장의 앞부분에서 설명한 우울증의 일반적 치료법은 PPD에도 적용된다. 그 밖에도 자녀양육에 대한 직접적인 교육과 훈련 그리고 가족 또는 부부 치료가 통상 필요하다.

논평

PPD 그리고 이보다는 덜 심각하지만 관련된 패턴에 대한 인식이 높아지고 있다. 이런 일은 상당수가 Brooke Shields 덕분으로서, 그녀가 자신의 명성과 유명세를 이용하여 이러한 장애에 대해 쓰고 발언하였기 때문이다.

계절성 정동장애

대부분의 사람들은 "겨울성 우울(winter blues)"을 겪는다. 이런 우울감이 지속적이고 상당히 붕괴적인(disruptive) 영향을 나타낸다면, 해당 일화는 임상 차원의 명칭을 받을 수 있을 것이다. 이런 명칭에는 여러 가지 유형이 있을 수 있지만, 가장 일반적인 계절성 정동장애(SAD) 패턴은 겨울 우울증이며(Oren et al., 1994), 이것이 SAD가 지칭하는 것이다. 이 장애의 주요 특징은 주로 식욕 및 수면에서의 식물성 변화(vegetative changes)가 동반된 에너지 감소에다가, 이와 관련된(아마도 그 뒤에 나타나는) 부정적 태도와 자존감의 저하이다(Enggasser & Young, 2007).

여성은 남성보다 3~5배나 더 많이 걸리며, 일정한 정도의 월경 전 불쾌감 장애(premenstrual dysphoric disorder)가 동반된 증상으로 나타날 수 있다. 인구의 5% 정도가 SAD를 겪는 것으로 추정된다. "휴일의 우울"이라고도 불리지만, SAD가 크리스마스가 여름 휴가인 남반구 사람들에게 발생한다는 것은 분명하다. 이 장애는 아동에게서도 발생하지만, 그 강도가 통상 임상적으로 의미있는 수준에 도달하는 것은 당사자가 20대 또는 30대에 이르러서이다. 위도가 높은 곳으로 이동하면(예, 북미에서 북쪽으로 이동) 이에 취약한 사람들에게서 SAD가 나타날 수도 있다(Kegel, Dam, Fatuma, & Bjerregaard, 2009).

SAD의 대한 가장 보편적인 유형인 겨울 우울증에 적용할 치료법은 빛에 노출시키는 것이다(DeBattista, 1998; Oren et al., 1994; Westrin & Lam, 2007). 일광요법(Light therapy)은 식욕증가, 수면과다, 탄수화물 섭취욕구, 저녁에 증상이 악화되는 문제가 있는 내담자에게 큰 효과가 있다. 단 증상 중에 멜랑콜릭한(melancholic) 증상—즉, 불안, 자살 충동, 불면증, 그리고 아침에 증상이 악화되는 문제—이 있는 경우에게는 덜 효과적이다. 일광요법은 멜라토닌 생성 및 일일주기 리듬(circadian rhythm)에 영향을 미쳐서 효과를 나타내는 것으로 보인다. 물론 일광요법을 시작하는 사람은 안구 질환의 병력이나 징후가 있는 경우 안과 의사로부터 치료를 받아서 제거해야 한다.

전달되는 빛은 강도, 파장, 지속시간, 그리고 타이밍의 네 가지 변수상에서 조정할 수 있다(Anderson, Glod, Dai, Cao, & Lockley, 2009). 강도는 야간의 멜라토닌 생성을 억제할만큼 충분히 밝아야 한다. 2,500lx가 여기에 해당된다. 표준 용령은 약 2시간 동안 2,500lx를 쬐는 것으로서, 처음에는 하루에 한 번, 그리고 증세호전이 지속되면 격일에 한 번씩으로 줄인다.

전통적으로, 치료의 타이밍은 중요하게 여기지 않았다. 그러나, 이제는 발견된 결과들에서 대다수의 SAD 소유자가 "시간 지연(phase-delays)"[일일주기 리듬의 시간 지연(circadian rhythm delays)]를 보여 주고 있는데, 이는 아침의 수면과다를 보여 주는 특징 및 일광시간 노출(photoperiod exposure)이 줄어드는 것에 대한 취약성으로 시사되기 때문이다(Oren et al., 1994). 일일주기 리듬이 해 질 무렵보다는 새벽을 단서로 해서 시발되는 시간 지연의 경우에 대해서는, 가능한 한 깨어나자마자 빨리 일광요법을 실시해야 하며, 적정한 처방은 고위험 계절 동안에 강한 빛(2,500lx)을 매일 2시간씩 쬐는 것이다.

석양(dusk)을 단서로 해서 주기가 빨라지는 유형(phase-advance types)의 경우, 통상 수면장해가 아침으로 가까워질수록 더 많은데, 일광요법을 밤에 실시해야 하며, 오후 7시에서 오후 9시 사이가 바람직하다. 일일주기 리듬을 바로잡는 데 도움이 되려면, 시간 지연의 경우에는 밤에 밝은 일광에 노출되는 것(예, 밝은 쇼핑몰에 있는 것을 피해야 함)을 피해야 하며, 시간이 빨리 지는 유형은 일광에 노출되는 것을 최소화해야 한다. 이른 아침에 깨어나는 것이 특징이고 이른 저녁에 피곤한 경우—"수면단계의 시간이 당겨진 증후군(advanced sleep-phase syndrome)"—에 있는 사람은 잠자기 전에 일광요법을 받아야 한다. 가끔씩 사람들이 한 패턴에서 다른 패턴으로 바뀌게 되면, 일광요법을 실시할 타이밍의 변경이 필요해진다.

공기 중의 고밀도 음이온의 수효를 높이는 처치가 SAD를 감소시킨다는 증거가 다소 있다. 또한 멜라토닌은 송과선에서 생성되는 호르몬으로서 처방전 없이도 우리 스스로가 사용가능한 것인데, 일광요법과 유사한 결과를 가져다줄 수 있다. 체내의 멜라토닌 생성은 통상 일일주기성(diurnal rhythm)이 강하다. 이 호르몬은 주로 그리고 대부분의 경우에도 밤에만 방출되는데, 일광이 우리의 눈에 닿아서 뇌에 의해 지각되면 그 생산이 멈추게 된다. 따라서 이 호르몬은 계절에 따른 패턴을 보인다. 세로토닌 수준을 바꾸어주는 것도 또한 SAD로 고생하는 이들에게 도움이 될 수 있는데, 우리의 "생체 시계(body clock)"에서 핵심적인 요소로 간주되는 시신경 교차상핵(supra chiasmatic nuclei)이 세로토닌이 많이 함유된 신경세포로 가득 차 있기 때문이다.

사례 연구

Virginia Woolf의 사례

양극성 창의력의 특정 사례

Virginia Woolf는 20세기의 가장 재능 있는 산문 작가 중의 한 명으로 여겨지며 개인적 경험의 상대성(relativity)을 기술한 최초의 작가 중의 한 명이다. 1915년에 그녀는 『The Voyage Out』을 출간했고, 그다음 30년 동안에 다수의 비평, 수필, 소설을 썼으며, 그리고 『To the Lighthouse』와 『The Waves』 같은 고전을 포함해서 15권이 넘는 책을 펴냈다.

그중에서도 가장 유명한 것은 『A Room of One's Own』으로서 여성 운동의 초기 지도자로서 그녀의 입지를 세워 주었다. 그 책의 다음과 같은 구절은 그녀 자신의 삶의 극단적인 면을 반영하고 있다. "이 세상의 아름다움은……. 마음을 산산이 조각내는 두 양면성에 있다. 하나는 즐거움이요, 다른 하나는 불타는 분노이다(Woolf, 1957)." 그녀는 인간의 온갖 정서를 열정적으로 표현하여 찬사를 받았다.

어릴 때부터 Woolf는 양극성 장애를 앓았는데, 이를 주위 사람들은 그녀가 미쳐 가고 있다고 기술하였다. 이 장애로 인한 정서적 기복은 그녀에게 소설 창작에 대한 열정을 심어 주었지만, 궁극적으로는 그녀를 파멸케 했다.

아동기

Virginia Woolf는 1882년 영국 케임브리지에서 네 아이 중의 둘째로 태어났다. 그녀의 아버지였던 Leslie Stephen은 유명한 편집인이었다. 그녀에게는 두 명의 자매가 있었는데 그중 한 자매는 전 부인에게서 난 아이로 정신적 문제로 인해서 인생의 대부분을 정신병동에 입원해서 보냈다. 또 다른 자매였던 Stella Duckworth는 Virginia의 어머니와 어머니의 첫 남편 사이에서 난 딸이었다. 또한 그녀에게는 Duckworth라는 성을 가진 아버지가 다른 두 명의 형제가 있었다. Virginia는 매우 매력적이었으며 삼촌, 고모나 이모, 사촌들이 끊임없이 오가는 그런 집안에서 살았다. 그녀의 가정은 중상위층의 전문식자층 집안이었으며, 지적인 성취를 중시하였다.

Virginia는 손에 닿는 대로 책을 읽었다. 처음에는 아버지가 서재에서 그녀가 읽을 만한 책들을 주의 깊게 골라서 읽게끔 했다. 그러나 10대 무렵에는 이미 너무나 많은 책을 읽은 후였으므로, 아버지는 결국 아무 책이나 읽어도 좋다고 허락하게 되었다. 이러한 자유는 그 당시의 여자아이가 누릴 수 있는 아주 큰 특권이었다. Virginia는 여자였기 때문에 학교를 다닐 수가 없었다. 그녀는 케임브리지에서 공부를 하던 오빠 Thoby를 항상 부러워했고, 영문학을 독학으로 공부했으며 라틴어와 그리스어에 대한 개인교습을 받았다.

Virginia는 어머니와 매우 좋은 관계를 유지했다. 그러나 어머니는 Virginia가 13세 때 죽고 만다. 그녀는 이 일에 대해 “세상에 일어날 수 있는 재난 중에 가장 큰 재난”이라고 말하곤 했다(Lehmann, 1975, p.13). 어머니가 죽자 아버지 Leslie Stephen은 매우 우울해졌고 자신의 아이들에게 매우 많은 것을 요구하곤 했으며 때로 이성을 잃곤 했다. 그 후 언니인 Stella Duckworth가 어머니의 몫을 담당하게 되었다. 이 무렵이 Virginia의 첫 번째 발작이 일어났던 시기이다. 그녀의 기분은 매우 고양되었으며, 때로 주체할 수 없을 정도로 흥분하곤 했다(아마도 공황발작이었을 것임). 그리고는 깊은 우울 속으로 빠져들었다. 의사는 Virginia에게 야외 운동을 권했다. 개인교습은 중지되었지만 여전히 그녀는 많은 책들을 읽어 댔다.

Virginia의 어머니가 죽은 지 겨우 두 달만에 Virginia가 깊이 사랑했던 언니 Stella마저 죽게 된다. 집안일을 돕던 Stella가 죽자 Virginia의 아버지는 폭군이 되었으며 깊은 자기연민에 빠져들었다. Stella가 죽은 후에는 다음으로 나이가 많던 Vanessa가 어머니의 몫을 이어받았다. 아버지 Leslie Stephen은 이기적이었을 뿐 아니라 Vanessa에 대해서도 매우 무관심했기 때문에 Virginia는 아버지에 대한 사랑과 아버지의 행동에 대한 경멸감 사이에서 분열감을 느끼곤 했다. 그녀의 아버지가 1904년에 사망했을 때, Virginia는 더욱 심한 발작을 일으켰다.

발작은 두통 및 심한 짜증(irritation)과 함께 천천히 시작되어서는, 격렬한 조증상태로 상승되었는데, 이 상태에서 Virginia는 아버지에 대한 심한 죄책감을 느꼈다. Virginia는 자신을 돌보는 간호사가 사악하다고 생각했으며, 먹기를 거부하고 급기야 창문 밖으로 뛰어내려 자살하려 하였다. 그녀가 잠을 잘 수 있게 되면, 그녀는 새가 그리스말로 지저귄다거나 Edward 7세가 선서를 하고 숲 속에 숨었다고 믿었다. 그녀가 살던 시절은 이러한 장애에 대한 효과적인 치료법이 발견되기 전이었으므로, Virginia를 진찰한 몇 명의 의사들은 단지 휴식을 취하라는 처방만 내렸다.

성인기

Virginia의 성적 발달은 문제가 있었다. 그녀의 두 의붓형제들은 성적으로 학대를 했다. Gerald는 그녀가 5세 때 그녀의 성기를 검사했고, George는 그녀가 10대일 때 주기적으로 그녀의 침실로 들어와서는 함부로 다루고 만지고는 했다. 또한 Virginia는 사춘기였을 때 자신의 사촌이었던 Madge라는 소녀에게 깊은 사랑을 느꼈다. 나중에 발작 상태에 빠졌을 때 극복하도록 도와준 나이많은 여성도 Virginia의 깊은 사랑의 대상이 되었다. 그러나 이 여성들이 이런 Virginia의 애정을 알고 있었는지는 확실하지 않다.

부모가 모두 죽자 Virginia와 다섯 명의 형제들은 그리스로 건너갔다. 여기서 Vanessa와 Violet, 그리고 Thoby는 상한 우유를 먹고 장티푸스에 걸리는데, 이 중 Thoby가 죽게 된다. 이것은 Virginia에게 있어서 또 하나의 큰 충격이었다. 이후 잇달아 언니들이 결혼을 해 버려서 Virginia는 남동생과 함께 남겨지게 된다. Virginia와 남동생은 언니들이 시작한 매주 모이는 사교 모임을 이어받게 되는데, 시간이 지남에 따라 Virginia는 점차 사교적으로 변해 갔고 자신의 의견을 거리낌 없이 표현하게 되었다. 그녀는 곧 달변으로 유명해졌다[이러한 명성과 더불어 여성운동에 있어서 개척자적인 위치에 있었던 그녀는 Edward Alby의 현대극(modern play)의 제목에도 영향을 주었다. 이 현대극은 나중에 〈누가 Virginia Woolf를 두려워하랴〉라는 영화로도 제작된다].

Virginia는 몇몇 권위 있는 잡지에 서평을 기고하면서 작가로서의 활동을 시작하게 된다. 이 기간에 많은 남성이 그녀에게 청혼을 해 왔는데, 결국 이들 가운데 한 사람이었던 Lytton Strachey의 청혼을 받아들이게 된다. 그러나 그는 청혼한 직후 마음을 바꾸었으며 그녀에게 자신이 동성애자임을 밝혔다. 이후 Virginia는 Lytton의 친구였던 Leonard Woolf와 사귀기 시작하여, 그가 유태인이고 그녀는 최소한 반유태주의자인 적도 있었다는 사실에도 불구하고, 1912년 8월에 결혼한다.

Leonard Woolf는 Virginia를 열렬히 사랑했다. 그러나 그녀는 그에게는 성적인 반응을 전혀 보이지 않았는데, 그녀의 성적 취향이 여성을 향해 있었기 때문이다. 1913년 3월 Virginia는 다시 발작을 일으킨다. Leonard는 Virginia가 광기 속으로 빠져들어 갔으며 현실과는 완전히 단절되어 버렸다고 그녀의 일화를 기술했다. 그녀는 격렬한 흥분, 강렬한 죄책감과 우울을 겪었으며, 그리고 자신을 돌보는 간호사가 사악하다는 망상에 사로잡혔다. 한 일화 중에는 그녀는 며칠씩이나 쉬지 않고 빠르게 지껄여 댔으며 그리고 나서는 혼수상태로 빠져들었다. Virginia는 자신의 마음 상태가 달라졌던 기간 동안에 일어난 일을 대부분 기억해 낼 수 있었다.

이러한 상태가 몇 년씩이나 계속되었는데, 이러한 일화는 항상 Virginia가 소설의 마지막 부분을 쓰고 있는 동안에 나타나는 것 같았다. 1920년대에는 Virginia가 심하게 재발한 적이 없었는데, 이는 아마도 Virginia에게 또다른 일화가 다가오고 있다는 것을 탐지할 때마다 Leonard가 억지로 그녀를 완전히 쉬고 진정하게 있도록 했기 때문일 것이다. Virginia는 유명해졌으며, 세월이 지나면서 미국과 케임브리지에서 강의도 하고 공공부문의 상도 받도록 초청을 받았지만, 거의 대부분의 초청을 거절했다.

마침내, 1941년에 『Between the Acts』라는 책의 막바지 작업을 하고 있던 Virginia는 또다시 발병했다. 공포와 고문하는 듯한 환청이 현실처럼 느껴지고 끊임없이 계속되었다. Virginia에게는 이러한 고통이 이번에는 끝나지 않을 것처럼 느껴졌다. Virginia는 결국 Leonard와 여동생에게 작별의 편지를 보내고는, 호주머니에 돌을 가득 채운 다음에 인근에 있는 강으로 투신하고 말았다. Leonard에게 보낸 편지는 다음과 같다(Bell, 1972).

사랑하는 이에게

나는 또다시 미쳐버릴 것 같아요. 하지만 이번에는 그런 끔찍한 시간을 우리가 이겨낼 수 없을 듯해요. 그리고 다시는 회복할 수 없을 거예요. 또다시 이상한 음성들이

들려오고 도무지 집중할 수가 없어요. 그래서 나는 지금 내가 할 수 있는 최선의 선택을 하려고 해요. 당신은 내게 정말 큰 행복을 주었어요. 당신은 당신이 할 수 있는 모든 일을 다 했어요. 이런 끔찍한 병이 내게 찾아오는 한 우리 두 사람은 더 이상 행복할 수 없어요. 나는 더 이상 싸울 수 없어요. 지금까지 당신의 삶을 너무 망쳐 놓은 것 같군요. 내가 아니었다면 당신은 더 잘 살 수 있었겠죠. 당신은 그럴 수 있을 거예요. 지금 보다시피 나는 이런 글도 제대로 쓸 수 없어요. 읽을 수조차 없어요. 내가 당신에게 하고 싶은 말은 내가 내 삶의 모든 행복들을 당신에게 빚졌다는 거예요. 당신은 나를 정말 참을성 있게 대해 주었고, 너무나 친절했어요. 그걸 말하고 싶어요. 다른 사람들도 모두 알겠죠. 만약에 누군가가 나를 구해 줄 수 있다면 그건 아마 당신일 거예요. 당신의 사랑 외의 모든 것들이 내 곁을 떠나 버렸어요. 나는 당신의 삶을 더 이상 망쳐놓을 수 없어요. 세상의 어떤 연인들도 우리 두 사람만큼 행복할 수 없었을 거예요.

원인론과 진단

DSM-IV에서는 양극성 장애를 가장 최근의 일화가 무엇이었는지—조증인지, 우울증인지, 또한 혼합증세인지—에 따라 몇 가지 다른 유형으로 구분한다. 그리고 양극성 장애 I형은 다음 기준에 따라 몇 가지로 나누어진다. ① 병의 장기간의 패턴(즉, 일화와 일화 사이에 회복기가 있었는지), ② 우울증 일화에 계절적 패턴이 있는지, 그리고 ③ 순환이 빠른지(최근 12개월 동안 적어도 4회 이상 발생).

순환이 빠른 유형은 양극성 장애의 10~20%에서 나타나며, 여성에게서 더 자주 발생한다. Virginia는 사망할 시점에는 양극성 장애 I형, 최근의 우울증 일화라는 진단을 받았을 것이다. 이 진단을 받으려면 현재 주요 우울 일화를 나타내고 있으며 과거에 적어도 1회 이상의 조증 일화를 나타냈어야 한다. 또한 이 진단을 받으려면, 일부 유사한 양상이 동반된 다른 장애가 배제되어야(ruled out) 한다. 예를 들면, 분열정동장애(Schizoaffective Disorder), 망상장애(Delusional Disorder) 등이 배제되어야 한다.

또한 DSM-IV-TR에는 양극성 장애 II형이 수록되어 있는데, 이것이 양극성 장애 I형과 다른 점은 조증 일화(Manic Episode)를 경조증 일화(Hypomanic Episode)(최고조의 조증 상태보다는 더 경미함)로 대체한 것이다. 어떤 사람이 극단적 정서 사이를 왔다 갔다 하는 경험을 하거나, 또는 두 일화 사이에 적어도 두 달의 간격이 있었다면, 이 장애는 재발성(recurrent)이라고 명시된다.

이 질병의 또 다른 측면은 정신증을 나타낸다는 것이다. 양극성 장애가 심한 경우, DSM의 기준에 따라서 사안은 다음과 같이 분류될 수 있을 것이다. ① 정신증적 양상을 보이지 않으면서 심각한 경우, ② 기분과 일치하는(mood-congruent) 정신증적 특징을 보이면서 심각한 경우(예, 망상이나 환각이 팽만된 자존감과 일치함), 또는 ③ 기분과 일치하지 않는(mood-incongruent) 정신증적 양상을 보이면서 심각한 경우[예, 망상이나 환각에 팽만된 자존감(feelings of inflated worth)이나 힘(power)에 관한 내용이 없음]이다. Virginia의 정신증적 망상과 환각은 세 번째 유형에 해당된다.

일련의 조증 일화와 우울증 일화는 생애 후반부에 들면서 그 일화 사이의 시간간격이 들어드는 것이 보편적이다. 드문 경우에는, 환자가 우울증을 겪지 않고 오직 조증 일화만을 겪기도 한다. 그러나 압도적으로 다수의 경우에서 양극성 패턴이 보인다. 조증 시기(Manic phases)는 기분이 고양되고 팽만한 것(elevated and expansive moods)이 특징이다.

DSM-IV-TR에서는 조증 일화를 다음과 같이 정의하고 있다. 즉, 적어도 일주일 이상(또는 입원이 요구된다면 기간에 상관없이) 보이는, 여느 때와 다른 지속적인 기분의 고양, 팽만, 또는 자극과민성(irritability)을 보이는 시기라고 정의한다. 여기에는 다음의 세 가지 증상이 또한 요구된다(기분이 팽만한 것이 아니라 자극과민 상태라면, 네 가지 증상이 요구됨). 수면 욕구의 감소, 수다스럽거나(talkativeness) 말이 빠른 것(pressured speech), 사고가 질주하는 것(racing thoughts), 주의산만함(distractibility), 목표 지향 행위의 증가 또는 동요(agitation), 그리고 고통스러운 결과가 나올 가능성이 매우 높은 쾌락적인 활동에의 극도로 빠지는 것. Virginia는 이 장애에서 팽만과 자극과민성의 증상 두 개를 겪었다. 또한 그녀는 말이 빠른 것(pressured speech), 주의산만함, 사고의 질주, 그리고 동요도 보여 주었다.

조증이나 우울증의 일화 중 어떤 것들은 수개월이나 수년간 지속되며, 그리고 또

다른 일화는 순식간에 몇 분 사이에 양극성 증상을 다 보이기도 한다(찰라 정신증 micropsychosis). 그리고 또 다른 일화는 혼합형 조증(mixed mania)을 나타내기도 하는데, 이는 당사자가 조증과 우울증을 동시에 겪는 것이다. 이런 환자는 다행감과 절망감을 느끼며, 피로와 활기를 동시에 느낀다(Goodwin & Jamison, 1990; Ludwig, 1996). 순환이 빠른 것은 예후가 더 나쁘다.

조증에서는, 양극성 장애가 있는 환자의 상상력은 지나치게 커져서 일상적인 사건에서도 큰 의미를 찾는 것으로 보인다. 상식은 환자를 떠난 것처럼 보인다. 조증이 있는 동안의 잘못된 판단으로 인한 결과의 예로는 경솔한 결혼, 사치성 구매, 갑작스런 직업 바꾸기, 그리고 자기파괴적인 성행위 등이 있다. 또한 자신이나 타인에게 폭력을 휘두를 위험성이 높아진다(Bongar, 2002).

조증은 결국에는 반대 방향으로 바뀌어 간다. 슬픔에서부터 절망에까지 다다르는, 우울증의 고통은 악몽과도 같은 경우가 많다. Virginia는 자신의 우울증을 지극히 심하고 참기 힘들다고 묘사했다. 흔히 이 기간 동안의 감정에는 종종 절망과 소진(exhaustion)이 들어 있다. 또한 Virginia의 자존감 저하와 자기 비하적 발언도 이 기간 동안의 전형적인 예이다.

소질 요인

양극성 장애가 유전을 통해 전해 내려온다는 것은 가계 연구(family studies), 일란성 쌍둥이와 이란성 쌍둥이에서의 일치율(concordance), 그리고 입양자와 그들의 생물학적 친척 사이의 상관관계를 통해 인정되어 왔다(Dilalla, 2004; Nathan, 1995). 양극성 장애를 나타낼 위험은 가계의 한쪽, 또는 양쪽으로부터 물려받은 유전적 요소(genetic loading)의 비율에 따라서 높아진다. 그러나 유전을 통해 전달되는 방식을 세부적으로 밝혀내려는 노력에도 불구하고, 아직 명확한 결론을 내리지 못하고 있는 실정이다.

치료 방향

리튬은 격렬한 기분의 동요를 완화해 주기 때문에, 표준적인 처치가 된다(Bez-chlibnyk-Butler & Jeffries, 1999; Cullberg, 2006). 리튬은 질병 예방 차원에서 pro-phylactically 또는 증상이 활발하게 나타나는 일화 중에도 사용될 수 있다. 리튬과 그 복용을 뒷받침하는 증거가 상당히 많지만, 리튬은 이미 세 번 이상의 일화를 겪은 적이 있는 환자에게는 그다지 도움이 안 될 수도 있다. 또한 리튬은 즉각적인 효과를 나타내지 못한다. Goodwin(1994)은 리튬의 효과를 평가하려면 리튬을 수년간은 복용해야 한다고 주장하고는, 전반적으로 볼 때, 리튬은 단지 최소한의 효과만을 제공해 준다고 결론지었다.

양극성 장애가 있는 사람들의 50% 정도나 리튬에 반응을 보이지 않는다. 리튬은 다음과 같은 경우에 덜 효과적이기 쉽다. ① 정신증적인 증상(예: 망상)이 첫 증상인 경우, ② 문제가 되는 부작용이 발생하거나 합병증의 문제가 있는 경우, ③ 신체 장애나 심리 장애(조증에게서는 비교적 흔한 물질 남용도 포함)가 합병증으로 있는 경우, ④ 우울증에서 조증으로 그다음에 다시 우울증으로 순환이 좀 더 빠르다는 증거가 있는 경우, 그리고. ⑤ (조증–우울증–정상이 패턴보다) 우울증–조증–정상 패턴의 증상을 보이는 경우.

리튬 처치가 성공적이라고 하더라도 그 효과에 대한 통상적인 기대는 제한적이다. 리튬을 복용하는 동안에도 조증이나 우울증이 재발하는 경우가 발생할 수 있다. 리튬은 일반적으로 1년 이후의 재발에 대해서는 대략 70%, 3년 이후는 50%, 그리고 5년 이후는 단지 35%의 재발 방지 효과가 있다.

리튬의 부작용으로는 떨림, 이따금 지발성(遲發性) 안면 마비(tardive dyskinesia), 메스꺼움, 체중 증가(특히 처음 복용 후 6개월에서 12개월 사이), 기억력 저하, 집중력 문제, 미각의 변화, 성에 대한 흥미나 능력의 감퇴, 좌창(피부병의 일종), 갑상선 기능부전, 무기력증(lethargy), 그리고 감각이 둔해지는(sensory dulling) 주관적 느낌이 있다. 어떤 사람들은 이러한 약물이 창조성을 감퇴시킨다고 주장한다.

또한 리튬의 중단, 특히 갑작스러운 경우에는 자살 위험의 증가와 관련이 있다. 이런 제한점 때문에, 다른 약물 처치(예, levetiracetam, oxcarbazepine, divalproexsodium, escitalopram oxalate, aripiprazole, carbamazepine, 또는 benzodiazepine)와 혼합되거나, 번갈아 사용되거나, 또는 대체된다. 신체적 동통이 우울증 시기의 일부로서 나타날 때는, 둘로섹틴(duloxetine)이 도움이 되는 보조 약물이다.

더 이상 리튬으로 효과를 못 보는 사람들에 대한 설명은 양극성 장애의 발화 또는 민감성 모형(kindling or sensitivity model)과 관련되어 있다. 또한 이 모형과 관련된 것은 심리사회적 스트레스 자극이 양극성 장애의 초기 일화 시에 주로 관련되어 있으며, 후기의 일화는 통상 환경 자극이 없이도 발생한다는 사실이다. 이러한 이론은 일화가 특정 횟수로 나타난 후에는, 양극성 질환이 점차 "판에 박힌 듯이 되어 버리거나(well grooved)" 자율성을 갖춘다는 것이다. Post(1993)는 이 모형을 다음과 같이 요약하였다.

> 발화(kindling) 모형에서처럼, 이전에 앞서서 일화가 많이 나타난 것은 자발성(spontaneity) [일화가 심리사회적 스트레스 자극이나 외인성(exogenous) 자극이 없이 나타나는 것]의 현상이 발생 가능하게 해줄 뿐만 아니라 이처럼 늦게 증후군이 발달하는 시기에 약리적 반응성을 변화시켜줄 수도 있는 것 같다.(p. 88)

이러한 설명은 리튬 요법을 일찍부터 투여를 시작해서 오랜 기간 지속하는 것이 결정적임을 깨닫게 해 준다. 처치가 적시에 이루어진다면, 이 장애는 중추신경계통에 대한 신경생물학적 피해를 그리 심하게 끼치지는 않을 것이다(Agren & Backlund, 2007; Post, 1993). 또한 약물복용을 꾸준히 하도록 뒷받침해 주는 시스템이 중요하다. 약물복용, 부작용, 질병의 자연적인 경과에 대해 교육받는 것 외에도, 가족은 일화의 초기 증세를 인식하는 방법을 배워야만 한다. 또한 지지적 심리요법과 인지행동 수정이 대부분의 경우에 필요하다(Reinecke et al., 2008).

논평

Virginia가 Leonard와 결혼한 것은 행운이었다. 왜냐하면 그는 Virglnia가 죽을 때까지 그녀를 헌신적으로 돌보았기 때문이다. 이 장애는 결혼생활을 황폐하게 만들어 버린다. 매일매일 쌓여 가던 신뢰, 애정, 그리고 정절이 불행한 어느 하루에 깨질 수 있다. 예상할 수 없는 행동은 혼란을 일으켜서, 상대방이 자신을 왜 일관성 없이 대하는지를 이해할 수 없는 배우자나 자녀들로부터 강력한 정서적 반발을 살 수 있기 때문이다(McCullough, 2002). 그 밖의 문제는 양극성 장애자가 조증 상태에서 이혼하자고 위협하고, 남에게 부적절한 성적 접근을 시도하며, 실제로 혼외정사에까지 빠지는 경우가 생기기 때문이다. 그러므로 가족과 사회에 대한 교육이 중요하다.

효과적인 치료제로서의 리튬의 발전은 약학 연구에서의 이윤 추구 동기를 추진력으로 하는 좋은 예가 된다. 리튬은 1817년 스웨덴의 젊은 화학도 John Arfwedson에 의해 처음으로 추출된 화학적 성분이다. 그는 이 발견물을 리튬이라 이름 붙였는데 이 성분을 '돌(그리스어로 lithos)'에서 발견했기 때문이다. 오스트리아의 정신과 의사 John Cade는 1940년대에 소변으로 나오는 요산(uric acid)의 과다가 조울증 일화의 원인인지를 연구하다 조증에 대한 리튬의 긍정적인 효과를 우연히 발견했다.

Cade는 기니아 돼지(guinea pigs)의 오줌에서 나온 요소(尿素, urea)를 사람에게 주사하였다(즉, 인간도 일종의 기니아 돼지라고 봐서). 오줌에서 나온 요산(요소가 함유된 혼합물)이 요소의 독성을 증가시키리라는 것을 발견하기를 기대했기 때문에, 그는 가장 잘 용해되는 요산 염(salt of uric acid)인 리튬뮤레이트(lithiumurate)를 추가했는데, 놀랍게도 요소가 결과적으로 독성이 덜해진 것을 발견한 것이다. 리튬을 추출하는 그 이후의 실험들은 결국 리튬이 치료 효과가 있다는 것을 보여주었다.

하지만 초기의 발견으로부터 리튬이 최근에 폭넓게 홍보되고 쓰이게 된 그 사이에는 오랜 시간이 흘렀다. 전반적으로, 리튬에 대한 연구는 거의 수행된 것이 없었지만, 보다 색다르고 널리 쓰이지 않는 혼합물은 많은 주목을 받았다. 이러한 현상이 왜 일어났는지에 대해 두 가지의 설명이 가능하다.

첫째, 리튬 사용에 따르는 심각한 부작용에 대한 우려가 상당히 있었다. 둘째, 리튬이 자연적으로 생성되는 물질이었기 때문에, 특허를 낼 수가 없었다. 제약회사들은 특허를 내고 그 결과 시장을 통제하고 상당한 이익을 낼 수 있는 새로이 합성된 혼합물에 대한 연구에 훨씬 관심을 기울이기 때문이다.

표 5-2. 기분장애

증상(장애)	연속선상으로 본 증상(Symptoms on a Continuum)	
	상당한 정도임 (Reasonable Degree)	병리적일 가능성이 있음 (Potentially Pathological)
심리적 고통의 징후 (주요 우울 일화)	Jonny는 평상시처럼 기운이 넘치지 않고 '우울함'을 느끼고 있다. 그러나 그는 친구들과 함께 시간을 보내면 기운이 회복되기 때문에, 이런 '우울함'이 시간이 흐르면 지나가 버릴 것으로 기대한다.	Andrea는 단지 하루를 잘 지내기 위해 애쓰고 있다. 그녀는 슬픔과 절망감을 느끼고 있으며 아무것도 하지 않기를 원한다. 최근에는, 그녀는 직장에 결근했는데, 침대에서 일어나지 못했기 때문이다. 그녀의 친구들은 그녀가 평상시의 명랑한 모습을 보여 주지 않기 때문에 걱정한다.
행동적 징후 (주요 우울 일화)	Lenny는 최근에 그가 첫 번째로 선택한 대학에서 불합격 편지를 받았다. 결과적으로, 그는 자신이 배가 고프지도 않고 침대에서 더 많은 시간을 보내고 있다는 것을 알아차렸다. 하지만 이것은 겨우 며칠 동안 지속되었고, 그다음에는 그는 평소처럼 먹고 정상적으로 잠을 자게 되었다.	Tom의 가족은 Tom에 대해 걱정하고 있다. Tom은 대부분의 시간을 침대에서 보내며, 가족들의 눈에 띄는 그의 모습은, 대단히 느리게 움직이며 말하는 것이다. Tom은 많이 먹지를 않아서 체중이 상당히 줄었다.
손상의 심리적 징후 (조증 일화)	Lisa는 자신이 위대하다고 느끼며 이것이 자신의 에너지 수준이 높아진 탓으로 생각한다. 그녀는 자신의 생각이 더 빨라졌으며 이것이 자신의 학업을 마치는 데 도움이 된다고 생각한다.	Tara의 생각은 1분에 1백만 마일을 질주하는 것 같다. 그녀는 계속 주의산만하며, 어딘가에 초점을 맞추기를 힘들어한다. 그녀의 상급자는 그녀가 업무수행도가 낮다고 질책했지만, 그녀는 상관하지 않는다. 인생은 너무 좋아!
손상의 행동적 징후 (조증 일화)	Lee는 주말 내내 자신의 논문 작업을 하고 있다. 수면부족에도 불구하고, 그는 크게 피곤하지 않다. 그는 작업이 아주 잘되고 있고 몇 시간 안에 끝내고 휴식을 취할 수 있기 때문에 흥분되어 있다. 그러나 그는 다시 커피의 효과가 거의 다 떨어져 가는 것을 느낀다.	이번 주에 Tiffany는 직장을 그만두었고, 새 차를 샀으며 그리고 집에 다시 페인트칠을 할 계획이다. 그녀의 친구들은 그녀의 유별난 행동에 대해 걱정하지만, 그녀에게 말할 수가 없었는데, 그녀의 생각이 너무나 빨리 움직여서 조리가 맞지 않는 것처럼 보이기 때문이다.

자살

전 세계의 자살률은 매년 10만명당 대략 10~20명(미국에서는 10~12%)이며, 자살기도율은 약 15배나 더 높다. 정신과적 장애와 관련된 자살률은 전통적으로 약 15%인 것으로 추정되어 왔다. 그러나 Bostwick (2000)에 의한 최근 연구에서 나온 좀 더 나은 자료는 훨씬 더 낮은 것을 보여 준다. 자살 기도 또는 자살 생각으로 입원한 환자에게서, 생애 기간 중에 자살에 성공할 확률은 8.6 %였다. 자살의 위험에 대한 명시(specification)가 없이 입원된 정동장애 환자에 대해서는, 생애 기간 중에 자살에 성공할 확률은 4.0%였으며, 입원 환자와 외래 환자가 혼합된 집단에 대해서는, 그 위험률이 2.2%였다. 정동장애가 없는 일반인에 대해서는, 생애 기간 중에 자살에 성공할 확률은 단지 0.5% 또는 그 이하로 나타난다.

또한 2007년에 미국 질병 통제 및 예방 본부(Center for Disease Control and Prevention)에서는 다음과 같이 보고하였다. 미국에서는 ① 총기가 남자들이 자살하기 위해 가장 많이 사용하는 방법이며 음독은 여자들이 가장 흔히 사용한다. ② 15세에서 24세의 젊은 성인들 사이에서는, 한번 자살에 성공하기 위해서 자살기도가 약 100에서 200회 정도 이루어졌다. ③ 살인보다 자살로 인해 죽는 사람들이 더 많아서, 1.7 대 1.0의 비율이다. 그리고 ④ 남자들은 여자보다 자살로 인해 사망하는 확률이 거의 4배나 높지만, 여자들은 남자보다 자살을 기도하는 확률이 2~3배나 높다.

극심한 우울증이라도 반드시 자살을 야기하는 것은 아니며, 어떤 경우에는 자살도 우울증과 관련이 없다(Bongar, 2002). 그러나 Joseph Westbecker의 경우에서처럼, 우울증이 상당한 수준인 경우에는, 자살이 염려되는 경우가 아주 흔하다. 유명인사 중 자살한 사람의 명단은 긴데, 여기에는 Ernest Hemingway, Marilyn Monroe, Jack London, Amadeo Modigliani, Aldof Hitler, Samson, 그리고 Cleopatra가 있다. 그러나 일반적으로 자살을 기도하는 사람의 대표적 프로파일은 미혼의 백인 여성으로서, 과거와 현재에 스트레스 사건(종종 소원해진 대인관계를 포함)을 겪은 적이 있으며, 불안정한 아동기를 지냈고, 현재 사회적 지지를 거의 받지 못하고 있고 신뢰할 만한 가까운 친구가 없는 경우이다. 반면에, 자살을 완수해 낸 사람의 대표적 프로파일은 미혼 혹은 이혼이나 홀아비로 지내는 백인 남성으로서,

45세 이상이고, 혼자 살고 있으며, 상당한 수준의 신체 장애나 정서 장애의 병력이 있고, 아마도 알코올을 남용하는 경우이다.

다음에 살펴보는 Durkheim의 자살 유형에서 강조되었듯이, 모든 자살을 정신건강 전문가가 병리적이라고 간주하는 것은 아니며, 2006년에 미국 대법원은 오레곤주에서의 1997년 “존엄의 죽음(Death with Dignity)” 법안을 승인했는데, 이는 특정한 요구사항을 많이 충족시키는 경우에는 의사가 치사량의 약물을 써서 자살을 도와줄 수 있게 해 주는 법이다.

1939년 9월 21일에 Freud는 암으로 인한 동통을 크게 겪고 나서, 주치의인 Max Schur에게 자신의 고통을 끝내 줄 것을 요청했다. Schur는 24시간 동안 과량의 모르핀을 투여하여 Freud의 요구를 충족시켰다(Larson, Graham, & Baker, 2007, p. 282).

자살의 유형과 예측. Emilie Durkheim(1951)은 자살을 조장하는 사회적 요인에 주목했다. 즉, 어떤 하위집단의 구성원이 응집력을 잃고 구성원들이 소외감을 느끼는 데서 자살이 야기될 수 있다는 것이다. 다음의 자살 유형 목록들을 살펴보면, 그의 자살유형론[(규범이 없는 상태하의) 아노미(anomic) 자살, (집단 결속력이 부족한 경우) 자기중심적(egoistic) 자살, (어떤 목적을 위한 자살) 이타적(altruistic) 자살]이 아직 설득력을 갖는다는 것을 알 수 있다.

- **현실적(Realistic) 자살:** 이 자살은 확실한 죽음을 앞두고 예상되는 큰 고통을 벗어나기 위한 자살이다.
- **이타적(Altruistic) 자살:** 자살 행동을 지시하거나 적어도 이를 인정해 주는 집단윤리에 따른 자살로서, 이를테면 제2차 세계 대전 중의 일본의 카미카제 조종사의 경우가 있다.
- **부주의한(Inadvertent) 자살:** 누군가에 영향을 미치거나 또는 조종하기 위하여 자살의 제스처를 취하는 경우로서, 판단 잘못으로 예상하지 못한 치명적인 결과를 초래하는 수도 있다.
- **원한에 의한(Spite) 자살:** 부주의한 자살의 경우처럼 초점이 다른 사람에게 맞춰져 있긴 하지만, 다른 사람으로 하여금 자신의 죽음에 대해 심한 죄의식으로 고통

받도록 하기 위한 것으로서 진짜로 죽으려는 의도에서 저질러진 자살이다.

- **기괴한(Bizarre) 자살:** 환각(예, 자살하라고 명령하는 목소리)이나 망상(예, 자살이 세상을 바꿀 것이라는 믿음)에 따라서 저지르는 자살을 말한다.
- **아노미(Anomic) 상태의 자살:** 갑자기 발생한 경제적 또는 사회적 불안정(예, 대공황 때의 갑작스런 재정적 손실)이 개인의 생활 여건을 급격히 변화시킨 탓에, 그 상황에 대처할 수 없어 저지르는 자살이다.
- **부정적 자기(Negative self)에 의한 자살:** 만성적 우울과 고질적인 실패감 또는 부적절감(inadequacy)이 합쳐져서 반복되는 자살기도를 일으키고 그 결과 궁극적으로는 사망에 이르게 되는 경우이다.

자살에 대한 단서와 연관성

자살을 하는 사람들은 그 단서들을 주위 사람들에게 제공하는 경향이 있는데 이러한 단서들은 내담자를 평가할 때 중요하게 다루어져야 한다. 우울한 것 이외에도, 자살가능성이 있는 사람들은 절망감과 무력감, 과거 및/또는 현재와의 단절감, 대표적인 취미와 일에서의 즐거움의 상실을 나타내기 쉽다. 역으로, 완벽주의 같은 강한 특성은 우울 그리고 위기 및/또는 자아의 모욕감과 합쳐지면, 자살의 위험 요인이 된다. 완벽주의적인 자살 성향자는 다른 우울한 사람들에 비해서 약물요법이나 심리치료에 대해서 효과를 덜 본다. 한 가지 예로, 이들은 치료에서 통상적으로 나타나는 과정인, 소규모의 성공을 실패로 잘못 해석하는 경향이 있다.

자살 위험이 높은 프로파일의 기본 특성은 세월이 지나도 일관성이 있었다. 즉, 나이가 많은 것, 백인 남성, 독신자, 알코올 중독에 빠져 있는 것, 상실의 경험, 의학적 질환, 정신분열증, 우울증, 그리고 절망감이 여기에 해당된다. 최근에는 에이즈, 그리고 공황발작이나 경계선 성격장애의 진단이 여기에 추가되었다. 이상의 요인 이외에도, 자살하는 사람들은 다음과 같은 성향을 많이 갖고 있다.

1. 우울증의 병력이 본인 및/또는 가족에게 있는 경우, 특히 주요 내인성 우울증(major endogenous depression), 혹은 정신증(psychosis)의 병력이 있는 경우

2. 부모 혹은 다른 중요한 동일시 대상(identity figure)이 자살을 기도했거나 자살한 적이 있는 경우
3. 불안정한 가정에서 자랐거나 그리고/또는 부모로부터 배척(parental rejection) 당한 적이 있는 경우
4. 사회적으로 고립된 경우
5. 만성적인 신체 질병을 지닌 경우(Have a chronic physical illness)
6. 죽음에 대한 생각에 빠져 있는 것을 보여 주거나 그리고/또는 죽고 싶다는 말, 특히 자살을 저지르고 싶다는 말을 언급한 경우
7. 위험에 맞서기보다 회피하려는 일관된 생활 패턴을 보이는 경우(대인관계에서 '네가 나를 떠날 수는 없다. 내가 너를 떠나가겠다.'라거나 또는 직장에서 '당신이 날 해고하느니 차라리 내가 그만두겠다.')
8. 중독의 병력이 본인 및/또는 가족에게 있음을 보여 주는 경우
9. 혼자 살거나, 또는 대인관계에서 경쟁적이거나 그리고/또는 자기몰입(self-absorbed) 성향이 있는 애인이 있는 경우(이 애인과 결혼했거나 동거하는 경우)
10. 장기간의 우울증 후에 갑작스런 활기를 보이는 경우
11. 자신의 신변을 정리하는 것, 예를 들어 자신이 아끼던 물건을 주어 버리거나 유언장을 다시 쓰는 경우
12. 어떤 갑작스러운 안 하던 행동변화를 보여 주는 것, 예를 들어 가족이나 친구들로부터 떨어지는 것(withdrawal)
13. 자해 행위의 가족력이 있음을 보여 주는 경우
14. 자해 행위의 병력이 있으며, 이전에 종종 자살을 기도했던 경우(이런 맥락에서 심리학의 첫 번째 원리는 '행위는 행동을 예측해 준다.'일 것이며, 두 번째 원리는 '개입 없는 행동은 행동을 예측해 준다.'라고 할 수 있다.)

자살행위를 시작하는 것은 특히 주요한 생활 스트레스, 예를 들어 만성적으로 쇠약하게 만드는 질환을 앓거나 중요한 사회적 지지—이를테면, 배우자, 좋아하는 친척, 또는 막역한 친구—의 상실로부터 촉발되기 쉽다. 위험성이 높은 정신장애(예, 우울증, 공황)를 갖고 있으면서 폭력적인 충동성을 보이는 것은 자살 위험이 높음을

시사한다. 심각한 자살기도가 자살성공으로 이어질 가능성은 대략 10~15%이다. 또한 동시에, "급성의 자살 가능성"이 있는 100명 중 단지 한 명만이 다음 해에 자살한다는 것에는 어느 정도 의견의 일치가 있다.

다음의 요인들은 자살기도의 가능성과 자살기도가 자살성공으로 이어질 가능성을 높여 준다.

- 인지적으로 위축된(constriction) 상태, 즉 강렬한 심리적 고통을 야기하는 상황으로부터 벗어나는 방법이나 어떠한 대안도 보이지 않는 경우
- 죽는다는 생각이 고민을 중단시키기 위한 촉매제인 경우
- 급성 불안-높은 수준의 심리적 고통/동요/우울
- 자기 혐오 또는 자기에 대한 질책이 심해진 경우로서, 특히 최근의 수치스러운 행동으로 인한 결과인 경우
- 자기(self)를 중요한 주변 사람들에게 창피한 존재로 인식하는 경우
- 도피로서의 죽음에 대한 환상, 특히 자신의 죽음에 대한 구체적인 계획이 있는 경우
- 치명적인 도구에 쉽게 접근 가능한 경우(예, 의사의 경우 자살률이 높음)
- 접근가능한 지지체계(support system)(가족과 좋은 친구)가 없는 것
- 비교적 최근에 사랑하는 부모님의 사망이나 심지어는 자신의 퇴직과 같은 돌이킬 수 없는 상실(사람이든 지위든 간에)에서 비롯된 생활 스트레스는, 당사자가 그런 상실감에 대한 애통함을 겉으로 표출할 수 없을 때에 더욱 심각하다.
- 정신생리적 반응성이 높은 것-기분이 순환해서 변화하는 것, 폭력 성향, 그리고 자살 생각이 있으서도 자극 추구의 욕구가 강한 것(자살 가능성이 있는 사람의 혈소판에서의 세로토닌 수용체 5-HT2a의 비율이 높으면 자살하려는 의지가 아주 강한 것을 예측해 준다).
- 심각한 수면 곤란 그리고/또는 알코올이나 약물의 사용 증가
- 치료동맹(therapeutic alliance) 및/또는 도움이 되도록 지지해 주는 친구관계의 부족
- 처방받은 향정신병 약물을 복용하지 않거나 처방받은 향정신병 약물을 갑자

기 중단하는 것
- 주된 장애가 소멸된 후에도 부차적 우울증이 지속되는 것 그리고/또는 최근에 (최근 3개월 내에) 정신병원으로부터 퇴원한 것
- 공황발작의 병력이 있는 것 그리고 더욱 중요한 것은, 최근에 공황발작이 나타난 것

이와 같이 관련된 요인이 많다. 불행하게도 이러한 요인의 각각의 비중은 정확히 모른다. 즉, 이러한 요인을 공식에 넣어서 개개의 사례에 대해서 자살을 예측할 방법이 없다. 사실상 이러한 모든 요인은 수년이 지나면 자살을 하게 될 것인지의 여부를 장기적으로 예측하는 연구에서 나온 것이다. 그러나 현실 세계에서 필요한 예측은 단기간에 대한 것이다. 또한 그러한 유형의 상황에 대한 자료는 사실상 없다. 즉, 자살기도가 임박했는지(즉, 요 며칠 이내에)를 예측해 주는 자료는 없다. 그리고 자살의 임박 여부가 통상 제일 중요한 궁금증이다.

자살방지

사회적으로나 개인적 차원에서 자살 발생률을 낮출 수 있는 방법이 여러 가지 있다(Bongar, 2002; Phillips, 1974; Phillips, Lesyna, & Paight, 1993; Shneidman, 1985). 첫째, 자살에 대한 잘못된 신념이나 올바른 사실에 대해 일반대중을 교육하는 것이 중요한 단계이다. 둘째, 자살방지용 직통 전화 및 센터가 미흡하나마 다소라도 자살률을 낮추어준다는 증거가 있다. 마지막으로, 사회 전반 차원의 자살 방지를 하려면 방송 매체가 자살에 대해 보도하는 것을 제한할 필요가 있다(Phillips, 1974; Phillips et al., 1993).

Phillips(1974)의 초기 연구에서는, 그는 1946년부터 1968년까지 『New York Times』의 1면에 소개된 자살 관련 이야기의 목록을 작성한 다음에 1947년에서 1967년까지의 미국의 월별 자살 통계를 조사하였는데, 이때 추세 및 계절의 영향도 적절히 교정하였다. 그 결과, 자살 이야기가 보도된 직후 미국의 자살률이 의미있게 꾸준히 증가한 것을 발견했다. 그는 이를 베르테르 효과(Werther Effect)라고 불렀는

데, 베르테르는 독일 작가 괴테의 소설에 나오는 영웅으로서 이 사람의 자살이 모방 행위를 촉발한 것으로 여겨지며 이 베르테르의 이름을 따서 명명한 것이다. Phillips 등(1993)은 위의 효과가 모방과 암시에 의해 나타난다는 가설을 받아들였는데, 그럴듯한 경쟁적 설명을 감안하고 이를 기각한 후에 내린 결정이었다. 이런 경쟁적인 설명 중 가장 그럴듯한 것 네 가지는 다음과 같다.

1. 검시관(Coroner) 설명: 모호한 경우에는, 검시관은 불명확한 자살을 살인, 사고, 또는 사인불명의 사망이라는 항목으로 넣을 수도 있다. 이것이 맞다면, 이 경쟁적인 설명 항목에 속한 사망자의 수효가 자살 이야기가 보도된 후에 감소해야 하는데, 실제는 그렇지 않았다.
2. 촉발(Precipitation) 설명: 자살 이야기는 궁극적으로 발생했을 수밖에 없는 자살을 재촉하는 역할만 할 뿐이다. 이것이 맞다면, 자살 이야기가 보도된 후에 자살률이 최고치로 올라가고는, 추적 조사 기간에는 동등한 수치로 하락해야만 하는데, 이런 일은 일어나지 않았다.
3. 사전 조건(Prior Conditions) 설명: 경제적 불황과 같은 과거의 사회적 변화로 인해 공개되거나 공개되지 않은 자살 모두가 증가했지만, 이는 자살 이야기와 이야기 보도 후의 자살률 상승 사이의 일관된 상관관계를 설명해 주지 못한다.
4. 사별(Bereavement) 설명: 모방보다는 슬픔이 이야기 보도 후에 자살률이 상승한 원인이라는 설명인데, 이것이 맞는다면, 유명인사의 사망이 자살로 인한 것이 아닐 경우에 이야기 보도 후에 자살률이 증가해야 하는데, 실제로는 그렇지 않았다.

다른 연구자들은 가공적인 자살에 관한 TV 영화가 동일한 효과를 나타낼 수 있음을, 특히 다중프로그램으로 만든 것일 경우에 그런 효과를 낸다는 것을 보여 주었다. 실제로 가공적인 자살의 영향을 보여 주는 가장 강력한 증거는 독일에서 Schmidtke와 Hafner의 뛰어난 연구에서 보여지는데, 이 연구는 Phillips 등(1993)에 인용되어 있다. 1981년과 1982년에, 서독의 TV 방송은 달리는 열차 앞에 투신 자살한 19세의 학생에 관한 가공적인 이야기를 방영했다. 각각의 방영 직후에 철도 투신 자살이 전국적으로 증가했다. 이런 증가는 젊은 남성의 경우에 가장 높았는데, 정체감(identity)이 허구의 역할 모형에 가장 가까왔다.

또한 여기에서도 다른 경쟁적인 설명은 자료에 부합되지 않는다. 뒤이어 수집된 자료에 따르면 Werther 효과는 단일 프로그램에서 가상적으로 제시할 경우 그 효과가 약하거나 없지만, 다중 프로그램으로 제시할 경우에는 진짜로 나타난다. 정체감 효과(identity effect) 이외에도, 이 현상은 통계적으로 취약성이 있는 집단(즉, 남성, 백인, 미혼, 그리고 퇴직하는 연령대의 사람)에서 자살을 촉발하는 것으로 보인다. 추가적인 연구에서는 자살에 대한 언론매체의 보도 현황을 조사하였는데, 그 결과는 이러한 결론을 더욱 뒷받침해 주고 있다(Chen et al., 2010; Pirkis et al., 2009).

또한 다음 몇 가지 예방 조처는 개인적 차원에서의 자살을 방지하기 위해 취할 수 있다.

1. 자살을 하고 싶다거나 또는 "단지 잠들어서 모든 것을 잊고 싶다."라고 말하는 사람의 말에 진지하게 귀를 기울여라. 자살하는 사람들 중 2/3는 가족, 친구, 혹은 타인에게 자살하기 전에 자신의 의도에 대해 어느 정도 상세하게 말한 적이 있다.
2. 이들의 불평을 진지하게 들어라. 희망을 잃었다고 말하는 우울한 사람에게는 특히 관심을 기울여라. 예를 들면, 자살하려는 마음이 극심한 말기 질환자의 대부분은 자신의 동통을 조절하게 해 주는 약물과 기술이 있다는 것을 알게 되면 그러한 생각을 버릴 수도 있다.
3. 가능한 한, 치명적인 도구(권총, 많은 양의 진정제)는 자살 가능성이 있는 사람으로부터 멀리 치워 놓으라.
4. 자살 가능성이 있는 사람에게 개인적인 관심을 보여 주어라. 자살기도는 대부분의 경우 도움에 대한 절규이다. 자살할 가능성이 있는 사람에게는 일시적인 구원자가 필요한데, 후자는 자살자로 하여금 새로운 자원에 관심을 갖게 하고, 새로운 해결방안을 제시하며, 그리고 최소한 조금이나마 절망감을 줄여 줄 수 있는 사람이다.
5. 자살하려는 사람에게는 다음 행동 중 몇 가지를 실천하게끔 노력해 보라. ① 규

칙적인 운동을 하는 것, ② 일기를 쓰기 시작하는 것, ③ 일과를 규칙적으로 하는 것, ④ 과거에 잘 해냈던 일을 하는 것, ⑤ 누군가에게 자신의 내면의 감정을 털어놓는 것, 또는 ⑥ 큰 소리로 외쳐 말하기. 당사자로 하여금 자가 투약하는 것을 피하게 하고 다른 우울한 경향이 있는 사람으로부터 떨어져 있게 하라.

6. 자살 가능성이 있는 사람에게 전문적인 도움을 받을 수 있다는 것을 확신하도록 최선을 다해 노력하라. 가용한 범위 내에서 위기 상담(crisis counseling)을 통해 도움받을 수 있다(Saiger, Rubenfield, & Dluhy, 2008). 상담 약속을 정하는 것은 첫 단계로서 바람직한 것이며, 그다음 단계로 그 상담 약속에 나오게 하는 것이 결정적으로 중요한 단계이다.

양극성 장애(조울 정신증)

조증 증상과 우울 증상이 단일한 장애의 구성 요소라는 것은 B.C. 4세기에 Hippocrates에 의해서 이미 주장된 바 있다. 그때 이후로, 단극성 우울증은 양극성 장애와 구분되어 왔으며 현재 단극성 우울증은 다른 원인에 의해 생긴다고 여겨지고 있다(Cullberg, 2006; Goodwin & Jamison, 1990; McCullough, 2002; Whybrow, 1997).

DSM-IV-TR에서는 양극성 장애의 발생 나이의 평균을 20대 초반이라고 수록하고 있지만, 이는 변동성이 아주 높다. 조증의 특징이 되는 행동의 범위는 넓은데 주로 나타나는 것들은 다음과 같다. ① 과잉활동적 운동 행동(hyperactive motor behavior), ② 가변하는 자극과민성(variable irritability) 및/또는 다행감(euphoria), ③ 사고의 비약(Flight of Ideas)으로 불리는, 사고과정이 빠른 것이 있다. 조증이 있는 사람의 말은 통상 크고 빠르고, 빠르며, 이해하기가 어렵다. 기분이 팽만되면(expansive), 조증이 있는 사람들은(끝내는 일이 거의 없는) 일들을 많이 벌리기 시작하고, 거의 잠을 자지 않으며, 자신의 개인적인 계획, 가치, 그리고 위력에 대해 장황하게 혼자 지껄인다. 그러다가 기분이 좀더 자극과민 상태에 빠지게 되면, 이들은 불평이 금방 나오며 적대적인 장광설을 늘어놓는다.

정신증적인 조증 반응에는 과대망상, 기괴하고 충동적인 행동, 일시적인 환각, 그리고 감정 폭발이 있다. 이러한 반응들은 정신분열증에서의 일화와 혼동될 수 있다(Cullberg, 2006; Mazzarini et al., 2010). 그러나 정신분열증(그리고 분열정동 장애)이 있는 환자들이 내면의 생각과 관념에 의해 주의를 뺏기는 반면, 조증이 있는 환자들은 남들이 종종 알아채지 못하고 지나치는 외부 자극에 주의를 빼앗긴다. 또한 정신분열증(그리고 분열정동) 환자들이 정신분열증상이 활발한 기간 동안에는 다른 사람들과의 실제적인 관계를 회피하는 경향이 있는 반면에, 조증 환자들은 통상 다른 사람들과 접촉하는 데 개방적이다.

Virginia Woolf의 사례에서처럼, 자살은 양극성 우울증에서 흔히 나타나는 합병증이다. 치료를 받지 않으면 약 15%의 사람들이 자살을 한다고 추정된다. 이것은 일반인에서의 자살률보다 30배나 많은 수치이고, 다른 정신과적 집단 또는 의학적으로 위험한 집단에서 보다도 더 높은 수치이다. 양극성 환자 중 82%씩이나 많은 이들이 자살 생각을 갖고 있다(Goodwin & Jamison, 1990; Romito & Weinstock, 2010).

불연속적인 조증 증상이 갑작스럽게 나타나기도 하지만, 많은 경우 이 장애는 통상 서서히 발병한다. Virginia Woolf의 경우에서처럼 당사자의 인생사에서는 이미 아동기 또는 청소년기에서부터 예비적인 증상이 나타나는데, 이런 증상이 나중의 어느 시점에서는 더욱 강렬해지고 무력하게 만들게 되는 수가 있다. 마지막으로, 양극성 장애는 정신분열증처럼 전적으로 부정적인 것으로 여겨지지는 않으며, 오히려 창조성을 자극하는 박차가 될 수도 있다.

창조성, 시, 그리고 양극성 장애

Aristotle은 2,400년 전에 묻기를, "철학, 시 또는 예술에서 뛰어난 남자들(즉, 사람들)은 왜 모두 멜랑콜릭(melancholic) 한가?"라고 했다. 약 300년 전에, 영국의 시인 John Dryden은 쓰기를, "위대한 재치는 분명히 미친 것과 가깝게 얽혀 있다. 구획 분리하는 선이 얇으면 그 경계가 쪼개진다(thin partitions do their bounds divide)."라고 했다. Dryden의 달콤한 대귀(couplet)는 그 이후 진부한 표현(cliche)으로 퇴화되어, "천재와 미친 사람의 사이를 구분하는 선은 얇다."로 되었다.

명백하게도, 창조성이 정신병리의 산물이라는 개념은 별로 새로운 것도 아니며, Arthur Koestler 같은 몇몇 작가들의 일관된 주제였다. 연구결과(Goodwin & Jamison, 1990; Ludwig, 1996)는 양극성 장애(조울 장애)의 경우 예술분야와 특히 관계가 있다는 것을 강하게 주장하고 있다. 예를 들어, Ludwig(1996)의 발견에 의하면, 정신과적 문제가 비예술가 사이에서보다는 예술가들 사이에서 훨씬 더 흔한 것으로 나타났으며, 알코올 중독의 비율은 배우들 사이에서는 60%이고 소설가들에서는 41%였지만, 물리학자에서는 단지 3%이고 군 장교 중에서는 10%이었다. 조울증의 경우 배우의 17%와 시인의 13%가 이 장애를 가진 것으로 생각되는 반면, 과학자의 경우에는 1% 미만의 비율로 이를 앓았다고 여겨진다. 후자는 일반인에서의 발생률에 상당한다.

양극성 장애로 고통 받았던 일류 예술가들의 명단은 매우 인상적이다. 화가 Vincent Van Gogh, 시인이자 화가 Dante Gabriel Rossetti, 극작가 Eugene O'Neil 작가 Herman Melville, William 그리고 Henry James, F. Scott Fitzgerald, Emest Hemingway, Virginia Woolf (다음의 사례 연구에 소개됨), John Ruskin, Honore de Balzac, 작곡가 Robert Schumann, Hector Berlioz, George Fredric Handel. 실제로 Handel은 Messiah를 조증이 최고조에 이른 기간 동안 24일 만에 미친 듯이 열광적으로 작곡해 낸 바 있다. 그렇지만 예술가들 중에서 양극성 장애자의 대다수를 이루는 이들은 시인들이다.Byron Coleridge, Shelley, Tennyson, Poe, Gerard Manley Hopkins 모두 양극성 장애를 가진 이들이었고, Hart Crane, Robert Lowell, Anne Sexton, Theodore Roethke, Sylvia Plath, John Berryman 같은 많은 미국의 주요 시인도 양극성 장애를 겪었다.

어떤 이들은, 시(詩)란 한 사람의 영혼의 내적 혼돈에 대한 찬미이기 때문에 시인들이 양극성 장애를 겪는 경향이 있다는 주장하기도 한다. 그러나 18세기 시창작의 흐름이 내면의 정신적 혼란(inner upset)에 그다지 초점을 맞추지 않았을 때에도 유명 시인의 상당수가 양극성 장애였고, 어떤 사람들은 단지 창작 순간 동안만 임상 수준 이하의(subclinical) 경조증 상태를 경험하기 때문에 이 주장이 맞는다고 할 수 없다. 이러한 주장은 시와 양극성 장애의 이런 관계에 대해, 아마도 열광적이면서 발작적인(frenetic but sporadic effort) 노력이 다른 분야에서보다 시에 있어 더 효과적으로 창작을 하게 한다는 사실, 그리고 시 속에 고유한 심상(imagery)은 심한 정서적 붕괴에서 발견되는 원초적 사고(primitive thought)와 보다 유사하기 때문이라는 사실로부터 연유된 결과일 것이다. 그렇지만 양극단의 기분변화에서 오는 우울증은 절정의 조증으로부터 나오는 예술적 산물에 정서적 깊이를 더해 주는 것은 사실이다. 그 결과, 이 증상으로 시달리는 몇몇 예술가들은 성공적인 치료가 자신들의 창조성을 떨어뜨릴지도 모른다는 두려움으로 치료를 기피한다. 실제로 몇몇 사례에서는 그들의 이러한 생각이 옳은 것처럼 보인다.

제6장

물질사용장애

중독 효과를 보기 위해 물질을 사용한 것은 역사가 기록되기 전부터 있었다. 좀 더 놀라운 것은 역사가 오래된 특정 물질들이 오늘날에도 여전히 널리 남용되고 있다는 것이다. "다양한 목적을 위해 알코올, 아편, 그리고 대마초를 사용하는 것은 적어도 6,000년 전부터 …… 주요 문명의 중심지에서는 잘 인정되고 있었다."(Durrant & Thakker, 2003, p. 66). 미국인들이 '청교도'적이고 '개척자'적인 전통을 이어 왔지만, 미국에는 초기부터 물질이 남용되어 온 전통이 있다는 증거가 뚜렷하다. 사실상 어지러울 정도로 많은 양의 알코올이 초기 식민지 시대에 사용되었는데, 부분적으로는 당시에 마시는 물이 건강에 좋지 않다는 아마도 맞을 수 있는 믿음이 널리 퍼졌기 때문이기도 하다. 이를 줄이기 위해 사과로 만든 탄산수로 식수를 대신하기도 하였다. 또한 주목할 만한 것은, 1770년대에 뉴욕에는 거의 400개의 술집이 있었는데, 이는 성인 12명에 술집이 대략 한 개 있는 꼴이었다(교회는 겨우 22곳인 데 비하면).

불행하게도 현대 미국에서는 남용되는 물질의 수효가 증가하는 것에 대처해야만 하는 실정이며(Bartol & Bartol, 2008; Durrant & Thakker, 2003; Garner & Garfinkel, 1997), 이런 현실은 DSM-IV-TR에도 반영되어 있다(〈표 6-1〉을 보라).

DSM-IV-TR 체계에 수록된 첫 번째 집단은 흔히 남용되는 약물을 지칭하는데,

이를테면 마리화나(대마초), 코카인, 암페타민, 그리고 헤로인(아편제)이 있으며 이들에게는 별도의 하위 항목이 딸려 있다. 카페인 및 니코틴 사용 장애도 포함되며, 이 중 후자는 다른 유형의 만성 약물 남용의 전조로 나타나므로 특별히 더 중요하다. DSM-IV-TR에 수록된 다른 항목들은 환각제, 흡입제, 펜시클라딘, 진정제, 수면제 및 불안완화제, 복합 약물사용, 그리고 "그밖의 것"이 있다. 'E'자로 시작되는 세 가지 내용—효과(effect), 비용(expense), 그리고 접근 용이성(ease of access)—은 약물 사용의 패턴을 결정하는 주요 요인이다.

의존과 남용이라는 용어는 DSM의 물질 남용 소개 항목마다 구석구석 나타나며, 물질에 따라서 유사하게 정의가 내려진다. 물질 의존은 장애 또는 고통으로 알 수 있는 부적응적인 패턴이며, 다음의 7개 중 3개가 12개월 이내에 나타나야 한다. ① 내성(약물로 원하는 효과를 얻기 위해 더 많은 양의 약물을 필요로 한다든가 평상시의 용량으로는 약효가 현저하게 저하되는 것으로 나타남), ② 금단(약물투여를 중지했을 때 금단증상이 생긴다. 즉, 금단증상이란 물질사용을 중지했을 때 불쾌감이나 기분의 저조, 괴로움 등을 경험하는 것으로 이를 피하기 위해서 지속적으로 물질을 사용함), ③ 의도한 것보다 더 오랫동안 더 많은 물질을 사용한다. ④ 물질을 과다하게 사용한다는 것을 알고 그것을 감소시키려 노력하나 성공하지 못한다. ⑤ 많은 시간을 물질을 얻거나 그 영향으로부터 회복하는 데 보낸다. ⑥ 물질 사용 때문에 자신의 중요한 활동을 포기한다. ⑦ 약물에 의한 심리적 혹은 신체적 문제가 생기거나 악화되는데도 불구하고 물질을 계속 사용한다.

표 6-1. 사용이 통제되는 물질(Controlled Substances)

마약단속기구 분류	특징	약물의 예
I	남용 가능성이 크고 의학적으로 그 사용이 허용되지 않는다.	LSD, 헤로인, 마리화나
II	심리적 신체적 의존을 일으킬 가능성이 크고 남용 가능성도 높다.	암페타민, 아편, 모르핀, 코카인
III	신체적 의존도는 낮으나 심리적 의존, 남용 가능성이 크다.	모르핀, 복합코데인

IV	비교적 신체적 심리적 의존도가 낮으며 남용 가능성도 낮다.	모르핀, 복합코데인, 벤조디아제핀, 그 밖의 진정-최면제, 비마약성 동통 의약품
V	남용 가능성이 가장 낮다.	마약성의 수준이 낮은 제조 약물

물질 남용의 진단은 이전에 의존의 진단을 받은 것을 요구하지 않는다. 12개월 이내에 부적응적인 패턴으로 인한 장해 또는 고통이 있는 것이 다음 중 적어도 한 가지 이상 보여서 입증되어야 한다. ① 반복적인 물질 사용으로 인해 자신의 삶에서 주요 역할의 의무를 해내지 못하는 것, ② 음주 운전 같은 반복적인 위험한 행동, ③ 그에 따른 반복적인 법률위반 문제, 그리고 ④ 물질 사용과 관련된 사회적 및 대인관계적 문제가 발생하는데도 불구하고 지속적으로 물질을 사용하는 것. 기본적으로 의존과 남용을 구분할 때에는, 의존은 중독의 신체적 측면을 지칭하며, 남용은 물질 사용과 관련된 후속결과와 관련된 것이다.

본론으로 들어가기 전에, 물질 남용에 관한 문헌에서 흔히 사용되는 그 밖의 용어 몇 가지를 명확하게 이해하는 것이 중요하다.

- 상승 작용(Synergy): 이 혼합 효과는 약물을 섞어서 사용하여 일어난다. 이러한 효과는 하나 또는 그 이상의 약물을 줄이거나 복용하지 않으면 일어나지 않는다. 약물을 함께 복용하여 생기는 복합적인 약물 효과는 개개 약물의 효과의 합보다 훨씬 크며, 대표적인 예를 알코올과 바르비투산염의 복합사용에서 찾을 수 있다. 알코올과 바르비투산염은 아주 미량이라도 같이 사용하면 사망할 가능성이 있다.
- 생리적 의존(Physiological Dependence): 한때 사용했던 약물이 복용자의 생리적 기능을 변화시켜서 헤로인, 니코틴, 심지어는 카페인 사용의 경우에서처럼 금단 증상을 막기 위해 계속적인 약물의 사용을 필요로 하는 상태이다.
- 습관성(Habituation): 약물로부터 일어나는 심리적 상태를 되풀이하려는 강한 욕망 그리고/또는 구강 욕구와 우울증의 완화 같은 심리적 욕구에 대한 간접적인 강화(indirect reinforcement) 때문에 약물에 의존하는 것을 지칭한다.

남용의 가능성을 알려 주는 위험한 징후는 다음과 같다. 직장, 결혼, 또는 그 밖의 중요한 관계가 붕괴되는 것, 재정적인 상태나 신체적 건강의 악화, 자주 직장을 옮기는 것, 체포된 적이 있는 것, 불안, 우울, 또는 불면증의 호소, 그리고 중독성 성격 및 사회적 패턴을 직접 보여 주는 증세. 중요한 인물에 의한 보고도 아주 유용한데, 유전이 물질 남용에 미치는 영향을 감안하면 피를 나눈 친척들 사이에서의 중독 패턴을 아는 것이 도움이 되기 때문이다(Dick, Prescott, & McGue, 2009). 예를 들면, 어릴 적부터 알코올의 효과에 대한 내성이 높게 나타났던 젊은이들은 나중에 알코올 중독자가 될 확률이 훨씬 높으며, 아버지가 알코올 중독자라는 것은 그의 젊은 아들에게 강력한 예측 요인이 된다.

알코올 의존 및 남용

알코올은 인간이 사용한 약물 중 가장 오래된 것이며 오늘날에는 거의 모든 사회에서 사용 되고 또 남용되는 물질이다. B.C. 8,000년 훨씬 이전의 구석기 시대에는 꿀에서 추출된 알코올 음료, 즉 꿀 술이 사용되었으며, 맥주와 열매를 이용한 과일주는 B.C. 6,000년 이전까지 거슬러 올라간다. 알코올은 인간이 마시기 시작한 이후 항상 남용의 문제가 따랐으며 이러한 남용에 따르는 신체적 및 심리적 대가는 매우 크다. 사회 전반에 알코올이 미치는 영향은 매우 큰데 알코올에 의한 사고들(특히 자동차 사고들), 가정생활의 붕괴, 특정 개인에서의 폭력 유발, 그리고 사업에서의 비능률과 손실이 엄청나기 때문이다.

알코올은 여전히 탁월한 남용 물질로서, 미국 인구의 약 10~14%가 알코올 문제를 지니고 있다. 알코올 문제가 있는 사람들 중 약 35%(이 추정치는 상당히 다양함)가 정신장애를 함께 갖고 있다(Anthenelli, 2010).

알코올로 인한 심리적 다행감(psychological euphoria)은 기능적으로 보자면 중독반응(toxic response)이다. 알코올은 소화되지 않고 위벽과 장벽을 통하여 흡수되고 산화 작용에 의해 간에서 물질대사가 이루어진다. 이 과정에서, 알코올은 산소와 융합한다. 그리고 이 결과 순수한 곡류 알코올(grain alcohol), 즉 에탄올은 효소에 의해 아세트알데히드로 변환되고, 이는 나중에는 초산(식초)으로 더욱 쪼개진다. 식초는 또 효소에 의해 물과 이산화탄소로 분해되어, 우리 몸을 빠져나간다. 간은 보통 체중의 사람을 가정할 때 한 시간당 위스키 100°짜리 중 약 1온스 가량만 분해할 수 있다. 바로 분해되지 않는 초과분은 몸에 남게 되어 취하게 된다. 흥미로운 것은, 남자와 여자의 몸무게가 같을 때조차, 이 분해 과정은 여자에서는 더 느려서, 여러 가지 이유로 술에 더 쉽게 취하게 된다.

여성은 ① 체지방이 더 많고, ② 체액이 더 적으며, ③ 알코올 신진대사가 더 느리다. 또한 동일한 양의 알코올을 섭취했을 경우, 여성들은 간경변증이 더 빨리 진행된다. 알코올 남용에 대한 DSM 진단은 알코올 의존의 경우보다 요구되는 증상이 더 적다. 알코올 의존의 증상을 살펴보면 물질 의존에 대한 일반적인 기준 이외에도, 금단의 생리적 증상과 알코올에 대한 내성의 증가가 들어 있다. 남성 알코올 중독자가 두 번째의 진단으로 반사회적 성격장애를 받기 쉬운 반면, 여성 알코올 중독자는 두 번째 진단으로 불안이나 우울증을 받기 쉽다. 여성들은 사적으로 술을 마시고 그 행동에 대한 죄책감을 드러내기 쉽다. 흥미로운 발견으로, 평균적으로 볼 때, 알코올 중독이 없는 여성들은 알코올 중독이 있는 여성들보다 더 일찍 술을 마시기 시작하는 것으로 보고된다.

약리적으로, 알코올은 처음에는 두뇌의 상층 부위를 억제하고 나중에야 두뇌의 하층 부위를 억누르는 진정제로 작용한다. 겉으로 드러나는 행동이 조절되지 못하는 것을 보고 사람들은 알코올이 자극제라고 오해해 왔다. 계속해서 알코올을 섭취하면, 복잡한 인지 및 지각 능력이 상실되고 궁극적으로는 단순 기억과 운동 조정(motor coordination) 능력상의 손상을 가져온다.

흥미로운 것은, 효과의 크기는 부분적으로는 사람들이 술에 취하고 있는지 또는 깨고 있는지에 달려 있다는 점이다. 단기적인 내성 효과로 인해, 술에서 깨고 있는 사람들은 대체로 덜 취한 것처럼 보이며, 실제로 혈중 알코올 농도가 똑같지만 술에 취하고 있는 사람들에 비해서 단기 기억과 지각 과제에서 수행도가 약간 더 좋다.

장기적인 알코올 남용은 중추신경계통의 기능부전(dysfunction) 또는 기질적 손상(organicity)을 가져오기 쉽다(관련된 진단은 10장을 보라). 이러한 기능부전은 만성적인 알코올 중독에 종종 수반되는 잘못된 식사 습관으로부터 오는 비타민B 결핍의 결과라고 단순히 보아서는 안 되고, 적어도 그 원인의 일부는 알코올 그 자체의 독성 효과에 의한 것이다.

사례 연구

Betty Ford의 사례

Betty Ford는 미국의 38번째 대통령인 Gerald R. Ford의 부인이다. 영부인으로 있을 동안, 그녀는 자신이 앓았던 유방암에 대해 연설을 하고 여성 운동을 옹호하여 싸우면서 사회에 긍정적인 영향을 미쳤다. 그러나 Betty Ford의 영향력은 Gerald Ford가 1976년 선거에서 패배할 때까지였다. 1978년 4월 1일 Betty Ford는 마지못해 가족들에게 자신이 약물과 알코올에 중독되었음을 인정했다. 일주일 후에 그녀는 한 달간의 치료 프로그램을 시작하기 위해 병원에 입원했다. Betty는 치료 프로그램의 경험을 바탕으로 다른 사람을 돕고 자신의 중독 장애를 긍정적으로 변화시키기 위한 바람으로 비슷한 중독증 환자들을 위한 진료소를 열기로 계획했다(Ford and Chase, 1978, 1988, Weidenfield, 1979). 1982년 10월 3일에, 약물과 알코올 중독을 위한 Betty Ford 클리닉이 열렸다. 오늘날 Betty Ford 클리닉은 알코올과 약물중독 치료소 중에서 꽤 널리 이름이 알려지게 되었다.

Betty는 1918년에 태어나 미시간주의 Grand Rapid 지역에서 자랐다. 그녀의 아버지는 여행 세일즈맨으로 자주 집을 비웠다. "존경스러운" 어머니는 완벽주의자요, 자식들에게 똑같은 기대 수준을 가진 강하고 원칙적인 여성이었다. Betty의 어린 시절은 밝고 정상적이었다. 한 가지 어두운 면이 있었다면 그것은 1934년, 그녀가 16세였을 때 아버지가 돌아가신 것이었다. 이 일로 Betty의 가족은 침체기를 맞았지만 보험 덕분에 그녀와 어머니, 두 오빠는 안정적으로 살아갈 수 있었다. Betty는 아버지가 돌아가신 후에 아버지가 알코올 중독이었다는 것을 알게 되었다. 그는 사업차 여행 중에만 술을 마셨기 때문에 그 사실을 알 수 없었던 것이다. 그녀의 오빠 Robert 역시 알코올 중독자였다.

Betty가 알코올을 처음 경험한 것은 어렸을 적에 어머니가 병을 쉽게 낫게 하려고 뜨거운 차에 버번(위스키의 일종)을 한 숟갈 넣어 섞은 것이었다. 18세까지는 술을 안 마시려고 노력하였으나 차차 사회생활을 하게 되면서 친구들과 밤늦게까지 파티를 벌이고 춤추는 것을 즐겼다. 그녀는 지방의 한 백화점에서 모델로 일했으나 꿈은 뉴욕으로 가서 유명한 댄서가 되는 것이었다. Betty는 결국 20세에 뉴욕으로 갔으나, 같은 꿈을 가진 대다수의 사람처럼 성공하지 못했다. 어머니의 성화에 그녀는 Grand Rapid 지역의 집으로 돌아오게 되었는데, 꿈을 펼치려던 뉴욕에서의 6개월의 시도는 그 후 영원히 고향에 머무르게 되는 것으로 끝났다. 고향에 돌아와서 24세의 나이에 Betty는 어렸을 때부터 알았던 젊은 이와 결혼했다. Betty와 청년과의 만남이 매우 즐거웠던 것은 술집에서 술을 마시며 놀았기 때문이며, 바로 그들의 결혼생활을 망치게 된 원인이 되어 버렸다. 그녀는 정착할 준비가 되었으나 남자는 그렇지 않았다. 그들은 5년간의 결혼생활 후에 이혼했다.

오래지 않아, 곧 Betty는 Gerald Ford를 만났다. Jerry(Betty는 그를 이렇게 불렀다)는 이제 막 정치인이 되려고 하던, Grand Rapid 지역에서 평판이 좋은 변호사였다. Betty는 그를 Grand rapid 지역에서 가장 바람직한 남자, 잘생기고 똑똑하고 좋은 가정환경을 가진 남자로 묘사했다. 그들의 결혼 계획은 의회에 자리를 차지하려는 Jerry의 정치 캠페인 스케줄에 의해 좌우되었다(그는 결혼식에도 늦었다). Betty는 Jerry와의 삶이 어떠할지 처음부터 감을 잡을 수 있었다. Jerry는 모든 것에서 일을 우선시하는 지칠 줄 모르는 사람이었다.

그 후 몇 년 동안, Betty는 세 명의 아들과 한 명의 딸을 둔 어머니가 되었다. Betty와 Jerry는 여전히 서로 사랑하였으며 아이들과의 관계도 마찬가지였다. Betty는 Jerry가 워싱턴에서 너무 바쁘기 때문에 아버지와 어머니의 역할을 모두 해야 했다. Betty가 처음으로 신체적인 문제를 가지게 되었던 것은 이때였다. 1964년에 목의 신경이 위축되었고 말할 수 없는 고통을 느꼈다. 입원이 요구되었고 물리치료, 뜨거운 찜질, 약물처방 등 다각적인 치료가 행해졌다. Betty는 집으로 돌아가면 진통이 재발될까 봐 두려워했다. 의사는 고통이 시작되지 않게 약을 먹어도 좋다고 허락했다. 이것이 악순환의 시작이었다. 즉, 한 가지 약에 대한 내성이 커지면 의사는 단순히 새로운 약을 처방했다. 알약은 신체적 고통을 피하는 수단이 되었고, 알약 때문에 점차 알코올 사용량도 더 늘어났다.

이 모든 것은 남편이 워싱턴 정가에서 높은 지위를 얻게 되었을 때 일어났다. Betty는 외로워졌고 자신이 쓸모없다고 느끼기 시작하였으며 단지 자신의 존재는 아이들과 남편을 위한 발판일 뿐이라고 느꼈다. 자신의 꿈, 세상에서 중요한 사람이 되려던 자신의 꿈은 남편의 가려진 후원자로서의 역할에 의해 밀려났다고 느껴졌다. 언제나 강하고 독립적인 그녀의 어머니 같은 여자를 모델로 비교하면서 자신이 실패자라고 느꼈다. Betty는 사람들이 그녀를 좋아하지 않거나 제대로 된 평가해 주지 않을거라 추측하면서 자신이 무용가로 성공하지도 못하고 대학을 마치지도 않은 것을 의식하게 되었다. Betty는 "내가 똑똑하게 행동하고 똑똑해 보인다면 사람들은 내가 똑똑하다고 생각할 텐데……."라고 생각하여 이러한 태도를 취하기 시작했다. 이러한 '똑똑한 척' 연기는 그녀가 중독자이고 알코올 중독의 문제가 있다는 것을 숨길 수 있게 도와주었다.

그러는 동안에 Betty는 많은 사람에게 위험 신호를 보냈다. 첫 번째는 약을 복용하면서 술을 같이 마시기 시작한 지 약 1년이 지난 1965년이었다. 그녀는 관심을 끌기 위해 깜짝 쇼를 벌였는데 딸을 데리고 바닷가로 가서, 가족들이 걱정하기를 바라면서 하루를 보냈다. 이러한 연기는 정신과 의사와 상담을 약속하게 할 만큼 충분한 효과가 있었다. 그러나 이 의사는 그녀의 알코올 사용에 관해서는 아무런 언급도 하지 않았으며 그 대신에 그녀의 자존감 문제를 다루었다. 또 다른 경고 신호는 췌장염이라는 진단이었다. 치료를 맡은 전문의는 Betty에게 얼마 동안 알코올을 피하라고 충고했다. 남편은 의사에게 Betty의 췌장염이 알코올에 의한 것인지를 물었고, 의사는 알코올이 췌장염의 주요 원인들 중에 하나이기 때문에 그럴 가능성이 있다고 답했다. 대부분의 알코올 중독자가 그러하듯이, Betty도 의사, 친구, 및 가족들을 포함하여 오히려 알코올 중독이 지속되도록 도와주는 사람들에게 둘러싸여 있었다.

남편이 1974년 8월 9일에 미국의 대통령이 되자, 영부인으로서 Betty는 오래전 이미 잃어버렸던 자기자신이 될 수 있는 새로운 기회를 맞았다는 것을 깨닫게 되었다. Betty는 그동안 어느 때보다도 행복해했다. 그녀의 일정은 중요한 시사문제들을 다루는 공적 약속들로 매우 바빴다. 백악관에 있는 동안 Betty는 유방암 판정을 받았고 유방 제거 수술을 받았다. 놀랍게도 이 사건은 그녀에게 그리 큰 정서적 영향을 주지 않은 듯했다(그녀는 살아난 데에 대해 기뻐했다). 오히려 이것으로써 모든 암 희생자의 옹호자가 되었을 뿐 아니라 대중에게 긍정적인 효과를 위한 도구로써 이 일을 이용했다. 그러나 이러한 경험은 Betty의 약물 의존을 덜어주는 데 도움이 되지 못했다. 신체적 동통은 그로 인해 복용하는 약물이나 알코올 덕분에 그녀가 일시적인 위안을 얻게 해 주는 것뿐이었다.

Betty는 백악관에서의 생활을 즐겼지만, 상당한 스트레스를 느꼈으며 쉽게 녹초가 되어버리곤 하였다고 고백하였다. 밤에는 약이 잠을 가져다주는 유일한 것이며 낮에는 약이 생활을 시작하게끔 해 주었다고 서술하고 있다. 백악관 생활 동안 Betty는 남편이 1976년 재선을 위해 선거 유세를 하고 있을 때 장기간의 유세로 인해 목에 심한 통증과 정서적 소모를 감내하면서 유세에 계속해서 참가하였다. 약물과 칵테일에 의존하여 선거 막바지 한 주를 겨우 견딜 수 있었다.

1977년 남편의 선거 패배와 백악관으로부터 이주, 그리고 사람들의 이목에서 벗어난 후에, 그녀의 상태는 훨씬 더 악화되었다. 부부는 새로 지은 집이 있는 캘리포니아로 이사하였다. Jetty는 대중 연설 약속과 회의 계획으로 매우 바쁘게 보냈다. 자녀들은 모두 분가하였으며 막내마저도 독립하여 Betty 혼자 남게 되었다. 이 시기는 Betty가 완전히 고립되어 외롭게 살아가던 때였다. 또 여기저기서의 초대도 거절하면서 그녀의 고립은 더욱더 가속화되었다. 종국에는 과거에 비해서 가까운 친구들이 훨씬 줄어들게 되었다. 이 당시 알코올과 여러 약물을 함께 사용하였다. 딸 Susan은 어머니의 병세에 괴로워하던 나머지, 다른 가족은 참여하지 않은 채 조그만 "치료적 개입"을 시작했다. 이 첫 번째 개입은 Betty를 몹시 화나게 했고 결국 실패한 셈이 되었다. 그러나 이 사건은 주치의에게 Betty의 질환의 심각성을 깨닫게 해 주는 계기가 되었다.

두 번째 치료는 Betty의 60번째 생일이 지나고 몇 주 뒤에 이루어졌다. 이때에는 모든 가족이 참석하였다. 두 번째 치료에서 Betty가 덜 방어적이자 모든 가족은 Betty의 중독이 가족들에게 준 고통에 대해서 돌아가면서 얘기했다. 이것은 Betty가 직면하기에 고통스러운 일이었지만 자신에게 문제가 있다고 느끼지 못했기 때문에 치료에 필요한 과정이었다. 이제까지는 주위 사람들이 Betty의 문제를 덮어주었기 때문이었다. Betty는 자신에게 알코올 문제가 있다는 것을 부인했고 영부인으로 필요했던 많은 칵테일파티 때문이라고 자신의 알코올 음용을 정당화했다. Betty는 자신이 항상 깨끗하고 단정하게 유지하며 흐트러질 때까지 마시지 않았고 또 아침에 음주하지 않으며 칵테일파티에서도 그리 많이 마시지 않기 때문에 알코올 중독이 아니라고 항변했다. 그녀는 처방 약에 의한 문제는 인정했으나 알코올 남용으로 인한 문제는 인정하기를 주저했다. 그러고 나서 사람들이 그녀에게 말할 수 있는 차례가 왔다. 예를 들어, Betty의 아들 Jack은 어머니가 어떤 상태에 있을지 두려워 친구들을 집으로 데려오기를 싫어했다고 말했다. 그녀의 남편은 Betty가 넘어져서 갈비뼈와 이빨이 부러진 최근의 사고에 대해 말했다.

치료에 참석하고 있던 의사는 나중에 칠판을 갖고 와서는 Betty가 매일 먹는 약을 모두

적었다. 거기에는 Betty가 하루에 얼마나 자주 약을 복용하는지, 또 그 양은 얼마나 되는지 등이 적혔는데, Betty가 복용하는 약은 실로 그 양이 어마어마하였다. 해독 과정은 생명에는 지장이 없더라도 매우 심각한 상태로까지 갈 수 있기 때문에 약간의 걱정이 되기는 했다. 이 모든 현실을 직시한 Betty는 자기 집에서 일주일간의 해독 과정을 마친 후 지방 해군 병원으로 들어가 검사하는 것과 한 달간 치료 프로그램을 시작하는 것에 동의하였다.

원인론

Betty가 자서전에서 기록해 둔 자료들을 조사해 보면 약물 중독, 특히 그녀의 알코올 중독은 두 가지의 중요한 요인에 의한 것이 분명하다. 하나는 Betty의 아버지와 오빠가 모두 알코올 중독자였던 것으로 봐서 유전적 소질이 있었으리라는 것과, 둘째는 Betty가 약물 중독이 될 수밖에 없도록 한 그녀를 둘러싼 많은 심리적 요인들 때문이었다. 그녀는 남편도 없이 네 명의 아이들을 키우면서 오랜 세월을 외롭게 지냈다. 그녀는 그녀의 모든 움직임과 말마다 매체의 조명을 받는 것을 수년간 견디어 냈다. 스트레스가 견디기 힘들 정도이었던 것이다. 이 부정적인 정동(또는 "기분이 좋지 않음")을 피하는 것이 중독을 지속시키는 주된 요소이다.

알코올 의존에 걸릴 위험성의 약 40~60%는 유전적인 것이다(Dick et al., 2009). 물론 단일 유전자가 관련되어 있다거나 유전만으로도 알코올 중독에 빠진다고 믿는 연구원들은 거의 없다. 이보다는 많은 유전자가 함께 작용하여 사람들로 하여금 술을 남용하거나 술에 의존하게 소질을 갖게 한다. 예를 들어, 알코올에 대한 반응이 낮은(이는 명백히 유전적으로 결정됨) 젊은이들—다른 말로 하면, 이들은 어떤 효과라도 보려면 다른 사람들보다 더 많이 마셔야 함—은 나중에 알코올 중독에 걸릴 위험이 상당히 높다.

또한 또래의 압력과 음주 행동에 대한 역기능적 모형을 보는 것은 역기능적인 문제에 대한 사회적 수용 및 지지가 알코올 패턴을 촉진하는 데 중요한 역할을 한다는 것도 알려져 있다(Simons, Carey, & Wills, 2009). 가족 내에서의 관계도 중요하다.

아버지와의 관계가 좋지 않은 청소년들은 흡연과 불법약물의 사용과 마찬가지로, 문제 음주를 나타낼 위험이 훨씬 더 크다. 행동과학자들은 사람의 음주 소질에 영향을 미치는 것으로 보이는 많은 성격특질을 파악해 냈지만, 알코올 중독자는 이러한 성격특질이 무수히 다양하게 결합되어 나타날 수 있을 것이다. 확실히 반사회적 성격의 요인은 당사자가 전반적인 약물 남용에 걸리기 쉽게 한다(Bartol & Bartol, 2008).

알코올 중독자들은 비알코올 중독자에 비해서 알코올에 대한 민감도가 다른 경향이 있다. 종국에는 이들은 엄청난 술을 마시더라도 끄떡없을 만한 내성을 갖추게 되고, 그러한 음주가 가져다주는 효과에 의존하며, 그리고 술을 마셔야 안도감을 갖게 되고 금주하면 금단현상을 느끼는 경향이 높다. 기질(Temperament) 또한 음주에서 어떤 역할을 발휘하는 것 같다. 알코올 중독자들은 보다 공격적이며, 과잉활동적이고, 그리고 모험 행동을 저지르기가 쉽다. 이러한 모든 성격특질은 유전되는 것일 수 있다. 알코올 의존에 이르는 일반적인 진행과정을 살펴보면 다음과 같다.

1. 알코올 중독 전 단계(Prealcoholic Phase)
   a. 남들과 어울려 함께 술을 마시거나(Social drinking) 가끔 주말에 술을 마시는 것이 주된 증상이다.
   b. 내성과 음주 횟수 모두가 통상 느리게 증가한다.
   c. 주로 불안, 경미한 우울 또는 지루함에서 벗어나기 위해서 술을 마신다.

2. 초기의 알코올 중독(Initial Alcoholism)
   a. 내성, 횟수 그리고 남용하는 것이 증가한다.
   b. 한 번에 들이키는 술의 양이 많아진다. 종종 과음(potent drink)을 하게 된다.
   c. 붕괴적-역기능적 행동 및/또는 우울증이 종종 심화되며, 음주 패턴으로 인해 자존감도 상실하게 된다.
   d. 때때로 기억이 끊긴다(blackouts).

3. 만성 단계(Chronic Stage)

a. 진짜로 통제 상실 패턴에 빠진다(즉, 종일 술을 마시고 알코올이 있으면 아무거나 가리지 않고 사용함).

b. 부적절한 영양 공급으로 말미암아 기능 발휘와 신체 활동에 영향을 받는다.

c. 사고의 손상, 환각, 그리고 경련의 증세가 출현한다.

오늘날에도 여전히 영향력 있는 '질병 모형(disease model)'은 일반적으로 다음과 같은 가정을 전제하고 있다. ① 물질 남용 장애, 특히 알코올 중독은 생리적 장애를 반영하는 것이며, 이는 유전에 의해 결정되는 것일 가능성이 있다. ② 남용자들은 이와 같은 기능부전(dysfunction)으로 인해 물질을 섭취하는 것을 사실상 조절할 수 없으며 그리고 ③ 어떤 약물, 특히 알코올의 경우에는, 남용자들이 약물 섭취를 절제할 수 있는 때에도 중독 상태를 영구적으로 유지하려 한다(Knowles, 2007).

물질 남용을 질병으로 보는 이러한 가정들이 모두 사실은 아니다. 예를 들면, 몇몇 알코올 중독자들은 수년간 알코올 중독 증세에 빠졌다가도 회복될 수 있다. 1960년대의 영국의 외과의사이자 알코올 연구가인 D. L. Davies는 몇몇 알코올 중독자들이 정상인으로 돌아왔으며 다시 술을 마셔도 알코올 중독으로 되돌아가지 않았다는 자료들을 출간했다. 그 이후 다른 사람들도 유사한 자료들을 내놓았는데, 이들의 연구대상은 사실은 알코올 중독자가 아닌 소수의 단지 '문제 있는 주당들'을 대상으로 한 것들이다. 직장이 있는 젊은이들일수록 근소한 증상만을 보였으며 집안이 대대로 술과 친하지 않았던 사람들일수록 금주하는 것보다는 술을 덜 먹는 것을 더 선호한다. 만성 알코올 중독 상태에 있는 사람들이라도 '한 잔' 없이도 살 수 있다는 명백한 증거가 있다.

치료 방향

Betty Ford의 경우처럼, 대부분의 만성 알코올 중독자들은 치료 시작시 해독 기간이 필요하다. 특히 술을 끊은 후 1~3주 내에 급성 금단 증상으로 흔히 나타나는 경미한 혼란(confusion)과 기억력 및 집중력상의 문제에 비추어볼 때 그렇다. 더욱이

다시 술을 마시려 하는 강렬하고 즉각적인 습관에 굴복하지 않도록 지켜 주기 위해 입원 또는 그밖의 통제된 생활환경 속에 일정 기간 둘 필요가 있다.

알코올 중독자 치료에서 첫 번째 중요한 단계는 그들로 하여금 문제가 있음을 인정하게 하고 진행 중인 처치 프로그램에 계속 참가하도록 하는 것이다. 따라서 직면(confrontation) 기법이 포함된 일종의 "동기 증진 요법(motivational enhancement therapy)"이 필요하다. 환자와 동의 자료를 작성할 때는 이들이 단기 기억 손상으로 후에 기억하지 못할 염려를 배제하기 위해 중요한 대목들, 치료 계약 등은 서면으로 남겨 놓는 것이 좋다. 또 다른 유용한 접근법은 Craigie와 Ross(1980)가 처음으로 개척한 것으로, 해독 과정 코스의 알코올 중독자 집단에 대해서 비디오테이프를 사용해서 자기 노출(self-disclosing) 행동과 치료를 추구하는 행동을 모방하도록 하였는데, 왜냐하면 많은 장애의 경우에 대해서와 마찬가지로, 당사자들은 효과를 보려면 어떤 환자의 모습을 취해야 하는지를 배울 필요가 있기 때문이다. 일반적인 치료 방식(Durrant & Thakker, 2003; Garner & Garfinkel, 1997; Perkinson, 1997)으로는 다음의 기법을 적용할 수 있다.

- 해독(Detoxification): 많은 알코올 중독자는 체내 알코올을 없애기 위해 해독 기간이 처음에 필요하다. 또한 병원이나 그 밖의 다른 통제된 생활환경에 머물러 있는 것은 알코올 중독자들이 다시 음주로 되돌아가게 하는 강렬한 습관에 굴복하는 것을 막아준다.
- 약물치료(Medication): 날트렉손(Naltrexone)은 실제로는 아편수용체 길항제인데, 알코올에 대한 욕구를 감소시키는 데 효과적임이 입증되었다. 좀 더 최근에, 바레니클린(varenicline)이 유용하다는 것도 입증되었다. 부프레노르핀(Buprenorphine)도 또한 유용한데, 특히 약물투여가 중단된 후에도(특히 아편계 중독에 대해서) 오랫동안 효과가 지속되기 때문이다. 부스피론(Buspirone)은 벤조디아제핀계통이 아닌 항불안제(nonbenzodiazepine anti-anxiety drug)인데, 장기적인 회복에서(알코올에 대한) 갈망을 조절하는 데 유용하며, 이는 특히 당사자가 불안 증상의 소질을 갖고 있을 경우에 그렇다. 아캄프로세이트(Acamprosate)는 유망성을 보여 주었으며, 치료에 사용된 다른 약물들보다 부

작용이 적은 것으로 보인다. 우울증이 문제가 될 때, SSRIs(Selective Serotonin Reuptake Inhibitors)(선택적 세로토닌 재흡수 억제제) 계통의 약물이 가장 유용한 것으로 보인다(Schuckit, 1996).

- 항남용제(Antabuse): 항남용제는 술을 마실 경우 극심한 메스꺼움을 유발하는 것으로서, 급박한 음주 충동을 조절하는 데 도움이 되는데, 단순히 복용하지 않기만 해도 항남용제의 효과를 볼 수 없게 된다[이런 우회(bypassed) 가능성은 시간이 지나면서 약효가 방출되도록 투약해서 없앨 수 있음]. 항남용제는 적절한 기능수준을 발휘하면서 변화하기를 원하는 알코올 중독자에게는 도움이 되지만, 이 약에만 전적으로 또는 주로 의존하는 개입법으로서는 약물이 거의 쓸모가 없다는 것이 일반적으로 받아들여지고 있다.
- 자조 집단(단주 모임, Self-Help Group): 익명의 알코올중독자 모임(Alcoholics Anonymous)이나 그와 유사한 집단에서 제공하는 것 같은 유형의 자조(self-help) 촉진 과정은 종종 크게 도움이 된다(AA의 이로움은 다음에 살펴본다.)
- 가족치료: 알코올 중독은 가족생활에 엄청난 지장을 초래하므로, 가족 및/또는 부부 치료가 금주를 지속시키는 데뿐만 아니라 상처받은 가족관계를 보수하는 데 종종 필요하다.
- 혐오치료(Aversion Therapy): 내담자의 독특한 특정 문제를 조절하는 데 도움이 될 수 있다.
- 재발 방지를 위한 대처 기술(Relapse-Prevention Coping Skills): 인지행동적 접근법에서는 금주를 달성하고 유지하기 위한 기술을 가르치는데, 이를테면 음주의 가능성이 있는 상황에 대처하는 것, 술에 대한 생각과 충동을 관리하는 것, 그리고 술 마시는 것을 거부하는 방법을 배우는 것이 있다. 아주 중요한 첫 단계는 고위험 상황을 간파하고 이에 적극 대처할 전략을 준비하는 법을 배우는 것이다. 대부분의 재발은 부정적인 정서 상태, 또래의 압력, 또는 고통스러운 대인관계적 갈등의 결과로 발생한다.
- 심리치료(Psychotherapy): 알코올 중독자는 갈등, 불안, 및 자존심에 관련된 문제를 흔히 겪는다. 다양한 심리치료 기법이 이런 문제에 도움이 될 수 있는데, 특히 부정적 정동에 대처하는 것을 배울 때 도움이 된다(Baker et al., 2004).

최근 수십 년 동안에, 주된 심리치료로서 적절한 것에 대해 의견의 일치를 본 것은 다음과 같았다.

1. 알코올 의존이 더 심하고, 삶에서 의미를 찾고자 하는 욕구가 더 높으며, 주변 환경이 음주를 하게 만드는 상황에 처한 사람들은 AA에서처럼, 12단계를 촉진하는 데 최선의 노력을 기울여야 한다. 왜냐하면 AA는 금주를 격려해 주는 영적 지원과 새로운 사회적 연결망을 마련해 주기 때문이다.
2. 인지적 손상이 심한 사람들과 극심한 심리적 문제가 있는 사람들은 인지행동 치료를 통해 크게 호전될 수 있다. 왜냐하면 인지행동 요법은 이와 같이 함께 일어나는 문제들을 직접 다루어 주기 때문이다. 여성이 남성보다 이러한 문제를 더 많이 겪기 때문에, 연구결과는 여성이 이러한 유형의 치료법을 통해 가장 큰 이득을 얻을 것임을 알려 준다.
3. 회복하려는 동기는 낮지만 심각한 심리적 문제가 없거나 음주에 대한 사회적 압력을 받지 않는 사람들은 동기 증진 요법을 통해 가장 큰 효과를 볼 수 있을 것이다.

그러나 이와 같은 의견 조사는 의문시되었다. 알코올 중독에 대한 가장 큰 임상연구—Project MATCH[미국 국립 알코올 남용 및 알코올 중독 연구소(National Institute on Alcohol Abuse and Alcoholism: NIAAA)의 경비 지원을 받고 1966년에 종료된 8년에 걸친, 다중 연구기관 방식의 연구 multisite study]—에서는 1,726명의 알코올 의존자를 이와 같은 세 가지의 심리사회적 처치 중 하나에 무선배정(randomly assigned)하였다. 이 연구에서의 결론은, 앞의 세 가지 치료법이 모두 효과가 있었지만, 이 치료법 모두는 종류가 다른 알코올 중독자들에 대해서도 동일한 효과를 가져왔다는 것이었다. 배합(matching)시킨 것 중에서 유일하게 유의미한 효과는 심리적 문제가 거의 없는 환자들에 대한 것이었는데, 이들은 인지행동 요법보다는 12단계 촉진 요법에서 효과를 더 많이 보았다.

NIAAA에서는 치료 절차(treatment protocols)를 상세히 담은 세 가지의 치료 매뉴얼을 출간했다. 매뉴얼을 입수하는 방법에 대한 자세한 내용은 NIAAA의 과학적 소통 분과(Scientific Communications Branch)에 문의하거나 www.niaaa.nih.gov에 있는 홈페이지에 접속하라. Witkiewitz, Hartzler와 Donovan(2010)이 수행한 추적연구에서는 동기-배합 가설(motivation-matching hypothesis)에 대한 추가적인 지지를 발견해 냈지만, 또한 치료법의 선택에 영향을 미칠 수 있는 몇 가지의 부가적인 쟁점거리도 찾아냈다. 예를 들어, 연구결과에서는 동기 수준이 낮은 외래 환자의 경우, 예비적인 개입에서 인지행동 기법을 포함시키는 경우에 비해서 동기 증진 기법으로 처치를 시작하면 보다 장기적인 이득을 얻을 수 있다는 것이 발견되었다.

익명의 알코올중독자 모임(Alcohlics Anonymous: AA)이 여전히 많이 쓰이는 치료법이라는 것은 의심의 여지가 없다(Moos, 2008). 금주를 원하는 사람들끼리 지속적인 접촉이 가능하고 장기적인 인지적 재교육(cognitive retraining)이 이루어질 수 있다는 것이 AA의 장점 중 두 가지이다. AA는 1935년에 뉴욕 증권 거래인인 Bill Wilson과 오하이오주의 외과 의사인 Bob Smith가 설립한 것이다. AA모임에 참석하는 사람들이 가장 좋아하는 문구는 '술에 대한 생각은 음주로 연결된다.'는 것이다. 또한 AA에서는 알코올 중독자로 하여금 자신이 도움을 필요로 한다는 것을 공개적으로 인정하도록 강력하게 요구하고, 금주자로 구성된 새로운 연락망을 제공해줄 뿐만 아니라, 술을 마시고 싶은 유혹을 느낄 때 연락할 수 있는 강력한 지원 시스템도 제공해 준다. 성공률이 높다는 AA의 주장을 뒷받침하는 자료는 때로는 방법론적으로 결함이 있는 것으로 발견되었다. 하지만 AA는 술에 대한 충동으로 어려움을 겪고 있는 사람, 새로운 사회적 연결망이 필요한 사람, 그리고 AA의 다소 경직된 신념체계 속에서 일할 수 있는 사람에게는 도움이 된다는 것도 사실이다(Borkman, 2008).

일단 알코올 중독에 걸리고 나면, 알코올이 없는 생활방식으로 조정하는 데 통상 9~15개월이 필요하다. 그러나 많은 알코올 중독자는 2~3년 이내에 재발이 힘든 회복(relapse-resistant recovery)을 달성할 수 있다. 많은 알코올 중독자에게, 재미있게 인생을 즐기는 능력(그리고, 결과적으로, 주변에 함께 있는 것이 더 즐겁게 됨)은 (특질이라기보다는) 학습된 행동이다. 즉, 즐거운 삶을 누리는 것이 알코올의 사용과 연관되어 버렸다. 완전한 금주란 생활속의 행동을 향유하기 위한 조건화된 단서를 상실했음을 의미한다. 즐겁게 인생을 향유할 수 있는 "기술"을 다시 배우지 않고서는,

회복된 알코올 중독자들 중 일부는 주변 사람들과 함께 있는 것이 지루해지게 되어, 친구 및 중요한 다른 사람들과의 관계가 더욱 불편해지게 된다. 회복된 알코올 중독자들이 이와 같이 잃어버린 기술을 발전시키도록 도와주는 것은 대부분의 치료자가 간과하고 넘어가는 영역이다.

알코올 중독의 예방

다음의 내용은 가족 및 지역사회의 차원에서 알코올 중독의 예방을 위한 모든 프로그램 속에 들어가야만 한다.

1. 알코올 남용의 패턴이 11~15세 사이에, 즉 대부분의 사람이 상상하는 것보다 훨씬 일찍 자리를 굳히기 시작한다는 것을 인식해야 한다. 또 유전 요인과 모델링 요인이 모두 중요하다는 것을 알아야 한다.
2. 아동들이 나중에 나이가 들어서 술을 먹게 허락할 수밖에 없다면, 그들에게 비교적 일찍 술을 맛보게 해 주되 적당량으로만 마시게 해야 한다.
3. 알코올 섭취를 음식과 연관시켜서 처음부터 특별한 경우에만 허용하라. 감정 상태를 조절하는 데 알코올 사용이 좋지 않음을 강조하라.
4. 적은 양에서 중간 정도의 알코올을 적절하게 마시는 모델을 제시하고, 맥주나 와인과 같은 알코올 도수가 낮은 음료를 사용하고 가급적 독한 술은 피해야 한다.
5. 음주에 대해 허용되는 것과 허용되지 않는 것에 관한 가족 규칙을 철저히 이해하게 하고 합의가 있도록 하라.
6. 음주 행동을 결코 성인이 되었다는 증거 혹은 다른 정체감을 얻은 증거와 절대로 연관시키지 말라.
7. 과도한 음주 행동은 멋있다거나(cool) 또는 유행에 맞는(stylish) 것이 아니라 어리석고 취미가 나쁜 것이라고 명명하라.
8. 알코올 문제가 있는 사람이 다른 사람들에게 도움을 구하는 행동을 약점이라기보다는 힘이 있다는 증거라고 명명하라.

9. 지역사회 및 공중보건 프로그램에서 알코올 중독의 교육을 장려하라. 그리고 더 효과를 보려면, 특정 상황과 연령집단에서 알코올의 가용성 및 사용 모두를 제한하는 것을 뒷받침하라.

처방전 약물남용의 문제로 돌아가기 전에, 다음에 소개된 알코올 중독 학생의 특정한 관련 패턴을 고찰한다.

대학생의 알코올 중독

대학생들은 GPA, RA, SATs, GREs 등의 첫 글자로 사람과 현상을 지칭하는 것을 좋아한다. 따라서 "SA"는 학생 알코올 중독자(the student alcoholic)를 뜻한다. 대학은 많은 배움이 이루어지는 시기이다. 그러나 불행하게도 그 모든 것이 긍정적인 것은 아니다.

이 분야의 탁월한 전문가는 워싱턴 대학의 중독 행동 연구센터의 심리학 교수이자 연구자인 Alan Marlatt 박사이다. 그는 알코올 중독에 대한 전문가로서 일반적으로 인정되고 있으며, 약물남용의 치료에 대한 그의 "손해 감소(harm reduction)" 접근법으로 인해 전문가로 인정받고 있는데, 수십 년간 Marlatt는 학생 층을 대상으로 음주 행동을 세부적으로 연구했다.

Marlatt는 많은 학생에게서 대학은 음주가 많아지는 장소이고, 어떤 학생들에게 있어서는 현저하게 더 그렇다는 것을 발견했다. 또 그는 성적인 흥분과 사회적인 수용에 대한 또래의 압력과 기대(종종 부정확함)가 대학생의 음주량을 늘려 준다는 것과, 공식적인 치료방법 외에 운동, 명상, 그리고 지역사회의 활동에 참가하는 것이 음주를 감소시킬 수 있다는 것도 발견하였다. 또한 성인과 달리, 젊은 대학생들은 금주가 안 되는 또래가 곁에 있으면 재발되기가 아주 쉽다.

Marlatt는 예방용 개입법으로 6주간의 인지행동 프로그램을 개발했는데, 여기에서는 ① 음주의 "신비" 효과에 대해 흔히 믿는 것, 이를테면 성적 능력에 대한 자신감을 높여 준다는 것 같은 믿음을 뒤흔든다. ② 학생들에게 자신들의 음주 습관(이를테면 얼마나 많이, 어디서, 그리고 음주 시 무엇을 하는지)을 자각하게 해서 보다 안전하게 음주하는 방법을 가르친다. 그리고 ③ 음주의 대안으로, 이를테면 운동, 술이 없는 파티, 그리고 지역 봉사활동 등과 같은 것을 제시한다. 이 프로그램은 소규모 집단의 대학생에게서 폭음을 의미있게 줄여주었다.

이러한 프로그램은 조기에 위험이 크다고 밝혀진 학생들에게 특히 유용하다. 즉, 가족 중에 알코올 중독자가 있거나 또는 지속적인 폭음, 15세 이전에 술을 마신 것, 알코올에 대한 내성이 높은 것, 혼자 있을 때 그리고/또는 우울했을 때 음주하는 것, 또는 음주운전(driving under the influence, DUI)이나 다른 알코올 관련 범죄나 문제로 체포된 전력 등의 예측성 패턴을 보인 사람이 있는 경우에 그렇다.

학생-지역사회 차원에서 여러 가지의 반음주(anti-drinking) 조치도 도움이 될 수 있다.

- 술병을 없애거나, 음주 시간을 최소한으로 제한하고, 특별한 장려운동을 실시하며, 과도한 음주를 잘 포착하도록 훈련된 인력을 두는 책임있는 음주 서비스 정책을 펼치기
- 폭음할 위험이 높은 장소인, 남학생 사교클럽에서의 통제된 음주(그리고 여학생 사교클럽에서는 약간 더 느슨하게)
- 21세 이하의 청소년들에게 술을 파는 가게를 규제하며 또한 부모들이 이런 나이의 자녀들에게 술을 주는 것을 막는 프로그램을 세우기
- 음주운전 관련 법률의 집행을 강화하기
- 음주 시설의 수효와 운영 시간을 규제하는 구역 설정

처방 약물의 남용

DSM-IV-TR에서는 많은 물질남용 패턴을 구분하고 있지만 "처방전 약물 남용(prescription drug abuse)"이라 불리는 패턴은 따로 소개하지 않고 있다. 그러나 저자들은 이것이 중요한 패턴이라고 여기는데, 그 이유는 남용되는 특정 약물보다는 내담자의 공통된 특징에 초점을 두는 방식—즉, 성격 패턴 사이의 공통점을 찾는 접

근방식—이라고 정의되기 때문이다. 제약회사들과 의사들은 우리 사회의 처방전 약물 남용의 수준이 높은 것에 대해서 적어도 어느 정도는 책임감을 솔직히 인정해야 한다.

처방전 약물남용의 공통된 징후는 ① 처방전이 빨리 작성되도록 하려고 노력하는 것, ② 별도의 예비용 처방전 및/또는 의사를 접촉하기 위해 노력하는 것, ③ 이런 패턴을 직면시키려는 그 어떤 건강관리 전문가에 대해서도 저항성 회피를 하는 것, ④ 자신의 약물 사용에 대해 동정적인 건강관리 직원들과의 접촉을 늘려 가는 것, ⑤ 불안이 높아지는데, 특히 처방전 발급이 지연되거나 처방전의 갱신이 위협받는 경우에 그렇다, ⑥ 보편적인 흥미거리, 친구, 그리고 활동으로부터 멀어지는 것, 그리고 ⑦ 약물의 효과를 보충하기 위해 알코올을 사용하는 것이 증가한다(Hopfer, 2011).

복합 물질 의존

'복합 물질 남용(polysubstance abuse)'이라는 용어는 DSM-IV-TR에 포함되어 있지 않은데 DSM의 이전 판에도 없었다. 그러나 DSM-IV-TR에는 복합 물질 의존(polysubstance Dependence)이라는 항목이 있는데, 이는 당사자가 특정한 물질에만 너무 치우쳐서 사용하지는 않지만(카페인 또는 니코틴을 제외한) 적어도 세 가지의 다른 물질을 최소한 6개월 이상 사용해 온 경우이다.

니코틴, 알코올, 그리고 마리화나의 복합 물질 남용은 청소년 약물 남용에서 의존으로 가는 "관문"이 되는 경우가 종종 있다. 물질 남용을 상대적으로 소홀히 하는 것은 미국 사회의 본질적인 특성을 반영한다. 즉, 미국 사회에서는 실제로 발생하는 신체적 또는 심리적 장애에 대한 특별한 치료법이 있다고 믿고 있다(Garner & Garfinkel, 1997).

복합 물질 남용자는 일반적으로 외부 요소가 모든 문제를 처리해줄 것이라는 기대감과 새로운 경험이나 감각 추구에 대한 욕구가 높은 것을 통상 함께 묶는다. 그러나 2007년 여름에 전 상원 의원이자 부통령이며 대통령 후보인 Al Gore의 아들인

Albert Gore III가 체포된 사건은 미국 고등학교 및 대학생들 사이에서 복합 물질의 남용이 증가하는 것에 주목하게 했다.

합성 물질에의 의존

여기에 초점을 맞추는 것은 복합 물질에 의존하는 개인이 한 가지의 물질을 남용하는 사람에 비해서 더 높은 자살 기도, 자해, 그리고 공격 행동을 더 많이 나타낼 수 있다는 연구결과에 비추어 볼 때 당연한 것일 수 있다(Martinotti et al., 2009).

논평

Elvis Presley의 어머니가 안정과 수면을 위해서 음주하고 알약에 의존했었다는 사실로 미루어볼 때 그가 중독에 걸릴 다소간의 소질을 갖고 있었다는 증거가 될 수도 있겠다. 그의 어머니는 또한 우울과 불안의 증세도 보여 주었는데, 이 증세는 Elvis Presley가 유명해짐에 따라서 그도 나타낸 것이다. 또한 그의 아버지는 적어도 몇 가지 반사회적 패턴을 보여 주었으며, 아마도 알코올을 남용했을 것이다.

의심할 바 없이 Elvis Presley가 그의 직업에 대해 느꼈던 과중한 압박감 그리고 그의 명성에 수반하는 필연적인 소외감과 고립감도 또한 요인이 되었으며, 그가 주치의들과 치과 의사들로부터 그토록 약물을 얻고자 강렬히 원했던 것도 요인이었다.

이 사례에서 볼 수 있듯이, 약물 남용자들은 현실 접촉(reality contact)이 상실되지 않은 정신증의 소유자(psychotics)라고 묘사될 수 있다. 즉, 이들은 다양한 삶의 영역(직장, 학업 수업도, 대인관계 그리고 동기)에서 행동의 퇴보를 보여 주는데, 이는 특히 이들이 상당 기간 동안에 약물을 남용해 왔을 경우에 더욱 그렇다. 또한 정동은 대체로 평탄하며(flat), 또는 정서가 분명하게 나타날 때에는, 이는 아주 불안정하다.

알코올 중독자들에게 흔히 나타나듯, 약물 중독자들은 긍정적인 변화에 대해 종종 저항하며, 그리고 알코올 중독자들의 경우처럼, 회복되는 일은 그리 흔하지 않다. 이들이 변화에 저항하는 것은 꾸며 낸 속임수로 보이지 않는데, 왜냐하면 당사자가 변화하는 데 마음으로 전념하는 것으로 보이지만, 그러한 변화를 일으키는 데 필요한 동기와 행동은 만들어 낼 수가 없기 때문이다(Boyd, McLearen, Meyer, & Denney, 2007). 그러나 Elvis Presley에게는 그러한 저항들조차 나타나지 않았다. Presley로부터 그러한 약속들을 받아 낼 만큼의 충분한 영향력을 갖고 있거나 지렛대 역할을 해 줄 사람들이 주위에 없었기 때문이다.

사례 연구

Elvis Presley의 사례

Elvis Aaron Presley는 우리 시대에 가장 잘 알려지고 인기 있던 연예인들 중 하나이다. James Dean, Marilyn Monroe, John F. Kennedy 등의 사례에서와 마찬가지로, Elvis는 열혈 팬들에게 노년의 모습을 보이기 전에 일찍 죽어야 하는 문화적 우상(cultural icon)이 되었다.

Elvis의 음악과 카리스마는 음악 산업을 바꾸어 놓았고 로큰롤의 왕이라고 불릴 정도로 강한 인상을 남겼다. 그의 지속적인 인기에 대한 호기심을 끄는 증언이 2001년 8월에 나타났는데. 이때는 일본 총리가 Elvis의 사망 24주기를 기념하기 위하여 "Juniziro Koizumi Presents: 내가 가장 좋아하는 Elvis 노래"라는 CD를 찍어 냈다. 총리는 말하기를, "내 생일은 1월 8일로서 Elvis와 동일하다. 이것은 내가 크게 자랑하는 것 중 하나이다."라고 했다.

1956년 그의 첫 번째 히트 앨범부터 1977년 42세에 때 이른 죽음에까지, Elvis Presley는 대중의 무거운 시선을 받으면서 지냈다. 그가 사망한 것은 대중들이 그가 얼마나 퇴보하였는지(deteriorating)를 알아차리기 시작한 지 얼마 되지 않아서였다. 많은 파괴적인 개인적 습관—그중 가장 나쁜 것은 처방전 약물의 남용이었다—의 결과로, Elvis Presley의 건강은 심상치 않은 상태에 이르렀다. 1977년 8월, 그는 목욕탕에서 죽었다. 그가 죽었을 당시 그가 읽고 있었던 책은 『The Scientific Search for The Face of Jesus(예수 얼굴에 대한 과학적 탐구)』였다. 부검과 독물 검사가 실시되었다. 독물 검사에서 사망의 가장 주된 원인은 여러 가지 처방약의 과다복용으로 판정되었다. 이러한 명확한 증거와 Elvis

Presley의 처방약 사용에 관한 개인적인 경력이 있음에도, 몇 명의 의사들이 법정에서 Elvis Presley는 과량 복용에 의해서 죽은 것이 아니며 그의 약물 사용은 평범한 것 이상이 아니었다고 불합리한 증언을 한 것은 매우 흥미로운 일이다. Elvis Presley의 죽음을 둘러싼 명확한 이유와 그 상황은 심지어 오늘날까지도 논의의 대상이 되고 있다. 그러나 그가 처방전 약물을 심각하게 남용했다는 사실은 의심할 여지가 없다.

Elvis Aaron(그의 출생 증명서에는 "Aron"이라고 철자가 틀리게 적힘) Presley는 1935년 1월 8일에 미시시피주의 작은 시골 마을인 East Tupelo 지역에서 태어났다. 그의 유일한 형제였던 쌍둥이 Jesse는 Elvis가 태어나기 35분 전에 사산된 채로 태어났다. 그의 가족은 매우 가난해서 자주 이사를 다녔다. 그의 아버지 Vernon Presley는 다정하고 쾌활한 남자였고 그의 어머니 Gladys는 좋은 어머니이자 아내였다. Elvis Presley가 서너 살이 되었을 때 그의 아버지는 약간의 법적인 문제를 일으켜 3년간 감옥에 있었다. 그 결과, Elvis Presley는 아버지와 멀어지게 되었다. 반면에 어머니와는 굉장히 친밀했다. 그녀는 Elvis Presley를 강박적으로 보호했던 것으로 알려졌다. Elvis Presley에게는 사산된 쌍둥이 동생이 있었기 때문에 그와 어머니와는 더욱 강하게 결속되어 있었다. 이런 어려운 출산의 결과로 Gladys는 더 이상 아이를 가질 수 없게 되었다. Elvis Presley는 어머니 삶의 중심이 되었고, 그의 어머니는 아들을 보호하고 키우는 데 모든 사랑과 정열을 쏟아부었다. 가족들은 Elvis Presley의 어머니가 Elvis를 낳은 후 매우 긴장되고 불안해하였다고 기억했으며 "신경쇠약(bad nerves)"을 진정시키고 잠이 드는 것을 돕기 위해서 약을 종종 복용하곤 했다고 보고하였다.

Elvis Presley는 이미 언급한 이러한 문제들을 제외하면 대체로 행복한 어린 시절을 보냈다고 할 수 있었다. 1949년, Elvis Presley 가족은 안정된 직업을 찾아 테네시의 멤피스로 이사를 했다. Elvis Presley는 음악적인 경력을 쌓을 때까지 멤피스에 남아 있었다. 고등학교를 졸업하고 1953년 그의 첫 번째 앨범을 만들었다. 1954년, 그는 Grand Ole Opry에서 데뷔했고 Col. Tom Parker의 밑에서 있던 1956년, 갑자기 대중매체와 음악 무대에서 각광을 받기 시작했다. 1956년부터 1958년까지 Elvis Presley는 수많은 앨범을 발표했고 몇 편의 영화를 찍기도 했다. 그의 스타로서의 위치는 믿을 수 없을 정도에 이르렀다. 그러나 1958년 3월 그는 육군에 징병되었고 군의 입대는 개인적인 인생에 있어서의 전환점이 되었다. Elvis Presley가 군대로 떠나기 전에 어머니에게 소식을 전하기 위해 전화를 했었으나 어머니는 그와 이야기하기를 거절했다. 그의 인생에 처음으로 어머니는 육체적, 감정적으로 나쁜 상태에 빠져 있었다. 그녀는 술을 과도하게 마시기 시작했고 결국 간염으로 진단되었으며 1958년 8월에 사망했다.

Gladys Presley의 죽음으로 인해 Elvis는 고립되어 지내는 상태가 되었다. 1960년 그가 군대에서 제대한 후 그는 몇 개의 별로 신통치 못한 음반과 영화들을 만들었다. 그는 창작력을 잃었다고 느꼈으며 팬들과 세상으로부터 스스로를 소외시키기 시작했다. 1968년 33세의 나이로 Priscilla Beaulieu와 결혼을 했다. Priscilla도 스스로 주장하고 그녀와 Elvis를 모두 아는 많은 사람이 믿고 있는 바는, 그녀가 결혼하기 전에 6년 동안 그의 침대에서 그와 함께 잤다는 것과, 그녀가 기혼자였다는 것이다. 9개월 후에 딸 Lisa Marie를 낳았다. 그리고 1969년 Elvis Presley는 7년 만에 처음으로 히트작인 「Suspicious Minds」를 발표했다. 그러나 이때에는 이미 생활 습관이 파괴적이 되어 버려서 정서적으로 고갈된 상태였다. 그는 성적으로 문란해지기 시작했고 취침 스케줄은 정상이 아니었다. 그는 아침 8시에서 오후 4시까지 잠을 잤고 4시부터 이른 아침까지 파티를 열었다. 그러나 가장 파괴적이었던 것은 처방전 약물에 대한 의존성의 증가와 남용이었다.

Priscilla가 1973년 이혼소송을 했을 때부터 그가 죽을 때까지 Elvis Presley의 체중과 약물 사용은 기록적으로 늘어만 갔다. 많은 가까운 친구는 Priscilla가 떠난 후, 그가 자신을 포기한 것처럼 느꼈다고 한다. Elvis는 사생활이 거의 없었다. 그는 자신의 삶과 운명을 통제할 수 없다고 느꼈고 그가 받는 사랑과 숭배의 한가운데에서 점점 더 소외되고 혼자가 되어만 갔다. 그는 수많은 신체 장애(길이가 2피트인 괴상한 결장, 녹내장, 약간 기형의 다리, 장기적으로 볼 때 가장 중요한 것은 때로는 심장이 두근거리거나 좀처럼 뛰지 않는 것)를 겪었다. 지방 공연을 취소하거나 무대에서는 적절치 못하게 행동하곤 했다. 1973년 Priscilla가 다른 남자와 사귀고 있다는 것을 안 후에는 며칠 동안 많은 양의 진정제로 자신을 진정시켜야만 했다. 같은 해에 노래를 부르는 데 영향을 주는 성대에 문제를 겪기도 했다. 1974년 고열로 인해 무대에서 거의 쓰러졌으며 이 사건 이후 사회와 완전히 고립되어 Graceland의 그의 방에서 시간을 보내기 시작했다. 1975년에는 간장에 문제가 생겨 병원에 갔는데 약물 해독을 위한 것이라는 소문이 퍼졌었다. 병원에 간 이후 한동안 Elvis Presley는 만족스러운 듯이 보였다. 그러나 1976년에 그의 약물 사용은 또다시 많아졌다.

Priscilla와 이혼한 후에 수년 동안 Elvis Presley의 행동은 굉장히 비이성적인 것에서 심하게 우울한 것 사이를 왔다 갔다 했다. 1974년에 그는 신나게 술을 마시는 데 시간을 보냈으며, 차 대리점을 방문해서 모든 차를 다 사 버리기도 했고(그 차들을 곧 남들에게 거저 주었다), 거액을 자선단체에 보내기도 했다. 그는 무대에서 자신을 통제할 수 없기 때문에 아무 이유 없이 갑자기 신경질적으로 "낄낄 웃는 발작"을 하기 시작했다. 그가 콘서트를 하는 중에 청중이 무대 위로 총을 던지자 관객들이 당황하고 우려하는 동안 그것을 갖고 한동안 장난을 치기도 했다. 그는 혼란스러워하는 듯했으며 땀을 지나치게 많이 흘렸었다. 늦은 저녁 파티에서 그는 한 여성과 맞다투다가 "우발적으로" 그 여성의 발목을 부러뜨려서 민사소송 직전까지 간 적도 있었다. 그의 쇼 무대에 함께 있던 동료들은 그가 화를 잘 냈고 항상 싸울 거리를 찾았다고 말했었다. 이러한 예들은 모두 우울증의 시초였다. 그리고 그의 약물 남용은 더욱더 심해졌었다.

Elvis Presley가 죽기 32개월 전인 1977년 8월 16일에, 그의 주치의인 George Nichopovlos는 Elvis Presley에게 19,000알의 약을 처방했다고 한다. 그에게 처방된 알약들 중 다수가 가짜약(placebos)이었다고 주장하였고 종국에는 그 의사는 약물 관련 혐의에 대해 무죄 처분을 받았다. Elvis Presley는 코데인(codeine), 모르핀(morphne), 발리움(valium), 쿠알루데스(Quaaludes), 데메롤(Demerol) 등과 같은 약물을 구하기 위한 처방전을 받기 위해서 미국 전역에 있는 동정적인 의사 및 약사뿐만 아니라 친구들에게도 부탁했다. 약물을 얻기 위해서 처방전에 기입하는 통상적인 병명들은 '치아 문제'였으며 콘서트장에 늦게 도착해서는 청중들에게 치과 의사와의 약속 때문이라는 거짓말을 늘어놓는 것은 Elvis Presley에게 특별한 일은 아니었다. Elvis Presley의 죽음을 향한 행동들 중 하나가 의사의 처방전이 필요한 약들에 대한 참고서적을 탐독하는 것이었는데, 그가 복용하고 있었던 약들의 치명적인 조합들을 방지하기 위함이었다. 그가 죽기 바로 전날 치과 의사로부터 진통제의 일종인 딜라우디드(Dilaudid)의 처방전을 써서 받았다.

Elvis Presley의 정확한 사인에 대해서는 여전히 논란의 여지가 있지만, 그가 처방전 약물을 광범위하게 사용한 것은 부정할 수 없다. Nichopovlos는 Elvis Presley의 죽음이 많은 약에 의해 초래된 것이라는 주장을 격렬히 부인하지만, Elvis Presley의 건강이 약물에 의해 통제되었다는 사실은 인정할 것이다. Nichopovlos는 Elvis Presley가 수면과 결장 질환, 그리고 고혈압 때문에 약을 복용했다고 설명하고 이러한 약들은 진정제가 아니라고 강조했다. Elvis Presley가 약을 복용하던 시기에 행복했던 적이 거의 없었다는 점에서 Nichopovlos의 말이 문자 그대로 정확할 수도 있다. Elvis Presley 가까이에서 일했던 David Stanley는 그의 죽음이 약물 과다복용으로 인한 자살일 가능성이 높다고 이야기하는데, Elvis Presley가 방금 사망한 목욕탕에서 Elvis의 시신 근처에 놓여 있던('attack'라고 불리는) 세 개의 빈 약상자들을 그가 보았기 때문이다. 이 세 가지 attack들은 모두 33알의 알약과 9알의 데메롤(Demerol)이었다. 이 양은 서너 시간 간격으로 복용해도 상당한 양인데, Elvis Presley는 이때 정상적인 시간보다 훨씬 짧은 시간 이내에 복용한 것으로 보인다.

여러 명의 내과 의사들이 뒷받침한 결정에서, 검시관은 Elvis Presley가 약물 과다복용이 아닌 심장 부정맥으로 사망했다고 결론 내렸다. 그러한 결론은 그의 몸에서 검출된 약물의 양이 치사율에 이를 정도로 높지 않다는 주장에 기인한다. 부검한 보고서에서는 심장병, 동맥경화, 간 비대증 등을 앓고 있었다고 쓰였다. 캘리포리나의 반누이스에 있는 생명과학 연구소의 보고서에서는 Elvis Presley가 다양한 약물에 의해서 사망했다고 하였는데도 불구하고, 검시관은 이러한 사실을 강하게 부인하였다. 그 보고서는 다음의 약물들이 Elvis Presley의 체조직 속에 있다고 열거하였다. 코데인(진통, 수면제), 스테로이드/ACTH(내장염, 장질환에 사용됨), 발리움(정신 안정제; 상표명), 에틸로비놀(진정제/최면제), 데메롤(Demerol), 아모바비탈(수면과 진정 작용을 하는 바르비투산염), 페노바트비탈(phenobarbital), 그리고 메타쿠알론(Quaaludes; 조직 내에서 대단히 많이 발견된 약물) 등이 그것이다.

니코틴 의존

1492년에 콜럼버스 호의 승무원 중 두 명인 루이스 데 토레스(Luis de Torres)와 로드리고 데 헤 레즈(Rodrigo de Jerez)는 쿠바의 원주민들이 특정한 식물 잎을 말린 후 피우는 것을 관찰했다. De Jerez는 그 자신도 맛을 보았고, 그는 유럽인 흡연자의 첫 번째로 확인되었다. 그가 스페인에서 다시 담배를 피웠을 때, 그의 마을 사람들은 그의 입에서 나오는 연기에 놀랐다. 그리고 그에게 악마가 씌웠다고 생각하고는, 종교 재판을 통해 그를 감옥에 가두었다.

불행하게도, 그의 흡연 방식이 북미로 되돌아가는 것을 막지 못했다. 최초의 영국 정착지인 제임스 타운(Jamestown)에서 포카스한(Pocahantas)의 미래의 남편인 존 롤프(John Rolfe)가 담배 씨앗을 심을 때까지는 경제적으로 허우적 거렸다. 이 식물이 번성하면서, 담배는 돈을 벌어주는 중요한 작물이 되었다.

일반적으로, 흡연자는 비흡연자보다 매년 건강관리를 받아야 하는 확률이 약 50% 이상 더 높은 것으로 알려져 있다. 그리고 흡연자들이 뿜어 대는 담배 연기는 그 주위 사람들에게도 엄청난 해가 되고 있다. 역사적으로 금연에 대한 여러 조치들-예를 들면, 미국 공중위생국 장관의 경고 같은 것의 효과는 단지 제한적일 뿐이었으며, 그리고 금연에 성공한 사람들도 재발하기가 지극히 쉬웠다.

17세기 터키의 술탄 Murad 4세의 금연에 대한 경고는 담배에 중독된 사람을 고문하고 처형하겠다는 것이었으나 이조차 그 효과는 크지 못했으며, 1683년에는 담배를 소지했다는 것만으로도 참수형에 처하겠다는 법률이 중국에서 선포되었지만 마찬가지였다.

다음의 일곱 가지 주요 요인이 담배 중독이 시작되고 유지되는 데 결정적인 것으로 통상 간주된다. 주된 요인은 니코틴의 생리적 중독 성분인데, "독일 Wilhelm Posselt와 화학자 Karl Reimann에 의해 화학적으로 분리되어, 16세기에 담배를 열렬히 선전해 온 프랑스인 Jean Nicot의 이름을 따서 '니코틴(nicotine)'으로 명명되었다."(Durant & Thanker, 2003, p. 73).

그러나 연구자들은 흡연자 중 작은 규모의 소집단은 정기적으로 또 중간수준으로 흡연하면서도 중독되지 않는 것을 발견했다. 중독은 분명히 두뇌 전반에서 발화하는 접합부 신호의 발화(firing) 속도를 급격히 높여 주는 신경전달물질인 글루타메이트의 흐름을 가속화하고 세게 해 주는 니코틴의 역할로부터 나오는 것으로 여겨진다. 니코틴 중독에 관련된 뇌 속의 주된 부위는 뇌섬엽(insula)으로서, 이 뇌섬엽 부위에 뇌출혈이 발생한 한 남성이 더 이상 담배를 피우지 않아서, 그에게 그것에 관해 물어보았더니, 자기가 담배를 피우는 것을 "잊어버렸다."고 말해서 부각된 영역이다.

또한 이와 같은 신경세포 차원에서 강화된 것의 대부분은 생리적 활성화가 뇌에 대한 보상 체계로 작용하는 변연계에서 발생한다. 그밖의 요인으로는, ① 남의 행동을 모방해서 담배에 쉽게 손을 대는 것인데, 친한 친구, 권위있는 사람들, 그리고 대중매체의 우상에 의해서 촉진된다. ② 또래의 압력, 특히, 사춘기 초기에 중요하다(Kleinjan et al., 2010), 그리고 ③ 유전적 소질(Johnson et al., 2010), ④ 습관 및 의식적 행위(ritual), ⑤ 만성적 흡연자를 진정시키는 니코틴의 역설적 효과(약리적으로 흡연은 자극제임; Berrendero, Robledo, Trigo, Martin-Garcia, & Maldonado, 2010), 그리고 ⑥ 성격 욕구의 충족(예, 입을 통한 성욕 충족; Petraitis, Flay, & Miller, 1995) 등을 들 수 있다.

니코틴 남용이나 의존에 대한 진단–검사결과의 상관관계를 규명하는 것은 어렵다. 왜냐하면 ① 흡연이 법에 의해 사회에서 허용되어 있고, ② 매일 사용하는 패턴이 널리 받아들여져 있으며, ③ 청소년의 흡연에 대해 사회에서 전통적으로 매우 관대하고, 그리고 ④ 사회에서 사용(use)과 남용(abuse)을 명확하게 구분하지 못하기 때문이다. DSM–IV–TR에서는 다른 물질 의존에 대해서와 동일한 기준으로 니코틴 의존에 대한 진단을 내리고 있다.

또한 의존성을 평가하기 위한 타당한 측정도구를 만들어 내기 위해 노력이 기울여졌다. 이러한 측정도구의 예는 다음과 같다. 니코틴 의존에 대한 파거스트롬(fagerstrom) 검사 the Fagerstrom Test for Nicotine Dependence(FTND) 그리고 니코틴 점검목록표 the Hooked on Nicotine Checklist(HONC; Carpenter, Baker, Gray, & Upadhyaya, 2010). 이러한 측정도구의 타당도는 아직 초기 단계에 있다.

그러나 이런 측정도구가 존재한다는 것 그 자체는 니코틴 의존도에 대한 경험적으로 뒷받침하는 객관적 측정도구를 지향하는 임상 전문가들의 노력을 보여 주는 것이다. 20세까지 주기적으로 담배를 계속 피우는 사람들 중에서, 약 90%는 니코틴에 의존하게 될 것이다.

사례 연구

닥터 S의 사례

심한 유행성 감기로 38세인 닥터 S는 불규칙적인 심장박동을 겪었다. 이에 그의 개인적 주치의이자 동료인 F 박사는 시가를 흡연하는 습관 때문에 불규칙적인 심장박동이 발생했으니 흡연을 중단하라고 권유했다. 닥터 S가 담배를 끊으려고 노력하자, 우울해졌고 심지어 심장박동률이 더 악화되는 것을 이따금 겪었다. 수차례에 걸친 금연 시도 끝에, 그는 하루에 약 20개피의 시가를 피우는 것으로 되돌아갔다. 그러다 67세의 나이에 턱암에 걸리게 되었다.

다양한 암 및 암 발생 전의 조건으로 인해 33번이나 수술을 하고 턱 전체를 제거했음에도 불구하고, 닥터 S는 흡연을 계속했다. 73세 때 그가 담배를 끊으려고 했을 때, 그는 협심증(심장병으로 인한 흉부 통증)이 나타나게 되었는데, 그가 흡연을 중단할 때마다 완화되었다. 그래도 그는 그 후 계속해서 담배를 끊으려 했으나, 성공하지 못했다. 그는 83세의 나이에 암으로 사망하였는데, 수술, 암 그리고 심장병을 오랫동안 겪고 난 뒤였다.

논평

이 책에 나와 있는 다른 사례와는 달리, 이 예는 최근의 것이 아니다. 왜냐하면 닥터 S는 1836년 5월 6일에 Moravia(현재 Pribor로 알려져 있는 체코공화국의 일부)의 Freiberg에서 유태인 양모 상인인 Jacob Freud와 그의 아내 Amalie 사이에서 아들로 태어났으며 …… 지그문트는 4세 때, 비엔나로 이사와서는 …… 그곳에서 쭉 살다가 1938년에 나치의 박해를 피하기 위해 오스트리아를 떠나지 않을 수 없었다.” (Larson, Graham, & Baker, 2007, p. 271).

여기에서 닥터 S가 Sigmund Freud라는 사실은 이와 같은 (흡연) 행동을 바꾸는 것이 얼마나 어려운지를 강하게 증언해 준다. 현대에는 상상할 수 있는 모든 전술이 사용되어 왔다. 이러한 노력의 대부분은 전혀 성공을 거두지 못했거나 제한된 성공을 거두었을 뿐이며, 어느 것도 완전한 성공을 거두지 못했다. 도움이 될만한 모든 기법과 약물을 종합한 집중적인 거주(입원) 프로그램에서조차 — 예를 들어, Mayo Clinic(역자 주: 미국의 유명한 정신분석연구소)에서도 — 성공률은 40%를 넘지 못했다.

DSM-IV-TR에서는 매년 금연을 시도하는 흡연자 중 5% 미만이 성공한다는 것을 알려주고 있다. 많은 사례에서, 당사자들은 치료 단계 중에는 흡연을 상당히 조절할 수 있지만, 그 이후에는 점차 원래대로 되돌아갈 뿐이다. 재발률은 대단히 높다. 담배 한두 개피 이상을 피우는 것뿐인 단 한 번의 "실수(lapse)"만 저질러도 보내는 시간의 거의 50% 동안을 다시 흡연을 하게 되기 쉬우며, 두 번 재발한 사람들은 사실상 모두가 궁극적으로는 흡연을 다시 한다. 골초(Heavy smokers)는 재발하기가 아주 쉽다.

치료 방향

어떤 기법(심리요법의 분위기에서야 가장 잘 전달됨)이 도움이 되는 것으로 보이는지에 대해서는 다소 의견의 일치가 있다(Durrant & Thakker, 2003; Meyer & Weaver, 2007; Petraitis et al., 1995).

- 지연을 늘리는 전략(Increasing delay strategies): 점진적이지만 지연을 늘려 가는 것으로서, 그날의 첫 번째 담배를 흡연하는 것을 금연하는 시점까지 늘려 나가기 그리고/또는 미리 계획된 "금연의 날"을 사용하기.
- "갈망(craving)" 및/또는 강박적으로 주의를 끄는 요소(obsessive focus components)를 잠재우기 위해 나트렉손(naltrexone) 또는 부프로피온(bupropion)과 같은 약물을 사용하기
- 분리해 놓은 니코틴을 사용하여 중독 성분을 제거한다. 증거에 따르면 생물학적 처치법 중에서 가장 효과적인 조합(combination)은 니코틴 패치(the nicotine patch)(Rose, Herskovic, Behm, & Westman, 2009) 그리고 지속적으로 방출되는 유형의 부프로피온(the sustained-release form of buproprion)(예: 지반)을 병행하는 것이며, 그리고 최근의 연구결과는 바레니신(varenicline)의 사용을 뒷받침해 주었다.

- 특히 첫 몇 주 동안이나 몇 달 동안 불안, 우울 및 두려움을 잠재우기 위해 향정신성 약물(psychotropic medication)을 단기간 및/또는 "필요한 대로 복용하는" 처방전을 사용하고, Nic-VAX 주사를 통상 5회, 연속해서 접종하는 것으로서, 이 주사는 니코틴이 뇌에 도달하는 것을 차단하여, 중독 성분 그 자체를 없애 주어서 금연을 더 쉽게 하도록 해 준다.
- 스트레스와 상황불안에 대처하고, 동기를 증진시키기 위한 장기적인 방법을 개발하기 위해서 최면술 및/또는 이완 훈련을 사용한다.
- 금연의 필요성을 꾸준히 갖고, 주치의와 상담하면서, 계속해서 상황을 체크하거나 프로그램에 참여하도록 한다.
- 혐오를 통한 소거 반응(aversion-extinction responses)을 생성시키기 위해 급속흡연 기법(rapid-smoking techniques)을 사용한다.
- 자존감과 생리적 건강을 증진시키기 위해 식이요법(diet)과 운동에 관심을 기울인다.
- 우울이나 불안 같은 동반 장애를 직접 대상으로 하는 치료를 받는다.
- 지지집단(support group)에 참여한다.
- 변화하려는 시도에 대해 뒷받침을 받기 위하여 가까운 사람들과 함께 작업한다.

금연이 성공하려면 통상 다음의 단계로 진행된다.

- 변화에 대한 고려(Consideration of Change): 스스로 금연의 가능성과 자신이 처한 상황에 대하여 남들과 얘기해 보고 생각해 본다.
- 마음 먹기 단계(Crystallization): 진짜로 금연하려는 목표를 수용한다. 비용-이득 분석(Cost-benefit analyses)(예, 건강 상의 이유)을 실시한다. 귀찮은 것, 개인적 비용, 그리고 재발의 함정에 대해 기대되는 바를 구체화해서 목록으로 작성한다.
- 구체적인 준비(Concrete Preparation): 금연할 의지를 굳히고서는 금연할 시기를 선택하는데, 비교적 스트레스가 없는 기간이 바람직하다. 스트레스 대항기제(예, 최면술, 요가, 벤조디아제핀 처방, 중요한 다른 사람들과의 의지 확약)를 시

행할 수 있다.

- "그저 해보기(Just Do It)" 단계: 준비하고 계획한 대로 실행에 옮긴다. 기존의 흡연 시간을 메울 수 있는 새로운 행동을 실천한다. 흡연자를 피한다. 금단 증상에 대한 대처 방안을 시행한다. 금단 증상은 3~6개월 동안 지속되며, 신진대사의 변화로 체중이 늘 수 있다.
- 유지 단계(Maintenance): 신체적, 정서적 그리고 영적으로 보다 건전한 생활방식을 유지한다.
- 재발방지 단계(Antirelapse): 다소 재발의 가능성을 예상되는데(대략 45%가량이 한 달 이내에 원상태로 되돌아간다), 이에 대처할 방안을 미리 준비해 놓아야 한다. 재발을 방지하기 위해 한층 강화된 기제(예, 반흡연 반대 캠페인에 내놓고 참여하는 것, 가족들이 담배 관련 제품을 파괴하도록 허용하는 것)를 적용한다.

지속적인 금연에 성공하기 위해서는 보통 흡연자 주위에 있는 가까운 인물들이 (당사자의) 금연하려는 변화를 뒷받침해 주는 것이 통상 필요하다. 특히 친구 및 가족(이들이 흡연자일 경우에는 특히)이 당사자의 금연 서약에 대해 말이라도 뒷받침해 주지 않는 경우가 종종 있게 되고, 오히려 의식적으로나 무의식적으로 주저앉히려는 경우가 있기 쉽다. 다른 많은 물질 남용 패턴의 경우에서처럼, 재발 방지가 치료보다 더 효율적이고 효과적이다.

이것은 특히 중요한데, 왜냐하면 20세의 나이에 흡연하는 사람들의 약 90%가 장기적인 흡연자가 되기 때문이다. 재발방지와 치료를 결합시켰더니 미국 성인의 흡연율은 1966년의 42.2%에서 1997년에는 약 20%로 떨어졌으며, 그 이후로 이 비율을 약간 밑돌고 있다. 흡연 습관은 사회경제적 지위가 낮은 사람들에게서는 아주 강력하게 지속된다.

표 6-2. 물질사용장애(Substance Use Disorders)

증상(장애)	연속선상으로 본 증상(Symptoms on a Continuum)	
	상당한 정도임 (Reasonable Degree)	병리적일 가능성이 있음 (Potentially Pathological)
금단 (물질 의존)	Cynthia는 기말 고사를 위해 주입식의 벼락치기 공부를 했고, 결과적으로 그녀는 깨어 있기 위해서 많은 커피를 마셨다. 시험이 끝난 다음 날에도, 잠을 잘 잤는데도 불구하고, 정신이 몽롱하고 두통이 있다.	Paul은 통상 술 한잔으로 아침을 시작해야 한다. 술을 마시지 않으면, 그는 몸이 떨리고 직장에서 기능을 제대로 발휘할 수 없다. 그가 직장에 있을 때에는, 그는 통상 일과 후 음주 계획을 짜고 있다. 그는 일한 후에 술을 몇 잔 마시는 것은 괜찮다고 생각하는데, 더 이상 술에 취하는 경우가 거의 없다는 것을 스스로 잘 알고 있기 때문이다. 그의 친구들은 그가 얼마나 많이 파티에 가는가에 대해 걱정하지만, 정작 그는 그것에 별로 신경 쓰지 않는 것 같다.
증세와 사용 패턴 (약물 남용)	Danny가 21번째의 생일을 맞았을 때, 그 여파로 그는 이상심리학 시험이 있는 그다음 날 아침에 큰 숙취로 고생했다. 결과적으로, 그는 첫 번째 시험에서 아주 형편없이 해냈다. 이와 같은 교훈을 통해, 그는 그다음부터는 파티에서 더 가볍게 음주하거나, 또는 적어도 중요한 시험으로부터 멀리 떨어져 있는지를 확실히 한 후에 파티에 참여한다.	Luis가 두 번째 음주 운전에 걸렸다. 첫 번째 단속에 걸린 후에는 청원을 통해서 넘어갈 수 있었지만, 이번에는 운전면허증도 잃고 감옥에 갈 가능성이 있다는 것을 알고 있다.

제7장

성격장애

성격장애(personality disorders)란 환경에 대해 만성적이고, 전반적이며(pervasive), 융통성이 결여된 지각 및 반응 패턴을 보이는 것으로서 상당한 부적응을 일으켜서 그 기능발휘가 붕괴(disruption)될 정도이고 환경에 의해 유발된 주관적 고통을 가져올 정도인 것을 말한다. 이런 것들은 흔한 패턴이다. 성격장애가 있는 사람들은 통상적으로 친구나 친척에 비해서 자신의 행동으로 인해 지장을 받지 않거나 또는 신경쓰지 않는다. 일반적으로, 성격장애가 있는 사람들은 자신의 독특한 성격을 자아-동조적(ego-syntonic)으로, 즉 자신에 대한 지각 내용과 일치하는 것으로 본다. 다시 말해, 성격장애가 있는 사람들은 본인보다는 배우자, 친척, 또는 사법기관 같은 남들에 의해 전문가의 주의를 끌게 되는 경우가 많다(Meyer & Weaver, 2006). 성격장애는 여기에서는 DSM에서 제시한 것처럼 "돋보이는 집단(appearance clusters)"으로 수록되어 있다.

1. 괴짜이거나(Odd) 특이해(Eccentric) 보이는 장애

- 편집성(Paranoid): 경계심이 높고, 의심이 많으며, 소송을 잘 걸고(litigious), 권위적임

- 분열성(Schizoid): 비사교적인 "외톨이(loners)", 그러나 정신분열증과 비슷하지는 않음
- 분열형(Schizotypal): 정신분열증과 비슷하지만 환각이나 망상이 지속적으로 나타나지는 않음

2. 연극적이고(Dramatic), 감정적이거나(Emotional), 변덕스러운(Erratic) 것으로 보이는 성격장애

- 히스테리성(Histrionic): 정서적으로 불꽃같고(flamboyant) 연극적이면서(dramatic) 경박함(shallow)
- 자기애성(Narcissistic): 자존감(self-worth)이 만성으로 부풀어 있음
- 반사회성(Antisocial): 만성적인 반사회적 패턴을 보임. 경험을 해도 배우는 것이 없음
- 경계선(Borderline): 자극과민성이 높고(Irritable), 불안하며, 느닷없이 공격적이고 정서적으로 불안정함

3. 불안하거나 두려워하는 것으로 보이는 성격장애

- 회피성(Avoidant): 수줍어하고 억제된 것으로 보이며 대인관계를 시도하는 것을 두려워함
- 의존성(Dependent): 의존적인 대인관계를 추구함. 순진하지만 의심이 많음
- 강박성(Obsessive-Compulsive): 통제되어(Controlled) 있는 것으로 보이고, 형식에 치우쳐있으며(formal), 완벽을 추구함. "온정이 없는 일 중독자(workaholics wiithout warmth)"
- 수동-공격성(Passive-Aggressive): 고집부리는 것(stubbornness), 비효율적으로 행동하거나(inefficiency), 적의가 깃든 공격성(threatened aggression)을 통해 수동적으로 저항하는 것(DSM-IV-TR에는 공식적 진단으로 들어가 있지 않지만, 부차적인 기술 항목으로만 선택하여 사용할 수 있음)

성격장애는 DSM-IV-TR의 II축 상에서 부호화되는데, 불행하게도 이렇게 성격

장애를 II축에 분류하다 보면 성격장애가 "임상적" 증후군이 아니라, 행동적 및 심리사회적 상태로서 "덜 중요한" 것으로 보이게 될 수 있다. 이와 반대로, 이런 성격장애는 통상 만연되어(pervasive) 있고 치료하기가 어려운 점을 감안하면, I축 장애들에 못지 않게 황폐화시킬 뿐만 아니라 어떤 경우에는 더 파괴적인 영향을 나타낼 수 있다. DSM-IV에서 이런 진단을 아동에게 허용하지 않는 것은 아니지만, 18세 이하의 사람에게 성격장애의 진단을 내리는 것은 전통적으로 권고되지 않는다.

성격유형 및 이와 관련되어 있을 가능성이 있는 장애들

유전적 요인 및 그밖의 생물학적 요인이 당사자로 하여금 어떤 성격장애에 걸리기 쉽게 하는 데 어떤 역할을 발휘하는 것이 종종 있다(DiLalla, 2004). 그러나 특정한 장애의 패턴은 학습되고 정교화되는데 왜냐하면 이런 패턴이 적어도 단기적으로는 당사자가 주변 환경 그리고 무엇보다도 가장 중요한 것으로서 자신이 성장해 온 환경에 대처하는 데 효과가 있기 때문이다(Hersen & Ammerman, 2000; Horowitz, 2004). 물론 처한 환경이 더 왜곡되어 있거나 문제가 있을수록, 왜곡된 대처 패턴이 나타나고 강화를 받을 가능성이 더 크다.

그 밖에도, 탄력성(resiliency) 같은 특질(traits)의 존재 여부는 당사자의 정체감(identity)의 형성 및 성격이 발달되는 과정에서 역할을 발휘할 수 있다(Donnellan & Robins, 2010). 물론 행동 패턴은 정상적인 적응의 범위 내에 있는 것으로 보인다. 이런 관점에서 보면, 어떤 성격 유형은 최고조의(full-blown) 성격장애로 진행되는 발달 경로상에서 중간 역(way station) 같은 것이라고 할 수 있다.

모든 사람이 이런 성격 유형의 하나 또는 그 이상과 상당히 잘 들어맞는다는 것을 알아차리는 것이 중요하다. Lenzenweger, Lane, Loranger와 Kessler(2007)의 연구에서는 어떤 성격장애로 진단을 받은 사람들 중 50%가 또다른 성격장애의 진단기준에도 부합된다는 것을 발견하였다. 〈표 7-1〉에서는 이런 보편적인 성격유형과 함께, 이런 성격유형이 과장되거나 확고하게 될 경우에 발전될 수 있는 성격장애를 기술하고 있다.

성격 분류에 대한 또다른 접근방식은 McCrae와 Costa(1987)가 정교화시킨 5요인 모형(five-factor model)이다. 이 접근방식에서는 대부분의 사람에게서 각기 다른 정도로 존재한다고 믿어지는 공통된 성격 특질을 묶은 것을 사용한다(Clark & Livesley, 2002). 이와 같은 차원적 접근(dimensional approach)의 장점은 정상적인 성격 프로파일과 비정상적인 성격 프로파일을 모두 세울 수 있다는 것이다. 또한 성격장애를 어떤 특징 상에서 극단적인 경우로 쪼갬으로써, 특정한 기능부전 영역에 초점을 맞춘 치료법을 개발할 수 있다(Verheul, 2005).

이 장에 소개된 사례는 가장 중요한 성격장애를 예시해 주기 위해 선택된 것이다. 히스테리성 성격장애는 Hilde의 사례에서 기술되었는데, 흔한 패턴으로서 부부 및 가족 사이에 고통을 일으키는 데 결정적인 경우가 종종 있을 뿐만 아니라, 사회로부터도 부정적 피드백을 받게 되기 때문에 궁극적으로 당사자는 불행하게 된다. 반사회적 성격장애는 Theodore Bundy의 사례에서 보는데, 주장하건대 가장 보편적인 성격장애이며 사회적으로 가장 파괴적인 패턴을 예시해 준다. Theodore Kaczynski의 사례는 분열성 성격장애를 잘 예시해 주는 것이다. 자애성 성격장애의 극단적인 변형인 악성 자기애(malignant narcissism)는 히틀러(Hitler), 스탈린(Stalin), 그리고 후세인(Hussein)의 사례에서 살펴본다.

표 7-1. 성격 유형 및 이와 상관관계가 있는 특질과 장애

성격 유형					
유형	통제하려 함	공격적임	자신만만함	사교적임	협조적임
전형적인 행동	조종하려고 요구하는 행동을 함	과감하게 시작함	거리를 두고 있음	활발하게 참여함	유순하게 복종함
대인 관계 패턴	권위적임	겁을 줌	공감을 하지 않음	과시적임	따라 줌(복종)
사고 방식	계산적임	독단적인	상상력이 풍부함	피상적임	개방적임
기분-정동의 표현방식	실망감, 분개함	분노, 불신	침착함, 개의치 않음	연극적임, 변덕스러움	유순함, 두려워함

자기에 대한 관점	가치 있게 보지 않음	자기주장적임	자기 확신에 차 있음	매력적임	약함
가능성이 있는 성격장애	수동공격성, 가학성, 편집성	반사회성, 가학성, 편집성	자기애성, 편집성, 반사회성	연극성, 경계선, 자기애성	의존성, 강박성, 회피성
유형	**예민함**	**정중함**	**억제되어 있음**	**내성적임**	**감정적임**
전형적인 행동	괴짜 반응을 보임	조직화 되어 있고 형식적임	지켜보는 자세에, 골몰해 있는 모습임	수동적이고 조용함	활기차고, 매력적임
대인관계 패턴	예측할 수 없음	예의 바름	수줍어함	동떨어짐	성나게 함
사고방식	확산적임	정중함	억압되어 있음	애매함	주의산만함
기분-정동의 표현방식	비관적임, 상처받기 쉬움	내용이 제한적임	불안한 듯 주의를 기울임	지루하고 냉담함	격렬하고 열광적임
자기에 대한 관점	잘못 이해하고 있음	신뢰할 수 있음	외로움	조용함	흥미 있어 함
가능성이 있는 성격장애	수동공격성, 경계선, 회피성	강박성, 편집성, 수동공격성	회피성, 분열형, 자기 패배성	분열성, 분열형, 강박성, 회피성	경계선, 분열형, 히스테리성, 자기애성

히스테리성 성격장애

히스테리성 성격장애(histrionic personality disorder: HPD)의 특징이 되는 세부 기준에는 연극적이고 강렬한 감정 표현, 관심의 초점이 되고자 하는 노력, 경박하고, 진지하지 못하며, 붕괴된 대인관계(Kernberg, 1984)가 있다. 이런 사람들은 매일매일의 일상적인 장면에서조차 정서적으로 과잉반응을 나타내기 쉬우며, 남을 조종하기 위한 일환으로 자살 제스처를 취하기 쉽다. "기절하여 쓰러지는 것(spells of weakness)"과 두통 같은 신체 증상호소도 전형적이며, 의료진은 이런 장애를 진단하고 치료하는 데 어려움을 종종 겪는다(Johnson, 2008). 허영심과 자기도취감도 흔히 나타나는 특질(traits)이다.

히스테리성 성격장애는 남의 감정을 잘 공감하고 사회상황을 잘 파악하여, 새로운 사귐을 쉽게 만들어 간다. 이들이 정서적으로 둔감하고 대인관계에서의 자신의 역할에 대한 인식이 깊지 못한 것으로 드러나게 되면, 이들은 대인관계에서 필연적으로 발생하는 문제에 대한 그 어떤 비난도 회피하려고 하기 쉽다. 이런 식으로 해서, 이들은 편집증 패턴의 방어기제에 더욱더 가까이 간다. 히스테리성 성격의 소유자는 종종 경박하고(flirtatious) 성적으로 유혹하는 행동을 나타내지만, 누구라도 그의 행동에 끌려간다고 하더라도 이득은 거의 없는 것이다. 히스테리성 성격의 소유자가 나타내는 행동은 과도한 여성성(ultrafemininity)에 대한 전통적인 개념과 비슷한 경우가 종종 있어서, 이런 이유로 이런 성격은 남성에 비해서 여성에게서 더 흔히 나타난다. 사실상, "히스테리아"라는 용어의 어원은 그리스어로 husteras로서, "자궁(uterus)"을 뜻한다.

부인(부정)(denial)은 이와 같은 패턴의 갈등에 대해서 이들이 흔히 나타내는 접근 방식으로서, 이 때문에 지적인 성취가 제한되는 경우가 종종 있다. 이들은 잠재력에 비해 지적 성취도가 상대적으로 낮은 경우가 종종 있다. 또한 이들은 분석적 사고를 중요하게 여기지 않는다. 그 결과로 히스테리성 성격의 소유자들은 연극적인 경향이 있지만, 다른 사람들한테 속아 넘어가기 쉽고, 감수성이 예민한 경향이 있다. 또한 연구결과에 의하면, 히스테리성 성격장애와 자기애성 및 반사회성 성격장애 사이에 공병률(comorbidity rates)이 높은 것으로 발견되었다(Sulz, 2010).

사례 연구

Hilde의 사례

42세의 주부인 Hilde는 두통, 경도의 우울증 그리고 부부불화를 위시한 여러 문제를 호소하면서 가정의에게 도움을 받고자하였다. 가정의는 Hilde에게 신속한 위로와 발리움(Valium) 처방으로 그녀를 치료하려고 하였다. 이런 방법들이 효과를 보지 못하자, 가정의는 그녀를 개업한 정신과 의사에게 의뢰하였다. 첫 면접에서, Hilde는 동기가 있는 것으로 보였지만, 때때로 너무나도 두서없이 말해서 정신과 의사는 그녀를 대화 중인 주제로 다시 되돌려야만 했다.

누구라도 그녀의 말을 듣고 있다 보면, 그녀가 말하는 주제에 대해서 실제로는 전혀 깊이있게 생각한 것이 없고 마치 컴퓨터처럼 정보만을 토해 내고 있을 뿐이라는 인상을 받게 된다. 그녀는 자신의 지나간 삶에 대한 장광설을 늘어놓는 것을 즐기고 있으면서도, 과거의 일들이 자신의 현재의 고통에 대해 어떤 원인으로서 역할을 한 것인지에 대해서는 거의 깨닫지 못하고 있으면서(또는 심지어는 흥미도 없음) 반복하고 있었다. 자신의 이야기 속에서 부적절해 보이는 것들을 직면시켜 주면, 그녀는 처음에는 예의 바르고 매력적인 태도를 나타냈지만, 이런 태도를 보여도 정신과 의사가 주제를 바꾸지 않게 되면, 그녀는 짜증과 화를 내었다.

또한 그녀는 자신이 현재 당면한 어려움을 말할 때, 언제나 그 책임을 자기 자신보다는 다른 사람이나 상황 탓으로 돌리는 경향을 보였다. Hilde는 남편이 자신에게 무관심하다고 말하면서 남편이 사무실에 둔 비서들 중 한 명으로부터 유혹을 받지 않았나 의심하고 있다고 덧붙였다. 이런 상황은 그녀의 생활 속의 많은 스트레스와 더불어 두통과 우울증의 원인이라고 언급되었다. 좀 더 자세히 이야기하도록 압력을 받으면, 그녀는 남편과의 상호작용을 의미가 와닿게 좀 더 자세히 서술해 내지를 못했다.

병행된 남편과의 면담에서 남편은 "아내에 대처하는 데 지치게 되었다."라고 털어놓았다. 남편은 원래 자신이 Hilde에게 끌린 것은 그녀의 사회적 지위, 그녀의 '발랄함', 그리고 그녀의 신체적 매력 때문이었음을 인정했다. 그러나 세월이 지나다 보니 매력으로 느껴졌던 Hilde의 발랄함은 통합된 성격에서 나오는 삶에 대한 충만함과 애정이 아니라, 단순히 화려하게 과시적으로 보이려고 한 것뿐이며 부적절하게 강렬함을 표출한 것에서 비롯된 점이 명백해졌다. 나이가 들면서 그녀의 신체적 매력 역시 자연스레 줄어들고 있었으며, Hilde는 미모를 유지하는 데 시간과 돈을 과도하게 들이고 있었다.

그녀의 남편은 자신이 그녀와 결혼했을 당시에는 자신이 잘 털어놓지 않고 참는 경향이 많았다고 인정하였다. 그는 유능하고 열심히 일하는 사람이었지만 인생을 향유하는 부분에 대해서는 거의 경험이 없었다. 그는 아내 Hilde가 자기에게 인생의 새로운 면을 보여 줄 것이라 생각했었다. 그러나 그가 자수성가하였고, 성숙해지기도 하였고 정서적으로도 훨씬 편안한 상태가 되고 나니까, 그는 아내의 어리광 부리고 피상적인(superficial) 방식에 식상해 버렸을 뿐이었다. 그는 "나는 여전히 아내를 아끼고 있으며 아내의 마음을 상하게 하고 싶지 않지만, 이런 하찮은 일을 너무 오래 참고 있지 않으려고 할 뿐이다."라고 말했다.

Hilde에게 그녀의 자녀들에 대해 묻자, 그녀가 즉각적으로 두 자녀 모두가 '훌륭한' 아이들이라 응답한 것은 흥미로운 일이다. 자녀들은 이제는 14세와 16세인데, 그녀가 설명하는 내용으로 미루어 보면 이들은 아주 뛰어나게 총명하고 행복한 아이들로 여겨졌다. 그녀는 이를 철석같이 믿고 있었으며, 다음과 같이 말하였다, "아이들은 잘 해내고 있어서, 내가 여기에서 다루고 싶은 것은 내 자신의 문제이다." 불행하게도, 현재 상황에 대한 남편의 설명에 의하면 이들 두 아동들도 어머니와 비슷한 양상을 나타내고 있는 것으로 보였다. 이 두 아동은 모두 버릇이 없었으며, 특히 큰아이는 학교공부를 따라가는 데 다소 어려움이 있었다.

Hilde는 비교적 넉넉한 가정에서 사랑을 받으며 자랐다. 아버지는 잘 나가는 곡물 업체를 소유하고 있었다. 어머니는 사교적인 면에서 활동적이어서, 거주하는 도시에서 있는 사교적인 주요 모임에는 거의 모두 참여하고 있었다. 어머니는 정작 딸을 위한 시간을 많이 내기가 어려웠지만, 딸을 손님들 앞에 보여 주는 것은 좋아하였다. Hilde는 재능을 많이 갖고 태어난 아이들 중의 한 명이었다. Hilde는 지적 성취를 높게 나타낼 수 있는 잠재능력을 갖추고 있었고, 사교상의 매력을 모두 갖추고 있었으며, 입이 벌어질 정도로 굉장히 아름다웠다. 그러나 유감스럽게도 가족들은 그녀가 지적으로 성취한 것에 대해서는 거의 보상해 준 적이 없었다. Hilde는 좋은 성적을 받을 것으로 기대되었지만, 성적을 높게 받아도 아무런 보상도 받지 못하였으며, 가족들은 그 동네에서 "머리가 좋지만 교만한 자(intellectual snobs)"로 평가되는 다른 사람들을 종종 놀려 대곤 하였다.

그녀의 미모는 칭찬을 많이 받아서 그녀가 미모 때문에 부모의 사교계 친지들로부터 받은 반응은 단순히 주의를 끄는 것 그 이상이었다. 어머니는 그녀를 파티에 계속 남아 있게 해서 손님들에게 인사하도록 시키는 것을 즐겨 했는데, 이는 다른 딸들에게는 절대로 허락하지 않은 일이었다. 또한 Hilde는 말썽을 피웠어도 아버지에게 애교를 피우고 '죄송해요'라고 말하기만 하면 어떤 벌도 피할 수 있게 된다는 것을 알아차렸다.

Hilde는 사춘기에 접어들면서, 많은 친구와 다양한 서클을 결성하였지만, 그 어떤 관계에서도 깊게 사귀지 못했다. 그녀의 미모, 사회적 품격 그리고 지역사회에서의 위상이 높은 덕분에 그녀는 궁전 속의 공주처럼 마음대로 행동하기가 쉬었다. 벌이 꽃으로 몰려오듯이 남자들이 그녀에게로 모여들었다. Hilde가 행실이 흐트러졌다는 평판도 있었지만, 그것은 실제 행동이라기보다는 기대감이나 소문에 근거했던 것이 명백하다. Hilde는 "그들은 기대하는 것을 좋아한다. 그러나 기대하는 대로 해 주지 않아도 된다."라고 말했다.

고교시절 전반에 걸쳐서, Hilde는 응원단장으로서뿐만 아니라 학급 댄스 및 파티를 짜는 역할도 적극 수행하였다. 그녀는 통상 학급 임원으로 뽑혔으며 한번은 부반장이 된 적도 있었다. 그러나 누구도 Hilde를 반장 후보감로는 여기지 않았으며, 그녀 자신도 그 자리를 원하지는 않았던 것 같다. 그녀는 학과 공부에서는 거의 어려움을 겪지 않았다. 많은 노력을 기울이는 경우는 드물었지만, 통상 B나 C학점은 받았고, 가끔가다가 A학점도 받고는 했다. Hilde는 중학교 및 고등학교 시절을 자신의 인생에서 가장 행복한 시기로 기억하는데, 이는 아마도 가장 정확한 평가일 것이다.

Hilde의 대학 시절은 문제가 조금씩 드러나기 시작한 것을 제외하고는 고교시절과 크게 다르지 않았다. 그녀는 자신이 만족해하는 중간대의 성적을 얻기 위해서는 더 열심히 공부해야만 되었지만, 요구되는 노력을 기울일 수가 없는 경우가 있었는데, 특히 여학생 클럽과 응원단 활동에 빠져 있기 때문이었다. 그녀는 많은 사람과 데이트를 했지만, 데이트를 하다가 성 경험에 이르게까지는 허용한 적이 거의 없었다. 이런 경우가 발생한 경우라고 하더라도, 그것은 그녀에게서의 강렬한 성적 욕망에서 비롯된 것이라기보다는 성 경험을 시험 삼아 해보기 위한 것이었다.

대학 졸업 후 그녀는 부유하고 멋내기를 좋아하는 여성을 주 고객으로 하는 여성 의류점에서 일을 하게 되었다. 고객 중의 한 사람이 Hilde에게 자기의 아들 Steve를 교묘하게 소개해 주었는데, 그는 그 지방에서 저명한 합동 법률사무소 중의 한 곳에 있는 젊은 변호사였다. Steve는 Hilde에게 회오리바람 치듯이 구애를 하였다. 두 사람은 거의 매일 밤 외출해서는, 통상 두 사람 모두가 초대받은 그 많은 파티에 참석하였다. 이 두 사람은 서로에게 반하게 되었으며, 만난 지 5개월 만에 결혼하였다. 양가는 사귄 기간이 짧은 것에 약간 마음에 걸려 했다. 그러나 이 두 사람은 모두 훌륭한 가문출신이었기 때문에, 강한 반대는 받지 않았다.

세월이 지나면서, Steve는 변호사 활동을 통해 급속도로 발전하였다. Steve는 훌륭한 회사에 근무하고 있다는 이점뿐만 아니라 머리가 좋고 열심히 일하는 변호사였다. 그동안에 Hilde는 많은 사교 활동에 참여하게 되었는데, 그녀는 이런 사교활동에서 상대방들이 자기에게서 미모와 매력 그 이상의 것을 요구한다는 것을 때때로 불현듯 알아차리게 되었다. 그녀가 아무리 애를 써봐도, 그녀의 미모는 시간의 흐름에 따라 자연히 바래졌고 꽃이 시들 듯이 두 사람을 결혼하게 만든 로맨스도 식어 갔다. 그녀와 남편 Steve는 부부간에 의미있는 상호작용이 깃든 활동을 거의 함께하지 않게 되었다. 남편은 대부분의 시간을 일에만 몰두하며, 이 부부는 관행적인 사교 행사에만 함께 참석할 뿐이었다. 이 부부는 성관계를 거의 갖지 않게 되었으며, 그것도 Steve가 파티에서 많이 취해 돌아온 후에야 성관계를 가졌을 뿐이다. 결혼 생활에는 부부간의 갈등이 많은 것은 아니지만, 그렇다고 해서 특별히 좋은 것도 없었다.

원인론

그리스의 의사이자 철학자인 Hippocrates는 이와 같은 행동 패턴에 대한 최초의 설명 중 하나를 제시했다. 그의 설명에 따르면, 임신을 하지 못한 자궁이 분노해서 몸속을 이리저리 휘젓고 다녀서, 히스테리가 발생한다는 것이다. 여기에서 볼 수 있듯이, Hippocrates는 이 장애가 여성에게서만 발생한다고 생각했는데, 이런 생각은 그뒤에 부정확한 것으로 판명되었다. Freud는 성적 충동의 표현에 대한 갈등이 결정적인 것이라고 보았다(Weston, 1998). 흥미롭게도 Hippocrates와 Freud는 두 사람 모두 결혼하면 이 장애가 낫는다고 주장했다. 결혼이 성적 욕망에 대한 합법적인 배출구를 마련해줄 것이기 때문에, 어떤 경우에는 이런 처방이 효과가 있을 수도 있겠지만, 다른 모든 처방의 경우에서와 마찬가지로 부작용이 있기 마련하며, 어떤 경우에는 그다지 바람직하지 못한 것일 수 있다. Hilde의 경우에는 결혼으로 인해서 문제가 치유되기보다는 더 커졌다.

Hilde의 배경에는 히스테리성 성격장애의 발달을 촉진하는 요인들이 많다. 그녀의 어머니는, Hilde를 내세워 주고 싶은 경우를 제외하고는, 그녀에게 거의 관심이 없어서 그녀를 하나의 대상으로 간주하고 그에 응답하는 것뿐이었다. 어머니의 주의를 일관성 있게 받지 못하게 되면 통상 그 대신에 아버지의 관심을 끌려고 맹렬히 노력하게 되고, 이는 Hilde의 사례에 해당되는 것으로 보인다.

아버지가 딸에게 관심을 보인 것은 확실하지만, 아버지는 그녀에게 관심을 기울일 시간이 거의 없었다. 따라서 결과적으로, 아버지도 마찬가지로 그녀의 존재에 대해 피상적으로밖에 반응을 보여 주지 못했다. 사실상 히스테리성 성격장애자는 "허세적인 사랑(showy love)"과 "양자간에 서로 사랑하는 것처럼 행동"하는 것이 주된 분위기이며, 외모에 대해서 강화를 주고, 사실상 외모가 양육자의 주의를 끌거나 그리고/또는 양육자에 대해 영향력을 행사하는 유일한 수단인 가정에서 자란 경우가 종종 있었다. 몸이 아프거나 허약한 것도 너무 지나치지만 않으면 마찬가지로 효과를 나타내는 경우가 종종 있었다.

그 밖에도 부모는 모두 Hilde가 대부분의 아이에게서 기대되는 책임을 완수하지 못한 것을 변명하기 위하여 그녀의 미모와 육체적 매력을 사용하는 것을 허용해 주었다. Hilde는 "죄송합니다." 같은 말과 매력을 보여 주면 벌을 받지 않게 되는 데 충분하다는 것을 알게 되었으며, 따라서 그녀는 자신이 자연스럽게 부딪치는 문제의 원인이 자신의 성격과 의사결정에 있다는 것을 전혀 알지 못하게 되었다. 그녀는 성장해 가면서, 다른 사람들도 자신의 부모가 해 준 만큼은 아니더라도, 그녀에게 비슷한 방식으로 허용해 주는 경우가 종종 있다는 것을 알게 되었다. 자신의 행동이 장기적으로 가져오는 결과를 간파하고 그런 결과에 효과적으로 반응하는 능력은 Hilde에게서는 전혀 강화를 받지 못해서 발달되지 못하게 된 것이다.

결과적으로, Hilde는 친구는 다양하게 많았으나 진솔되게 깊이 사귄 친구는 전혀 없었다. 이런 친구들은 사교 활동에 대해서 관심이 있었을 뿐 자신의 취약점을 드러내거나 함께 나누는 경우는 거의 없었다. 마찬가지로, 그녀의 부모도 역시 자신들의 약점을 솔직하게 드러내는 적이 전혀 없었다. 부모는 자신들의 삶에 문제가 있는 것이 분명함에도 불구하고, 항상 낙관적이고 밝은 모습만을 보여 주었다.

Hilde에게 잠재되어 있던 지적인 능력과 분석적 사고력이 가족에게서 받은 강화 방식 때문에 시들어 버린 것은 아주 불행한 일이었다. 그 대신에 주목을 많이 받았던 그녀의 신체적 매력과 사교 기술이 사춘기 동안에 그녀를 뒷받침해 주었다. 신체적 매력은 나이를 먹으면서 자연스럽게 줄어들었으며 장기적인 대인관계를 맺는

데 있어서 더 이상 도움이 되지 못했다. Hilde는 오래전부터 자신의 성적 매력을 통해 대인관계를 조종하는 법을 터득했기 때문에 상호 간의 친밀함과 즐거움을 얻는 데 신경을 쓰지 못했다. 어떤 남성이 그녀에게 접근하는 행동을 보이면 그 순간에 그녀는 자신의 책임이 끝나는 것으로 여기는 것처럼 보였다.

남편 Steve는 사회적 위상, 근면 성실, 그리고 직업상의 성취를 강조하는 집안 출신이었다. Steve에게 Hilde는 즐거움, 친밀감, 그리고 사회적 활동이 충만한 새로운 세상으로 안내할 사람으로 보였다. 꽃이 지면서 이들의 관계도 식고 나자 회오리 같았던 구애, 호화스러운 결혼식, 그리고 값비싼 신혼여행도 멀리 뒤로 가 버렸다. Steve는 자기네 부부관계에서 깊은 맛이 없다는 것을 점차 깨닫게 되었으며, 이런 점을 그녀와 허심탄회하게 이야기하려고만 하면, Hilde은 화를 냈다. 그녀는 남편이 자신을 더 이상 사랑하지 않고 다른 여자가 있다고 비난하였다. 또한 Hilde는 자신이 더욱 매력적으로 보이려고 애를 쓰는 식의 반응을 나타냈다. 그녀는 나이를 먹어도 나잇값을 못할 정도였으며, 심지어 Steve는 이런 점에서 아내를 "애처로운(pathetic)" 사람으로 보기 시작하였다. 부부간의 드물었던 성생활도 아주 없어지게 되었다. 그는 마침내 다른 여성을 찾기 시작하였다. 하지만 그는 아직도 Hilde를 정신적인 연애의 대상으로서 배려했기 때문에, 자신의 외도를 아내가 모르게 하려고 했으며, 어느 정도는 성공을 거두었다. 이즈음에 Hilde의 아버지는 그 지역의 장로(patriarch)가 되었다. 아버지는 엄청난 재산을 갖고 있으면서 그가 가장 아끼고 가장 아름다운 딸에게는 뭐든지 해 주는 것을 여전히 즐기는 사람이었다. Hilde는 정서적으로는 자신의 친정으로 되돌아갔으면서도, 남편 Steve와 마찬가지로 허울뿐인 결혼을 유지하고 있었다. 또한 그녀는 이따금 우울해지곤 했으며 주기적으로 과음하였다. 이런 악순환은 계속 상승되었으며, 어느 시점에서는 그녀가 자신의 문제에서 자신의 책임도 있다는 것과, 이런 문제를 자신이 잘 처리하고 못한다는 것을 알게 된 것으로 보인다.

치료 방향

시간이 흐르면서 HPD의 개입을 위한 다음의 지침이 수립되었다.

1. 이들이 행동으로 나타내는 것에는 보상을 주지 말고, 성과에 대해 보상을 주라. 즉 이들이 과거에 행동해 온 것과는 반대로 주라.
2. 생각을 돌이켜 보거나 정리해보려는 노력 또는 일상적인 자신의 행동에 대해 주의를 조금이라도 기울이면 보상을 해 주라. 즉, 실제의 행동 변화에 대해 보상을 주라.
3. 적절한 자기주장이나 완수 행동(mastery behaviors)을 이들에게 강조하라.
4. 구원자의 역할을 하지 말라. 왜냐하면 HPD 소유자가 실패한 것에 대해서 구원자의 역할을 맡아 주도록 유도되기 쉬우며 이들이 실패한 것에 대해 좌절감을 느끼거나 그리고/또는 책임을 느끼게 되기 쉬울 것이기 때문이다.
5. HPD의 소유자가 "특별한(special)" 사람으로 대접해 주기를 요구할 때 들어주지 말라. 그들은 이것을 기대한다.
6. 글쓰기를 숙제로 주는 것은 분석적이고 문제해결적인 사고 패턴(통상 절실히 부족함)과 세부적인 것에 주의를 기울이는 능력을 개발하는 데 도움이 된다.
7. 일반적인 HPD 소유자는 다음과 같이 흔히 갖고 있는 저변에 깔린 그들의 믿음을 뒤흔들[도전(challenge)] 필요가 있다. ① "내 감정이 어느 정도 강렬하게 나타내 보이지 않으면, 이러한 감정은 다른 사람(그리고 궁극적으로는 나 자신에게도)에게 아무런 의미가 없을 것이다." ② "책임을 지거나 세부적인 것에 주의를 기울이는 것은 '삶의 맛(zest for life)'을 잃는 것을 의미한다." ③ "배척 받는 것은 재앙이다." ④ "사람들은 내가 하는 행동 때문에 나를 좋아하는 것이 아니라 내가 꾸며보이는 행동, 또는 내가 그들을 즐겁게 해 주고/그들의 마음을 꾀어내는(유혹) 행동 때문에 나를 좋아한다." 또는 ⑤ "'특별한' 존재라는 것은 '미안합니다'(또는 적어도 미안함을 느끼지 않아도 되거나 미안하다는 뜻을 표시하는 것이 아니다)라고 말을 해서는 절대 안 된다는 것을 뜻한다.".

또한 주목해야 할 것은, 이 장애가 있는 사람은 자살 제스처 및/또는 다른 유형의 자해를 저지를 경향이 있기 때문에, 처치가 종료된 직후뿐만 아니라 처치의 초기 단계에서도 이러한 행동 몇몇이 나타나거나 그 강도가 점증할 가능성이 없지 않다 (Kellet, 2007).

Hilde의 사례에서는, 가장 중요하고도 힘든 과제는 그녀의 신뢰를 얻는 것이었다. 이를 위해서 여러 회기에 걸쳐서 치료자는 망상이 있는 사람들에게 적용하는 기법에서와 다르지 않은 마음자세를 갖추었다. 치료자는 Hilde의 이야기를 공감하면서 경청하였으며, 또한 동시에 Hilde가 헷갈리게도 그녀의 행동을 달리 해석하여 주었다. 그러나 치료자는 Hilde에게 직접적으로 직면시키지는 않았는데, 왜냐하면 어떤 직면이든지 그로부터 멀리 달아나는 것이 그녀의 살아온 방식이었기 때문으로서, 이는 아마도 기질과 부모의 훈육방식 두 가지 모두의 결과일 것이다.

신뢰가 쌓여 감에 따라, Hilde의 방어를 점차 약화시키기 위하여 다른 치료 방식도 시도하였다. 독서요법(Bibliotherapy), 즉 치료목적으로 권고된 특정한 책을 읽도록 하는 방법이 사용되었다. 그녀에게는 내면의 본질적인 성격 요인보다는 외부적인 요인으로 인해 인정받으면서 성장한 사람들을 보여 주는 다양한 소설과 희곡을 읽도록 요구했다. 물론 이런 소설 속의 인물들 중의 일부는 Hilde와 다르지 않은 대처 전략을 발달시킨 것을 보여 주었다. Tennessee Williams, Edward Albee, 그리고 Jean Genet의 작품들은 이러한 생각을 아주 잘 보여 주고 있었다. 그다음에 Hilde에게는 유사한 방어를 발달시킨 등장인물들에 초점을 맞춘 시 또는 단편소설을 스스로 써 보도록 요구했다. 이런 식으로 해서 결국에는 역할연기(role playing)를 하는 단계에까지 이르게 되었다. 예를 들면, 치료자는 Hilde의 어머니 역할을 맡았고, Hilde는 아동기의 전형적인 엄마와 어울리는 방식을 스스로 보여 주곤 했다. 또한 역할을 바꾸어보는 것도 효과가 있기 때문에, 때로는 Hilde가 어머니 역할을 맡으면, 치료자는 Hilde의 아동기의 모습을 연기하곤 했다. 이러한 역할연기는 그녀의 아버지, 남편, 그리고 몇몇 친구들과의 어울림으로까지 확대되었다.

불행하게도, 이때 즈음에 이르러 Hilde의 남편은 Hilde에게 자신이 이미 다른 여성과 사랑에 빠졌으므로 이혼하기를 원한다고 말했다. 남편은 이혼을 사실상 이미 오래전에 결심하였다고 말하면서, 부부치료를 받는 것을 생각해보기를 거부하였고, 자기가 정말로 사랑에 빠질 수 있는 여성을 찾기만을 기다려 왔다고 말하였다. Hilde는 작은 병에 든 아스피린을 과량 복용해서 경미한 수준의 자살 제스처를 보여 주었지만, 그러한 행동으로 남편의 마음을 바꿀 수 있기를 바랐던 것임에 틀림없는 것으로 보였다. 그녀의 행동은 성공을 거두지 못했다.

이 무렵 Hilde는 집단치료에도 참여하도록 권고를 받았다(Saiger, Rubenfeld, & Dluhy, 2008). 그녀의 첫 반응은 "그 사람들은 저를 이해하지 못할 거예요." 그리고 "저는 그 사람들처럼 정말 심각한 문제는 없어요."이었다. 이런 부분에서의 그녀의 방어를 훈습(working through)으로 해결한 후, 치료자는 Hilde에게 집단치료에 적어도 3회기만이라도 참석하도록 요청하였다. Hilde가 세 번을 참석하고서도 더 이상 집단치료를 계속하고 싶지 않으면, 집단에서 나가도 좋다는 데 합의하였다. Hilde는 치료자와 이런 계약을 맺고 나서 3회기를 참석하였다.

다행스럽게도 집단에서는 그녀를 지지해 주었는데, 이는 그녀가 이 시점에서 원하던 것이었는데 특히 이혼때문에 그러하였다. 또는 얄궂게도 Hilde가 자신의 인생에서의 많은 사건을 극적으로 재연할 수 있는 이런 모임을 즐겼을 가능성이 있다. Hilde는 집단에 정기적으로 참여하기 시작했으며, 그녀의 인생에서 일어났던 사건들에 대해 자신이 책임이 있다는 것에 직면하는 능력이 생기기 시작했다. 그녀는 치료의 종결 회기에서도 자신의 인생에서의 문제들과 아직도 씨름하고 있기는 하지만, 이제는 치료자를 그만 만나도 될 정도가 되었다고 여겼다.

반사회적 성격장애

반사회적 성격장애(Antisocial Personality Disorder: ASP)의 핵심 특징은 비도덕적이고 충동적인 사람들이 보이는 반사회적 행동 패턴이 만성적으로 나타나는 것이다. ASP가 있는 사람들은 대개 욕구충족을 지연시키는 것을 통상 참지 못하거나 윗사람들과 잘 지내지 못하며 대인관계에서 자아도취 성향(narcissism)을 나타낸다. 이런 패턴은 사춘기 중반(통상 더 일찍)에 뚜렷해지고 성인기로 이어지며 삶의 전체 영역—학교, 직장, 대인관계—에 걸쳐 일관되게 확산된다(Hare, Hart, & Harpur, 1991; Lykken, 1995; Meyer & Weaver, 2006).

DSM-IV-TR, DSM-IV 용어인 Antisocial Personality Disorder는 다양한 용어를 거쳐서 발전된 것으로, 현재는 최소한 공식적인 진단명에 있어서는 정신병질 및 사회병질이라는 용어를 대신하고 있다. 더 많은 사람이 1985년에 Pritchard

가 도덕적 비정상(moral insanity)이라는 용어를 도입한 것이 현재의 APD 명칭의 효시가 된 것이라고 믿는다. 정신병질자(psychopath)라는 용어는 정신병질적 열등감(psychopathic inferiority)이라는 명칭에서 처음 등장했는데, 이는 19세기 말에 Koch가 도입한 것이다(Cleckley, 1964).

정신병질자(psychopath)를 포함하는 용어들은 1952년에 출간된 DSM-I가 쓰이기 전까지는 흔했다. 1968년에 DSM-II에서 반사회적 성격장애라는 용어를 도입하였는데, 이 용어는 DSM-IV-TR에서도 사용되고 있다.

ASP라는 진단을 적용하려면, DSM-IV에서는 당사자가 18세 이상이어야 하며, 15세 이전에 품행장애가 발생하여 진단을 받은 적이 있어야 하고, 타인을 무시하거나 피해를 주는 것이 만연된 패턴이 다음 중 적어도 세 가지에서 입증되어야 한다.

① 사회법률 규범에 순응하지 못하는 것으로서, 체포의 근거가 되는 행위의 반복으로 나타나나는 것
② 반복적인 싸움과 공격행위에서 나타나는 자극과민성(irritability)과 공격성향(aggressiveness)
③ 직장이나 재정적 의무이행(financial obligations)에서 일관되게 무책임한 것
④ 충동적인 것 또는 미리 계획을 세우지 못하는 것
⑤ 속이는 것(deceitfulness)으로서, 거짓말하거나 사기행위로 나타나는 것
⑥ 자기 자신이나 타인의 안전을 무모하게 무시하는 것
⑦ 양심의 가책을 못 느끼는 것

DSM-IV-TR에서 공식화된 이 항목은 아마도 일탈된 아동이 어른이 된 것(a deviant child grown up)이라고 여기는 것이 가장 좋을 것이다. DSM-IV-TR에 따르면 지역사회 표본에서의 APD의 유병률은 남성의 경우 3%에 여성의 경우 1%에 근접해 있다.

사례 연구

Theodore Bundy의 사례

Theodore(Ted) Bundy는 1946년에 미국 버몬트주 벌링톤에서 태어났다. Bundy는 사생아였다. 그는 자신의 아버지가 누구라는 것을 몰랐으며 아버지에 대해 자신이 궁금해 했는지조차 기억하지 못했다. Bundy는 생후 3년간을 필라델피아에서 보냈는데, 이곳에서 할아버지에 대해 경애하는 마음으로 기억을 해 냈다. 4세 때 워싱턴주의 타코마로 이사하여, 여기서 그는 삼촌 및 가족들과 함께 살게 되었다. Bundy는 부모가 멀리 이사를 가게 되어서 할아버지를 떠나게 되자, 극도로 화가 났다. 그의 어머니는 교회 활동 중에 지역 방위 기지의 요리사로 있던 Johnnie Bundy를 만났다. 그의 조용한 남부 스타일이 그녀의 마음을 사로잡았다. 다른 아이들처럼, Bundy는 어머니의 애인을 질투하였다. 1952년 Bundy의 어머니와 Johnnie Bundy가 결혼한 후에 그들은 첫 번째 아기를 갖게 되었으며 나중에는 세 명의 아이를 더 갖게 되었다. Bundy가 아기들에 대해서 아는 모든 내용은 어머니가 임신하게 된 것이 Johnnie Bundy와 관련이 있다는 것과 그의 어머니가 출산하는 동안에 극심한 고통을 겪었다는 것이 전부였다.

Bundy는 1학년 담임교사를 몹시 따랐는데, 이 여교사는 Bundy와 그의 학업 역량을 최고로 평가해 주었다. 이 교사가 아기를 낳기 위해 떠났을 때, 그는 매우 화가 났었다. 그러나, 2학년 때의 담임교사는 전혀 달랐다. Bundy는 이 교사를 경멸하였는데 Bundy가 점심시간에 급우의 얼굴을 주먹으로 때렸다고 자로 그의 손을 때려서 부러뜨렸기 때문이었다. Bundy를 나중에 살인으로까지 몰고 가게 하는 무언지 모를 불편한 느낌은 이미 7세인 이때부터 느끼기 시작한 것이다. 그는 이것을 간단히 '속을 뒤집는 불편감(disturbing uneasiness)'이라고 기술하였다.

학교를 다니는 동안에는, Bundy는 공부를 잘해서 주요 과목에서 항상 A학점을 받았다. 그는 어머니가 자신이 숙제하는 것을 도와주는 것을 즐거운 마음으로 회상해 냈으며, 자신이 공부를 잘한 것은 어머니가 도와준 덕분이라고 여겼다. Bundy와 그의 어머니 사이에서는 성(性)과 같은 개인적인 사안에 대해서는 전혀 대화도 없었다. 그는 어머니가 자신에게 이런 것에 대해 털어놓을 수 있는 분이 못 된다고 생각했다. 그는 자신의 어머니에 대해서 남들과 어울리거나 잡담하는 것을 좋아하지 않는 그런 분이라고 서술했다. 어머니는 자신의 어린 시절에 대해 이야기를 꺼낸 적이 전혀 없었다. 그러나 고등학교를 졸업하자마자, Bundy의 어머니는 접근해 왔다가 떠나간 남자에 의해 임신하게 되었다. Bundy가 사생아라는 것은 평생 Bundy를 따라다녔으며, 어머니의 적개심은 이런 점을 더욱 부추겼다.

Bundy는 고등학교 내내 매주 일요일마다 교회에 갔다. 그는 성경을 다방면에 걸쳐서 공부하였지만, 기억나는 것이 아무것도 없는 듯했다. 그는 정치적 성향이 강했고 어머니에게 기독교의 위선에 대해 말한 것을 기억하고 있었다. 그의 부모는 담배를 피지도 술을 마시지도 않았다. Johnnie Bundy는 조용한 성격임에도 불구하고, 자극을 받게 되면 폭력적이 되는 기질이 있었다.

일찍이 Bundy는 혼자 있기를 잘했다. 그는 라디오를 무척 좋아하여 이 라디오 청취로 여가를 썼다. 나중에 Bundy는 사회에서 다른 사람들과 어울리는 것을 힘들어했다. 그가 아동일 때에는, Bundy는 여자나체 사진을 찾으려고 이웃의 쓰레기통 속을 뒤지곤 했다. 그는 스포츠가 매우 위험하고 자신이 너무 작다고 생각했기 때문에 조직적인 스포츠 활동에는 거의 참가하지 않았다. 그의 양아버지는 Bundy가 운동경기를 할 때 한 번도 참석한 적이 없으며, 그의 어머니는 스포츠에 돈이 든다고 스포츠를 싫어했다. Bundy는 야구경기를 할 수 없고 야구팀에 들어갈 수 없을 때 상처를 많이 받았다. 결과적으로, 그는 스키는 잘 타게 되었다. Bundy는 스키 표를 위조해서 공짜로 실컷 탔다. 그는 적발된 적이 없었다.

물질에 대한 소유욕이 강박적으로 컸기 때문에, Bundy는 결혼한 저명 영화배우 Roy Rogers와 Dale Evans의 양자가 되어, 그들이 자기 소유의 조랑말을 주는 것을 공상하였다. 그는 자기 가족이 타고 다니는 소형차를 타고 있는 자신의 모습을 누가 볼까 봐 싫어했다. 신체적 또는 정서적 학대는 없었지만, Bundy는 자신의 아동기의 가정 생활을 공허한 것으로 여겼다. 그는 자신이 소홀시 되고 잊힌 존재라고 여겼다.

중학교 시절에는, 그는 친구도 몇 명 있었고 몇몇 파티에도 가곤 했지만, 그는 사회성 기술을 잘 습득하지 못했다. 중학교 시절의 경험과 달리, Bundy는 고교 시절에는 수줍어하고 내성적이 되었다. 그는 자신을 술도 즐기지 않는 순진한 학생으로 여겼다. 그러나 남들은 그를 거만하다고 보았다. 고등학교 재학중 Bundy는 큰 말썽을 일으킨 적이 전혀 없었다. Bundy는 자신이 여자애들과 상대하는 데 서투르다고 여겼으며 고교 재학 중 데이트를 단 한 번만 했다. 그의 집안이 넉넉하지 못했기 때문에, 그는 부유한 사람들에 대해 항상 열등감을 느꼈다.

대학교 4학년이 되자, Bundy는 지역선거를 돕는 일을 자원하였다. 수년 뒤 그는 주 부지사 선거에서 공화당 후보를 위해 일했고, 나중에는 주지사 후보 선거를 도왔다. 이러한 정치적 활동을 통해, Bundy는 함께 어울릴 수 있는 친구들을 얻게 되었다.

Bundy는 자기 내면에 어떤 존재가 함께 있는데, 이것에 대해 때때로 그는 자기에게 살인을 강요하는 '사악한 존재'라고 언급하였다. 그는 살인하는 동안의 자신의 욕망이 폭력 그 자체가 아니고 자신이 희생자를 완전히 소유하기 원했던 것이라고 주장하였다. 성행위는 극단적인 것이 아니었으며, 희생자에게 고통을 가능한 한 안 주려고 애썼다고 주장했다. 자기 내면의 그 '존재'는 그가 이탈 행위를 저지를 때마다 서서히 자랐고, 점점 더 강력해지고 힘이 세졌다.

물론 Bundy는 대부분의 전문가로부터 적어도 성인이 되고 나서는 병리적인 거짓말쟁이(pathological liar)인 것으로 인식되었기 때문에, 그 당시에 그가 말한 모든 것은 그 당시의 자료에 의해서 뒷받침을 받지 못하면 의심의 눈길로 받아들여야 했다.

공식적인 기록상으로 Bundy가 저지른 첫 번째 살인은 1974년 1월에 미국 시애틀에서 발생하였다. 이곳에서 그는 침대에서 자고 있는 Sharon Clarke의 머리를 몽둥이로 내리쳤다. 오랜 시간 동안 혼수상태에 빠졌다가 그녀는 깨어났으나, 당시의 사건을 전혀 기억하지 못하였다. Sharon은 Bundy와는 전혀 모르는 사이였으며, 당시 사건에 대한 어떤 이유도 없었다. 몇 주 후에 Sharon의 집으로부터 몇 블록 떨어진 곳에 사는 Lynda Ann Healy라는 여대생이 사라졌다. 그 후 7개월 동안 젊은 여성들이 섬뜩하게 주기적으로 사라졌다. 1974년 3월에서 6월까지는 그 밖에도 4명의 여대생들이 콘서트 또는 영화를 보다가, 술집에서 나온 뒤, 또는 단순히 캠퍼스를 걷다가 사라졌다.

1974년 7월 14일에, Bundy는 팔걸이를 한 모습으로 여러 명의 젊은 여성에게 접근하여, 조그만 보트를 자신의 자동차 꼭대기로 싣는 것을 도와 달라고 요청하였다. 한 여성이 그와 함께 그의 자동차로 갔으나, 그가 보트를 가지러 자동차를 타고 같이 가자고 말하자 그녀는 거절하였다. 다른 여자들도 거절하였다. 그러나 Janice Ott는 그를 도와주기로 하였고 그 후로는 그녀를 다시 볼 수 없었다. 같은 날 동일한 호숫가의 공중화장실에서 있던 또 다른 젊은 여성이 사라졌다. 이들 여성들과 또다른 신원이 파악되지 않은 여성들의 유품이 나중에 호수 근처의 숲 속에서 발견되었다. 연쇄살인은 1974년 10월까지 최고조로 지속되었다. 희생자들은 대학생 또래의 나이에, 백인이고, 매력적이며, 긴 머리를 앞가르마로 탄 경우가 많았다.

1974년 11월에, 한 젊은 여성이 Bundy를 형사로 믿고 그의 자동차에 탑승했다. Bundy가 그녀에게 수갑을 채우자, 그녀는 비명 소리를 지르고는 몸싸움을 해서 자동차 밖으로 뛰쳐나왔다. 그녀는 Bundy가 자기의 머리로 내려치려는 쇠지렛대를 잡고나서는 달려오는 차 앞으로 뛰어들었고, 이 차가 멈추고 그녀를 태우자 탈출할 수 있었다. 똑같은 날에, Bundy는 또다른 여성을 꾀어내어 살해하고서는 세 번째 여성에게 접근하였으나 그녀는 거절하였다.

1975년 1월에, Bundy는 미국 콜로라도에서 살인을 시작하였다. 한 여성은 침대에서 자다가, 또 다른 여성은 술집에서 여자 친구를 만나러 가다가 사라졌다. 세 번째 희생자는 진 바지만 내려진 채 나머지 부위는 온전히 옷을 입은 채로 발견되었다. 더 많은 여성—한 여성은 주유소에서, 다른 여성은 환기구에서—이 사라졌다. 마침내 1975년 8월 16일에, 도로에서 수상쩍게도 천천히 차를 몰던 Bundy는 순찰차를 탄 경찰관으로부터 차를 멈추라는 지시를 받고도 이를 거부하여 체포되었다. 경찰관은 그의 차 속에서 희생자 중 한 명의 머리카락을 찾아냈고, 한 목격자는 다른 희생자가 사라진 날 밤에 Bundy를 보았다고 진술하였다. Bundy는 미국 콜로라도 Aspen 지역에서 살인죄로 재판에 회부되었다.

Bundy의 매력, 지능, 유머감각 그리고 잘생긴 외모 덕분에 그를 다루는 책임을 지고 있는 사람들도 곧 그를 '특별한 사람'으로 여기게 되었다. Bundy는 예외적으로 협조적이어서, 구치소 간수도 특별한 건강식을 제공하거나 그가 법정에 출두할 때 신체를 묶지 않는 것 같은 온갖 편의를 제공해 주었다. 그가 변호사 없이 심문에 응하겠다고 고집했기 때문에, 그에게는 요청하는 대로 법률 서적을 제공해 주었다. 공판 전의 청문(hearings)에서는 그가 원하는 대로 Aspen 법률 도서관을 둘러볼 수 있도록 허용해 주었다. 그가 도서관 창문을 뛰어넘어 도망친 것은 당연한 수순이었다. 8일 후에 그는 다시 체포되었으며, 엄중한 감시를 받게 되었다.

Bundy는 자신이 주위 환경으로 인한 피해자이며 자기가 어떤 살인도 저질렀다는 명백한 증거가 전혀 없다고 증언하였다. 또한 그는 자신과 비슷한 신체적 특징을 갖고 있는 사람들이 많다고 주장하였다. 그는 법률 지식을 이용하여 법적인 재정(裁定))신청을 많이 제기하여 자신에 대한 공판을 지연시켰다. 그 사이에 그는 체중을 줄였으며, 금속 절단용 톱으로 구치소 천장에 있는 조명 설비 주변에 구멍을 뚫었다. 그는 12인치 크기의 구멍을 내어 이를 통해 다시 탈출하였다. Bundy는 Aspen 지역에서 시카고, 미시간, 애틀랜타까지 갔으며, 플로리다의 텔러하시(Tallahassee)에 도달해서야 그곳에 머물기로 결정하였는데, 이곳은 플로리다 주립대학 여학생 기숙사로부터 몇 블록 정도 떨어진 곳이었다.

1978년 1월 15일에 여학생회 건물에서 다섯 명의 젊은 여성들이 심하게 폭행당했는데, 그들 중 두 명은 사망하였다. 이들은 곤봉으로 난타당하였으며, 최소한 두 명은 강간당했다. 한 달 후에는 12세 소녀가 하교길에 실종되었다. 이 소녀는 성기가 훼손되고 목졸려 살해된 상태로 발견되었다. Bundy는 Chris Hagen이라는 가명으로 살고 있었으며, 자동차를 훔쳐서 쓰고 훔친 신용카드를 사용하여 지내고 있었다. 1978년 2월 15일에, 한 경찰관이 새벽 1시 30분에 Bundy가 몰고 가던 느리게 배회하는 차량을 수상하게 본 나머지, 그의 차를 뒤쫓기 시작했다. 이 경찰관은 Bundy의 차가 도난 차량인지 여부를 알기 위해 무전기로 조회를 한 후, 자기 차의 경광등을 켰다. 그러자 Bundy는 멈추기는커녕 속력을 더 내더니, 결국에는 정지했다. 경찰관은 그에게 차에서 내려서 땅 위에 엎드리라고 지시했고, 한 손에 수갑을 채우자마자, Bundy는 이 경찰관을 넘어뜨리고는 달아났다. 결국에는 이 경찰관이 다시 Bundy를 붙잡았다. Bundy는 체포되었고, 그가 자신을 Kenneth Raymond Misner라고 밝혔음에도 불구하고, 오래지 않아 그가 바로 콜로라도에서 살인 혐의로 수배 중인 Ted Bundy임이 밝혀졌다.

Bundy는 철석같이 무죄라고 주장하였다. 그의 혐의를 입증해 주는 한 가지 결정적인 증거는 희생자 중 한 사람의 엉덩이에 나 있는 치열자국과 그의 치열이 일치한다는 것이었다. 두 사람을 살해한 혐의로 플로리다 법정에 섰을 때 Bundy는 배심원들 앞에서 다시 한 번 자신의 매력과 지능을 과시하였다. 그가 유죄임이 판명되고 두 번씩이나 사형언도가 내려졌을 때, 판사는 그에게 유능한 변호사가 될 능력을 가졌다고 말할 정도였다. Bundy의 아동기에 대해서 묻자, Bundy의 절친한 친구는 Bundy가 조용하고, 명랑하고, 재치가 있으며, 잘생겼고, 진지하다는 것 이외에는 다른 것이 떠오르지 않는다고 했다. Bundy는 그가 어떤 사람인지를 알고자 인터뷰하기를 원하는 많은 사람으로부터 넘칠 정도로 주목을 받았다. 그는 법률적 기술을 활용하고, 아주 오랜 기간에 걸쳐서 징글맞게도 23개 이상의 살인을 인정해 오는 이런 식의 항변을 통해서 10년 동안이나 살아있을 수 있었다. 그의 매력은 유지되었는데, 이는 그가 옥중에 있으면서도 수많은 결혼 제의를 받았으며 심지어는 그 시기에 한 아이를 양자로 삼기도 한 것으로 알려질 정도였다. 그는 1989년 1월 24일에 플로리다에서 전기의자에 앉아 사형을 당하였다. 감옥의 바깥에 서 있던 사람들이 그의 사형 소식을 듣자, 군중은 환호성을 지르고 축하의 폭죽을 터트렸다.

이와 관련된 진단적-원인론적 고찰

19세기에 Caesare Lombroso는 범죄자가 이마가 낮은 것과 같은 뚜렷한 신체적 특징을 보인다는 이론을 제시하였다. 이 이론은 지지를 받지 못했지만, 현대의 연구(Bartol & Bartol, 2008; DiLalla, 2004; Lykken, 1995)에서는 생물학적 요인, 특히 유전에서 비롯된 요인이 범죄행위, 반사회적 성격장애, 그리고 특히 정신병질을 발생시키는 데 영향을 미친다는 견해를 뒷받침해 주고 있다(Larsson et al., 2007).

예를 들면, 생후 2주까지도 신생아가 성인에서의 감각 추구(sensation seeking)에 영향을 미칠 수 있는 "새로운 것을 찾는(novelty-seeking)" 유전자를 가지고 있는 경우에는, 보다 더 외부자극에 기민하고(alert) 탐색활동을(exploratory) 좋아한다. DRD4 유전자가 있는 유아는 다른 유아에 비해서 빨간색 공을 눈으로 좇아가고, 사람의 얼굴에 반응을 보이며, 덜그럭거리는 소리에 주의를 기울이기가 쉽다. 새로운 것을 찾는 유전자란 개념은 논란의 여지가 있는데, 왜냐하면 어떤 연구들에서는 이것과 성격과의 연관성을 찾아내지 못했던 반면에, 다른 연구들에서는 반사회적 행동, 중독, 그리고 과잉활동과의 연관성을 발견했기 때문이다. 이와 같은 생물학적 요인이 어떻게 해서 특정한 행동으로 나타나게 되는지는 불분명하다. 여기에 관련될 가능성이 있는 것에는 특정 유형의 지능이나 학습 기술의 결손, 뇌 기능부전, 신경 호르몬 장애 등이 있다.

예를 들어, Robert Hare(Hare et al., 1991)는 정신병질자가 신경과적 수준에서 언어장애가 있는 것으로 보고 있다. 따라서 이들은 단어의 정서적 의미를 처리하는 데 취약하다. 다른 학자들은 양육 패턴(즉, 가혹하거나 학대하는 양육 또는 심지어 허용적인 양육이 정신병질을 촉진할 수 있는데, 이는 그런 소질이 있는 사람에게서 특히 그렇다)과 같은 심리적 요인을 주된 것으로 언급한다. 그 밖의 다른 환경 요인도 아동의 반사회적 행동을 예측해 주는 것으로 발견되었다. 이를테면 여기에는 유전적으로 반사회적 성격장애의 위험이 없는 것으로 밝혀진 아동들이 빈곤과 폭력에 노출되는 경우가 해당된다(Jaffee, Moffitt, Moffitt, Taylor, & Arseneault, 2002).

한 가지 주요한 차이점은 이론적으로 정신병질을 "태생이 나쁘다"거나 "결함이 있도록"으로 만드는 어떤 "결손(defect)"에서 비롯된 것으로 보는 Hare 같은 학자들과, 정신병질자를 "어렵게 태어난" 것으로 보는 학자들 [즉, Lykken (1995)] 사이에 있는 것이다. 후자의 이론에서는, "정상적인" 특성이 특이하게 배치되는 것이 유전되어 이것 때문에 당사자가 정신병질에 걸리기 쉽게 되고, 그 장애의 정도와 방향은 이런 요인들이 얼마나 자주 그리고 얼마나 강하게 나타나는지 그리고/또는 어떤 유형의 양육을 받았는지에 의해서 결정된다. 저자는 이러한 특성을 설명하기 위해 FUMES라는 약자를 고안해 냈다.

- 두려움이 없음
- 고통에 대해 반응을 안 보임
- 중등 체형(Mesomorphic)(근육형)
- 공감력의 부족
- 자극 추구

이러한 것들은 상식으로 "정상적인" 특성이라고 명명할 수 있지만, 양심, 친사회적(prosocial) 습관, 표준적인 학급에서 성공을 거두기, 남을 조종하기 위하여 힘을 쓰지 않으려는 것 등이 발달되기 위해서는 양육에서의 기술—정말로 대단한 기술—이 요구된다. 공격성, 성적 또는 신체적 학대, 정직하지 못한 것, 약물 남용, 이탈된 성적 패턴 등등을 보여 주는 모델이 있는 환경 속에서는, 일단의 정신병질적인

"특성들(stew)"의 색채는 특정한 방향을 향하게 된다. 가장 영향력 있는 현대적인 개념에서는 정신병질이 두 가지 주요 요인으로 구성되어 있다고 보았다[1=정동적-인지적 불안정성(Affective-Cognitive Instability), 2=행동적-사회적 이탈(Behavioral-Social Deviance)] (Hare et al., 1991).

이런 관점은 Hare의 개정판 정신병질 점검목록(Psychopathy Checklist-Revised: PCL-R)을 만들어 내는 데 기여했으며, 또한 이 목록에 의해 이런 관점이 더욱 확고해졌다. 이 목록은 20개의 문항으로 구성된 평가 기법인데, 자기보고 및 면접 관찰 자료를 사용하여 이 문항에 평가한 후 다른 보완 자료를 이용하여 확인한다 cross-checked. 연구문헌 상으로는 PCL-R이 만들어 내는 자료가 전통적인 2개 요인 보다는 3개나 심지어는 4개 요인(현재 Hare는 4개 요인을 선호함)으로 더 잘 설명되는 것이 아니냐에 대한 논란이 상당히 있었다. 그러나 이러한 모든 관점에서도 요인 1은 진짜 정신병질에 대한 전통적인 개념과 유사하며 이를 가장 잘 반영해 주고 있다.

다음의 하위 구성요소들은 요인 1(정동적-인지적 불안정성)에 영향을 미친다. 말주변이 좋은 것(glibness), 자신이 대단하다는 느낌(grandiose sense of self), 병적인 거짓말(pathological lying), 속이고-조종하는 행동(conning-manipulative behaviors), 후회할 줄 모르는 것(lack of remorse), 정동이 얕게 느껴지는 것(shallow affect), 냉담하고(callousness)과 공감력의 부족(lack of empathy), 그리고 책임을 지지 않으려는 것(failure to accept responsibility). 행동적-사회적 이탈의 구성요소(요인 2)에는 자극을 추구하는 욕구가 높은 것, 기생충 같은 생활방식, 행동 조절을 잘하지 못하는 것(poor behavioral controls), 어릴 적에 행동 문제를 나타내는 것, 현실적인 목표를 세우지 못하는 것, 충동적인 것, 책임을 못 느끼는 것, 비행으로 선고를 받은 적이 있는 것, 그리고 감찰(supervision)이나 보호관찰(probation)을 위반한 전력이 있는 것이 있다. 일반적으로 정신병질에 관한 연구(Bartol & Bartol, 2008; Hare et al., 1991; Lykken, 1995; 대부분 PCL-R을 사용함)들은 다음과 같은 결과를 보여 주고 있다.

1. 40세에서 45세 사이의 정신병질자에서는 범죄 활동이 감소하였지만, 이런 경향성은 비폭력 범죄에만 주로 해당된다. 폭력 범죄에 대해서는 약간의 감소만 있을 뿐이다.

2. 또한 행동적-사회적 이탈 요인이 35세에서 45세 사이의 어느 곳에서인가 떨어지기 시작하면서, 동시에 정동적-인지적 불안정성 요인("진짜 정신병질에 더 가까움") 은 나이가 들면서 약간 줄어들 뿐이다.
3. 마찬가지로, 행동적-사회적 이탈 요인 2는 일반적인 범죄성향(general criminality) 및 재범을 잘 예측해 주고 있으며, 범죄행동(criminality)과 상관관계가 아주 높고, 사회경제적 지위와 부적인 상관관계를 갖고 있으며, 또한 그 정도는 약하지만 IQ와도 부적 상관관계가 있다. 요인 1은 폭력을 더 잘 예측해 주지만, 사회경제적 지위 및 IQ와는 사실상 상관관계가 없다.
4. 치료가 보통의 범죄자에게서 긍정적인 변화를 가져올 수 있겠지만, 정신병질자의 경우에는 거의 영향을 미치지 않으며, 특히 Ted Bundy의 경우에서처럼, 이들의 특징인 요인 1에는 거의 효과가 없다. 실제로 요인 1의 특성이 높은 정신병질자는 일부의 사례에서는 치료로 인해 악화될 수 있다는 증거가 있으므로, 정신병질자에게는 집단심리치료와 개인심리치료가 "마지막 수업"이 될 수 있다(Rice, Harris, & Cormier, 1992). 진짜 정신병질자는 그들의 본성에 충실히 따라서, 치료를 통해서 자기자신에 대해서 깨닫는 것이 거의 없지만, 남들로부터는 더 많이 배워서는 그렇게 습득한 정보를 좀 더 과감하게 써먹는 것으로 보인다. 그 이유는 적어도 부분적으로는 이들이 구사하는 언어에서 정서적 구성 요소가 약하거나 빠져 있을 정도로 언어장애가 있어서, 공감이나 후회하는 것이 없기 때문이다.
5. 일반적으로 사회경제적 변인과 가족 배경 변수는 일반적인 범죄 행동을 잘 예측해 주지만, 정신병질에 대해서는 비교적 예측력이 떨어지며, 특히 그것이 정동적-인지적 불안정성 요인의 비중이 클 경우에는 특히 그렇다.
6. 요인 1의 비중이 높으면 이들이 말하는 사실상 모든 것이 속이는 것이라고 기대하라. 할 수 있는 한, 과거력이나 현재 행동에 관한 중요한 결정적인 질문을 해서 독자적으로 확증하는 것이 필요하다(Boyd et al., 2007).

정신병질의 발달에 대한 "공통된 경로(Common Path)"의 제안

Meyer(Meyer & Brothers, 2001; Meyer & Weaver, 2007)가 기술한 바에 따라서, 다음의 내용은 정신병질자–반사회적 성격장애의 발전에 대한 윤곽을 보여 준다.

출생 이전의 위험요인(Preexisting Risk Factors)

1. 생물학적(유전적, 태아기, 출생 시, 혹은 초기 아동기) 붕괴(disruption)
2. 사회경제적 지위 SES(Socioeconomic Status)가 낮음(Lahey et al., 2005)
3. 직업적–사회적–대인관계적 기능부전의 가족력
4, 정신병질의 가족력(Gunter, Vaughn, & Philibert, 2010)
5. FUMES 아동(앞 페이지 참조)의 특징을 보임(즉, 겁이 없고, 고통에 반응이 없으며, 근육형이고, 공감 능력이 부족하고, 자극적인 것을 찾음)

출생부터 취학시기까지(From Birth to School Age)

1. 아동의 기질적(temperament) 요인들
   a. 아동의 정서적 반응이 부족하고 사회적 관심이 부족해서 부모로부터의 배척하는 반응을 촉발한다.
   b. 아동의 활동 수준이 높아서 부모를 짜증 나게 하고 벌을 가하는 행동을 하도록 유발할 수 있다.
   c. 신체적 처벌이나 위협에 대한 반응이 없는 것(Lorber, 2004), 정서적 "무감각(numbness)", 그리고 언어학습에서 정서를 연합시키지를 못하는 것으로 인해서 남들에게 파괴적 행동을 하게 되는 것과 관련된 행동적 근접요인(behavioral contingencies)과 그런 행동으로 인한 후속 결과를 배우지 못한다(Kirsch & Becker, 2007).
2. 양육 관련 요인들
   a. 일관성이 없는 양육은 아동으로 하여금 행동의 근접성(역주: 어떤 행동을 하면 어떤 대가가 뒤따르는지)을 배우지 못하게 한다.
   b. 공격적이고 처벌적인 양육 그리고/또는 가족간 상호작용은 아동으로 하여

금 공격행동을 모방하게 하고, 적개심을 느끼게 하며, 처벌받는 것에 익숙해지고, 억압적 방어 방식(repressive defensive style) [정서적 "경직성(hardness)"]을 발달시키게 한다(Daversa, 2010).

3. 부모/아동 간의 상호작용
   a. "표현된 정서(expressed emotion)"의 결손과 더불어, 신뢰스럽지 못한 양육은 불안정한 애착(즉, 대인관계에서 "회피성" 애착 유형)을 초래한다. 신뢰스럽지 못하고 그리고/또는 학대하는 부모와 연관된 위험요소를 거부하고 실망감에 빠지기보다는 아동은 "(인생을) 홀로 가게 된다(goes it alone).".
4. 환경 요인들(살아 있는 동안 어느 때에든 일어날 수 있다.)
   a. 미디어에 많이 노출되는 것으로부터 시작해서 폭력적인 모델(좋아하는 모델인 경우가 종종 있음), 비도덕적인 모델, 그리고 그 밖의 다양한 이탈 행동에 노출되면, 모방이나 최소한 억제해 온 것을 방출시키는 결과를 초래할 수 있다.
   b. 흔하지는 않지만, 중금속, 특히 납의 독성 수준으로 체내에 있으면, 반사회적-공격적인 패턴을 촉발한다.
   c. 흔하지는 않지만, 특정 유형의 뇌 장애, 특히 전두엽 손상을 가져오는 외상 및/또는 질병이 아주 어린 나이에 발생하는 경우에는, 억제 행동(inhibitory behaviors)이 나타나지 못하게 할 수 있다.

취학 연령기부터 청소년기까지(School Age to Adolescence)

1. 관련된 성격 요인들
   a. 뇌간(brain stem)의 각성(arousal) 수준이 낮은 것[즉, Eysenck의 생물학적 외향성(biological extraversion)]은 충동적이고, 통제하기 어려우며, 자극을 추구하는 행동을 하게 한다.
   b. 치우친 생리적 흥분(distorted physiological arousal) (Isen et al., 2010), 억압적인 정신역동(repressive psychodynamics), 그리고 사회적 근접요인에 대한 습관적 "무감각(numbness)"이 결합되면, 아동은 환경 속의 사건에 둔감해지고 "조건형성(학습)(condition)"되지 못하게 된다(Patrick, Fowles, & Kruger, 2009). 그러므로 아동은 경험을 통해서 배우거나 "얻지"를 못하고 다른 사람들의 경

험도 알지를 못한다.

c. 중배엽형(Mesomorphic)(근육형)이고 기운이 넘치는(energetic) 특성은 남들을 신체적으로 조종/통제하려는 경향을 높여 주며, 자극 추구 성향이 덧붙여지면 위험을 감수하는 경향이 높아지게 된다.

d. 주의력결핍 과잉활동장애 및/또는 "경미한(soft)" 신경과적 장애가 함께 공존하게 되면 행동 문제가 더욱 악화될 수 있다(Mitchell, 2010).

2. 성격 발달

a. 또래/교사가 붙이는 호칭은 그렇게 되라는 효과를 가져올 수 있다.

b. 학업실패와 사회에서의 실패는 열등감을 갖게 하고 남들에 대한 적개심을 높여 줄 수 있다. 아동은 "맞서는(moving against)" 대인 양식이 발달된다.

c. 초기의 반사회적 행동(즉, 절도, 방화, 남에게 폭력행사)이 일어나는데, 종종 품행장애의 진단을 "뒷받침하는" 증거도 수반된다(Burke, Loeber, & Lahey, 2007).

청소년기(Adolescence)

1. 젊은 정신병질자는 적개심을 표현하고 열등감에서 벗어나기 위해서 착취하는 방식을 발전시키게 된다. 교사, 부모, 그리고 또래를 눈속임하고 경멸함으로써 자신의 "우월성을 입증하려고" 한다.
2. 지속적인 반사회적 행동은 처음으로 법에 저촉되게 한다.
3. 남들을 통제하기 위해 신체적 및 심리적 공격을 점점 더 많이 사용한다.
4. 생리적 충동성이 있고, 경험을 해도 깨닫지를 못한다.
5. 인지-주의 방식(cognitive-attentional style)에 장애가 있고, 남에 대한 적개심과 적대적 태도가 함께 있는 경우에는 법률 위반이 반복될 가능성이 아주 높게 된다(Loeber, Buke, & Pardini, 2009).
6. 비행 청소년 범죄자를 위한 캠프나 교도소에서 다른 반사회적인 사람을 만나게 되면 "범죄 교육"을 받게 되어 범죄 행위가 증가하는 결과를 초래하며, 갇혀 있는 동안의 시간 손실이 수반되어, 결국은 인생의 주된 흐름에서 벗어나지 않고 머물러 있는 사람들에게 도움을 더욱 크게 주게 된다. 범죄 행동과 반사회적 행동은 정신병질자가 "(남들에 비해) 뛰어난" 생활방식(lifestyle)이 된다.

성인기(Adulthood)

1. 반사회적 행동은 정신병질자가 20대 후반을 거치면서 더욱 증가한다. 안 되는 것이 더 많아지고, 남들로부터 배척을 받으며, 그리고/또는 수감 생활을 통해 적개심과 무정해진 감정(hardened feelings)이 높아지게 된다.
2. 경험을 해도 깨닫지 못하고, 통찰력과 공감력이 부족하며, 치료 관계를 형성하지 못하기 때문에, 정신병질자는 치료-재활의 효과를 보지 못하고 사회의 골칫거리가 된다.
3. 다음은 이들에게서 저변에 깔려있는 인지적 신념의 핵심 내용이다 :
   a. 합리화: "내가 바라는 것이 있다면 이는 내가 이를 얻기 위해서 어떤 행동을 취하든 이를 정당화시켜 준다."
   b. 타인을 존중하지 않음: "상대방에게 내가 반응을 보이는 것이 내게 도움이 되지 않는다면, 상대방의 태도와 욕구는 나와 관계가 없으며, 그들이 나로 인해 상처받았다고 하더라도, 나는 그들에게 일어난 일에 대해 책임감을 느낄 필요가 없다."
   c. 후속결과로부터 영향을 거의 받지 않음: "나의 선택은 원래 옳은 것이다. 그래서, 나는 바람직하지 않은 결과를 경험하지 않게 될 것이며, 또는 만약에 그러한 일이 일어난다고 하더라도, 그 일은 내게는 실제로는 아무런 문제가 되지 않을 것이다."
   d. 권능(Entitlement): "나는 나 자신부터 먼저 생각해야만 한다. 내가 원하거나 필요하다고 느끼는 것을 나는 가질 자격이 있으며, 만약에 필요하다면, 나는 원하는 목표를 얻기 위해 힘을 행사하거나 속임수를 쓸 수 있다."
   e. 규칙 회피: "규칙이란 것은 내가 내 욕구를 충족시키는 데 제약을 가한다."
4. 반사회적 행동은 30대 중반에 감소하거나 불규칙하게 "소멸되어 버린다(burns out)"(폭력 범행의 경우에는 덜 그러함). 이는 아마도 더 길어진 수감 생활, 과거에는 감각을 추구하고 충동적인 행동을 나타내는 데 기여했던 연령 관련 신진대사 요인상의 변화, 또는 아마도 지속적인 범죄 활동을 나타내는 데 필요한 힘과 스태미나상의 감소에 기인할지도 모른다.

치료 방향

모든 성격장애자의 치료시 문제점—즉, 내담자로 하여금 치료에 동의하고 난 뒤에 의미있게 관여하도록 하는 것—이 ASP의 경우에는 아주 커서, 성공하는 경우가 드물다. 영국 수상이었던 William Gladstone (1809~1898)가 언급했듯이, "양심이 나쁜 질병은 전 세계의 모든 나라의 모든 의사도 치료할 수 없으며", 그리고 여기에는 심리학자나 정신과 의사도 마찬가지로 포함되는 것 같다.

ASP의 치료에 적합한 것으로 제안되어 온 치료법은 다양하게 많다. 그러나 Bundy처럼, 이들의 대부분은 자신의 행동을 바꾸는 데 관심이 전혀 없으며, 환경에 의해 강제로 시행되는 경우에만 치료 프로그램에 참석할 뿐이다(Rice et al., 1992). 환자들의 행동 변화가 아니라 치료 프로그램에만 관심이 있었다. 정신병질에서 요인 1의 비중이 적은 일부의 반사회적 성격의 소유자들은 치료를 받으면 바뀌며, 앞서 언급했듯이, 일부의 변화는 나이 먹는 것으로 인한 부분도 있다. 그러나 절대 다수는 처해 있는 환경이나 치료 기법에 의해서도 두드러지게 변화하지는 않는다(Bartol & Bartol, 2008). 치료 효과가 나타날 수 있는 한 영역은 젊은이에 대한 것인데, 개입이 일찍 이루어질수록 당사자가 자신의 행동 패턴을 굳히고 부적응인 사고 패턴을 확고히 하는 데 필요한 시간이 줄어들 것이라는 점은 언뜻 생각해 보아도 말이 된다(Salekin, Worley, & Grimes, 2010).

분열성 성격장애

분열성 성격장애(Schizoid Personality Disorder: SPD)가 있는 사람들은 비사교적이고, 수줍어하며, 내성적이고, 사회적 관계를 형성하는 능력이 상당히 부족해서, 통상 남들로부터 외톨이(loners)로 기술된다. 이 장애의 핵심 특징은 적절한 사회적 관계를 형성하는 능력이 손상된 것인데, 작가 Joan Didion이 『The White Album』이라는 저술에서 언급했듯이, 이들은 일상적인 삶에 겨우 근소할 정도로만 관여하고 있다(p.121). 이러한 사람들은 통상 적개심을 직접 표현하는 데 어려움이 있으며 대부분의 사회 접촉으로부터 물러나 있다. 그러나 광장공포증(제3장 참조)의 경우와는 달리, 그 행동이 자기 동조적(ego-syntonic)이어서, 즉 당사자는 이런 사실을 본질적으로 받아들이고 있는 것으로서, 결과적으로 이는 행동 및 태도 상의 양가감정적인(ambivalence) 방식을 드러내는 것으로 여겨진다(Thylstrup & Hesse, 2009).

통상적으로, 분열성 성격장애자 SPD는 수줍음을 보이는데, 내향성이란 개념이 보다 더 적절할 수도 있다. 최소한도 사람들을 회피하는 요소가 들어있는데, 왜냐하면 수줍음이란 개념 속에 두려움과 불안이 내포되어 있는 반면에, 내향성이란 개념은 남들을 회피하는 것을 좋아한다는 것이 좀더 명백하기 때문이다. 이러한 내향성으로 인해서, SPD들은 야간 경비원 일처럼 혼자서 해야 되는 직업에 끌리게 된다. 이들이 나이가 들거나 또는 업무를 제대로 수행해 내지 못하게 되면서, 은둔자 같은 삶이나 "사회 밑바닥(skid row)"으로 이동하는 것 같은데, 이는 특히 이들이 남성일 경우에 더욱 그렇다. 이들이 공상을 과도하게 하고 특이한 방식으로 의사소통을 하지만, 이들은 현실과의 접촉 상실(loss of contact with reality)은 보이지 않을 것이다.

사례 연구

Theodore Kaczynski의 사례

Theodore John Kaczynski는 1996년 3월 3일에 FBI에 체포되어, "연쇄 소포폭탄테러범(Unabomber)"으로 기소되었는데, 그의 폭탄공격의 상당수가 대학교와 관련된 사람이나 장소를 겨냥하였기 때문에 그러한 이름이 붙여졌다. 그의 17년간의 범행은, 16개의 사건을 일으켜서 사망자 3명과 부상자와 불구자를 23명을 만들었는데, 1978년 5월 25일에 처음으로 대중의 이목을 끌었다. 이날은 미국 시카고에 있는 일리노이 대학의 주차장에서 발견된 소포가 발신 주소가 노스웨스턴 대학교로 되어 있어서 그곳으로 반송되었다. 이 소포는 그 다음 날에 폭발하여, 1명이 부상을 당했다. 마지막으로 알려진 공격은 1995년 4월 24일에 이루어졌는데, 우편물 폭탄이 캘리포니아 삼림 협회의 새크라멘토 본부로 배달되어, 협회장인 Gilbert Murray가 그것을 개봉하려고 하자(폭발하여) 그를 죽게 했을 때이다. Kaczynski는 항소를 통해 결국에는 4배 기간의 종신형을 받아서 사형을 피하게 되었다.

17년에 걸친 정교한 범인 수색에도 불구하고, 여기에는 컴퓨터 데이터베이스 속에 최소한 1,200만 바이트의 저장된 정보, FBI, ATF, 우체국 요원 80명으로 구성된 특별 대책 위원회의 노력, 광범위한 심리적 프로파일 분석(psychological profiling), 그리고 목격자의 진술이 활용되었는데, Kaczynski의 체포는 그의 형수인 Linda가 Ted를 연쇄 소포 폭탄테러범이 아닐까 의심하기 시작한 후에나 이루어졌다. 이런 의심을 갖고 보자, 그녀의 남편이자 Ted의 형인 David는 『New York Times』와 『Washington Post』에 실린 35,000개의 단어로 된 성명서의 일부가 어머니의 집에서 그가 우연히 발견한 동생 Ted가 쓴 글과 비슷해 보인다는 것을 알아차렸고, Ted를 다시 보게 되었다.

David와 Linda는 이미 Ted의 정신건강 상태에 대해 우려하고 있었다. 1996년 9월 15일에 '60 Minutes' 인터뷰에서, David와 Linda는 자신들이 1991년에 Ted의 편지 2개를 정신과 의사에게 갖고 갔더니, 그 의사는 Ted는 정신적으로 혼란되어 있고(disturbed) 폭력적일 수 있다고 말했다고 언급하였다. 입원(Civil commitment)도 고려해보았지만, 그들은 실현 가능하지 않다고 생각했다. 나중에 이들은 아마도 Ted의 주치의로 여겨지는 몬타나에 있는 의사와 접촉하여, Ted에게 심리치료를 시행해 주도록 요청하였으나, 아무런 반응도 얻지 못하였다.

Theodore Kaczynski는 1942년 5월 22일에 태어났다. 어린아이였을 때조차 Kaczynski는 조용하고 혼자 지냈지만, 그의 어린 시절은 자애로운 부모 슬하에서 두드러지지 않았다. 그의 어머니는 Kaczynski가 아주 어렸을 때 그에게 『Scientific American』 잡지의 기사를 읽어주며 오랜 시간을 보내곤 했다고 말하였다. 그와 그의 가족은 사회적으로 뒤로 물러나 있고 남들과 잘 어울리지 못했다. 어머니는 Kaczynski가 어린 소년이었을 때 다른 아이들과 놀기보다는 그들 옆에서 따로 노는 게 걱정이었고, 그를 자폐 아동 연구에 등록시킬까 고려한 적도 있다고 한다. 그러나, 어머니는 Spock 의사의 조언에 따랐다. 한 이웃사람이 Kaczynski 집안의 아이들에 대해 말하기를, "그 집 애들은 길거리에서도 다른 사람들과 섞이려고 하지 않아요."라고 했다. 이 이웃은 Ted가 다른 아이들과 함께 놀지도 않았으며 인사말을 건낸 적도 전혀 없다고 덧붙였다.

Kaczynski는 시카고 교외에 있는 백인 중산층이 다니는 Evergreen Park 고등학교를

3년 동안 다니고 졸업했다. 대부분의 반 친구는 그를 거의 기억하지 못했다. 그가 독일어, 수학, 생물학 관련 클럽의 구성원이었음에도 불구하고, 그에 대한 남아 있는 기억은 그가 그저 조용하고 혼자 있는 학생으로 보였다는 것이다. 그는 불꽃 제조법과 폭발물에 지대한 관심을 가진 10대로 기억되고 있었다. 그러나 그가 사물을 폭발시켜 버리는 것을 좋아하기는 했지만, 누군가를 직접 해친 적은 전혀 없었으며, 화를 잘 내거나 침울했다기보다는 수줍어하고 매우 미성숙한 것으로 기억되고 있었다.

16세에 국가 보훈 장학금 수혜자였던 Kaczynski는 장학금을 받고 하버드 대학에 갔다. 그는 20세가 넘자마자 졸업하였다. 그가 얻은 학점은 평균 수준에 불과했고 어떠한 활동에도 참여하지 않았다. 그는 3년 동안 하버드 기숙사 중 하나인 Eliot House의 7인실에서 지냈다. 한 룸메이트는 말하기를, "제가 3년 내내 그에게 말한 것이 10개의 단어도 안 되는 것으로 기억돼요."라고 했다. Kaczynski는 노스웨스턴 대학 Northwestern University과 시카고 대학 University of Chicago 모두에서 대학원 과정을 일부 이수하고 난 뒤에는, 미시간 대학에서 1964년엔 수학으로 석사 학위를 받았고 1967년에는 박사 학위를 받았다. 다소 아이러니하게도, 그의 박사논문의 제목은 "경계 함수(Boundary Functions)"에 대한 것이었다. 그를 지도한 교수들은 전반적으로 그가 매우 유능하고, 신중하며, 조용했던 것으로 기억하고 있었다. Kaczynski는 졸업하기 전에 저명학술지에 논문도 여러 편을 게재했다.

미시간 대학교에 재학 중에, Kaczynski는 1966년에 성전환이 가능한지를 알아보기 위해 정신과 의사를 찾아갔다. 그러나 그는 대기실에서 이런 궁금증으로 찾아왔다는 것에 대해 굴욕감을 느꼈고 정신과 의사와는 평범해 보이는 다른 주제에 대해 이야기했다. 진짜 성전환자(transsexual)는 아니었던 것 같지만, 그는 자신의 성적 측면(sexuality)에 대해 명백히 혼란스러워했는데, 놀랄 것도 없이 어느 누구와도 친밀감을 느끼지 못했기 때문이었다. 이런 면담을 가진 후, Kaczynski는 그의 일기에 "왜 내가 증오하는 정신과 의사와 그 밖의 이를 진짜로 죽이지 않을까?"라고 썼다. 이와 같이 오래 지속된 분노가 나중에 그가 저지른 행동의 원인이 된 것이 분명했다. 그 밖에도 그는 오랫동안 정신건강 전문가와 이따금 접촉하였는데, 통상 불면증, 여성을 만나는 것과 관련된 걱정, 그리고/또는 경미한 우울증이 그 주제였다.

Kaczynski의 밝은 미래는 1967~1968년 사이의 학사일정에서 버클리 소재 캘리포니아 대학교에서 수학을 담당하는 조교수 직위를 받아들이면서 이어져 갔다. 그러나 두 가지 요인이 합쳐지면서 주요한 인생살이의 변화를 일으키게 되는 것 같다.

첫째, 그는 교수로서의 자신의 역할에서 성공하지 못한 것으로 보인다. 알려진 바에 의하면, 그는 교육자로서 형편없어서 혹평을 받았는데, 여기에는 다음과 같은 말도 포함되어 있었다. 즉, 그는 학생들을 완전히 무시하는 방식을 통해서 질문에 답변하기를 철저히 거부했다. 그는 계속 혼자였다. 그래서 다시 한번 그에 대한 대부분 사람의 기억은 희미하다. 둘째, 1960년대에는 그의 정치적 활동 수준이 높았다는 것이다. 분명한 것은, Kaczynski는 버클리에서 이와 같은 정치적 활동에 많이 노출되었다. 특히 이와 같은 급진주의의 온상에서, 그는 폭넓은 다양한 저항운동과 폭동을 목격하게 되는데, 여기에는 1969년 5월의(수치스러운) 악명높은 인민공원 People's Park 폭동이 있었는데, 이 폭동은 1969년 6월 30일에 버클리에서의 그의 교수직을 사임하기 한 달 전에 일어난 사건이었다. Kaczynski는 인민공원에서 단지 몇 블록밖에 안 떨어진 곳에서 살았으며, 당시의 갈등은 많은 환경-사회적 문제와 관련이 있었다. Kaczynski가 버클리로 오기 전에 급진주의적 생각과 관심이 있었는지에 대한 증거는 거의 없었다. 환멸을 느낀 버클리 활동가들이 사회를 포기하고 "전원으로 되돌아가는" 것은 특이한 일이 아니었는데, 이런 일이 Kaczynski가 결국에는 몬타나에서 해내고 만 일이 되었다. 그러나 그는 다양한 정치적 견해에 강력히 맞섰고, 그의 공격의 초점은 유전 공학, 비행기, 컴퓨터에 있었다.

Kaczynski는 자신이 교수직을 사임한 것에 대해서 누구에게도 명백한 이유를 대지 않았다. 늘 그렇듯이 그에 대한 정보는 완전한 것이 못되었다. 그는 1970~1980년대에 몬나타주와 유타주에 살았던 것으로 알려져 있다. 1982년에 발간된 하버드 대학교 20주년 보고서에는 그의 주소가 아프가니스탄의 Khadar Khel 지역의 Bauchat Pass 788으로 수록되어있었다. 그러나 이 주소는 실제로는 없는 것이다. 그는 임시직, 천한 노동 그리고 단순한 생활방식으로 살아갔다. 1990년에 소규모 사업을 하던 그의 아버지 Theodore R. Kaczynski는 암 진단을 받은 후 자살을 했다. 이런 일이 그의 아들에 어떤 의미있는 영향을 미쳤는지에 대한 증거는 없었다.

마침내 Kaczynski는 그와 그의 형이 1971년에 구입한 1.4에이커 정도의 몬타나주의 Lincoln 지역의 작은 마을 근처 산비탈의 간이 오두막이로 정착했다. 가로 10피트, 세로 12피트의 오두막에는 테이블 한 개, 의자 두 개, 좁은 침대, 장작을 태우는 난로가 있었지만, 전기나 실내 수도 시설이나 전화기도 없었다. 그는 식량의 일부를 재배했으며, 토끼, 다람쥐, 호저를 사냥했고, 일주일에 한 번 정도 Lincoln에 있는 Blackfoot 마켓에서 식량을 사느라 약 5달러 정도를 썼다. 그는 서로 안 맞는 부품을 합쳐서 다 망가진, 변속 기어가 없는 자전거를 조립하여 아주 가끔씩 몬타나에 있는 헬레나로 50마일 정도를 달리기도 했다. 그는 음주나 흡연도 하지 않았고, 유일한 여가 활동은 독서였는데 Lincoln 도서관과 할인 서점에 자주 들렀다. Kaczynski는 누구에게도 몇 마디의 공손한 말도 거의 하지 않았다. 그는 어머니에게서 주기적으로 수표를 받아서 어느 정도 지낼 수 있었고 형으로부터는 약간의 돈을 받았다.

그가 체포되기 직전에는, Kaczynski의 삶은 조각조각 나 있는 것으로 보였다. 그의 옷이 전보다 지저분하고 흐트러진 차림이었으며, 그는 우울해 보였다. 그는 통상 그의 1.4에이커의 토지와 오두막에 대한 재산세를 제때에 꼬박꼬박 납부했지만, 1995년 11월 30일의 납부 기한을 놓쳐 버려서 아마도 114.27달러가 미납일 것이다. 그는 Blackfoot 마켓 사장에게 일자리를 요청하기도 했지만 거절당했다. 누군가의 기억에 따르면, 형식적으로 그가 제대로된 일을 했던 것은 1981년이 마지막이었다.

1998년 1월에, Kaczynski는 재판을 받을 상태에 있는 것으로 확인되었다. 그 직후 바로 1998년 1월 22일에, 그는 결코 석방될 수 없다는 것과 자신이 저지른 범죄로부터 더 이상 득 될 것이 없다는 것을 받아들이고는, 폭탄공격과 관련된 연방정부의 모든 기소에서 범죄사실을 인정하였다. 그의 변호사들은 그들의 고객인 Kaczynski가 심문을 견뎌 내지 못했다고 진술했는데, Kaczynski의 말을 빌리면, 심문을 받다 보면 자신이 "정신이상자 sickie"라는 것이 드러날 것이기 때문이었다. 그는 4번의 종신형에 30년이 추가된 형을 언도받자 곧 콜로라도 플로랜스에 있는 Super-max로 보내졌는데, 이곳은 소위 록키산맥의 Alcatraz 섬으로 불리는 곳(역자 주: 탈출 불가능한, 고립된 지역의 감옥)이다. 그곳에서 그는 오클라호마 도시의 폭탄 테러범 Timothy McVeigh, 1993년에 세계무역센터 폭격의 주모자인 Ramzi Yousef, 그리고 저명인사인 Woody Harrelson의 아버지로서 청부살인자인 Charles Harrelson와 같은 중죄인들과 함께 수감되는 처지가 되었다.

원인론 및 진단

또한 다른 시기의 Kaczynski에게 다른 진단이 적용될 수도 있겠다. 특히 연쇄 폭탄테러범의 시기가 끝날 무렵에는 그러하다. 그러나 분열성 성격장애(schizoid personality disorder: SPD)의 패턴은 평생 지속된 것으로 보인다. 모든 성격장애 중 SPD가 유전적 요인이 행동에 상당한 영향을 미친다는 것이 가장 확실하다고 일반적으로 받아들여지고 있다(Esterberg, Goulding, & Walker, 2010). 이와 관련된 내향성(introversion)과 수줍음(shyness)에 대한 연구에서도 마찬가지로 유전적 성분이 높다는 것을 알려 주고 있다(DiLalla, 2004). Kaczynski 집안의 다른 가족 구성원들에서도 최소한 경미한 수준의 분열성 성향이 있다는 것을 알려 주는 징후가 있다. 예를 들어, David는 야외에서 텐트 생활을 하면서 오랜 시간을 보내는 것을 즐겨 했고, 그의 남동생에 비해서 몬타나주에서 더 구석진 곳에서 한때 살았던 적이 있다.

수줍음과 내향성에 대한 유전적인 소질이 있는 것 이외에도, Kaczynski의 어머니의 일반적인 양육 방식은 지적이고, 학구적이거나, 그리고/또는 고립화시키는(isolating) 행동을 허용하고 심지어는 이를 촉진했던 것도 한 가지 요인이었던 것으로 밝혀졌다. 초기 아동기에 친밀하게 보살피는 관계가 부족했던 것도 남들과의 연결감을 촉진하는 기술의 발달을 저해할 수 있다(Lenzenweger, 2010). Ted는 연쇄 폭발범 성명서에 쓰기를, "청소년이 공부하는 데 몰입해서 상당히 많은 시간을 책상에 앉아 있는 것은 자연스럽지 못하다."라고 했다. 또한 세 가지 특정 상황이 여기에 기여했을 수도 있다. Ted가 생후 9개월이 되었을 때, 알레르기가 심해서 발진이 생겼고, 그래서 일주일 동안 병원에 입원해야 했는데, 그 당시에는 통상적으로 이런 경우에는 가족 그 누구도 접촉이 허용되지 않았다. 그의 가족은 그가 이런 일을 겪고 난 후 훨씬 더 반응성이 적어졌고 혼자 있게 되었다고 보고했다. 또한 Ted가 7세였을 때, 그의 남동생이 태어났는데, 모두가 보고한 내용은 이로 인해 Ted가 주목을 받지 못하게 되자 매우 강하게 반발했다는 것이다. 이들의 고모에 따르면, Ted가 고모에게 다가와서 대화를 나누곤 했지만, 동생 David가 태어난 뒤에는 이런 행동을 그만두었다고 했다. 역설적이게도, David는 결국 Ted를 체포하게 해 준 정보를 제공한 대가로 수백만 달러의 상금을 받았다. 그래서 Ted는 David를 "배신자"라고 불렀다. 게다가 그가 6학년을 건너뛰도록 허락을 받게 되자, 이미 정서적으로 미성숙했던 이 소년은 이제는 또래 집단과 어울리는 기회가 더욱더 멀어지게 되었다. 몇 년 후, Ted는 또다시 학년을 건너뛰어서, 이런 과정이 더욱 가속화되었다.

마찬가지로, 이성교제의 영역에서도, Ted는 정서적으로 발달하지 못했다. 그는 초등학교나 고등학교 때 여자애들과 데이트하거나 심지어는 사귄 적도 전혀 없었다. 고등학교 졸업 직후에, Ted는 어떤 소녀와 한두 번의 데이트를 했지만, 그는 그녀의 가톨릭 신앙에 격노를 표출해서 그 관계를 끝냈다. 1974년까지는 어떠한 유형이든 간에 다른 이성과의 교제가 꾸준히 있었다는 징후는 전혀 없었다. 1974년에 그는 몬타나주의 링컨시에서 Kibbey Corner 트럭 정류장(Truck Stop)에서 함께 일했던 19세의 웨이트리스에게 사귀자고 말을 건넸다. 그녀는 직장을 그만두고 학교로 되돌아갈 때까지 Ted가 자기에게 관심을 갖고 있다는 것을 전혀 몰랐다. Ted의 첫 번째 사귀자는 편지는 그녀에게 캐나다로 함께 이주해서 자신의 아내가 되어 달라는 내용이었다. 두 번째 편지에는 이력서가 포함되어 있었는데, 마치 그가 거의 데이트 신청(date application)을 하고 있는 것 같았다.

그다음의 로맨틱한 급습으로서 어떤 면에서 가장 성공적이었던 것은 1978년에 그 당시 36세로서, 최초의 Unabomber[대학교우편물폭탄(university and airline bomber)] 공격 이후 약 4개월이 지나서였다. 그는 그의 상급자인 Ellen Tormichael에게 접근했는데, 그녀가 가게에서 허풍을 떠는 것을 보게 되었기 때문이다. 그는 그녀와 함께 그녀의 아파트로 가서, 그녀와 그녀의 여동생, 그리고 그녀의 남자친구와 함께 카드놀이를 했다. 이들은 두 번 데이트를 했는데, 그러고 나서 그녀는 그에게 다시는 그를 보고 싶지 않다고 말했다. Ted의 남동생 David는 보고하기를, Ted가 매우 우울해졌고, 정서적으로 미성숙한 청소년이 반응할 수 있는 방식 그대로, 그녀에 대해서 모욕적인 시귀 흉내를 낸 글을 썼으며, 그가 일하고 그의 동생과 아버지가 관리자의 지위에 있던 공장 주변의 화장실과 벽에 익명으로 이를 복사해다가 붙였다. 역설적이게도 그리고 아마도 예언자처럼, 그는 냉수기에 있는 David를 향해 다가가서는 David가 보고 있는 가운데, David 앞에 있는 벽에 위와 같은 복사물을 붙여서 동생이 자신을 해고하도록 만들었다. David는 그에게 집으로 가라고 말했으며, Ted는 직장으로 복귀하는 것이 허락되지 않았다. 이상의 내용이 그의 이

방면의 사회생활에 관한 것이다.

SPD의 특징에서 나타나듯이, Kaczynski는 공격성을 직접 눈앞에 들어대어 보여 주었다는 증거가 전혀 없다. 사실상 SPD가 있는 대부분의 사람은 높은 수준의 수동적 공격성(passive aggression) 조차도 보여 주지 않는데, 부분적으로는 이들이 통상 이와 같이 전반적으로 낮은 수준의 대인관계 접촉을 보여 주기 때문이다. Unabomber 활동 이외에도, Kaczynski는 "멀리 떨어져서(distant)" 인간을 대상으로 하지 않는 공격(impersonal aggression)의 특이한 패턴 뿐만 아니라 편집적인 관심사를 보여 주었다.

인지적 관점에서 보면, 다음은 SPD의 행동에 영향을 미치는, 저변에 깔려 있는 특징적인 가정이다. ① "나의 정서적인 일상(emotional routine)(아무리 그 정서가 근소하다고 하더라도)이 흔들리는 것은 소름 끼치고 기분 나쁜 것이다(이 점에서 보면, SPD의 경험은 강박장애자가 외부 일상의 혼란을 두려워하는 것과 비슷하다). ② "사람들은 실제로는 나에게는 아무런 의미가 없다." ③ "나는 혼자서 살아남을 수 있다(아마도 최선은 아닐 수 있지만, 적어도 예상컨대). 그리고 이를 위해서 나는 공간이 필요하다." 또는 ④ "자유롭고 독자적인 것이 필요하다—다른 사람들은 Brer Rabbit의 'TarBaby'와 같아서, 당신이 그들과 관계를 맺으면, 당신은 그들에게 꽉 붙잡히게 된다."

자신의 삶의 여러 시점에서, Kaczynski는 한 개 이상의 DSM 진단(예, 편집성 성격장애, 회피성 성격장애)을 받았을 가능성이 있다. 그는 1998년 1월 초의 어느 시점에서인가 자신의 속옷을 사용하여 자살 기도를 했을 정도로 아주 우울해 보였다. 또한 연방교도소의 정신과 의사인 Sally Field 박사는 Kaczynski가 재판을 받을 수 있는 정신상태에 있는 것을 발견하였으며, 거의 그 시점에 그를 망상형 정신분열증으로 진단을 내렸다. 하지만 분열성 성격장애에 대한 다음의 DSM-IV-TR 기준에서 뚜렷이 드러나듯이, SPD의 진단이 명백히 해당된다.

DSM-IV-TR에 의하면, SPD는 친구가 있다고 하더라도 거의 없지만, 이들은 의사소통의 곤란을 전혀 보이지 않는데, 이는 Kaczynski에 대해서도 들어맞는다. SPD는 사회적 관계에서 동떨어진 것(social-relationship detachment), 내성적 행동, 그리고 사회 상황에서 표현이나 정서의 위축이 특징인데, 다음 중 최소한 4개 이상의 직업적 또는 사회적 곤란을 야기한다.

① 가족을 포함해서 친밀한 관계를 원하거나 즐기지 않는다. ② 거의 항상 혼자서 해내는 것을 추구한다. ③ 남과의 성 경험에 거의 또는 전혀 흥미가 없다. ④ 기껏해야 아주 적은 몇 가지 활동에서만 즐거움을 얻는다. ⑤ 1급 친척 이외의 가까운 친구나 믿을 만한 사람이 없다. ⑥ 칭찬이나 비판에 무관심한 것으로 보인다. ⑦ 초연해 있거나, 냉담하거나, 또는 정서적으로 평탄하다[밋밋하다(flat emotionally)].

정식으로, 직접 대면하여 평가하지 않고서는 확진을 내릴 수 없겠지만, Kaczynski는 앞의 7개 기준에 부합된다고 쉽게 판단할 수 있다.

문학에서의 강박관념과 폭력

Joseph Conrad의 소설 『비밀 요원(Secret Agent)』에서, 한 명의 뛰어나지만 제정신이 아닌 교수가 조그만 방—그의 "은둔처(hermitage)"—에 고립되는 것을 혐오하여 학문의 세계를 포기한다. 그곳에서 허름하고 지저분한 옷을 입은 채, 그는 "과학의 우상"이라고 불리는 천문대를 파괴하기 위해 폭탄을 만든다.

이 소설에서, 폴란드 태생의 작가는 천문대를 "오늘날의 신성불가침의 대상"이라는 과학의 상징으로 보고 파괴하고 싶어하는 등장 인물을 만들어 냈다. 이 교수는 뛰어나지만 제정신이 아닌 남성으로서 폭발물로 몸을 감싼 채 주변을 걸어다니면서 "완벽한 기폭 장치"를 만드는 데 전념하고 있다. 단편 소설 "The Informer"에서도 비슷한 등장 인물에게 또한 "교수"라는 별명을 붙이고 묘사하였는데, Conrad는 쓰기를, "폭발물은 그의 신앙이자, 희망이자, 그의 무기와 방패"라고 했다.

이는 본 사례와 아주 잘 들어맞는다. Kaczynski는 뛰어난 남성이지만 인생의 대부분에서 어려움을 겪고는, 몬타나 판잣집에서 은둔 생활을 하러 학계를 떠났다. 그곳에서, 그는 외모나 복장도 제멋대로인 채, 그의 오두막 뒤에서 그가 키운 순무를 한동안 먹고 살았다. Conrad의 소설에 나오는 무정부주의자들 중 한 명은 당근을 날로 먹으며 살았다. 게다가 Conrad의 가장 잘 알려진 작품인 『어둠의 심연(Heart of Darkness)』에서 주인공은 콩고의 정글을 위해서 유럽 문명을 포기한다. 얄궂게도 1995년에 수사관들은 Conrad의 작품인『비밀 요원(Secret Agent)』과 그 밖의 Conrad의 작품을 학자들에게 보냈는데, 18년 동안 수사관의 법망을 피했던 살인범의 마음에 대해 통찰을 얻기를 희망해서였다.

수사관들은 Kaczynski가 캘리포니아주 새크라멘토(Sacramento)에 있는 호텔에 머무르면서 폭탄을 우편으로 발송했는데, 적어도 3번 이상 자신을 “Conrad” 또는 “Konrad”로 호칭했다고 믿고 있다고 말했다. 우연히 일치하게도, 문학 참고서에는 Joseph Conrad의 출생 시 지어준 이름이 Teodore Jozef Konrad Korzeniowski 또는 Jozef Teodore로 나와 있다. Kaczynski의 완전한 이름은 Theodore John Kaczynski이다. Kaczynski가 폭탄의 번호 위와 새로운 조직에 보내는 편지 속에 쓴 머리글자 “FC”를 쓴 것은 또 다른 유사점이다. Unabomber의 편지에는 이 머리글자가 “Freedom Club”을 의미한다고 쓰여있다. 작품『비밀 요원(Secret Agent)』에서 무정부주의자들은 그들의 전단지에 머리글자 “FP” 또는 “프롤레타리아의 미래(Future of the Proletariat)”를 사용했다.

Kaczynski 는 가족의 시카고 교외 자택에서 Conrad의 전집과 함께 자랐다. 몬태나 황무지에서 26년간 있으면서 그는 Conrad의 저술을 열심히 읽었다. 1984년에 그의 가족에게 보낸 편지에서, “Ted가 말하기를 자신은 Conrad의 소설을 대략 12번이나 읽고 있다고 썼다.”라고 Kaczynski의 남동생과 어머니 측의 변호인인 워싱턴의 변호사 Anthony Bisceglie가 보고하였다.

Kaczynski가 폭탄공격의 음모를 꾸밀 때 Conrad 소설의 등장 인물을 정말로 끌어들였다고 하더라도, 그가 문학이나 영화에서 영감을 얻은 최초의 살인자는 못 될 것이다. 가수 비틀스의 John Lennon을 살해한 Mark David Chapman은 ‘Catcher in the Rye 호밀밭의 파수꾼’이라는 소설에 빠져 있었다. 오클라호마시 폭탄 테러 사건을 저지른 Timothy McVeigh는 Turner Diaries(터너의 일기라는 소설)에 매료되었다. 로널드 레이건 대통령을 저격한 John Hinckley, Jr.는 영화 〈택시 기사〉에 푹 빠졌다. 오늘날 우리가 사는 세상에서는 폭력적인 비디오 게임에 빠지기가 쉬울 것이다.

치료 방향

Kaczynski 가족은 Ted의 사회적 발달에 대해 염려하여 학교 상담교사의 자문을 받았지만, 그 이상의 세밀한 검사는 전혀 받은 적이 없는 것으로 보이며, 그가 의미 있는 공식적인 치료를 받았다는 징후는 전혀 없다. 그가 그랬다고 하더라도, 성공하지 못했을 것이다. 분열성 성격장애가 있는 사람들은 치료를 받으려고 들어가는 것조차 하지 않기 쉬운데, 왜냐하면 그런 관계가 그들이 통상 회피하는 것을 더 크게 확대해줄 뿐이기 때문이다. 어떤 이유에서든 이들이 치료에 참여하게 되면, 치료자는 이들이 치료관계에 대한 신뢰를 키우도록 도와주어야 하며, 이들에게 처음부터 직면시켜서 그들을 압도하려고 하지 말아야 한다(Hayward, 2007).

정신병질의 경우와 마찬가지로, SPD는 초기의 예방 노력이 나중에 치료하는 것에 비해서 더 큰 이득을 가져올 수 있는 조건이다(Strupp, Lambert, & Horowitz, 1997). 수줍음 및/또는 내향성은 사회화 과정을 방해하고 나중에 기능장애를 일으키는 패턴을 생성하지 않게 하기 위해서 평균 이상의 부모의 훈육을 필요로 한다. 다음은 부모가 수줍고/ 내성적인 아이를 도와줄 수 있는 몇 가지 방법이다. Ted Kaczynski의 부모는 분명히 좋은 마음으로 훈육했지만, 다음의 지침을 많이 어긴 것으로 보인다.

- 지나치게 까다롭거나 강압적으로 하기보다는 부드럽게 격려하라. 완벽주의를 추구하는 가족 분위기가 하나의 요인일 수 있는지의 여부를 생각해보라.
- 상황을 공개적으로 논의하라. 여러분의 자녀에게 당신 스스로가 수줍음에 대해서 싸우고 있는 것을 알아차리게 하라.
- 당신의 자녀와 역할놀이를 하면서 어려운 상황에 대처하는 방법을 깨닫게 해주어라. 자녀가 실생활에서 그런 식으로 행동할 수 있다는 것을 받아들이지 않더라도 자녀가 긍정적인 패턴을 표출해 내도록 격려하라.
- 당신의 자녀에게 "수줍음을 느낄" 때 "독백(self-talk)"을 어떻게 하는지를 물어보라. 보통 "나는 그것을 할 수 없어." 혹은 "내가 저 멀리 간다면, 그들은 나를 비웃을 것이다."라고 말하는 것과 부정적인 자기 진술(self-statement)이다. 자

녀에게 자신이 할 수 있을 행동에 대해 좀더 긍정적인 것을 소리내어 말하도록 해보라. 자녀가 그렇게 했을 경우에는 보상을 주라.

- 여러분의 자녀가 우정을 쌓아 가는 것을 도와주라. 아이들이 모여서 놀 수 있도록 차로 태워다 주거나 쾌적한 장소를 마련해 주라.
- 비판적인 발언 뿐만 아니라 형제나 놀이친구들과의 어떠한 부정적인 비교도 하지 말라. 창피주는 것을 일관된 훈육 기법으로 사용하지 마라.
- 당신의 자녀에게 다른 사람들이 느끼는 감정을 반영해(reflect) 주고 공감하도록(empathize) 가르치라. 이것은 종종 내향성의 일부인 자기중심성을 다소 무디게 해 주는 역할을 한다.
- 수줍음을 긍정적으로 다루는 방법을 찾아보라. 교사에게 자녀가 수줍음이 많다고 말하지 말고, 그 대신에 반영(reflective)과 민감(sensitive)이라는 단어를 사용하라. 당신의 자녀가 남의 말을 잘 경청하는 것일 뿐 그렇게 수줍어하지 않는 것일 수도 있다. 만약 그렇다면, 이런 품성을 약점이 아니라 강점으로 띄워 주어라.
- 당신의 자녀를 더 외향적이거나, 운동을 잘하고, 그리고/또는 영리할 수도 있는 다른 아이와 비교하지 말라. 이런 행위는 대개 자녀에게 좀 더 열심히 하게 하려는 뜻으로 하게 되는데, 이렇게 하면 일반적으로 더 반대효과를 얻게 되며 아이들은 더 이상 노력해보았자 자기에게 도움이 될 것인지를 확신하지 못하게 될 수 있다. 또한 겁먹은 아이는 위축되어 다른 아이들 주변을 맴도는데, 왜냐하면 겁먹은 아이는 다른 아이들이 자기보다 능력이 우월함을 확신하게 되었기 때문이다.
- 당신의 자녀가 기본적인 사회성 기술이 부족하지 않은지를 확인하라. 이런 기술을 구비하고 있는 것은 종종 당연한 것으로 인정된다. 하지만 모든 아이가 눈 맞추기, 질문하기, 명료하게 대화하기, 남들에게 관심이 있음을 보이기 등등과 같은 기술을 똑같이 구비하고 있지는 않다. 당신의 자녀와 대화를 나누고 자녀가 다른 사람들과 어떻게 상호작용하는지를 지켜보아서 이런 기술의 구비 여부를 확인해 보라.
- 당신의 자녀가 수줍음을 더 많이 탈 가능성이 높은 상황을 경계하라. 모든 사

람에 대해서 수줍음을 타는 아이는 거의 없지만, 특정한 상황에서는 수줍음을 타기 쉽다. 이런 상황 중에는 낯선 사람과 마주치는 것, 주목의 대상(좋은 이유이든 나쁜 이유이든)이 되는 것, 또래 및 이성과 함께 있으며 다소 불확실한 상황에 있는 것, 이를테면 단체로 노래하는 것 또는 교실에서 노는 것 같은 상황이 있다. 다시 말해, 이러한 상황에 부딪치기 전에 미리 역할연습을 하는 것은 문제의 발생을 줄이는 데 큰 도움이 될 수 있다.

악성 자기도취

자기도취(narcissism)는 일반적으로 자기(self)에 대한 지나친 사랑으로 정의된다. 모든 문화권에 자기도취적인 사람들이 있지만, 문화역사학자 Christopher Lasch는 그의 1978년 저서 『나르시시즘의 문화(The Culture of Narcissism)』에서 지적하기를, 이는 우리의 현대 문화에서 흔한 것일 뿐만 아니라 때로는 우리들이 자기(self)와 개인주의를 크게 강조하기 때문에도 고무된다. 이것이 아마도 성격장애 중 자기도취적(자애성) 성격장애(narcissistic personality disorder: NPD)가 1980년의 3판이 나올 때까지 DSM에 수록조차 되지 않은 이유일 수 있다. 그러나 NPD는 이제는 DSM-IV-TR에도 수록되어 있으며, 후속 판에서도 계속 남아 있기 쉽다.

NPD에 대한 진단적 요구사항은 과장하는 것(grandiosity), 찬양받고 싶은 욕구, 그리고 공감의 결여가 초기 아동기부터 시작되어 전반적으로 만연된 패턴을 보이는 것으로서, (DSM-IV-TR에 따르면) 다음 중 5가지가 나타나야 한다. ① 과장하는 것(grandiosity), ② 끝없는 성공의 환상에 빠져 있는 것, ③ 자신의 독특성을 믿으며 그 결과로 이를 받아들이는 사람들하고만 어울리려는 성향, ④ 과도하게 찬양 받고 싶은 욕구, ⑤ 권능(entitlement)이 있다는 느낌, ⑥ 대인관계에서 착취하는 행동, ⑦ 공감력의 부족, ⑧ 다른 사람들에 대한 시기심 또는 남들이 자기를 시기한다고 믿는 것, 또는 ⑨ 거만하고 불손한 행동. 다음의 세 사례 모두가 앞의 기준에서 최소한 다섯 가지를 쉽게 충족시키는 것은 명확하다.

그러나 1984년에 Otto Kernberg는 NPD의 개념을 자신이 악성 자기도취자

(malignant narcissists: MN)라고 명명했던 소수의 사람들에게까지 확장시켰으며, 책 속에서는 이를 히틀러와 스탈린에게 적용했다. 2004년 5월 4일『뉴욕 타임즈』지의 한 기사에서, Erica Goode는 수십 년간의 Kernberg의 이론의 진화과정을 요약했으며, 이것이 사담 후세인에게도 똑같이 잘 적용된다는 데에 전문가들이 동의하고 있음을 언급했다. 앞에서 언급한 NPD의 요소를 갖추고있는 것 이외에도, 악성 자기도취자들은 반사회적/정신병질적인 특성, 편집증, 도덕적 또는 윤리적 판단력의 부족, 남들에게 피해를 끼친 것에 대한 후회의 부족, 그리고 공격성(그리고 어떤 경우에는, 가학적 공격성)을 보여준다(Goldner-Vukov & Moore, 2010).

사례 연구

Adolf Hitler의 사례

1889년 4월 20일 저녁 6시 30분에 Adolf Hitler는 독일 Bavaria 지방에서 국경을 막 건넌 오스트리아의 조그만 마을 Braunau Am Inn에서 태어났다. Adolf는 다섯 명의 아이 중 중간이었다. 엄마인 Klara Polzl의 소생은 Adolf와 동복 형제로 단 두 명이었다. 그의 어린 시절에 대해서는 거의 알려진 바가 없다. 1895년에 Adolf는 오스트리아 초등학교의 엄격한 교과를 받게 되었다. 이와 동시에, Adolf의 아버지 Alois Hitler는 오스트리아의 공무원을 퇴직하면서 퇴직 연금을 받았다. Adolf의 아버지는 엄격할 뿐만 아니라 알코올 중독자였다. 그는 복종하지 않는 사람들에게는 인내심이 거의 없었다. 결과적으로, 모든 가족 구성원은 신체적 및 정서적 구타를 무수히 겪었다. 그러나, Adolf는 가톨릭 교회 성가대에서 노래하는 것을 즐겼는데, 그는 목소리가 좋았기 때문이다. 그가 출연하는 때에는 그는 종종 성직자의 옷차림을 하곤 했으며 성직자가 되려는 생각을 하기도 했다.

1898년에, Hitler의 가족은 Linz에 가까운 Leonding 마을로 이사했다. Adolf는 약간의 노력만으로 좋은 성적을 얻었고 건축 설계에 재능이 있었다. 그가 가장 좋아하는 책은 1870~1871년 사이의 독일/프링스 전쟁에 관한 그림책이었으며, 그의 유명한 저서인『나의 투쟁(Mein Kampf)』에서 다음과 같이 언급할 정도였다. 즉, "오래되지 않아서 위대한 역사적 투쟁이 나의 가장 위대한 영적 경험이 되었다. 그때부터 나는 전쟁 또는 군인과 관련된 모든 것에 대해 더욱더 열정적이 되었다.".

1903년 1월 3일에, Alois Hitler는 폐출혈로 사망하였다. 재정적으로 Adolf의 아버지는 가족에게 상당한 재산을 남겨 놓았다. Adolf는 사립 기숙학교로 보내지기도 했지만 16세에 중퇴했다. 그는 예술가가 되고 싶었으며, 1907년 10월에 오스트리아의 비엔나 예술 중등학교(Vienna Academy of Fine Arts)에 다니기 시작했다. 그사이에 Adolf의 어머니는 Eduard Bloch 박사라는 유태인 의사로부터 유방암의 진단을 받았다. Adolf는 집에 돌아왔지만 중요한 예술 과목의 시험을 보기 위해 학교로 되돌아갔다. 그는 시험에 떨어졌고 그가 재능이 거의 없다는 말을 듣게 되었다. 이런 일은 Adolf가 자신이 대단한 재능을 가지고 있다고 확신했기 때문에 그를 우울하게 만들었고, 그래서 그는 집으로 돌아왔다. 이때 그의 어머니는 병으로 인해 고통스러운 말기 단계에 있었으며, Adolf는 어머니의 고통에 대해 번민했다. 어머니는 1907년 12월 21일에 사망했다. Adolf는 Bloch를 비난했고, 이것이 아마도 유태인들에 대한 증오심을 키우는 데 부분적으로 기여했을 것이다.

1908년 2월에, Adolf는 비엔나로 되돌아와서는 그의 절친한 친구인 August Kubizek과 함께 살았다. Kubizek는 회상하기를, Adolf가 점차적으로 불안정한 성격을 드러내어서 갑작스럽게 분노를 표출하였으며, 이는 특히 누구든지 그의 생각에 동의하지 않을 때 그러했다고 하였다. 1908년 10월에, Adolf는 예술학교에 자신을 받아 달라는 두 번째 시도를 했지만, 다시 한 번 떨어졌고, 이는 그를 더욱더 불안정하게 만드는 데 기여하였다. 1914년 2월 5일에, 그는 오스트리아의 군대에 입대하려했으나 거부 당했다. 그는 Bavaria의 왕 Ludwig Ⅲ세에게 청원하여 그해 8월에 그의 군대에 입대했으며, 1914년 12월에 그는 철십자훈장 2등급을 받았다.

1918년 11월 11일에, 제1차 세계대전이 끝나자, Adolf의 분노는 독일의 유태인들을 향했는데, 이들이 독일을 배신했다고 그가 여겼기 때문이다. 그는 정치에 적극 참여했고 1919년에는 나치당에 가입하였다. 1년 전인 1918년에, Hitler는 "히스테리성 시각상실 "hysterical blindness"의 일화를 겪어서 Edmond Forster 박사에게서 치료를 받았는데, 이 박사는 Hitler에게 최면을 걸어서 독일의 잃어버린 명예를 되찾으라는 Hitler의 사명을 완수하려면 시력을 회복해야만 한다는 암시를 준 것으로 알려져 있다. 아무튼 그의 시력은 되돌아왔다.

1919년 10월 16일에, Hitler는 그의 정치 경력의 시작에 해당되는 연설을 Hofbrauhauskeller

호에서 했다. 향후 수년간, 그는 정치 활동으로 인해 두 번이나 수감되었으며, 1925년 7월 18일에는 『나의 투쟁(Mein Kampf)』의 첫 번째 책이 출간되었다. 나치 당은 독일의 명예를 회복하겠다고 맹세하고 독일의 사회적 및 경제적 문제의 상당수가 유태인에 있다고 비난함으로써, 힘을 점차 얻어 가고 있었다.

1933년 1월 30일에, Hitler는 수상이 되었고, 1934년 8월 1일에 Hindenburg가 사망하자 그는 수상 및 총리를 모두 맡게 되었다. 독일은 비밀리에 또한 공개리에 군사력을 재건하였으며, 1936년에는 라인강 유역(Rhineland)을 침공하여 흡수했고, 그 후에는 오스트리아, 수데란트(Sudetenland) 그리고 체코슬로바키아를 침공하여 흡수했다. 영국은 1939년 8월 25일에 폴란드와의 협정에 서명했다. 그러나 영국이 독일과 전쟁을 할 것이라는 충고를 무시하고, Hitler는 단 일주일 후에 폴란드의 침공을 명령했다.

영국은 9월 3일에 독일에 전쟁을 선포했고, 프랑스도 그다음 날에 선포했다. 다시 한 번, 자신의 군사 전문가들의 충고에 어긋나게, Hitler는 1941년 6월 22일에 신속한 승리를 기대하며, 러시아를 침공했다. 하지만 동부 전선에 있는 그의 군대는 결국 러시아 군인들과 러시아의 겨울에 의해 참패하였다. 이것은 1941년 12월에 미국의 참전과 더불어, 형세를 일변시켰다(Mosier, 2004). 거듭되는 패배에도 불구하고, Hitler는 독일이 결국은 승리할 것이라고 고집하였고, 심지어는 미국과 영국이 결국엔 러시아 공산주의의 위협을 막기 위해 독일과 합류할 것이라고 믿었다. 이 기간 내내 그의 격노 반응을 보이는 성향과 포악함의 표출은 계속되었는데, 그는 자신의 생각 이외의 어떤 생각도 타당한 것으로 보는 적이 거의 없기 때문이다.

제2차 세계대전 동안에, Hitler는 침공한 나라의 수백만 명의 유태인과 그 밖의 사람들의 사망에 궁극적인 책임이 있다. 이들의 대부분은 강제수용소에서 굶주림, 극도의 노동, 가스 처형, 총살, 개인적 학대 행위, 또는 의료 실험으로 인해 죽었다. Hitler 자신의 손에 의해 목숨을 잃었다는 증거는 거의 없지만, 그는 이 끔찍한 대량 학살의 설계자였다.

마침내 Hitler가 적들이 자신을 붙잡으려 할 때가 다 되었다는 것을 깨닫게 되자, 그는 자신의 가족 및 가장 가까운 조언자들과 함께 베를린의 제3제국의 수상 집무실(the Reich Chancellory) 밑에 있는 벙커에 은신했다. 그곳에서 그는 1945년 4월 29일에 그의 연인인 에바 브라운과 결혼했다. 그는 Ludwig Stumpfegger 박사가 제공한 청산가리를 마셔서 그녀와 함께 자살할 계획을 세웠었다. 하지만 그는 아무도 진정으로 믿지 않았기 때문에, Stumpfegger로 하여금 청산가리를 써서 Hitler의 애완견인 Blondi를 먼저 죽이게 하였다.

그리고 나서, 그다음 날인 4월 30일 저녁에, Hitler와 에바는 그들의 침실로 물러갔다. 수 시간 뒤에 이들을 다시 확인하였을 때에는, 쓰디쓴 아몬드 냄새가 나서 에바가 청산가리를 복용했음을 알려 주었다. 하지만 Hitler도 청산가리를 마신 후에 곧바로 자신의 7.67mm Walther 권총으로 오른쪽 관자놀이를 쏜 것으로 보였다. Hitler의 명령에 따라서, 이들의 시신은 뜰로 옮겨졌고, 이 목적을 위해 비축되어 있던 휘발유를 뿌린 후, 소각해서 재가 되었다. 이들은 소각되지 않은 그들 자신의 턱뼈의 조각에 의해 신원이 확인되었다.

사례 연구

Joseph Stalin의 사례

Joseph Stalin은 코카서스 Caucausus 지방에 있는 Gori라는 그루지야 마을의 소작농 가정에서 태어났다. 그의 실제 생년월일은 1878년 12월 6일이었지만, 어떤 이유에서인지 그가 권력을 잡자 그는 자신의 출생일을 1879년 12월 21일로 기재했다. Joseph Stalin의 아버지는 이따금 제화공으로 일했으며 심한 알코올 중독자였다. Stalin의 가족은 매우 가난했으며, 그의 아버지는 종종 그의 아내와 자녀들을 무자비하게 때렸다.

그의 어머니는 하녀과 세탁부 일을 하였고, 정통 기독교인이었지만 그녀도 종종 아들을 때렸다. Stalin은 나중에 그의 어머니에 대한 헌신을 공개적으로 표방했지만, 실제로는 "그의 어머니에 대해 가시 돋치고 냉소적인 태도를 보였으며 어머니를 항상 감시하라는 명령을 내렸다. …… 그 어디에도 그가 자신의 어머니에 대해 조금이라도 애정을 느꼈음을 시사해 주는 증거는 없다"(Medvedev & Medvedev, 2003, p. 310). Stalin에게는 증조부인 Zara Dzhugashvili가 정치가로서 본보기였는데, Zara가 유혈 농민 반란(실패했지만)의 지도자였기 때문이다.

Stalin은 자신의 외모를 극도로 의식했다. 그의 얼굴은 천연두로 흉터가 생겼으며, 어린 시절의 사고로 한쪽 팔이 다른 쪽 팔보다 짧게 되었다. 그는 또한 자신의 나이에 비해 매우 작았으며 이를 숨기려고 굽이 높은 나무로 된 신발을 종종 착용하였다. 게다가 소비에트 연방의 러시아인들은 그루지야 같은 다른 지역에서 태어난 사람들을 얕잡아 보았고, 이로 인해 Stalin의 열등감은 더 높아졌다.

귀족 계급보다는 노동자들이 지배해야 한다는 개념은 Lenin이 주도하는 정치 운동에 힘을 실어주었는데, 볼셰비키 사상 Bolshevism라고 불리는 이 운동은 나중에는 공산주의로 진화했다. Stalin은 다른 볼셰비키들에 합류하여 대의를 위한다는 명분으로 강도짓을 저질렀는데, Stalin은 이런 강도짓을 할 때 개인적으로 살인을 저질렀을 가능성이 아주 높다. Stalin과 그의 동지들은 짜르의 경찰에 의해 여러 번 체포되었고, 결국 Stalin은 수년간의 유배 생활을 하게 된다.

제1차 세계대전이 끝난 후, 러시아의 사기는 낮았다. 1918년 7월 17일에 차르(역주: 러시아의 황제)가 암살당하자, 내전이 일어났다. 볼셰비키가 승리했고, Stalin은 민족회의 인민위원(Commissar of Nationalities)이라는 직책을 수여받았다. 본질적으로, 그는 당의 노선을 시행하게 되었는데, 이는 그 자신의 무자비한 성격에는 딱 맞는 일이었다. 1918년에, 러시아의 공산주의 지도자인 Leon Trotsky는 Stalin에게 군사 전문가로 구성된 파견대를 보냈다. 그러나 Stalin은 Trotsky를 믿지 않아서, 이 파견대를 배에 가두었는데 이 배는 불가사의하게도 가라앉았다. 그는 다른 많은 사람을 처형했는데, 통상 총살을 통해 간단히 처리하였다.

Stalin은 젊은 나이에 Yekaterina Svandize와 결혼했고, 그녀는 유일한 자녀인 Yakov를 낳았다. 그녀는 1907년에 곧 사망하였다. 그녀의 가족은 Yakov를 키워 주었는데, Stalin은 거의 그를 보지 않았다. 39세의 나이에, Stalin은 17세의 어린 소녀 Nadezhda Alliluyeva와 재혼했는데, Nadezhda Alliluyeva는 나중에 1932년에 자살하였다. 이들에게는 Vasily와 Svetlana의 두 자녀를 두었지만, Stalin은 이전과 같이 부모 노릇을 거의 하지 않았다.

1920년에 Stalin은 소비에트 당 서기의 책임을 맡았는데, 이는 그로 하여금 공산당과 정부 직책에 사람들을 임명할 수 있게 해 주는 자리였다. 그는 "충성스러운" 사람들을 임명하고 자신이 신뢰하지 않는 사람들은 제거했다. Stalin의 추종세력은 커졌지만, Stalin은 더 많은 권력을 얻기 위해서는 Trotsky의 영향력을 낮추어야 한다는 것을 알았다. 그래서 1927년에 Stalin은 Trotsky를 강등시킨 다음 그를 추방하였고, 이로써 1920년대 말에 이르러서는 Stalin이 실질적인 독재자가 되었다. 그러나 당시에 러시아는 심각한 기근을 겪었다. Stalin은 소작농으로부터 가용한 밀의 대부분을 가져갔기 때문에, 그 결과 5백만 명이 넘는 사망자가 발생했다. 그는 기근이 있었다는 것을 부인하였으며, 이를 언급하는 것조차 법률위반으로 만들었다.

위대하고 강력한 러시아를 지향하는 Stalin의 입장을 더욱 뒷받침하기 위해, 소연방에서는 산업을 키우려고 노력했다. 물론 러시아는 강력하고, 전통적으로는 농촌 경제를 가지고 있었으며, 전반적인 경제는 여전히 침체기에 있었다. 어떤 실패도 죽음을 가져온다는 것을 알고 있었던, Stalin의 회계 담당자는 생산성에 대해 단순히 거짓말을 했다. 이와 동시에, Stalin은 반대자들을 오랜 시간 동안 힘들게 일하도록 강제하는 노동 수용소 Gulag camps 를 만들었는데, 이런 일을 하다 보면 종종 사망하게 되었다. 1929년에 러시아 경제가 회복되자, Stalin은 신으로 숭배되었다. 러시아인들은 Stalin이 혁명의 기수라고 믿었다. 학교 아동들은 Stalin이 절대 틀림이 없는 사람 infallible 이라고 배웠다. 그의 초상화와 조각상이 소연방을 뒤덮었다. Stalin에 대한 숭배는 새로운 소비에트 종교였다.

1930년대 내내 Stalin은 자신이 위협이라고 간주하는 자는 누구든지, 자신의 부하라고 하더라도 살해했다. 고문, 가족에 대한 간접적 영향력(음해)의 위협, 그리고 거짓 약속 등을 사용하여, Stalin은 그들에게 반역죄를 거짓으로 자백하게 압박했고 그래서 Stalin이 어떤 문제에 대해서도 비난받지 않게 되었을 것이다. 트로츠키는 Stalin에 대항해서 말을 꺼낼 수 있는 유일한 사람이었기 때문에, 또다시 즉각 유배되고는 그후에 곧 비밀리에 공격을 받아서 사망하였다. 누군가가 Stalin에 대항해서 또다시 말을 꺼낼 때마다, 스탈은 그들을 즉각 살해하도록 했으며 다른 사람들로 하여금 그들이 제거된 것을 알게끔 했다.

Stalin은 아돌프 히틀러를 칭찬하고 반유태주의를 공유했으므로, Stalin은 Hitler와 동맹을 맺고 싶어 했다. 그러나 Hitler는 공산주의를 증오하고 두려워했으므로, 앞에서 Hitler의 사례에서 언급했듯이, 곧 Stalin을 배반하게 된다(Montefiore, 2004). 독일 군대가 키예프를 침공했을 때, 독일군은 Stalin의 아들인 야코프를 비롯한 많은 소련인을 포로로 잡아갔다. 나치 군대가 동료 독일인 중의 한명과 야코프의 목숨을 교환하자고 교섭을 시도했을 때, Stalin은 자기한테는 그러한 이름을 가진 아들이 없다고 말하였고, 이에 따라 야코프는 살해되었고, 이는 Stalin이 자신의 아들을 러시아인들을 위해 희생시켰다는 메시지를 러시아인들에게 보낸 것이다.

제2차 세계대전 도중 및 종전 후, Stalin은 소연방을 철권으로 통치하고, 그가 불신하거나 싫어하는 사람은 누구든지 신속히 유배 및/또는 살해했다. 그러나 그는 자신을 자비로운 족장으로 국민들에게 계속해서 그리고 성공적으로 제시하였으며 흔히 "조 아저씨(uncle Joe)"로 불리었다. 그러나 강요된 기근, 숙청, 노동수용소(Gulags), 그리고 반동 및 불만의 억압에 따라서 살해된 사람들의 추정치는, 아무도 정확히는 모르지만, 대략 2천만 명까지에 달한다. 1953년 2월 28일과 또다시 3월 1일에, Stalin은 마비성 뇌졸중을 앓았으며 1953년 3월 5일에 호흡곤란으로 천천히 사망하였다.

사례 연구

Saddam Hussein의 사례

Saddam Hussein은 1979년부터 2003년까지 이라크의 대통령이었다. 대통령직은 미군이 이라크를 침공하여 2003년 12월에 그를 체포했을 때 끝났다. 그의 어린 시절, 가족 배경, 그리고 어린 시절의 정신병질적 폭력(psychopathic violence) 행위는 모두 미래의 악성 자기도취자(malignant narcissist)—이는 그에게 적용될 수 있는 수많은 진단 용어 중 가장 두드러진 것—를 길러 내는 데 역할을 담당하였다. .

Saddam Hussein은 가난하고 불행한 어린 시절을 거쳤다. 그는 1937년 4월 28일에 Al-Auja에서 태어나서, 이라크의 Takrit 지역에 인접한 작은 마을에서 자랐다. 그의 아버지 Hussein al-Majid는 그가 출생할 때 즈음에 사망했거나 가족을 그냥 버리고 떠났다. 그의 형은 그의 어머니 Subha가 사담을 임신하고 있는 동안에 사망했다. 어머니는 아버지가 사망하기 전과 후에 모두 심리적으로 사담을 거부했다. 실제로 그녀는 배 속의 사담을 유산시키려고 시도했다.

어머니는 Saddam이 탄생하기 전과 후에 모두 자살 기도를 수 차례 시도했으며 잠시 동안 다른 사람들이 Saddam을 돌보게 했다. 어머니와 "거짓말쟁이 하삼(Hassam the Liar)"으로 알려진 의붓 아버지는 여러 기간 동안 Saddam을 키웠다(Coughlin, 2002). 계부인 하삼은 양치기 목동이지만, 대단히 폭력적이었다. 그는 Saddam에게 끊임없이 욕하고 학대했으며, 하쌈이 팔거나 사용할 수 있는 가축을 도둑질하도록 시켰다. 또한 그는 Saddam이 학교에 들어가는 것을 허락하지 않으려고 했다. Saddam은 10세가 되도록 글자를 모르게 되자, 사촌이 읽는 것을 보고 대단히 화가 났다. 그의 어린 시절 친구들은 Saddam에 대해서 끊임없이 화를 내지만, 조용하고 외로운 아이로 묘사했다.

10세 때, Saddam은 그의 삼촌인 Khairallah Tulfah와 함께 살도록 바그다드로 보내졌다. Saddam은 소년일 때 폭력적이었으며 이는 그가 10대 초기에 이를 때까지 틀림없이 그랬다는 증거가 있다. Saddam의 무자비함을 명백하게 보여 주는 징후는 그가 14세 때 다니던 학교의 교사를 죽이려고 시도했었다고 그가 주장한 것에서 나타났다. 그는 삼촌과 살면서 바그다드에 있는 학교에 다니는 동안에, 학교 교사와 사촌에 대한 살인과 연관되어 있었다. Tulfah는 Saddam에게 십자군과 싸운 쿠르드족 태생의 아랍인인 Saladin과 같은 영웅이 되기를 꿈꾸라고 권고했다.

Tulfah의 영국 그리고 그다음에는 일반적인 서구인에 대한 정치적 비난은 Saddam이 모델로 삼았지만, Saddam이 권력을 쥐고 있을 때에는 CIA에 여러 차례 협조했다. Saddam은 24세의 나이로 학교를 마친 후, 정치 활동을 시작했는데 종국에는 바트당에서 권력을 잡게 된다. 1959년에, 그는 첫 번째 정치적 암살을 시도했으나 성공하지 못했는데, 그 대상은 군사 통치자인 Abdul Qassim이었다. Saddam은 암살기도로 인해 유죄판결을 받았고 사형 선고를 받았으나, 나중에는 이집트 카이로로 탈출했다. 이집트에 머무는 동안, 그는 한 번은 동료 학생을 협박한 죄로 또 한 번은 나이프를 들고 어떤 사람을 쫓아간 죄로, 최소한 두 번 이상 체포되었다. 그는 바트당이 군사 쿠데타로 권력을 잡고 나서야 이라크로 돌아왔다.

그의 사촌인 Amed Hassan Al-Bakr 장군이 혁명위원회(Revolutionary Command Council) 의장이자 수장이 되자, Saddam은 1974년에 부의장이 되었다. Saddam이 마침내 이라크의 지도자가 되자, 그는 삼촌 Tulfah를 기억해 내서는 그를 바그다드 시장이 되게 해 주었다. Saddam의 측근은 항상 가족과 옛 친구 그리고 그가 신뢰하고 그가 통제할 수 있다고 여긴 바트당원들로 가득 차 있었다. 그러나 그는 자신의 권력에 위협이 되는 사람은 누구든지 종종 가학적으로 제거하는 것을 주저하지 않았다. 그는 가까운 사촌인 Adnan Khairallah를 국방부 장관으로 임명했지만, 그를 의심하게 되었는데, 그가 군대에서 권력의 기반을 확보했기 때문이었다. Saddam은 군사 정보와 같은 중요한 분야에서 점차 그를 배제했으며, 1989년 4월에, Adnan은 "헬리콥터 사고"로 사망했다.

Saddam은 1964년 반 바트당 일파에 의해 투옥되었지만, 수감되어 있는 동안에 Saddam은 바트당의 사무총장(secretary general)으로 지명되었다. 그는 탈출했으며, 쿠데타를 통해서, 권력을 쥔 바트당의 지도자가 되었다. 그의 손위 사촌 Ahmed Hassan al-Bakr는 이라크 대통령이 되었고 Saddam은 1973년까지는 공식적으로 부통령이었다. 1979년에 이라크 대통령으로서 권력을 완전히 쥐게 되자마자, 그는 Stalin 방식의 숙청을 시작했다. Saddam이 대통령으로 지명된 지 6일 후, 그는 바트당의 지도자들과 많은 군대 지휘관 중 적어도 20명에게 사형을 선고했다. 1982년에 al-Bakr 전(前) 대통령이 사망했을 때도, Saddam이 그를 살해했다는 의혹이 널리 퍼졌다. Hussein은 1975년에 이란과 맺은 평화협정에 배치되는 방향으로 갔으며 1980년 9월에는 이란으로 쳐들어가서 8년 동안에 걸쳐 수천 명을 죽였다. 동시에 그는 수천 명의 자국 국민들을 잔인하게 죽였는데, 특히 쿠르드인들을 독가스로 살해했다.

Saddam이 자신에게 수많은 호칭과 엄청난 권력을 부여한 것은 그의 자기도취성(narcissism)을 알려준다. 예를 들면, 그는 이라크 전역을 자신의 동상과 시각적 이미지로 사실상 도배했으며, 수많은 사치스러운 궁전을 갖고 있었으며, 금으로 된 기관총을 과시하는 것을 즐겼다. 그는 바그다드에 호숫가 옆 휴양지를 만들었는데, 거의 모든 벽돌에 그의 이름을 뜻하는 머리글자가 새겨져 있으며, 입구에는 30피트의 자신의 청동상이 세워져 있었다.

이란, 이라크 전쟁으로 인해 약 750억 달러의 부채가 발생하였고, 이는 Hussein에게 정치적 압력이 되었는데, 이는 1990년 8월 2일에 쿠웨이트를 침공하게 된 것에 대한 부분적인 이유가 된다. 이라크가 신속하게 전국을 점령했지만, 종국에는 이라크가 패배했다. Hussein은 1993년에 평화 협정을 파기하고 1998년에는 유엔 무기 사찰 명령을 준수하지 않았다. Saddam은 미국의 George W. Bush 대통령으로부터 2003년 3월에 이라크를 떠나라는 최후통첩을 받았지만, 이를 무시하였고, 그 결과 미국은 Saddam Hussein을 찾아 이라크를 침공했고, Saddam은 숨어 버렸다. 2003년 4월에, Saddam Hussein은 미국에 의해 체포되었고, 이후 이라크 정부에 의해 처형당했다.

논평

확실히 Hitler, Stalin, 그리고 Hussein은 모두 악성 자기도취자의 명칭에 부합된다. 세 사람은 모두 과대성, 성공과 권력에 대한 몰입, 권능이 있다는 생각, 찬양받고 싶은 욕구, 자신의 독특성을 받아들이지 않는 사람들을 회피하는 것, 공감력의 부족, 그리고 오만함을 특징으로 하는 자기도취적(자애성) 성격장애(narcissistic personality disorder)를 보여 주었다. 이뿐만 아니라 악성 자기도취의 특성인 반사회적 요인(심지어 정신병질의 수준으로까지), 도덕적 판단의 결여, 후회하는 것이 없음, 편집증, 그리고 공격성도 보여 주었다. 세 사람 모두가 신체적 학대의 전력과 생애 초기의 강한 열등감을 공유했다는 사실도 부분적으로 영향을 미쳤을 수 있으며, 유전 요인도 의심의 여지가 없이 영향을 미쳤다. 그러나 이와 같이 다행스럽게도 희귀한 장애의 발전과정을 충분히 설명해줄 수 있는 자료는 충분하지 않다.

물론 세 사람 사이에도 차이는 있다. Hitler는 특히 독특한 사명감, 편집증 그리고 도덕적 판단의 결여가 두드러진다. 제1차 세계대전 당시 독일군에서 복무한 것 이외에는, Hitler가 자신의 손으로 누구라도 죽였다는 증거는 전혀 없다. 그는 수백만 명의 사람들을 죽음으로 이끈 설계자였지만, 이는 가학증이나 개인적인 잔인성을 즐기는 것이라기보다는 편집증적인/망상적인 신념체계에서 비롯된 것이다. Stalin은 Hitler보다 더 교활하고 유물론적이지만, 특히 무자비하고, 가학적이며, 사기성이 있으며 그리고 다소 편집적이었다.

Hussein은 찬양받고 싶은 욕구가 과도하여 심지어는 신격화를 추구한 것, 정신병질 그리고 가학적 공격성(이런 요소의 상당부분을 그의 아들들은 분명히 유전받았고/모델링함)이 더 두드러진다. 개인적인 공격성에 대한 편안함과 찬양받고 싶은 욕구과 결합되어 아마도 그가 황금제 기관총을 자랑스레 과시하면서 기뻐하던 모습을 나타내게 되었을 것이다. 그에게 대를 물려 내려온 공격성의 유산은 2004년 4월 4일에 이라크에서 계속되었는데, 이때는 시아파 성직자 Muqtada al-Sadr가 자신을 추종하는 군대를 점령군으로 풀어놓았을 때였다. 이런 사태는 얄궂은 것인데, 왜냐하면 al-Sadr의 아버지가 Hussein의 명령에 따라 암살당했기 때문이다.

중요한 것은, 악의적인 자기도취자가 되기 위해서 의심할 바 없는 힘을 가진 사람이 꼭 되어야 할 필요는 없으며, 또한 악성 자기도취자가 전통적인 정신질환—예를 들면, 사고 장애가 활발한 극심한 정신증 또는 극심한 우울증 등—을 가진 중증의 정신병의 특징을 통상 나타내는 것도 아니다. 공격성/가학증이 우세하면, 이들은 범죄자가 쉬기 쉽다(예, Henry Holmes 박사는 악성 자기도취자로 간주될 가능성이 있다. 공격성이나 편집증은 거의 없지만, 단순한 도덕적 판단이 결여되고, 독특성과 권능을 부여받았다는 느낌이 강하며, 그리고 다른 사람들을 조정하는 능력이 좀더 많으면, 이런 악성 자기도취자는 전문직이나 기업에서 성공할 수도 있을 것이다. 악성 자기도취자는, 외견상 성공적인 대인관계를 갖고 있을 수도 있는데, 이는(악성 자기도취자에게) 중요한 상대방이 친밀감이나 개인적인 충성심 및 보살핌을 크게 원하지 않는 경우일 경우이다.

표 7-2. 성격장애

증상(장애)	연속선상으로 본 증상	
	상당한 정도임	병리적일 가능성이 있음
자기 극화, 연극화, 정서를 과장하기 (히스테리성 PD)	Taylor는 종종 그녀의 친구들로부터 연극적이라고 묘사된다. 그녀의 이야기는 항상 도가 지나치며, 그녀는 관심을 끄는 중심적인 존재가 되고 싶어 한다. 다행히도 Taylor는 연극 단체와 연결되어 있어서 이런 활동을 통해 그녀의 에너지를 배출할 수 있다.	Susan은 최근에 그녀의 친구들과 싸우고 있다. 친구들의 말에 따르면, Susan이 이기적인 경향이 있으며, 사람들이 자신에게 관심을 기울이지 않는다고 여겨지면 항상 과잉반응을 한다고 한다. 친구들은 그녀가 문을 지나고 나면 그녀의 기분이 어찌 바뀔지를 전혀 모른다.
법을 준수함 (반사회적 PD)	Andre는 자동차 경주를 좋아한다. 그는 여러 장의 과속위반 딱지를 받았다. 최근에 그의 친구 한 명이 심각한 자동차 사고로 다쳤다. 그래서 그는 자신의 취미를 좀 더 안전하게 할 방도를 생각하고 있다. 어쨌든 인가된 행사에서의 자동차 경주에 비용을 지불하는 것이 속도 위반딱지보다는 더 쌀 것이고, 자신의 자동차 면허도 잃지 않게 될 것이다.	Tim은 항상 나쁜 아이라고 딱지가 붙었으며, 이런 평판은 그가 성인이 되고 나서도 바뀌지 않은 것 같다. 그는 9세 이후로 교도소 및 교정시설에 들어갔다 나왔다 하곤 했다. 그의 전과 기록에는 절도 및 방화에서부터 폭행 및 사기에 이르기까지 범죄행위가 수록되어 있는데, 이 중 상당수는 그가 15세가 되기도 전에 저지른 것이다.

고독한 활동 (분열성 PD)	Nate는 홀로 시간을 보내는 것을 좋아한다. 그는 친구도 있고 다른 사람들과 시간을 보내기도 한다. 그러나 그는 또한 자신의 흥미와 취미를 혼자서 추구하는 시간을 갖기를 원하며, 단지 그냥 시간을 보내는 것을 원한다.	Antonio는 컴퓨터 프로그래머로서 재택근무를 한다. 그는 다른 사람들과 어울릴 필요가 없고 인터넷의 도움으로 그의 집을 떠나지 않고도 자기 할 일과 활동의 대부분을 완수할 수 있다고 좋아한다.
과대성 및 찬양받고 싶은 욕구 (자기도취적 PD)	Stan은 자신이 남의 시선을 끄는 사람이라고 생각한다. 그는 잘생기고, 좋은 직장을 가지고 있으며, 부유한 가정 출신이다. 이 모든 것이 그가 자신감을 느끼도록 해 준다. 결과적으로 데이트하고 친구를 사귀는 것이 그에게는 쉽다.	Jenna는 자신이 방으로 들어가기만 하면 곧바로, 모든 사람이 자기에게 주의를 기울여야 한다고 생각한다. 그녀는 대부분의 시간과 돈을 자신의 외모를 가꾸는 데 쓴다. 사람들이 자기에게 듣기 좋은 소리를 하지 않으면, 그녀는 매우 화가 난다. 그녀는 부유한 남성들과만 데이트를 하려고 하는데, 왜냐하면 자신에게 멋진 일이 생길 만큼 자신이 가치가 있다고 생각하기 때문이다. 또한 그녀는 친구들이 자기와 함께 있는 모습을 보이는 것에 대해서도 친구들은 운이 좋은 것으로 여겨야 한다고 생각한다.

제8장

폭력장애

미국 사회의 폭력은 계속 증가하고 만연되어 가고 있다. 많은 전문가는 폭력이 갱, 마약, 손쉬운 무기 구입 그리고 사회의 폭력에 대한 점증하는 둔감화 때문에 계속적으로 증가할 것으로 믿고 있다. 폭력의 원인을 이해하는 것은 정신건강을 연구하는 학자들 사이의 끊임없는 과제이다. 폭력과 관계가 있는 것으로 밝혀진 몇몇 환경 문제는 다음과 같다. 가난(빈곤), 교육 부족 및 가족의 불안정성(Carpenter & Nevin, 2010). 고전적인 이론들은 폭력의 원인을 개인적 성향에 두는가 아니면 사회적인 스트레스 요인에 두는가에 따라 입장이 나누어지며 두 이론을 지지할 수 있는 증거들이 다 있다(Hillebrand and Pallone, 1995). 이 장에서는 주로 폭력의 원인에 대해서만 논의하고자 한다. 첫 사례인 Jack Ruby의 경우에는 폭력의 원인에 대한 전반적인 이론들을, 두 번째 사례에서는 폭력의 양태와 가정 폭력에서 나타나는 폭력의 원인에 대해 살펴본다.

폭력의 원인

앞에서 언급한 인용문에 입증된 바와 같이, 폭력의 원인에 대해서는 아주 다른 이론이 많다. 엄청난 대중의 주목을 끌었던 Jack Ruby 사건은 이론가들에게 많은 생각과 토론(과학적인 것과 그 밖의 것)을 제공했다.

사례 연구

Jack Ruby의 사례

1963년 11월 22일 금요일, 부인 Jacqueline 그리고 다른 몇몇 사람들과 함께 텍사스의 댈러스에서 차를 타고 가던 중 Kenedy 대통령은 암살되었다. 이 사건의 용의자로 체포된 사람은 Lee Harvey Oswald로 댈러스 교도소에 수감되었다.

이틀 후인 11월 24일 Jack Ruby는 Oswald가 있는 지하 감방으로 들어갔는데 Oswald는 그때 다른 시설로 이송되는 과정에 있었다. 어쨌든 Ruby는 경찰의 대열을 뚫고 Oswald를 쏘아 치명적 부상을 입혔다. 그가 범죄 조직과 관련이 있었기 때문에 Kenedy 암살의 동기에 대한 Jack Ruby를 둘러싼 심각한 의혹들을 불러일으켰다. Ruby의 정신 상태를 감정하기 위한 몇 가지의 접근 방법이 있을 수 있는데 여기에서는 Ruby의 어린 시절을 제시하고 다음에는 다양한 이론에 근거하여 성인기에 초점을 맞추어 살펴보고자 한다(Kantor, 1978; Scott, 1994; Summers, 1980).

Jacob Rubenstein은 1911년 시카고에서 8명의 형제 중 5번째로 출생하였다. Jacob 부모의 결혼식은 전통적인 유대 결혼중매인에 의해서 폴란드에서 치러졌다. 어머니인 Fanny Rubinstein은 결혼 지참금을 갖고 왔지만 교육은 받지 못했고, 감정적으로 불안했으며 Jacob과 같이 끊임없는 수다쟁이였으며 아버지인 Joseph Rubinstein은 땅딸막하고 뚱뚱하고 비열했다. 그는 직업도 없고 욕설과 음주 그리고 부인에 대한 폭행으로 유명했다. 아버지는 어머니를 주기적으로 구타했다. 그들 부부는 폴란드에서 미국으로 이주하여 1905년 시카고에 정착했다.

Jacob의 집은 가난하고 불행했고 부모는 자주 격렬하게 싸웠으며 결국 어머니가 아버지를 폭력과 가혹행위로 고소할 정도였다. 아버지는 또한 주기적으로 아이들을 심하게 때렸고 아이들이 초등학교를 졸업하고 학교를 더 이상 다니지 못하게 하였다.

Jacob이 10세 때 부모가 이혼했기 때문에 그와 형제들은 보육원에 맡겨졌다. 때때로 그는 어머니와 함께 지냈으나 어머니 또한 아이들을 육체적으로나 정신적으로 가혹하게 대했다. 그녀는 요구 사항이 많았고 대식가였으며 게을렀다. 어머니는 일이 마음대로 되지 않을 때는 심하게 화를 내었고 자식을 조금도 사랑하지 않는다고 말하곤 했다. 결국 1937년 61세 때 그녀는 정신병원에 입원했으며 계속 악화되어 가는 어느 정도 기질적인 장애를 수반한 편집증 진단을 받았다.

Jacob은 11세 때 지나치게 반항적이었고 우울해했다. 그는 계속 학교를 빠졌고 학교의 선생님 등 누구에게도 순종하지 않았다. 사회복지국의 직원은 그를 적당한 지적 수준을 지녔으나 충동적이고 산만하며 자기중심적이라고 설명하였다. Jacob은 8학년이던 16세에 학교를 그만두었으며 게으르고 폭력적인 성향 때문에 계속 직업을 가질 수 없었다. 그는 경마 정보지를 팔기도 했고 손수레에 장난감들을 싣고 팔러 다니거나 경기장에서 땅콩을 팔고 스트립쇼 장에서 초콜릿도 팔았다. 그는 또한 암표상도 하고 Al Capone의 심부름을 하기도 하였다. 후에 그는 나이트클럽의 경비원 그리고 웨이터가 되었다. 그는 정기적으로 일하였고 비싼 옷을 입었으며 자신을 신사라고 생각하였다.

Jacob은 곧 무자비한 폭력으로 악명을 날렸다. 마치 그는 유태인이 어떤 남자인가를 세상에 증명하려고 결심한 것 같았다. Jacob은 10대가 되기도 전에 갱단에 가입하여 유태인을 조롱하는 사람들과 싸웠으며 반유태성향을 가진 사람들과 곧잘 싸움을 하였다.

자주 있는 일이지만 한 가지 사례에는 여러 가지 사실이 포함되어 있기 때문에 한 가지 이상의 이론들로 사례를 설명할 수 있다.

다음의 절에서는 Oswald를 살해한 Jacob Rubenstein (나중에는 자신의 이름을 Jack Ruby로 바꿈)을 설명해 줄지도 모르는 여러 가지 이론을 소개하며, 또한 사례 속에서 각 이론에 적절한 사실적 측면도 함께 제시한다.

사회심리학 이론

사회심리학에서는 인간의 행동은 환경과 상호작용하면서 이루어진다고 본다. Ruby의 범죄와 폭력 성향은 그가 어렸을 때 부모로부터 배웠을 뿐만 아니라 부모가 자신을 사랑하지 않은 것도 함께 배웠을 것이다. 인지부조화 이론에서는 두 가지 대치되는 신념을 가지고 있는 사람은 긴장과 스트레스를 느끼게 되고, 이러한 갈등을 제거하려는 욕구를 갖게 된다고 주장한다. Ruby는 어렸을 때 "난 부모님을 사랑하고 부모님도 날 사랑해."라는 신념과 "부모님은 두 분 다 나에게 잔인할 뿐 날 사랑하지도 않아."라는 서로 대치되는 신념을 가졌을지도 모른다. 이러한 불일치를 해결하기 위한 한 가지 방법은 "사실 부모님은 그리 필요한 존재도 아니지. 그러니 내가 그들을 어떻게 생각하든 그들이 나를 어떻게 생각하든 그런 것은 중요하지 않아."라고 단정해 버리는 것이다. 아마도 Ruby는 이렇듯 일반적인 사회적 가치에 별반 관심을 기울이지 않으면서 점점 더 범죄행위에 빠져들기 쉬웠을 것이다.

26세에 그는 철강 노동자 조합을 형성하면서 John F. Kennedy의 목숨을 위협했던 일로 유명해진, 암흑가 보스이자 노동자 연합의 리더인 Jimmy Hoffa와 함께 일하게 되었다. 28세에는 시카고의 가장 악명 높은 범죄집단 지도자와 함께 기반을 다져 나갔다.

스트레스가 행동에 영향을 미친다는 이론도 관련된 이론이다. 행동에 대한 소질/스트레스 이론(diathesis/stress theory)은 모든 사람이 약점과 강점을 가지고 있는데, 스트레스가 증가하면 약점이 표면으로 드러나기 쉬워진다고 본다. 예를 들어, Ruby는 20대에는 반유태인족을 혐오하는 사람들을 공격하는 또다른 갱 집단에 속해 있었고, 30대에는 자신을 '유태인 자식'이라 비웃는 상사를 때려눕혔다. 여기서 소질은 자신이 유태인이며 그리고 유태인을 증오하는 사람들이 있다는 것을 알고 있다는 것이다. 또다른 소질은 폭력에 빠지기 쉬운 경향성(predisposition)으로서, 유태인으로서 비웃음당하고 미움받는 스트레스가 매우 커졌을 때 촉발된다.

현대 사회에서는 폭력적인 사회를 촉진하는 데 미디어의 역할에 대한 인식이 증가하고 있다. Edward Donnerstein과 같은 연구자는 TV 프로그램의 신체적 공격의 비율이 수년 동안 약 60%로 꾸준히 유지되고 있으며 종종 황금 시간대에 더 높은 비율로 상승한다고 한다. 그러한 연구의 합의는 또한 다음과 같다. ① "좋은" 인물, 또는 영웅, 매력적인/역할 모델은 아이들이 종종 모방하는 데 폭력 행위의 40% 이상을 차지한다. ② 프로그램의 3분의 1 이상에서는 등장인물이 신체적 공격을 저질러도, 처벌받지 않고 용서받아서 어린아이들은 악인이 종국에는 처벌받을 때 그 연결성을 이해하지 못하는 경우가 종종 있었다. ③ 공격자의 70% 이상이 폭력에 대해 어떠한 후회도 나타내지 않으며 비판이나 처벌이 발생하지 않는다. ④ TV 폭력의 약 절반이 피해자의 신체적 상해와 고통을 일으키지 않으며 가족이나 지역 사회에 부정적인 영향을 미치지 않는다.

유기체/생물학/유전 이론

Ruby의 어머니가 점차 악화되는 편집증적 상태에 있었다는 사실은 유기체적 역기능을 일으킬 수 있는 망상을 유발하는 유전적 경향을 Ruby도 어머니로부터 물려받았을 수도 있다는 것을 암시해 준다. 예를 들어, 50대 중반에 감옥에 수감되어 있는 동안 Ruby도 유태인인 자기가 Oswald를 저격한 결과로 다른 유태인들이 괴롭힘을 당할 것이라는 피해망상을 가지고 있었다. 이러한 생각은 일급 살인의 유죄로 판명된 후 감옥에 있는 동안 더욱더 명백해졌다. 마찬가지로 Ruby의 어머니의 망상도 나이 들어감에 따라 더욱 심해졌다.

Ruby가 일시적인 정신이상 상태에서 저지른 행동이었기 때문에 그가 무죄라는 사실을 증명하기 위해 재판에서 제기된, 기질적인 측면에서의 변론은 정신운동성 간질(psychomotor epilepsy)이었다. 간질 발작은 부분적인 간질(partial epilepsy)과 전반적인 간질(generalized epilepsy)으로 분류된다. 국지적 간질(focal epilepsy)라고도 불리는 부분적인 발작은 뇌의 일정 부위에서 발발해 그 부위에서 지속되거나 인접 부위로 퍼져 나가는 발작 유형이다. 이것은 의식의 손상을 동반할 수도 있고 아닐 수도 있다. 전반적인 간질 발작은 뇌의 대부분의 부위에서 발발하며 필수적으로 의식의 손상을 포함한다.

정신운동성 간질 발작(Psychomotor epileptic seizures)은 망상 경험과 망상에 대한 행동 반응을 포함하는 복합적인 부분 발작이다. 이러한 진단을 Ruby에게 적용해 보면, Lee Harvey Oswald를 쏘는 전후의 행동을 정상적인 의식 밖에서의 행동이라고 해석할 수 있다. Ruby는 망상을 현재의 사건으로 믿고, 그 망상에 반응하여 방아쇠를 당겼을 것이다. 재판에서 제시된 증거에 의하면 살인 행위가 간질시의 일시적인 의식상실 상태에서 일어난 것으로 주장하였다.

그러나 이러한 진단에는 몇 가지 문제점이 있을 수 있다. 한 예로, 그의 살인이 계획적이었음을 암시하는 증거가 있다. 게다가 정신운동성 간질로 보이는 특정한 육체적 반응이 Ruby에게서는 나타나지 않았다. 당시 Ruby의 발작이 처음으로 나타난 발작이라 하더라도 이렇게 발작이 일어난다는 것은 매우 특이한 것이며, 그 후에는 어떠한 연속적인 발작도 경험했다는 증거가 없었다. 즉, 정신운동성 간질은 일련의 "홍분 과정(kindling course)"을 지니는데 이것은 한번 발작이 일어난 후에는 다음 발작이 일어날 가능성이 높지만 Ruby의 경우에는 추후 발작이 없었다. 결정적으로는 그의 상태에 대해 항경련제(anticonvulsant drug)를 처방받았다는 증거가 없다. 그렇지만 뇌종양 해부 시 정신운동 간질 발작이라는 진단을 뒷받침하는 약간의 증거는 있었다.

정신운동성 간질을 뒷받침하는 증언이 Ruby가 의식에 혼란(disruption)이 있다는 주장과 같은 방향이면, 보다 적절한 진단은 해리장애가 될 수 있다. 해리장애는 주된 양상이 통상적으로 통합되어 있는 의식의 기제가 혼란된 조건을 말한다. 그러나 이 진단은 적용하기가 어려운데, 왜냐하면 소위 해리경험이라고 주장되는 것과 유사한 경험이 사건 이전이나 그 이후에 없었기 때문이다. 따라서 정신운동성 간질발작을 Ruby의 변론의 주요 원인으로 내세웠지만, 그가 1급 살인죄로 유죄판결을 받고 사형선고를 받은 것은 당연한 결과라고 할 수 있다.

폭력에 대한 또 다른 흥미롭고 대안적인 생물학적 관점이 있다. 수 세기 동안 많은 이론가는 오직 인간만이 생존을 위한 이유가 없이도 고의로 같은 종(species)에 속하는 다른 인간을 죽인다는 가설을 세웠다. 그러나 1974년 1월 7일 이른 오후에, Richard Wrangham과 Dale Peterson이 『악마같은 수컷: 유인원과 인간 폭력의 근원(Demonic Males: Apes and the Origins of Human Violence)』(뉴욕: Houghton Mifflin,

1996)이라는 보고서에서 쓴 대로, 탄자니아의 곰베 국립공원 Gombe National Park에서 8마리의 침팬지가 의도적으로 그들의 영역의 경계선까지 가서는, 이웃한 침팬지 영역으로 들어가서는, 다른 지역사회의 한 젊은 수컷을 공격하여 치명상을 입힌 후 자기네 영역으로 되돌아왔다. 이는 침팬지들 사이에서 치명적인 습격에 대한 최초로 기록된 사례였다. 이 사건은 어떤 종이 동일한 종의 다른 구성원을 고의로 그리고 다른 목적이 없어 보이는 가운데 죽인 사례가 될 뿐만 아니라, 침팬지라는 이 종이 인간에 가장 가깝게 관련이 있기 때문에 의미가 있다. 후속 연구에서는 다른 종에서의 이유 없는 폭력도 발견했다.

정동장애 이론

홍미로운 사실은 Ruby가 비전형성 우울장애, 양극성 장애(주된 기분의 오르내림 major mood swings), 또는 순환성 장애(cyclothymia)[기분의 오르내림이 덜 강렬함(less intense mood swings)]와 같은 정동장애로 고통받았을 가능성이 있다는 것이다. 평상시보다 활동적인 기간(조증 기간)이 있었는지 판별할 만한 충분한 정보는 없지만 어렸을 적에 사회사업국의 임원이 그가 우울하였다고 기술하였던 것처럼 우울증을 경험한 기간이 있었다. Ruby가 인정하듯이 성인기에 그는 우울한 기분을 막기 위해 과식하였으며 이후 식욕을 줄이면서 활력을 찾기 위해 약물치료를 받았었다(Williams, Teasdale, Segal, & Kabat-Zin, 2008). 이후 그는 약물치료가 머리카락을 가늘게 한다고 느껴 약물복용을 중단하였다.

Ruby가 반드시 범죄자의 삶을 추구한 것만은 아니었다. 그는 일반 시민 생활로 돌아왔을 때 도박기계(punchboards), 열쇠고리와 같은 잡화 등을 판매하는 사업을 8년 동안이나 하였다. 그러나 이 당시 형들과 자주 다투었다. 이러한 일이 있은 후 그는 수년 동안 두 형제들과 말도 하지 않았다. 형제들과의 좋지 않은 경험들이 Ruby의 감정 동요를 돌아오게 하였을지도 모른다. 들리는 바에 따르면 Ruby가 조직 범죄의 지시에 따라 활동을 시작한 것도 바로 이 시점 이후였다.

우울증에는 정신증이 동반될 수도 있다(DeBattista, 1998). Ruby가 전기의자 사형을 선고받았을 때 모든 희망을 잃어버린 듯 하였다. 그는 모든 유태인이 처형당하는 망상에 시달렸으며 부인이나 자식같이 사랑하던 개들을 다시는 볼 수 없다는 것을 깨달았다. 그는 사형을 당하기 전에 두개골을 깰 의향으로 벽에 그의 머리를 박는 등 여러 가지 방법으로 몇 번이나 자살하려고 시도하였다. Ruby가 이 시점에서 매우 우울하였을 것이라는 사실이 분명하다.

정신병질: 반사회적 성격장애 이론

아동기 때 시작된 Ruby의 폭력적 삶은 정신이상이나 반사회적 인격장애라는 진단에 잘 맞는다. 그는 쿠바와 관계를 맺고 있었기 때문에 지하세계와 미국정부와도 연결시켜 주었다. 암살 6년 전에 그는 Fidel Castro의 지원하에 총과 탄약을 쿠바에 밀수하기 시작하였고, 혁명이 끝나면 이런 조직범죄로 인해서 Castro와 좋은 관계를 맺을 수 있다고 믿었다. 그러나 혁명이 끝나자 Castro가 그들의 활동을 인정하지 않으려 하였기 때문에 Castro를 지지하던 이 지하세력은 그를 반대하였다. 그렇다고 이 시점이 조직의 보스가 Kenedy의 죽음을 원하게 된 시점일 것 같지는 않다.

반사회적 성격장애 특징을 가지는 예들은 많이 있다. 예를 들어, 우리는 Ruby의 이름만으로도 달라스에 확산시킨 조직범죄를 연상한다. 그는 마약밀수와 밀주행위에 연루되었다. 추가로 범죄세계의 저명인사들이 정기적으로 참석하는 나이트클럽을 열었다. 그는 그를 거역하는 사람들을 구타하였지만 한 번도 처벌받은 적은 없다. Ruby가 운전 중에 그의 누이와 다툰 적이 있었다. 그는 누이를 때리고 차를 세워 차 밖으로 밀쳐 냈다. Ruby가 나이트클럽을 운영하는 동안 아홉 번이나 폭력 행위로 체포되었지만 딱 한 번 교통위반 혐의로 처벌받았을 뿐이다. 아마도 이것은 지방법집행공무원과 판사들과의 폭넓은 접촉뿐만 아니라 사기성을 반영한다.

돈을 위해서라면 기꺼이 사람까지도 죽일 수 있다는 것은 반사회적 성격의 한 특징이다. 이것이 많은 사람이 Ruby가 Oswald를 죽였다고 믿게 된 한 원인이다. Kenedy 암살 전 1963년에 Ruby는 재정적 어려움을 겪고 있었다. 빚과 미납된 세금 때문에 나이트클럽을 팔았다. 그는 재정 문제에 시달렸으며, 암살 바로 직전에 갑자기 재정 문제가 곧 해결될 것이라는 신념을 가졌으며 평소와 매우 다른 행동을 하였다. 1963년 11월 19일(Kenedy 암살 3일 전) Ruby는 그의 세금 법률가에게 어떤 계획된 일이 잘되면 빚을 해결할 수 있을 것이라 말했다. Kenedy 암살 직후 많은 돈을 받았다는 여러 증거가 있다.

반사회적 성격장애의 또 하나의 특징은 사기성(deceitfulness)이다(Boyd, McLearen, Meyer, & Denney, 2007). Oswald 살인 이후 행동도 Ruby의 사기성이 농후하게 나타났다. Kenedy 암살 직후 Ruby는 다양한 공공장소에 나타나 Kenedy의 죽음을 애도하였다(이것은 해리장애에서도 나타남). Oswald를 죽인 후 Ruby는 범죄세계 또는 쿠바와 어떤 연계도 없다고 부인했듯이 사기행위는 계속되었다. Oswald를 살인한 것에 대하여도 Oswald가 법정에 나타나면 Kenedy 여사가 겪을 고통을 덜어주기 위해서라고 말하였다.

그러나 정신병질–반사회적 성격장애 이론에 모순되는 사실들도 있다. 가장 두드러지는 것은 Ruby가 Oswald를 살해한 방식이다. 체포될 것과 처벌될 것을 확신하면서 Oswald를 죽였다는 것이다. 보통의 반사회적 인격장애자는 이러한 것을 피하려고 노력하는데 말이다.

결론

이 사례에 어느 이론이 더 적절하게 적용되는지 상관없이 Jack Ruby는 1964년 4월 14일에 Lee Harvey Oswald의 일급 살인 혐의자로 유죄가 확정되어 사형 선고를 받았다. Ruby는 사형 선고 후 새로운 재판을 기다리는 동안 1967년에 암으로 죽었다.

치료 개입

언급한 대로, 폭력행동에는 많은 요인이 깔려 있다. 다음에는 보편적인 원인에 대한 개관과 함께, 일반적으로 의견의 일치를 보는 개입 전략도 제시된다.

1. 인간 본성의 유전적인 부분으로서의 폭력
   a. 근본적인 성격 패턴을 고치기 위한 개인적 심리치료
   b. 불안을 감소시키고 부적절한 반응을 최소화하기 위한 약물처방
   c. 뇌의 기능 패턴을 수정하거나 중단시키기 위한 정신외과수술(psychosurgery)

2. 사화학습의 결과로서의 폭력
   a. 가정환경을 변화시키거나 가족 속에서의 대처를 촉진해 주는 가족치료
   b. 사회 상황에서 적절한 대처를 하도록 증진시켜 주는 집단치료
   c. 자기주장훈련(assertiveness training) 그리고 폭력 없이 자기 주장을 하는 것에 대한 구체적인 훈련을 제공하는 사회기술훈련(social-skills training)
   d. 부적절하거나 과도한 반응을 줄이기 위해서, 촉발 자극에 대해 내담자로 하여금 둔감하게 해 주는 체계적 둔감법(systematic desensitization: SDT)
   e. 환경 속의 강화 자극을 제거해서 폭력 행동을 소멸시키고 또한 적절한 반응을 강화시키기 위한, 토큰보상체제(token economy), 잠시 중단하기(time out), 사회적 고립(social isolation)
   f. 혐오 조건형성에서처럼, 폭력 행동을 소멸시키기 위한 고전적 조건형성
   g. 적절한 대처기술을 증진시키고 지지적인 또래집단을 마련해 주기 위한, 부모의 훈육증진 훈련, 이를테면 익명의 부모회(Parents Anonymous)가 있음

3. 좌절 및 그 밖의 상황 요인으로 인한 결과로서의 폭력
   a. 좌절감을 방출시켜 주고 대처 방식을 바꿔 주기 위한 전통적인 심리요법.
   b. 가족치료(2a를 보라)
   c. 집단치료(2b를 보라)
   d. 주장훈련 및 사회기술훈련(2c를 보라)
   e. 토큰보상체제로서, 폭력 행동을 소거해 주면서 긍정적인 보상 경험을 할 기회를 마련해 줌
   g. 부모의 훈육증진 훈련(2g를 보라)

4. 의사소통 수단으로서의 폭력

a. 폭력적인 행동 분출의 저변에 깔려 있는 감정을 달리 표현할 방안을 마련해 주는 표현 요법(expressive therapies)

b. 주장훈련(2c를 보라)

c. 체계적 둔감법 SDT(2d를 보라)

(d) 부모의 훈육증진 훈련(2g를 보라)

5. 자기 영역과 신체 공간을 보호하기 위한 폭력과 공격성

a. 체계적 둔감법(SDT)(2d를 보라)

b. 주장 훈련(2c를 보라)

c. 주체성과 자존감을 향상시키기 위한 개인 심리요법

폭력 행동의 예측

폭력행동을 예측하는 것은 아마도 모든 정신건강 전문가에게 요구되는 가장 중대한 과업 중의 하나일 것이며, 그 예측이 일관되게 정확한 것일 수가 없기 때문에 위험수준 평가(risk assessment)라고 명명하는 것이 더 낫다.

이 과정은 정신질환, 약물남용, 그리고 심지어는 신경학적 기능수준과 관련된 증상이 있는 것으로 발견될 때, 더 복잡해질 수 있다(Thomson, Wilson, & Robinson, 2009).

개인적인 입장에서 볼 때에도, 예측이라는 것은 심리학자로 하여금 인간의 조건에서 가장 어두운 측면에 가장 가깝게 접근하게 만들며 불유쾌하고 불안을 유발하는 상황으로 비추어질 수 있다.

전문가 수준에서 말하면, Monahan(1981)은 그런 판단을 내리는 데 내재된 많은 문제점을 철저하게 기술한 최초의 전문가 중 한 명이었다.

전문가 입장에서의 어려움은 1976년에 캘리포니아 대학교의 Tarasoff 대 Regents 사건(551 P.2d 334 [Cal. 1976])에서 캘리포니아 대법원이 주요 판례를 설정했을 때 훨씬 더 심해졌다.

Tatiana Tarasoff는 자신이 Prosejit Poddar에게 의례적인 새해 전야 키스를 주고 나서 Poddar의 애정 대상이 되었다. 상담 센터에서의 치료 시, Poddar은 치료자에게 자신이 Tarasoff를 죽이고 싶다고 말했다. 대학 구내 경찰이 Poddar를 체포하도록 파견되었지만, Poddar는 자신이 아무런 문제를 일으키지 않을 것이라고 경찰을 설득해서, 경찰이 떠났다. 그 후 그는 Tarasoff를 살해하였다. 그녀의 재산 관리인은 소송을 제기했고, 캘리포니아 대법원은 치료자가 Tarasoff에게 '경고해야 할 의무'가 있다고 판결했다(나중에 "보호해야 할 의무"로 수정됨). 불행하게도, 극심한 공격 행동(그리고 자살도 마찬가지로)의 기저 발생률(base rates)이 낮은 것을 감안하면, 특정 실제 행동을 정확하게 예측해 내기란 사실상 불가능하며, 지나친 예측은 보편적인 현상이다(Meyer & Weaver, 2006).

예측의 문제점과 지나친 예측

예측 및 과도한 예측의 문제점은 5개의 요인이 주로 발생시킨다. 첫째, 드문 사건을 예측하기란 본질적으로 어려운 일이며, 폭력(및 자살)은 드물게 일어나는 현상이다. 기저 발생률이 낮은 사건을 예측하려는 어떠한 시도도 오류긍정(false positives)을 상당히 많이 초래하게 된다.

과도한 예측에 대한 두 번째의 편향(bias)은 잘못된 예측에 따르는 상대적인 대가에서 비롯된다. 어떤 개인을 위험하다고 잘못되게 명명하는 것(즉, 오류 긍정)은 당사자를 병원이나 처치 프로그램에 계속 가두어 두는 결과를 초래할 수 있고, 이는 치료자에게 안 좋은 결과가 발생할 가능성이 거의 없어지게 된다. 반면에, 나중에 폭력 행동을 저지를 수 있는 사람을 안전하다고 오진하는 것(즉, 오류부정 false negative)은 예측하는 사람을 대중의 항의와 민사상의 책임에 노출시키게 된다. 이처럼 오류부정의 대가가 크기 때문에 자기 방어를 위해 과도한 예측을 하게 된다.

셋째, 어떤 유형의 위험성(예, 일반적으로 타인, 배우자, 자기자신에게)에 기여하는 요인들의 목록을 개발해 낼 수는 있지만, 이러한 요인들의 목록을 연결해 주는 정확한 예측 방정식을 개발할 수도 없고 개발하기가 불가능하기 쉽다. 즉, 명확한 가중치를 각 요인에 할당할 수 없으며, 각 사례는 기여하는 요인들의 패턴에서 약간 변동된 것을 보여 주기 쉬울 것이다.

넷째, 자신이나 타인에 대한 위험성의 예측에 대한 대부분의 연구는 장기간 추적 조사를 토대로 하며, 통상 오랜 시간이 소요되며 1년 이하의 경우는 거의 없다. 그러나 현실 세계에서는 예측이 요구되는 상황이 통상 "임박한"(즉, 당일 또는 며칠 후) 예측의 경우이다.

다섯째, "위험성(dangerousness)"은 단순한 특질 또는 소질이 아니다. 사람들은 여러 차원에서 다르다. 즉, 사람은 어느 시점에서는 위험하거나 폭력적일 수 있지만, 어느 누구도 변함없이 일관되게 위험한 사람은 없다. 여건만 맞으면, 거의 모든 사람이 공격적이 될 수 있지만, 반면에 매우 충동적이고 적대적인 사람조차도 대부분의 시간 동안 폭력적이지는 않다. 매우 안정적이라 여겨지는 다른 특성과 달리, 위험성은 환경 요인, 성숙, 적응 수준상의 변화 등등에 발맞추어서 시간의 흐름에 따라서 출렁거린다(fluctuate). 폭력과 위험성은 성격과 환경 요인의 상호작용으로 보는 것이 가장 절약적인 것으로 간주될 수 있다. 항상 변동하기 때문에 예측의 문제점에 큰 혼란을 가져오는 것은 바로 이 두 번째 환경 요인들이다.

공격성의 특정 지표

일찍이 Monahan(1981)은 공격성에 대한 8개의 가장 중요한 인구통계학적 예측변수를 찾아냈다. 폭력은 다음과 같을 때 보다 잘 나타난다. 범행을 저지를 가능성이 있는 자가 ① 젊은 경우[이 변수는 30~35세의 연령대에 이를 때까지는 그 상관관계가 계속 상승하며, 그 이후에는 상관관계가 무선적인(random) 것에 가깝다], ② 남성인 경우, ③ 사회경제 지위가 낮은 경우, ④ 불리한 상황에 있는 소수 계층인 경우, ⑤ 교육수준이 낮은 경우, ⑥ 지능 수준이 낮은 경우, ⑦ 학력 및/또는 직업 경력이 불안정한 경우, 그리고 ⑧ 청소년기의 폭력 및/또는 알코올 및/또는 약물 남용의 전력이 있는 경우. 이런 요인 중 상당수는 현재의 폭력 위험 평가 척도의 상당수에서 해당 지표(indexes) 또는 측면(aspects)으로 통합되었다(Hanson, 2009).

폭력의 가능성에 대한 그밖의 인구통계학적 지표 중 문헌에서 언급된 것은 다음과 같다. ① 폭력행동의 과거력, ② 자살기도의 과거력, ③ 가정폭력의 전력, ④ 경미한 신경과적 징후(soft neurological signs), ⑤ 양극성 장애 또는 정신분열증, 특히 정신분열증의 환청이 명령인 경우, ⑥ 무기에 이끌리는 것, ⑦ 연극성(histrionic) 성격 특질, ⑧ 아동이나 청소년 시기에 동물에게 잔인하게 한 패턴, ⑨ 아버지로부터 배척받거나 아버지가 우울한 경우, 그리고 ⑩ 최근의 스트레스, 특히 세로토닌의 수치가 낮은 것과 함께 나타난 경우.

연쇄 살인범

대중의 관심은 만족을 모르는 것처럼 보였지만, Schechter(2003)는 "연쇄 살인범들은 항상 존재했다…… 많이…… 어떤 이유에서든…… 악명이 오래 지속되지 못했다…… 연쇄 살인에 대한 홍미를 살펴보면 새로운 것이 전혀 없으며…… 오직 그 수법(technology)만 바뀌어 왔다."(p. 3)라고 지적했다 .

상당한 '합의를 본' 정의에 의하면 ① 사전 계획이 있고, ② 희생자가 3명 이상이며, 그리고 ③ 살인과 살인 사이의 심리적 냉각기(cooling-off period)가 있다.

미국에서는 개척시대에서부터 남북 전쟁 기간까지, 그리고 그 뒤의 혼란기에, 이와 같은 정의에 부합될 성싶은 사람들이 있었다. 그러나 다음은 미국에서 처음으로 잘 기록된 연쇄 살인범의 사례이다. 이 연쇄살인범은 너무나 끔찍해서 어린 양의 침묵에 나오는 한니발 렉터(Hannibal Lector)라는 등장인물이 그에 비하면 초라해 보일 정도이다.

Erik Larson은 2003년에 Vintage Press에서 출간한 『The Devil in White City』라는 그의 다소 각색한 소설에서 Hermann Mudgett의 진실된 부분을 합쳐 넣었다. Leonardo DiCaprio와 Tom Cruise의 두 배우가 이 범죄자의 삶의 모습을 묘사한 영화를 찍고 있다고 한다. John Borowski가 제작한 64분짜리의 훌륭한 다큐 영화를 www.hhholmesthefilm.com에서 시청할 수 있다.

사례 연구

Hermann Mudgett의 사례(Henry Holmes 박사)

Hermann Webster Mudgett은 1860년 5월 16일에 New Hampshire 지역의 호수 지역에 있는 고립된 마을 Gilmanton에서 엄격한 감리교 신자의 가족으로 태어났다. 그의 아버지 Levi는 엄격한 규율가(disciplinarian)였다. Hermann은 "섬에서 가장 밝은 소년으로 평판이 난, 푸른 눈에 갈색 머리의 가냘픈 체격의 소년이었는데…… 그의 아버지는…… 이 소년을 야만적으로 규칙적으로 때렸다."(Schechter, 2003, p. 180).

때린 후에는 종종 어떤 음식이나 말도 없이 다락방에 하루 동안 감금되었다. Hermann은 또한 동급생으로부터 종종 괴롭힘을 당했다. 어떤 경우에는 그들은 그를 붙잡고, 마을 의사의 진료실로 끌고 갔는데, 이 의사는 요청에 의해 밖에 나가 있었고, 이 소년의 얼굴을 의사가 전시용으로 사용하는 해골의 손으로 밀어 넣었다. Hermann은 히스테리성 외상을 입었지만, Hermann은 나중에 말하기를 이 사건으로 인체해부학에 관심을 가지게 되었다고 하였다.

11세가 되었을 때, 그는 살아 있는 동물들을 해부하고 그 뼈를 수집하는 식의 "실험"을 하였다. 그의 가장 절친하고 어쩌면 유일한 아동기 친구가 수상한 "추락사"로 인해 살해되었을 때 그 둘은 버려진 집에서 놀고 있었다. Hermann은 그가 추락하기 전에 바로 뒤에 서 있었다.

Hermann은 16세에 고등학교를 졸업하고 17세에 다소 재산이 있었던 Clara Lovering과 결혼했다. 그는 그녀의 돈을 많이 소비하고는 좀 신속히 그녀를 버렸다. Hermann은 의사가 되기로 결심하였다. 그는 Vermont의 Burlington의 조그만 대학에 등록했는데, 당시에 논란이 된 시체 해부 실습을 시작했다는 것을 알고나서는 미시간 대학으로 재빨리 전학하였다.

그곳에서, 그는 사기를 쳐서 가공의 인물에 대한 보험증권을 구입하고, 시체를 훔쳐서는, 시체의 신원을 정확히 확인할 수 없도록 조치한 뒤에, 가족들이 시신이 손상된 것에 고통을 겪을 때 이런 분쟁에 대한 합의를 청구했다. 미시간 대학교에서 의학 학위를 받고 1884년에 졸업한 후, 그는 이리저리 옮겨다니면서 사업을 시작했는데, 정신병동의 지킴

이로서 일을 하고는, 다음에는 약제사로 일했다.

그가 여기저기를 여행하면서, 이해되지 않은 죽음이 그의 주변에서 발생했지만, 그는 한 번도 의심받은 적이 없었다. 그는 최종적으로 시카고에 정착했다. 26세에 그는 약제사 면허 시험을 통과하고 나서는 자기 자신을 공식적으로 Henry Howard Holmes로 등록하였고 그 후로는 이 이름을 쭉 사용하였다. 그는 시카고의 한 구역인 Englewood에 있는 Holton 약국(Pharmacy)에서 일하기 시작했다. 마침내, 그는 Holton의 미망인으로부터 약국을 샀지만, 지불해야 되는 약속을 지키지 않았다. 그녀는 그를 법정으로 데려갔는데, 그러고 그 이후 그녀가 나이가 많고 연약하기는 했지만, 그가 말하기를 그녀가 갑자기 "서쪽으로 이사를 떠난 후에는 다시는 소식이 없었다."고 진술하였다.

그다음에 Holmes는 자신의 "성곽(Castle)"을 쌓기 위해 거리를 가로지르는 땅을 구입했다. 그는 자신의 "조수" Benjamin Pitezal을 제외한 어떤 노동자도 "성곽"의 목적에 대해서 모르게 하려고 500명 이상의 노동자를 고용했다. 성곽에는 들여다보는 구멍이 감추어진 곳이 많고, 다양한 방음시설이 갖추어진 방, 숨겨진 가스 분사기가 있는 손님방, 수술하기에 딱 맞는 방이 여러 개, "유리를 휘어지게 할 수 있는" 화씨 3,000도의 불길을 내뿜는 3′×3′×8′ 크기 오븐, 다양한 신체 크기에 맞게 된 운반 통로가 지하실로 연결되어 있는데, 이 지하실에는 강철로 휘감은 산이 담긴 큰 통이 여러 개 있고 한 개의 석회 구덩이가 있었다.

그는 희생자(대부분 젊은 여성)의 대부분을 구인광고를 통해서 얻거나, 또는 자신의 성곽을 방문한 사람들을 살해했는데, 여기에는 1893년의 Colombian 박람회(또는 세계 박람회)로 온 방문객 중 최소한 50명도 들어 있었다.

궁극적으로 그는 어느 시점에서이든 자기 주변에 있던 사람들의 대부분을 살해했다. 아무도 확신하지는 못하지만, 그가 살해한 사람은 적어도 200명은 될 것으로 추정된다. 대부분은 그의 보험사기에 사용되거나 또는 다시 뼈로 해체된 다음에 해골로 다시 조립된 다음에 의사 또는 의과 대학에 판매되거나 또는 단순히 살해한 후 버려졌으며, 이런 행위가 살인의 쾌락 때문임을 그는 나중에 인정했다.

Holmes의 많은 사기와 그가 납부해야 할 돈을 계속해서 납부하지 않은 것 때문에 그는 결국 1893년 가을에 추적을 당하게 되었다. 징수 대행 담당자는 Holmes와 20명이 넘는 채권자들과의 만남을 마련하였다. 그는 이와 같은 만남 동안에 마음에 들게 행동하였으며 대답도 잘했으며, 그다음 날에 Chicago를 떠났다.

그는 1894년 11월에 Boston에서 체포될 때까지 이 도시 저 도시를 이사다녔다. 그가 이리저리 이사를 다니는 동안, 그는 가장 가까운 사람인 Benjamin Pitezal을 포함하여 수많은 사람을 살해하였다. 그는 Pitezal의 생명보험을 들어 든 후에, 그가 죽었다는 것을 위조할 것이라고 말하였다. 하지만 그는 Pitezal에게 가솔린을 붓고, 그를 살아 있는 상태로 태웠으며, 부식제를 그의 얼굴에 붓고는 그의 시신을 햇볕에 내놓아서 사고로 보이게 했다.

그는 더 나아가 일정 기간 동안에 걸쳐서 Pitezal의 세 자녀를 따로따로 살해하였다. 그로부터 얼마 지나지 않아서, Holmes는 체포되었지만, 살인이 아닌 보험 사기 죄 때문임을 알고서는 안도하였다. 그는 1895년 5월 28일에 유죄선고를 받고, 몇 달 동안만 감옥에서 지냈다. 그러나, 그동안에 필라델피아의 형사 Frank Geyer은 Pitezal의 실종된 자녀들에 대해 조사를 계속했다.

그는 Holmes가 이사를 다닌 여러 도시를 방문하였는데, 여기에는 Fort Worth, Cincinnati, Philadelphia, Indianapolis, Toronro 및 여러 곳의 소도시가 들어 있다. Geyer는 아이들이 각기 다른 도시에서 살해되었다는 증거를 찾을 수 있었으며, 이 증거를 기반으로 Chicago 경찰은 성곽을 수색하였다. 기존의 건물에 있던 소름 끼치는 것 이외에도, 이들은 Holmes가 고안해 내고 사용한 새로운 고문 장비를 발견하였는데, 여기에는 사람의 신체를 정상 크기의 두 배까지 잡아늘리도록 고안된 "신축성 측정기(Elasticity Determinator)"도 들어 있다.

Holmes는 27명의 사람을 죽였다고 '자백'하였지만(Schechter, 2003) 앞에서 언급되었듯이, 훨씬 더 많을 가능성이 있다. Philadelphia에서는 Holmse가 Pitezal을 살해한 것을 지적하고 유죄 판결을 내렸으며 1896년 5월 7일 그를 교수형에 처했다. 교수형 집행인이 올가미를 준비하는 동안, Holmes는 그에게 농담하기를, "천천히 하시게, 노인장. 나는 급하지 않네."라고 농담을 던졌다.

논평

최근에 이르러서야 이런 자들에 대한 과학적 자료를 수집하려는 시도가 있었다(Schechter, 2003). 예를 들어, FBI는 전통적으로 연쇄 살인범을 조직적 또는 비조직적인 유형으로 분류했다. 그러나 지금까지 이런 분류는 너무 단순한 것임이 드러났다. 사실상 적절한 자료를 얻는 데에는 몇 가지 문제가 있다. 첫째, 기저 발생율이 낮은 사건이라는 점이다. 또한 이런 자들의 대부분은 거짓말을 매우 잘하며, 수집된 자료의 상당 부분은 사후의 분석 또는 자기보고(self-reports)에서 나온 것이다. 따라서 가용한 적은 자료도 심각하게 오염되어 있다(Boyd et al., 2007).

사형제도

사형에 대한 논의는 이 책의 여러 곳에서 적절하게 거론된다. 그러나 관련된 주의 법률에서 사형이 허용되는 경우 연쇄 살인범에 대해서는 거의 항상 사형이 고려되기 때문에, 여기에서 논의되는 것이 아마도 가장 적절할 수 있다. 근대에 이르러 최초의 결정적인 사건은 Furman 대 Georgia (408 US 238, 1972)의 사건이었는데, 대법원에서는 사형이 당시의 관례에 따라 위헌이라고 판결했지만, 배심원이나 판사에게 죽음을 부과하는 데 있어서 완전한 재량권이 주어지지 않는다면 합헌일 수도 있다고 했다. 형량의 경감(mitigating)(즉, 끔찍한 어린 시절을 보낸 것)과 형량의 가중(aggravating)(한 명 이상의 사람이 살해되고, 강간과 같은 다른 중범죄가 범죄에 포함되어 있는 경우) 상황 모두가 제시할 수 있도록 허용되어야 한다는 것, 사형은 결코 강제할 수 없다는 것, 강간이나 납치에 대해 사형을 선고하는 것이 지나치게 심하다는 것, 즉 생명을 해치지 않았으며, 「헌법」 제8조의 "잔인하고 비통상적인" 조항에 해당된다는 것이다. 그로부터 수년 뒤 Gregg 대 Georgia 사건에 대한 대법원(428 U.S. 153, 1976)은 사형이 명시적으로 합헌이라고 판결했다. 형량 가중의 조건과 관련하여, Payne v. Tennessee 사건에 대한 대법원 판결(501 US 808, 1991)은 "희생자 충격(victim impact)"이라는 진술이 사형선고 재판의 형량 단계(유죄 또는 무죄 단계라기 보다는)에서 사용될 수 있도록 허용했다. 아동을 사형에 처할 수 있는지의 문제는 오랫동안 논란의 대상이었다. 식민지 시대에는 드물기는 했지만, 12세 정도의 어린 아동도 사형을 당한 적이 있었다. 현대에서는, Thompson 대 Oklahoma 사건(487 U.S. 815, 1989) 판례에서 범행 당시의 나이가 16세 미만인 아동을 사형에 처할 수 없다는 것이 정립되었다. 범행 당시의 나이가 18세 이상인 사람들만을 사형에 처할 수 있는 것이 당연시되었으며, 그 후 Stanford 대 Kentucky 사건에 대한 대법원 판례(492 U.S. 937, 1989) 에서는 16~18세 사이의 아동도 사형에 처할 수 있다고 판결했다. 연후 법원은 Roper 대 Tennessee 사건(125 S. Ct. 1183, 2005)에서의 쟁점을 다시 검토하여 16세에서 18세 사이의 아동은 사형에 처할 수 없다고 정립했는데, 그 근거로서 Trope 대 Dulles 사건(1957)에서의 경고문 admonition–즉 판사는 "성숙하고 있는 사회의 진전을 나타내는 발전적인 품위의 표준(evolving standards of decency that mark the progress of a maturing society)"(p. 4)에 따라야 한다는 관점을 소개했다. 물론 우리 사회가 성숙하고 있는지의 여부는 논쟁의 여지가 있다. 마찬가지로, 이와 관련된 Fain 대 Wainwright 사건(477 U.S. 399, 1986)에서, 대법원은 당사자는 "사형에 처해질 수 있는 여건을 갖추고 있어야 한다(competent to be executed)."라고 판결했는데, 이는 당사자가 자신이 사형에 처해지는 이유를 이해할 수 있어야만 한다는 것이다. 여건 구비(competency)와 정신지체의 문제는 10장에서 Daryl Atkins의 사례에서 자세히 논의된다.

사형에 대한 논란은 목숨을 빼앗는 것에 초점을 맞추고 있다. Henry Holmes와 같은 가증스러운 자에게(사형 이외의) 다른 대안이 있을까? 여러 논문과 발표에서, 본 교재의 수석 저자(Dr. Meyer)는 아무도 사형에 처하지 않는 두 가지 선택사항이 있음을 시사하는 자료를 보고한 적이 있지만, 사람들은 일반적으로 이런 선택사항이 사형이나 가석방 없는 감금에 비해서 억제 효과가 더 크다고 본다. 첫 번째 선택사항은 추방(banishment)인데, 당사자를 평생 독방에 가두어 놓고 의학적 또는 법률적 목적 이외에는 인간과의 접촉이 전혀 허용되지 않는, 즉 텔레비전, 인터넷, 서신왕래, 방문 등이 전혀 없게 하는 것이다. 두 번째 선택사항은 영구적인 혼수상태로 빠뜨리는 것(permanent coma)인데, 이런 선택을 취소 가능 또는 취소 불가능하게 할 수 있다(후자는 모든 항소가 이루어진 경우에만 해당). 실제로 목숨을 빼앗는 것을 피하는 것 외에도, 영구적인 혼수상태로 빠뜨리는 것의 두 번째 이점은 지극히 경제적이라는 것이다. 여기에 해당되는 모든 수감자는 시체 보관소 같은 서랍에 있어서, 현장에 있는 기술자와 왕진 가능한 의사가 대기하면서, 생리적으로 지속적으로 관찰될 것이다. 어떤 처치 또는 교정직원뿐만 아니라 전등불이나 표준 식단조차 전혀 필요하지 않다. 모든 것은 다소 소규모의 건물에 보관될 수 있으며, 땅값이 저렴한 장소에 둘 수 있다. 표본조사에 응한 사람들의 대다수는 추방이 가장 억제적인 가치가 있으며, 영구적인 혼수상태에 빠뜨리는 것도 약간은 뒤떨어지지만 그다음으로 억제적인 가치가 있으며, 사형보다는 억제 가치면에서 낫다고 말했다. 법률적인 쟁점은 쉽게 해결될 수 없겠지만 극복할 수 없는 것은 아니다.

가정 폭력: 아동에 대한 신체적 및 성적 학대 그리고 배우자 학대

아동 학대는 역사적으로뿐만 아니라 모든 문화권에서도 명백하게 기록되어 있다(Finkelhor & Dzuiba-Leatherman, 1994; Laws & O'Donohue, 2008; Melton, Petrila, Poythress, & Slobogin, 1997). 아동 학대의 사례에 대한 최초의 공식적인 법적 개입인, 1895년의 뉴욕의 Mary Ellen에 대한 법적 제재가 동물 보호법을 통해서 기소될 수밖에 없었으며 동물에 대한 잔혹 행위 방지협회의 노력의 결과에 의해 이루어진 것은 아이로니컬하다.

그러나 이제는 미국에서 50여 개의 모든 주에서 아동을 학대하는 가정을 밝혀내고 개입하는 법적 절차가 확립되었다. 그 결과 확인된 사례의 수효가 엄청나게 늘어나고 있다. 학대의 성격이 사생활에 관한 것이며 가해자와 피해자 모두가 학대 사실을 밝히기를 꺼리기 때문에 아동 학대라고 명확하게 확인된 사례들은 실제로는 빙산의 일각이라 여겨진다. 아동 학대의 추정치는 크게 다르며, 아동 학대의 발생에 대한 논쟁은 의심할 바 없이 계속될 것이다. 그러나 실제 발생률이 어떻든 간에, 아동 학대의 문제는 상당한 것이 명백하다.

아동 학대가 피해자인 아동에게 미치는 결과 또한 그 범위가 매우 넓고 그 정도도 매우 심각하다(Chu, Frey, Ganzel, & Matthews, 1999; Finkelhor & Dzuiba-Leatherman, 1994; Kennedy, Bybee, Sullivan, & Greeson, 2010). 그리고 그 영향은 학대당한 아동이 커서 그와 상호작용하는 다른 사람에게까지 파급된다. 예를 들어, 다음에 소개되는 Abby의 사례에서 볼 수 있듯이, 학대받았던 아동은 나중에 커서 학대자가 되기 쉽다(vanMarle, 2010). 대부분의 전문가는 이로 인한 문제가 심각하다고 믿고 있다.

배우자 학대

자료가 보여 주듯이, 행복을 제공할 뿐 아니라 폭력을 제공하는 곳으로서도 가정과 같은 곳은 또 있을 수 없다. 결혼생활이 파탄에 이르렀을 때 폭력의 가능성은 치솟는다(Kubany, McCaig, & Laconsay 2004; Oosterlee, Vink, & Smit, 2009). 폭력은 아동이나 배우자에게로 향할 가능성이 높다. 결혼생활 중 어느 시점에서 신체적 폭력을 겪는 부부의 비율은 30%에서 60%에 이르는 것으로 추정되며, 보고된 폭력의 회수는 실제 폭력보다 훨씬 더 적을 것이라는 것은 명백하다. 남편이 학대를 받는다는 몇몇 보고가 있지만, 대부분의 경우에는 아내가 그 희생자이다.

가족치료가 때로는 도움이 될 수 있지만(Imber-Black, 2010), 학대의 패턴이 드러나게 되었을 즈음에는 두 사람 사이의 결속력이 너무 무너져서 화해가 거의 불가능한 경우가 종종 있다. 다음에 소개되는 Abby의 사례에서 언급되었듯이, 배우자 학대의 가해자 중 상당수가 자신도 어렸을 적에 부모 중 어느 한 사람이나 두 사람 모두에게서 학대를 당한 사람들이다.

Abby의 사례를 통해 어린이에게 가해진 신체적 학대에 대해 소개하고자 한다.

학대의 가능성이 있는 어른들 간의 관계를 알아차리기

"데이트 강간(date rape)"이라는 것을 인식하게 되면, 학대의 가능성이 있는 어른들 간의 관계 및/또는 배우자를 구타하는 사람(batterer)이 될 가능성이 있는 사람을 특히 초기 단계에서부터 알아차리는 데 도움이 되는 단서에 주목해야 할 필요가 있다. 다음의 패턴은 학대 행동의 가능성이 있음을 시사한다:

- 학대 패턴에서, 또는 약간 약한 정도로, 학대 또는 폭력 일화에서, 참여했거나, 희생자이거나, 또는 목격자였던 경우(예측력의 순서임)
- 애완 동물, 다른 동물, 또는 심지어 무생물에 대한 폭력
- 분노 조절에 대해 일반적 문제가 있거나 “화(temper)”를 참지 못하는 것에 대한 증거가 있는 것
- 충동조절에서의 문제
- 성행위 중 강압적인 힘을 쓰는 것을 즐기는 것 “Playful” use of force
- 언쟁할 때 폭력을 위협하거나 및/또는 힘이나 폭력을 쓰는 것
- 조절에 문제가 있음을 시사하는 증거, 특히 관계에서 조절하기를 포기하는 문제가 있는 경우, 특히 자신의 행동에 대한 책임을 회피하거나 남의 탓으로 투사하는 경향이 동반된 경우
- 사람에 대한 소유욕 또는 질투에 대한 증거가 있는 경우
- 관계에 대한 의존성이 높아지는 것
- 파티에서 약물 남용
- 관계에서 전통적인 남성/여성 역할에 대한 강한 집착을 말로 표현하는 경우
- 정신병질 또는 가학적 성격 패턴의 증거가 있는 경우
- 학대받고 있을 가능성이 있는 사람으로부터 소유욕에 의해 조절받고 있다는 느낌, 질투심, 또는 쉽게 화가 나는 느낌을 받는 경우
- 정서적 또는 신체적인 고립감이나 취약성을 시사해 주는 단서가 있거나, 또는 피가학증(masochism)이나 학대받고 있을 가능성이 있는 사람에 대한 과도한 의존성에 빠지기 쉬운 것

아동 학대

첫 번째는 아동 성학대의 고전적인 패턴인 Charles의 사례이며, 그다음은 신체적 학대의 고전적 패턴 중 하나인 Abby의 사례가 제시된다.

사례 연구

Charles의 사례

Charles는 39세 된 토목기사로 미국 켄터키주의 한 중소도시에서 살았다. 그는 큰 건설 회사에서 일하며 높은 봉급을 받고 있었으며, 그를 아는 대부분의 사람은 그를 모범적인 시민이라고 알고 있었다(자신의 종교적 믿음에 대해 고백하거나 실천하는 모습을 보여 준 적은 없지만). 그는 오랫동안 교회를 착실히 다녔고, 많은 시민운동 단체에도 참여하였다. 모든 징후는 Charles가 정상적인 아동기를 보냈다는 것을 보여 주었다. 그는 어떤 심리적 장애로 인해서 도움을 받으러 다닌 적도 없었다.

Charles는 25세에 결혼하였다. 결혼은 처음에는 성공적이었고 5년 후 아내가 딸 Vicki를 가졌을 때는 모두 기뻐했는데, 이때는 Charles가 30세였다. 불행히도 결혼생활은 그 후부터 급속히 악화되기 시작했다. 아내는 어머니가 되었다는 사실에 기뻐했으나 어머니의 역할은 달가워하지 않았다. 아내는 Vicki의 돌이 지나자마자 비서직 일을 다시 구했으며 아이를 돌보는 일상적인 의무에서 벗어나기 위해 아이를 돌보는 사람을 고용했다. 그녀는 정상적인 사회생활을 하면서 상식선 수준에서 음주를 하곤 했으나 점차 죄의식과 불안을 해소하기 위해 더 자주 몰래 술을 마시기 시작했다. 몇 년이 지나지 않아 아내는 진짜 알코올 중독자가 되었다. 그녀는 일을 계속할 수 없었으며 아내이자 엄마로서의 역할도 거의 해내지 못했다.

반면에 Charles는 아버지 역할에 만족했으며 딸과 강한 유대 관계를 갖게 되었다. 그는 친구도 거의 없고 집 밖에서의 취미도 거의 없었다. 부부인 두 사람은 이제는 서로서로 상대방을 감내해 낼 뿐이었으며, 단지 드물게 성관계나 정서적 접촉을 할 뿐이었다. 남편은 성적 욕구를 충족시키기 위해 이따금 불륜의 연애를 하거나 매춘부를 찾거나 포르노 잡지나 비디오 테이프를 보고 자위행위를 하는 등의 여러 가지 방법을 사용하곤 했다.

Charles는 딸이 옆에 눕거나 잠자리에 들기 전에 약 15분 정도 무릎 위에 딸의 머리를 올려놓게 했다. 딸이 8세가 된 어느 날 저녁 딸이 침대 위 그의 앞에 눕자 거의 한 시간 동안이나 별다른 용무 없이 딸과 가까이 붙어 있었다. 이렇게 한참이나 지난 후 그는 성적 자극을 느끼게 되었으며 놀라서 딸을 잠자리로 돌려보냈다. 며칠 후, 그는 가만히 있었고 잠시 후에 딸이 이리저리 움직이자 갑자기 강한 오르가슴을 느꼈다. 그는 좀 혼란스러웠으나 그날 이후 이런 일이 지속되게 되었다.

그리고 나서 일주일 뒤에 상황은 훨씬 더 심해졌다. 그는 흥분되었을 때 딸의 잠옷의 뒤를 들어올리고 성기를 딸의 엉덩이에 문질렀고 강한 오르가슴을 느꼈다. 그는 딸에게 괜찮으니 놀라지 말라고 했고 딸은 놀라지 않았다. 아무튼 이것이 Charles가 처음으로 딸과 직접적인 성적인 행위를 했던 사건이고 이것으로 어떤 금기가 파괴된 것으로 보인다. 그는 이제 때때로 딸의 뒤에서 자신의 성기를 문질러 댔고 가끔 딸의 성기를 만졌으며 딸의 다리 사이에서 자신의 성기를 문질러 오르가슴을 일으키곤 했다. 그는 마침내 최고조의 흥분 상태에서 딸에게 자신의 성기를 핥게 하고 딸의 얼굴에 사정했다. 그는 항상 그런 행동에 대해 딸에게 비밀로 할 것을 강조했으며 놀이의 한 종류라고 설명했다. 그는 두 번 정도 딸의 질 속을 관통하려고 시도했으나 딸이 아프다고 불평하자 재빨리 물러났다.

이러한 패턴은 약 육개월 동안 지속되었다. 아내가 이런 상태를 막연하게나마 알아챘을지 모른다고 여겨지는 몇 가지 이유가 있지만 아내는 아무런 행동도 취하지 않았다. 사실 아내는 지난 1~2년간 지나치게 술을 많이 마시고 있었다. 그 후에 어느 날 Vicki가 이웃집 여자 친구와 놀고 있을 때 '성기(penis)'라는 말이 나오자 Vicki는 "있잖아 우리 아빠는 나에게 아빠의 성기를 핥게 한다."라고 무심결에 말했다. 친구의 어머니가 무심코 이것을 엿듣고 Vicki에게 무슨 뜻이냐고 묻자 Vicki는 남성 성기와 성행위에 대해 자세하게 말했다. 친구의 어머니는 자신의 남편에게 연락했으며, 이 남편은 의사로서 신고 사항이라는 것을 알고 있어서, 그렇게 관계 기관에 신고하였다.

이동 보호기관에서 일하는 사람이 Charles를 만났을 때 그는 낙담하면서 사실을 고백하였다. 나중에 그는 유죄 판결을 받았다. 그러나 그의 과거력과 심리학자와 사회복지사의 권고를 감안하여, 그는 보호관찰 처분을 받고, 지역사회 봉사와 치료받는 것을 조건으로 부여받았다.

치료는 Charles가 다시는 딸인 Vicki를 성적으로 학대하지 않았다는 점에서는 성공적이었다. 그러나 Charles와 아내는 이 일에 대한 각자의 감정을 추스리지 못했고 일 년도 안 지나서 이혼했다. Vicki가 심리적인 상처를 얼마나 많이 받았는지는 아직도 확실하지 않다. 그러나 아마도 웬만큼 클 것이다. 사실상 시간이 흐른 뒤에 Vicki가 아주 큰 대가를 치러야 할 가능성은 매우 높다.

사례 연구

Abby의 사례

Abby는 미국 서부 버지니아의 산골에 있는 가난한 집의 딸로 태어났다. Abby가 4세 때 온 가족이 삼촌이 당시 다니고 있던 타이어 공장에서 Abby의 아버지가 일을 얻을 수 있다는 희망에, 오하이오주의 Akron 지역으로 이사갔다. 불행히도 이사갔을 때에는 그 일자리는 이미 차 버렸다. 가끔씩 배급되는 정부의 구호물로 연명하면서 몇 년을 지낸 뒤에, 온 가족은 제너럴 모터스사의 새로운 공장이 건설되던 테네시에서 일자리를 얻기 위해 다시 이사갔다.

Abby의 어린 시절에 극적인 문제나 사건은 없었다. 그러나 부모의 자식에 대한 배려는 최소한에 불과했고 교육이나 학업성취 같은 것에는 가치를 거의 두지 않았다. 그녀는 가능하면 집 밖에서 시간을 보내는 아버지와는 거의 얼굴을 마주하며 의사소통을 하는 시간이 없었다. 아버지가 집에 있더라도 먹거나, 잠자거나, 술을 마시거나, 또는 Abby의 어머니나 신경을 거슬리게 하는 자식 다섯 명 중 한 명을 때리며 시간을 보냈다. Abby의 어머니는 아이들을 사랑했지만, 그 시기에는 정서적, 지적 및 신체적 자원들이 소진되어 있었기 때문에 자식들의 기본적 욕구들만 채워 주는 것 외에는 더 할 수 있는 것이 없었다.

마침내 Abby는 거의 낙제에 가까운 성적으로 고등학교를 겨우 졸업했다. Abby는 고등학교 2학년때 임신하게 되었으나 부모에게 알리지 않은 채 유산시켜 버렸다. 고등학교를 졸업한 지 한 달 후에 다시 임신한 것을 알게 되었으나 이번에는 아이의 아버지를 꼬셔 결혼하였다. 그들은 도시 근교로 이사를 갔고 Abby는 건강한 여자아이를 낳고 나서는 거의 즉시 또다시 임신하게 되었다. 이번의 임신 및 출산은 어려웠고 태어난 남자아이는 곧 몇 가지 뇌손상 증세를 보였다.

그후 바로 Abby의 남편은 아버지 역할을 하기에 질려 도시를 떠났고 연락을 끊어 버렸다. 그녀는 특별히 매력적이지도 않고 머리가 좋거나 뛰어난 상술을 갖고 있지도 못했다. 아이가 두 명이 있고 돈이 없다는 것은 남자들의 관심을 끌 조건이 못되었다. 그녀는 동거하는 남자 친구들이 쭉 있었는데 그들은 귀찮게 구는 아이를 때렸으며 대개 그 피해자는 둘째 아이였다.

Abby 스스로도 아이들을 돌보는 일에 녹초가 되었다. 딸은 위축되었다고 할 정도로 조용하고 순종적이었기 때문에 Abby에게 어려운 일을 일으키지 않았다. 그러나 어린 아들이 커 감에 따라 통제하기가 힘들어졌다. Abby는 부모의 역할을 수행할 만한 기술이나 능력이 없었기 때문에 점점 더 이 아이를 때려 댔다. 일주일 후에 그녀의 한 남자 친구가 갑자기 떠나 버리고, 몇 년 전 매우 사랑했던 할머니로부터 받은 작은 꽃병을 아들이 깨뜨려 버렸다. Abby는 아들에게 소리를 질러 대기 시작했고 팔을 거칠게 움켜쥐고 주방으로 끌고 가서는 마구 때리기 시작했다.

그녀가 결국 때리기를 멈추었을 때는 아들은 피를 흘리고 심한 타박상을 입었으며 팔을 거의 움직일 수 없었다. 다음 날까지 아들이 팔을 움직이지 못하자 Abby는 그를 병원 응급실로 데리고 갔는데 그곳에서는 재빨리 아동 학대의 가능성을 알아차렸다. Abby는 처음에는 부인하다가 마침내 일어났던 사실을 인정하였다. 그녀는 치료를 받게 되어 부모 훈련 집단에 참여하여 아이들을 다루는 일에 어느 정도 성과를 얻었다. 그러나 이런 사건들은 되풀이되었고 그 후에 새로운 남자 친구와 도시를 떠났다. 그후의 자세한 정보를 얻을 순 없지만 아동 학대는 다시 일어났을 가능성이 있으며 그녀의 자식들이 부모가 되었을 때 학대의 경험을 유산으로서 그들 자신의 세계로 가지고 갈 가능성은 높다.

원인론

신체적 및/또는 성적 아동 학대의 일화가 마침내 출현하기까지에는 많은 일반적인 요인이 기여한다(Finkelhor & Dzuiba-Leatherman, 1994; Kubany et al., 2004; Laws & O'Donohue, 2008; Scarpa, Haden, & Tanaka, 2010). 이러한 요인은 기여하는 세 가지 체제, 즉 사회문화적(sociocultural), 가계를 따라 내려오는(familial), 그리고 개인적(individual) 체제 속에서 발견된다. 이런 요인들이 존재하고 있는 정도에 따라서, 아동 학대가 발생할 가능성은 증가한다. 가장 기본적인 수준에 있는 것이 다음의 사회문화적 요인으로서 이것이 아동 학대의 일화가 증가되도록 촉진한다.

1. 가족 구성원의 긍정과 지지의 결핍
2. 부모가 되기 위해 필수적으로 갖춰야 할 부모역할 훈련의 결여

3. 폭력을 수용하고 매체를 통해 자주 시청하는 것
4. 자녀 양육의 핵심적인 방법으로서 신체적 처벌을 받아들이는 것
5. 협동보다는 경쟁을 강조
6. 여성 지위에 대한 불평등
7. 학교 및 보육시설에 대한 경제적 지원이 낮은 것

이런 사회문화적인 요인은 다음의 가족 관련 요인들과 결합하여 학대의 가능성을 높여 준다.

1. 사회경제적 수준과 교육 수준이 낮은 것
2. 친구가 거의 없고 챙겨 주기가 어려운 대가족인 경우
3. 편부모 또는 부모가 재혼한 가족 구성
4. 불안정한 결혼생활
5. 가정폭력을 일반적이고 전통적인 것으로 받아들이는 것
6. 가족간의 접촉 및 의사교환이 적음
7. 어머니가 상당 기간 없는 것
8. 집안에서 과다 노출을 적극 허용함
9. 가족 구성원의 사생활을 인정해 주는 정도가 낮음
10. "나약한(Vulnerable)" 아이—아동이 어리고, 아프고, 장애가 있고, 뒤떨어져 있으며, 또는 정서적으로 고립되어 있는 정도에 따라서

그다음으로 특정 상황에서의 학대의 가능성은 아래의 개인적 요인과 더불어 점차 커진다.

1. 어린 시절에 학대받았던 전력이 있음
2. 정서적 안정성 및/또는 자존감이 낮음
3. 좌절을 견디거나 화를 참는 능력이 부족함
4. 충동성이 높음

5. 부모로서의 훈육 기술이 부족함
6. 정서적 및 대인관계적 고립의 수준이 높음
7. 자신 또는 다른 사람의 의존 욕구를 다루는 데 있어서 문제가 있음
8. 신체적 애정(physical affection)을 표현하는 능력이 낮음
9. 자녀의 수행도에 대한 비현실적인 기대감
10. 우선적인 자녀 훈육 기법으로서 신체적 처벌을 받아들이는 것
11. 약물 또는 알코올 남용이 있는 것

많은 다른 사례처럼 Charles와 Abby의 사례에서도, 모두는 아니지만 위 요인 중 여러 가지가 발견된다. 어떤 요인은 신체적 학대에 좀 더 기여하며 또 다른 어떤 요인은 성적 학대에 기여하지만, 대부분의 요인은 두 학대 중 모두에 기여한다. 그러나 전반적으로 보면, 다음의 일반적 요인들이 Charles의 사례와 Abby의 사례에서 있었다.

1. 충동성(Impulsivity): 실제 사건은 훈련이나 기질(temperament)(또는 둘 다)에 의해서 즉각적으로 충동에 따라서 행동을 저지르기 쉬운 사람, 즉 충동을 억제하는 믿음체계, 다시 말해 충족의 지연(delay gratification)을 시키지 않는 사람에게서 종종 발생한다. 같은 맥락으로, 아이를 키우는 일이 너무 힘든 미성숙한 성격의 부모는 이렇게 힘들게 하는 원인에 대해 보복으로 체벌을 가하게 된다. 물론 곧 후회하기도 하지만 이미 자녀에게 끼친 영향은 되돌릴 수 없다.
2. 무능력(Incompetence): Abby의 경우처럼 너무나 많은 부모가 이와 같이 막중한 과제에 대해 아무런 준비나 지원을 거의 구비하지 못한 채 맞닥뜨리게 된다(즉, 가난으로 인해서 아동 학대의 가능성은 급격히 높아진다). 이런 과제가 이들을 짓누르게 되면, 이런 부모들은 통제력을 되찾기 위해서 거친 처벌을 가하는 식으로 반응을 보인다.
3. 장해(Disturbance): (아동이 아닌) 부모의 심리적 그리고 신체적 장해, 이를테면 정신분열증, 약물 및 알코올 남용, 정신지체, 또는 Charles의 사례에서 보이듯이 결혼의 파경 같은 것이 아동 학대로 이어지는 문제를 일으킨다.
4. 모델링(Modeling): 학대를 당해 오던 어린이나, 배우자(부모)를 학대하는 모습

을 목격해 온 아동은 평균 아이에 비해서 학대자가 되는 확률이 훨씬 높다.

5. 아동의 특징: Abby의 둘째 아이의 사례에서 보여 주듯이, 좌절이나 실망감을 가져다주기 쉬운 특징[예, ADHD, 신체적 또는 심리적 능력부전(disabilities)]을 갖고 있는 아동이 학대받기 쉽다. 부모와의 정서적 유대감의 정도와 아동의 취약성(vulnerability)이 또한 관련된다. 따라서 의붓자식 혹은 나이가 더 어린 아동이 희생자가 되는 경우가 더 많다. 사실상 어머니와 동거하는 남자친구가 아동 학대의 가해자가 되는 경우가 많다.

신체적 학대

엄마들은 절대치로 본다면 신체적인 학대를 더 많이 하고, 아빠들은 접촉시간 당 학대 사건의 수효에서 신체적인 학대를 더 많이 한다.(신체적 학대자가 된 엄마에게 적용될 가능성이 가장 높은) 아동에 대한 신체 학대를 예측해 주는 변수들은 ① 한부모, ② 나이가 젊고, ③ 교육수준이 낮으며, ④ 사회경제적 지위(SES) 수준이 낮고, 그리고 ⑤ 학대의 전력이 있는 것이다. 이러한 것들은 최상의 예측 변수이지만, 인구학적(demographic) 예측 변수는 통상 개입에 대하여 반응을 보이지 않는다.

매개역할을 하는 원인론적(Mediating-causative) 변인들이, 개입 시의 치료효과를 보여 줄 가능성이 더 큰데, 여기에는 ① 우는 아이에게, 일반적인 아동에게 그리고 아마도 일반인에게도 생리적 반응성이 더 높게 나타내고, ② 부정적인 아동 행동을 내면의 안정된 귀인의 탓으로 돌리고 아동에게서의 긍정적 사건을 외부의 일시적인 환경 탓으로 돌리는 성향이 높은 경우, ③ 문제 행동에 대해 그 잘못을 줄여 줄 요인을 가급적 적게 인정하며(따라서 "나쁜 짓"으로 판단 내리고 뒤이은 처벌을 내리게 되는 것), ④ 아동의 수행도에 대하여, 특히 더 복잡하게 연속된 행동에 대하여 출생 전과 후에 비현실적인 기대를 하는 것, ⑤ 태도가 보다 경직되어 있으며, ⑥ 신체질환, 스트레스, 그리고 우울증이 평균치보다 높게 나타나고, ⑦ 자존감이 낮으며, ⑧ 공감력이 부족하다. 놀랍게도, 신체 학대자는 약물 남용에서만 그 수준이 살짝 높다. 이들은 일반적으로 자기 아이를 덜 좋아하며(일부 연구에 의하면 이는 통상 객관적 사실에 근거한 것이 아니라고 한다), 그리고 자기 아이의 행동에 주의를 기울이고 궁금해하는 정도가 적다(Milner, 1998).

성적 학대

또한 신체적 아동 학대를 일으키는 요인들은 아동 성 학대 사례와도 관련이 있는 경우가 종종 있다. 그러나 특정적으로 관련된 요인도 많이 있으며 중요하다(Laws & O'Donohue, 2008; Marvasti, 2004). 예를 들어, 여기에 관련된 심리역동적 양상은 결혼 불화, 성격장애, 중요한 인간관계의 상실 또는 가정 붕괴의 두려움, 그리고 정서적 박탈 등의 부모 관련 요인들간의 상호작용이 들어있다. 다른 요인에는 성욕과 애정을 동일시하는 것, 자기정체성 확립에서 이성으로서의 성공(heterosexual success)을 중시하는 것, 심리적 유대관계보다는 성행위에 초점을 두는 것, 그리고 자기보다 어리고 작은 성적 동반자(sexual partners)를 수용하는 것이 들어 있다.

성 학대로 인하여 아동에게서 나타나는 장애의 심각성은 여러 요인과 관련이 있는 것으로 보인다. 더욱 심각한 문제가 나타나기 쉬운 경우는 ① 가해자가 아동과 가까운 관계인 경우, 예를 들어 아버지인 경우, ② 성행위에 성기 접촉 특히 성기의 삽입까지 포함되었을 경우, ③ 아동이 학대를 받을 시기가 나이가 좀 있을 경우(예, 사춘기), ④ 학대가 잦고 그리고/또는 장기적으로 지속된 경우, ⑤ 아동이 학대에 대해 부정적인 감정을 강하게 갖고 있으며 그리고/또는 그것이 잘못된 것임을 어떻게든 알아차리고 있을 때, 그리고 ⑥ 사건 전·후로 큰 동요(upset) 및/또는 정신적 고통(distress)이 있는 경우(예, 법원에서의 증언).

성적 학대 시의 진단 문제

다음의 목록은 Michael P. Maloney 박사의 연구 개관 논문과 임상 자료의 일부를 번안한 것이다. Maloney 박사는 전국적으로 악명을 얻었던 최초의 "학대에 대한 거짓 기억" 재판인 McMartin 재판에서 변호를 맡은 수석 심리학자였다. 연구결과에서는 아동 성 학대의 혐의를 평가하는 데 종종 이용되었던 다양한 유형의 증거가 우리에게 알려 주는 신뢰도 또는 가능한 추론의 수준이 제시되어 있다.

1. 개인적인 관여/개인적인 관찰	전형적으로 확실함
2. 임신: DNA 검사	전형적으로 확실함
3. 사진 기록	최소 수준의 추론
4. 성교로 인해 전파된 질병	최소 수준의 추론
5. 아동이 고발한 상황에서 범행자의 자백	최소 수준의 추론
6. 공개된 신체적/의학적 발견내용	최소 수준/중간 수준의 추론
7. 공개되지 않은 신체적/의학적 발견내용	중간 수준의 추론
8. 공개된 부적절한 성적 행동 또는 지식	중간 수준의 추론
9. 해부학 모형의 인형에 대한 성적 반응을 나타냈지만 행동은 나타내지 않은 것	높은 수준의 추론
10. 성과 무관한 부적절한 행동을 한 적이 있는 것이 공개된 적이 있는 것	높은 수준의 추론
11. 성적 의미가 담긴 그림을 그렸지만 관련된 행동은 하지 않은 것	높은 수준/최고 수준의 추론
12. 공개되지 않은 부적절한 행동	심각한 정도까지 갈 만한 추론
13. 검사자/치료자의 "육감"	심각한 추론

주목할 것은, 중간 수준에서 최고의 추론이라고 결정한다고 해서 학대가 발생하지 않았다고 시사하는 것은 아니며, 오히려 그런 결정이 결정적인 자료가 부족한 것에 근거를 두고 있다는 것이다. 이러한 사례는 다양한 맥락 요인(contextual factors)을 조심스럽게 분석할 필요가 있다. 어떤 결론도 조심스럽게 경중을 따지고 상세히 기록해 놓아야 한다.

치료

이상의 고전적인 패턴을 보여 주는 Charles와 Abby의 두 사례에서 사용된 치료적 개입법은 이러한 경우에 흔히 사용되는 기법이다(Kubany et al., 2004; Marvasti, 2004). 물론 각 사례마다 문제에 따라서 강조점이 달라야 할 것이다. 그러나 개인적 심리치료법 이외에도, 이와 같은 대부분의 사례에서 유용성이 있을 수 있는 세 가지 핵심적인 접근방법이 있다.

1. 가족치료(Family Therapy): 이런 경우에 거의 모든 가족이 사실상 와해되어 있기 때문에 가족치료는 필수적이다. Charles의 사례에서처럼 가족체계(family system)가 궁극적으로는 바뀐다고 하더라도, 가족치료는 가족구성원 모두의 상처를 덜어주는 데 도움이 될 수 있다.
2. 부모역할 훈련(Parent Training): 학대가 부모로부터 비롯된 경우에는, 부모역할 훈련이 학대를 일으킨 문제들을 해결하는 것뿐만 아니라, 학대로 인해서 발생한 것을 다루기 위해서도 필수적으로 요구된다.
3. 지지체계(Support Systems): Charles와 Abby의 두 사례에서처럼, 학대는 부모가 정서적으로 고립되어 있다는 느낌을 가질 때 종종 일어난다. 이런 맥락에서, 지역사회에 기반을 둔 상담(community-based counseling)과 지지집단(support group)이 피해자와 학대하는 부모 모두에게 도움이 된다.

이상의 세 가지 접근법은 그밖의 다른 개입법의 뒷받침을 받을 수 있는데, 이를테면 부모의 취직 가능성이나 사회성 기술을 변화시키려는 시도(둘다 Abby에게는 중요할 수도 있음)가 있다. 부부 모두가 관여될 때에는, 결혼이 지속되는 경우라면 부부요법(marital therapy)이 필수적일 것이다. 마지막으로, 그리고 도덕적 관점에서 보면, 특정 치료를 가장 우선적으로 받아야 할 대상은 피해자인 아동 당사자 또는 간접적인 피해자일 수도 있는 다른 형제자매이다.

논평

치료는 특정한 각 사례에서 도움이 될 수 있다. 그러나 가장 큰 변화는 예방을 위한 노력(예, 부모가 되기 전의 부모 역할 훈련, 나이가 아주 어리고 그리고/또는 부모 혼자서 충분한 기술이나 재력도 없이 자녀를 양육해야 되는 숫자를 줄이는 것, 학교 교육을 받게 하는 것) 또는 문화적 변화(예, 신체적인 훈육을 흔히 쓰는 것을 줄이려는 노력)가 있을 때 나타나기 쉬울 것이다.

제9장

아동기 장애와 청년기 장애

이 장에서는 어린 나이에 시작되는 것이 특징인 장애를 다룬다. 이 책의 다른 장에서처럼 여기에서 다루는 사례들도 장애의 적절한 범위에 속하고 연령대도 적절하고 대표적인 것을 추려 낸 것이다. 처음에 소개하는 세 장애—언어발달장애, 주의력결핍/과잉활동장애, 그리고 초기 유아성 자폐증—는 보통 아동기 초기에 나타나는 장애이다. 그러나 대부분의 아동기 장애에서처럼, 이 장애들도 역시 해당 아동이 주간 보호(day care) 또는 공식적인 학교 등의 구조화된 사회적 보살핌 속으로 들어가기 전까지는 아동 자신 및/또는 가정 분위기에 주요한 악영향을 일으키지는 않을 수 있다(Kronenberger & Meyer, 2001). 첫 사례는 실제의 장애로서 Delano는 언어 발달 장애가 있는 아동으로서 특히 이런 현상을 잘 보여 주는 좋은 예가 된다. Delano는 학교에 입학할 때까지 장애가 두드러지게 나타나지 않았지만, 사실상 생후 18개월 정도부터 분명한 장애의 증거가 있었다. 이렇게 뒤늦게 장애를 발견할 경우에는 해당 아동은 후기의 적응에 심각하게 큰 대가를 치르게 될 수 있지만, Delano의 증상은 자폐장애의 사례에서 보이는 것에 비해서 약한 편이다.

그다음에 소개되는 두 장애는 분리 장애(separation disorder)와 적대적 반항장애(oppositional defiant disorder)인데, 이들은 초기 증상이 훨씬 더 일찍 나타날 수도 있지만, 아동 중기(middle childhood), 특히 취학연령 초기의 특징을 더 많이 나타낸다(Lapalme & Dery, 2010). 이 두 장애는 주요 발달 과제—즉, 새로운 별개의 정체감(sense of identity)을 형성하는 것—에 대처하는 방식이 서로 대조적인 것임을 보여 준다. 분리 장애에서는 지나치게 두려워하는 대처 방식으로 인해서 부모와 적절히 분리하는 것이 대단히 어렵게 되어 학교 공포증을 초래하는 반면에, 적대적 반항 장애에서는 자기주장을 조절하지 못하는 것(uncontrolled assertiveness)과 부정적 정서(negative emotionality) 때문에 적절한 적응이 차단되는 것이다(Silverman & Pina, 2008).

그다음의 사례는 학교에서의 총격 사건에 관한 것으로서, 최근에 미국에서 전염병처럼 퍼지고 있는 것이다. 마지막 사례인 E. 씨의 사례는 청소년기와 성인기에서의 정체성 발달의 복잡성이 얼마나 클지를 잘 보여 준다. 그러나 저자가 이러한 사례들을 다루기 전에 보통 사람들이 확정된 자료가 없이 생각해 낸 장애인 Albert Einstein의 사례를 고찰해 보자.

사례 연구

Albert Einstein의 사례

피검자가 아동인 경우에는 정확한 진단이 특히 중요하다. 진단은 맞는지 여부에 관계없이, 임상적 진단이 내려지면 아동의 발달 경로가 바뀔 수 있다. 너무나 자주, 부모, 교사, 그리고 심지어 임상가들도 불완전한 자료들을 사용하여 아동의 능력이나 능력부전(disabilities)에 대한 판단을 내리고 있는데, 이것이 여기에서의 논제이다.

과학자로서의 Albert Einstein은 현대의 가장 영향력 있는 인물 중 한 명이었다. 그의 아이디어는 물리학에만 한정되어 있지 않으며, 그의 이론의 파급력은 과학 분야를 뛰어 넘는다. 그는 특정 상대성 이론뿐만 아니라, 질량과 에너지의 관계를 설명하는 방정식($E=mc^2$)으로 가장 잘 알려져 있었다.

물리학에 대한 그의 관심은 불과 16세의 어린 나이에 그가 삼촌에게 발광성 에테르(luminiferous aether)라는 주제에 흥미가 있음을 보여 주는 소고(essay)를 보냈을 때 명백하게 드러났다. 이 소고는 그의 상대성 이론의 중요한 전조 단계의 글이었다. 이 소고는 과학에 대한 수십 년간에 걸친 열정을 시작시킨 것으로서, 결국 그가 1922년에 노벨 물리학상을 수상했을 때, 절정에 도달한 것이다.

이것이 그의 업적에 대한 가장 권위있는 공공적인 인정을 받은 것이었지만, 그의 영향은 1955년의 그의 죽음을 넘어서서 과학, 정치, 및 철학에서도 계속되고 있으며, 가까운 장래에도 계속될 것이다. 예를 들어, 1936년에 그는 예측하기를, 입사광이 은하와 같은 거대한 물체에 의해 간섭을 받으면, 우주공간이 왜곡되고 빛이 굴절되는데, 때로는 매우 두드러지게 굴절되어 은하 주위에 동그라미를 형성하는 것으로 보인다고 했다. 이것은 "아인슈타인 반지(Einstein ring)"이라고 지칭되었지만(그가 반지의 제왕이었을까?), 과학자들이 그의 이론을 검증할 과학기술이 구비된 21세기에 이르러서야 아인슈타인 반지의 사례가 적어도 19가지가 확인되었다.

그러나 이 세상에서 가장 위대한 정신력의 소유자 중의 한 명이 학습장애였다는 것이 있을 수 있을까? 많은 사람은 Einstein이 다양한 장애의 특징을 보여 주었다고 시사하고 있다. 어떤 사람들은 말하기와 읽기에서 발달 지체가 있다고 보고하였으며, 다른 이들은 그가 난독증이 있었다고 주장하기도 하였다. 이런 주장이 사실이라고 믿는 사람들은 그가 학교와 그 이후의 직장에서 나타낸 어려움을 이런 주장을 지지하는 증거로 종종 인용한다.

Einstein은 1879년 4월 14일에 독일의 울름에서 태어났다. 여전히 회자되는 한 가지 통념은 그가 4세가 될 때까지 말을 못했고 9세가 될 때까지는 읽지를 못했다는 것이다. 처음에는 말하는 데에 약간의 지체가 있었지만, 그는 2세에서 3세 사이의 어느 때인가는 완전한 문장의 형태로 말을 하고 있었다(Thomas , 2000). Einstein은 6세에 학교에 들어갔으며, 1년이 지나지 않아서, 그의 어머니가 할머니에게 보내는 편지에서 인용하면, "어제 Albert가 성적을 받았습니다. 다시 한번 그애는 1등입니다"(Thomas, 2000, p. 154).

그의 첫 취학 시기와 장소를 감안할 때, 사고 과정이 빠른 일반적으로 권위를 싫어하는 소년이 왜 형편없는 학생으로 분류되었겠는지를 상상하기란 어렵지 않다(Goldsmith & Libbon, 2005). 19세기 후반의 독일에서의 표준은 아동에게 얌전히 앉아서 많은 양을 기계적으로 암기하는 것을 감당해 내야 하며, 선생님의 질문에 대답만 할 뿐 다른 방도가 없었다. 그의 선생님 중 한 명은 그가 "어리석은 꿈 속에서 영원히 표류했다."고 말한 것으로 인용되었는데, 이는 Einstein의 생각이 그를 가르치는 사람들조차도 이해할 수 없음을 명백히 알려 주는 것이었다(Thomas, 2000, p. 151).

또한 Einstein이 학습장애자였다는 생각을 주장하는 사람들은 자신들의 주장을 뒷받침하는 증거로서 그의 직장 이력을 지적하고 있다. 대학을 졸업 한 후, 2년 만에 그는 세 가지 일자리를 해보았는데 그중 두 가지는 임시직으로서, 자세한 내용은 통상 남아 있지 않다. 세 번째 일자리는 기숙학교의 교사이었는데, 그가 충실한 학생이 되기에 적합하지 않았듯이 이도 마찬가지로 적합하지 않았다. 이런 내용과 더불어, 그가 향후 50간년을 취직해서 급여를 받고 살았다는 것을 감안하면, 그가 일자리가 불안정했다는 생각을 뒤집게 된다(Thomas, 2000).

과거로 거슬러 가서 진단을 내리는 것은 종종 문제가 된다. 그러나 이와 같은 유형의 오진으로 인한 후속 결과는 학교에 다니는 동안에 "틀에 맞지 않는" 아동을 부적절하게 병리를 갖고 있다고 하는 것과 비교할 때 비교적 괜찮다. 많은 아동이 부모와 교사가 자녀의 장차의 성취 가능성에 재앙적인 것이라고 언급할 수밖에 없다고 느끼는 임상 수준에 가까운(sub-clinical) 어려움을 갖고 있다. 이런 아동들은 관심을 끌 정도로 다를 뿐일 수 있지만 반드시 위험한 수준에 있다고는 할 수 없다. 아직도 어떤 아동들은 완벽하게 타당한 진단을 받을 수는 있지만 많은 분야에서 성공할 수 있는 것 이상의 능력을 갖고 있다. 우리가 Albert Einstein의 사례에서 배우는 교훈(또한 이 장의 후반부에 있는 Temple Grandin의 사례를 참조하라)은 완벽한 학생이 아니더라도 정의상 실패자는 아닌 것이며 두드러지게 생산성을 발휘하게 되는 수도 있다는 것이다.

언어발달장애

언어 및 다른 기술을 성취하는 데 문제가 있는 아동은 그 징조가 어릴 적부터 드러나기 쉽다. 그러나 이런 문제가 자녀가 학교에 입학한 뒤에 학업에 관련된 문제 속에서 드러나서야 심리평가가 의뢰되는 경우가 종종 있다(Odom, Horner, Snell, & Blacher, 2008). 이런 경우에는, 심리학자의 역할은 아동의 인지 및 지적 기술의 수준을 평가하여 학교 체제 속에서 개입할 방도를 권고하는 데 종종 초점을 맞춘다.

다면적인 처치 접근법이 Van Daal, Verhoeven과 Van Balkom(2007)의 연구에서는 특히 중요시되고 있다. 연구자들은 언어 결손에는 위축된 행동, 신체적 증상호소, 사고의 문제, 그리고 공격 행동을 위시한 심각한 행동문제가 동반될 수 있음도 발견하였다. 이러한 개입에는 다양한 출처로부터의 과거력을 많이 수집해서 통합할 것이 종종 요구되며, 그다음에는 조그만 산 규모의 정보를 아동에 대한 진단적 인상으로 조직화하는 문제가 뒤따른다(Naar, Ellis, & Frey, 2004).

학습부진(learning disabled)라는 용어는 기본적인 학업을 성취하는 데 통상적인 정도 이상의 어려움을 겪는 아동을 기술하는 데 종종 사용된다. 이런 아동이 중추신경계에 결손이 있다고 짐작하는 것은 정확한 것이 아니다(Parisse & Maillart, 2009). 1980년의 연방법인, 모든 장애 아동을 위한 교육법(P.L 94~142)에는 학습부진 아동에 대한 정의가 포함되어 있는데, 이 정의는 임상심리학자들이 해결하도록 요청받고 있는 학교 관련 문제의 많은 유형을 포괄할 정도로 충분히 광범위하기 때문에 유용하다. 이런 정의에 함축되어 있는 것은 학습부진이 있는 아동이 다른 영역에서는 기술을 보유하고 있으며 전반적인 수행 능력에서 결함이 있는 것이 아니라는 점이다.

"특정 학습부진(Specific learning disability)"은 말하기나 쓰기 등의 언어 이해나 언어사용에 관련된 기본적인 심리 과정 중의 하나 또는 그 이상에서 장애가 있음을 의미하는 것으로서, 듣고, 사고하고, 말하고, 읽고, 쓰고, 철자화하고(spell), 또는 수학적 계산을 할 때 불완전하게 하는 것으로 나타날 수 있다. 이 용어에는 지각적 불구(perceptual handicaps), 뇌 부상(brain injury), 미소뇌기능부전(minimal brain disfunction), 난독증, 그리고 발달적 실어증 같은 조건도 포함된다. 그러나 시각, 청각, 또는 운동 상의 핸디캡(handicaps)이 있거나, 정신지체가 있거나, 또는 환경, 문화, 경제적 불리(disadvantage)가 있어서 이로 인한 결과로 학습문제가 있는 아동은 포함되지 않는다[P.L. 94~142, sect. 121a, 5(9)].

전반적으로, DSM-IV-TR에서는 아동기 장애의 범위가 확장되어 읽기와 언어장애라는 흔한 문제까지 포함되게 되자 학습과 관련된 장애를 확인하는 데 도움을 주고 있다. 아동의 IQ 점수와 읽기 능력의 표준화된 평가치 사이에 상당한 괴리가 있을 때에는 앞에 소개된 조건으로 진단이 내려진다. 읽기 장애는 일반적으로 아동이 학교에 들어간 후 일정 시간이 지나서 습득한 읽기 기술과 지적 기술(intellectual skills) 간의 괴리가 나타날 정도로 충분한 시간이 지난 후에 첫 진단이 내려진다. 그러나 많은 경우, 읽기 장애에 앞서서 언어장애가 나타날 수 있는데, 언어장애는 DSM-IV-TR에서는 의사소통장애(communication disorders) 속에 수록되어 있다.

다음에 나오는 Delano의 사례도 수용적 언어장애(receptive language disorder)와 읽기 장애가 함께 나타나고 있는 것을 보여 준다. 이 사례에서는, 종합적 심리평가(comprehensive psychological evaluation)를 통해서 수용적(그리고 약간의 표현적 expressive) 언어와 읽기 능력 모두에 영향을 끼친 특정 발달장애의 증거가 밝혀졌다. 아동의 문제는 일단 아동이 학교에 입학한 후에 아주 명백하게 드러났지만, 발달장애의 원인은 간질 발작이 처음으로 발생한 아주 어린 나이에 확인된 중추신경계의 결손 증거로까지 소급될 수 있다.

사례 연구

Delano의 사례

Delano("Del")는 전반적인 능력 수준을 알아보기 위한 일련의 검사를 받기 위해 지역의 심리클리닉(local psychology clinic)으로 의뢰되었다. Delano는 7.5세였지만 첫 번째 학년을 통과하지 못해서 아직도 1학년에 유급되어 있었다. Delano의 부모는 아들의 학업 수행도가 저조한 것을 이해하지 못했고 Delano가 적어도 평균 지능은 가졌을 것이라고 생각하고 있었다. 부모는 Delano를 얌전하고, 예의 바른 아이로서 반 친구들과 담임교사가 좋아하는 아이라고 묘사했다.

부모가 말한 발달력에 의하면, Delano는 세 아이 중 한 명인데, 계획된 임신으로 정상 분만한 아이였다. Delano는 순한 아이었지만 알레르기나 중이염, 폐렴, 그리고 정신운동성 발작(psychomotor seizures) 등을 포함한 일련의 병치레가 잦았는데, 후자는 그가 생후 18개월쯤 되었을 때에 처음으로 진단된 것이었다.

이 시기에, 부모는 모두 Delano가 이따금 자신의 손의 움직임에 몰두하고 사회적 접촉에서 동떨어져서 멍한 눈으로 응시하는 모습을 보이는 것을 발견했다. 이런 시기는 잠을 자기 전이나 깨어나자마자 일어나는 것으로 보고되었으며, 이후에는 낮 동안에도 나타나기 시작했다. 부모의 말에 따르면, 이처럼 아들이 몽환(trance–like) 상태에 있다가 자신의 이름을 부르면 통상 깨어난다고 하였다.

이런 일화가 시작되면 즉시, 부모는 Delano를 소아과 전문의인 주치의에게 데리고 갔고, 주치의는 신경과적 검사를 권고했다. 검사의 일부로 EEG 측정을 했다. EEG 측정 기법은 소형 전극을 머리 여러 부위에 붙여서 전극 바로 밑에 있는 뇌조직의 전기 활동을 관찰하도록 되어있다. 어떤 독특한 뇌파유형이 여러 부위에서 발견되었기 때문에, 무언가 이상이 있음이 분명했다.

Delano의 사례에서 EGG 결과는 "경도의 리듬상실(mild dysrhythmia)"을 보여 주었는데, 좌반구 측두엽 뒤쪽(posterior) 영역에서 "국지적인 방전(focal discharge)"의 증거가 나타났기 때문이다. 즉, 이는 Delano의 뇌 속의 전기적 활동이 경도의 불규칙 상태를 보이고 특정한 한 곳의 부위에서는 비교적 통제가 잘되지 않고 있다는 것이다. 많은 연구결과에 의하면 뇌 속의 이 부위가 말와 언어를 이해하는 데 중요한 역할을 한다는 것이 입증되었다. Delano의 뇌의 이 부위에서 불규칙한 전기적 활동이 나타난다는 것은 언어를 이해하는 능력에 관여하는 뇌구조가 어느 정도 와해되었음을 시사하는 것이다. 이에 따라 발작과 그 저변에 깔려 있는 불규칙한 뇌파 활동은 페노바르비톨(phenobarbitol)이라 불리는 약물을 투여하여 조절할 수 있었다. 그리하여 Del에 대해 심리평가를 한 시기에는, Del은 수년간 발작을 나타내지 않고 있었다. 그럼에도 불구하고, 발작과 관련된 초기의 뇌 외상이 언어발달의 결정적인 초기 형성 시기에 특정(언어) 기술의 발달에 다소 지장을 끼친 것이 명백해 보인다.

따라서 Delano의 말과 언어기술의 발달이 지체된 것을 발견하였다고 해서 이는 놀랄 만한 일이 아니다. Delano는 거의 3세가 될 때까지 말을 명료하게 하지 못했으며, 부모가 지시를 할 때에는 종종 끝없이 반복해 주어야 했고 그렇다고 Delano가 그 지시를 그대로 따른다는 보장도 없었다고 부모들이 보고하였다. 3세 때 Delano는 보육원에 들어왔고, 여기에서 주의의 폭이 짧고(short attention span), 좌절인내력이 낮으며(low frustration tolerance), 그리고 사회적으로 미성숙한 것을 특징으로 하는 행동패턴을 나타냈다. 이런 행동패턴은 1학년 시기까지 계속 이어졌다. 취학 전 하계 특별지도 프로그램에 참여했음에도 불구하고 1학년 때의 성적은 좋지 않았다. 심리평가를 실시했을 때는 이런 행동패턴을 반복해서 보여 주고 있었다.

Delano에 관해 가장 두드러지는 특징은 매우 호감을 주는 아이라는 것이었다. 심리검사에서 나타났듯이, Delano는 다른 사람들과 잘 어울리는 것으로 입증되었으며 구조(structure)가 명확하게 주어진 상황(심리검사 상황)에서는 열심히 노력하는 모습을 보여 주었다. Delano는 과제 지시 내용에 주의를 기울였지만, 이따금 검사자의 말을 오해하였는데, 이는 특히 단어에 대한 정의를 내려보라고 요청했을 때에 그랬다.

예를 들어, 그는 '강(donkey)'과 '방(doggie)'을 혼돈했으며 '다이아몬드'라는 단어의 뜻을 이미 알고 있으면서도 이 단어를 처음 들은 것처럼 이 단어의 기억을 형성하려고 노력하듯이 여러 번 반복해서 말하곤 했다. 단어의 정의를 내리는 것 같은 검사 과제가 Del에게는 가장 어려웠다. 그는 문장을 이해하는 데 도움이 되는 맥락적 단서를 많이 제공하는 검사 문항을 제일 잘했다. Del은 검사에 대하여 다소 수동적이고 겁에 질린 듯한 태도를 시종 보여 주었다. 그는 문항을 잘 이해하지 못하고 있는 것이 분명한 경우에도 검사 문항을 다시 되묻기를 주저했다.

그 밖에도 Del은 비슷한 나이의 대부분의 아이에 비해서 다소 수줍어하고, 말을 적게 하는 아이라는 인상을 전반적으로 주었다. 이런 인상을 주게 된 것은, Del이 자기가 처음 듣고 이해하지 못한 것들을 반복해서 말해 달라고 사람들에게 요청해야만 되는 것에 대해서 민감하게 된 결과로 이런 반응방식을 발달시켰기 때문이다. 그는 사람들이 자기를 바보로 여길 거라고 생각했다. 사실상 학교에서 남의 약점을 지적하기 잘하는 몇몇 아동들은 많은 시간을 다른 곳에다 정신을 파는 Delano를 '우주인(Spaceman)'이라고 불렀다. 그러나 이런 행동상의 제한점에도 불구하고, Delano는 사랑스럽고 눈에 띄게 호감을 주는 아이였다.

심리평가의 결과는 Delano가 정규 학업을 해낼 수 있는 평균적인 지능적 기술(intellectual skills), 또는 전반적인 정신 능력을 갖고 있다는 것을 밝혀 주었다. 이와 같이 드러난 수준조차도 언어장해로 인해 지적 행동의 표출이 가로막혔기 때문에, 실제적인 잠재능력이 과소 추정된 것으로 판단되었다. 놀랍지도 않게, 표준화된 지적인 능력 검사에서는 Delano의 언어기술이 시각-운동 협응력(visual-motor coordination)과 같은 비언어적 활동을 구사하는 능력에 비해서 충분히 발달되지 못했다는 것이 드러났다. 검사자는 Del에게 약 1년 전에 실시된 동일한 검사의 점수를 비교해보았다. 그 결과, Delano의 언어기술이

다른 영역에서의 발달을 따라가지 못하고 있다는 점이 주목할 만하였다.

평가 결과 중 가장 중요한 발견은 Del가 검사 정보를 시각적으로 처리할 수 있을 때에는 항상 수행도가 두드러지게 향상되었다는 것이다. 예를 들어, Delano는 검사자가 단어를 읽어주고 그 뜻을 말해 보라고 했을 때에는 어휘 검사의 수행도가 다소 형편없었다. 그의 수행도는 검사자가 사물이나 사건에 대한 그림을 보여 주고, 그 중에서 검사자가 읽어준 단어에 해당되는 것을 고르게 하는 방식으로 어휘력을 평가할 경우 극적으로 향상되었다.

많은 검사에서의 수행도를 살펴보면 Del은 맥락 단서(contextual cues)를 사용해서 자기 주변에서 일어나는 것의 의미를 파악하는 것을 잘 하는 것으로 드러났다. 이 점에서 볼 때, 기본적인 읽기 기술(즉, 단어 및 철자 인식 그리고 단어 이해 등)을 평가하는 척도상에서 평균밑으로 푹 떨어지는 수행도를 나타냈음에도 불구하고, Delano가 거의 2학년 수준에 가까운 문단을 읽고 이해할 수 있다는 것은 놀라운 일이다. Delano는 자기 나름대로의 읽기 방법을 개발했으며, 이는 자기가 읽은 것의 상당 부분을 이해하기 위해 맥락 단서를 활용하는 것이었다.

예를 들어서 Del은 어떤 문단에서 낯익은 단어들을 찾아내서는 자신이 그 뜻을 이해하지 못하는 단어들과 짜맞추려고 했다. 이와 같은 맥락 단서가 없는 경우, 이를테면 단어 이해 수준을 검사할 때에는, 그는 상당히 불리했는데, 왜냐하면 그는 단어에 대해 효과적으로 소리를 낼 수 없었기 때문이다. [단어를 불러 주는 것(Word sounding)은 읽는 대부분 사람에게는 단어의 시각적 이미지와 연관된 청각적 기억을 촉발하여 이해를 돕는 아주 귀중한 기술이다.] 반면에, Del의 경우는 자신이 거의 읽은 것의 의미를 파악하기 위해서 시각적 단서에 거의 전적으로 의존하였고, 그래서 자기에게 친숙한 자료 이외의 것을 읽을 때에는 명백하게 불리하였다.

심리평가의 전반적 결과는 Del이 시각적 이해 기술과 추론 능력이 현재 또래 학년의 수준에 비해서 높음에도 불구하고, 청각적 처리에서—특정적으로는, 이해(comprehension)에서—의미있는 결손을 보여 주었다. 따라서 Del은 청각적으로 제시된 정보를 즉각적으로 회상(immediate recall)하는 능력이 현저하게 평균 이하였기 때문에 과제에 대한 지시와 문항을 다시 불러 줄 것을 자주 요구하였다는 것이 발견되었다.

평가결과는 Del에 대해 이루어졌던 그 많은 관찰들을 한데 묶는 데 도움을 주었다. 구어를 이해하는 데에서의 어려움은 Del이 언어발달의 초기 단계로까지 꽤 오랜 기간을 거슬러 올라가는 것으로서, 이로 인해서 주변의 정보를 받아들여 통합할 수 있는 능력이 감소되었을 것이다. Del은 다른 사람들의 말을 이해하는 데 어려움이 있었기 때문에 사회적 상황에서 다소 수줍어하고 위축된 소년이 될 수밖에 없었다. 그는 다시 한번 더 말해달라고 해서 그 결과 친구들로부터 놀림을 받기 보다는 현재 일어나고 있는 일을 이해하고 있는 척하는 편을 선택했던 것이다.

언어 장해는 학교에 입학하게 되자 진짜 불리한 조건(handicap)이 되었고, 그래서 그는 평균 수준의 지능을 지녔음에도 불구하고 1학년을 한 번 더 다니지 않을 수 없게 되었다. Del이 시각적 단서와 그밖의 맥락 단서를 활용하여 학업을 따라가는 데 웬만큼 효과가 있고 보상적인 책략을 개발한 것으로 보였다. 그러나 수용적인 언어의 발달이 다른 인지 기술에서의 비교적 정상적인 발달을 뒤따라 하지 못했다는 것을 시사하는 결과가 많아서 이를 우선적인 재활 목표로 삼게 되었다. DSM-IV-TR 용어를 사용해서, 주된 진단은 혼합형 표현-수용(mixed expressive-receptive) 언어장애와 읽기 장애가 되었다.

Delano의 치료

Del이 언어 능력부전의 영향을 극복하는 것을 돕기 위해 많은 특정 조치가 권고되었다. 첫째, Del에게 읽기에 필요한 기본적인 청각적 부호화 기술(auditory encoding skills)에 대한 집중적인 훈련을 받도록 권고되었다. 이 영역에서의 훈련이 필요한 아동들을 위해서는, 어린이를 위한 알파벳 발음을 낸 뒤에 만화 형식으로 시각적 표상을 보여 주는 고전적인 TV 프로그램인(Sesame Street) 같은 틀(format)이 종종 큰 효과를 거두곤 한다. 이런 틀이 Del로 하여금 단어 파악 및 이해 같은 청각적 부호화 기술을 사용하는데 이렇게 익힌 시각적 기술을 적용할 수 있게 해 주었다. Del이 기본적인 소리들 간의 조합방식(combinations)에 익숙해지면서, 시각적 촉발 자극의 사용이 점차 줄어들었다.

둘째, Del의 전반적인 이해수준이 그가 배치된 1학년 수준보다 상당히 높았으므로 Del에게 2학년의 읽기 교실에 참여하게 해야 된다고 여겨졌다. 2학년의 읽기 교재의 상당수가 그림 같은 시각적 단서를 많이 사용하기 때문에, Del이 자기가 읽은 것을 이해하는 데 이런 단서들을 활용할 수 있을 것이다. 더욱이 청각적 부호화에 대한 부가적인 훈련이 효과를 거두기 시작함에 따라서, 그의 읽기 기술은 더욱 높아질 것으로 생각되었다. 또한 읽는 것에 대한 보상을 개발하기 위한 노력이 이루어졌다. 여기에는 Del에게 적합한 만화책과 시각적 단서가 많이 들어 있는 다른 교재를 읽도록 허용하는 것도 포함된다. 이와같이 인지행동 기법의 한 가지인 “보상체제(token economy)”를 수립하는 것은 바람직한 행동을 긍정적으로 강화하는 데 도움을 주어 Del에 대한 전반적인 처치 프로그램을 뒷받침해 준다(Ghezzi, Wilson, Tarbox, & MacAleese, 2009). Del의 부모에게는 잡지 및 이와 비슷한 그 밖의 자료를 갖고 Del과 함께 시간을 보내도록 격려하여, Del에게는 부가적인 읽기 경험을 제공해 주고 어른이 읽는 모습을 보고 배우도록 하였다.

언어발달지체와 관련된 문제는 Del이 자신의 접근방식을 다양한 과제에 맞게 적용하지를 못한다는 것이다. 이런 종류의 문제를 가진 아동들은 여러 가지 전략을 통해 도움을 받을 수 있다(Odom et al., 2008). 첫째, 이들은 역할 모델을 관찰해서 이 모델이 과제 수행에 대한 시각적 단서를 제공해 주는 것을 배우고, 또한 모델들이 과제들을 말로 풀어주는 것을 보고 배울 것인데, 모델이 각각의 단계를 차례차례 자주 반복해 주는 것을 보고 배운다(Sporer, Brunstein, & Kieschke, 2009). 둘째, 새로운 과제를 시작하기 전에 이런 아동들과 함께 앉은 다음에 이 아동들에게 말로 다음 단계를 미리 해보도록 시키면서, 동시에 그 내용을 글이나 그림으로 적어준다. 이런 과정은 아동으로 하여금 역할을 바꾸어서 가르치는 연습을 시켜서 완료되는데, 이때 아동은 또래나 교사에게 방금 자기가 학습한 것을 가르침으로써 이해를 더욱 향상시킬 수 있게 된다.

이와 같은 진행방식을 Del의 일상적인 활동에 적용할 수 있는 상황은 학교와 집 모두에서 많이 있었다. 예를 들면, Del의 아버지는 아들과 플라스틱 모형을 함께 쌓으면서, Del이 좀 더 조직화되고, 덜 충동적인 접근을 발달시킬 수 있도록 도와주기 위한 수단으로서 필요한 단계들의 순서를 설명해 주고, 시연하며 그리고 실제로 완성해 보이는 접근방식을 사용하였다. 모형쌓기 놀이는 곧 Del이 좋아하는 활동이 되었으며 부자간에 각별한 애정을 쌓는 시간이 되었다.

권고된 방법의 목록이 광범위한 것으로 보이겠지만, 이는 언어기술의 결손이 너무나도 다양한 여러 분야에서 문제를 야기시켰기 때문에 치료계획 시 이 모든 것을 포함하여야만 하기 때문이다. Del의 경우 모든 치료적 노력은 더 이상 문제아로 낙인찍히지 않도록, 정규 수업을 계속 받도록 하기 위해 이루어진 것이다.

학교 당국과 부모는 모두 이런 치료적 개입에 긍정적으로 반응하였고 Del의 일과를 크게 바꾸지 않고서도 치료의 대부분을 받을 수 있게 하였다. 6개월 이내에 Del은 기본적인 읽기 기술 부분에서 현저한 향상을 보여 주었으며 2학년 읽기 수업에서도 역시 잘해 나갔다. 부모의 보고에 의하면, 아들이 주변의 다른 아동들에 대해 좀더 사회성있게 반응을 보여 주었으며 이해를 잘 못하는 자신의 모습에 대해서도 덜 방어적이 되었다고 한다. 마지막 보고에서는 Del은 학교생활을 아주 잘해 나갔고, 학교 당국자는 그의 능력이 허용하는 바 더 높은 학년으로 점차적으로 올려 주는 단계적 방안을 고려하는 중이라고 알려 왔다.

논평

생물학적 취약성과 발달 지체를 일찍부터 나타내는 아동은 사회성 및 대인관계의 발달이 종종 늦는다. 이러한 아동은 자신이 다른 아동들과 다소 다르다는 것을 느끼지만 분명하게 이러한 점을 표현하지 못하는 경우가 종종 있다(Nind, Flewitt, & Payler, 2010). 아동의 발달에 영향을 주고 아동이 자신이 심리적으로 취약하다고 느끼게 하는 조건을 신속히 파악하고 치료해 주는 것이 그 후에 적절히 적응할 수 있게 하는데 도움이 될 것이다.

주의력결핍/과잉활동장애

주의력결핍/과잉활동장애(attention deficit/hyperactivity disorder: ADHD)라는 용어는 다음의 조건을 기술하는 데 사용된다. 여기에는 ① 주의를 지속해서 기울이지를 못하는 상태가 지속되고, ② 충동적이고, 과잉활동 관련 요인이 있는 것이 해당된다. ADHD가 있는 아동들은 기본적인 인지능력을 적절하게 갖추고있는 것으로 여겨지지만, 어떤 일이 완수될 때까지 충분히 집중하지 못하는 것이 보통이다.

ADHD 아동은 다른 자극에 의해 주의가 분산되기보다는, 대부분의 전문가가 믿는 것은, ADHD 아동의 뇌가 자극부족 상태에(understimulated)있다는 것이다. 따라서 ADHD가 있는 아동은 자극받는 것을 고도로 추구한다(Antrop & Roeyers, 2000). 즉, 주의가 분산되기 보다는, 이들은 어떤 자극에 대한 흥미를 잃어버려서 다른 자극으로 주의를 옮기는 것이다(Davison, 2004). 연구결과에 따르면, ADHD 아동들 및 10대들은 ADHD가 없는 아동에 비해서 뇌가 약간 작을 수 있음을 보여 주었다. 물론 이런 점이 IQ에 영향을 끼치는 것으로 보이지는 않는다(Batty et al., 2010). 그보다는 어릴 적에 TV를 많이 본 아동들이 주의력 문제를 나타낼 위험이 더 크다는 발견에서처럼, 주의력의 문제와 관련된 것이기가 쉽다(Novak & Pelaez, 2004).

현재 DSM-IV-TR에서의 ADHD에 대한 인식은 수년간에 걸친 의사, 교사, 그리고 심리학자들의 믿음에 드러나있는데, 이는 주의 과정과 운동 행동 모두를 조절하는데 지속적인 문제가 있어서 임상 장면에서 자주 보이는 뚜렷한 증후군을 나타낸다는 것이다(Kronenberger & Meyer, 2001; Wender, 1995).

원래 과잉활동(hyperactivity), 과잉운동(hyperkinesis), 그리고 극소뇌기능부전(minimal brain dysfunction)과 같은 용어들은 경도의 중추신경계(CNS) 손상의 다양한 유형과 관련이 있다고 믿어지는 조건을 특징짓는 데 사용되어 왔다. 과잉활동과 그 저변에 깔린 뇌손상 사이에 있다고 가정되는 관계는 너무 밀접해서 각각에 해당되는 진단 항목들이 오랫동안 서로 교환해서 쓰일 정도였다. 실제로는, 과잉활동이 수반될 수 있는 장애와 조건이 워낙 광범위해서 이 결손의 속성이 분명하게 명시된 적이 거의 없을 정도였다. 이러한 점 때문에 전문가들에게는 끊임없이 혼란을 초래했고 '극소뇌기능부전' 또는 '과잉운동 증후군(hyperkinetic syndrome)'을 갖고 있다고 병명이 붙여진 자녀를 둔 부모에게는 상당한 불안을 안겨 주었다.

그러나 최근의 많은 연구는 주의력의 문제나 과잉활동이, 중추신경계 구성요소들의 성숙과 통합에서 문제가 있을 수도 있지만, 반드시 중추신경계의 손상과 연관되어 있는 것은 아니라는 것을 강력하게 시사하고 있다. 최근의 연구는 또한 유전, 생리, 영양 상태, 동기, 사회, 및 환경 변인 모두가 주의력의 조절과 분배에서 중요한 역할을 발휘할지도 모른다는 사실을 충분히 밝혀 주고 있다(Barkeley, 1998; Hersen & Ammerman, 2000; Kronenberger & Meyer, 2001; Nikolas & Burt, 2010; Odom et al., 2008).

DSM-IV-TR에서는, 주의력 문제가 주된 ADHD의 패턴, 과잉활동적-충동적 패턴이 주된 유형, 그리고 혼합된 유형으로 구분한다. 임상 현장에서의 시험 결과(field trials) 발견된 것은 위의 하위 유형들 사이에서 차이가 있다는 것을 확인해 주었다. ① 과잉활동적이고 충동성이 우세한 청소년은 주의력이 부족이 우세한 유형과 혼합된 유형에 비해서 나이가 의미있게 어렸으며(3세 내지 4세), ② 남성의 ADHD발생률이 여성에 비해서 더 높은 것은 혼합된 유형에서 가장 두드러진 반면에 주의력 결핍이 우세한 유형에서는 특징이 아니었고, ③ 손상의 정도를 전반적으로 평정한 점수는 혼합된 유형에서 가장 높았고 주의력 결핍 유형에서는 손상된 정도가 가장 적었으며, ④ 교사와 부모의 평정치를 토대로 할 때, 주의력 결핍 유형과 혼합된 유형은 과잉활동적-충동적인 유형에 비해서 학업 결손이 의미있게 더 컸고, 그리고 ⑤ 사회성 결손은 주의력 결핍 및 혼합된 유형에 비해서 과잉활동적-충동적인 유형에서 더 컸다.

DSM-IV-TR에서의 추정치에 따르면, 약 3~5%의 아동들이 ADHD를 나타낸다고 한다. 주목할 것은, ADHD가 그 정도는 다양하지만, 성인기로까지 이어지는데, 과잉활동적/충동적인 증상은 그 수준이 줄어들지만 주의력 결핍과 관련된 문제는 지속되는 경우가 종종 있다는 점이다(Wender, 1995). 이 장애의 남녀 비율은 5:1이며, 보다 활동적이고 공격적인 유형의 비율은 이보다도 더 높다. ADHD가 있는 아동의 1급 친척 중 약 25%가 이 장애의 지표를 다소 뚜렷이 보여 주고 있다. ADHD가 있으면 나중에 다양한 심리적 기능부전뿐만 아니라 범죄행위와 니코틴 및 코카인 남용을 나타낼 확률이 더 높다(Freitag, Rohde, Lempp, & Romanos, 2010). 그러나 지속적으로 공격적인 아동이 ADHD 아동에 비해서 나중에 공격성을 수반한 범죄 문제를 일으킬 확률이 훨씬 더 높다는 것에 주목할 필요가 있다.

주의력의 세부 평가 기준을 세부화하기가 어렵고, 과잉활동이라고 간주되기 전에 해당 아동이 얼마나 활동적인지를 결정하기가 어려운 것이 일부 원인이 되어서, 학교 및 임상 장면에서 ADHD가 있는 아동들에 대한 평가가 다소 부정확했던 적이 종종 있었다. 신체적인 공격 성향이 높은 아동이 ADHD 아동으로 간주되는 경우가 아주 많았으며, 그 결과 품행장애와 반항성 적대 장애를 감별진단의 과정의 일부로 살펴보는 경우가 종종 있었다(Kolko & Pardini, 2010). 그러나 최근에는 진단 절차에서 훨씬 많은 발전이 이루어져서, 그 결과 ADHD의 존재 여부를 평가하는 기준이 더 분명하고 더 엄격하게 되었다(Efron & Sciberras, 2010; Naar et al., 2004).

적절한 평가의 실제는 단순히 행동 평정하는 것 그 이상이다. 철저한 평가(Kronenberger & Meyer, 2001; Naar et al., 2004)에는 다음과 같은 요인에 대한 평가가 포함된다. ① 아동의 전반적인 행동 목록과 환경과의 상호작용 패턴, ② 운동 활동(motor activity)의 패턴, 그리고 ③ 해당 아동이 주어진 과제에 접근하고 해결해내는 전형적인 방식. 평가가 끝날 때가 되면, 주의력의 문제가 있는 아동은 통상적으로 소아과 의사, 교사, 심리학자, 그리고 부모로부터 이미 평가를 받았을 것이다. 이들은 각기 아동의 행동을 나름대로 특정 관점으로 바라보는데, 이런 관점들이 아동에 대한 적절한 개입 전략을 설계할 때 감안해야 할 필요가 있는 경우가 종종 있다.

사례 연구

Matt의 사례

1학년이 끝나 갈 무렵 Matt가 부주의하고 집중력이 아주 떨어진다는 것이 명백해졌다. 그는 취학 준비도 검사 결과에 의하면, 아주 똑똑해서 학교 공부를 아주 잘할 것이라고 기대되었다. 처음 몇 달 동안은 기대한 대로 아주 잘했지만, 수개월이 지나면서 Matt는 새로운 정보를 받아들이고 날마다 수업을 얌전히 끝내기가 계속 어려운 것으로 보였다. 담임 교사는 처음부터 Matt가 반 친구들보다 상당히 활동적인 것을 알아차렸지만 이를 호기심이 강해서 새로운 일을 자꾸 시도하기 때문인 탓으로 보았다.

집에서 Matt는 문제아로 생각된 적이 없었다. 다섯 자녀 중 둘째인 Matt는 아이들의 독립성을 존중해 주고 최소한의 간섭만 하는 분위기의 가정에서 자랐다. 그는 부모로부터 특별히 밀착된 관찰을 받지는 않았고 자신의 관심사를 개발하고 몰두하도록 격려를 받았다. 집 주변에서 다른 네 명의 자녀들과 함께 어울리면서, 그의 지속적인 활동 수준은 다소 높았지만, Matt의 행동은 부모의 기준으로는 두드러지게 이상해 보이지는 않았다.

학교에서 드러난 문제점은 Matt가 공부에 주의를 효과적으로 집중하는 것을 지극히 하지 못한다는 사실이다. 더욱이 그는 쉴 새 없이 움직였고 대부분의 시간을 신체적인 동요(agitated)의 상태로 보냈다. Matt는 흥미를 끄는 일에만 집중했으며 또한 그의 다소 신경질적인 기질에 맞게 급하게 해 버리는 데 습관이 붙어, 학교에서 교사의 통제하에 따라 공부하는 일이 어렵게 느껴졌다. 그는 자리에 앉아서도 계속해서 안절부절못하고 주위에서 일어나는 일에 금방 정신을 팔고, 과제를 제때에 끝내는 경우가 드물었다. 처음에는 그런 행동이 다른 학생에게 그다지 피해를 주지 않았으므로, 별로 관심을 끌지 않았다. 그러나 학교를 다닌 지 몇 달 후에는, 담임교사는 Matt의 학업 수행의 질이 그의 적성검사 점수를 기반으로 볼 때 교사가 보기에 적절하다고 여겨지는 수준에 계속해서 못 미치는 것을 알게 되었다.

첫 시험이 끝날 무렵에는, Matt는 모든 과목에서 합격점수를 받았지만 '주의를 기울이기' '시간 내에 과제를 완수하기', 전반적인 학업 습관, 그리고 '혼자서 공부하는 능력' 같은 영역에서는 "불만족스러움"이라는 평가를 여러 개 받아서, 그의 부모를 놀라게 했다. Matt의 담임 선생님을 만나 보기도 했지만 명확한 해결책을 찾아내지 못했는데, 그 주된 이유는 Matt가 학업을 좀 더 효과적으로 할 수 있도록 하기 위해서 Matt가 무엇을 해야 할지를 정확하게 짚어내기가 어려웠기 때문이다. 담임 선생님은 Matt의 안절부절한 행동이 혹시 신체적 원인에서 비롯됐을지도 모른다는 생각에 신체검사를 받아보도록 권고했다.

초기 성장과정에서 Matt의 건강상태는 전반적으로 좋았다. Matt의 어머니는 임신 기간 주요 합병증도 없었으며, 조금 난산이긴 했지만 별다른 문제 없이 태어났다. Matt는 유아때에는 때때로 복통을 앓았으며 다른 자녀들보다 요구하는 사항이 많았다. 어머니는 Matt가 다른 애들보다 더 활동적이라는 것을 처음부터 알았고 그의 주의가 한곳에 머물지 못하고 계속 옮겨다녔다는 것을 기억해 냈다. 그러나 이런 Matt의 행동은 집에서는 특별한 문제를 일으키지 않았고, 통상적인 신체검사에서도 건강상의 문제점이 밝혀진 것이 없었다. 따라서, Matt가 학교에 다니기 전까지는 무언가가 Matt에게서 잘못된 것일 수 있다는 것을 아무도 알지 못했던 것이다.

Matt의 담임교사의 조언에 따라 실시된 신체검사는 Matt가 기본적으로 건강상태가 좋다는 것을 다시 확인시켜 주었지만, 소아과 의사는 담임교사의 보고와 자신이 스스로 관찰한 결과를 토대로 해서, Matt라는 소년의 행동이 과잉활동의 가능성이 있음을 고려해야 한다고 여기게 되었다. 그러나 Matt의 행동을 좀 더 정밀하게 평가하기 전까지는, 이 소아과 의사는 어떤 처방도 내리지 않으려고 했다. 의사는 Matt를 개업 중인 임상심리전문가에게 심리평가를 받아보도록 하고, 평가 결과가 나올 때까지는 약물 처방에 관한 결정를 보류하자고 권고했다.

Matt의 부모는 Matt의 문제가 뚜렷하지 않다는 것에 대해 당혹해했고 다소 동요를 보였다. 또한 부모는 Matt의 문제가 신체적인 것이라기보다는 심리적인 것에 바탕이 있을 수 있다는 함축적인 말을 듣고 괴로워했다. 이와 같은 함축적인 말을 듣고서도, Matt의 부모는 의사의 권고에 따라 심리평가를 철저히 받게 하였다. 임상심리전문가는 부모를 처음 면담한 후에 Matt의 전 가족을 한꺼번에 보았다. 또한 그녀는 Matt에 대해서 기본적인 심리검사를 실시하였는데, 일반적 정신능력, 학교에서의 성취 수준, 공부하는 습관 그리고 기본적인 성격 차원을 평가하기 위해 고안된 검사들을 사용하였다. 마지막으로, 이 임상심리전문가는 Matt에 대해 보고된 문제점들을 직접 관찰하기 위해 학교도 방문했다. 평가 결과는 Matt가 실제로 다른 아이들보다 집중력의 지속(sustained concentration)과 주의력(attention)을 오래 유지하지 못한다고 나왔다. 더욱이 Matt의 학교에서의 활동 수준도 다른 아이들보다 현저히 높은 것으로 나타났다.

증거는 여러 곳에서 나온 것이다. 첫째, 가장 최신판의 Wechsler 아동용 지능검사에서의 Matt의 수행도는 ① 전반적으로 평균 상(above-average)의 수준을 보여 주었지만, ② "주의산만성으로부터의 자유(Freedom from Distractibility)"라는 요인에 해당되는 일단의 검사상의 수행도는 비교적 저조했다. 이 요인에 속하는 검사들은 꽤 복잡히 과제에 대해 지속적으로, 주의깊게 주의를 기울이는 것이 요구되는 것으로서, Matt가 발휘할 수 있는 집중력의 수준을 넘어서는 과제였다. Wechsler 지능 척도의 일부에서는, Matt의 수행도는 평균 상 수준에 해당되는 일반적 능력(above-average general abilities)을 보여 주었다. 뒤이은 검사를 통해서 Matt가 학업 이수에 필요한 기본적인 학습 능력을 충분히 갖고 있지만, 복잡한 과제를 다양한 조각으로 쪼개어 분석한 후 체계적으로 작업해서 해결방안을 찾아내는 과정에서 길을 잃어버리는 것으로 여겨졌다.

심리학자가 교실에서 관찰한 결과는 검사 결과를 뒷받침하는 편이었다. Matt는 과제해결을 구상해서 그 일을 완수하기 위한 계획을 꾸준히 밀고 나가지 못하는 것으로 보였다. Matt는 배정된 학습시간 동안에 꾸물대고, 책상에서 물건을 갖고 놀았으며, 주위를 두리번거리고, 수행해 낸 것이 거의 없었다. Matt는 몸의 일부를 계속해서 움직였는데, 심지어 다른 많은 아동이 낮잠을 자고 있을 때에도 지속되었다.

Matt에 관한 가용한 정보는 Matt의 부주의한 행동이 DSM-IV-TR상의 ADHD 기준에 부합된다는 것을 시사해 주었다. Matt의 부모에게 강조한 것은, Matt가 평균 이상의 능력을 갖춘 아이이고 그의 문제가 주로 과제에 접근하는 방법에 있는 것 그리고 활동수준이 지나치게 높다는 것이었다. 심리전문가는 Matt가 과제에 좀 더 효율적으로 주의를 집중하도록 Matt의 담임교사와 부모가 도와주는 프로그램을 짜 주었다. 또한 심리전문가는 또한 부모를 소아과 의사에게 소개하여 Ritalin이라는 약을 복용해보도록 했는데, 이 약의 효과에 대해서는 교사가 매일매일 Matt의 활동수준을 평정하도록 하였다.

Matt의 치료

이와 같이 처방된 리탈린 이외에도, Matt에 대한 개입 프로그램에는 행동적 접근과 인지적 접근의 내용이 모두 들어 있었다. 바이오피드백 훈련(Biofeedback training)도 도움이 되었는데, 이는 Matt가 '자기 자신에게 말하도록' 가르치는 기법으로서, Matt가 어떤 특정한 과제에 주의를 계속 기울일 수 있게 해 주는 수단이 되었다. 이 기법에는 치료자가 각 단계에서 해야할 것들을 정확히 묘사하면서 해당 과제를 수행하는 모습을 모방하는 것도 들어있다. 처음에 Matt는 치료자의 지시를 무시하고 자신이 습관적으로 해왔던 것처럼 일관성 없이 문제를 해결하려는 경향을 보였다. 그러나 치료자는 현명하게 선정된 활동을 대상으로 활기있으면서도 종종 유모스러운 방식의 언어적 시범을 보여 줌으로써, 점차 Matt의 주의를 끌고 Matt가 열심히 참여하도록 하는 데 성공했다.

Matt가 특히 즐겨했던 활동은 모형 자동차와 트럭을 조립하는 것이었다. 보통 Matt는 너무 빨리 그리고 너무 아무렇게나 작업을 했기 때문에 다 만들고 난 작품은 원래 만들어져야 할 것과는 상당히 거리가 먼 모양이 되었다. 치료자의 도움으로

Matt는 조립하는 속도를 늦추고, 조립하는 각 단계를 미리 구상하며, 시작하기 전에 필요한 재료를 수집하고는, 느리지만 꾸준히 작업하는 법을 배웠다. 치료가 시작되자 처음에는 치료자는 Matt에게 실제로 어떤 일을 하기 전에 각 단계의 내용을 자기 자신에게 혼잣말로 하게끔 했다. 처음에는 치료자가 이처럼 하도록 직접 촉발하거나 혹은 Matt가 스스로에게 그런 행동을 촉발하도록 일깨워 주어야만 하였다. 그러나 점차 과제를 처리하도록 촉진하기 위해 언어를 사용하는 것이 점차 습관적이 되었고, 나중에는 Matt가 아무 말도 중얼거리지 않으면서도 체계적으로 일을 할 수 있는 수준에까지 이르렀다.

이와 같은 치료 절차는 Matt가 자기 자리에 앉아 꾸준히 배정된 과제를 하면 주기적으로 보상을 주는 학교에서의 행동 프로그램과 함께 시행되었다. 이와 같이 기법을 병행해서 Matt가 그전에 비해서 좀 더 꾸준히 주의를 기울하도록 하게 한다는 기본적 목표를 달성해 냈다. 더 중요한 것은, Matt의 집중력의 증가가 학업 수행도의 질을 확실히 향상시켰다는 것이다. 이렇게 되자, 학교공부를 잘 따라갈 수 있게 되는 데서 비롯된 만족감이 Matt에게 스스로 우러나오는 동기의 원동력이 되어 그의 흥미를 더욱 북돋아 주게 되었다.

몇 주 후에 Matt는 중요한 세 영역에서 상당한 성과를 이루어 냈다. 첫째, Matt는 훨씬 더 효과적으로 자신의 학업을 계획하고 진전수준을 파악할 수 있게 되었다. 둘째, 학업을 생산적이고 또한 동시에 독자적으로 수행해 내는 능력이 현저하게 향상되었다. 셋째, 전반적인 성적이 부모와 교사가 Matt가 갖고 있는 것으로 알았던 잠재능력에 가까워지기 시작하는 지점에까지 이를 정도로 향상되었다. 이와 같은 향상 이외에도, Matt의 활동 수준은 리탈린(Ritalin) 복용의 결과로 다소 감소하였다. Matt의 담임교사에 따르면, Matt가 그전에 비해서 다소 얌전해졌지만 다행히도 이전부터 있었던 호기심과 기민함은 잃지 않은 것 같다고 말했다.

논평

Matt의 상황은 학교에 다니는 어린이들이 보통 겪는 경험이다. '주의를 기울이는 것'은 일반적으로 당연하게 여겨지는 능력이지만 사실 너무 중요해서 제대로 평가해보지도 않는 기술이기도 하다. Matt는 기본적인 지능이 부족한 것이 아니었으며, 그보다는 학교에서 학업을 해내는 데에서 효과적으로 그 능력을 이용할 수 없었던 것이다.

또 Matt는 준수해야 할 규칙과 규제를 많이 받지 않고 자랐기 때문에, 효과적으로 공부하는 습관을 아마도 실제로 배운 적이 없었을 수 있다. 저변에 깔린 원인론을 살펴보면, 이와 비슷한 많은 사례에서는 유전적 결함이나 출생시 결함이 원인으로 보이는 경우가 있지만, Matt의 경우에는 어떠한 특정 요인도 밝혀지지 않았다(Barkley, 1998; Wender, 1995). 그러나 Matt의 부모들이 자녀들이 성인의 권위로부터 독자성을 발휘하도록 키우는 과정에서, 효과적인 역할 모델이 되어 주지 못한 것이 잘못된 원인일 수 있는 것으로 보인다.

대부분의 전문가는 두뇌의[결함(defects)이나 결손(deficits)이 아닌] 구조적 차이—특히 전전두엽 피질(prefrontal cortex)을 뇌의 중앙부에 더 가까이 있는 기저신경절(basal ganglia)의 꼬리(caudate)와 소구체(공모양, globus)인 선조체(線條體, pallidus)를 연결시켜 주는 부위가 행동에 대한 '가속기 및 브레이크'로서 작동하는 것으로 보인다고 믿고 있다(Cubillo & Rubia, 2010). 대부분의 경우 이러한 차이의 원인은 유전적인 것으로서, 특정한 유형의 외상이나 독소가 원인으로 여겨지는 경우도 있을 수 있다.

대부분의 ADHD 아동에 대해서와 마찬가지로, Ritalin은 Matt에게도 도움이 되었다. 그 밖의 다른 약물, 이를테면 methylphenidate, dexmethylphenidate hydrochloride, 또는 atomoxetine과 같은 것도 효과를 가져올 수 있다.

그러나 약물치료는 만병 통치약이 아니다. 즉, 약물은 IQ를 향상시켜 주지 못하며, 지금까지의 성과를 살펴보면 장기간의 학업 성공에 단지 최소한의 효과만을 가져오는 것으로 보이며, 그리고 ADHD 청소년의 거의 15~20%에서 나타나는 학습부진을 없애 주지 못한다. 불행히도, 약물 특히 리탈린(Ritalin)만을 사용하는 치료법은 여전히 흔하다. 실제로, 미국에서의 처방을 위한 리탈린의 생산은 1975년과 1995년 사이에 5배로 증가했다.

일부 소아과 의사의 경우(다음 중 1개 이상을 선택하게 된다) 이는 ① 손쉽고 신속하게 반응을 나타내며, ② 비용이 덜 들고, ③ 소아과 의사가 알고 있는 유일한 방안이다. 또한 일부 소아과 의사를 위시한 많은 이가 리탈린에 대해 긍정적인 효과를 나타내는 것이 해당 아동이 ADHD를 진짜로 갖고 있음을 나타내는 것이라고 가정한다. 이것은 과학적 논리로서 틀린 것이다. 즉, 각성제(stimulants)는 활동적인 모든 아동의 주의를 날카롭게 해 주는 것 뿐이다.

Matt의 사례는 다중양상적 개입 프로그램(multimodal intervention program)을 효과적으로 적용한 것을 보여 주고 있다. 심리치료 기법을 약물처방과 병행하는 것은 치료 효과를 얻는 데 필요한 복용량을 줄여 주고 이 장애로 인한 사회적 손상의 부분을 해결해 주기 위해 친사회적인 적응 행동(pro-social adaptive behaviors)을 발달시키는 데 도움이 되는 것으로 밝혀졌다(Roman, 2010).

몇 년 전만 해도 전적으로 의학적 관점에서만 진단을 내리고 치료하였을 문제를, 이제는 심리적 절차와 의학적 조치를 병행하여 치료한다. ADHD 같은 문제를 이와 같이 심리적 요인과 신체적 요인을 모두 감안하는 보다 넓은 시각으로 보게 되면, 문제의 해결을 위해 각기 독특하게 기여하는 각각의 다양한 개입 기법을 고려할 수 있게 해 준다.

자폐장애

자폐장애(Autistic disorder)는 3세 이전에 나타나서 아동발달을 전반적으로 저해하는 장애이다. '자폐(autistic)'라는 용어는 자신의 주변환경과 효과적으로 관계를 맺지 못하는 것을 의미한다. 자폐가 있다고 기술되는 사람들은 다른 사람들이 접근할 수 없는 자기 자신만의 개인적 세계에 빠져 있는 것으로 보인다. 역사적으로는, 자폐증(autism)이라는 용어는 Bleuler가 정신분열증의 핵심 증상 중의 하나를 기술하기 위해 사용한 것이다. 그러나 그 이후로는 다른 유형의 정신병리, 특히 1940년대에 Kanner는 처음으로 기술하고 "초기 유아 자폐증"(Kanner, 1943)이라고 명명한 아동기의 혼란된 행동패턴과 연관 지어졌다. Kanner가 연구한 아동들은(남들과) 동떨어져 있는 것(detachment)과 의사소통상의 극심한 손상된 패턴을 보여 주었다.

이런 아동들에 대한 세밀한 연구에서는 그 밖에도 다른 증상이 많이 발견되었는데, 여기에는 제한되어 있고, 반복적이며, 상동적인 행동(restricted, repetitive, and stereotyped behaviors)(Bishop et al., 2006), 정서적 철회(emotional withdrawal)(Gotham, Risi, Pickles, & Lord, 2007); 특히 언어 능력과 관련된 인지 손상(Bishop, 2010) 그리고 비일상적인 행동적 매너리즘(판에 박힌 행동거지)(unusual behavioral mannerisms)이 포함된다(Atkinson & Goldberg, 2004; Hersen & Ammerman, 2000; Whitman, 2004). 후자의 경우, 반향어(echolalia)와 스스로 자극 주기(self-stimulation)는 특히 주목할 만하다. 반향어를 하는 아동들은 다른 사람들이 말한 단어와 구절을 계속해서 반복해 말하기 때문에, 효과적인 의사소통을 불가능하게 한다. 스스로 자극하는 것은 여러 가지 형태를 취할 수 있다. 어떤 아동은 자신의 손을 얼굴 앞에 대고 몇 시간씩 흔들고 앉아 있으면서, 그 지속적인 움직임에 빠져 있을 수 있다. 다른 아동들은 자기 머리를 부딪치거나 꼬집거나 또는 깨무는 것 같은 좀 더 파괴적인 행동에 빠지기도 한다. 그러한 행동을 관찰한 결과 자폐 아동이 만질 수 있고(tangible), 즉각적인(immediate) 근접 자극(proximal stimulation)에 특히 민감하다는 시사점에 다다르게 되었다. 대조적으로, 이런 아동들은 물리적으로 더 멀리 떨어져 있는 곳에서 오는 먼 자극(distal stimulation; 예, 몇 피트 떨어진 곳에서 누군가가 말하는 소리) 에 대해서는 반응을 덜 나타낸다.

인지기능을 살펴보면, 일부의 자폐아동들은 정신적인 기능이 전반적으로 손상되어 있음에도 불구하고 "동떨어진 기술(splinter skills)"을 갖고 있는 것으로 발견되는 경우가 자주 있다. 동떨어진 기술이란 자폐아동이 갖고 있는 동떨어진 능력(isolated capabilities)으로서, 어떤 경우에는 예외적으로 높은 수준으로까지 발달되기도 한다(영화 〈Rain Man〉에서 Dustin Hoffman이 주연으로서 극적으로 보여 줌). 즉, 전반적으로 행동이 손상된 아동에게서 수학적, 예술적, 그리고 그 밖의 다양한 방면의 기술이 발견되었다. 사실상 자폐장애가 있는 아동들은 종종 다른 사람들의 고통이나 욕구는 안중에 없는 경우가 종종 있다.

이런 아동들은 주변환경에서 조그만 변화가 있어도 이에 극적으로 반응할 수 있다. 자폐증이 있는 아동들은 일반적으로 사물의 조각뿐만 아니라 움직임에도 매료된다. 이들이 흥미를 느끼고 초점을 맞추는 것에는 통상 비실용적이고 비합리적인 절차(nonfunctional and unreasonable routines)도 해당된다. 이런 절차에서 지장을 받을 경우 이에 대한 반응은 때로는 극적인 결과를 가져올 수 있다. 이는 자해하는(self-injurious) 자폐행동이 좀 더 극심한 자폐증 사례에서 흔히 발생하는 경우에 해당된다(Buono, Scannella, & Palmigian 2010).

Kanner의 자폐증에 관한 연구결과, 그는 이 장애가 본질적으로 심각한 정서적 박탈의 결과라고 믿게 되었다. Kanner는 자폐아동의 부모는 보통 지적이고 분석 지향적인(analytically oriented) 것으로 보이는 반면 정서적인 따뜻함이 부족하다는 것을 지적하였다. '얼음상자 같은 부모(icebox parent)'라는 용어는 이와 같은 특징을 지칭하는 것으로서 자폐증이 본질적으로는 획득된 조건이라는 인상을 심어주었다. 이 이론에 따르면, 보살피지 않는(nonnurturing) 부모 밑에서 오랜 기간 자라게 되면 이 세상으로부터 점진적으로 철수하게 되고(progressive withdrawal) 자기에게만 몰두하는 것(self-absorption)이 증가한다고 한다.

돌이켜 보면, 이런 결론은 잘못된 것으로서, 표집절차가 편향되어 비롯된 결과임이 명백해졌다(Kronenberger & Meyer, 2001). 이 이론에 대해 가장 설득력있는 비판은 자폐 증상이 실제로는 출생 시에 존재하는데, 즉 신경과적 비정상 및 이와 관련된 비정상이 있다는 증거가 증가하고 있다는 데에서 나온다. 이로 미루어 보면, 부모가 자녀에게 반응을 하지 않아서 자폐를 유발하는 것이 아니라, 자녀가 태어나면서부터 다른 아이들과 다르고 반응을 보이지 않는 것이 빈번해서 부모가 방어적인 반응을 보이게 된 결과라는 것이 시사된다.

아스퍼거 증후군

초기 단계에서는, 자폐증은 아스퍼거 증후군(Asperger's Syndrome: AS)과 구별하기 어려울 수 있다. 아스퍼거 증후군은 1944년에 비엔나 소아과 의사인 한스 아스퍼거(Hans Asperger)에 의해 처음으로 기술되었다. 자폐증과 마찬가지로, 아스퍼거 증후군에서는 반복적인 놀이, 판에 박힌 일에 대한 욕구, 그리고 다른 아동에게 관심이 없는 것이 종종 나타난다. 어떤 이들은 아스퍼거 증후군(Asperger's)이 있는 사람을 기능 수준이 높은 자폐증(high functioning autism)을 갖고 있는 것으로 분류하는데, 왜냐하면 증상의 많은 부분이 비슷하기 때문이다.

그러나 자폐증이 있는 아동들과 달리, AS 아동은 지능이 높고, 언어성 기술(verbal skills)이 우수하며, 우표수집과 같이 특화되거나 은밀한 흥미거리에 대해 조직적으로 접근한다(Mack et al., 2010). 또한 이들은 다른 사람들의 주의를 끄는 것을 좋아하는 것으로 보이는데, 특히 자신의 이러한 은밀한 관심사 중의 하나에 한마디로 해줄 수 있으면 좋아한다. Asperger가 이런 아동들에게 "꼬마 교수"라고 명명한 것은 놀라울 것이 못 된다. 자폐증의 기능부전이 주로 좌뇌에 자리를 잡고 있는 반면에, AS는 주로 우뇌의 기능부전이다.

사례 연구

Temple Grandin의 사례

자폐증의 대부분의 사례에서, 이 장애는 말하는 것이 거의 또는 전혀 발달하지 않는 사람들에게는 특히 큰 손상을 가져온다. 그러나 장애로 인한 결과가 항상 부정적인 것은 아니다(예를 들어, 1988년도의 영화 〈Rain Man〉의 등장인물을 생각해 보라). 실존 인물의 사례는 Temple Grandin인데, 아동기에 자폐증으로 진단받았지만 학부를 졸업하고 가축 및 동물 과학 분야에서 Ph. D.를 받았으며, 가축을 다루기 위한 설계 및 장비의 개발에서 국제적인 명성을 얻었다.

Temple은 첫 번째 아이로 태어났다. 그녀의 어머니는 처음에 Temple이 다른 두 살짜리 아이들처럼 말하는 것을 시작하지 못하자 처음에는 걱정했다. 그러나 의사들은 신체적인 문제를 발견하지 못했고, 따라서 불행히도 그녀는 "뇌 손상"으로 분류되었다. 그 뒤 몇 년 지나지 않아서, 5세 무렵에 그녀는 공식적으로 자폐증의 진단을 받았다. 그러나 2세까지도, 그녀는 고전적인 자폐 증상을 나타냈다. 그녀는 말을 전혀 하지 않았으며, 눈을 거의 마주치지도 않고, 남들과 어울리는 자리에서 멀어져 있었으며, 허공을 응시하는 데 많은 시간을 보냈다.

그녀의 자서전(Grandin, 1995)에서, Temple은 그녀가 말할 수 없었던 것으로 인한 좌절감에 대해서 회상한다. 그녀는 다른 사람들이 말하는 것을 이해했지만 그에 대한 반응을 말로 할 수 없었다. 그 대신, 그녀는 소리를 지르곤 했으며, 이것이 그녀의 유일한 의사소통 방식이었다. 집중적인 언어 치료를 마친 후에는, 그녀는 마침내 3세 반의 나이에 말하는 것을 배웠고, 읽기를 배우기 위하여 단어를 소리내는 음성법(phonics)을 사용하는 것을 배웠다. 그녀의 어머니는 그녀를 시설로 보내지 않기로 결심하고는, 매일 30분씩 Temple에게 읽는 것을 가르쳤다. 또한 그녀는 언어 치료사도 고용했다.

Temple의 주의력이 뒤처지면, 그녀의 언어 치료사는 Temple의 턱을 건드리고 Temple에게 치료사를 바라보도록 일깨워 줌으로써 Temple의 주의를 현재로 다시 되돌리게 해주었다. Temple은 이런 것이 자신이 말하기와 읽기를 배우는 데 중추적인 역할을 했다고 말한다. 많은 자폐 아동은 습관적으로 자신만의 세계에 빠져들곤 한다.

또한 Temple은 자폐증과 관련된 감각 상의 문제가 많이 있었다. 그녀는 포옹이 가져오는 압박성 자극을 간절히 원했지만, 그녀는 포옹을 받아들일 수 없었는데, 왜냐하면 그 외의 다른 움직임과 정서적 자극이 그녀를 너무 압도하기 때문이었다. 포옹이 가져다주는 압박 그 자체가 일으키는 이완감을 원했기 때문에, 그녀는 청소년기에는 자극을 가하지는 않으면서 압박감을 가져다주는 기계를 상상하느라 많은 시간을 보냈다.

그녀는 애리조나에 있는 숙모의 목장에서 가축을 수의과적 절차에 쓰는 장비에 엮어넣는 것을 보면서 "죄는 기계(squeeze machine)"에 대한 아이디어를 처음으로 얻었다. 그녀는 가축을 죄는 기계 속에 넣으면 다소 긴장을 풀게 되는 것에 주목했다. 며칠 후, 공황발작을 겪은 후, 그녀는 "조이는 활강장치(squeeze chute)" 속으로 들어갔고, 숙모에게 자신을 천천히 죄어 달라고 요청했다.

처음 몇 초 동안 그녀는 불안감에 휩싸였으나, 곧 그녀는 가축용 활강장치 속에 머물렀던 30분 동안 안도감과 이완감을 느꼈다. 이렇게 해서 "죄는 기계"에 대한 아이디어가 탄생한 것이다. 이 장비는 이제는 자폐증의 치료에 통상적으로 사용된다. Temple은 합판 패널로 그녀의 첫 번째 죄는 기계를 만들었다. 수년간을 거치면서, 설계는 크게 향상되었다. 보다 진보된 설계방식에서는 자폐자의 조절하는 공기 밸브 레버에 의해 제어되는 거품을 덧댄 패널을 사용하여 압박을 가하게 한다.

Temple이 학업에서 뛰어나기는 했지만, 그녀는 언어 개념을 시각적으로 이해할 수 있을 때까지는 언어 개념을 이해하는 데 항상 어려움을 겪었다. 이런 식으로 이해하기 위해서, 그녀는 개념을 대표하는 상징을 사용하곤 했다. 예를 들어, 그녀는 평화를 비둘기로 대체해서 생각했으며, 정직한 것은 자신의 마음 속에서 법정에서 성서에 손을 얹은 사람으로 그려 냈다. 나중에 그녀는 이와 같은 자신의 '결점(deficit)'을 자신이 가축 장비 설계자로서 일하는 데 긍정적인 장점으로 변환시킨 것이다.

고등학교 졸업 후, Temple은 Franklin Pierce College으로 진학했다. 그녀는 1970년에 심리학 학위를 받고 졸업했으며, 그다음에는 심리학 박사 학위를 따려고 애리조나 주립대학교로 갔지만, 그녀는 곧 자신의 관심이 다른 곳에 있다는 것을 깨닫고는, 그녀는 이후에는 가축 및 동물 과학에서 박사 학위를 취득하였다.

Temple은 자신의 시각적 이미지 기술(visual imagery skills)을 사용하여 그녀의 삶에서의 이와 같은 도전적인 변천(challenging transitions)에 대처할 수 있었다. 예를 들어, 학교를 옮길 때, 그녀는 각각의 학교를 하나의 문 'door'으로 표상화시킨 다음에, 그녀가 이동하기 전에 각각의 문을 통과하는 것을 정신적으로 연습하곤 했다.

Temple은 더 이상 '문'이라는 이미지를 사용하지는 않지만, 이제는 그녀의 생각을 마음속에서 "완전 총천연색 영화가 완전한 사운드를 들려주면서 비디오테이프처럼 돌아가는 것과 비슷"하다고 기술한다(Grandin, 1995, p. 19). 그녀는 대략적인 대본을 쓰거나 그림으로 그리지 않고도 마음속으로 가축 시스템의 전체를 개념화 할 수 있다. 그녀는 이것을 '컴퓨터 그래픽 프로그램'과 비슷한 '그림으로 생각하기'라고 부른다(p. 20). 그녀는 장비를 마음 속에서 회전시켜서 어떤 각도에서도 그 장비를 바라볼 수 있다.

그녀는 자칭 '비디오 도서관'(p. 20)라는 것을 자신의 기억 속에 보유하고 있는데, 이는

그녀가 지금까지 만들어 온 가축 및 농장 장비에 대한 모든 부속품의 비디오 이미지로 구성되어 있다. 그녀의 마음속에서 다른 이미지의 일부를 사용해서, 그녀는 이들을 함께 결합시켜서 새로운 이미지를 만들 수 있으며, 그에 따라서 이런 장비에서 문제가 될 가능성이 있는 것에 대해 마음속으로 검사해 볼 수 있다.

그녀가 비디오 도서관을 사용한 첫 번째 사례 중 하나는 가축을 넣는 통을 개발하는 것이었다. 문제는 가축이 통 속에 들어가 물에 닿게 되면, 가축이 종종 두려움에 빠져서, 그 결과 공황상태에 빠져서 심지어는 이따금 익사하는 경우도 발생한다는 것이었다. Temple의 임무는 보다 효율적인 통을 개발하는 것이었다. 그녀는 마음속으로 다양한 디자인을 생각해 낸 다음에 각각의 디자인을 마음속에서 시험하여 수정함으로써, 소가 공황에 빠지지 않고도 통 속으로 차분히 걸어 내려갈 수 있게 해 주는 디자인을 개발해 낼 수 있었다.

Temple은 혁신적인 가축 장비와 구조물을 계속 개발하고 있다. 그녀는 수의과적 절차 및 트럭 선적 및 분류 시설에서 사용하기 위한 가축 활강장치와 같은 장비를 개발했다. 미국의 소와 돼지의 거의 1/3이 어느 때인가 한번은 Temple이 개발한 장비를 통과했다. 그러나 Temple에게도 굴곡진 부분이 다소 있다. 그녀는 결혼한 적이 없고, 결혼할 가능성에 회의적이며, 높은 수준의 기능을 발휘하는 다른 자폐자들이 성공적으로 결혼했음에도 불구하고, 자신이 부부관계에서 비롯되는 복잡한 정서를 다룰 수 있을지 확신하지 못한다고 말하였다. 그래도 자폐증이란 것이 당사자를 대단히 무력하게 만드는 장애이지만, 많은 자폐자가 생산적이고, 심지어는 주목할만한 삶을 영위한다는 것을 보여 주는 명백한 증거가 Temple Grandin이다.

논평

소아과 의사가 자폐장애를 조기에 진단을 내리는 것이 어려운 경우가 종종 있는데, 대부분의 소아과 의사가 그러한 사례를 보게 되는 경우가 드물기 때문이다(Johnson, 2008). 그러나 다음과 같은 4개의 지표가 생후 1세에 눈에 띈다면, 이를 관찰한 사람은 자폐증의 가능성을 감안해야만 한다는 것이 일반적으로 의견의 일치를 보고 있다. 즉, ① 다른 사람들과 눈을 마주치지 못하는 것, ② 무언가를 가리키지 않는 것, ③ 다른 사람들에게 물건을 보여 주지 못하는 것, 그리고 ④ 자신의 이름을 불러도 그쪽으로 향하지 못하는 것. 흔히 관찰되는 그 밖의 패턴은 다음과 같다.

물건을 입으로 가져가기를 잘 하고 시각 정보를 덜 사용하는 것, 상호적인(reciprocal) 또는 기능적(functional) 놀이(play)를 거의 하지 않는 것, 그리고 또래들의 움직임을 덜 따라 하는 것(Whitman, 2004). 양전자 방출 단층촬영(PET) 및 자기공명 분광기(MRS)와 같은 신경영상(Neuroimaging) 기법은 조기 진단에 도움이 될 가능성이 있다(예, 자폐자는 두뇌가 큰 경우가 종종 있다).

Temple과 달리, 대부분의 자폐자들은 언어와 사회성 기술이 문제가 되는 상태 그대로 남아 있다. 이것은 자폐자들이 추상적인 단어보다는 그림을 통해 생각하는 경향이 있다는 사실과 함께, 이들이 정규 교실 수업을 받는 것을 어렵게 만든다. 이것은 자폐증의 원인에 대한 태도에서의 의미있는 변화와 일치하고 있다. 최근의 연구 자료의 대다수는 자폐증 상태에 대한 그럴듯한 설명으로서 유전적 또는 아마도 태내 속에서의 요인을 지목하고 있다.

연구자들의 관심은 자폐증에 가장 많이 기여하는 유전자의 출처로 7번 및 15번 염색체에 초점을 맞추었지만, 20개나 많은 유전자에서의 돌연변이도 자폐증에 기여할 수 있다. 또한 연구자들의 관심은 자폐자에게서 흔한 혈중 세로토닌 수준이 높은 것뿐만 아니라 시크레틴(secretin)에 대해서도 초점을 맞추고 있는데, 시크레틴은 자폐증이 있는 아동의 언어 및 인지 능력을 향상시키는 것으로 밝혀진 호르몬이다. 이와 같은 태도 변화로 인해, 자폐아동을 둔 부모들은 이제는 자녀의 상태에 대한 죄책감을 덜 느끼게 되었고 공동의 치료 노력에 참여하게 되었다.

등교 거부와 관련된 분리 불안장애

분리 불안(separation anxiety)이라는 용어는 1941년에 Johnson과 동료들이 어머니로부터 떨어져서 학교에 가는 일부 아동이 나타내는 급성 고통과 애착행동을 서술하기 위해 만든 것으로서, 그 후에는 Bowlby(1973)의 애착에 관한 개척적인 연구와 관련지어졌다. 현재 이 용어는 아동이 애착을 느끼는 주요 인물이나 집으로부터 떨어질 때 과도한 불안이 발생하는 아동기의 일반적인 장애를 지칭한다(Atkinson & Goldberg, 2004).

불안 반응은 화를 내고 저항하는 것부터 공황 증상의 표출까지 다양할 수 있다. 임상 문헌상의 논의를 살펴보면, 이 장애가 상당히 흔히 일어나며, 아동 중 약 4%에서 나타나는데(American Psychiatric Association, 1994), 소년과 소녀에서의 유병률(prevalence)은 거의 같다. 이런 아동은 부모나 다른 애착 인물들로부터 떨어지면, 사고나 질병이 자신이나(부모 같이) 중요 인물에게 닥칠 것이라는 두려움에 종종 사로잡히게 된다. 이런 두려움은 공공연히 말로 표현되거나 또는 악몽이나 환상으로 드러나기도 한다.

때로는 두려움이 동물, 낯선 사람, 또는 주변상황으로 대치되기도 한다. 악몽과 수면공포를 포함한 수면장애도 흔하다. 즉, 분리 불안이 있는 아동은 혼자 잠들지 못하고 다른 사람, 보통 부모가 같이 있어야만 안심하고 잠을 잔다. 또한 신체증상 호소도 분리의 위협에 대한 반응으로서 흔히 보인다.

분리 불안과 등교 사이의 관계는 Johnson과 동료들(1941)에 의해 처음으로 서술된 것인데, 여전히 중요하다. 하지만 이 장애를 서술하기 위한 공포증이라는 용어는 잘못 적용되는 경우가 흔하다. 통상적으로 아동이 멀어지고 싶어하는 것으로서 임상적으로 중요한 것은 학교에서의 자극이 아니고, 아동이 부모나 다른 사람들에 대해 느끼는 애착이다. 따라서 '학교 공포증'이라는 용어는 잘못된 것이다. 등교 거부(school refusal)라는 용어가 일반적으로 더 적합하다.

연구결과에서는 일반적으로 학교 공포증을 불안 및 우울과 같은 이유로 학교에 가고 싶어하지 않거나 가지 못하는 것이 특징이라고 본다. 이런 행동은 취학 아동의 약 1%에서 발생하며, 소년과 소녀의 발생률이 비슷한 것으로 보고되고 있다(Bahali, Tahiroglu, & Aysegul, 2010).

임상 문헌에서는 분리 불안이 있는 아동과 그 부모의 성격과 행동에 대해서 상당히 많은 부분에서 의견이 일치하고 있다(Atkinson & Goldberg, 2004; Bowlby, 1973; Johnson, Falstein, Szurek, & Svendsen, 1941; Pini et al., 2010). 이 장애와 연관된 증상을 제외하면, 이런 아동은 종종 수줍어하고, 불안해하며, 사회적으로 위축되어(socially inhibited) 있는 것으로 보이지만, 일반적으로 품행이 바르다. 가정은 종종 정상적이며, 부모와 아동 사이의 관계도 친밀하며, 가족구성원들도 집으로부터 멀리 또는 자주 떨어져 본 적이 없는 경우가 종종 있다. 가족이나 집에서 떨어지게 되면, 분리 불안장애가 있는 사람들은 길을 잃고 영원히 집에서 떨어져 나가 버릴까 봐 무섭다고 표현한다(Allen et al., 2010).

분리 불안장애가 있는 아동과 품행장애가 있는 아동은 명확하게 구분될 수 있는데, 품행장애가 있는 아동도 등교나 다른 활동을 거부할 수 있지만 이들은 통상 가족구성원들이 오랫동안 떨어져 지낸 적이 있는 심히 불안정한 가정에서 나오기 쉽다. 품행장애가 있는 아동은 학교에 무단결석을 할 때 집에 있지 않고 다양한 반사회적인 행동을 하는 것이 특징인 반면에(Bartol & Bartol, 2008), 등교 거부 아동은 일단 학교에 가기만 하면 일반적으로 조용하고 협조적이다.

등교 거부의 문제는 치료의 초기 단계에서부터 간단명료하게 드러날 수 있다. 그러나 분리 불안의 정신역동은 좀 더 포괄적인 가족의 맥락 속에 깊이 뿌리를 박고 있는 경우가 종종 있으며 여기에서 소개될 Julie의 사례에서처럼 임상적으로 중요하게 다루어야 할 여러 문제를 안고 있는 수도 있다(Brumariu & Kerns, 2010).

사례 연구

Julie의 사례

Julie는 8세로서 초등학교 2학년생인데, 무단결석으로 인해서 법원으로부터 외래치료를 받으라고 의뢰되었다. Julie는 1학년 때 어머니와 떨어져 혼자 교실에 들어가기를 거부하였으며, 어머니가 교실을 떠나려고 하면 바닥에 구르면서 울부짖기 일쑤였다. 그러면 Julie의 어머니는 매일 딸과 함께 교실로 가서는 오전 내내 함께 있어 주곤 했다. 어머니가 교실을 떠나려고만 하면, Julie는 또다시 발작을 일으켰고 한번 발작을 일으키면 어머니만이 딸을 진정시킬 수 있었다.

어머니는 오후에 직장에 가야 했기에, 딸을 구내식당으로 데리고 간 뒤 딸이 점심을 먹는 동안 학교를 빠져 나올 계획을 세웠다. Julie는 처음에는 어머니가 없다는 것을 발견하고는 저항했지만 차츰 익숙해져 갔고, 이런 패턴이 그해의 나머지 기간 동안에 지속되었다. 어머니가 없는 오후 동안에, Julie는 몹시 수줍어하고 다른 아동들과도 거의 어울리지 않았지만, 대체로 얌전히 행동하는 편이었다. 또한 그녀는 어머니와 함께가 아니면 숙제도 하지 않으려고 고집을 부렸다.

그러나 2학년 때 Julie의 담임교사는 Julie의 어머니가 딸과 함께 교실에 머무는 것을 허락하지 않았다. Julie는 두통, 메스꺼움 그리고 복통을 위시한 다양한 신체적 증상을 호소하면서 등교하는 것을 지나치게 빠지기 시작하였다. 학교 당국은 Julie를 의사의 진찰을 받도록 요구하였는데, 의사는 Julie의 문제에 대해 뚜렷한 신체적 원인이 없다고 보고하였다.

이에 따라서 학교 당국은 Julie가 매일 학교버스를 타고 제대로 등교하게 하였다. Julie의 어머니가 딸을 억지로 학교버스에 태우려고 노력하였다고 보고하였지만, Julie는 학교

버스가 충돌할 것 같은 두려움 때문에 버스타기를 거부하였고 따라서 등교하는 것은 나아지지 않았다.

Julie의 어머니가 Julie를 학교에 억지로라도 보낼 수 있도록 격려하는 수많은 시도가 실패한 후, 학교 당국에서는 법원에 무단결석 청원서를 제출했다. 법원 프로그램에 대한 대안 프로그램에 의거해서, 사례관리자(caseworker)가 가족에게 배정되었다.

Julie의 출석률이 호전되지 않자, Julie의 사례는 법원에 회부되었다. 사례관리자의 권고에 따라서, Julie가 학교에 등교하도록 법원의 지시를 받았고, Julie의 어머니는 딸을 치료할 방도를 찾아보도록 지시를 받았다.

(치료를 위해) 접수(intake)하는 동안, 등교 거부와 더불어 많은 임상적 증상이 보고되었는데, 이는 분리 불안의 진단을 시사하는 것이었다. Julie는 어머니, 할머니, 혹은 자신에게 닥칠 재난에 관련된 강박적 반추(obsessive ruminations)에 시달렸으며, 텔레비전 뉴스에서 보도되는 어떤 재난이나 비극이 곧 자기 가족에게 닥칠 것이라고 걱정하며, 그 뉴스가 자신에게 해당되는 것이라고 여기곤 하는 경우가 자주 있었다. 또 Julie는 유괴 당하거나 학교버스의 충돌 같은 교통사고로 인해 죽을 것 같은 두려움에 계속 시달리고 있다고 얘기했다.

이와 같은 의식되는 두려움 이외에도, Julie는 자신이나 가족이 갑자기 사라지거나, 실종되거나, 또는 살해당하는 무시무시한 악몽을 꾸었다. Julie는 공황상태에서 이런 꿈에서 깨어나는 것이 보통이었다. 그 결과, 그녀는 잠드는 것을 크게 두려워했다고 말했으며 잠자는 것은 중요한 것이 아니라고 주장했다.

또한 Julie는 여러가지의 다양한 신체적 증상을 호소하였는데, 등교하는 날 아침이면 항상 그랬다. 어머니가 잠시라도 딸의 곁을 떠나려고 하면, Julie는 신체적 증상호소뿐만 아니라 날카로운 소리를 지르고, 울고, 손으로 바닥과 탁자를 세게 내려치는 "발작 행동(mad fits)"을 클리닉에서 여러 번 보였다. 일단 어머니와 떨어진 후에는, Julie는 보통 풀이 죽고 잠시동안 과제에 집중하지 못했지만, 간혹 극적일 만큼 냉정을 되찾기도 했다.

일련의 가족 면담을 통해서 Julie의 가족사에는 중요한 사건이 많이 있었던 것으로 밝혀졌다. 그러나 Julie의 오빠인 Gary만이 이런 것에 대해서 자세하게 이야기하려 하였을 뿐이다. Julie와 어머니는 Julie의 옷 또는 지난 3년간 Julie의 가족과 함께 살았던 Julie의 외할머니에 관한 주제에 대해서만 이야기하려고 했다.

Julie가 4세이고 Gary가 7세일 때에 부모가 이혼하였고, 남매의 양육은 어머니가 맡게 되었다. 이혼한 직후에는, Julie를 주말에는 아버지가 보살피고 있었는데, Julie는 사촌의 친구에 의해 성적 학대를 당했다고 하는데, Julie가 주장하는 바에 의하면 이 친구가 Julie의 옷을 벗기고는 그녀와 게임을 하면서 놀았다고 한다. Julie의 어머니는 딸이 그 일이 있던 다음 주에 목욕을 하면서 자신에게 이 이야기를 했다고 보고했다.

어머니는 절대로 이런 이야기를 아이들 앞에서는 입 밖에 내지 않으려 했으며 딸이 그 때 목욕한 날 이후로 이 이야기를 한 번도 얘기한 적이 없다고 말했다. 이 사건 이후에, Julie 집안 식구들은 그런 일이 일어났을 리가 없다고 주장했으며, Julie의 어머니는 Julie의 아버지나 시댁사람들이 아이들을 보러 오는 것을 완강히 거부했다. 대략 사건 발생 후 3주쯤 지나서, 어머니의 이와 같은 결정에 대해 가족간에 뜨거운 논쟁이 벌어지던 와중에, Julie의 아버지가 교통사고로 사망하였다.

Julie의 어머니는 자녀들을 장례식장이나 공동묘지에 데려가지 않았는데, 자녀들이 잘 이해하지 못할 것이라고 생각해서 그랬다고 말했으며, 자녀들 중 특히 Julie는 아버지의 죽음을 잘 견디어 내지 못하는 것으로 보였다고 말했다. 반면에 Gary는 이즈음부터 별다른 이유 없이 남의 물건을 훔치기 시작했다. 오래 지나지 않아 Gary의 도벽은 저절로 없어졌으며, 그 후로는 그는 학교에서나 집에서도 아무런 문제 행동을 보이지 않았다. Julie도 오빠처럼 아버지가 사망한 해에는 아버지에 대해 거의 얘기하지 않았지만, 최근엔 자신을 아버지의 장례식에 데려갔었어야 했다고 주장하기 시작했다.

Julie가 5세 때, 외할머니가 이사와서 Julie의 가족과 같이 살게 되었다. Julie의 어머니는 자신의 어머니가 몸이 불편하다면서 좀처럼 침대에서 나오지 않는, 요구가 많고 무기력한 여성이라고 묘사하였다. 또한 Julie의 어머니는 친정 아버지가 사망한 후 15년 동안 살던 아파트를 떠나지 않았을 정도로, 지극히 불안하고 두려움을 타는 여성이라고 기술하였는데, 이는 광장공포증이 있을 가능성을 시사하는 것이었다.

Julie가 학교에 갈 나이가 되자, Julie의 어머니는 입학시킬 학교 배정 문제로 당해 지역의 교육위원회와 오랫 동안 부딪치게 되었고, 그래서 결과적으로 Julie의 1학년으로의 입학은 1년 지체되었다. Julie가 입학하고나자, 앞에 기술된 문제가 표면으로 드러나기 시작했다. Julie의 어머니는 딸을 외래환자 클리닉으로 접수시키려고 데리고 갔으며, 여기에서 Julie의 어머니는 자신감을 가지고 진료를 받기로 했다. 진단접수를 할 때 Julie의 어머니는 자신을 "신경과민의 난파선(nervous wreck)"으로 묘사하면서, 한편으로는 법원이 자신에게서 딸을 떼어 놓지는 않을까 두렵고, 또 다른 한편으로는 딸이 미치지 않을까 두려워했다. Julie의 어머니는 Julie가 2세 때 "신경쇠약(nervous breakdown)"에 걸렸으며 당시에 남편은 장기간의 출장이 잦은 새로운 직장을 막 얻었다고 말했다.

원인론

이 사례의 과거력과 증상은 원인론적으로 중요한 몇 가지 논점을 제시하고 있다. 첫 번째로, Bowlby(1973)가 일찍이 시사한 바에 따르면, 격리와 상실에 대한 두려움은 일반적으로 당사자가 실제로 겪었던 상실의 경험에서 그 기원을 찾을 수 있다. Julie의 사례에서는, 현재 나타나는 증상인 악몽, 아머니에게 닥칠지도 모르는 재난에 대한 두려움, 유괴되거나 교통사고로 죽을지도 모른다는 두려움 등을 일으킨 아버지의 사망으로 인한 상실, Julie가 자신이 당했다고 주장하는 성적 학대, 그리고 후속된 친가 쪽 가족과의 단절 등이 큰 역할을 했다는 점을 파악하는 것이 중요하다.

이런 모든 증상은 그 주제가 애착인물과 떨어져 있는 것과 상실에 관련된 것으로서, 풀리지 않은 슬픔과 자신의 주변 세계의 안정성에 대해 불안전하다는 느낌이 밑에 깔려 있는 것을 반영해 준다. 혼자서 잠을 자지 못하는 것, 등교 거부, 그리고 떨어져 있을 때의 동요(agitation) 같은 불안한 애착 행동이 발달한 것은 그녀가 갑자기 혼자 내버려질 수도 있다는 Julie의 두려움을 반영하는 것이다. 이러한 의미에서 Julie의 행동은 중요한 인물에 대한 애착을 높여 주고 더 이상의 상실을 막기 위한 적응반응(adaptive responses)이었다(Atkinson & Goldberg, 2004).

일반적으로 아동의 자기 모형(model of self)은 안정된 부모/자식 또는 다른 애착 관계에 의해 결정된다고 믿어진다. 따라서 중요한 애착 인물과의 관계에서 극심한 불안정을 경험했던 아동은 자신이 부적절하고 대인관계가 불안정하다는 느낌을 갖게될 수 있다(Abrantes &Matos, 2010). 그러므로 Julie가 또래 관계를 맺고, 놀이에 참여하며, 그리고 학교 활동 같은 목표 행동에 집중하는 것에 어려움을 느끼는 것은

Julie가 경험했던 상실과 불안정한 가족에 토대를 둔 빈약한 자기 상(self-image)을 반영하는 것이다.

Julie의 등교 거부가 딸이 느끼는 두려움만큼이나 어머니가 딸을 학교에 보내는 것을 꺼린다는 점에도 기인한다는 것이 명백하다(Kennedy, 1965). Julie의 어머니는 딸을 학교에 보내려 애썼다고 주장하긴 하지만, Julie의 어머니는 은근히 딸의 문제 행동을 너그럽게 봐주고 부추기기까지 했다. 보통의 경우 Julie는 잠이 깨고 나면 몸이 안 좋다고 호소하고는 버스가 사고가 날지도 모른다는 두려워하면서 등교버스 타기를 거부했다.

이때 어머니가 등교하도록 밀어붙이면, Julie는 극도로 동요되어 소리를 지르고 물건들을 집안에 이리저리 던지곤 했다. 일단 등교버스가 왔다가 가 버리고 나면, Julie는 조용해졌고, 어머니는 맛있는 아침을 차려 주었으며, 이 둘은 함께 외할머니를 돌보면서 남는 시간에는 함께 TV에 나오는 드라마나 게임쇼를 시청하였다.

어떤 면으로는 Julie와 외할머니 모두가 어머니의 주의를 필요로 하는 부적합한 사람의 역할을 수행했기 때문에 Julie의 어머니에게는 자신이 적합한 존재라는 욕구와 자존심 욕구를 충족시켜 주는 수단이 되었다. 이렇게 보면, Julie의 어머니가 Julie의 등교 거부에 대해 말로는 반대했지만, 딸의 증상이 양쪽 모두에게 부차적인 이득을 가져다주었다는 것과, Julie의 행동이 자신의 두려움과 불안뿐만 아니라 전 가족 차원의 떨어짐(격리) 및 의존 패턴을 반영한다는 것이 명백하다.

마지막으로, 세대에 걸쳐 내려온 Julie의 어머니와 외할머니에서의 불안에 관련된 문제는 불안장애에 대한 생화학적 또는 신경학적 소질의 가능성뿐만 아니라 Julie의 증상에 대한 역할 모델을 시사해 주고 있다. 분명한 것은, 불안 및 외양적인 긴장의 전반적인 수준이 Julie의 가족 구성원 모두에게서 높았다는 점이고, 이는 유전 관련 변인들이 전반적인 위험을 증가시켰을 수도 있다는 가능성을 뒷받침해 준다.

치료 방향

Julie처럼 분리 불안을 갖고 있는 경우에는 다양한 이론적 관점에 입각한 치료를 제공해줄 수 있는데, 그 주된 이유는 부각되는 임상 증상의 범위와 원인론적 요인의 속성 때문이다(Duncan et al., 1995: Kronenberger & Meyer, 2001). 행동적 관점에서는, 체계적 둔감법 처치가 불안증상을 줄여 주어 출석률을 높이는 데 성공적인 것으로 발견되었다.

이런 처치에서는 어머니와의 분리, 또는 학교버스를 타기 등과 같은 두려운 자극에 대해 이완된 반응을 나타낼 수 있도록 지원해 주는 것에 초점을 두는데, 두려움의 반응을 줄여서 종국에는 소거하는 것이 목표이다. 이와 동시에, 표적 행동을 유지시켜 주고 있는 외양적(overt) 및 내면적인(covert) 강화자극(reinforcers)의 체계를 평가하는 것도 이루어진다.

극단적인 경우에는 벤조디아제핀 또는 항불안제를 사용할 수 있다. 그러나 이것은 아동을 치료할 때 마지막 수단으로 쓰는 것이 일반적이다.

Julie의 사례에서는, Julie가 등교를 거부한 후 어머니가 딸에게 맛있는 아침을 차려 주고 딸에게 TV를 보도록 허락해 주었다는 점에서 등교거부를 어머니가 강화해 준 것이 명백하다. 근접성 관리(contingency management) 프로그램에서는, 이와 같은 강화자극을 사용해서 학교를 회피하는 행동보다는 학교에 접근하는 행동을 보상해 주며, 등교 거부 시에는 시한 만료(time out), 권리 상실, 또는 가외의 집안일을 시키는 것과 같은 처벌을 받게 된다.

정신역동적 또는 발달적 관점에서는, 분리 불안의 증상이 내면의 정신적 갈등에서 유발된 불안을 줄여 주는 기능을 발휘하는 일종의 방어기제로 간주될 수 있다. Julie의 사례에서는, 중요한 대상의 상실 및 개성화(individuation) 과정에 관련된 무의식적 갈등을 다루어주기 위해 치료 관계를 변화의 기제로 사용하여 훈습을 통해 해결할 필요가 있을 것이며, 그리고 아마도 이때 무의식적 내용을 간접적으로 표현하게 해 주는 정신역동적 놀이치료, 환상을 이야기로 말하기(fantasy storytelling) 및 미술치료 같은 기법을 사용할 수 있을 것이다.

가족체계 모형(family systems model)에서는 가족 간의 경계(family boundaries)와 의사소통 패턴을 재구축하게 된다. Julie의 사례에서는, 어머니와 Julie 사이에 있는 부모의 경계를 강화시키는 시도와 외할머니를 포함한 모든 가족 구성원에게 가족의 역할을 보다 명확하게 수립해 주기 위한 시도가 이루어질 수 있을 것이다.

Julie의 치료

Julie의 사례에서는, 가족치료가 권고되었는데 어머니가 이를 받아들였다. 이에 따라 Julie의 가족은 약 두 달간 매주 치료에 참석했다. 치료자가 초기부터 노력했음에도 불구하고, 외할머니는 가족치료 회기에 참석한 적이 한 번도 없어서, 치료회기에의 참석자는 Julie, Gary 및 Julie의 어머니로 구성되었다.

첫 회기 동안, 치료자는 가족 내에서 어머니가 주도적 역할을 하는 것을 뒷받침해 주기 위해 모든 문제에서 어머니의 편을 들려고 많은 노력을 기울였다.

이를 위해 방의 한쪽에 아동들을 함께 앉도록 배치하고, 다른 쪽에는 어머니가 있게 하고, 치료자는 그 중간에 있으면서 어머니의 편을 들기 위해 어머니가 앉은 쪽으로 자주 자리를 옮겼다.

개입은 처음에는 어머니가 Julie의 등교 거부 및 다른 행동을 Julie가 문제가 있다거나 "미쳤다"는 징조로 보기보다는 잘못된 행동으로 보도록 격려하는 것이었다. 이것과 발맞추어, 집에 머물러 있는 것이 Julie에게 편치 않은 것으로 만들기 위해 처벌 제도가 고안되었다. 이런 조치가 Julie의 학교 출석률을 높이는 데 곧바로 성공을 거두었지만, Julie는 곧 학교 버스에 대한 두려움에 다시 시달리기 시작했으며, 그래서 어머니는 Julie의 두려움을 동정한 나머지 처벌 제도를 시행하지 않았다.

이 시점에서, 치료자는 Julie가 학교에 가지 않고 가족과 함께 머물러 있는 것에 대해 역설적으로 칭찬했다. 동시에 어머니는 Julie가 가족의 모든 문제를 보유하고 있는 사람의 역할을 하고 있는 것을 존중한 나머지 이런 행동을 한 Julie의 위신을 인정해 준 것이라고 칭찬을 받았다. 이런 역설적인 접근법은 어머니에게서 강한 분노를 일으켜서 그녀가 가족을 보다 강압적으로 지배하는 것을 시작하게 하려고 고안된 것이다. 어머니가 어느 날 저녁 외할머니에게 스스로 식사를 하시라고 고집을 부리면서 외할머니에게 밥을 먹여 주는 것을 거부했을 때 가족역동에 극적인 영향을 미치기 시작했다. 이런 일이 있고 나서 오래되지 않아서, Julie가 등교하는 것이 크게 개선되기 시작했다.

그러나 가족 간의 경계에서 변동이 일어나면서, Julie의 등교 상태는 계속해서 향상되었고, 이에 따라 Julie의 어머니는 가족치료 회기를 취소하기 시작했다. 학년이 끝나가는데 Julie가 3학년으로 올라가는 데 필요한 만큼의 출석을 완수하지 않았기 때문에, 학교 당국과 법원이 다시 개입했다. Julie의 등교 상태가 향상되기는 했지만, 향상된 정도가 Julie의 가족이 법원의 개입을 받지 않을 정도로 크지 않아서, 법원으로부터 강제로 집에서 떼어 놓으리라는 위협을 받고서 Julie의 어머니는 Julie를 입원 치료 시설에 입소시키는 것에 동의하였다.

2주간의 입원치료를 받으면서 거의 완벽하게 등교를 한 후, Julie는 (다시는 학교를 빠지지 않겠다고 어머니에게 약속하여) 어머니를 설득해서 치료진의 강력한 권고에도 불구하고 치료 시설에서 나오기 위한 사인을 받아 냈다. Julie는 집에 돌아오자, 또다시 등교를 거부하였으며, 흐느껴 울면서 겁에 질린 채, 어머니에게 또다시 누군가가 자기를 데려가게 하지 말아 달라고 애원했다.

이때에, Julie 가족의 사회복지사는 Julie의 어머니가 사례관리를 받는 것을 거부한 데 화가 나게 되었고, 그에 따라서 이 사례는 다시 법원으로 되돌려 보내졌으며, 법원에서는 집으로부터 떨어뜨려 놓는 것을 고려하였다.

논평

여기에서 제기된 진단 및 치료 관련 쟁점 이외에도, 이 사례는 또한 여러 사회 시스템이 관련되어 있을 때에는 조심스럽게 계획하고, 잘 조직된 개입 프로그램이 필요함을 부각시켜 준다. Julie의 가족은 학교 당국과 법원에서 꾸준히 요구하지 않았더라면 치료를 받으려고 하지 않았을 수 있다.

따라서 이 사례에서 보면 법원, 학교 시스템, 그리고 정신건강 시스템이 한편으로는 서로 엇갈리는 의도에서 작동하고 있는 것으로 보일 수 있겠지만, 각 시스템의 목표는 상당히 같은 것이다. 치료 목표가 비슷하다고 하더라도 여러 기관이 개입할 때는 그 노력이 서로 상충될 수 있다는 것이 기억해야 할 중요한 요인이다.

적대적 반항장애

적대적 반항장애(oppositional defiant disorder: ODD)는 부정적, 적대적 그리고 반항적인 행동이 특징인데, 부모나 다른 윗 사람들(authority figures)이 아동이나 청소년의 행동을 통제하려고 시도할 때 종종 유발된다.

역사적으로 볼 때, ODD는 덜 심각한 형태의 품행장애로 간주되어 왔지만, ODD와 품행장애가 연결된다는 증거는 제한적이어서, 결과적으로 이 두 장애는 보다 전반적인 행동 스펙트럼상에 있는 별개의 장애로 통상 간주되어 왔다.

또한 적대적 반항장애는 완고하고 그리고/또는 적대적인 저항, 사소한 규칙의 위반, 그리고 이따금 성질부리는 것(flare-up)과 같은 증상의 많은 부분이 발달 과정의 일부로 나타날 수 있다는 점을 감안할 때, 정상적인 청년기 행동을 병리화 시킨다고 비판을 받아왔다(Loeber, Burke, & Pardini, 2009). 이런 비판은 진짜로 경미하거나 또는 준임상적(subclinical) 사례의 경우에 해당될 수 있다. 그러나 ODD를 정의하는 행동이 청년기에 가장 강하게 나타나는 경우, 종종 그렇듯이 이와 비슷한 행동이 해당 아동의 그 이전의 행동 발달사에서 통상 있던 적이 있어서, "단지 지나가는 단계일 뿐"이라는 관점을 반박해 주고 있다.

청소년기는 10대의 청소년, 그들의 가족, 그리고 그들이 다니는 학교 당국에 대해서 통상 스트레스를 주는 시기이다. 사춘기의 변화, 정체감 형성이라는 과제, 부모와의 관계 재정립, 그리고 사회환경의 급속한 변화는 10대에서 다양한 문제행동을 촉발할 수 있다(Petraitis, Flay, & Miller, 1995).

어떤 청소년들은 부모와 어릴 적부터 쌓아 온 정서적 유대로부터 논리적으로나 현실적으로 어떻게 분리를 해야할지를 몰라서, 부모와 자율적인 관계를 수립하기 위해서 투쟁하는 것이 문제의 근원이 되는 수가 있다. 10대들은 부모들에게 자신들이 더 이상 '어린애'가 아니며, 더 많은 독립성을 부여받아야 한다는 것을 받아들이게 하기 위해서, 반항적이고, 정서적이거나, 또는 과도하게 비판적(hypercritical)이 될 수 있다.

반항적인 10대들이 정서적으로 예측하기 힘들고 논쟁적이라고(argumentative) 하더라도, 남들로부터는 보통 긍정적인 반응을 얻을 수 있는데, 이는 ODD가 있는 사람들이 밖에서는 자신의 이런 문제를 감추지만 집에서는 일관되게 이를 드러내기 때문일 수 있다. 이들은 반사회적 가치관을 갖고 있거나 타인의 감정을 의도적으로 무시하는 것보다는 오히려 고집스러운 측면과 감정적인 부분을 보여 줄 수 있다. 파괴성 또는 공격성(destructiveness or aggressiveness)보다는 자극과민성(성마름)과 고집이 센 것(Irritability and stubbornness)이 이 장애를 잘 묘사하는 것이며 진단 과정에서 품행장애와 구분되게 해줄 수 있다(Pardini, Frick, & Moffitt, 2010).

또한 반항적인 행동에는 통상 강박적인 요소가 들어 있어서, 이 때문에 반항 행동의 결과가 파괴적인(그리고 원치 않는) 결과를 가져옴에도 불구하고 문제행동이 지속되게 된다. 반항적인 행동은 신경증의 역설이라는 전통적인 개념과도 일치한다. 즉, 행동은(정서적 자율성과 독자적인 생각을 향해) 목표 지향적이지만, 목표에 도달하지 못하는 것이다(통상 '미성숙'하거나 '무책임'하다는 것으로 묘사되고 만다). Phyllis의 사례에서처럼, 충동적인 규칙위반 행동과 외견상 반발적인 부정적 반응을 나타내면 불신과 불안을 유발해서, 비난과 가일층의 자유 제한(속박)을 초래하는데, 이렇게 되면 반항 행동의 소유자는 더 격렬하게 부정적인 반응을 보이게 된다. 결과적으로 윗사람들과의 관계는 나빠지고 점차로 갈등만 고조되게 된다.

사례 연구

Phyllis의 사례

Phyllis가 어릴 때 Phyllis의 부모는 미국의 외교관으로서 남미의 여러 국가에서 일했다. Phyllis가 고등학교에 들어갔을 때, 그녀의 부모는 미국으로 다시 돌아왔고 작은 사립대학의 정치학과 교수직을 맡게 되었다. Phyllis는 2년간 공립 고등학교에 다니는 동안에, 네 번 정학을 맞았다. Phyllis의 부모는 딸을 사립 여학교에 입학시켰는데, 틀이 잡힌 분위기가 딸을 진정시켜 주기를 희망해서였다.

그러나 Phyllis는 첫 학기에 두 번 정학당했고, 교장은 그녀의 학교에서의 행동이 개선되지 않으면 아주 제적시키겠다고 위협했다. 학교에는 교칙을 위반한 학생들을 대상으로 일주일에 한 번씩 방과 후에 잡아두는 공간이 있었다. Phyllis가 정학을 받은 주된 이유는 이 장소에 머물러 있으라는 지시를 따르지 않았기 때문이었으며 이곳에 불려 오는 횟수가 눈에 띄게 많아졌기 때문이었다. 교칙위반 내용은 보통 사소한 것들이었다. 이를테면, 수업시간에 떠든다거나, 복장규칙을 어기는 것, 방과후 잡아 두는 장소에 늦게 왔다는 것 등이었다.

Phyllis는 다섯 자매 중 막내였고 부모와 함께 살고 있는 유일한 딸이었다. Phyllis는 다니는 학교의 상담사에 의해서 임상심리전문가에게로 의뢰되었다. Phyllis와 넷째 언니와는 네 살 차이가 있었다. Phyllis의 부모는 식구들 간의 정이 두텁다고 말했다. 또 이들 부모는 Phyllis를 제외한 나머지 네 딸들은 사춘기 동안에 잠시 반항을 했지만, 모두 무사히 그 시기를 넘겼다고 말했다. Phyllis의 가족은 대단히 학업성취 지향적이었으며, Phyllis를 제외한 네 딸은 아주 우수한 학업성적을 얻었다.

Phyllis의 행동은 아동기 동안에는 정상이었다. 학교에 다니기 전에는 고집이 세고 까다롭고 성질을 종종 부리는 경향이 있기는 했지만, 아버지는 이런 Phyllis를 '꼬마 마녀'라고 애칭으로 불렀다. Phyllis는 학업성적이 항상 일정하지 못했다. 초등학교 고학년 과정(grammar school)에서는 Phyllis는 종종 평균 이상의 성적을 얻었으며 교사들은 Phyllis의 잠재 능력이 이보다 더 높다고 일관되게 평가하였다. 중학교 때에는 특히 별난 성적을 받았다.

Phyllis의 사회생활에서도 학교 성적이 기복이 큰 것과 마찬가지로 일관성이 없었다. 성적이 나쁘다고 야단쳤던 교사들에게 몇 차례 성격에 기반한 갈등을 일으켰고, 부모는 딸이 사춘기에 가까워지더니 '변덕스럽고 함께 어울리기에 까다로운' 소녀가 되었다고 기술했다. 집에서의 긴장이 참을 수 없을 정도가 되면, Phyllis는 한 언니의 집으로 갔다. 그러나 종종 계획보다 빨리 집으로 돌아오곤 했는데 Phyllis의 귀가 시간 때문에 언니와 의견충돌이 있었기 때문이었다.

초등학교 때 Phyllis는 외견상 반 친구들과 꽤 잘 지내는 것으로 보였다. 그러나, 가족이 2년 내지 3년마다 이사했기 때문에 Phyllis는 아동기 동안에 꾸준히 지속되는 우정을 맺지는 못했다. 고등학교 때는 한 친구와 친하게 지내다가 몇 주도 안 되어서 다른 친구로 옮겨 가기를 반복하였다. 헤어지는 이유는 다투어서가 아니라 상대편 친구 쪽에서의 흥미 상실로 인해 우정이 소멸되는 것으로 보였다. Phyllis는 자주 데이트를 했으나 꾸준히 지속되는 남자친구는 없었다. 이는 가족 내에서 갈등을 일으킨 또 하나의 원인이 되었는데, 왜냐하면 Phyllis의 어머니가 확실한 근거도 없이 Phyllis가 성에 대해서 적극적이라고 의심하였기 때문이다.

원인론

Erikson(1959)에 의하면 사춘기는 어떤 역할과 이념(태도, 신념, 도덕적 가치관)을 나름대로 받아들여서 자기에 대한 정의(self-definition)를 내리는 위기를 해결하여야 하는 시기이다. Phyllis는 채택한 이념과 역할은 외견상 반의존적인(counter-dependence) 것이었다. 즉, Phyllis가 자율성을 과시하는 방향으로 행동을 하더라도, 그녀는 외부환경에 의해서 정의되는 상태에 머물러 있었는데 왜냐하면 Phyllis의 대처전략이 보통 그녀가 지각한 외부의 힘과는 반대 방향으로 행동하는 것에 국한되어 있는 것이 보통이었기 때문이었다.

이러한 역동성은 대개는 연루된 모든 사람들을 좌절하게 만들었는데, 여기에는 Phyllis도 들어 있다. 반항적인 사춘기의 행동은 부모, 또래 그리고 교사들로부터 예상되는 부정적인 반응들을 촉발하는 것뿐만 아니라, 자율성이나 독립성의 느낌을 가져다주지도 못한다. 그보다는 Phyllis는 특정 상황에서 감정이 너무 급속도로 나빠진다는 것과 자신의 행동을 조절할 수 없다고 느끼기 쉬울 것이다. Phyllis는 이렇게 말했다, "누가 나에게 이래라저래라 명령한다고 생각이 들면 나는 곧바로 화가 나요. 그래서 난 그 일을 안 해 버리죠. 그러면 나는 곤란하게 되고 나중에는 그렇게 행동한 것을 후회하죠."

청소년들이 어떻게 해서 이러한 부적응적인 이념과 역할을 갖추게 되는지에 대해서는 말만 많고 경험적 자료는 빈곤한 상태이다. 일반적으로 청소년기의 행동 문제는 배경이 되는 가족의 역동성 및/또는 10대들의 대처기술이 부족한 것으로 그 원인을 돌린다(Novak & Pelaez, 2004). Phyllis의 경우에 있어서도 이 두 종류의 요인들이 그녀가 적응을 잘 하지 못하는 것에 기여하였다. 그녀는 가족 중에서 가장 나이가 어렸고, 크게 성취하리라는 암묵적인 기대가 있었지만 비교적 무조건적인 애정을 받는 것에 대해서 의심할 여지없이 익숙해져 있었다. 윗 형제들이 성취도가 높은 경우에 나이 어린 청소년이 겪는 통상적인 문제 이외에도, Phyllis가 자기에 대한 정의를 형성하는 발달과정은 가족들이 그녀의 응석을 받아 주는 것과 과잉보호 때문에 지장을 받았는데, 이런 가족의 반응은 그녀가 문제 해결하는 경험을 쌓지 못하게 했다. Phyllis는 초등학교 시절의 사회적 및 교육적 요구를 작은 노력으로도 대처해낼 수 있었다. 그러나 그녀가 노력하는 수준과 대처능력의 수준은 청소년기에 이르러 높아진 요구에 부합될 정도로 발전하지 못했다.

더욱이 가족의 이사가 잦았고 언니들과의 나이 차이가 컸기 때문에, 그녀의 유일한 안정된 관계는 부모와의 관계뿐이었는데 부모 또한 문제의 일부분이 되어 버렸다. Sullivan(1953)은 문제가 있는 대인관계가 발생하는 것을 예측해 주는 요인이 청소년기 이전에 친밀한 동성 관계가 없는 것임을 밝혀내는 데 선구자이었다. 이런 우정은 친밀감, 핵심적인 현실검증력, 그리고 축적된 경험에서 보는 폭넓은 관점을 맛보게 해 준다. Phyllis는 아동기에 이와 같이 중요한 경험을 하지 못했으며, 환경이 계속 바뀌고 그에 따르는 행동 규범의 변화(그녀가 다녔던 수많은 학교 간의 문화적 차이가 한층 뒤엉켜서)는 그녀가 태도와 행동을 일관되게 발달시키는 것을 방해했다. Phyllis가 부모와 교사들의 기대에 반항하는 방식으로 주위환경에 경직되게 접근한 것은 놀랄 만한 일이 아니다.

치료 방향

반항적인 아동에 대한 유용한 기법일 뿐 아니라, 품행장애가 있는 아동들에게도 쓸모 있는 기법이 부모 관리 훈련(parent management training, PMT;Hauthmanetal., 2010)이다. PMT에서는, 치료자가 저변에 깔려 있는 사회학습의 개념, 모델 및 기법에 대해 간략히 개요를 제시하고는, 부모에게 해당 절차를 시행하는 것에 대해 조언을 제공한다.

회기 중에 익힌 절차와 상호작용 패턴은 그다음에 가정에서 사용된다. 부모들에게는 대개 치료를 시작할 때 행동을 정의하고, 관찰하며, 기록하는 방법을 가르쳐 주는데, 왜냐하면 일단 어떤 행동(예, 싸우는 것, 성질을 부리는 것)이 구체적으로 정의되고 나서야, 강화와 처벌 기법을 적용할 수 있기 때문이다. PMT 치료자는 긍정적인 강화(예를 들어, 관심, 칭찬, 점수를 곧바로 주는 것)와 처벌[예, 강화를 받지 못하게 되는 것(time out), 특권을 잃는 것, 견책]의 원리로부터 도출된 개념과 절차를 상세히 설명해 준다. 친사회적이고 일탈되지 않은 행동을 강화시켜주는 것이 치료의 핵심이다. 부모는 자녀의 행동에 따라 곧이어서 강화 및 처벌 기법을 사용하는 방법, 후속된 처분을 일관되게 제공하는 방법, 그리고 적합한 행동에 대해서는 주의를 기울이고, 부적합한 행동은 무시하는 방법, 자극, (어떤 행동을) 촉구(prompting)하고 , 조형(shaping)시키고, 퇴색(fading)시키기 위해 기술을 적용하는 방법, 그리고 이러한 기법을 사용하여 미래의 문제를 관리하는 방법에 대해서 교육을 받는다. 절차를 따라가는 기술을 발달시키기 위해 회기 중에 많이 연습을 시키고 부모 행동을 조형시키는 것이 이루어진다(Feldman & Kazdin, 1995, p. 3).

치료자는 회기와 회기 사이에도 부모와 전화를 통해 긴밀한 접촉을 유지한다. 이러한 접촉을 통해서 부모는 가정에서의 프로그램 시행에 대해서 질문할 용기를 얻으며 치료자는 행동-변화 프로그램을 준수하도록 촉구하고, 부모가 기술을 사용하는 것을 강화시켜 줄 수 있게 되며, 치료 동맹을 강화하고, 그리고 부모가 문제에 대해 즉각적으로 직면하고 해결하는 것을 도와줄 수 있게 된다(Kling, Forster, Sundell, & Melin, 2010). 반항장애가 있는 사람들은 종종 자신의 주변 세계에서 마주치는 어려움에 대한 책임을 종종 회피하기 때문에, William Glasser(1980)가 책임을 회피하는 경향이 특히 높은 비행 소녀들을 대상으로 치료하면서 개발해 낸 고전적 현실요법의 기법이 여기에서 적절하다. Adler 방식의 요법(Adlerian therapy)도 전통적인 정신역동적 요법에 다소 유사한 접근방식을 취하는 데 적용하여 성공적인 효과를 거두고 있다.

일단 반항적 성향이 다소라도 가라앉으면, Carl Rogers의 방법론을 응용한 내담자 중심 요법이나 비지시적 요법[Carl Rogers(1961)가 원래 개발한 기법이 발전된 것]을 사용하여, 청소년으로 하여금 부모의 제재에 적응해 가면서 자신의 정체감(주관)을 세워나가는 것에 관한 갈등을 탐색할 수 있다. 마찬가지로, 게슈탈트 치료 기법(Gestalt therapy techniques)도 이를테면 "빈 의자 기법(empty chair technique)"은 반항장애가 있는 이들이 부모에 대해 갖고 있는 마음속의 감정들을 직면하도록 하는 데 도움이 될 수 있다(Perls, Heffeline, & Goodman, 1958; Nichols & Fine, 1980). 여기에서는 청소년이 부모가 앞에 있는 빈 의자에 앉아 있다고 가정하고 부모와 자신 양쪽의 입장에서 나오는 대화를 모두 청취하게 하는 것으로서, 이는 10대 청소년으로 하여금 부모의 관점을 이해할 수 있도록 도와준다.

Phyllis의 치료

Phyllis는 10회기 이상의 개인 심리치료를 받았는데, 여기에는 Adler 방식의 치료법과 게슈탈트 기법이 들어있었다. 그 후에는 3개월간 매주 청소년 집단치료를 받았다. Phyllis의 부모들도 딸의 행동에 대해 반응하는 방법에 대해 조언을 들었으며, 10대 청소년 자녀를 둔 부모들을 위해 쓰여진 책들과 잡지 기사들의 목록을 제공받았다. Phyllis가 치료자의 질문들에 순순히 대답하고 보다 적절한 행동들을 나타내는 것을 목표로 하는 치료계약에 동의하였음에도 불구하고, 치료자에게 자발적으로 자신을 드러내는 것은 느렸다. Phyllis의 치료 동기는 학교 측이 퇴학시키겠다고 위협한 것과, 부모, 교사, 그리고 또래들과 보다 잘 어울려 지내고 싶은 마음에서 비롯되었다. 대부분의 치료를 받는 청소년의 경우에서처럼, Phyllis의 문제의 주된 것은 부적절한 사회 기술과 자신의 감정을 사회적으로 적절한 방식으로 소통하지 못한 데 기인한 것이다. 따라서 각 치료 회기는 Phyllis가 보다 적절한 자기주장적 행동을 나타내는 것에 초점을 두었으며, 여기에는 부모와 또래들과 실제로 연습을 해보는 것도 들어 있었다. 이러한 치료 전략은 Phyllis와 부모 사이에 있던 강력한 긴장감을 극적으로 완화시켰다.

Phyllis가 참여한 치료집단은 윗사람과의 관계, 학업 성취도, 그리고 또래와의 안정적인 관계를 유지하는 데에서 비슷한 문제가 있는 8~10명의 10대들로 구성되어 있었다. 이 집단은 Sullivan(1953)이 기술한, 사춘기 전 단계의 친밀한 친구관계(preadolescent friendships)의 기능을 발휘하였다. 집단구성원들은 수용적인 분위기 속에서 문제를 해결하고 현실검증(reality testing)을 하는 것을 서로서로 도와주었다. 치료집단은 개방된 집단으로서 구성원들은 들어와서는 자신의 욕구가 충족되면 나갈 수가 있었다. 몇몇 구성원들은 서로 친한 친구사이가 된 나머지 치료집단을 나와서도 우정 관계를 지속시켰다. Phyllis는 집단 분위기에서 더욱 개방적이 되었고 다른 구성원들도 자신과 비슷한 어려움을 가지고 있다는 것을 깨닫고서는 호전되어 갔다.

3개월 후, Phyllis는 부모와 좀 더 기분좋은 상호작용을 하게 되었고, 학교에서 벌로 방과 후 잡아 두기에 걸리는 횟수도 줄고, 성적도 올라간 것으로 문제가 향상되었다는 것을 알 수 있었다. 그녀는 집단치료에서 사귄 친구들과의 우정관계를 계속 유지해 나갔으며, 학교친구들과 보다 안정된 교우관계를 즐기게 되었으며, 더 이상 학교에서 퇴학당할 걱정을 하지 않게 되었다. 또한 이제 Phyllis는 과거 어느 때보다 행복하고 자신감이 더 생겼다고 말하고 있다.

사례 연구

조승희의 사례

2007년 4월 16일은 미국 역사상 학교에서의 가장 큰 총기 난사 사건일 뿐만 아니라 한 사람에 의해서 가장 큰 규모의 대량 살인 사건이 발생한 날로 알려져 있다. 이 절의 일부 자료는 처음에는 『워싱턴 포스트』 지에서 수집된 자료인데, 이제는 「검토위원회 보고서(Report of the Review Panel)」(2007)로 지칭되는데, 이 독자적인 위원회 보고서는 버지니아 주지사 Raines에게 제출되었고 그리고 2007년 8월 29일에는 대중에게 공개되었다.

조승희는 4월 16일에 늘상 그의 습관대로 아침 일찍이 모습을 드러냈고, 그로 인한 공포는 웨스트 앰 블러 존스턴 홀(West Ambler Johnston Hall)에서 총격이 발생했다고 신고 전화가 들어온 오전 7시 15분에 드러났다. 경찰이 현장에 도착했을 때 신입생 Emile Hilscher와 상주 조교 Ryan Clark가 총에 맞은 것이 발견되었다. 이 두 사람은 병원에 실려갔는데 병원에서 사망한 것으로 공표되었다. 경찰은 그 지역을 안전하게 보호하기 시작했고, 남녀 친구사이의 문제가 있는 것으로 생각했다. 오전 9시 26분에 버지니아 공대 당국은 학생, 교직원 및 교수진에게 총격 사건과 그들이 취해야 할 주의사항을 경고하는 이메일을 보냈다. 많은 이가 이메일을 보지 못했다.

조승희가 총격을 가한 후에 무엇을 했는지는, 자신의 고백을 비디오로 찍은 것을 NBC

방송으로 발송한 것 이외에는 아무 것도 명확하지 않았다. 하지만 첫 번째 총격을 가한 지 약 2시간 후에, 조승희는 Norris Hall로 들어가서는 모든 출구 문을 사슬로 묶었다. 그는 한 교실에서 다른 교실로 옮겨 가면서, 신속하게 머뭇거림 없이 총을 쏘아서, 붙어 있는 교실에 있던 사람들을 죽였다. 한 교실에서 나와서 홀을 가로질러 온 학생들이 문을 열고는 무슨 일이 벌어지고 있는 지를 보았다. 문이 열리자마자 그들은 총을 쏘는 사람이 교실을 떠나서 복도를 가로질러 가는 것을 보았다. 그들은 재빨리 문을 닫았다. 한 학생은 바리케이드로 사용할 수 있는 무거운 직사각형 탁자가 있다는 걸 깨달았고, 잠시 후 조승희는 문 앞에 이르렀다. 탁자가 문 뒤에서 받쳐 주고 학생들이 문이 안 열리도록 밀어붙였기 때문에, 총기 휴대자는 들어갈 수가 없어서, 그 대신, 문을 향해 총을 두 방 쏘았지만 아무도 맞지 않았다. 조승희는 계속해서 움직였고, 살인은 계속되었다. 그러나 경찰이 그 건물로 밀려들어 오기 전에 어느 시점에서인가 조승희는 자신에게 총을 쏴서 자살했다.

최종적으로 조승희는 도합 33명(학생 27명, 교직원 5명, 그리고 자기자신)을 살해하고 다른 17명에게 부상을 입혔다. Norris Hall에서의 총격은 9분 이상 지속되지 않은 것으로 추정된다. 공식적인 소식통에 의하면, 조승희가 총을 170발 이상 쏘았으며 탄창을 17개 휴대하고 있었다고 한다.

「검토위원회 보고서」(2007)의 결론에 따르면, 한 가지 문제점은 최초로 두 명의 학생이 살해된 총격에 대해서 널리 주지시키는 것이 지연된 것이다. 이와 같이 전달이 지체된 부분적인 원인은 경찰이 첫 번째 총격을 남녀 치정관계로 보았기 때문이다. 또 하나의 관련된 문제는 전통적인 관료주의로 인한 결과인 것이다. 단지 두 명의 관리자만이 캠퍼스 전체를 대상으로 하는 전자메일을 보낼 수 있었고, 어떤 메시지를 내보내든 간에 먼저 운영위원회(Policy Group)의 승인을 받아야만 했다. 이 조직은 Steger 총장이 대표이고 9명의 부총장과 여러 명의 부처장이 포함되어 있었다. 놀랄 것도 없이, 이 위원회를 소집하는 데에는 최소한 30분이 소요되었다. 더 중대한 문제는 폭력을 예고하는 조승희 내면의 장애에 대한 경고 신호(Depue, 2007) 및 그로 인한 예상되는 결과에 관련하여, 관계자 및 기관 사이에서, 일찍이 고등학교 다닐 적부터 그 당시에 이르기까지, 의사소통과 적절한 대응이 부족했다는 것이다.

배경 및 경고 신호

조승희는 1984년 1월에 한국에서 태어났다. 조승희는 생후 9개월이 되자 그르렁거리는 기침을 했다. 이것이 폐렴으로 발전되어, 병원에 입원했는데, 그동안에 의사들은 "심실중박결손(심장에 구멍이 있는 것)" 또는 심장 잡음(心雜音, heart murmur)이라는 심장의 문제가 있다는 진단을 내렸다. 2년 후, 의사들은 "어떤 절차[아마도 조영심장초음파검사(echocardiograph) 또는 심장 도관 삽입술(cardiac catheterization)]를 수행했는데, 이는 3세 짜리 아동에게 정서적인 외상을 유발했다. 그때 이후로, 조승희는 누가 만지는 것을 좋아하지 않았다. …… 그의 어머니에 따르면, 그는 많이도 울었고 끊임없이 아팠다."(Report of the Review Panel, 2007, Ch. 4, pp. 31-32).

전쟁 후의 많은 한국인처럼 그의 가족이 심각하게 가난하지는 않았지만, 그의 가족은 재정적으로 어려움을 겪고 있었으며, 이미 미국에 이민으로 와있던 한 친척의 권유로 그의 가족은 조승희가 6세이던 해인 1992년에 이곳으로 이주했다. 조승희도 그의 부모 두 분 모두 다 영어를 읽거나 말하지 못했다. 그가 한국에 있었을 때부터 이미 철수된(withdrawn) 상태에 있었지만, 조승희가 수줍음과 특이한 억양으로 인해 주변의 아이들이 놀림을 당하게 되자, 그의 철수 상태는 훨씬 더 악화되었다. 몇몇 학생들은 그와 친구가 되려고 노력했지만, 그들은 퇴짜를 맞았다. 지금까지 그에게 친구가 있었는지에 대해서는 아무도 이야기하는 사람이 없다.

친척들은 조승희가 어린 시절에 이상할 정도로 조용했다고 진술했다. 가족과의 상호작용하는 것도 소원한 경우가 종종 있었다. 조승희는 신체적인 접촉은 고사하고 남이 인사해도 반응을 보이는 경우가 거의 없었다. 하지만 학업에서는 아주 뛰어났다. 초등학교 때는 수학과 영어에 재능이 있다는 것이 밝혀졌다. 종종 그의 학교 선생님들은 수업 시간에 다른 아이들과 이야기하면서도 조승희에 대해서 언급하곤 했다.

하지만 중학교 때 조승희를 아는 학생들은 그가 다른 학생들과 의사소통을 하지 않으며 교사들과 대화하는 것을 피했던 것으로 기억한다. 교사가 그를 불러도, 그는 통상 교사가 마침내 가까이 다가갈 때까지도 그냥 앉아 있는 것이 보통이었다. 마찬가지로, 고등학교에서도 조승희는 의사소통을 하지 않는 그 상태에 머물러 있었다.

초반의 인상과는 대조적으로, 조승희는 학교에 다니기 시작할 때부터 뚜렷한 문제점을 보여 주어서, 그의 부모님은 그를 치료하기 위해 이곳저곳을 다녔다. 1987년 7월에,

그의 부모는 아들을 정신 건강 서비스 시설로 데려갔고, "아들과 잘 맞지 않는 한국계 상담사로부터 상담을 받은 후에는, 조승희는 예술치료에서의 훈련을 받은 또 다른 전문가 [그리고] 첫 미팅에 참여하여 사회불안 장애의 진단을 내렸던 정신과 의사의 치료를 받았다(Report of the Review Panel, 2007, Ch. 4, p. 34). 조승희는 발전하는 것으로 보였지만, 그의 치료자는 8학년 때 더욱 악화된 것에 주목했으며, 1999년 4월의 Columbine 고등학교에서의 살인 사건 이후에 조승희는 "Columbine 사건을 또다시 저지르고 싶다."고 썼고, 또다른 정신과의사로부터 진찰을 받고는 그로부터 조승희는 "선택적 무언증(selective mutism)"과 "주요 우울증, 단회 일화(major depression, single episode)"의 진단을 받고 파록세틴(paroxetine) 20mg을 처방받았는데, 이 약을 조승희는 1년을 약간 더 넘게 복용했다.

선택적 무언증은 불안장애의 한 가지 변형으로서 당사자가 어떤 반응을 나타낼 것이 상당히 기대되는 사회 장면에서 말을 못하는 것이다. 1999년 가을에 그는 고등학교에 입학했는데, 11학년까지는 치료를 계속 받고 있으면서 전반적으로 잘 지냈으며 그의 의사소통 결손에 대해서 특별한 조치를 검토할 필요가 있다고 판단되었다. 그는 평점 3.52의 성적과 SAT에서 언어 540점과 수학 620점을 받았으며, 추천서, 개인 면담, 또는 작문을 쓸 필요가 없는 버지니아 공대로 입학허가가 났다.

조승희는 경영정보를 주요 전공으로 해서 학업을 시작했고, 그가 룸메이트와 문제가 있었고 점점 더 철수된(withdrawn) 상태로 들어가기는 했지만, 그는 평균 3.00의 성적을 얻어 냈는데, 이해할 수 없게도 전공을 영어로 바꾸었다. 그는 2학년을 마치기는 했지만, 2005년에 3학년이던 해의 가을에 그는 더욱 확실히 나빠졌다. 영시를 가르치는 강사인 Nikki Giovanni는 그와 상호작용하기가 어려웠는데, 그의 수업을 듣는 다른 학생들 몇몇이 수업에 참석하지 않자 절정에 이르렀다. 즉, 일부 여학생들은 조승희가 수업 중에 휴대폰으로 자신들을 사진 찍는다고 호소했다.

그러자 Giovanni는 버지니아 공대의 작문 프로그램의 공동 책임자인 Lucinda Roy에게로 가서, 그녀가 그를 지도할 수 있겠는지를 물어보었다. Roy 역시 조승희의 작문한 것과 기괴한 행동에 놀라서 이 문제를 윗선에 전달하였다. 대학 본부에서의 행정적인 논의가 무성했고 그 결론은 법적인 문제가 너무 커질 수 있고 뚜렷한 위협이 없다는 것이었다. 조승희는 또한 최소한 두 명의 여성을 괴롭혀서 경찰과 대면하게 되었다. 11월 30일에, 조승희는 Cook 상담 센터에 전화를 걸어서, 전화로 면담을 수차례 가졌지만 실제 치료는 이루어지지 않았다.

12월에, 조승희가 파티 석상에서 카펫을 찌르는 모습이 목격되었다. 또한 그는 여학생을 괴롭혀서 경찰과 대면하게 되었고, 이는 조승희를 자극시켜 그가 "나는 자살할 수도 있다."라는 내용의 실시간 메시지를 그의 인근에 사는 남학생 중 한 명에게 보냈다(Report of the Review Panel, 2007, Ch. 4, p. 47). 이는 결국 경찰과의 대면 및 평가를 받게 되었고 평가결과 강제 입원이 권고되었다. 그는 입원되었지만 평가자들은 견해가 달랐고 강제 조치를 받기 위해 특별 법정에 출두한 다음 날에야(증언하는 것이 아닌) 서면 의견만 제출되었다. "특별 법정에서는 조승희가 정신질환의 결과로 자신에게 절박한 위험을 보여 주고 있기 때문에 'O-P(outpatient treatment; 외래 치료)'를 명령한다고 판결하였다"(Report of the Review Panel, Ch. 4, p. 48). 감독하에, 조승희는 치료를 받을 날짜를 잡았지만, 단지 평가만 실시되었을 뿐이며 그 이후의 치료를 위한 일정은 잡히지 않았다.

조승희가 쓴 내용은 그가 듣는 모든 수업에서 교수들과 동료 학생들을 괴롭혔다. 2006년 가을에, 영상저작(screenwriting) 수업에서, 조승희의 글은 너무나 소름이 끼쳐서 수업 시작 전에 많은 학생이 모여서 조승희가 학교에서 총기 난동을 일으킬 가능성에 대해 논의하기 시작했다. 다른 학생들이 쓴 것에 대한 비평도 요구되었지만, 학생들은 조승희가 쓴 글에 대해 이야기를 할 때에는 단어를 조심스럽게 선택했다. 비평을 받으면 학생은 비평받은 것에 대해 결론을 내리기로 되어 있었다. 그러나 담당 교수는 조승희에게 결론을 내리라고 압력을 가하지 않았다. 이와 똑같은 문제는 다음 두 학기 동안 계속해서 나타났다.

그러다가 2007년 봄 학기에, 학생들은 조승희가 총격을 가하기 몇 달 전에 급격하게 변한 것을 기억해 냈다. 조승희는 밖으로 나와서 움직이기 시작했다. 그는 머리를 밀었으며 콘택트렌즈를 착용하기 시작했으며, 아침에 아주 일찍 일어나기 시작했다. 또한 조승희는 점차로 수업에 들어가지 않았는데, 이것은 그가 공부해 온 경력과 맞지 않았다. 2007년 2월 9일에, 조승희는 버지니아 공대 캠퍼스 건너편에 있는 전당포에서 Gock 9 총을 구입했다. 한 달 후인 3월 16일에 그는 두 번째 총 22-caliber Walther를 샀다. 총격 사건을 일으키기 하루 전인 4월 15일에 부모와 통화를 할 때에는, 조승희는 정상적인 모습으로 보였다. 그는 부모님에게 어떻게 지내시는지를 여쭈어 보았으며, 그 밖의 늘상 하는 반응을 보였는데, "아니에요, 저는 돈이 필요 없어요."라고 하였다. 부모는 "우리는 너를 사랑한다."라고 말했다(*Report of the Review Panel*, 2007, Ch. 4, p. 52). 그다음 날 그는 살인을 저질렀다.

논평

Phyllis의 사례는 외견상 두드러보이지 않는 생활환경들이 결합되면 청소년기의 적응 문제를 일으키기가 쉽게 되는지를 보여 주는 좋은 예가 된다. Phyllis의 아동기 경험은 여러 방면에서 뛰어난 곳도 있었지만, 좌절 인내력 또는 장기간에 걸친 또래 관계를 유지하는 데에 적절한 경험축적이 부족했다. 또한 가족 중 가장 막내로서 또한 나중에는 유일한 아동으로 남게 된 그녀의 위상이 사회성 기술의 부족과 결합해서 Phyllis의 사회적 역량을 제한하게 되었다. Phyllis는 자신의 행동에 대하여 또래나 형제들로부터 신뢰스러운 피드백을 받아 이에 따르는 요령을 진정 몰랐었다. 또한 그녀는 판단하기 위한 이정표로서 부모와 교사의 기대에만 따르도록 강요를 받았다.

학교 폭력

사회가 연쇄 살인범, 예를 들면 도살자 잭(Jack the Ripper) 등이 적어도 수 세기 동안 우리들 사이에서 존재했다는 것을 희미하게 인식해 오고 있었지만, 저자들은 학교에서의 총기 살인자가 이와 관련된 보다 현대적인 현상이라는 견해를 반박할 만한 좋은 자료를 갖고 있지 못하다. 「조사위원회 보고서(The Report of the Review Panel)」(2007, Appendix L) 에서는 1966년부터 2007년 사이에 학교 총격 사건이 대략 45건이 있었으며, 아마도 가장 끔찍한 것이 2007년의 버지니아 공대 총격 사건일 것이다.

묘하게도, 우리 사회는 연쇄 살인범이 다소 흥미롭고/긍정적인 특성을 갖고 있다고 보는 경향이 있으며, 동시에 우리는 학교 총기 난사범을 거의 전적으로 애처로운/호감이 가지 않는 사람으로 인식한다. 그럼에도 불구하고, 연쇄 살인범에 대한 개념에는, 이들이 계산적이고, 종종 정신병질적이며, 구제불가능한 사람들로서, 가장 무거운 처벌과 동정을 거의 받을 자격이 없는 자라는 것이라는 자료가 포함되어 있다. 그러나 학교 총기 살인자들은 통상 우리 대부분과 비슷하다. 즉, 이들은 정상적인 기간도 상당히 있으며, 이들의 행위가 오랜 시간에 걸쳐서 계산된 것은 아니라는 것이다. 오히려 다음에 나오는 사례에서처럼, 총격이 긴 발달 과정의 최고조에 해당되는 경우가 종종 있다.

질병통제센터(Centers for Disease Control: CDC)에서 수행한 청소년의 모험 행동 조사(The Youth Risk Behavior Survey)(2001)는 9학년부터 12학년 사이의 취학 아동을 대상으로 한 설문 조사인데, 그 결과에 따르면 고등학생의 5.9%가 설문조사를 하기 전에 30일 동안 총을 휴대하고 다녔다. 또한 조사결과에 따르면 응답자의 7.4%가 지난 1년 동안에 무기의 위협을 받거나 무기에 의해 부상을 당했으며, 남학생(10.2%)은 여학생(4%)보다 위협을 더 많이 받았다. 약 4%의 학생들이 설문조사를 실시하기 전 30일 동안 1일 이상 학교를 결석했는데, 그 이유는 학교에서 안전하지 않다고 여겼기 때문이었다. 학교 총기 난사범에 관한 제한적인 연구결과에 의하면 이들 중 상당수가 가해자로부터 괴롭힘을 당한 것을 발견하였으며 따라서 이들의 총격 사건은 본질적으로 보복을 위한 것이라고 주장했다(Reuter-Rice, 2008).

학교 안에 총기가 많으며 학생들 간의 불협화음이 있기 때문에, 미국에서는 학교폭력을 이해하고 방지하는 데 초유의 관심을 갖게 되었다. 콜로라도(Columbine), 켄터키(Paducah), 알칸사스(Jonesboro), 오레곤(Springfield), 그리고 최근의 버지니아 공대의 대량 학살 사건에서의 총기 난사 같은 사건은 학교폭력이라는 문제에 최우선적으로 관심을 갖게 해 주었고, 그 결과 학부모, 취학 아동, 그리고 학교 당국으로 하여금 해답을 찾도록 노력하게 만들었다.

논평

돌이켜 보면, 조승희는 아주 어린 나이부터 분열성 특질(schizoid traits)을 뚜렷이 보여 주었다. 그는 나이가 들어 감에 따라 대인관계가 점점 더 소원해졌으며 부적절하고, 우울하고 그리고/또는 화를 내며, 그리고 편집증적이 되었다. 분열성 성격패턴 그리고 점점 더 증가하는 분노와 편집증으로 인해서 그는 치료를 받으러 다니기가 어려웠을 것이며 강제로 치료를 받게 한다고 하더라도 이에 협조하지 않았을 것이다(Meyer & Weaver, 2007). 이러한 요인들에 폭력에 대해 점차 마음이 끌리는 것과 총기에 쉽게 접근할 수 있는 것이 결합되어서 (그는 정신질환이 있는 확인된 적이 있음) 생명을 앗아가는 사건을 그리 놀랄 만하지 않은 일로 만들어버렸다.

「검토위원회 보고서(Report of the Review Panel)」의 부록 M(2007, M-2-M-4)에서, Depue는 미국에서의 학교 총기난사범과 관련된 경고신호에 대한 개요를 제시하였다. 여기에는 ① 환상의 내용이 폭력적인 것, ② 분노 문제, ③ 무기 및 관련된 도구에 마음이 끌리는 것, ④ 싸우는 것 그리고 전투에 대한 숙련성을 자랑하고 실습하는 것, ⑤ 고독한 분열성 패턴(loner-schizoid patterns), ⑥ 자살 생각, ⑦ 살인에 대한 생각, ⑧ 스토킹 행동, ⑨ 지시에 불복종하는 것과 훈육 관련 문제, ⑩ 다른 살인자를 모방하는 것(그리고/또는 찬양하는 것), 그리고 ⑪ 이전에 있던 총기 난사 상황에 관심을 보이는 것이 있다.

폭력적인 아동 및 청소년을 파악하기

폭력 행동을 할 위험이 있는 아동청소년을 어떻게 알아볼 수 있을까? Mulvey와 Cauffman(2001)과 Bardick과 Bernes(2008)는 폭력적인 청소년을 파악하는 것의 어려움을 고찰했는데, 여기에는 학교 폭력의 기저 비생률이 낮은 점과 거짓 긍정(false positives)의 가능성, 끊임없이 변화하고 발전하는 아동 성격의 발달적 특성, 그리고 폭력의 가능성을 높여 줄 수 있는 사회적 및 상황적 측면이 해당된다. 또 다른 도전거리는 혼자 해내는 학교 총기 난사범과 다른 아이들과 함께 저지르는 총기 난사범 사이의 차이점을 이해하는 것이다. 하지만 미국의 많은 학교 총기 난사범 사이에는 공통점이 있었다. 대부분은 중산층 가정 출신의 백인 남성이며, 지능이 평균 수준이고, 정신 질환의 병력이 있는지 불분명하며, 괴롭힘을 당하거나 “괴짜” 또는 “괴상한 사람”으로 보인 자로서(Hazler, 2000; Hermann & Finn, 2002), 나이는 평균 약

16세이다.

그 밖의 가능한 지표는 다음과 같다.

1. 폭력을 위협하는것(Cornell et al., 2004)
2. 가정이 붕괴된 것 그리고/또는 가족 문제가 있는 것
3. 헤어진 것 또는 배척당했다고 여기는 것 같은 최근의 스트레스 자극
4. 폭력적이거나 소름 끼치는 영화, 이야기 등이 머리 속에 가득 차 있는 것 (Hermann & Finn, 2002)
5. 우울증(Troop-Gordon & Ladd, 2005)
6. 약물 또는 알코올 남용(Noyori-Corbett & Moon, 2010)
7. 뇌 기능부전
8. 총기에 접근한 것
9. 동물에게 잔인한 것(Hermann & Finn, 2002)
10. 무기, 폭발물, 또는 군대에 대해 관심이 지극히 높은 것
11. 폭력 행동의 과거력
12. 기분 또는 행동상의 극적인 변화
13. 학교에 대한 강렬한 반감
14. 외롭다는 감정과 남들과 멀어지는(isolating) 행동(Glasser, 2000)
15. 부당한 대우를 받는다고 호소하는 것
16. 자살 생각

기억해야 할 중요한 점은, ① 많은 위험 요인이 고정된(static) 것이 아니라는 점, ② 어떤 아이가 폭력적이 될 것이라고 명확하게 예측해줄 만큼 강력한 위험 요인은 하나도 없다는 것, 그리고 ③ 학교 총기 난사 사건을 멀리서라도 정확하게 예측해주는 데 적용될 수 있는 방정식은 전혀 없다는 것이다.

학교폭력의 예방

미래의 학교 폭력을 예방해줄 손쉬운 방법은 없다. 그러나 폭력 예방을 위한 문제 해결 전략은 다음과 같다.

1. 개입은 가장 기초적인 수준에서 시작해야 한다. 부모들은 출산 시 저체중과 초기 머리 부상(early head injury)에 연결되어 있는 뇌 손상을 방지하기 위해 노력해야 하며, 이런 일이 있었다면, 분노 관리 기법이 유용할 수 있음을 인식해야 한다. 친사회적 행동을 발달시키고 폭력적인 행동을 억제하기 위한 행동적 기법은 아이들의 발달 과정 내내 사용되어야 한다.
2. 부모는 폭력 행동을 촉진시키는 활동, 상황, 및 장소에 대해 알아차리고 이를 바꾸어주어야 한다. 부모는 자녀들이 무슨 행동을 하고 있는지 그리고 어디에 있는지를 알고 있어야 한다.
3. 화약류, 알코올, 및 약물에 대한 접근을 차단해서 위험 요인을 줄인다. 총기의 살상 효과, 약물과 알코올의 효과에 대한 교육도 도움이 된다.

이와 같은 권고 사항 이외에도, 다음의 조언을 병행하면 미래의 학교 총기 난사를 없애고 학교 폭력의 가능성을 줄이는 데 전반적으로 도움이 될 수도 있다(Fassler, 2001).

1. 가능한 한 일찍부터, 문제가 있는 아이를 확인하라. (앞에서 소개된 폭력 아동이 될 가능성을 알려 주는 지표를 보라.)
2. 알아차림의 수준을 높이고 의사소통을 증진시키라. 아이들에게 자신의 문제에 대해 이야기하고 필요할 때 도움을 요청하도록 격려한다. 또한 여기에는 아이들이 친구들의 문제에 대해 이야기하는 것을 허용하고 격려하는 것도 포함된다(Eliot, Cornell, Gregory, & Fan, 2010).
3. 총에 접근하는 것을 줄이라. 잠긴 캐비닛 속에 들어있는 총이라도 고집스런 아이라면 꺼낼 수 있다.

4. 학급의 규모를 줄인다. 학급의 규모가 작으면 교사는 교실을 좀 더 잘 통제할 수 있게 될 것이며 또한 교사와 학생 간의 상호작용을 증가시킬 수 있다. 또한 이는 저저를 위험이 있는 아이를 파악하는 데도 도움이 될 것이다.
5. 인내심을 길러 주며 사회화(socialization)를 촉진하고 문제해결 기술을 가르친다. 아이들은 폭력을 사용하지 않고도 갈등을 해결하는 법을 배워야 한다. 이러한 문제해결 기술은 아이들의 발달 과정 중 초기단계부터 가르쳐야 하며, 학교에 다니는 동안 내내 실천하고 향상시키도록 해야 한다.
6. 그 밖에도 Johnson(2009)이 수행한 문헌 개관에 따르면 학칙이 명료하게 체계를 갖추고 있고 저지른 행동에 대해서 일관되게 처리를 하는 학교에서는 학생과 교사 간의 긍정적인 관계가 증진되었고 해당 학교에서의 폭력의 발생률이 줄었다고 한다.

집중해야 할 또 다른 영역은 폭력 행동과 이전의 학교 학칙위반 문제 사이의 관계이다. 이에 주목하는 이유는 과거 행동이 미래 행동의 가장 좋은 지표라는 가정에 있다. 일부 학교들은 저지를 위험이 큰 학생들을 선별해 내기 위해 다중 게이트 기법(multiple gating technique)을 시행하고 있다.

Sprague와 동료들(2001)이 제시한 그러한 선별 프로그램 중 하나는 네 수준의 과정이 들어 있다. 첫 번째 수준에서는 교사로부터 반사회적 행동을 드러낸 학생을 담당하는 교사로부터 권고사항을 접수하는 것이다. 두 번째 수준에서는 담당 교사로 하여금 이와 같이 파악된 학생에 대하여 사회성 기술, 이전의 학칙위반 문제, 그리고 학습 습관의 영역에서 평정하도록 요청하는 것이다. 세 번째 수준에서는 학생부 기록을 검토하는 것이다. 여기에는 이전의 모든 학칙위반 행위에 대해 표준화된 평가를 하는 것도 포함된다. 마지막 수준에서는 교정기관 및 사회안전기록 파일(public safety files) 같은 기록을 검색해서 이전의 범행 및 검거 사실여부에 대한 정보를 수집하는 것이다.

사례 연구

E 씨의 사례

E 씨는 1902년 6월 15일 독일 프랑크푸르트 인근에서 태어났다. 그는 E 씨의 아버지로부터 버림을 받은 후 프랑크푸르트로 친구들과 함께 여행을 갔던 덴마크의 유태인 어머니에게서 태어났다. E 씨의 아버지는 그 후 얼마 안 가 사망하였다.

E 씨는 출생 후 초기 몇 년간을 어머니하고만 지냈는데, 그의 어머니는 여행을 자주 다니는 예술가이었다. E 씨가 3세가 되었을 때, 병에 걸리게 되자, 어머니는 그를 소아과 의사인 Theodore Homburger에게로 데리고 갔다. 그 뒤 이 의사와 어머니는 결혼하였다. E 씨는 아동기에는 Homburger 박사를 친아버지라고 믿으면서 자랐다. 그는 결국 다른 방식으로 알게 되었지만, 그는 68세가 될 때까지 자신이 혼외 정사로 태어났다는 것을 비밀로 했다.

독일의 Karlsruhe 지역에서 자라면서, E 씨는 자신의 출생과 관련된 다른 중요한 메시지를 받았다. 그의 양부인 Dr. Homburger가 유태인이었기 때문에, E 씨는 유대교회로 갔고 그곳에서 그는 "goy(이방인)"라고 불렸는데, 그의 부모의 덴마크계 혈통으로 인해 머리가 금발이고 눈이 파란색이었기 때문이다. 학교에서는 그는 양부가 유태인이고 자신의 이름도 유대식이었기 때문에 '유태인'으로 불렸다.

이와 같은 혼란에 덧붙여진 것은 청소년기에 자연스럽게 나타나는 반항심이었다. 부모로부터 사랑도 받고 떠받들어졌지만, E 씨는 자기 가족의 "부르주아(bourgeois)"적 측면에 대해 반감을 느꼈다. 심지어 그는 친숙한 시구인 "나는 달라지리라"를 외치기도 했다. 그는 예술가가 되기로 결심하고는, 유럽 전역을 1년 정도를 돌어다닌 후, Karlsruhe 지역에 있는 한 예술학교에 등록했다. 그는 곧 미술 공부를 하러 뮌헨에 갔고, 그 다음에는 피렌체로 갔다가, Karlsruhe 지역으로 되돌아 왔다.

정체성이 발달하는 과정에서 종종 발생하듯이, 의식적으로 선택한 것보다는 주변환경에서 잡아당기는 것이 방향을 잡아 주는 경우가 있다. 20대 중반이 된 E 씨는 Dorothy Burlingham이 영국 및 미국 아동들을 위해 세운 진보적인 학교에서 가르치기 위해 비엔나(Vienna)로 오도록 한 친구로부터 요청을 받았다.

Burlingham은 Sigmund Freud와 함께 공부한 적이 있었으며, 이런 점 때문에 E 씨는 비엔나에 있는 동안(1927~1933) 심리적 주제에 흥미를 갖게 되었고, 그는 Sigmund Freud의 딸인 Anna Freud의 주목을 받게 되었다. Anna Freud는 아동들에 대한 저명한 이론가-치료자가 되어 가는 탄탄대로에 있었다. E 씨는 그녀의 훈련을 받는 피분석자(training analysand; 학생이면서 환자인 것) 중 한 명이 되었다. 그 후 그는 정신분석을 받는 동료 훈련생이며 예술가이자 무용가인 Joan Serson을 만나 결혼했다.

1933년도의 유럽에서의 정치적 혼란 때문에, 특히 E 씨가 유태인으로 인식되고 있는 점을 감안해서, 그와 그의 아내는 코펜하겐에 정착하려고 애썼지만, 얄궂게도 그는 덴마크 시민권을 받지 못했고, 그래서 부부는 미국으로 떠났다.

E 씨는 자신의 능력뿐만 아니라 아동 정신분석가가 드물기도 해서, 곧 많은 권위있는 학교와 및 의과대학교로부터 임용되었다. 그는 1930년대 초반에는 미국 보스턴에서의 유일한 아동 정신분석가였다. 그는 하버드 대학의 심리학 박사 과정에 등록했으나 마치지는 못했다. 흥미로운 것은, 그는 학업 성취에 대해 곧(그리고 아직도) 찬사를 받았지만, 그는 고등학교 졸업 이상의 학위를 받지 못했다.

E 씨는 1936년도에 보스턴에서 코네티컷주의 뉴헤이븐으로 이사갔다가, 그 후 현지 조사를 위해 사우스다코타주의 Pine Ridge Sioux 인디언 보호구역으로 갔고, 그다음에는 1939년에 샌프란시스코로, 그다음은 캘리포니아주 버클리로, 그다음에는 1950년에 매사추세츠주의 스톡브리지로 이사갔다가(매주 피츠버그로 통근하면서), 1960년에는 하버드와 뉴헤이븐으로 되돌아왔다. 1970년에, E 씨는 은퇴한 후, 캘리포니아주의 마린 카운티와 매사추세츠주의 케이프 코드 지역을 왔다갔다 하면서 지내다가, 1994년 5월 12일에 사망하였다.

정체성 발달 위기 또는 정체성 발달장애

거의 모든 사람이 청소년들을 만나고 청소년기를 겪으며 견디어 왔다. 따라서 대부분의 사람은 정체성의 문제가 가장 강렬한 발달 단계를 겪었고 목격했다. 다음의 사례연구에서 볼 수 있듯이, 이러한 문제를 성공적으로 극복해 내지 않고 이 결정적으로 중요한 발달 단계를 지나가게 되면 성인이 되어서 정체성의 위기가 나타날 수 있다.

정체성에 대한 도전

E.씨의 삶은 정체성 위기가 특히 큰 문제가 되었다. 부모가 누구인지와 자신이 속한 인종이 어디인지 모두에 관련된 혼란과 배척뿐만 아니라, 직업 선택, 교육적 성취, "고향"이 어디인지 등등에 관련된 문제가 정체성 위기를 키웠다. 따라서 E.씨(본명 Erik Homburger Erikson)가 스스로 정체성 위기(identity crisis)라는 용어를 만들어 냈고 이 방면의 연구영역의 개척자였다는 것은 놀랄 만한 일이 아니다(Hopkins, 1995).

Erik Erikson 이 자신의 정체성 위기를 당당히 맞서서 극복해 낸 것이 확실했다. 그는 행동과학 분야의 이론과 학파를 통틀어서 가장 위대한 이론가들 중 한 명으로서뿐만 아니라 통합한 사람의 한 명으로서 존경받고 있다. 한 동료는 Erikson을 "단시(短詩, sonnet) 형태를 갖춘 Freud"에 해당된다고 묘사했다(Hopkins, 1995). 그는 고전적인 정체성 관련 저술인, 『Youth and Crisis』(1968), 퓰리처상을 수상한 『간디의 진실(Gandhi's Truth)』과 같은 심리적 생애기(psychobiography) 같은 저명한 저술과 기사를 많이 썼다.

치료 기법의 유형

대부분의 사람에게는, 신체적 성숙, 교육, 스승과의 접촉, 인생 경험 그리고 시간이 자신의 정체성 위기의 해결에 필요한 치료법의 모두이다. 대부분의 일이 생애 초기에 조금씩 이루어진 것이지만, 그것은 모든 사람에게 전 생애에 걸쳐 있는 과정이라는 점을 기억하는 것이 중요하다. 대부분의 경우 이는 장애라기보다는 정상적인 발달 과정이다. 정체성 발달에서의 역할 때문에 좀 더 자주 연구되는 단계는 후기 사춘기(postadolescence)인데, 왜냐하면 이 시기가 우리 각자가 가족 중심적이고 의존적인 것에서부터 자립하고(self-sufficient) 점차적으로 독립적이 되는 결정적으로 중요한 시기이기 때문이다(Lacoste, 2007).

이 시기에 불안을 크게 느끼는 경우가 종종 있지만, 고통을 겪는 가운데 적응적인 역할과 정체성과 관련된 부분이 새롭게 엮어져서 등장하여 이 발달 단계를 헤쳐나가는 데 도움이 되는 경향이 있다. 이런 관점은 이 문제를 장애라기보다는, 아마도 위기일 수도 있다고 보며, 그리고 정상적인 발달상의 도전과제로 간주하는 현대적인 추세를 반영한다. 이런 맥락에서, 이전의 DSM체계에서는 “정체성 장애(identity disorder)”를 하나의 표준적인 장애로 수록했지만, DSM-IV-TR에서는 “정체성 문제(identity problem)”라는 한 개의 조건밖에 없으며, 그 진단은 “임상적 관심의 대상이 될 수 있는 기타의 조건”으로서 내려진다.

하지만 이것이 장애라고 불리든 문제라고 불리든 간에, 많은 사람은 정체성의 도전을 극복하려면 다소 제대로 된 개입이 필요하다. 고등학교에서의 일부 상담전문가들은 이 일을 맡아 보려고 하지만, 이들에게는 많은 변화를 가져올 만큼의 시간이 충분한 경우가 거의 없다. 대학교에서의 상담 센터에서는 이런 일을 많이 수행하고 있다. 이런 경우에 내담자 중심 요법, 실존 요법, 그리고 인지 요법과 같은 접근방법들이 유용한 경우가 많다.

표 9-1. 아동기와 청년기의 장애(Disorders of Childhood and Adolescence)

증상(장애)	연속선상으로 본 증상(Symptoms on a Continuum)	
	상당한 정도임 (Reasonable Degree)	병리적일 가능성이 있음 (Potentially Pathological)
읽기를 어려워하는 것 (독서 장애)	Joey는 대부분의 친구에 비해서 책을 읽는 데 시간이 더 오래 걸린다. 그는 숙제를 해내기는 하지만, 담당 선생님은 그가 통상 맨 마지막으로 마치는 것을 알아차렸다. 이러한 차이가 있어도, Joey는 책을 읽는 것을 즐기며 교실에서 크게 낭독하는 것을 나서서 자주 한다.	Tommy의 담당 선생님은 Tommy를 걱정한다. Tommy는 막 1학년으로 입학했는데, 읽기 과제로 어려움을 겪고 있다. 그는 기본 단어도 그림으로 보여 주지 않으면, 알아보지 못한다. 검사결과는 Tommy의 지능이 아주 높다는 것을 보여 주어서, 그의 읽기 문제는 그의 지능 수준과는 맞지 않는다.
과잉활동성 (Hyperactivity) (ADHD)	Wendy는 항상 에너지가 많은 아이였다. 그녀는 수업이 댄스 교실이든, 축구, 체조, 또는 공예 수업이든 항상 무언가를 하고 있다. 그녀는 수업 내용에 주의를 기울일 수는 있지만, 때로는 그녀에게 "얌전히 있거라."나 "조용히 있어라."라고 말을 해 주어야만 한다.	Adam의 부모는 Adam에 대해 어떻게 해야 할지를 모른다. Adam의 담당 교사의 말에 의하면, Adam은 교실 내 자기 자리에 머물러 있으려고 하지 않고 다른 학생들에게 말을 걸거나 또는 단순히 자신의 행동으로 주의를 끌어서 수업시간에 훼방을 놓는다고 한다. Adam은 이런 비슷한 문제로 인해 보이스카우트 소년단에서 쫓겨났는데, 이 소년단이 야구 코치로부터 경고받은 내용은 뭔가를 해야 할 필요가 있으며 그렇지 않으면 Adam에게 관찰과 주의를 너무나 많이 기울여 줘야 하기 때문에 Adam이 제대로 야구를 할 수 없을 것이라는 점이다.

과도한 불안 (분리 불안 separation anxiety)	오늘은 Theresa가 입학한 첫날이다. 그녀는 매우 흥분되지만 학교가 어떨지를 잘 모른다. 그녀가 학교에 도착하자, 그녀는 술렁거리는 분위기와 낯선 사람들 때문에 불안해졌다. 그녀는 부모는 그녀에 자동차에서 알아서 나오려고 하지 않아서 그녀를 차 밖으로 데리고 나와야만 했다. 부모가 떠나자, 그녀는 걷잡을 수 없이 운다. 그러나 나중에 학교에서 온 연락에 의하면 그녀가 다소 빨리 진정되었으며 지금은 다른 아이들과 놀고 있다고 한다.	매일 아침 Kelly의 부모는 전투를 치를 준비를 한다. Kelly는 부모가 자기를 학교에 떨어뜨려 놓는 것을 아주 싫어한다. 부모에게 작별 인사하는 것에 대해 생각하기만 해도 그녀는 신경질이 나며 부모와 떨어져 있는 동안 부모에게 무언가 나쁜 일이 일어날까 봐 걱정한다. 부모가 학교에 도착하면, Kelly는 통상 울고, 비명을 지르며, 부모에게 자기와 함께 있어 달라고 애원한다. 그녀의 부모는 이런 행동이 시간이 지나면 줄어들 것이라고 생각했었다. 그러나 3개월이 지났어도, 점점 더 악화되는 것으로 보인다.
부정적인 적대 행동 (ODD)	Ed는 평소보다 더 자주 부모와 싸우고 있다. 그는 방금 중학교에 입학했지만, 부모가 아직도 자기를 어린 아이처럼 대하고 있다고 여겼다. 그는 친구들과 더 많은 시간을 보내기를 원하고 있으며 친구들이 잘 지내는지에 관해서 친구들과 시종 연락할 필요가 없기를 바란다. 그는 최근에 부모에게 말대꾸했다고 외출금지를 당했다.	Philip은 방금 다시 정학을 받았다. 작년에 그는 수업을 방해하고 교사들과 말싸움을 벌여서 곤란에 처한 적이 있었다. 그의 부모는 그가 항상 쉽게 화를 내며 친구들을 위시하여 누구에게나 금방 화를 내고는 풀어진다는 것을 알게 되었다. 그는 집안일을 거부하며 벌을 받거나 외출금지를 당해도 신경을 쓰지 않는 것으로 보인다.

제10장

기질적 정신장애와 정신지체

이 장의 제목은 다소 오해를 불러일으킬 소지가 있는데, 즉 대부분의 정신장애에는 수반되는 생물학적 조건, 기여하는 원인들, 그리고/또는 그에 따른 결과가 있기 때문이다. 그러나 이 장에서 다루는 것은 정상적인 뇌에 손상이 있었을 때 발생하는 장해(disturbance)로 인한 지속적인 행동, 정동, 그리고 지적 패턴이다. 뇌세포는 다양한 부상, 질병, 그리고 독성 화학물질에 의해 기능적인 손상을 입거나 파괴될 수 있다. 인지, 정동, 그리고/또는 충동 조절에 관련된 뇌구조에 손상을 입게 되면 심리적 기능발휘가 부적절해질 뿐만 아니라 단절 증후군(disconnection syndromes)이라고 불리는 행동변화를 나타낼 수 있다. 어떤 개인의 심리적 기능의 손상 정도는 뇌신경이 손상된 위치와 정도, 그리고 당사자의 이전의 심리적 적응 상태, 그리고 당사자의 생활방식의 질에 따라 다르게 나타난다(Andreassi, 2000; Ricker, 2004). 이러한 기질적 정신장애(organic mental disorder)의 영향은 경미한 기억장해(mild memory disturbances)에서부터 심각한 정신증적 반응에 이르기까지 다양하게 나타날 수 있다.

이 장에서는 믿어지지 않는 사례로서 Harry라는 사람이 어릴 적에 뇌 반구 전체(뇌의 절반)을 제거하는 외과적 수술을 받았던 것을 첫 번째 사례로 보여 줄 것이다.

그는 비교적 정상적인 생활을 했을 뿐 아니라 평균 이상의 수준으로 적응을 잘 해 나갔다. 두 번째 사례 연구에서는 가장 유명한 복싱 선수 중의 한 명인 무하마드 알리(Muhammad Ali)에서의 변종 파킨슨병의 발달에 초점을 맞추고 있다. 세 번째 사례는 고 로널드 레이건 전 미국 대통령의 알츠하이머 병의 발병 사례이다. 이 장에서는 정신지체에 고찰로 매듭을 짓는데, Daryl Atkins의 사례에서 정신지체가 있으면 사형을 면하게 되는지에 대해 살펴본다.

우세한 뇌 반구의 제거 후에 나타난 기능 회복

인간의 두뇌는 외부로부터 손상을 쉽게 받을 수 있지만, 또한 놀랍도록 적응력이 뛰어나다. 교통사고, 종양, 그리고 다른 외상에 의해 엄청난 뇌손상을 입은 사람들도 놀랄 정도로 그 기능을 회복하기도 한다는 것이 알려져있다. 물론 궁극적으로 회복되는 정도는 부상을 입은 당시의 연령, 외상의 강도, 부상에 대한 정서 반응, 그리고 부상을 입은 뇌의 특정 부위(들) 등의 많은 요인에 달려 있다. 따라서 뇌손상을 입은 사람들에 대한 심리평가에서는 처음에 부상을 입은 후 일정 시간 동안에 나타나기 쉬운 수행도 상의 변화를 감안해야 한다(Kay & Franklin, 1995). 이런 이유로 많은 임상신경심리학자들은 환자들을 추적조사(follow up)하며, 시간이 흐르면서 나타나는 변화를 기록하기 위해 환자들을 주기적으로 재검사하는 것을 습관적으로 한다.

많은 연구자가 뇌가 부상으로부터 회복되는 과정을 연구하고 있는데, 이들의 대부분은 뇌에서 손상되지 않은 부위가 손상된 부위의 기능을 보상하기 위해 새로운 기능을 맡는 능력이 있음을 강조하고 있다. 이런 식의 추론이 시사하는 바는, 보통 때에는 뇌의 특정 부위가 특정한 기능에 주도적인 영향을 미치는 것으로 보이지만, 뇌구조와 행동이나 정신 활동 사이에는 일대일로 상응하는 관계가 꽉 짜여져있는 것은 아니라는 것이다.

오래 전에는 뇌의 특정 영역과 행동 사이에 일대일 대응 관계가 엄격히 존재한다고 믿었다(Harrington, 1985). 흔히 골상학(phrenology)이라 불리는 이 모형에 따르면, 뇌의 각 세부 영역은 대단히 특정된 행동 과정이나 정신 과정을 통제한다는 것이다. 따라서, 특정한 뇌 영역이 이를테면 다행감(euphoria), 분노, 또는 지적인 우수성 같은 상태를 담당하고 있다고 여겨졌다. 따라서 뇌기능에 대한 이런 관점에서는 이런 영역에 상해를 입으면 특정한 심리 기능에만 영향을 미칠 뿐이고 다른 기능은 비교적 아무런 영향을 미치지 않는다는 것을 함축하고 있다. 실제로 초기 단계의 해부학적 연구는 이 이론을 지지해 주기도 했다. 예를 들어, 19세기 후반의 프랑스의 신경학자 Paul Broca는 언어 표현의 어려움이 뇌의 좌반구(우세 반구)의 비교적 국한된(circumscribed) 영역에 손상이 가해지고 난 뒤에 나타난 것을 발견하였다.

뒤이어, 특정한 기능을 통제하는 뇌 중추의 위치를 국한해서 찾아내려는(localize) 시도가 뒤따랐는데, 그 성공한 정도는 각기 달랐다. 현시점에서 명백한 것은, 뇌 구조와 심리적인 기능 사이에 분명히 일반적인 관계가 있지만, 그 상관관계는 엄밀하지 않다는 것이다(Harrington, 1985). 예를 들면, 뇌의 좌우반구는 비교적 서로 구분되는 기능을 통제하고 있다는 것이 잘 알려져 있다. 즉, 건강하고 어른이 된 오른손잡이에서는 좌반구가 언어기술을 구사하는 데 주도적 역할을 하고, 그에 따라서 우반구는 시공간 능력으로 알려진 것에 대해 좀 더 많은 통제력을 구사한다는 것이다. 시공간 능력은 그림 그리기, 방향을 따라가는 것, 그리고 이를테면 우리가 기하학 문제에서 부딪힐 수 있는 공간 배열을 시각화하는 능력 등에서 나타난다. 보다 일반적인 수준에서 구분하면, 좌반구는 합리적이고, 논리적이며, 분석적인 사고 과정을 더 많이 맡고, 반면에 우반구는 보다 총체적이고(holistic), 직관적인 과정에서 주요 역할을 담당하는 식으로 구분된다.

뇌의 앞에서 뒤까지 연결된 축은 전면-후면 차원(anterior posterior dimension)으로 지칭된다. 대부분의 전면 영역은 행동 패턴을 계획하고 실행하는 데 중요한 역할을 한다. 후면 영역에 있는 구조들은 다양한 감각 계통이 받아들인 정보를 처리하는 데 더 많이 관여하는 것으로 보인다.

뇌의 세 번째 부위는 뇌의 표면에서 안으로 향해 뻗쳐 있는 부분이다. 표면 영역은 총칭해서 피질 표층(cortical mantle)이라고 불리는데, 고등 정신과정인 언어, 추상적 사고, 및 이성적 추론(reasoning) 능력 같은 것의 대부분을 매개하는(mediate) 것으로 보인다. 반면에, 피질 표층의 밑에 있는 두뇌 영역은 먹고 사는(vegetative; 생명 유지), 반사, 식욕, 그리고 정서 기능을 포함하는 광범위한 활동을 조절한다. 진화론적 관점에서 보면, 이 영역은 신피질(neocortex)로 알려진 맨 바깥의 표층 영역과는 대조적으로, 가장 오래되고 원초적인 뇌 영역으로서, 총칭해서 이종 피질(異種皮質, allocortex)로 지칭된다.

기능 국재화(functional localization)가 뇌의 회복 과정에 대해 시사하는 바를 살펴보면, 뇌의 영역 별로 각각 특정 심리적 기능발휘를 매개하는 데 관여하는 것은 명백하다. 이런 기능들은 세 차원—좌/우, 전/후(anterior/posterior), 뇌의 표층/내부—에 따라서 묶을 수 있다. 이런 차원이 어느 정도 기능적 특정성(functional specificity)이 있다는 것을 함축하기는 하지만, 뇌조직의 특정 영역 그리고 특정 행동패턴 또는 사고 과정 사이에 정확하게 일대일로 상응하는 관계가 있는 것은 전혀 아니다.

이와 같이 엄격한 1:1 대응관계가 없는 것은 낮은 수준의 기능에 비해서 소위 높은 수준의 기능에 대해서 더욱 그렇다는 점은 흥미롭다. 예를 들어, 기본적인 지각 과정에 연계된 시각계통의 영역에서 손상이 생기면 맹점 또는 시각장(시계, visual fields ; 어떤 시각적 말초부위에서 다른 부위까지 보이는 면적)의 감소 같은 현저하고 영구적인 결과가 발생하는 수도 있다. 그러나 대조적으로 언어 같은 인지능력을 조절하는 영역에서 손상을 입으면 특정 언어적 과정에 문제가 발생하는 수가 있기는 하지만, 앞에서와 같이 명료하게 그 영향이 나타나지는 않는다.

이런 현상에 대해 여러 가지 설명이 가능하다. 그중 하나는 언어가 상당히 복잡한 과정이어서 비교적 덜 복잡한 기능에 비해서 더 많은 부위의 뇌조직이 여기에 매개한다는 것이다(Andreassi, 2000). 그 결과로, 국소적인 손상은 언어기술에 관여하는 영역 모두에 부정적인 영향을 미치지는 않는다. 두 번째 가능성은 언어와 같은 고차원적인 기능은 인접 영역뿐 아니라 멀리 떨어진 뇌 영역에서도 그 기능을 중복해서 갖추고 있을 수 있다는 것이다. 따라서 통상적으로 기능을 조절하거나 매개하는 뇌의 영역에 손상이 왔을 경우 이는 이를 대체하여 기능을 발휘할 수 있는(back-up coverage) 다른 뇌 구조가 그 틈을 대신 메꾸어주는 보완 작용을 하게 되는 것일 수 있다.

그러나 사람에 따라서는, 언어능력상에서 정도 차이가 있기는 하지만, 뇌의 좌반구와 우반구 모두가 언어능력을 가지고 있으며, 통상적으로는, 좌반구가 언어능력을 주도적인 것으로 간주된다. 최근까지도, 언어 활동에서의 우반구의 역할은 잘 이해되지 못한 상태였다. 그러나 외과 수술을 받은 환자들에 대한 연구 결과, 우반구[우세하지 않은(nondominant) 반구]도 언어 관련 활동을 할 능력을 갖고 있음이 분명해졌다. 이러한 수술 절차 중 한 가지[반구절제술(hemispherectomy)이라 불림]에서는, 반구 전체를 모두 제거하여, 단지 뇌의 절반만 남겨 놓는 경우가 있다. 그러나 이와 같은 수술은 비교적 드물게 시행된다. 시술된 경우는 한쪽 반구에 침투한 악성 종양을 잡아 두기 위해서나 또는 이보다 덜 극적인 치료법에는 효과가 없었던 극심한 발작성(seizure) 활동을 조절하기 위해서 이루어진 것이다.

Harry의 사례는 문헌에 보고된 가장 극적인 사례 중의 하나이다. Harry는 아주 어릴 적에 뇌의 좌반구를 제거하였다. 제거 후에는 1년 뒤의 추적 평가에 따르면 말하기와 언어기능이 놀랄 만큼 회복되었다. 원래 Smith와 Sugar(1975)의 논문에 기술된 바에 따르면, Harry(본명이 아님)는 대략 3년간 간단하게 관찰하고 나서, 추적 평가가 이루어졌다.

사례 연구

Harry의 사례

임신 만기에 제왕절개로 태어난 Harry는 곧 발작을 통해 상당한 뇌손상이 있다는 징후를 보여 주기 시작했다. 이 발작은 그가 5세가 될 때까지 하루 거의 12번까지로 증가하였다. 그래서 곧바로 좌반구 절제수술을 받았고, 몇 달 되지 않아 발작은 줄어들었다. 수술 전 실시된 검사결과는 발성이 올바르지 못한 것(distorted speech)으로 나타났는데, 이는 의심할 바 없이 좌뇌의 손상에 따른 결과이었다.

놀랍게도, Harry의 언어 및 그 밖의 능력에 대한 검사에서의 수행도는 수술 후 수개월이 지나고 수년이 지나자 상당히 개선되었는데, 통상적으로 언어 기술을 매개하는 뇌 반구를 거의 완전히 제거했음에도 불구하고 말이다. 실제로 수술한 지 15년 후, 그리고 21년 후에 실시된 추적 검사에서는 Harry가 평균 상의(high-average) 지능에 해당되는 수행도를 보여주었으며, 언어성 IQ점수는 우수한(superior) 범위에 속하는 것으로 나타났다.

이후의 접촉에서도 Harry는 이런 높은 수준의 수행도를 계속 유지하였으며 모든 면에서 잘 적응하고 있는 것으로 보였다. Harry는 성공적으로 대학을 졸업했고, 최근의 보고에 의하면, 그는 어떤 산업회사에서 임원 급의 직위에서 일한 적이 있었으며, 80세의 나이에도 여전히 매일 교차풀기 단어(crossword) 퍼즐을 하고 있었다. Harry는 수술 후유증을 아주 잘 보완해서(compensate) 이겨 냈다. 좌반구 절제의 후유증에는 우측 시각 장에서 보이는 것이 없어지는 것 그리고 우반신의 운동조절 문제가 포함된다[이는 신체의 대측성(對側性, contralateral) 부위를 조절하는 뇌 반구가 손상을 받으면 나타나는 특징이다]. Harry는 수다스럽고 재치있는 사람으로서, 의심할 바 없이 뇌의 온전한 절반 만을 갖고서도 아주 효과적으로 기능을 발휘하고 있었다.

논평

Harry의 사례는 뇌손상이 행동에 끼치는 장기적 영향에 관한 몇 가지 중요한 함축성을 알려 주고 있다. 첫째, 통상적으로 언어 능력을 매개하는 뇌의 반구를 제거한 뒤에도 평균 상의 언어 능력이 발달할 수 있었다는 것은 우세하지 않은 남은 반구가 예전에 알려진 것보다 더 큰 언어능력을 보유하고 있는 것일 수 있음을 시사한다. 보다 일반적으로 말하면, 뇌와 행동 사이의 관계가 그 기능 상에서 엄격하게 일대일 대응관계를 보이지는 않는다는 것이 최소한 명백해졌다. 그 대신 특정한 인지과정에 대한 조절 기제(control mechanisms)를 보완하는 작용 또는 이런 조절 기제의 백업본(reduplication)이 존재하는 것으로 보인다.

둘째, Harry의 사례에서는, 언어 기술에서의 우반구의 역할이 비교적 열세한 것으로 통상 여겨지고 있음에도 불구하고, 우반구의 구조가 언어 기술을 (임무를 이어받아서) 뒤이어서 발달시켰다고 결론지을 수 있다. 끝으로, Harry의 정신적 기능이 근본적으로 변화하고 호전된 것은 뇌손상의 영향을 시간의 흐름에 따라서 그 경과를 평가하는 것이 중요하며, 특정한 상황에서 중추신경계통이 놀라운 회복 능력을 갖고 있다는 것을 보여 준다. 앞에서 언급했듯이, 뇌와 뇌와 관련된 신경구조는 믿을 수 없을 정도로 복잡하지만 융통성 있고 적응적인 계통을 이루고 있다.

기분이나 정서의 변화는 중추 신경계(CNS) 외상의 사례에서는 아주 흔히 나타난다(Ricker, 2004). 아마도 가자 흔희 보고되는 반응 중의 하나는 우울증이며, Harry도 처음에는 우울증을 다소 나타냈다. 이는 아마도 외상이 뇌에 미치는 영향으로 인해서 뇌의 반응성이 전반적으로 느려진 것을 반영하는 것일 뿐만 아니라 당사자가 자신의 능력 상실과 행동이 새로이 제한된 것을 인식하게 됨에 따라서 나타난 개인적인 반응도 반영하는 것일 것이다. 일반적으로, 회복이 진행됨에 따라서, 우울증은 보다 낙관적인 전망으로 대체되고 인지 및 행동 능력이 점진적으로 되돌아오게 된다. 물론 모든 사람이 중추신경계 외상으로 인한 영향에서 회복되는 것은 아니다. 영향을 받은 뇌의 심각도, 영향받은 뇌 영역(들) 그리고 당사자의 나이와 같은 요인들도 모두 외상 후 뒤이은 회복의 가능성을 결정하는 데 어떤 역할을 발휘한다.

Harry에 관한 한, 뇌구조는 나이가 들면 점차 경직성이 높아지므로 어린 나이에 수술한 것이 회복 잠재력을 증진시켰을 수 있다. 더욱이 회복된 정도로 미루어보면, Harry가 애초부터 보통 사람과는 다른 뛰어난 잠재력을 갖고 있었을 수 있다. 이런 이유 때문에 그의 사례가 모든 사람의 뇌손상으로부터의 회복 잠재력을 대표한다고 볼 수는 없다. 그럼에도 불구하고, 이 사례를 살펴보는 것은 중요한데, 다양한 기능이 뇌속에서 철저히 국재화(localized)되어 있다고 보는 경향 또는 또는 어떤 뇌손상도 심리적 역량에서 그에 상응하는 영구적 손상을 가져온다고 가정하는 경향에 대해 반대 증거가 되기 때문이다.

파킨슨병과 가성파킨슨병

파킨슨병(Parkinson's disease)은 신경계통에 영향을 미치는 퇴행성(degenerative) 질환이다. 1817년에 James Parkinson이 명명하고 처음으로 기술한 파킨슨병은 처음에는 인지 기능에 아무런 영향을 미치지 않는 것으로 생각되었으나, 이런 개념은 그 후 반박을 받았다(Nicholi, 1999). 파킨슨병의 정확한 원인은 밝혀지지 않았고 처음에 진단을 내리는 것도 어렵지만(Johnson, 2008), 연구결과에 의하면 파킨슨병을 앓고 있는 사람은 통상 도파민이라는 신경전달물질(neurotransmitter)을 생성하는 뇌 영역에서 뇌세포가 소실되어 있어서, 그 결과 이 신경전달물질의 생성이 상당히 줄어든 것을 보여 준다. 파킨슨병을 앓고 있는 사람들 중 약 1/3에서 치매가 발달되고 있는데, 이 치매는 기억력, 언어, 주의력 그리고 문제해결 능력에 점진적으로 영향을 미친다. 파킨슨병과 유사한 증상을 나타내지만 파킨슨병과 전통적으로 연결된 증상을 모두 나타내지 않는 사람은 통상 파킨슨병(Parkinsonism) 또는 가성파킨슨병(pseudo-Parkinsonism)으로 진단된다. 또한 가성파킨슨병은 무하마드 알리의 사례에서 보듯이, 두부 외상이 누적된 것과 다소 직접적으로 관련이 있는 것으로 보인다. 파킨슨병 및 가성 파킨슨병과 연결된 대표적인 증상은 다음과 같다.

- 활동 중일 때와 쉬는 동안에 현저한 진전(떨림, tremors)
- 근육의 경직(stiffness) 또는 딱딱함(rigidity)
- 목 및 안면 근육의 약화
- 다리, 목, 기타 근육의 경직
- 삼키는 것뿐만 아니라 말하는 것도 당사자에게 부담이 될 수 있음
- 보행 장애
- 목표 지향적 움직임 시의 느림(둔한 움직임, bradykinesia)
- 균형을 잘 못 잡고 있는 것과 자세 불안정

그밖의 증상으로는 다음과 같은 것이 들어갈 수 있다.

- 민첩성 저하
- 말하기 장애
- 비뇨기 및 소화기 문제
- 불수의적인 운동성 활동(motor activities)으로 인한 어려움
- 침 흘리는 것
- 수면 장해
- 평탄한 정동(Flat affect)
- 피로

사례 연구

Muhammad Ali의 사례

1983년 10월, Muhammad Ali는 역사상 가장 위대한 복싱 선수 중 한 명인데, 파킨슨병 진단을 받아서 전 세계 많은 팬에게 실망을 안겨 주었다. 처음에 의사들은 그의 증상의 원인을 복싱 탓으로 돌리는 데 확신이 없었지만, 결국에는 Ali가 권투로 인한 파킨슨 증후군 또는 가성 파킨슨병을 앓고 있는 것으로 결론이 내려졌다. 많은 사람은 Ali의 복싱 기술이 명백하게 감소한 것을 관찰하고는 Ali가 너무 오랫동안 권투시합을 해 왔다는 동정론에 빠지게 되었다.

Muhammad Ali는 1942년 1월 17일 미국 켄터키주의 루이빌에서 Cassius Clay와 Odessa Clay 사이에서 두 아들 중 첫째로 태어났다.(Hauser, 2005). 그의 이름은 Cassius Clay로 지어졌지만, 약 22년 후에는 Ali는 이슬람교로 개종하여 자신의 이름을 Muhammad Ali로 바꾸게 된다. Ali의 아동기는 정상적인 것으로 기술되었다. 그는 늘상 학업에 힘들어했는데, 이의 부분적인 이유는 적어도 진단받지 못한 난독증 때문이었다. 하지만 그가 12세였을 때 일어난 다소 사소한 일로 인하여 그의 인생 행로가 바뀌게 되었다.

Ali는 자전거를 도난당했고 Ali는 누가 그런 짓을 했는지를 알아내기만 하면 상대방을 실컷 패줄 것이라고 이를 알려준 경찰관에게 말했다. Ali의 위풍당당한 모습을 보고 그 경찰관은 Ali에게 복싱을 시작해보라고 권고했다. Ali는 이 말에 따랐고, 궁극적으로는 켄터키주에서의 아마추어 권투 선수권 대회에서 골든 글러브를 6개, 골든 글러브 국가 타이틀 2개, 아마추어 유니온 챔피언 타이틀 1개, 그리고 1960년 로마 올림픽에서 라이트 헤비급 금메달을 따냈다. Ali의 아마추어로서의 최종 기록은 100승과 5패였는데, 이는 아마추어로서는 아주 길지만, 화려한 경력임을 보여 주었다.

Ali는 로마 올림픽에서 금메달을 땄지만, 그의 귀국은 기대만큼 환영받지 못했다. 왜냐하면 그는 당시 미국에서 건재했던 인종 차별주의의 영향을 받지 않을 수 없었기 때문이다. 켄터키로 돌아온 직후, Ali는 "백인 전용(Whites Only)" 식당에서 서비스 제공을 거부당했고 뒤이어서 백인인 길거리의 갱과 조우하였다. Ali는 자신에 대한 부당한 대우에 너무 분개한 나머지 자신이 받은 금메달을 오하이오강 속으로 던져 버렸다.

그 후 Ali는 루이스빌에서 프로복싱 선수생활을 시작했고, 19승-0패의 기록을 세웠다. 패배한 적도 없고 확실히 검증된 것도 아니지만, Ali는 그 당시의 헤비급 챔피언인 Sonny Liston에 대한 도전자로 예상되었다. Ali는 이 시합이 이루어지기 이전부터 만만치 않게 패배할 것으로 예상되었고 Ali는 상대방을 몇 라운드에 때려눕히게 될지를 정확하게 예언해 내서 건방진 프로권투선수로서의 명성을 이미 얻어 놓은 상태였다. Ali의 유명한 명언인 "나비처럼 날아서, 벌처럼 쏘아라."라는 말은 Ali와 Liston 사이의 시합하기 전의 회견에서 처음으로 나온 것인데, Ali는 이 시합에서 실제로 그렇게 행동했다(Remnick, 1999).

그가 말한 대로 세상을 깜짝 놀라게 했으며, Liston이 일곱 번째 라운드 후에 링으로 되돌아 오지 못하게 되자, Ali는 자신의 첫 번째 세계 헤비급 챔피언이 되었다. 이와 같이 시합에서 이긴 이후, Ali는 자신의 링 익살, 미국 정부와의 갈등, 그리고 생활방식 때문에 대단한 많은 논란을 일으킨 인물이 되었다. Liston과의 시합 후에, Ali는 자신이 이제는 흑인 무슬림이라고 선언해서, 다시 한번 세계를 놀라게 했다. 그 후 Ali는 미군대로의 징집을 회피하여 WBA 헤비급 타이틀을 박탈당하고, 5년의 징역형을 선고 받았으며 권투시합이 금지당했다. Ali는 여러 번의 항소로 풀려났지만 1970년까지도 여전히 복싱을 할 수 없었다. 1970년에는 그 당시 복싱위원회가 없었던 조지아주 애틀랜타에서 Jerry Quarry와 권투시합을 해서 때려눕혔다. Ali의 유죄 판결은 1971년 6월 28일 클레이 대 미국정부 사이의 재판에서 미국 대법원에 의해 뒤집혔다.

Ali는 약 16년간에 걸쳐서 자신의 타이틀을 잃고 되찾기를 반복했다. 이 기간에, Ali의 기능퇴보(deterioration)는 점차 두드러지게 되어서, 특히 링 안에서 손의 속도와 민첩성이 현저하게 줄어들었다. 많은 복싱 애호가는 Ali의 기술에서 상당한 신체적 쇠퇴 가능성이 처음으로 드러났던 시점을 유명한 "마닐라에서의 스릴라(Thrilla in Manila)" 경기라고 지적하는데, 이 때 이후로 Ali는 링 위에서 고투하는 모습을 주기적으로 보여 주었다. 머리에 엄청난 타격을 받는 14라운드를 견디어 내면서, Ali는 Joe Frazier측에서 Joe Frazier에게 14라운드 이후의 시합을 중단시켜서 그 덕분에 Joe Frazier에게서 기술적인 녹아웃(technical knockout)을 얻어 냈다. Ali는 Joe Frazier와 세 번 싸웠고, 그중 두 번의 경기에서 우승했는데, 이 세 번의 경기는 모두 최소한 14라운드 이상 진행된 것이다.

이러한 시합에서 지속된 신체적 부상은 두 명의 권투선수 모두에서 확인되었다. 즉, Joe Frazier는 시합을 두 번 더 가진 후에 영구적으로 은퇴했는데, Ali도 그 이후의 시합에서 상당한 어려움을 겪곤 했었다. Ali는 여러 명의 미지의 권투선수들과 시합을 계속해서, 15라운드가 종료된 후 판정에 의해 이런 시합 중 몇 개에서 우승하였고, 이로 인해서 머리에 훨씬 많은 충격을 받게 되었을 것이다. 이 시기에 Ali의 링 전담 의사인, Ferdie Pacheco는 Ali의 진영을 떠났는데, Ali가 복싱을 계속해서 자해를 저지르고 있다는 자신의 전문적 소견 때문이었다.

Ali는 이러한 경고에도 불구하고 시합을 계속했다. 1978년 2월 Ali는 Leon Spinks에게 15라운드의 시합 후 전원 합의가 아닌 split 결정에 의해 타이틀을 잃었다. Leon Spinks는 1976년 올림픽 챔피언으로서 프로가 되기 전에 단지 7번의 시합밖에 갖지 않았던 선수이다. Ali는 7개월 후에 Leon Spinks로부터 타이틀을 되찾았다. Ali는 1979년 6월 27일에 은퇴를 선언했지만, 나중에 WBC 챔피언인 Larry Holmes에게 도전하여 헤비급 타이틀을 4번 획득한 역사상 최초의 복싱 선수가 되려고 하였다. 많은 복싱 애호가는 그의 전성기가 이미 지났고 그가 이미 부상을 입었다고 여겼기 때문에 이 시합을 실수한 것으로 보았다. 그러나, Ali는 Holmes와 진짜 시합을 했고 11라운드에서 녹아웃 당했다. 얄궂게도, 이 시합은 "최후의 환성(the last hurrah)"으로 선전되었다.

Holmes와의 시합 후, Ali가 Mayo Clinic에서 신체검사를 받은 적이 있다는 사실이 드러났다. 이 검사의 결과는 Ali가 너무 오랫동안 권투시합을 해와서 뇌 기능이 퇴보되어 왔다는 것을 뒷받침해 주었다. 검사결과에서는 뇌의 막(membrane)에 구멍이 하나 생겼음을 보여 주었고, Ali가 자신이 발음이 불분명하고(slurring of speech) 사지가 근질거리는 것(tingling)을 인정했는데, 이는 통상 파킨슨병으로 인한 증상이라고 호소되는 것이다. 퇴보(deterioration)의 증거가 강력한데도 불구하고, Ali는 1981년 12월 11일에 유망주 Trevor Berbick과 시합을 했다. 이 시합은 "바하마에서의 드라마(drama in the Bahamas)"로 선전했지만, 이 시합을 지켜본 사람은 비교적 적었는데, 이는 Ali가 신체적으로 퇴보하여 권투링 안에서 제대로 된 모습을 보여 주지 못할 정도로까지에 이르렀다는 견해가 우세하였기 때문이다. Ali는 Berbick에게 만장일치로 판정패한 후 이 시합 이후로 영구히 은퇴할 것이라고 말했다.

1983년 10월, Ali의 증상이 전적으로 복싱으로 인한 두부 외상으로 인한 것인지가 명확히 결정되지는 않았지만, Ali는 파킨슨병이라는 진단을 받았다. 놀랄 것도 없이, 그는 복싱으로 인한 파킨슨 증후군이라는 진단을 최종적으로 받았는데, 이는 또한 반복적인 두부 외상으로 인한 파킨슨병 또는 가성 파킨슨병으로도 지칭된다. 그러나 Ali는 아직도 가끔씩 대중의 눈에 뜨이는 유명인사, 모범적인 역할 모델, 그리고 및 스포츠 우상이다(역자 주: 2016년에 사망).

1996년 조지아주 애틀랜타에서 열린 올림픽 경기에서 Ali는 성화횃불을 들고 갔고, 과거에 Ali가 오하이오강 속으로 던져 버린 메달을 대체하기 위한 상징으로서 새로운 금메달을 수여받았다. 그는 2005년 11월에 미국 대통령이 수여하는 자유훈장을 받았고, 켄터키 운동 분야의 영예의 전당(Kentucky Athletic Hall of Fame)으로부터 당 세기의 켄터키 운동선수(Kentucky Athlete of the Century)의 칭호를 부여받았다. 켄터키주의 루이스빌에 있는 Muhammad Ali 센터는 2005년에 개장되었다. 그러나 그는 비싼 대가를 치렀다. Ali는 현재 몸의 떨림이 현저한 것, 말소리가 잘 안들리고 알아듣기 어려운 것, 근육이 뻣뻣하고 경직된 것 그리고 걸음걸이가 느리고 불안정한 것과 같은 심각한 파킨슨병 증상을 나타내고 있다.

알츠하이머병

알츠하이머 질환(Alzheimer's disease)은 뇌 세포의 진행성 퇴보(progressive deterioration)로 인해 야기되는 치매의 일종이다. 이것은 진행성 치매 중 가장 흔한 유형이며 모든 치매 환자의 약 70%를 차지할 수 있다. 이는 심지어 나이가 50세가 되기 전에도 발생할 수 있기 때문에, 그것은 노년기 전의 치매(presenile dementia)로 불린다. 이런 점에서 알츠하이머병은 총칭해서 노년기 치매(senile dementia)라고 불리는, 생애 후반기와 연관된 다른 유형의 신경계 퇴보와 다르다. 그러나 임상 장면에서 노년기 전 치매와 노년기 치매를 구분하는 것은 문제가 되는데, 그 이유는 노인기라는 용어를 처음으로 적용해야 하는 나이가 언제인지에 대해 다소 불일치하기 때문이다.

특정한 유형의 중추신경계 손상과 달리, 알츠하이머 질병은 뇌 조직이 광범위하게 퇴보되는 것으로서, 종국에는 인지, 행동, 그리고 신체 능력이 전반에 걸쳐 그 영향을 받게 된다. 신경 조직은 신경성 반점(neuritic plaque) 및 신경 섬유 얽힘(neurofibrillary tangles)으로 알려진 질병유발성 구조의 침입을 받는데, 이 구조는 신경 전도성 충격자극(nerve conduction impulses)에 간섭한다. 엉킴의 수효는 발현되는 증상의 강도와 직접적으로 관련이 있는데, 특히 기억 장해의 강도와 관련이 있다(Guillozet et al., 2003). 이 질병의 경과는 다양하지만, 상당히 빨리 진행될 수 있어서, 발병 후 4~5년 이내에 사망하는 경우가 종종 있다(Perrin, Fagan, & Holtzman, 2009).

진단 관련 증세

처음에는 알츠하이머병의 증상이 통상적으로 다소 미세하다(Ricker, 2004). 종종 처음 나타나는 증세는 경미하지만 지속되는 기억 곤란 또는 자신의 매일매일의 일상 활동을 해나가는 데에서 효율성이 눈에 띌 정도로 상실된 형태를 보인다. 이 장애의 한 가지 특이한 측면은 “해가 지는(일몰, sundowning)” 현상으로 알려져 있다. 이것은 알츠하이머병과 관련된 증상이 낮보다 저녁에 더 악화되는 것을 의미한다. 점차적으로, 지적 능력의 손상이 더 심하게 일반화되는 것이 분명해진다. 읽기, 쓰기 및 추론과 같은 인지 기술은 영향을 받는 뇌 센터의 수효가 점차 증가함에 따라 장해를 보여주기 시작한다. 신경과적 손상의 징표가 뚜렷이 나타나기 시작하면서, 시각적 유발전위(visual evoked potentials)에서의 비정상성이 신뢰스럽게 보고되기 시작한다.

행동상으로 볼 때, 알츠하이머병이 있는 사람들은 후기 단계에서는 방향감각이 상실되었거나(disoriented) 변덕스러운(erratic) 행동을 할 수 있으며 초기 단계에서는 감정이 없는 상태(apathy) 또는 동기가 결핍된 것만을 보여 줄 수 있다(Robert, Mulin, Mallea, & David, 2010). 정서 상태의 변화도 뚜렷한데, 이를테면 우울증, 정서적 불안정성(lability)[기분 상태가 출렁거리는(fluctuating) 것] 그리고 자극과민성이 고조된 것(irritability)이 점점 더 자주 보인다.

결국 이 병은 환자가 지속해서 의식의 혼탁(confused)을 보이고, 지리멸렬하며(incoherent), 방향감각이 상실되는 지점까지 진전된다. 이 단계에서는 배우자와 자녀처럼 친숙한 가족도 알아보지 못하는 것이 보통이다. 자기 몸 관리 및 기본적인 위생 유지 기술도 퇴보되어, 남들에게 거의 전적으로 의존하게 되고 만다.

어떤 경우에는 확진이 사망 후의 검사를 통해서만 내려질 수 있다. 그러나 알츠하이머 병이 진행됨에 따라 알츠하이머병으로 인한 기능적 행동의 손상 및 신경과적 양상이 점차 두드러지게 되므로, 그 저변에 CNS 장해가 있었다는 것에 대해서는 거의 의심의 여지를 남기지 않게 된다.

또한 연구자들은 MRI 촬영기와 같은 기존의 기술을 활용하여 알츠하이머 병에 걸린 것임을 알려 주는 뇌 위축(brain atrophy) 및 플라크[반(斑), plaques]를 찾아내는 작업을 계속해오고 있다(Duara et al., 2008)

심리 평가

알츠하이머 병이 있는 환자에 대한 심리평가는 이 장애의 초기 단계에서 가장 크게 기여한다(Lowndes & Savage, 2007; Ricker, 2004). 이러한 평가가 이 병의 진단 및 관리에 기여하는 데에는 세 가지 주요한 방식이 있다. 첫째, 알츠하이머 병의 초기 증세에는 기억, 기분, 및 인지 상의 미세한 변화가 들어있는데, 이는 심리검사를 통해 탐지되거나 확인될 수 있는 경우가 많다(Kay & Franklin, 1995). 신경과적 검사 결과와 더불어, 이런 검사 정보는 병으로 인한 정신상태 상의 변화가 임박했음을 가장 빨리 알려 주는 징표가 될 수 있다

둘째, 심리적 능력에 대한 철저한 평가는 환자와 가족 모두에게 이 병으로 인한 영향에 대처하기 위한 현실적인 전략을 개발하는 데 도움을 줄 수 있다. 고용 상태(employment status)와 장애수준 판정(disability determination)과 같은 중요한 문제들은 직접 부딪혀야만 하며, 심리평가는 이런 부분에서의 결정을 자세한 정보에 근거하여 내리는 데 도움이 되는 유용한 정보를 제공해줄 수 있다. 끝으로, 정기적인 심리평가는 신체검사와 신경과적 검사를 반복해서 하는 것과 마찬가지로, 환자의 진행상태를 평가하는 데 유용할 수 있다.

희생자와 그 가족에게 미치는 영향

알츠하이머 병의 희생자는 그 가족과 마찬가지로, 다양한 심리적 스트레스 자극

에 부딪치게 마련으로서, 위기 상담(crisis counseling)이 매우 유용할 수 있다(Rainer & Brown, 2008). 환자는 정신 능력이 점진적으로 퇴보하여 종국에는 일상적인 활동조차 혼란스러운 고통의 경험이 되는 것에 대처해야만 한다. 특히 환자가 기본적으로 정신이 또렷하고 방향감각이 유지되고 있는 상태인데도 잠정적인 진단이 내려졌을 때가 특히 스트레스를 많이 받게 된다. 이 단계에서는, 자신이 행동과 정신에 대한 통제능력이 점차 상실되고 나서는 종국에는 치명적인 질환에 맞닥뜨리게 될 것이라는 전망이 엄청난 스트레스를 주며, 우울증 같은 부차적인 장애를 촉발하는 경우가 아주 많다.

가족들도 여러 가지의 핵심적인 스트레스자극에 직면하게 되므로 이 시점에서는 도움이 필요한 경우가 종종 있다. 많이 이가 말하는 바에 따르면, 병이 진전됨에 따라 부모나 배우자가 점차 가족을 알아보지 못하게 되는 것이 가족 당사자에게는 특히 고통스럽다고 한다. 이와 관련된 것은, 예전에는 건강하고 활기찼던 사람이 만성적으로 쇠약해지고, 우울하고 쉽게 화를 내는 것이 잦아지며, 그리고는 결국 전적으로 남에게 의존해야 되는 사람으로 필연적으로 변화하는 것에 적응해야만 하는 고통이다(Logsdon, 2008).

이 시점에서는, 치매의 희생자는 통상 치매[종종 덜 정확한 표현으로 노망(senility)이라고 일컬음]를 나타내고 있는 것이다. 치매의 진단은 상당한 지적 능력의 감소에다가, 보다 특정적인 인지적 결손(specific cognitive deficits)의 증거가 추가적으로 나타나는 것, 이런 결손 중 하나가 기억 상실로서, 이런 증거가 있으면 내려진다. 끝으로, 알츠하이머병이 있는 환자의 가족은 과도한 재정적 어려움도 견디어 내야 한다. 이는 환자가 주된 경제적 부양자이고 수입이 거의 절정에 가까워지고 있는 생애 시점에서 이 병에 걸렸을 때 가장 두드러진다. 결과적으로, 이 병의 경과에서 발생하는 기능 및 대인관계 상의 변화의 여러 측면을 다루는 가족 개입법이 치료에 도움이 될 수 있다(Cantegreil-Kallen & Rigaud, 2009).

이상의 문제들 중 상당수는 Ronald Reagan에 관한 논의와 관련이 있는데, 그의 주치의는 그가 미국 대통령으로서의 두 번째 임기를 마친 후 6년 뒤에 알츠하이머병에 걸렸다고 진단을 내렸다.

사례 연구

Ronald Reagan의 사례

1994년 11월 5일, 미국의 제40대 대통령이었던 Ronald W. Reagan이 알츠하이머 병으로 진단을 받았다는 발표가 미국 국민들에게 전해졌다(Morris, 1999). 살아 있는 환자에게서 알츠하이머 병을 정확하게 진단해 내기가 어렵기 때문에, Reagan의 5명 주치의들은 광범위한 검사를 신중하게 실시했고, 발표하기 전 몇 주 동안에 면밀하게 관찰했다. 주치의들은 지난 1년이 넘게 알츠하이머 병의 가능성을 의심해 왔던 것이다. 모든 검사와 관찰이 완료된 후에도, 주치의 팀은 사실상 그 밖의 모든 가능성을 확인을 통해 배제했다. Reagan의 어머니가 알츠하이머 병으로 사망했다는 사실도 또한 진단을 내리는 데 다소 도움이 되었다. Reagan 전 대통령의 친구와 동료들의 말을 인용한 많은 신문기사 보도에 따르면, 지난 1년간 Reagan 전 대통령과 접촉했던 사람들의 대다수는 무언가가 이 전직 대통령에게서 정신적으로 올바르지 않은 것이 있음을 인식했었다.

Ronald Reagan은 1911년 2월 6일 미국 일리노이주의 Tampico 지역에서 태어났다. 자서전에서 그는 자신의 어머니를 사랑이 넘치고 주의깊은 사람으로 묘사했다. 그는 어머니가 그의 연기 능력을 키우는 자양분이 되었다고 믿었다. 그는 아버지 John을 많이 사랑했는데, 아버지가 세일즈맨으로서 직면한 어려움 때문에 "안절부절못하고(restless), 야심이 컸으며, 끊임없이 좌절을 받았다."고 술회하였다. 아버지 John Reagan은 알코올 중독자였는데, Ronald Reagan은 그게 아버지의 "유일한 단점"이라고 언급했다.

아버지 John Reagan를 많이 존경하고 아버지의 알코올 중독이 단순한 약점일 뿐인 것으로 기록되었지만, 아버지의 문제는 아들에게 깊은 인상을 새겨 놓았다. Ronald가 11세 때, 어느 겨울날 그는 귀가했다가 아버지가 집 앞 현관 밖에 방치된 것을 보았다. 그는 아버지를 집 안으로 끌어당겨서 침대에 눕혔다. 어린 시절의 기억을 회상해 달라고 요구받을 때마다, Reagan은 종종 이 이야기를 꺼냈다. 그는 아버지를 향해 못마땅한 것이 전혀 없었다고 말했지만, 아버지의 알코올 중독이 Ronald Reagan에게 고통의 원천이었다는 것은 관련 기억이 지속되는 것으로 보아서 분명하다.

평생 동안 Reagan은 여러 가지의 질병과 외상을 겪었다. 아주 어렸을 때, 그는 기관지 폐렴이 있었는데, 그의 어머니도 거의 같은 시기에 독감에 걸려 고열과 오한으로 섬망 상태에(delirious) 빠졌다. 나중에 37세 경에, Reagan은 바이러스성 폐렴으로 거의 죽을뻔 하였다. 그도 이 질병으로 고열, 섬망, 그리고 오한을 겪었다. 1981년 3월 30일, Reagan 대통령은 John Hinkley, Jr.의 암살 시도로 총격을 받았다. Reagan 가슴에 총알이 박혔는데, 그는 피를 많이 흘렸고 수술 후에는 고열과 식욕 상실이 나타났다. 또한 그는 전립선의 문제와 대장암으로 인해 수술도 받았다. 1989년 재선된 대통령으로서의 두 번째 재임기간이 끝나 백악관을 떠난 후, Reagan은 멕시코에서 낙마하여 경막하 혈종이 생겼고 이로 인해 또다시 수술이 필요했다.

1962년에 Reagan의 어머니는 오랜 동안의 괴로움과 고통을 겪은 끝에 알츠하이머병으로 사망했다. 사망 후에도 오랫동안 어머니가 알츠하이머병이 있었다는 사실은 알려지지 않았다. Reagan은 대통령 당선을 위한 선거 운동을 할 때 자신의 정신건강과 나이에 대해 질문하는 기자들에게 이 정보를 자유롭게 알려 주면서 자신의 어머니가 "노망(senile)"이 있었다는 사실을 결코 숨기지 않았다. 그는 당선되기 전에서부터 매년 자신을 노인성 치매(senility) 여부를 검사해 달라고 요청했다. Ronald Reagan은 나이가 가장 많은 대통령이었기 때문에, 특히 그가 집무하는 동안에는, 그의 건강은 항상 관심사이었다. 일부 전문가들은 Reagan 대통령이 백악관에서의 임기가 끝나 가는 수개월 동안에 알츠하이머병의 영향을 크게 받았을 가능성이 있다고 말했다.

이와 같은 견해에 대해서 Reagan의 주치의와 지지자들은 강력히 반대하였는데, 그들은 Reagan이 노망 또는 알츠하이머병의 증세가 있는지에 대해 매년 관찰받고 검사를 받았으며, 백악관에 있는 수년간 그의 기억력과 정신적인 엄밀함(mental acuity)은 대단히 양호했다고 주장한다. 그러나 Reagan이 연설을 다 하려면 요점 카드(cue cards)가 필요했고, 백악관 회의 중에 꾸벅꾸벅 존다는 등의 소문이 들려왔다. 그러나 Reagan 대통령이 어떤 일을 잊거나 자신의 말에 확신이 안 설 때마다, 그는 이를테면 자신의 오른쪽 귀의 난청 때문이라며 농담을 하거나 또는 자신의 신체적 적합성을 부각시키는 의기양양해하는 포즈를 취했다.

대통령으로서 두 번째 임기가 끝날 무렵에 알츠하이머병이 뚜렷이 나타났을 가능성이 있다는 것은 이란-콘트라 청문회에서 Reagan의 "기억 착오"에 대해 많은 사람이 느꼈던 혼란을 확실히 해소해줄 것이다. 그는 일어났던 사건뿐만 아니라 중요한 참모진의 이름도 기억해 내지 못했다. 그러나 우리는 Reagan의 기억 착오의 일부를 해석하는 데 있어서 조심해야 한다(Morris, 1999). 드물지만 이런 일은 그가 자신의 주변 세계에 태평스러운 마음으로 무관심했던 것에 기인하기도 한다. 이런 일뿐 아니라 그가 나이가 더 들어서 자신의 가족 중 일부를 알아보는 데 어려움이 있었던 시기 이전에도 일화들이 있었다. 그의 아들 Michael은 그의 아버지가 자기를 알아보지 못하고 다정하게 손을 내밀며 아버지 자신을 소개했던, 기숙사 기반의 학교를 졸업할 때의 기분이 좋지 않은 이야기를 꺼낸다. Maureen Reagan이 일곱 살짜리 배다른 여동생 Patti가 자기들이 자매라는 사실을 알지 못하고 있다는 것을 발견했을 때, 아버지 Reagan은 어깨를 움츠리면서, "그래, 우리는 아직 거기까지는 도달하지 못했어."라고 말했다. 그의 자녀들은 종종 아버지 Reagan이 자신의 정서 생활에서 사실상 모든 이를 차단하고 있다고 공개적으로 밝힌 경우가 종종 있었다.

그러나 이제는 친한 친구들과 동료들조차도 의사의 최종 진단이 내려지기 훨씬 전에 Reagan의 정신적 영민함과 기억력이 느려지고 있다는 것을 탐지했음을 인정한다(Morris, 1999). 많은 친구와 동료 사이에서 전반적으로 의견의 일치를 보고 있는 것은 알츠하이머병의 경우와 마찬가지로, Reagan 대통령이 천천히 퇴보해 왔다는 것이다. 어떤 이들은 1986년에 벌써 이미 Reagan의 정신건강이 확실히 감퇴했다고 주장하기까지도 한다. 그 해 6월의 기자 회견에서 Reagan은 대답을 뒤죽박죽으로 했는데(즉, 보좌관들이 계속해서 "명료화"시켜야만 한다고 대답함), 그는 방향감각 상실이 큰 것으로(disoriented) 보였다.

그 후에도, 그는 "덜 관여하고(less engaged)" 그리고 "점점 처지는(slowing down)" 것으로 보인다고 기술되는 경우가 자주 있었으며, 그 자신이 이따금 자신의 사고 과정이 퇴보되는 것에 대한 염려를 표현했다. 1987년 3월 2일, 명백한 방향감각 상실 때문에 대통령을 관찰하기 위한 긴급 이송 작전이 수립되었다(Morris, 1999). Bill Clinton 대통령은 1992년 대통령에 당선된 후 Reagan과 대화를 나누었던 것을 회상했다. 그는 대통령 직에 관한 토론을 하던 중간에 Reagan이 자신이 말하고 있던 것을 완전히 잊어버려서 자신에 대한 좌절감이 있음을 인정했다고 말했다. 건망증이 있는 동안에는 Reagan은 그가 어머니로부터 알츠하이머병을 유전받았는지에 대해 궁금해했던 것으로 알려졌다.

1982년에 Reagan 대통령이 알츠하이머 병에 대한 국가 지정 월(National Alzheimer's Disease Month)을 11월로 법률에 지정하는 것에 서명한 것은 얄궂은 감이 있다. Reagan 대통령이 심금을 울리는 편지에서 자신이 알츠하이머병으로 진단받은 것을 공개한 것이 1994년 11월이었다. 그는 이 일을 "내 삶의 일몰 속으로 나를 끌고 갈 여행"의 시작이라고 불렀다. 자신의 병에 대해서 공지한 후, 그는 거의 대중 앞에 나타나지 않았다. 그는 몇 년 동안 다소 활동적인 삶을 지속하다가는, 그 후 바깥출입을 못하게 되었지만, 가족의 애정 어린 보살핌 아래 있었다. 2004년까지 그는 자기 자신뿐만 아니라 자신의 아내인 Nancy를 포함하여 주변에 있는 누구도 알아보지 못하는 상태가 지속되었다. Reagan 대통령은 2004년 6월 5일 로스앤젤레스에 있는 자택에서 알츠하이머병으로 인한 폐렴과 그 합병증으로 평온한 가운데 사망했다.

원인론

Ronald Reagan의 알츠하이머 병 진단에는 많은 요인이 영향을 미쳤을 수 있다. 그의 어머니가 알츠하이머 병으로 사망했던 것에서 유전적 구성요소부터 우선적으로 고려해야 한다. 여러 유전자가 관련될 수 있다. 예를 들어, 미국인의 4~8%가 보유하고 있는 apoE-4라는 유전자는 늦게 발병하는 유형의 알츠하이머병에서 발병하는 나이를 결정하는 것으로 보인다. A2M-3과 같은 다른 유전자는 장애에 걸릴 위험성을 높여 준다.

아버지인 John Reagan의 알코올 중독도 또한 하나의 요인이 되었을 수 있는데, 아들 Reagan이 어릴 적에 거의 항상 끊임없이 스트레스를 주었기 때문이다. Reagan 대통령은 알코올 중독과 경제적인 어려움이 있는 가정환경에서 성장했으며, 오랜 동안 유명한 배우로 활약했으며, 나중에는 정치계로 뛰어들어가 미국 대통령이라는 가장 스트레스가 많은 직업으로 마감했다.

또한 그는 많은 신체적 외상을 겪었는데, 여기에는 뇌에 영향을 미쳤던 여러 가지(스포츠 경기 중에 머리에 타격을 받은 것, 경막 하 혈종, 발열로 인한 섬망 등)도 들어 있다. 이상의 요인들도 Reagan의 알츠하이머 병과 관련된 개인 특유의 패턴에 기여했을 수 있다.

알츠하이머 병에 걸릴 가능성에 대한 보다 조기의 증거를 찾을 때 인과관계와 가치 윤리관 모두에 대한 쟁점이 지금까지 고안된 가장 엄밀한 "현장" 연구 중의 한 연구에서 부각되어있다. 처음에 David Snowden 박사와 동료들(2001)은 모두 1917년 이전에 태어났고 연구할 당시에는 모두 80대인 수녀 93명을 연구하기로 결정했는데, 가설은 가르치는 데 생애를 모두 바쳤던 수녀들이 주로 살림살이를 한 수녀들에 비해서 알츠하이머 병을 적게 보일 것이라는 것이었다. 그러나 이 가설은 입증되지 않았다.

뜻밖에도, 이 수녀들은 모두 수녀원에 들어온 지 4년이 지나서, 종신 서원을 하기 직전에 짧은 자서전을 쓰도록 되어 있었다. 이 연구원들조차 놀라게 했던 깜짝놀랄 발견에서, 이 자서전에 대한 평정결과가 약 50년 후에 해당 수녀가 알츠하이머병을 나타낼 것인가 또는 아닐 것인지에 대한 예측을 90%의 정확도로 예측할 수 있게 해주었다. 이와 같은 타당도 이외에도, 연구자들은 또한 이 수녀들의 자서전을 채점할 때 평정자의 신뢰도도 평가하였는데, 거의 90%가 되는 것으로 나타났다.

전반적으로 볼 때, 연구자들이 발견한 것은 자서전의 문장이 문법적으로 복잡하며 생각의 밀도(idea density)라고 명명된 심리언어적(psycholinguistic) 특징을 가장 많이 보였던 수녀들이 알츠하이머 병을 나타내지 않았다는 것이었다. 생각의 밀도는 10개의 쓰여진 단어마다 그 속에 수록된 생각의 수효이다.

예를 들어, 연구된 수녀 중에서 생각의 밀도에 대한 평정치가 극단치에 있었던 두 수녀는 둘 다 20세에 자서전을 썼고, 당시 고졸 학력이었다. 그중 한 수녀는 다음과 같이 썼다. "수녀원에 들어올 당시 나는 건강상태가 좋았고 이전에 심각한 질환도 전혀 없었었습니다." 또 다른 수녀는 다음과 같이 썼다. "현재 저는 성령의 길을 따라 갈 마음의 준비를 하고서 서성이고 있습니다. 청빈, 순결 그리고 순종의 거룩한 서약에 따라서 주님의 발자취를 따라간 지 겨우 3주 밖에 안 되었습니다."

첫 번째 수녀는 학사 및 석사 학위를 취득하였으며 약 60년 후에 알츠하이머병으로 사망했다. 두 번째 수녀는 학사 학위를 받았는데 아직도 생존해 있으며, 그녀의 마음은 상태가 좋고, 기억도 손상되지 않았다. 다른 수녀 집단에 대한 연구에서도, 이와 같은 초창기의 편지에서 표현된 긍정적인 정서의 양이 알츠하이머 병이 조기에 발생할 확률을 낮추어준다는 것이 명백해졌다. 이 연구결과는 일반적으로 유전 요인이 알츠하이머병의 발달, 특히 초기 알츠하이머병의 발달에서 상당한 역할을 발휘한다는 가설에 부합된다.

Snowden(2001)의 연구는 모든 현장 연구 중 "인위적이지 아닌 일(natural event)"에 대한 연구라는 점에서 가치가 있다. 즉, 이 수녀들의 삶은 "실험실" 상황에서 실험자에 의해 조작당하지도(manipulated) 않았고, 이 수녀들은 실험자로부터 자서전을 써 달라고 동의를 요청받고 쓴 것도 아니었다. 그럼에도 불구하고 이 연구에서는 통제된 실험이 갖는 이점을 많이 구비하고 있었다. 즉, 피험자는 모두 백인이고, 여성이었으며, 유사한 사회경제-종교적 배경을 갖고 있었고, 그리고 거의 60년간 똑같은 환경에서 함께 살았다.

몇 가지 윤리적 함축성이 흥미롭다. 사람들을 조기에 검사한 다음에 알츠하이머병이나 또는 다른 병이 나타날 가능성에 대해 그들에게 알려 주어야 하는가? 정치인, 특히 대통령 후보는 이와 같은 초기 변인에 대해 조사해야만 하는가? 많은 사람들이 Reagan 대통령에게서 좋아했던 특징 중 하나는 그의 생각이 명료하고, 솔직하며, 때로는 단순한 데 있었음을 기억하라.

치료 성과 관련 논쟁점

현재 알츠하이머 병은 아마도 노년기 전단계의 치매 중 가장 잘 알려진 것인데, 알려진 치료법이 없는 질환이다. 다양한 약물, 이를테면 메만틴(memantine), 갈란타민(galantamine), 그리고 리바스티그민(rivastigmine)과 같은 약물이 이 장애의 진행을 늦추어주는 것으로 밝혀졌다. 유전적 재프로그래밍(Genetic reprogramming) 기법도 유사한 가능성을 제공해 준다. NoTch 수용기에 대한 연구는 1940년대에 예일대학에서 수행된 연구된 연구에 처음으로 기술되었는데, 성인의 뇌세포를 다시 만들어 낼 가능성을 최근에 보여 주었다. 이렇게 되면 알츠하이머병의 진행에 직접적인 억제제 역할을 하게 될 것이다.

또한 Snowden(2001)은 알츠하이머 병의 발생을 늦추는 데 도움이 되는 방법을 제시했다: ① 정신적 자극을 계속 받을 것, ② 두부 외상을 피할 것(예, 뇌졸중, 헬멧 없이 자전거를 타는 것과 같이 적절한 보호장치 없이 위험한 활동을 하는 것을 피할 것), ③ 엽산 보충제 복용으로 혈중 엽산 수치를 높게 유지할 것(지지받는 정도가 적은 권장사항은 비타민 C와 E로 보충하는 것이다), 그리고 ④ 정서적으로 긍정적이며 신체적으로는 활동적인 상태를 유지하는 것.

정신지체

전체 인구 중 약 1%는 정신지체의 범주에 속한다. DSM-IV-TR에서는 지적 기능이 의미있게 평균 이하인 알려 주는 증거를 요구하는데(기준 A), 이는 IQ가 70 또는 그 이하인 것을 말한다. 이때 검사 시의 측정 오차(measurement error)가 약 5점이어서, 표준화되고 개별적으로 실시되는 검사에서는 IQ 75까지도 이 진단을 내릴 수 있게 해 준다. 그리고 나이가 18세 이전에 발생해야 한다(기준 C).

또한 요구되는 것(기준 B)은 다음의 기술 영역(skill areas) 중 최소한 두 곳에서 적응 기능에 상당한 제한이 있다는 증거가 있어야 한다. 즉, 의사소통, 자기 돌봄(self-care), 집에서 생활하는 것(home living), 사회적/대인관계적 기술, 지역사회의 각종 편의수단(community resources)을 활용하는 것, 스스로 해내는 것(self-direction), 공부를 할 수 있는 능력(functional academic skills), 일, 여가, 건강 그리고 안전 등에서 이다(기준 B를 충족시키는 사람들이 전체 인구 중에서 많은 것으로 보이므로, IQ 점수가 요구된다는 것이 필요하다). 연령에 따른 증상의 심각한 정도(severity), 기술되는 양상(descriptors) 그리고 개입법(interventions)이 〈표 10-1〉에 나와 있다.

정신지체 및 이와 관련된 문제를 효과적으로 다루려면 다양한 개입법이 필요하다. 장해의 정도가 적은 사람들이 심리교육 및 사회적 기술에 대한 개입에서 가장 크게 효과를 보며, 장해의 정도가 클수록 다양한 행동 개입이 필요하다(Peters-Scheffer, Didden, Mulders, & Korzillius, 2010).

표 10-1. 정신지체의 심각도의 기준

수준	취학 전 연령 (생후 5세까지)	학령기(6~12세)	성인(21세 이상)
경도의 정신지체 (DSM-IV-TR에 따르면 IQ 50~55에서 70까지) (지체자의 약 85%)	• 사회 및 언어 기술을 발달시킬 수 있음. 감각 운동 영역에서는 지체 정도가 적음 • 나이가 좀 더 들 때까지는 정상아동과 구분되는 경우는 드묾. 교육가능한 정신지체로 지칭됨	• 10대 후반이 될 때까지 약 6학년 수준까지의 학력을 배워서 도달할 수 있음 • 일반 고등학교 과목은 학습할 수 없음 • 특히 중등학교 수준에서의 특수 교육이 필요함	• 적절한 교육과 훈련을 통해 사회적 직업적 적합성을 갖출 수 있음 • 심한 사회적 또는 경제적 스트레스를 받을 때 이끌어 줄 필요가 큼
중간 수준의 지체 (35~40에서 50~55 사이) (지체자의 10%)	• 대화할 수 있거나 의사소통하는 법을 배울 수 있음 • 사회 장면에 대한 알아차림이 부족함 • 운동 발달이 제대로 안 되어 있음 • 스스로 자신을 추스르는 법을 가르치면 도움이 될 수도 있음. 자조로 이익을 얻을 수 있음 • 적절히 지도감독을 통해 관리가 가능함	• 특수교육을 받으면 10대 후반에 이르기까지 대략 4학년 수준까지의 학력을 습득할 수 있음 • 기능적 학업 능력을 약 배울 수 있음	• 비숙련 또는 반숙련 직종에서 자체 유지 보수가 가능함. 사회적 또는 경제적 스트레스가 경미한 경우 예의주시하는 것과 이끌어 주는 것이 필요함
심한 지체 (20~25에서 35~40 사이) (지체자의 3~4%)	• 운동 발달이 형편없음 • 말하는 것도 아주 적음 • 의사소통 기술이 거의 없거나 전혀 없음 • 일반적으로 자기 돌봄을 훈련시켜서 효과를 보지 못함	• 대화할 수 있거나 의사소통하는 법을 배울 수 있음 • 필수적인 건강 습관을 훈련시킬 수 있음 • 학력을 쌓을 수가 없음(학습 불능) • 체계적인 습관 훈련을 통해 도움을 받을 수 있음	• 철저한 지도감독하에 자신을 돌보는 것을 부분적으로 해낼 수 있음 • 통제된 환경에서 자기 보호 기술을 겨우 쓸모 있는 수준으로 발달시킬 수 있음
극심한 지체 (IQ 20~25 이하)	• 감각운동 영역에서의 능력이 최소한도에 불과함 • 간호가 필요함	• 일부 운동발달이 일부 이루어진 부분이 있음 • 자기 돌봄을 훈련시켜도 효과를 보지 못함 • 전적인 돌봄이 필요함	• 운동발달 및 말하는 능력의 발달이 일부 이루어진 부분이 있음 • 자신의 몸을 스스로 움직이는 것이 완전히 불가능함. 전적인 돌봄과 지도감독이 필요함

출처: Sattler, J. M. *Assessment of Children's Intelligence and Special Abilities* (Boston: Allyn and Bacon, 1982), p. 426에서 부분적으로 번안함.

사례 연구

Daryl Renard Atkins의 사례

Daryl Renard Atkins는 1977년 11월 11일에 태어났다. 그는 고등학교를 졸업하지 못했다. 그는 특수교육을 받았지만 4.0점 만점에 평균 평점이 겨우 1.26점을 받았다. 가족들에게 제출된 보고서에는 심각한 행동문제와 공부하는 것에 대한 동기결핍이 기록되어있다(Commonwealth, 2000).

1996년 8월 중순의 어느 날 오후, 18세의 Daryl은 친구인 William Jones와 함께 아버지의 집에서 시간을 보내고 있었다. 이때까지, Daryl는 강도와 상해죄를 포함하여 일련의 중범죄 전과가 있었다. 이 둘은 "술 마시고 대마초를 피우고" 있었는데, Daryl의 다른 친구들 몇 명이 다녀갔다. Daryl은 자신이 그날 크랙 코카인(crack cocaine)도 복용하고 있다고 말하게 될 것이다.

승무원들이 많이 모여서 돈을 모아서 맥주를 사기 위해 지역 편의점으로 이리저리 가고 있었다. 그날 저녁 10시 30분경에, Daryl이 그 가게 주차장에서 잔돈을 구걸하고 있었는데, Myles(가명)라는 이름의 한 낯선 이가 자신의 픽업 트럭을 세웠다.

Myles는 Langley 공군기지에서 일하는 21세의 항공병이었다. 가게를 떠난 뒤, Myles는 자신의 트럭을 타고는 경내를 떠나기 시작했는데, 이때 Daryl이 건너편 주차장에서 그를 향해 휘파람을 불었다. Myles이 자신의 트럭을 멈춘 동안, Daryl과 그의 친구가 접근했는데−이는 Myles가 얼마 안 남은 생애의 기간 동안에 의심할 바 없이 후회하게 된 결정이었다(Atkins v. Commonwealth, 1999). 이 두 명은 Myles를 납치해서 그로 하여금 은행 ATM에서 200달러를 인출하도록 강요했다. ATM 기계의 보안용 비디오테이프는 Myles가 기계를 조작하기 위해 운전석에 있는 William를 가로질러 몸을 숙일 때 Daryl이 Myles에게 권총을 겨누고 있는 것을 보여 주었다(Atkins v. Commonwealth, 1999).

William Jones는 나중에 자세히 열거하기를, 자신이 촉구하여 자신과 Daryl이 도망할 수 있도록 Myles를 결박해서 어딘가에 묶어 두는 데 합의하였다고 했다. 그런데 Daryl이 갑자기 스스로 계획을 바꾸어 주 사이의 고속도로 Interstate 64번 근처의 한적한 지역에서 Myles를 8번 쏘았다고 했다. 이 두 사람은 Myles가 현장에서 죽도록 내버려 두었다. 경찰은 은행 ATM에 저장된 이미지를 보고 추적해서, 이 두 명의 가해자를 곧 발견해서는 둘 다 체포했다(Atkins v. Commonwealth, 1999).

버지니아주에서는 설득력 있는 사례를 제시했다. 검찰은 Myles의 어머니의 증언뿐만 아니라 그의 이전의 유죄판결 전력과 일부 범죄 희생자들의 증언을 인용하면서, 미래의 위험성과 범죄의 "비열함(vileness)"에 근거해서 사형을 구형했다(Atkins v. Commonwealth, 1999). 그러나 Richmond 지역의 법정 심리학자(forensic psychologist)인 Evan Stuart Nelson 박사는 재판에서 Atkins의 전체 IQ가 59라고 증언했다.

또한 Nelson은 Atkins가 감옥에서 폭력성을 나타낼 확률이 거의 없다고 증언했는데, Atkins가 이전에 이런 상황에서 자신의 행동을 잘 조절할 수 있음을 보여 주었기 때문이라고 했다. 그러나, 아마도 피고의 사례 때문인지 몰라도, Nelson은 Atkins가 제한된 정신능력이 제한되어 있음에도 불구하고 Atkins가 자신의 행위가 그릇된 것을 왜 깨달을 수 없는지에 대해서는 아무런 이유도 제시할 수 없다고도 증언했다(Atkins v. Commonwealth, 1999).

버지니아 배심원단은 유죄평결의 답신을 보내왔는데 Daryl이 폭력의 위험성이 있음을 계속해서 보여 주었다는 것과, 그 범죄는 "포학하거나 무자비하게 비열했었다."는 것을 알게 되었다. 배심원단은 사형이라는 극형을 권고했으며 판사는 이에 동의했다. 변호사의 이의 신청은 버지니아주 대법원에 대한 항소에서 갱신되었으며, 두 번째 재판이 승인되었다. 이 청문회에서 Nelson이 내린 정신지체 진단의 진실성에 대해서 열띤 논쟁이 있었다.

청문회 당시 법원에서는 정신질환의 진단 및 통계 편람 DSM 4판(DSM-IV-TR; American Psychiatric Association, 1994) 이 정신장애의 진단의 토대로 사용되었다. DSM-IV-TR에 따른 정신지체의 진단을 내리려면 다음의 세 가지 특징이 나타나야 한다.

1. IQ가 70 이하인 것을 타당하게 측정한 것
2. 적응 기능 adaptive functioning 의 한 개 이상의 영역에서 손상이 있을 것 그리고
3. 18세 이전에 이 장애가 발생한 것

법정에서 논쟁은 하지 않았지만, 여기에서 흥미가 가는 것은 피고측의 주장인데, Atkins가 "그가 받은 거의 모든 표준화된 검사에서 백분위로 20등 이하의 점수를 얻었다."는 것이다. 정의에 따르면, IQ가 70 미만인 경우는 백분위로 밑에서 2등 또는 그 이하

에 해당되는 것으로서, 20등에 비해서 상당히 떨어지는 것이다.

검찰은 진단에 대해서 세 가지의 근거로 반박하려 했다. Nelson박사는 Atkins의 IQ 검사 상의 수행도는, Atkins가 재판 절차로 인해 겪고 있는 "우울증"이 없었더라면, 좀 더 좋게 나왔을 것이라는 점을 재판정에서 인정했다. 또한 Nelson 박사는 Atkins가 반사회적 성격 장애의 진단기준에도 부합된다고 설명했는데, 이 성격장애의 일부 핵심적인 특질(key traits)은 남을 조종하는 것(manipulation) 그리고 규칙 및 법률을 무시하는 것이다.

Nelson의 증언 이외에도, 검사 측에서는 검찰 측의 전문가급의 증인으로서 Stanton Samenow 박사라는 이름의 또다른 법정심리학자를 데려왔다. Samenow는 Atkins가 정신지체라는 진단에 "완전히 불일치"한다고 증언하며, Atkins가 최소한 평균 수준의 지능에 해당된다고 주장하였다. Samenow 박사가 Atkins에게 공식적인 IQ 검사를 주지는 않았지만, 그는 Atkins가 복잡한 단어를 구사하고 현재 진행 중인 사건을 알고 있는 것을 자신의 발견을 뒷받침하는 증거로 인용하였다.

더욱이 Samenow 박사는 평가하는 도중에 Atkins에게 심리검사에서 골라낸 질문을 부과했다고 진술했다. Samenow 박사는 Atkins가 학교 장면에서 동기가 부족한 과거력에 대해서도 부연설명했는데, 이런 동기부족이 그가 외견상 정신능력이 제한된 것으로 보이는 이유라고 제시하였다.

또한 Samenow 박사는 Atkins의 적응 능력(adaptive functioning) 상의 결손이 학교 장면을 벗어나서까지 연장되지는 않았다는 사실에 근거해서 진단에 문제점이 있다고 주장했다(적합한 진단을 내리려면 한 곳 이상의 장면에서 결손이 있어야 한다). Samenow 박사는 Atkins가 그렇게 할 수 있는 능력이 부족한(lack) 것이 아니라, 뛰어나 보이지(excel) 않는 것을 선택했던 과거사를 설명했다(Atkins v. Commonwealth, 2000).

이 증언을 청취하고 정신지체의 증거를 감안하여 형량을 경감해보도록 지시받은 뒤에도, 배심원단은 다시 사형을 구형할 것을 추천했다. Prentis Smiley 판사는 이에 동의했고, Daryl Atkins은 이제는 21세인데, 또다시 사형을 선고받았다. 이번에는 항소에 대하여, 버지니아주 대법원은 5 대 2의 결정을 통해 이전의 모든 관심사가 적절하게 다루어졌다는 것과 Daryl Atkins를 사형에 처한다는 판결을 확인하였다.

정신지체가 있는 범죄자가 처형될 우려가 있다는 피고측의 이의 제기와 관련하여, 버지니아주 대법원은 진단이 명확하지 않음을 다음과 같이 지적했다. "우리는 Atkins

의 사형선고를 종신형으로 바꾸는 것이 단순히 그의 IQ 점수 때문이 아니다"(Atkins v. Commonwealth, 2000, p. 7)

2001년 9월 25일 미 연방대법원에서는 Daryl Atkins의 상고를 수락하고는, 더나아가서 10월 1일의 상고를 정신지체가 있는 범죄자에 대한 사형집행이 잔인하고 비통상적인 처벌을 금지하는 「헌법」 수정안 8조에 위배되는지에 대한 논쟁으로만 제한하였다. 대법원은 진짜로 정신지체가 있는 사람에게는 사형을 선고할 수 없다고 판결했다. 불행하게도, 대법원은 어떤 사람이 정신지체인지의 여부를 결정하기 위한 기준을 정의 내리지 않았으며, 오늘날까지도 이 문제는 법률 분야에서 여전히 불분명하다.

사형을 고려대상에서 배제하는 것 또는 선고형량의 경감은 사법 상황에서 정신지체를 꾸며 보여(malingering) 나타내도록 동기를 유발할 수도 있는 중요한 부차적 이득(secondary gain)으로 작용한다(Macvaugh & Cummingham, 2009). 이런 발견을 감안하여, 연구의 초점은 꾀병(malingering), 특히 인지 기능이나 신경과적 기능의 결손이 꾸며 낸 것(faking) 인지를 가려내기 위해 사용되는 측정도구가 정신지체가 있는 사람들에게 사용될 수 있겠는지에 맞추어지기 시작하였다(Shandera et al., 2010).

논평

IQ가 최소한도 대략 70점 이하의 기능수준을 보이면서 상당한 정신지체가 있다고 믿을 만한 이유가 있으며 어떤 이유에서인가 당사자에게 검사를 실시할 수 없다면, 정신지체, 강도를 특정 불가함(319)의 진단이 내려진다. 2축 상에서 부호화되는 경계선 지능 발휘(V62.89) 라는 진단을 내리려면 적응 대처 능력(adaptive coping)에서 문제가 있다는 증거가 있고 IQ가 71에서 84점 사이에 있어야 한다.

정신지체 및 이와 연관된 문제를 효과적으로 다루려면 다양한 개입법이 필요하다. 장해의 정도가 약한 정신지체는 심리교육적(psychoeducational) 개입과 사회기술 증진(social skills) 개입이 가장 큰 도움이 되며, 장해의 정도가 클수록, 다양한 행동적 개입(behavioral interventions)이 요구된다.

참고문헌

이봉건 역(2018). Goodwin and Guze의 이상 행동의 이해와 분류. 글로벌 출판사. (원저: Carol North and Sean Yutz의 Goodwin and Guze's Psychiatric Diagnosis, 6TH EDITION. 2010 by Oxford University Press, Inc.)

이봉건 역(2018). 이상심리학: 심리장애의 과학과 치료. 시그마프레스. (원저: Davison, Neale, Kring, & Johnson(2016)의 Abnormal Psychology. 13판. Wiley출판사.)

Abraham, K. (1916). The first pregenital stage of the libido. In *Selected papers on psychoanalysis*. New York: Basic Books.

Abrantes, D., & Matos, P. (2010). Parenting adolescents: Relationship between denerativity, parental satisfaction and attachment to parents. *Psicologia Educacao Cultura, 14*(1), 145-164.

Agras, W. S. (1995). Treatment of eating disorders. In A. Schatzberg & C. Nemeroff (Eds.), *Textbook of pyschopharmacology*. Washington, DC: American Psychiatric Press.

Agren, H., & Backlund, L. (2007). Bipolar disorder: Balancing mood states early in course of illness effects long-term prognosis. *Physiology & Behavior, 92*(1-2), 199-202.

Aguilera, A., Lopez, S., Breitborde, N., Kopelowicz, A., & Zarate, R. (2010). Expressed emotion and sociocultural moderation in the course of schizophrenia. *Journal of*

Abnormal Psychology, 119(4), 875-885.

Alford, B., & Beck, A. (1997). *The integrative power of cognitive therapy.* New York: Basic Books.

Allen, J., Lavallee, K., Herren, C., Ruhe, K., & Schneider, S. (2010). DSM-IV criteria for childhood separation anxiety disorder: Informant, age and sex differences. *Journal of Anxiety Disorders, 24*(8), 946-952.

Alonso, P., Segalas, C., Real, E., Pertusa, A., Labad, J., Jimenez-Murcia, S., et al. (2010). Suicide in patients treated for obsessive-compulsive disorder: A prospective follow-up study. *Journal of Affective Disorders, 124*(3), 300-308.

American Law Institute Model Penal Code, § 4.01 (1962).

American Psychiatric Association. (1994). *DSM-IV: Diagnostic and statistical manual of mental disorders* (4th ed.). Washington, DC: American Psychiatric Press.

American Psychiatric Association. (2000). *DSM-IVTR: Diagnostic and statistical manual of mental disorders* (4th ed. text revision). Washington, DC: American Psychiatric Press.

Amminger, G., Pape, S., Rock, D., Roberts, S., Ott, S., Squires-Wheeler, E., et al. (1999). Relationship between childhood behavioral disturbance and later schizophrenia in the New York High-Risk Project. *American Journal of Psychiatry, 156*, 525-530.

Anderson, J., Glod, C., Dai, J., Cao, Y., & Lockley, S. (2009). Lux vs. wavelength in light treatment of seasonal affective disorder. *Acta Psychiatrica Scandinavica, 120*(3), 203-212.

Andreassi, J. (2000). *Psychophysiology.* Mahwah, NJ: Lawrence Erlbaum.

Anthenelli, R. (2010). Focus on: Comorbid mental health disorders. *Alcohol Research & Health, 33*(1-2), 109-117.

Antrop, I., & Roeyers, H. (2000). Stimulation seeking and hyperactivity in children with ADHD. *Journal of Child Psychology & Psychiatry & Allied Disciplines, 41*(2), 225.

Asher, R. (1951). Munchausen syndrome. *Lancet, 1*, 339-341.

Asmundson, G., & Katz, J. (2009). Understanding the co-occurrence of anxiety disorders and chronic pain: State-of-the-art. *Depression and Anxiety, 26*(10), 888-901.

Atkins v. Commonwealth of Virginia, 257 Va. 160, 510 S.E.2d 445 (1999).

Atkins v. Commonwealth of Virginia, 260 Va. 375, 534 S.E.2d 312 (2000).

Atkinson, L., & Goldberg, S. (2004). *Attachment issues in psychopathology and intervention.* Mahwah, NJ: Lawrence Erlbaum.

Axelrod, B. (2009). Fabrication of psychiatric symptoms: Somatoform and psychotic disorders. In J. Morgan & J. Sweet (Eds.), *Neuropsychology of malingering casebook* (pp. 180-194). New York: Psychology Press.

Ayoub, C. C., Deutsch, R. M., & Kinscherff, R. (2000). Psychosocial management issues in Munchausen by Proxy. In R. M. Reece (Ed.), *Treatment of child abuse: Common ground for mental health, medical, and legal practitioners* (pp. 226-235). Baltimore: Johns Hopkins University Press.

Bahali, K., Tahiroglu, A., & Aysegul, Y. (2010). School Refusal: Clinical features, diagnosis and treatment. *Psikiyatride Guncel Yaklasimlar, 2*(3), 362-383.

Baker, T., Piper, M., McCarthy, D., Majeskie, M., & Fiore, M. (2004). Addiction motivation reformulated. *Psychological Review, 111*, 33-51.

Ballew v. Georgia 435 U.S. 223 (1978). Bardick, A., & Bernes, K. (2008). A framework for assessing violent behaviors in elementary schoolage children. *Children & Schools, 30*(2), 83-91.

Barkley, R. (1998). Attention Deficit Hyperactivity Disorder (ADHD). In H. Friedman (Ed.), *Encyclopedia of mental health.* San Diego, CA: Academic Press.

Barlow, D. (2002). *Anxiety and its disorders.* New York: Guilford Press.

Barrett, C., & Meyer, R. (1992). Cognitive behavioral therapy for inpatient alcoholics. In J. Wright, A. Beck, M. Thase, & J. Ludgate (Eds.), *Inpatient cognitive therapy.* New York: Guilford Press.

Bartol, C., & Bartol, A. (2008). *Criminal behavior.* Belmont, CA: Wadsworth.

Batty, M., Liddle, E., Pitiot, A., Toro, R., Groom, M., Scerif, G., et al. (2010). Cortical gray matter in attention-deficit/hyperactivity disorder: A structural agnetic resonance imaging study. *Journal of the American Academy of Child & Adolescent Psychiatry, 49*(3), 29-238.

Beck, A. (1976). *Cognitive therapy and the emotional disorders.* New York: International Universities Press.

Beck, A., & Valin, S. (1953). Psychotic depressive reaction in soldiers who accidentally killed their buddies. *American Journal of Psychiatry, 110*, 347-353.

Bell, Q. (1972). *Virginia Woolf: A biography.* New York: Harcourt Brace Jovanovich.

Berrendero, F., Robledo, P., Trigo, J., Martin-Garcia, E., & Maldonado, R. (2010). eurobiological mechanisms involved in nicotine dependence and reward: Participation of the endogenous opioid system. *Neuroscience and Biobehavioral Reviews, 35*(2), 220-231.

Bevan, A., Oldfield, V., & Salkovskis, P. (2010). A qualitative study of the acceptability of an intensive format for the delivery of cognitive-behavioural therapy for obsessive-compulsive disorder. *British Journal of Clinical Psychology, 49*(2), 173-191.

Bezchlibnyk-Butler, K., & Jeffries, J. (1999). *Clinical handbook of psychotropic drugs* (9th ed.). New York: Hogrefe & Huber.

Bickman, L. (2005). A common factor approach to improving mental health services. *Mental Health Services Research, 7*(1), 1-4.

Bishop, D. (2010). Overlaps between autism and language impairment: Phenomimicry or shared etiology? *Behavior Genetics, 40*(5), 618-629.

Bishop, S., Richler, J., & Lord, C. (2006). Association between restricted and repetitive behaviors and nonberbal IQ in children with autism spectrum disorders. *Child Neuropsychology, 12*(4/5), 247-267.

Blanchard, R. (2010). The DSM diagnostic criteria for pedophilia. *Archives of Sexual Behavior, 39*(2), 304-316.

Blanchard, R., & Steiner, B. W. (Eds.). (1990). *Clinical management of gender identity disorders in children and adults.* Washington, DC: American Psychiatric Press.

Bleuler, E. (1911). *Dementia praecox oder die gruppe der schizophrenia.* Leipzig: Deuticke.

Blouin, A., Blouin, J., Aubin, P., Carter, J., Goldstein, C., Boyer, H., et al. (1992). Seasonal patterns of bulimia nervosa. *American Journal of Psychiatry, 149*, 73-81.

Bohne, A., & Stevens, S. (2009). Modellvorschlag fur die kognitive verhaltenstherapie der kleptomanie. *Verhaltenstherapie*, *19*(1), 40-46.

Bonanno, G., & Mancini, A. (2010). Beyond resilience and PTSD: Mapping the heterogeneity of responses to potential trauma. *Psychological Trauma: Theory, Research, Practice and Policy.*

Bongar, B. (2002). *The suicidal patient.* Washington, DC: American Psychological

Association.

Bongar, B., & Beutler, L. (Eds.). (1995). *Comprehensive textbook of psychotherapy.* New York: Oxford University Press.

Borkman, T. (2008). The twelve-step recovery model of AA: A voluntary mutual help association. In M. Galanter & L. Kaskutas (Eds.), *Research on alcoholics anonymous and spirituality in addiction recovery* (pp. 9-35). New York: Springer Science; Business Media.

Boss, M. (1963). *Psychoanalysis and Dasein analysis.* New York: Plenum.

Bostwick, J. M. (2000). Affect disorders and suicide. *American Journal of Psychiatry, 157,* 1925-1932.

Bourget, D., & Bradford, J. (2008). Evidential basis for the assessment and treatment of sex offenders. *Brief Treatment and Crisis Intervention, 8*(1), 130-146.

Bowlby, J. (1973). *Attachment and loss: Separation anxiety and anger* (Vol. 2). New York: Basic Books.

Boyd, A., McLearen, A., Meyer, R., & Denney, J. (2007). *The assessment of deception.* Sarasota, FL: Professional Resource Press.

Brotsky, S., & Giles, D. (2007). Inside the "Pro-ana" community: A covert online participant observation. *Eating Disorders, 15*(2), 93-109.

Bruch, H., Czyzewski, D., & Suhr, M. (1988). *Conversations with anorexics.* New York: Basic Books.

Brumariu, L., & Kerns, K. (2010). Parent-child attachment and internalizing symptoms in childhood and adolescence: A review of empirical findings and future directions. *Development and Psychopathology, 22*(1), 177-203.

Bruni, O., Novelli, L., Miano, S., Parrino, L., Terzano, M., & Ferri, R. (2010). Cyclic alternating pattern: A window into pediatric sleep. *Sleep Medicine, 11*(7), 628-636.

Buckley, P., & Meltzer, H. (1995). Treament of schizophrenia. In A. Schatzberg & C. Nemeroff (Eds.), *Textbook of psychiatry.* Washington, DC: American Psychiatric Press.

Buono, S., Scannella, F., & Palmigiano, M. (2010). Self-injurious behavior: A comparison between Prader-Willi syndrome, Down syndrome and autism. *Life Span and Disability, 13*(2), 187-201.

Burke, J., Loeber, R., & Lahey, B. (2007). Adolescent conduct disorder and interpersonal callousness as predictors of psychopathy in young adults. *Journal of Clinical Child and Adolescent Psychology, 36*(3), 334-346.

Burrell, P. (2003). *A royal duty.* New York: Putnam. Busch, F., Oquendo, M., Sullivan, G., & Sandberg, L. (2010). An integrated model of panic disorder. *Neuro-Psychanalysis, 12*(10), 67-79.

Butz, M., Evans, F., & Webber-Derezynski, R. (2009). A practitioner's complaint and proposed direction: Munchausen syndrome by proxy, factitious disorder by proxy, and fabricated and/or induced illness in children. *Research and Practice, 40*(1), 31-38.

Calaprice, A. (2000). *The expanded quotable Einstein.* Princeton: Princeton University Press.

Campbell, L. C. (1993). *The royal marriages.* New York: St. Martin's Press.

Cannon, T., Yolken, R., Buka, S., & Torrey, E. (2008). Decreased neurotrophic response to birth hypoxia in the etiology of schizophrenia. *Biological Psychiatry, 64*(9), 797-802.

Caplan, L. (1984). *The insanity defense.* Boston: Godine.

Cantegreil-Kallen, I., & Rigaud, A. (2009). Systemic family therapy in the context of Alzheimer's disease: A theoretical and practical approach. *Psycholoie & NeuroPsychiatrie du Vieillissement*, 7(4), 253-263.

Carnes, P. (1992). *Out of the shadows: Understanding sexual addiction.* Center City, MN: Hazelden.

Carpenter, D., & Nevin, R. (2010). Environmental causes of violence. *Physiology & Behavior, 99*(2), 260-268.

Carpenter, M., Baker, N., Gray, K., & Upadhyaya, H. (2010). Assessment of nicotine dependence among adolescent and young adult smokers: A comparison of measures. *Addictive Behaviors, 35*(11), 977-982.

Carter, J., McFarlane, T., Bewell, C., Olmsted, M., Woodside, D., Kaplan, A., et al. (2009). Maintenance treatment for anorexia nervosa: A comparison of cognitive behavior therapy and treatment as usual. *International Journal of Eating Disorders, 42*(3), 202-207.

Chambless, D., Sanderson, W., Shoham, V., & Johnson, S. (1996). An update on empirically validated therapies. *Clinical Psychologist, 49*(2), 5-18.

Chanpattana, W., & Sackeim, H. (2010). Electroconvulsive therapy in treatment-resistant schizophrenia: Prediction of response and the nature of symptomatic improvement. *Journal of Electroconvulsive Therapy, 26*(4), 289-298.

Chen, Y., Tsai, P., Chen, P., Fan, C., Hung, G., & Cheng, A. (2010). Effect of media reporting of the suicide of a singer in Taiwan: The case of Ivy Li. *Social Psychiatry and Psychiatric Epidemiology, 45*(3), 363-369.

Chu, J., Frey, L., Ganzel, B., & Matthews, J. (1999). Memories of childhood abuse. *American Journal of Psychiatry, 156*, 749-755.

Clark, L., & Livesley, W. (2002). Two approaches to identifying the dimensions of personality disorder: Convergence on the five-factor model. In P. Costa & T. Widiger (Eds.), *Personality disorders and the five-factor model of personality* (2nd ed., pp.161-176). Washington, DC: American Psychological Association.

Clay v. United States (June 28, 1971) Cleckley, H. (1964). *The mask of sanity* (4th ed.). St. Louis, MO: Mosby.

Colapinto, J. (2000). *As nature made him: The boy who was raised as a girl.* New York: HarperCollins.

Colby, K. (1977). Appraisal of four psychological theories of paranoid phenomena. *Journal of Abnormal Psychology, 86*, 54-59.

Coleman, H. (1995). Strategies for coping with cultural diversity. *The Counseling Psychologist, 23*(4), 722-740.

Colletti, G., Lynn, S., & Laurence, J. (2010). Hypnosis and the treatment of dissociative identity disorder. In S. Lynn, J. Rhue, & I. Kirsch (Eds.), *Handbook of clinical hypnosis* (2nd ed., pp. 433-451). Washington, DC: American Psychological Association.

Collin, P., Power, K., Karatzias, T., Grierson, D., & Yellowlees, A. (2010). The effectiveness of, and predictors of response to, inpatient treatment of anorexia nervosa. *European Eating Disorders Review, 18*(6), 464-474.

Compton, S., Walkup, J., Albano, A., Piacentini, J., Birmaher, B., Sherrill, J., et al. (2010). Child/adolescent anxiety multimodal study (CAMS): Rationale, design and methods.

Child and Adolescent Psychiatry and Mental Health, 4.

Cornblatt, B., Green, M., Walker, E., & Mittal, V. (2009). Schizophrenia: Etiology and neurocognition. In P. Blaney & T. Millon (Eds.), *Oxford textbook of psychopathology* (2nd ed., pp. 298-332). New York: Oxford University Press.

Cornell, D., Sheras, P., Kaplan, S., McConville, D., Douglass, J., Elkon, A., et al. (2004). Guidelines for student threat assessment: Field-test findings. *School Psychology Review, 33*(4), 527-546.

Coughlin, C. (2002). *Saddam: King of terror.* New York: HarperCollins.

Craigie, F., & Ross, S. (1980). The use of a videotape pre-treatment training program to encourage treatment-seeking among alcoholic detoxification patients. *Behavior Therapy, 11,* 141-147.

Crane, M., & Platow, M. (2010). Deviance as adherence to injunctive group norms: The overlooked role of social identification in deviance. *British Journal of Social Psychology, 49*(4), 827-847.

Cubillo, A., & Rubia, K. (2010). Structural and functional brain imaging in adult attention-deficit/hyperactivity disorder. *Expert Review of Neurotherapeutics, 10*(4), 603-620.

Cullberg, J. (2006). *Psychoses.* New York: Routledge.

Crosby, R., Wonderlich, S., Engel, S., Simonich, H., Smyth, J., & Mitchel, J. (2009). Daily mood patterns and bulimic behaviors in the natural environment. *Behaviour Research and Therapy, 47*(3), 191-188.

Daniel McNaughten's case, 10 C1, and Fin. 200, 8 Eng. Rep. 718 (1843).

Dastgiri, S., Nateghian, S., & Goodarzi, M. (2010). Comparison of thought-action fusion beliefs among patients with obsessive-compulsive disorder, generalized anxiety disorder, and normal people. *Psychological Research, 12*(3-4), 97-111.

Dattillo, F., Davis, E., & Goisman, R. (2008). Crisis intervention with medical patients. In F. Dattillo & A. Freeman (Eds.), *Cognitive-behavior strategies in crisis intervention.* New York: Guilford.

Daubert v. Merrill Dow Pharmaceuticals 113 S.Ct. 2786 (1993)

Daversa, M. (2010). Early environmental predictors of the affective and interpersonal constructs of psychopathy. *International Journal of Offender Therapy and Comparative Criminology, 54*(1), 6-21.

Davis v. United States (1897)

Davison, L. (2004). Media viewing and the neurological development of ADHD: Voluntary and involuntary processing. *The Sciences and Engineering, 65*(30b), 1568.

DeBattista, C. (1998). Mood disorders. In H. Friedman (Ed.), *Encyclopedia of mental health.* San Diego, CA: Academic Press.

Del Giudice, M., & Kutinsky, J. (2007). Applying motivational interviewing to the treatment of sexual compulsivity and addiction. *Sexual Addiction & Compulsivity, 14*(4), 303-319.

Dell, P. F., & O'Neil, J. A. (Eds.). (2008). *Dissociation and the dissociative disorders: DSM-IV and beyond.* New York: Routledge Press.

DePaulo, L. (2005). The strange, still mysterious death of Marilyn Monroe. *Playboy, 52*(12), 76-82, 192-195.

Depue, R. (2007). Red flags, warning signs and indicators. In *Report of the review panel, mass shootings at Virginia Tech.* Blacksburg, VA: Office of the Governor of the Commonwealth of Virginia.

Dick, D., Prescott, C., & McGue, M. (2009). The genetics of substance use and substance use disorders. In Y. Kim (Ed.), *Handbook of behavior genetics* (pp. 433-453). New York: Springer Science; Business Media.

DiLalla, L. (2004). *Behavior genetics principles.* Washington, DC: American Psychological Association.

Doctor, R. (1998). Sexual disorders. In H. Friedman (Ed.), *Encyclopedia of mental health.* San Diego, CA: Academic Press.

Donnellan, M., & Robins, R. (2010). Resilient, overcontrolled, and undercontrolled personality types: Issues and controversies. *Social and Personality Psychology Compass, 4*(11), 1070-1083.

Dozois, D. J., & Dobson, K. S. (2004). *The prevention of anxiety and depression.* Washington, DC: American Psychological Association.

Duara, R.. Loewenstein, D., Potter, E., Appel, J., Greig, M., Urs, R., et al. (2008). Medial temporal lobe atrophy on MRI scans and the diagnosis of Alzheimer disease. *Neurology, 71*(24), 1986-1992.

Durham v. United States, 214 F.2d 962, 874-875, D.C. Circuit (1954).

Durkheim, E. (1951). *Suicide.* New York: Free Press.

Durrant, R., & Thakker, J. (2003). *Substance use and abuse.* Thousand Oaks, CA: Sage.

Dusky v. United States, 362 U.S. 402 (1960).

Earle, R. H., Dillon, D., & Jecmen, D. (1998). Systemic approach to the treatment of sex offenders. *Sexual Addiction and Compulsivity, 5*, 49-61.

Efron, D., & Sciberras, E. (2010). The diagnostic outcomes of children with suspected attention deficit hyperactivity disorder following multidisciplinary assessment. *Journal of Pediatrics and Child Health, 46*(7-8), 392-397.

Eliot, M., Cornell, D., Gregory, A., & Fan, X. (2010). Supportive school climate and student willingness to seek help for bullying and threats of violence. *Journal of School Psychology, 48*(6), 533-553.

Ellis, A. (2002). Rational emotive behavior therapy. In M. Hersen & W. Sledge (Eds.), *Encyclopedia of psychotherapy.* San Diego, CA: Academic Press.

Enggasser, J., & Young, M. (2007). Cognitive vulnerability to depression in seasonal affective disorder: Predicting mood and cognitive symptoms in individuals with seasonal vegetative changes. *Cognitive Therapy and Research, 31*(1), 3-21.

Erikson, E. (1959). Identity and the life cycle. *Psychological Issues, 1*, 18-64.

Espirito-Santo, H., & Pio-Abreu, J. (2009). Psychiatric symptoms and dissociation in conversion, somatization and dissociative disorders. *Australian & New Zealand Journal of Psychiatry, 43*(3), 270-276.

Esterberg, M., Goulding, S., & Walker, E. (2010). Cluster A personality disorders: Schizotypal, schizoid and paranoid personality disorders in childhood and adolescence. *Journal of Psychopathology and Behavioral Assessment, 32*(4), 515-528.

Everly, G. S., & Lating, J. M. (2004). *Personality guided therapy for PTSD.* Washington, DC: American Psychological Association.

Farber, E. (2010). Humanistic-existential psychotherapy competencies and the supervisory process. *Psychotherapy: Theory, Research, Practice, Training, 47*(1), 28-34.

Fassler, D. (2001). *A common sense 10 point plan to address the problem of school violence.* American Academy of Child and Adolescent Psychiatry. www.aacap.org.

Fawcett, J. (1992). Suicide risk factors in depressive disorders and in panic disorder.

Journal of Clinical Psychiatry, 53(Suppl.), 9-13.

Feldman, J., & Kazdin, A. (1995). Parent management training for oppositional and conduct problem children. *Clinical Psychologist, 48*(4), 3-5.

Fenichel, O. (1945). *The psychoanalytic theory of neurosis*. New York: Wiley.

Fernald, D. (1984). *The Hans legacy*. Hillsdale, NJ: Lawrence Erlbaum.

Ferster, C., & Culbertson, S. (1982). *Behavior principles* (3rd ed.). Englewood Cliffs, NJ: Prentice-Hall.

Festinger, L. (1955). Social psychology and group processes. *Annual Review of Psychology, 6*, 187-216.

Fine, C. (2010). The wreathing protocol: The imbrication of hypnosis and EMDR in the treatment of dissociative identity disorder, dissociative disorder not otherwise specified and post-traumatic stress disorder. In: M. Luber (Ed.), *Eye movement desensitization and reprocessing (EMDR) scripted protocols: Special populations* (pp. 329-347). New York: Springer Publishing Co.

Finkelhor, D., & Dziuba-Leatherman, J. (1994). Victimization of children. *American Psychologist, 49*, 173-183.

Flaskerud, J. (2010). DSM Proposed Changes, Part II: Criticisms and Influences on Changes. *Issues in Mental Health Nursing, 31*(10), 686-688.

Forbush, K., Heatherton, T., & Keel, P. (2007). Relationships between perfectionism and specific disordered eating behaviors. *International Journal of Eating Behaviors, 40*(1), 37-41.

Ford, B., & Chase, C. (1978). *The times of my life*. New York: HarperCollins.

Ford, B., & Chase, C. (1988). *A glad awakening*. Boston: Hall.

Ford v. Wainwright 477 U.S. 399 (1986).

Frankl, V. (1975). *The unconscious god: Psychotherapy and theology*. New York: Simon & Schuster.

Freitag, C., Rohde, L., Lempp, T., & Romanos, M. (2010). Phenotypic and measurement influences on heritability estimates in childhood ADHD. *European Child & Adolescent Psychiatry, 19*(3), 311-323.

Friedman, M., Keane, T., & Resick, P. (Eds.). (2008). *Handbook of PTSD*. New York: Guilford.

Friedman, M., & Marsella, A. (1996). Posttraumatic stress disorder: An overview of the concept. In: *Ethnocultural aspects of posttraumatic stress disorder: Issues, research, and clinical applications* (pp. 11-32). Washington, DC: American Psychological Association.

Furman v. Georgia 408 U.S. 238 (1972). Gabbard, G., & Ball, B. (2009). Physical and medical dimensions of borderline personality disorder and the effect of treatment. *Psychiatric Annals, 39*(12), 997-1003.

Garcia, F., & Thibaut, F. (2010). Sexual addictions. *American Journal of Drug and Alcohol Abuse, 36*(5), 254-260.

Garfield, S. (1981). Psychotherapy: A 40-year appraisal. *American Psychologist, 36*, 174-183.

Garner, D., & Garfinkel, P. (Eds.). (1997). *Handbook of treatment for eating disorders.* New York: Guilford Press.

Gathorne-Hardy, J. (1998). *Kinsey: Sex the measure of all things.* Bloomington: Indiana University Press.

Gejman, P., Sanders, A., & Duan, J. (2010). The role of genetics in the etiology of schizophrenia. *Psychiatric Clinics of North America, 33*(1), 35-66.

Ghezzi, P., Wilson, G., Tarbox, R., & MacAleese, K. (2009). Guidelines for developing and managing a token economy. In W. O'Donohue, J. Fisher (Eds.), *General principles and empirically supported techniques of cognitive behavior therapy*, (pp. 663-668). Hoboken, NJ: John Wiley & Sons Inc.

Gilmore, J. (1991). Murdering while asleep. *Forensic Reports, 4*, 455-459.

Glasser, W. (1980). Two cases in reality therapy. In G. Belkin (Ed.), *Contemporary psychotherapies.* Chicago: Rand McNally.

Glasser, W. (2000). School violence from the perspective of William Glasser. *Professional School Counseling, 4*(2), 77.

Goldner-Vukov, M., & Moore, L. (2010). Malignant narcissism: From fairy tales to harsh reality. *Psychiatria Danubina, 22*(3), 392-405.

Goldsmith, D., & Libbon, R. (2005). *Einstein: A relative history.* New York: Ibooks.

Goodwin, F. K., & Jamison, K. R. (1990). *Manicdepressive illness.* New York: Oxford University Press.

Goodwin, G. M. (1994). Recurrence of mania after lithium withdrawal. *British Journal of Psychiatry, 164*, 149-152.

Gordon, H. (2008). The treatment of paraphilias: An historical perspective. *Criminal Behaviour & Mental Health, 18*(2), 79-87.

Gotham, K., Risi, S., Pickles, A., & Lord, C. (2007). The Autism Diagnostic Observation Schedule: Revised algorithms for improved diagnostic validity. *Journal of Autism & Developmental Disorders, 37*(4), 613-627.

Grandin, T. (1995). *Thinking in pictures and other reports from my life with autism.* New York: Doubleday.

Grant, J., Odlaug, B., Davis, A., & Kim, S. (2009). Legal consequences of kleptomania. *Psychiatric Quarterly, 80*(4), 251-259.

Grant, J., Odlaug, B., & Kim, S. (2010). Kleptomania: Clinical characteristics and relationship to substance use disorders. *American Journal of Drug and Alcohol Abuse, 36*(5), 291-295.

Gregg v. Georgia 428 U.S. 153 (1976).

Greenberg, S., Shuman, D., & Meyer, R. (2004). Unmasking forensic diagnosis. *International Journal of Law and Psychiatry, 27*(1), 1-15.

Grilo, C. (2006). *Eating disorders.* New York: Routledge.

Griner, D., & Smith, T. (2006). Culturally adapted mental health intervention: A meta-analytic review. *Psychotherapy: Theory, Research, Practice, Training, 43*(4), 531-548.

Gross, B. (2008). Caretaker cruelty: Muchausen's and beyond. *The Forensic Examiner, 17*(2), 54-57.

Guay, D. (2009). Drug treatment of paraphilic and nonparaphilic sexual disorders. *Clinical Therapeutics: The International Peer-Reviewed Journal of Drug Therapy, 31*(1), 1-31.

Gude, T., & Hoffart, A. (2008). Change in interpersonal problems after cognitive agoraphobia and schema-focused therapy versus psychodynamic treatment as usual of inpatients with agoraphobia and Cluster C personality disorders. *Scandinavian Journal of Psychology, 49*(2), 195-199.

Guillozet, A., Weintraub, S., Mash, D., & Mesulam, M. (2003). Neurofibrillary tangles, amyloid and memory in aging and mild cognitive impairment. *Archives of Neurology, 60*(5), 729-736.

Gunter, T., Vaughn, M., & Philibert, R. (2010). Behavioral genetics in antisocial spectrum disorders and psychopathy: A review of the recent literature. *Behavioral Sciences & the Law, 28*(2), 148-173.

Guo, X., Zhai, J., Liu, Z., Fang, M., Wang, B., Wang, C., et al. (2010). Effect of antipsychotic medication alone vs. combined with psychosocial intervention on outcomes of early-stage schizophrenia: A randomized, 1-year study. *Archives of General Psychiatry, 67*(9), 895-904.

Haley, J., & Richenport-Haley, M. (2008). *Medically unexplained illness.* Washington, DC: American Psychological Association.

Hall, R., & Hall, R. (2007). A profile of pedophilia: Definition, characteristics of offenders, recidivism, treatment outcomes, and forensic issues. *Mayo Clinic Proceedings, 82*(4), 457-471.

Halmi, K. (2008). Eating disorders: Anorexia nervosa, bulimia nervosa, and obesity. In R. Hales, S. Yudofsky, & G. Gabbard, (Eds.), *The American Psychiatric Publishing textbook of psychiatry*, (Vol. 5, pp. 971-997). Arlington, VA: American Psychiatric Publishing, Inc.

Hanson, K. (2009). The psychological assessment of risk for crime and violence. *Canadian Psychology, 50*(3), 172-182.

Hare, R., Hart, S., & Harpur, T. (1991). Psychopathy and the *DSM-IV* criteria for antisocial personality disorder. *Journal of Abnormal Psychology, 100*, 391-398.

Harper, K., Sperry, S., & Thompson, J. (2008). Viewership of pro-eating disorder websites: Association with body image and eating disturbances. *International Journal of Eating Disorders, 41*(1), 92-95.

Hautmann, C., Eichelberger, I., Hanisch, C., Pluck, J., Walkter, D., & Dopfner, M. (2010). The severely impaired do profit most: short-term and longterm predictors of therapeutic change for parent management training under routine car conditions for children with externalizing problem behavior. *European Child & Adolescent Psychiatry*, *19*(5), 419-430.

Harrington, A. (1985). Nineteenth-century ideas on hemisphere differences and "duality of mind." *Behavioral and Brain Sciences, 8*, 617-660.

Harsh, J., & Ogilvie, R. (Eds.). (1995). *Sleep onset: Normal and abnormal process.* Washington, DC: American Psychological Association.

Harshbarger, J., Ahlers-Schmidt, C., Mayans, L., Mayans, D., & Hawkins, J. (2009). Proanorexia websites: What a clinician should know. *International Journal of Eating Disorders, 42*(4), 367-370.

Hauser, T. (2005). *Muhammed Ali: His life and times.* London: Robson Books.

Hayward, B. (2007). Cluster A personality disorders: Considering the "odd-eccentric" in psychiatric nursing. *International Journal of Mental Health Nursing, 16*(1), 15-21.

Hazler, R. (2000). When victims turn aggressors: Factors in the development of deadly school violence. *Professional School Counseling, 4*(2), 105.

Head, L., & Gross, A. (2009). Systematic desensitization. In W. T. O'Donohue & J. E. Fisher (Eds.), *General principles and empirically supported techniques of cognitive behavior therapy* (pp. 640-647). Hoboken, NJ: John Wiley & Sons.

Heffner, M., & Eifert, G. (2004). *The anorexia workbook.* Oakland, CA: New Harbinger.

Henslee, A., & Coffey, S. (2010). Exposure therapy for posttraumatic stress disorder in a residential substance use treatment facility. *Professional Psychology: Research and Practice, 41*(1), 34-40.

Hermann, M., & Finn, A. (2002). An ethical and legal perspective on the role of school counselors in preventing violence in schools. *Professional School Counseling, 6*(1), 46.

Hersen, M., & Ammerman, R. (2000). *Advanced abnormal child psychology* (2nd ed.). Mahwah, NJ: Lawrence Erlbaum.

Hillebrand, M., & Pallone, N. (Eds.). (1995). *The psychobiology of aggression.* Binghamton, NY: Haworth.

Hodgins, D., & El-Guabaly, N. (2004). Retrospective and prospective reports of precipitants to relapse in Pathological Gambling. *Journal of Consulting and Clinical Psychology, 72*, 72-80.

Holma, K., Melartin, T., Haukka, J., Holma, I., Sokero, T., & Isometsa, E. (2010). Incidence and predictors of suicide attempts in DSM-IV major depressive disorder: A five-year prospective study. *American Journal of Psychiatry, 167*(7), 801-808.

Hopfer, C. (2011). Club drug, prescription drug, and over-the-counter medication abuse: Description, diagnosis, and intervention. In Y. Kaminer & K. Winters (Eds.), *Clinical manual of adolescent substance abuse treatment* (pp. 187-212). Arlington, VA: American Psychiatric Publishing.

Hopkins, J. R. (1995). Erick Homburger Erikson (1902-1994). *American Psychologist, 50,* 796-797.

Horowitz, L. (2004). *Interpersonal foundations of psychopathology.* Washington, DC: American Psychological Association.

Hoyer, J., Uhmann, S., Rambow, J., & Jacobi, F. (2009). Reduction of sexual dysfunction: By-product of cognitive-behavioural therapy for psychological disorders? *Sexual and Relationship Therapy, 24*(1), 64-73.

Imber-Black, E. (2010). Caring in multiple relational contexts of adversity: Implications for family therapy. *Family Process, 49*(2), 139-141.

Isen, J., Raine, A., Baker, L., Dawson, M., Bezdjian, S., & Lozano, D. (2010). Sex-specific association between psychopathic traits and electrodermal reactivity in children. *Journal of Abnormal Psychology, 199*(1), 216-225.

Jackson v. Indiana, 406 U.S. 715 (1972). Jackson-Gilfort, A., Liddle, H., Tejeda, M., & Dakof, G. (2001). Facilitating engagement of African American male adolescents in family therapy: A cultural theme process study. *Journal of Black Psychology, 27*(3), 321-340.

Jaffee v. Redmond, 116 S.Ct., 64 L. W. 4490 (June 13, 1996).

Jaffee, S., Moffitt, T., Caspi, A., Taylor, A., & Arseneault, L. (2002). Influence of adult domestic violence on children's internalizing and externalizing problems: An environmentally informative twin study. *Journal of the American Academy of Child & Adolescent Psychiatry, 41*(9), 1095-1103.

Janofsky, J. (1994). The Munchausen syndrome in civil forensic psychiatry. *Bulletin of the American Academy of Psychiatry and the Law, 22*, 488-489.

Janowsky, D. (1999). *Psychotherapy indications and outcomes.* Washington, DC: American Psychiatric Association.

Jimenez-Murcia, S., Alvarez-Moya, E., Granero, R., Aymami, M., Gomez-Pena, M., Jaurrieta, N., et al. (2007). Cognitive-behavioral group treatment for pathological gambling: Analysis of effectiveness and predictors of therapy outcome. *Psychotherapy Research, 17*(5), 544-552.

Johnson, S. (2009). Improving the school environent to reduce school violence: A review of the literature. *Journal of School Health, 79*(10), 451-465.

Johnson, A. (2011). Psychoanalytic Theory. In D. Capuzzi & D. Gross (Ed.), *Counseling and psychotherapy* (Vol. 5, pp. 59-76). Alexandria, VA: American Counseling Association.

Johnson, A., Falstein, E., Szurek, S., & Svendsen, M. (1941). School phobia. *American Journal of Orthopsychiatry, 11*, 702-711.

Johnson, E., Chen, L., Breslau, N., Hatsukami, D., Robbins, T., Saccone, N., et al. (2010). Peer smoking and the nicotinic receptor genes: An examination of genetic and environmental risks for nicotine dependence. *Addiction, 105*(11), 2014-2022.

Johnson, S. (2008). *Medically unexplained illness.* Washington, DC: American Psychological Association.

Jones, J. (1997). *Alfred C. Kinsey: A public/private life.* New York: W. W. Norton & Company.

Jones, M. C. (1924). A laboratory study of fear: The case of Peter. *Journal of General Psychology, 31*, 308-315.

Jones, W., & Morgan, J. (2010). Eating disorders in men: A review of the literature. *Journal of Public Mental Health, 9*(2), 23-31.

Kanner, L. (1943). Autistic disturbances of affective content. *Nervous Child, 2*, 217-240.

Kansas v. Crane 534 U.S. 1009 (January 23, 2002).

Kansas v. Hendricks, 117 S.Ct., 65 L. W. 4564 (June 23, 1997).

Kantor, S. (1978). *Who was Ruby?* Bethesda, MD: Everest House.

Katon, W. (1993). Somatization disorder, hypochondriasis, and conversion disorder. In D. Dunner (Ed.), *Current psychiatric therapy.* Philadelphia: Saunders.

Kay, J., & Franklin, S. (1995). In R. Mapor & J. Spector (Eds.), *Clinical neuropsychological assessment.* New York: Plenum.

Kegel, M., Dam, H., Ali, F., & Bjerregaard, P. (2009). The prevalence of seasonal affective disorder (SAD) in Greenland is related to latitude. *Nordic Journal of Psychiatry, 63*(4), 331-335.

Kegel, M., Dam, H., Fatuma, A., & Bjerregaard, P. (2009). The prevalence of seasonal affective disorder (SAD) in Greenland is related to latitude. *Nordic Journal of Psychiatry, 63*(4), 331-335.

Kellam, A. (1969). Shoplifting treated by aversion to a film. *Behavior Research and Therapy, 7*, 125-127.

Kellett, S. (2007). A time series evaluation of the treatment of histrionic personality disorder with cognitive analytic therapy. *Psychology & Psychotherapy: Theory, Research & Practice, 80*(3), 389-405.

Kendler, K., Heath, A., Martin, N., & Eaves, L. (1986). Symptoms of anxiety and depression in a volunteer twin population. *Archives of General Psychiatry, 43*, 213-221.

Kennedy, A. (2009). Psychological syndrome evidence. In: D. Krauss & J. Lieveran (Ed.), *Psychological expertise in court: Psychology in the courtroom* (Vol. 2, pp. 103-121). Burlington, BT: Ashgate Publishing CO.

Kennedy, A., Bybee, D., Sullivan, C., & Greeson, M. (2010). The impact of family and community violence on children's depression trajectories: Examining the interactions of violence exposure, family social support and gender. *Journal of Family Psychology, 24*(4), 197-207.

Kernberg, O. (1984). *Severe personality disorders.* New Haven, CT: Yale University Press.

Keshavan, M., Eack, S., Montrose, D., Abela, M., Bangalore, S., Diwadkar, V., et al. (2009). Do premorbid impairments predict emergent "prodromal" symptoms in young relatives at risk for schizophrenia? *Early Intervention in Psychiatry, 3*(3), 213-220.

Kessler, R., Berglund, P., Demler, O., Jin R., & Walters E. (2005). Lifetime prevalence and age of onset distributions of *DSM-IV* disorders in the National Comorbidity Survey Replication. *Archives of General Psychiatry, 62*, 593-602.

Kessler, R., Green, J., Adler, L., Barkley, R., Chatterji, S., Faraone, S., et al. (2010). Structure and diagnosis of adult attention-deficit/hyperactivity disorder: Analysis of expanded symptom criteria from the adult ADHD clinical diagnostic scale. *Archives of General Psychiatry, 67*(11), 1168-1178.

Kilpatrick, D., Resnick, H., & Acierno, R. (2009). Should PTSD Criterion A be retained? *Journal of Traumatic Stress, 22*(5), 374-383.

Kirkpatrick, T., Joyce, E., Milton, J., Duggan, C., Tyrer, P., & Rogers, R. (2007). Altered emotional decision-making in prisoners with borderline personality disorder. *Journal of Personality Disorders, 21*(3), 243-261.

Kinsey Institute. (2007). www.indiana.edu/-kinsey/.

Kirsch, L., & Becker, J. (2007). Emotional deficits in psychopathy and sexual sadism: Implications for violent and sadistic behavior. *Clinical Psychology Review, 27*(8), 904-922.

Kjetsaa, G. (1987). *Fyodor Dostoevsky: A writer's life.* New York: Viking Penguin.

Kleinjan, M., Wanner, B., Vitaro, F., Van den Eljnden, R., Brug, J., & Engles, R. (2010). Nicotine dependence subtypes among adolescent smokers: Examining the occurrence, development and validity of distinct symptom profiles. *Psychology of Addictive Behaviors, 24*(1), 61-74.

Kling, A., Forster, M., Sundell, K., & Melin, L. (2010). A randomized controlled effectiveness trial of parent management training with varying degrees of therapist supports. *Behavior Therapy, 41*(4), 530-542.

Klingberg, S., Wittorf, A., Herrlich, J., Wiedemann, G., Meisner, C., Buchkremer, G., et al. (2009). Cognitive behavioral treatment of negative symptoms in schizophrenia patients: Study design of the TONES study, feasibility and safety of treatment. *European Archives of Psychiatry and Clinical Neuroscience, 259*(2), S149-S154.

Kluft, R., & Fine, C. (1993). *Clinical perspectives on multiple personality disorder.* Washington, DC: American Psychiatric Press.

Knable, M., Kleinman, J., & Weinberger, D. (1995). Neurobiology of schizophrenia. In A. Schatzberg & C. Nemeroff (Eds.), *Textbook of psychiatry.* Washington, DC: American Psychiatric Press.

Knowles, P. (2007). Trends in alcoholism research and their social consequences. *PsycCRITIQUES, 52*(33).

Koch, W., O'Neill, M., & Douglas, K. (2005). Empirical limits for the forensic assessment of PTSD litigants. *Law and Human Behavior, 29*(1), 121-149.

Kolko, D., & Pardini, D. (2010). ODD dimensions, ADHD, and callous-unemotional traits as predictors of treatment response in children with disruptive behavior disorders. *Journal of Abnormal Psychology, 119*(4), 713-725.

Kong, L., Allen, J., & Glisky, E. (2008). Interidentity memory transfer in dissociative identity disorder. *Journal of Abnormal Psychology, 117*(3), 686-692.

Kraeplin, E. (1899 [1919]). *Dementia praecox and paraphrenia* (8th Ger. ed.; R. Barclay & G. Robertson, Trans.). Edinburgh: Livingstone.

Kring, A., Davidson, G., Neale, J., & Johnson, S. (2010). *Abnormal psychology* (11th ed.). Hoboken, NJ: John Wiley & Sons.

Kroger, C., Schweiger, U., Sipos, V., Kliem, S., Arnold, R., Schunert, T., et al. (2010). Dialectical behavior therapy and an added cognitive behavioral treatment module for eating disorders in women with borderline personality disorder and anorexia nervosa or bulimia nervosa who failed to respond to previous treatments: An open trial 15-month follow-up. *Journal of Behavior Therapy and Experimental Psychiatry, 41*(4), 381-388.

Kroll, J. (1993). *PTSD/borderline in therapy.* New York: Norton.

Kronenberger, W., & Meyer, R. (2001). *The child clinician's handbook* (2nd ed.). Boston: Allyn and Bacon.

Kubany, E., McCaig, M., & Laconsay, J. (2004). *Healing the trauma of domestic violence.* Oakland, CA: New Harbinger.

Kumho Tire Co. v. Carmichael 119 S. Ct. 1167 (1999).

Lahey, B., Loeber, R., Burke, J., & Applegate, B. (2005). Predicting future antisocial personality disorder in males from a clinical assessment in childhood. *Journal of Consulting and Clinical Psychology, 73*(3), 389-399.

Lacoste, L. (2007). Specificity of post-adolescent therapy: From two clinical examples. *L'Evolution Psychiatrique, 72*(3), 437-451.

Lam, A., & Sue, S. (2001). Client diversity. *Psychotherapy: Theory, Research, Practice, Training, 38*(4), 479-486.

Lapalme, M., & Dery, M. (2010). The evolution of oppositional disorder and conduct disorder during childhood. *Canadian Journal of Behavioral Science, 42*(1), 14-23.

Larson, M., Walker, E., & Compton, M. (2010). Early signs, diagnosis and therapeutics of the prodromal phase of schizophrenia and related psychotic disorders. *Expert Review of Neurotherapeutics, 10*(8), 1347-1359.

Larson, R., Graham, E., & Baker, K. (2007). *A history of psychology.* Upper Saddle River, NJ: Prentice-Hall.

Larsson, H., Tuvblad, C., Rijsdijk, F., Andershed, H., Grann, M., & Lichtenstein, P. (2007). A common genetic factor explains the association between psychopathic personality and antisocial behavior. *Psychological Medicine: A Journal of Research in Psychiatry and the Allied Sciences, 37*(1), 15-26.

Lasch, C. (1978). *The culture of narcissism.* New York: Norton.

Laws, D. R., & O'Donohue, W. (2008). *Sexual deviance* (2nd ed.). New York: Guilford.

Lehmann, J. (1975). *Virginia Woolf and her world.* New York: Harcourt Brace Jovanovich.

Lenzenweger, M. (2010). A source, a cascade, a schizoid: A heuristic proposal from the longitudinal study of personality disorders. *Development and Psychopathology, 22*(4), 867-881.

Lenzenweger, M., Lane, M., Loranger, A., & Kessler, R. (2007). DSM-IV personality disorders in the national comorbidity survey replication. *Biological Psychiatry, 62*(6), 553-564.

LeGrange, D. (2010). Family-based treatment for adolescents with bulimia nervosa. *Australian and New Zealand Journal of Family Therapy, 31*(2), 165-175.

Levine, S. (2010). What is sexual addiction? *Journal of Sex & Marital Therapy, 36*(3), 261-275.

Lewin, A., Chang, S., McCracken, J., McQueen, M., & Piacentini, J. (2010). Comparison of clinical features among youth with tic disorders, obsessive-compulsive disorder (OCD), and both conditions. *Psychiatry Research, 178*(2), 317-322.

Linehan, M. (1993a). *Skills training manual for treating borderline personality disorder.* New York: Guilford Press.

Linehan, M. (1993b). *Cognitive-behavioral treatment of borderline personality disorder.* New York: Guilford Press.

Linehan, M. (1999). Development, evaluation, and dissemination of effective psychosocial treatments: Levels of disorder, stages of care, and stages of treatment research. In M. Glantz & C. Hartel (Ed.), *Drug abuse: Origins & Interventions* (pp. 367-394). Washington, DC: American Psychological Association.

Linehan, M., Comtois, K., Murray, A., Brown, M., Gallop, R., Heard, H. et al. (2006). Two-year randomized controlled trial and follow-up of dialectical behavior therapy vs. Therapy by experts for suicidal behaviors and borderline personality disorder.

Archives of General Psychiatry, 63(7), 757-766.

Linehan, M., & Dexter-Mazza, E. (2008). Dialectical behavior therapy for borderline personality disorder. In D. Barlow (Ed.), *Clinical handbook of psychological disorders: A step-by-step treatment manual* (Vol. 4, pp. 365-420). New York: Guilford Press.

Little, J., & Little, B. (2010). Borderline personality disorder: Exceptions to the concept of responsible and competent. *Australasian Psychiatry, 18*(5), 445-450.

Lock, J., & Kirz, N. (2008). Eating disorders: Anorexia nervosa. In W. Craighead, D. Miklowitz., & L. Craighead (Eds.), *Psychopathology: History, diagnosis, and empirical foundations* (pp. 467-494). Hoboken, NJ: John Wiley & Sons Inc.

Lock, J., Le Grange, D., Agras, W., Moye, A., Bryson, S. W., & Jo, B. (2010). Randomized clinical trial comparing family-based treatment with adolescent-focused individual therapy for adolescents with anorexia nervosa. *Archives of General Psychiatry, 67*(10), 1025-1032.

Loeber, R., Burke, J., & Pardini, D. (2009). Development and etiology of disruptive and delinquent behavior. *Annual Review of Clinical Psychology, 5*, 291-310.

Logsdon, R. (2008). Dementia: psychosocial interventions for family caregivers. *Lancet, 372*(9634), 182-183.

Longley, S., Broman-Fulks, J., Calamari, J., Noyes, R., Wade, M., & Orlando, C. (2010). A taxometric study of hypochondriasis symptoms. *Behavior Therapy, 41*(4), 505-514.

LoPiccolo, J. (1993). Paraphilias. In D. Dunner (Ed.), *Current psychiatric therapy.* Philadelphia: Saunders.

Lorber, M. (2004). Psychophysiology of aggression, psychopathy, and conduct problems: A meta-analysis. *Psychological Bulletin, 130*(4), 531-552.

Lowndes, G., & Savage, G. (2007). Early detection of memory impairment in Alzheimer' s disease: A neurocognitive perspective on assessment. *Neuropsychology Review, 17*(3), 193-202.

Ludwig, A. (1996). *The price of greatness.* New York: Guilford Press.

Lydiard, B., Brawnmen-Mintzer, O., & Ballenger, J. (1996). Recent developments in the pharmacotherapy of anxiety disorders. *Journal of Consulting and Clinical Psychology, 64*, 660-668.

Lykken, D. (1995). *The antisocial personalities.* New York: Lawrence Erlbaum.

Mack, H., Fullana, M., Russell, A., Mataix-Cols, D., Nakatani, E., & Heyman, I. (2010). Obsessions and compulsions in children with Asperger's syndrome or high-functioning autism: A case-control study. *Australian & New Zealand Journal of Psychiatry, 44*(12), 1082-1088.

Macvaugh, G., & Cummingham, M. (2009). Atkins v. Virginia: Implications and recommendations for forensic practice. *Journal of Psychiatry & Law, 37*(2/3), 131-187.

Manners, P. (2009). Gender identity disorder in adolescence: A review of the literature. *Child & Adolescent Mental Health, 14*(2), 62-68.

Maraniss, D. (1996). *First in his class: The biography of Bill Clinton.* New York: Simon & Schuster.

Marchand, A., Coutu, M., Dupuis, G., Fleet, R., Borgeat, F., Todorov, C., et al. (2008). Treatment of panic disorder with agoraphobia: Randomized placebo-controlled trial of four psychosocial treatments combined with imipramine or placebo. *Cognitive Behaviour Therapy, 37*(3), 1-14.

Marcks, B., Weisberg, R., & Keller, M. (2009). Psychiatric treatment received by primary care patients with panic disorder with and without agoraphobia. *Psychiatric Services, 60*(6), 823-830.

Markon, K. (2010). Modeling psychopathology structure: A symptom-level analysis of Axis I and II disorders. *Psychological Medicine: A Journal of Research in Psychiatry and the Allied Sciences, 40*(2), 273-288.

Marsella, A., De Vos, G., & Hsu, F. (Eds.). (1985). *Culture and self: Asian and western perspectives.* New York: Tavistock.

Martinotti, G., Carli, V., Tedeschi, D., Di Giannantonio, M., Roy, A., Janiri, L., et al. (2009). Mono- and polysubstance dependent subjects differ on social factors, childhood trauma, personality, suicidal behaviour, and comorbid Axis I diagnoses. *Addictive Behaviors, 34*(9), 790-793.

Marvasti, J. (2004). *Psychiatric treatment for sexual offenders.* Springfield, IL: Charles Thomas.

Maslow, A. (1954). *Motivation and personality.* New York: HarperCollins.

Masters, W., & Johnson, V. (1970). *Human sexual inadequacy.* Boston: Little, Brown.

Masters, W., Johnson, V., & Kolodny, R. (1991). *Human sexuality* (4th ed.). Glenview, IL: Scott, Foresman.

Masters, W., Johnson, V., & Kolodny, R. (1994). *Heterosexuality.* New York: HarperCollins.

May, R. (1981). *Existential psychology.* New York: Random House.

Mazzarini, L., Colom, F., Pacchiarotti, I., Nivoli, A., Murru, A., Bonnin, C., et al. (2010). Psychotic versus non-psychotic bipolar II disorder. *Journal of Affective Disorders, 126*(1-2), 55-60.

McCanse, C. (2010). Temperament as a risk factor in the development of anorexia: A familial study. *Dissertation Abstracts International,* 71.

McCrae, R. R., & Costa, P. T. (1987).Validation of the five-factor model of personality across instruments and observers. *Journal of Personality and Social Psychology, 52,* 81-90.

McCullough, J. (2002). *Skills training manual for diagnosing and treating chronic depression.* New York: Guilford.

McCune v. Lile 536.U.S. 24 (2006). McElhaney, J. E. (1987). *Trial notebook* (2nd ed.). Chicago: American Bar Association.

McKay, D., Taylor, S., & Abramowitz, J. (2010). Obsessive-compulsive disorder. In D. McKay, J. S. Abramowitz., & S. Taylor (Eds.), *Cognitivebehavioral therapy for refractory cases: Turning failure into success* (pp. 89-109). Washington, DC: American Psychological Association.

Medvedev, R., & Medvedev, Z. (2003). *The unknown Stalin.* Woodstock, NY: Overlook.

Meggers, H., & LoPiccolo, J. (2002). Sex therapy. In M. Hersen & W. Sledge (Eds.), *Encyclopedia of psychotherapy.* San Diego, CA: Academic Press.

Meichenbaum, D. (1986). *Stress inoculation training.* New York: Pergamon Press.

Meister, R. (1980). *Hypochondria.* New York: Taplinger.

Melton, G., Petrila, J., Poythress, N., & Slobogin, C. (1997). *Psychological evaluation for courts* (2nd ed.). New York: Guilford Press.

Meyer, R. G. (1998). Personality disorders. In H. Friedman (Ed.), *Encyclopedia of mental health.* San Diego, CA: Academic Press.

Meyer, R. G., & Brothers, A. (2001). A common path for the development of psychopathy.

In J. Aponte & R. Meyer (Eds.), *The psychopath and the mental health professional.* Mahwah, NJ: Lawrence Erlbaum.

Meyer, R. G., & Weaver, C. M. (2006). *Law and mental health: A case-based approach.* New York: Guilford Press.

Meyer, R. G., & Weaver, C. M. (2007). *The clinician's handbook: Integrated diagnostics, assessment, and intervention in adult and adolescent psychopathology* (5th ed.). Long Grove, IL: Waveland Press.

Miklowitz, D., Strachan, A., Goldstein, M., Doane, J., Snyder, K., Hogarty, G., et al. (1986). Expressed emotion and communication deviance in the families of schizophrenics. *Journal of Abnormal Psychology*, 95, 60-66.

Milner, J. (1998). Personal communication.

Mischel, W. (1969). Continuity and change in personality. *American Psychologist, 24,* 1012-1018.

Mischel, W. (1986). *Introduction to personality* (4th ed.). New York: Holt, Rinehart and Winston.

Mitchell, S. (1817 [1888]). Mary Reynolds: A case of double consciousness [Third series]. *Transactions of the College of Physicians of Philadelphia, 10*, 366-389.

Mitchell, T. (2010). Behavioral approach in ADHD: Testing a motivational dysfunction hypothesis. *Journal of Attention Disorders, 13*(6), 609-617.

Monahan, J. (1981). *Predicting violent behavior.* Thousand Oaks, CA: Sage.

Money, J. (1987). Sin, sickness, or status: Homosexual gender identity and psychoneuroendocrinology. *American Psychologist, 42*, 384-399.

Montefiore, S. S. (2004). *Stalin: The court of the Red Tsar.* New York: Weidenfeld and Nicholson.

Montorsi, F., Adaikan, G., Becher, E., Giuliano, F., Khoury, S., Lue, T., et al. (2010). Summary of the recommendations on sexual dysfunctions in men. *Journal of Sexual Medicine, 7*(11), 3572-3588.

Moos, R. (2008). How and why twelve-step self-help groups are effective. In M. Galanter & L. Kaskutas (Eds.), *Research on alcoholics anonymous and spirituality in addiction recovery* (pp. 393-412). New York: Springer Science; Business Media.

Morel, B. (1857). *Traite des degenerescences physiques, intellectuelles et morales.* Paris:

Bailliere.

Morgillo-Freeman, S. (2008). Acute and chronic pain. In F. Dattillo & A. Freeman (Eds.), *Cognitivebehavioral strategies in crisis intervention*. New York: Guilford.

Morgan, J. (2008). *The invisible man: A self-help guide for men with eating disorders, compulsive exercise and bigorexia*. New York, NY: Routledge/Taylor & Francis Group.

Morris, E. (1999). *Dutch: A memoir of Ronald Reagan*. New York: Random House.

Morrison, A. (2002). Somatoform disorders. In M. Hersen & W. Sledge (Eds.), *Encyclopedia of psychotherapy*. San Diego, CA: Academic Press.

Morton, A. (1992). *Diana: Her true story*. New York: Simon & Schuster.

Morton, A. (1994). *Diana: Her new life*. New York: Simon & Schuster.

Mosier, J. (2004). *The Blitzkrieg myth*. New York: HarperCollins.

Mulvey, E. P., & Cauffman, E. (2001). The inherent limits of predicting school violence. *American Psychologist, 56*(10), 797-802.

Munich, R. (2002). Schizophrenia and other psychotic disorders. In M. Hersen & W. Sledge (Eds.), *Encyclopedia of psychotherapy*. San Diego, CA: Academic Press.

Naar, S., Ellis, D. A., & Frey, M. A. (2004). *Assessing children's well-being*. Mahwah, NJ: Lawrence Erlbaum.

Nathan, K., Musselman, D., Schatzberg, A., & Nemeroff, C. (1995). Biology of mood disorders. In A. Schatzberg & C. Nemeroff (Eds.), *Textbook of psychiatry*. Washington, DC: American Psychiatric Press.

National Mental Health America. (2006). Postpartum disorders. www.nmha.org/go/get-info/depression/postpartumdisorders.

Nicholi, A. M. (1999). *The new Harvard guide to psychiatry* (3rd ed.). Cambridge, MA: Belknap Press.

Nikolas, M., & Burt S. (2010). Genetic and environmental influences on ADHD symptom dimension of inattention and hyperactivity: A meta-analysis. *Journal of Abnormal Psychology, 119*(1), 1-17.

Nind, M., Flewitt, R., & Payler, J. (2010). The social experience of early childhood for children with learning disabilities: Inclusion, competence and agency. *British Journal of Sociology of Education, 31*(6), 653-670.

Nolan, S., Strassle, C., Roback H., & Binder, J (2004). Negative treatment effects in dyadic psychotherapy. *Journal of Contemporary Psychotherapy, 34*(4), 311-330.

Novak, G., & Pelaez, M. (2004). *Child and adolescent development.* Thousand Oaks, CA: Sage.

Noyori-Corbett, C., & Moon, S. (2010). Multifaceted reality of juvenile delinquiency: An empirical analysis of structural theoies and literature. *Child & Adolescent Social Work Journal, 27*(4), 245-268.

Nylen, K., O'Hara, M., Brock, R., Moel, J., Gorman, L., & Stuart, S. (2010). Predictors of the longitudinal course of postpartum depression following interpersonal psychotherapy. *Journal of Consulting and Clinical Psychology, 78*(5), 757-763.

Odom, S., Horner, R., Snell, M., & Blacher, J. (2008). *Handbook of developmental disabilities.* New York: Guilford.

Olatunji, B., Cisler, J., & Deacon, B. (2010). Efficacy of cognitive behavioral therapy for anxiety disorders: A review of meta-analytic findings. *Psychiatric Clinics of North America, 33*(3), 557-577.

Oren, D., Moul, D., Schwartz, P., Brown, C., Yamada, E., Rosenthal, N., et al. (1994). Exposure to ambient light in patients with winter seasonal affective disorder. *American Journal of Psychiatry, 151*, 591-593.

Oosterlee, A., Vink, R., & Smit, F. (2009). Prevalence of family violence in adults and children: Estimates using the capture-recapture method. *European Journal of Public Health, 19*(6), 586-591.

Pallis, C., & Bamji, A. (1979). Mcllroy was here, or was he? *British Medical Journal, 1*, 973-975.

Pardini, D., Frick, P., & Moffitt, T. (2010). Building an evidence base for DSM-5 conceptualizations of oppositional defiant disorder and conduct disorder: Introduction to the special section. *Journal of Abnormal Psychology, 119*(4), 683-688.

Parish, B., & Yutzy, S. (2011). Somatoform disorders. In R. Hales, S. Yudofsky., & G. Gabbard (Eds.), *Essentials of psychiatry* (Vol. 3, pp. 229-254). Arlington, VA: American Psychiatric Publishing, Inc.

Parisse, C., & Maillart, C. (2009). Specific language impairment as systemic developmental disorder. *Journal of Neurolinguistics, 22*(2), 109-122.

Parnell, T. F. (1997). Guidelines for identifying cases. In T. E. Parnell & D. O. Day (Eds.), *Munchausen by proxy syndrome: Misunderstood child abuse* (pp. 47-67). Thousand Oaks, CA: Sage.

Pathological gambling. (2010). *Harvard Mental Health Letter*, *27*(2), 1-3.

Patrick, C., Fowles, D., & Krueger, R. (2009). Triarchic conceptualization of psychopathy: Developmental origins of disinhibition, boldness, and meanness. *Development and Psychopathology, 21*(3), 913-938.

Paulsen, S. (2008). Treating dissociative identity disorder with EMDR, ego state therapy, and adjunct approaches. In C. Forgash & M. Copeley (Eds.), *Healing the heart of trauma and dissociation with EMDR and ego state therapy* (pp. 141-179). New York: Springer.

Payne v. Tennessee 501 U.S. 808 (1991).

Perkinson, R. (1977). *Chemical dependency counseling.* Thousand Oaks, CA: Sage.

Perkinson, R. (1997). *Chemical dependency counseling: A practical guide*. Thousand Oaks, CA: Sage Publications.

Perrin, R., Fagan, A., & Holtzman, D. (2009). Multimodal techniques for diagnosis and prognosis of Alzheimer's disease. *Nature, 461*(7266), 916-922.

Perls, F., Hefferline, R., & Goodman, P. (1958). *Gestalt therapy.* New York: Julian.

Peterson, C., Crosby, R., Wonderlich, S., Joiner, T., Crow, S., Mitchell, J., et al. (2007). Psychometric properties of the eating disorder examination-questionnaire: Factor structure and internal consistency. *International Journal of Eating Disorders, 40*(4), 386-389.

Peterson, C., Thuras, P., Ackard, D., Mitchell, J., Berg, K., Sandager, N., et al. (2010). Personality dimensions in bulimia nervosa, binge eating disorder, and obesity. *Comprehensive Psychiatry, 51*(1), 31-36.

Peters-Scheffer, N., Didden, R., Mulders, M., & Korzilius, H. (2010). Low intensity behavioral treatment supplementing preschool services for young children with autism spectrum disorders and severe to mild intellectual disability. *Research in Developmental Disabilities, 31*(6), 1678-1684.

Petraitis, J., Flay, B., & Miller, T. (1995). Reviewing theories of adolescent substance abuse. *Psychological Bulletin, 117*, 67-86.

Pfefferbaum, B., Nixon, S. J., Tucker, P. M., Tivis, R. D., Moore, V. L., Gurwitch, R. H., et al. (1999, November). Posttraumatic stress responses in bereaved children after the Oklahoma City bombing. *Journal of the American Academy of Child & Adolescent Psychiatry, 38*(11), 1372-1379.

Phelps, L., Brown, R., & Power, T. (2002). *Pediatric psychopharmacology.* Washington, DC: American Psychological Association.

Phillips, D. (1974). The influence of suggestion of suicide. *American Sociological Review, 39*, 340-354.

Phillips, D., Lesyna, K., & Paight, D. (1993). Suicide and the media. In R. Maris, A. Berman, & J. Maltsberger (Eds.), *Assessment and prediction of suicide.* New York: Guilford Press.

Phillips, K. A., Fallon, B. A., & King, S. (2008). Somatoform and factitious disorders and malingering measures. In A. Rush, M. First, & D. Blacker (Eds.), *Handbook of psychiatric measures* (2nd ed., pp. 559-585). Arlington, VA: American Psychiatric Publishing.

Pike, K., Carter, J., & Olmsted, M. (2010). Cognitive-behavioral therapy for anorexia nervosa. In C. M. Grilo & J. E. Mitchell (Eds.), *The treatment of eating disorders: A clinical handbook* (pp. 83-107). New York: Guilford Press.

Pini, S., Abelli, M., Shear, K., Cardini, A., Lari, L., gesi, C., et al. (2010). Frequency and clinical correlates of adult separation anxiety in a sample of 508 outpatients with mood and anxiety disorders. *Acta Psychiatrica Scandinavica, 112*(1), 40-46.

Pinninti, N., Rissmiller, D., & Steer, R. (2010). Cognitive-behavioral therapy as an adjunct to second-generation antipsychotics in the treatment of schizophrenia. *Psychiatric Services, 61*(9), 940-943.

Pirkis, J., Dare, A., Blood, R., Rankin, B., Williamson, M., Burgess, P., et al. (2009). Changes in media reporting of suicide in Australia between 2000/01 and 2006/07. *Crisis: The Journal of Crisis Intervention and Suicide Prevention, 30*(1), 25-33.

Pitman, S., & Orr, S. (1993). Psychophysiologic testing for PTSD. *Bulletin of the American Academy of Psychiatry and the Law, 21*, 37-52.

Pollard, C. A., & Zuercher-White, E. (2003). *The agoraphobia workbook.* Oakland, CA:

New Harbinger.

Post, R. M. (1993). Issues in the long-term management of bipolar affective illness. *Psychiatric Annals, 23*, 86-93.

Pressman, M., & Orr, W. (Eds.). (1997). *Understanding sleep: The evaluation and treatment of sleep disorders.* Washington, DC: American Psychological Association.

Prochaska, J., DiClemente, C., & Norcross, J. (1992). In search of how people change. *American Psychologist, 47*, 1102-1114.

Rainer, I., & Brown, F. (2008). *Crisis counseling and therapy.* Binghamton, NY: Haworth Press.

Ravindran, L., Jung, S., & Ravindran, A. (2010). Intravenous anti-obsessive agents: A review. *Journal of Psychopharmacology, 24*(3), 287-296.

Ravindran, A., Lam, R., Filteau, M., Lesperance, F., Kennedy, S., Parikh, S., et al. (2009). Canadian Network for Mood and Anxiety Treatments (CANMAT) clinical guidelines for the management of major depressive disorder in adults: Complementary and alternative medicine treatments. *Journal of Affective Disorders, 117*(1), S54-S64.

Ray, O. (2004). How the body hurts and heals the body. *American Psychologist, 59*(1), 29-40.

Rebello, S. (2005). Somebody killed her. *Playboy, 52*(12), 79, 186-190.

Redlich, A., Hoover, S., Summers, A., & Steadman, H. (2010). Enrollment in mental health courts: Voluntariness, knowingness, and adjudicative competence. *Law and Human Behavior, 34*(2), 91-104.

Reinders, A. (2008). Cross-examining dissociative identity disorder: Neuroimaging and etiology on trial. *Neurocase, 14*(1), 44-53.

Reinecke, M., Washburn, R., & Becker-Weidman, R. (2008). Depression and suicide. In F. Dattillo & A. Freeman (Eds.), *Cognitive-behavioral strategies in crisis intervention.* New York: Guilford.

Remnick, D. (1999). *King of the world: Muhammad Ali and the Rise of an American hero.* New York: Random House.

Report of the Review Panel. (2007). *Mass shootings at Virginia Tech.* Blacksburg, VA: Office of the Governor of the Commonwealth of Virginia.

Reuter-Rice, K. (2008). Male adolescent bullying and the school shooter. *The Journal of*

School Nursing, 24(6), 350-359.

Reynolds, D. (1984). *Constructive living.* Honolulu: University of Hawaii Press.

Reynolds, K., Turner, J., Branscombe, N., Mavor, K., Bizumic, B., & Subašić, E. (2010). Interactionism in personality and social psychology: An integrated approach to understanding the mind and behaviour. *European Journal of Personality, 24*(5), 458-482.

Rice, M., Harris, G., & Cormier, C. (1992). An evaluation of a maximum security therapeutic community for psychopaths and other mentally disordered offenders. *Law and Human Behavior, 16,* 399-412.

Ricker, J. H. (2004). *Differential diagnosis in adult neuropsychological assessment.* New York: Sage.

Riley, S., Rodham, K., & Gavin, J. (2009). Doing weight: Pro-ana and recovery identities in cyberspace. *Journal of Community & Applied Social Psychology, 19*(5), 348-359.

Robins, L., & Regier, D. (1990). *Psychiatric disorders in America.* New York: Free Press.

Robert, P., Mulin, E., Mallea, P., & David, R. (2010). Apathy diagnosis, assessment and treatment in Alzheimer's disease. *CNS Neuroscience & Therapeutics, 16*(5), 263-271.

Roesch, R. (1979). Determining competency to stand trial: An examination of evaluation procedures in an institutional setting. *Journal of Consulting and Clinical Psychology, 47*(3), 542-550.

Rogers, C. (1961). *On becoming a person.* Boston: Houghton Mifflin.

Rose, J., Herskovic, J., Behm, F., & Westman, E. (2009). Precessation treatment with nicotine patch significantly increases abstinence rates relative to conventional treatment. *Nicotine & Tobacco Research, 11*(9), 1067-1075.

Roman, M. (2010). Treatments for childhood ADHD part II: Non-pharmacological and novel treatments. *Issues in Mental Health Nursing, 31*(9), 616-618.

Rosenbaum, R. (1998). *Explaining Hitler.* New York: Harper Perennial.

Roper v. Tennessee 125 S. Ct. 1183 (2005) Ross, C., & Ness, L. (2010). Symptom patterns in dissociative identity disorder patients and the general population. *Journal of Trauma & Dissociation, 11*(4), 458-468.

Roth, D., Eng, W., & Heimberg, R. (2002). Cognitive behavior therapy. In M. Hersen & W.

Sledge (Eds.), *Encyclopedia of psychotherapy.* San Diego, CA: Academic Press.

Rowe, D., & Grills, C. (1993). African-centered drug treament: An alternative conceptual paradigm for drug counseling with African-American clients. *Journal of Psychoactive Drugs, 25*(1), 21-33.

Ruggiero, K. J., Morris, T. L., & Scotti, J. R. (May 2001). Treatment for children with posttraumatic stress disorder: Current status and future directions. *Clinical Psychology-Science & Practice, 8*(2), 210-227.

Rule, A. (1999). *A rage to kill and other cases.* New York: Pocket Books.

Ryder, A., Quilty, L., Vachon, D., & Bagby, R. (2010). Depressive personality and treatment outcome in major depressive disorder. *Journal of Personality Disorders, 24*(3), 392-404.

Saiger, G., Rubenfeld, S., & Dluhy, M. (Eds.). (2008). *Windows into today's group therapy.* New York: Routledge.

Salekin, R., Worley, C., & Grimes, R. (2010). Treatment of psychopathy: A review and brief introduction to the mental model approach for psychopathy. *Behavioral Sciences & the Law, 28*(2), 235-266.

Salmon, P., & Meyer, R. (1986). Neuropsychological assessment: Children. In M. Kurke & R. Meyer (Eds.), *Psychology in product liability and personal injury law.* New York: Hemisphere.

Santosky v. Kramer 455 U.S. 745 (1982).

Sbraga, T., & O'Donohue, W. (2004). *The sex addiction workbook.* Oakland, CA: New Harbinger.

Scarpa, A., Haden, S., & Tanaka, A. (2010). Being hot-tempered: Autonomic, emotional and behavioral distinctions between childhood reactive and proactive aggression. *Biological Psychology, 84*(3), 488-496.

Schechter, H. (2003). *The serial killer files.* New York: Ballantine.

Schneider, R. (2008). Mental health courts. *Current Opinion in Psychiatry, 21*(5), 520-513.

Schneider, K., & Leithner, L. (2002). Humanistic psychology. In M. Hersen & W. Sledge (Eds.), *Encyclopedia of psychotherapy.* San Diego, CA: Academic Press.

Schreiber, L., Odlaug, L., Kim, S., & Grant, J. (2009). Characteristics of pathological gamblers with a problem gambling parent. *American Journal on Addictions, 18*(6),

462–469.

Schuckit, M. (1996). Recent developments in the pharmacotherapy of alcoholism. *Journal of Consulting and Clinical Psychology, 64*, 669–676.

Schueller, S. (2009). Promoting wellness: Integrating community and positive psychology. *Journal of Community Psychology, 37*(7), 922–937.

Schwartz, J., Stoessel, P., Baxter, L., Martin, K., & Phelps, M. (1996). Systematic changes in cerebral glucose metabolic rate after successful behavior modification treatment of obsessive-compulsive disorder. *Archives of General Psychiatry, 53*, 109–113.

Scott, D., Stohler, C., Egnatu, C., Wang, H., Koeppe, R., & Zubieta, J. (2008). Placebo and nocebo effects are defined by opposite opioid and dopaminergic responses. *Archives of General Psychiatry, 65*(2), 220–231.

Scott, P. D. (1994). *Deep politics and the death of JFK.* Los Angeles: University of California Press.

Seligman, M. E. (1995). The effectiveness of psychotherapy. *American Psychologist, 50*, 965–974.

Seligman, M. E., & Csikszentmihalyi, M. (2000). Positive psychology: An introduction. *American Pyschologist, 55*, 5–14.

Shandera, A., Berry, D., Clark, J., Shipper, L., Graue, L., & Harp, J. (2010). Detection of malingered mental retardation. *Psychological Assessment, 22*(1), 50–56.

Shapiro, J., Berkman, N., Brownley, K., Sedway, J., Lohr, K., & Bulik, C. (2007). Bulimia nervosa treatment: A systematic review of randomized controlled trials. *International Journal of Eating Disorders, 40*(4), 321–336.

Shaw, R., Dayal, S., Hartman, J., & DeMaso, D. (2008). Factitious disorder by proxy: Pediatric condition falsification. *Harvard Review of Psychiatry, 16*(4), 215–224.

Shields, B. (2005). *Down came the rain.* New York: Hyperion.

Shneidman, E. (1985). *Definition of suicide.* New York: Wiley.

Silverman, I., & Geer, J. (1968). The elimination of a recurrent nightmare by desensitization of a related phobia. *Behavior Research and Therapy, 6*, 109–111.

Silverman, W., & Pina, A. (2008). Psychosocial treatments for phobic and anxiety disorders in youth. In: R. Steele, T. Elkin, & M. Roberts (Eds.), *Handbook of evidence-based therapies for children and adolescents: Bridging science and practice* (pp. 65–82).

New York: Springer Science + Business Media.

Simons, J., Carey, K., & Wills, T. (2009). Alcohol abuse and dependence symptoms: A multidimensional model of common and specific etiology. *Psychology of Addictive Behaviors, 23*(3), 415-427.

Smith, A., & Sugar, O. (1975). Development of above normal language and intelligence 21 years after left hemispherectomy. *Neurology, 25*, 813-818.

Smith, D., Forty, L., Russell, E., Caesar, S., Walters, J., Cooper, C., et al. (2009). Sub-threshold manic symptoms in recurrent major depressive disorder are a marker for poor outcome. *Acta Psychiatrica Scandinavica, 119*(4), 325-329.

Smith, M., Glass, G., & Miller, T. (1980). *The benefit of psychotherapy.* Baltimore: Johns Hopkins University Press.

Snowden, D. (2001). *Aging with grace.* New York: Bantam.

Spanos, N. P. (1996). *Multiple identities and false memories.* Washington, DC: American Psychological Association.

Sporer, N., Brunstein, J., & Kieschke, U. (2009). Improving students' reading comprehension skills: Effects of strategy instruction and reciprocal teaching. *Learning and Instruction, 19*(3), 272-286.

Sprague, J., Walker, H. M., Stieber, S., Simonsen, B., Nishioka, V., & Wagner, L. (2001). Exploring the relationship between school discipline referrals and delinquency. *Psychology in the Schools, 38*, 197-206.

Stanford v. Kentucky 492 U.S. 937 (1989).

Stanley, D., & Loffey, F. (1994). *The Elvis encyclopedia.* Santa Monica, CA: General Publishing Group.

State v. Grieg (Yellowstone County, Montana, 1877). *State* v. *Grieg* (1977).

Stein, D., & Foltz, R. (2009). The need to operationally define "Disease" in psychiatry and psychology. *Ethical Human Psychology & Psychiatry, 11*(2), 120-141.

Steinhausen, H., & Weber, S. (2009). The outcome of bulimia nervosa: Findings from one-quarter century of research. *American Journal of Psychiatry, 166*(12), 1331-1341.

Stice, E., Burton, E., & Shaw, H. (2004). Prospective relations between bulimic pathology, depression, and substance abuse. *Journal of Consulting and Clinical Psychology, 72*, 62-71.

Stice, E., Marti, C., Shaw, H., & Jaconis, M. (2009). An 8-year longitudinal study of the natural history of threshold, subthreshold, and partial eating disorders from a community sample of adolescents. *Journal of Abnormal Psychology, 118*(3), 587-597.

Stirman, S., Toder, K., & Crits-Christoph, P. (2010).

New psychotherapies for mood and anxiety disorders. *Canadian Journal of Psychiatry, 55*(4), 193-201.

Striegel-Moore, R., Dohm, F., Kraemer, H., Schreiber, G., Taylor, C., & Daniels, S. (2007). Risk factors for binge-eating disorders: An exploratory study. *International Journal of Eating Disorders, 40*(6), 481-487.

Striegel-Moore, R., Silberstein, L., & Rodin, J. (1986). Toward an understanding of risk factors for bulimia. *American Psychologist, 43*, 246-263.

Strupp, H., Lambert, M., & Horowitz, L. (Eds.). (1997). *Measuring patient changes in mood, anxiety and personality disorders.* Washington, DC: American Psychological Association.

Sullivan, H. S. (1953). *The interpersonal theory of psychiatry.* New York: Norton.

Sulz, S. (2010). Hysterie I: Histrionische Personlichkeitsstorung: Eine psychotherapeutische Herausforderung. *Der Nervenarzt, 81*(7), 879-888.

Summers, A. (1980). *Conspiracy.* New York: McGraw-Hill.

Summers, A. (1985). *Goddess: The secret lives of Marilyn Monroe.* New York: Scribner.

Tandon, R., Nasrallah, H., & Keshavan, M. (2010). Schizophrenia, "Just the facts" 5. Treatment and prevention past, present, and future. *Schizophrenia Research, 122*(1-3), 1-23.

Tarasoff v. Regents of the University of California 551 P.2d 334 (Cal. 1976).

Taylor, W. S., & Martin, M. (1944). Multiple personality. *Journal of Abnormal Psychology, 39*, 281.

Thigpen, C., & Cleckley, H. (1984). On the incidence of multiple personality. *International Journal of Clinical and Experimental Hypnosis, 32*, 63.

Thomas, J., Schwartz, M., & Brownell, K. (2010). Vulnerability to eating disorders in adulthood. In R. Ingram & J. Price (Eds.), *Vulnerability to psychopathology: Risk across the lifespan* (2nd ed., pp. 454-488). New York: Guilford Press.

Thomas, D. (2009). Anorexia: Aetiology, epidemiology and management in older people. *Drugs & Aging, 26*(7), 557-570.

Thomas, M. (2000). Albert Einstein and LD: An evaluation of the evidence. *Journal of Learning Disabiligies, 33*(2), 149-157.

Thompson v. Oklahoma 487 U.S. 815 (1989).

Thomson, L., Wilson, J., & Robinson, L. (2009). Predictors of violence in mental illness: The role of substance abuse and associated factors. *Journal of Forensic Psychiatry and Psychology, 20*(6), 919-927.

Thylstrup, B., & Hesse, M. (2009). "I am not complaining"-Ambivalence construct in schizoid personality disorder. *American Journal of Psychotherapy, 63*(2), 147-167.

Tobin v. GlaxoSmith-Kline CV00-025 (June 6, 2001).

Torry, Z., & Billick, S. (2010). Overlapping Universe: Understanding legal insanity and psychosis. *Psychiatric Quarterly, 81*(3), 253-262.

Trimble, J., & Fisher, C. (2006). *The handbook of ethical research with ethnocultural populations & communities*. London: Sage Publications Ltd.

Troop, N., Allan, S., Serpell, L., & Treasure, J. (2008). Shame in women with a history of eating disorders. *European Eating Disorders Review, 16*(6), 480-488.

Troop-Gordon, W., & Ladd, G. (2005). Trajectories of peer victimization and perceptions of the self and schoolmates: Precursors to internalizing and externalizing problems. *Child Development, 76*(5), 1072-1091.

Trope v. Dulles (1957)

Turner, N., Jain, U., Spence, W., & Zangeneh, M. (2008). Pathways to pathological gambling: Component analysis of variables related to pathological gambling. *International Gambling Studies, 8*(3), 281-298.

United States v. Brawner, 471 F.2d. 969 D.C. Circuit (1972).

Utschig, A., Presnell, K., Madeley, M., & Smits, J. (2010). An investigation of the relationship between fear of negative evaluation and bulimic psychopathology. *Eating Behaviors, 11*(4), 231-238.

van Daal, J., Verhoeven, L., &Van Balkom, H. (2007). Behavior problems in children with language impairment. *Journal of Child Psychology & Psychiatry, 48*(11), 1139-1147.

van Marle, H. (2010). Violence in the family: An integrative approach to its control.

International *Journal of Offender Therapy and Comparative Criminology, 54*(4), 475-477.

van Oppen, P., Hoekstra, R., & Emmelkamp, P. (1995). The structure of obsessive-compulsive symptoms. *Behavior Research and Therapy, 33*, 15-23.

Verheul, R. (2005). Clinical utility of dimensional models for personality pathology. *Journal of Personality Disorders, 19*(3), 283-302.

Voon, V., Gallea, C., Hattori, N., Bruno, M., Ekanayake, V., & Hallett, M. (2010). The involuntary nature of conversion disorder. *Neurology, 74*(3), 223-228.

Wachtel, P. (1997). *Psychoanalysis behavior therapy, and relational world.* Washington, DC: American Psychological Association.

Wampold, B. (2001). Contextualizing psychotherapy as a healing practice: Culture, history and methods. *Applied & Preventative Psychology, 10*(2), 69-86.

Watson, J., & Rayner, R. (1920). Conditioned emotional reactions. *Journal of Experimental Psychology, 3*, 1-14.

Weidenfeld, S. R. (1979). *First Lady's lady: With the Fords at the White House.* New York: Putnam.

Wegrocki, H. (2009). A critique of cultural and statistical concepts of abnormality. In: B. Gentile & B. Miller (Eds.), *Foundations of psychological thought: A history of Psychology* (pp. 533-543). Thousand Oaks, CA: Sage Publications, Inc.

Weissberg, M. (1993). Multiple personality disorder and iatrogenesis: The cautionary tale of Anna O. *International Journal of Clinical and Experimental Hypnosis, 41*(1), 15-34.

Welch, M., & Kartub, P. (1978). Socio-cultural correlates of incidence of impotence: A cross-cultural study. *Journal of Sex Research, 14*, 218-230.

Wender, P. (1995). *Attention deficit hyperactivity disorder in adults.* New York: Oxford University Press.

Weston, D. (1998). The scientific legacy of Sigmund Freud: Toward a psychodynamically informed psychological science. *Psychological Bulletin, 124*, 333-371.

Westrin, A., & Lam, R. (2007). Long-term and preventative treatment for seasonal affective disorder. *CNS Drugs, 21*(11), 901-909.

Wetter, M., & Corrigan, S. (1995). Providing information to clients about psychological tests: A survey of attorneys' and law students' attitudes. *Professional Psychology: Research and Practice, 26*(5), 474-477.

Whitman, T. (2004). *The development of autism.* New York: Jessica Kingsley Books.

Whybrow, P. (1997). *A mood apart: Depression, manic depression and other afflictions of the self.* New York: Basic Books.

Widiger, T., Frances, A., Pincus, H., Davis, W., & First, M. (1991). Toward an empirical classification for the DSM-IV. *Journal of Abnormal Psychology, 100*, 280-288.

Williams, C. J. (2009). Commentary on cognitive and behavioral formulations of anxiety-depression. In P. Sturmey (Ed.), *Clinical case formulation: Varieties of approaches* (pp. 69-81). Hoboken, NJ: John Wiley & Sons Inc.

Williams, M., Teasdale, J., Segal, Z., & Kabat-Zin, J. (2008). *The mindful way through depression.* New York: Guilford.

Winer, D. (1978). Anger and dissociation: A case study of multiple personality. *Journal of Abnormal Psychology, 87*, 368.

Witkiewitz, K., Hartzler, B., & Donovan, D. (2010). Matching motivation enhancement treatment to client motivation: Re-examining the project MATCH motivation matching hypothesis. *Addiction, 105*(8), 1403-1413.

Wolpe, J. (1973). *The practice of behavior therapy.* New York: Pergamon Press.

Wrangham, R., & Peterson, D. (1996). *Demonic males: Apes and the origins of human violence.* New York: Houghton Mifflin.

Zane, N., Hatanaka, H., Park, S., & Akutsu, P. (1994). Ethnic-specific mental health services: Evaluation of the parallel approach for Asian-American clients. *Journal of Community Psychology, 22*(2), 68-81.

찾아보기

인명

내용

저자 소개

Robert G. Meyer

Robert G. Meyer 박사는 1967년에 미국 미시간 주립대학교에서 심리학 박사 학위를 받았다. 그는 1968년에 남부 미시간의 주립 교도소의 정신과 클리닉에서 주임 심리학자로 지냈다. 그 후에는 채플 힐에 있는 노스캐롤라이나 대학교 의과대학의 정신과의 조교수를 지냈다. 그는 1969년에 루이빌 대학교의 클리닉 소장 겸 조교수로 부임하였고 심리학과 정교수가 되었다.

Meyer 박사는 임상 및 법정 심리학과 최면을 전공하였다. 그는 미국직업심리학위원회(American Board of Professional Psychology: ABPP)로부터 임상 및 법정 심리학 모두에서 자격인증을 받았으며, 미국심리학회의 12분과(임상심리학) 및 41분과(법률 및 심리학)의 회원이다. 그는 켄터키 교정위원회의 자문위원이며 켄터키심리학회의 회장을 역임하였다. 또한 법률 및 심리학 과목의 커리큘럼을 혁신적으로 개발한 공로로 그라베마이어 상을 받았다. 그는『법, 행동, 그리고 정신건강(Law, Behavior and Mental Health)』이라는 책을 클리블랜드-마샬 법과 대학의 Dean Steven Smith와 공저로,『심리치료자를 위한 법률(Law for the Psychotherapists)』을 Rhett Landis와 공저로,『이상심리학(Abnormal Psychology)』을 Paul Solmon과 공저로 저술했으며,『발달심리학과 정신병리학에서의 사례연구(Case Studies in Developmental Psychology and Psychopathology)』『심리학 면허 및 자격 취득 시험을 위한 준비서(Preparation for Licensing and Board Certification Examinations in Psychology)』그리고『임상 최면의 실제(Practical Clinical Hypnois)』『임상가의 핸드북(Clinicians' Handbook)』등 많은 저서와 논문을 출간하였다. 그는 미국 법정심리학회지의 편집자를 역임하였다. 현재 저자는 미국 루이빌 대학교의 명예교수이다.

Christopher M. Weaver

Christopher M. Weaver 박사는 미국 팔로알토 대학교의 심리학과에서 부교수로서 법정심리학 프로그램의 책임자이다. 이곳에서 그는 법정심리학, 연구방법 그리고 통계학 분야를 가르치고 있다. 그는 샌프란시스코 소재 캘리포니아 대학교 및 스탠포드 대학교의 정신과뿐만 아니라 캘리포니아주의 멘로파크에 있는 퇴역군인을 위한 미국립 PTSD센터의 미국 담당과 캘리포니아에서 연구원으로 일하였다. Weaver 박사의 저술과 연구 분야는 사법 집행 훈련과 외상 후 스트레스 장애의 꾀병 여부를 평가하는 데 있다.

역자 소개

이봉건(李奉鍵) clinpsy@chol.com

서울대학교 졸업

서울대학교 대학원 심리학과 석사, 박사(임상심리 전공)

육군사관학교 심리학처 심리학 강사, 전임강사 역임

아주대학교, 한양대학교, 성신여자대학교 심리학 강사 역임

미국 뉴욕 주립대학(Albany 소재) 심리학과 부설 Center for Stress and Anxiety Disorders 방문교수

고려대학교 심리학과 교환교수

한국임상심리학회 학회지 편집위원장 역임

충북대학교 사회과학연구소장 역임

한국심리학회 산하 임상심리학회장 역임

충북대학교 학생생활상담센터 소장 역임

복지부 산하 정신보건요원협회 이사

한국명상학회 초대 회장 역임

충북대학교 심리학과 교수 역임, 명예교수

현 경인심리건강센터장(부천시) http://blog.naver.com/leebk21912

〈자격증〉

임상심리전문가(한국임상심리학회)

정신보건임상심리사 1급(보건복지부)

인지행동치료전문가(한국인지행동치료학회)

명상지도전문가(K-MBSR) R급 전문가

범죄심리전문가(한국심리학회)

〈현재의 개업 활동〉

인지행동치료상담, 우울 · 불안장애의 인지행동치료, 부부상담, 정신장애인의 심리재활치료, 힐링 명상치료, 응용정신생리학 및 바이오피드백, 동양 비교 전통의 응용 등

〈저서 및 역서〉

이상심리학: 심리장애의 과학과 치료(제13판, 시그마프레스, 2018)

Goodwin & Guze의 이상행동의 이해와 분류(글로벌콘텐츠, 2018)

범죄수사심리학(공역, 학지사, 2017)

현대 심리학 이해(3판, 공저, 학지사, 2015)

심리건강(충북대학교 출판부, 2012)

임상노인심리학(공역, 시그마프레스, 2009)

의식심리학(학지사, 2005)

〈논문〉

몸풀기 조신(調身) 수련과 조식(調息) 수련을 병행한 명상 프로그램이 심신이완과 마음의 안정에 미치는 효과(한국명상학회지, 7(1), 2017)

수형자 사회적응을 위한 명상 프로그램 개발과 효과성 연구: 사례분석 중심으로(교정복지연구, 46, 2017)

사회불안에 대한 수용전념치료(ACT) 치료변인의 효과(공동연구, 인지행동치료, 16(4), 2016)

마음챙김명상(MBSR)의 암에 대한 심리적 · 생리적 효과: 사례에 대한 질적 연구(한국심리학회지: 건강, 20(1), 2015)

마음챙김명상(MBSR)이 암 환자들의 통증과 불안에 미치는 효과(스트레스연구, 21(4), 2013)

사회인지 동영상을 활용한 사회성기술훈련이 정신분열병 환자의 대인관계기술에 미치는 효과(공동연구, 한국심리학회지, 30(2), 2011)

스트레스 감소를 위한 마음챙김명상(MBSR)에 기반을 둔 직장인 지원 프로그램(EAP)의 개발을 위한 예비연구(공동연구, 스트레스연구, 17(2), 2009)

정신장애인을 위한 재활프로그램 개발(공동연구, 사회과학연구, 25(1), 2008)

한국판 마음챙김 명상(K-MBSR)이 대학생의 우울증상, 마음챙김 수준 및 몰입수준에 미치는 효과(한국심리학회지, 27(1), 2008)

단기 한국판 마음챙김명상(K-MBSR)의 스트레스 감소효과: II형 당뇨 환자를 대상으로 한 사례연구(공동연구, 인지행동치료, 7(2), 2007)

바이오피드백이 가미된 이완 및 호흡조절에 의한 스트레스 감소: 사례연구(한국심리학회지, 25(3), 2006)

Brief Psychiatric Rating Scale: 평정방법에 따른 평정자간 신뢰도와 자기보고식 검사와의 상관연구(공동연구, 한국심리학회지, 22(3), 2003)

심상자극과 GSR의 관계에 대한 예비연구(공동연구, 감성과학회지, 5(2), 2002)

또래아동의 비행 행동이 피해아동의 삶의 질에 미치는 영향 및 그 개선방안: 집단괴롭힘 소위 '왕따'(bullying)를 중심으로(공동연구, 한국심리학회지, 20(3), 2001)

명상과 바이오피드백에 대한 동서 심리학적 고찰(심리과학, 10(1), 2001)

문제 음주 대학생에 대한 단기 인지행동 집단치료의 효과(공동연구, 한국심리학회지, 18(2), 1999)

전두근 EMG 바이오피드백 훈련에서 청각과 시각 피드백의 효용성 비교(공동연구, 스트레스학회지, 7(2), 1999)

두통의 발생 및 이와 관련된 심리학적 특성들: 대학생 집단을 중심으로(스트레스연구, 4(2), 1996)

심인성 두통(Psychogenic Headache)의 심리학적 처치에 대한 개관(스트레스연구, 1(1), 1993)

사례로 보는 이상심리학

Case Studies in Abnormal Behavior (9th ed.)

2020년 3월 20일 1판 1쇄 인쇄
2020년 3월 25일 1판 1쇄 발행

지은이 • Robert G. Meyer · Christopher M. Weaver
옮긴이 • 이봉건
펴낸이 • 김진환
펴낸곳 • (주)학지사
04031 서울특별시 마포구 양화로 15길 20 마인드윌드빌딩
대표전화 • 02-330-5114 팩스 • 02-324-2345
등록번호 • 제313-2006-000265호

홈페이지 • http://www.hakjisa.co.kr
페이스북 • https://www.facebook.com/hakjisa

ISBN 978-89-997-2083-3 93180

정가 25,000원

역자와의 협약으로 인지는 생략합니다.
파본은 구입처에서 교환해 드립니다.

이 도서의 국립중앙도서관 출판시도서목록(CIP)은 서지정보유통지원시스템 홈페이지(http://seoji.nl.go.kr)와 국가자료공동목록시스템(http://www.nl.go.kr/kolisnet)에서 이용하실 수 있습니다.
(CIP 제어번호: CIP2020008479)